A ESTRELA VERMELHA BRILHA SOBRE A CHINA

AUTONOMIA LITERÁRIA

Coordenação: Cauê Seignemartin Ameni, Hugo Albuquerque, Manuela Beloni

Tradução: Gabriela Barizon

Revisão de Texto: Gregory Rodrigues Teixeira

Preparação, notas e adaptação: Hugo Albuquerque

Diagramação: Manuela Beloni

Capa: Rodrigo Corrêa

Arte do Selo Longa Marcha: Danielly O.M.M.

Dados Internacionais de Catalogação na Publicação (CIP)
(eDOC BRASIL, Belo Horizonte/MG)

S674e

Snow, Edgar, 1905-1972.
A estrela vermelha brilha sobre a China / Edgar Snow; tradução Gabriela Barizon. – São Paulo, SP: Autonomia Literária, 2023.
512 p. : 16 x 23 cm

Título original: Red star over China
ISBN 978-65-87233-96-3

1. Comunismo – China. 2. China – História – Republica, 1912-1949. I. Barizon, Gabriela. II. Título.

CDD 951

Elaborado por Maurício Amormino Júnior – CRB6/2422

Edgar Snow

A ESTRELA VERMELHA BRILHA SOBRE A CHINA

Traduzido por Gabriela Barizon

2023

EDITORA AUTONOMIA LITERÁRIA

Sumário

PARTE 12: NA CHINA BRANCA DE NOVO

Apresentação à edição brasileira: Brilha uma estrela

por Hugo Albuquerque

O livro que o leitor brasileiro tem agora em mãos é um clássico. Trata-se de um vetusto livro-reportagem sobre o processo revolucionário chinês, aquilo que os historiadores chamam de *fonte primária*. Ele consiste no primeiro grande relato completo sobre os comunistas chineses, escrito entre 1936 e julho de 1937. Naquele momento, os vermelhos chineses empreendiam sua jornada revolucionária que culminaria com a exitosa Revolução de 1949. O narrador desta obra, o jornalista estadunidense Edgar Snow, autor e ator da obra, é uma figura significativa, um marxista perfeito no sentido de ser uma pessoa da práxis, para quem teoria e prática não podem ser cindidas.

Traduzido da edição de 1968, ele foi confrontado com a edição original, publicada em 1938, mas também com sua tradução para o mandarim, de 1979 – esta última, usada para checar e adequar nomes de lugares, pessoas, organizações e expressões usadas pelo autor, trazendo para o padrão do *pinyin*, o sistema de transliteração oficial do mandarim para o alfabeto romano.

Esta obra não fala do passado, mas sim de um evento que como poucos moldou o mundo atual. Pouco depois do Partido Comunista Chinês completar 100 anos, o mundo gira em torno do enigma da China que, no entanto, é simplificado por meio de uma representação caluniosa, ignorante e arrogante – à qual serve aos mesmos fins coloniais contra os quais marcharam, longamente, os jovens e irresistíveis soldados de Mao Zedong[1].

1 Nota de Edição: Máo Zédōng [毛泽东] (1893-1976) é o protagonista desta obra e da história chinesa contemporânea: principal nome do comunismo em seu país, herói da resistência durante a ocupação japonesa, comandante revolucionário máximo e,

Portanto, *A estrela vermelha brilha sobre a China* é uma obra central. Ela narra em primeira mão os fatos precedentes à Revolução de 1949, que fundou a República Popular da China, apresentando seus atores principais, suas causas e sua potência – em um momento chave, no imediato fim da *Longa Marcha*, quando os comunistas marcham exitosamente do Sul para o Noroeste da China por milhares de quilômetros e, em plena resistência, buscam forçar o governo central, sob o controle do generalíssimo Chiang Kai-shek[2], a parar de perseguir os comunistas e resistir à invasão japonesa, já em curso. O interregno de 1936 a 1937, sem qualquer exagero, definiu o futuro da China e a moldou como a conhecemos hoje.

Até aqui, figuras como Mao Zedong ou Zhou Enlai eram personagens quase desconhecidos, quando muito referidos *en passant*. Enquanto o movimento comunista internacional mirava o desenvolvimento da União Soviética, até então única nação socialista da face da terra, nas possibilidades revolucionárias na Europa – sobretudo nos rumos cambaleantes da revolução na Espanha – ou nos perigos do nazifascismo, simplesmente ignorava a China por uma mistura perigosa de erro de análise com *orientalismo* – a justificativa engendrada nos anos 1840 para normalizar a destruição do país pelos poderes coloniais, sob liderança inglesa, mas que, de tão poderosa, bloqueava mesmo as mentes mais revolucionárias ao redor do mundo.

---

depois, líder da China da Revolução de 1949 até o ano de sua morte em 1976, nascido na província sulista de Hunan. Muito mais será dito sobre ele, sobretudo na Parte 4.

2 N.E.: Chiang Kai-shek [蔣介石] (1887-1975) foi o grande adversário de Mao Zedong e do comunismo chinês como se verá ao longo desta obra, na qual muitas vezes será referenciado pela sua patente militar de "generalíssimo", isto é, de "grande marechal". Derrotado na Revolução de 1949, ele foge para Taiwan onde termina seus dias como líder máximo. Ao assumir o comando do KMT pela primeira vez em 1926, na esteira da crise deflagrada pela morte prematura de Sun Yat-sen, Chiang rompeu com a esquerda do KMT, dando início à Guerra Civil. Na República Popular da China, evidentemente, os mesmos ideogramas são pronunciados oficialmente em mandarim, o que seria, pelo sistema de transcrição pinyin, "Jiǎng Jièshí"; já em Taiwan, Chiang é reconhecido pelo pseudônimo que ele adotou como discípulo e (pretenso) sucessor de Sun Yat-sen, Jiang Zhongzheng [蔣中正], por seu turno, transliterado mais comumente em Wade-Giles como "Chiang Chung-cheng", o nome do aeroporto de Taipei, capital de Taiwan.

A China, retratada como um enorme ajuntamento atrasado, exótico e ao mesmo tempo enigmático seguiria sua sorte triste, à espera de uma revolução que viria necessariamente de fora. No fim, a figura do autor, o americano Edgar Snow (1905-1972), acabou por extravasar o papel de mero narrador para ser ele, também, um personagem. Por força desta obra e das décadas posteriores, nas quais ele foi um dos principais interlocutores da liderança chinesa com o mundo exterior, sua figura aqui é de ator histórico e não mera testemunha.

Quando Snow aportou na China, em meados de 1928, ele não contava nem com trinta anos ainda. Nascido no distante e rural Missouri, ele estudou e levantou uma pequena fortuna na bolsa de valores antes de sua quebra em 1929. Foi com esse valor que Snow partiu para sua aventura chinesa e, ironicamente, talvez isso tenha evitado que ele tivesse sido só mais uma vítima da Crise de 1929.

Ao chegar na China, então um país rachado por uma guerra civil e ameaçado pelo imperialismo nipônico, Snow acabou tendo uma visão privilegiada do fluxo da História, cujas águas corriam apressadamente: ele assistiu ao desenrolar imediato do fracasso do levante comunista de 1927, a guinada à direita do partido nacionalista, o Kuomintang[3], a invasão japonesa, mas também a luta e a ressurreição do Partido Comunista e do

3 N.E.: Kuomintang (KMT) ou, mais precisamente, Guòmíndǎng [國民黨] é o Partido Nacionalista. Nascido em 1912, o KMT foi a primeira grande organização de massas da nascente República da China, tendo em seu interior uma ampla gama de setores, inclusive comunistas. Com a morte de seu líder inicial, Sun Yat-sen, ocorreu a ascensão da ala direita e fascista do partido, que expurgou os comunistas levando à Guerra Civil que consumiu o país a partir de 1927, facilitando enormemente a invasão japonesa. Após a Segunda Guerra, comunistas e nacionalistas voltaram a se enfrentar, com a vitória dos vermelhos e a consequente fuga dos líderes do KMT para a ilha de Taiwan, que assumiu o nome formal de República da China – a qual passou a ser governada pelo KMT de forma tirânica. Hoje, o KMT se tornou o partido da direita conservadora de Taiwan, cuja plataforma de longo prazo é a reunificação da China em termos nacionalistas, competindo com o liberal – e secessionista – Partido Democrático Progressista (PDP). Importante lembrar que a ala esquerda do KMT permaneceu na China continental, aderindo à Revolução de 1949, sob o nome de Comitê Revolucionário do KMT Chinês, um dos oito partidos que, sob a hegemonia do Partido Comunista, formam a Frente Unida.

seu Exército Vermelho – em relação aos quais os analistas, muitos deles situados na própria China, publicaram o obituário antes da hora.

Snow, sem dúvida, se politiza e se torna tanto um revolucionário jornalista quanto um jornalista revolucionário ao testemunhar a terrível fome do Noroeste, como ele narra nesta obra. Na China, ele também se casará com a estadunidense e escritora Helen Foster, mais conhecida pelo pseudônimo Nym Wales[4], e terão contato com a moderna intelectualidade revolucionária da China, cujo marco de sua existência foi 1919, com o *Movimento Quatro de Maio*[5] – que, desde então, seguia sendo profundamente influente na cena da China.

A surpreendente virada de jogo dos comunistas se deve a um fato imediatamente anterior a esta obra, mas cuja importância levou Snow a relatá-lo, com o testemunho de inúmeros dos seus protagonistas. Seu nome é *Longa Marcha* (*Chángzhēng* [长征]), como ficou conhecida a audaciosa manobra militar, pela qual o Exército Vermelho Chinês marchou da província de Jiangxi, no Sudeste chinês, até Shaanxi, no Noroeste, percorrendo o interior da China entre 1934 e 1935 em um total de 12.500 quilômetros – os vermelhos escapavam das tropas do Kuomintang, sob as orientações de conselheiros alemães e a liderança de Chiang Kai-shek, as quais naquela altura estavam mais interessadas em reprimir o comunismo do que expulsar os invasores japoneses.

Esse Exército Vermelho Chinês, ou melhor Exército Vermelho dos Trabalhadores e Camponeses Chineses (*Zhōngguó Gōngnóng Hóngjūn* [

4 N.E.: Helen Foster Snow ou Nym Wales (1907–1997) esposa de Edgar à época dos fatos, que escreveu inúmeras reportagens e livros-reportagens nos anos 1930 e 1940. Sua obra mais famosa é *Song of Ariran*, que conta a história de Kim San (Jang Jihak), um precursor do socialismo coreano e um dos líderes da resistência ao Japão.

5 N.E.: O *Movimento Quatro de Maio* foi um levante anti-imperialista, também marcado pela reivindicação de renascimento cultural e político chinês, que veio na esteira dos protestos estudantis em Pequim em 4 de maio de 1919. Sua causa principal foi a débil resposta do governo chinês ao deliberado pelo Tratado de Versalhes acerca dos territórios de Shandong, que o Japão tomou da Alemanha após o cerco de Qingdao em 1914 – e foram mantidos sob controle de Tóquio. Muitas das principais personalidades intelectuais chinesas – nacionalistas de direita e de esquerda, liberais, anarquistas, social-democratas e comunistas – estiveram envolvidas nele.

中国工农红军]), foi a primeira força militar comunista autônoma na China, existente entre 1927-1937, quando foi reincorporado ao Exército Revolucionário Nacional, sob o comando do Kuomintang – onde ele passaria a existir como Exército da Oitava Rota (EOR) e o Novo Quarto Exército (NQE) para resistir à ocupação japonesa. Ao final da guerra, entre 1947 e 1948, o EOR e o NQE se fundiram e foram transformados no Exército de Libertação Popular da China (ELP) (*Zhōngguó Rénmín Jiěfàngjūn* [中国人民解放军]), que em poucos anos venceu a nova Guerra Civil, levando ao estabelecimento da República Popular da China em outubro de 1949.

Tudo na China em 1936 levava a crer na impossibilidade de uma Revolução Socialista. O poder do Kuomintang, os riscos da invasão fascista no Japão e um senso ímpar de tendência histórica fizeram com que Snow analisasse, detalhadamente, o que era a experiência comunista na China – e já ali, diante de dois adversários para enfrentar, havia as sementes do projeto que levou um país destruído por quase cem anos de colonialismo ao posto de maior economia global em valores reais na década de 2020.

Em um país cuja chegada do marxismo era, relativamente, recente, de repente se montou uma poderosa experiência comunista, capaz de se construir entre o desmoronamento do internacionalismo radical do Komintern e o pragmatismo da estratégia de "socialismo em um só país" – e, quem diria, de sobreviver à ruína da própria União Soviética.

Já ali, nos anos 1930, era possível ver muito da singularidade do experimento chinês e podemos saber disso justamente por este documento histórico escrito por Snow, que entrevistou longamente figuras como Mao Zedong, que aqui ganhou sua primeira biografia, Zhou Enlai[6], Peng Dehuai[7], Lin Biao[8], He Long[9], Xu Haidong[10] e tantos outros, além de analisar a vida do futuro marechal Zhu De[11], a quem ele não encontrou naquela ocasião.

Nos tempos atuais, em que a China adquire tamanho protagonismo, esta obra se faz mais do que necessária para a compreensão do

---

6 N.E.: Zhōu Ēnlái [周恩来] (1898–1976) foi um revolucionário e considerado o número 2 da República Popular da China até o ano de sua morte. Ocupou o cargo de premiê (entre 1949 e 1976) e acumulou outros cargos como de ministro das Relações Exteriores. Culto e oriundo de uma família tradicional de servidores públicos, teve educação moderna ocidental na China e completou seus estudos no Japão. É certamente protagonista deste livro e da História Chinesa.

7 N.E.: Péng Déhuái [彭德怀] (1898-1974) foi um dos Dez Marechais da China por sua trajetória destacada, tanto como militar durante o processo revolucionário como na resistência aos japoneses e na Guerra da Coreia. De origem humilde e natural de Xiangtan, em Hunan, Peng, como Mao, inicialmente era um quadro do Kuomintang, mas aderiu aos comunistas à época da ruptura de 1927. Mais adiante, na Parte 8 desta obra, ele aparecerá com destaque.

8 N.E.: Lín Biāo [林彪] (1907-1971) foi outro dos chamados *Dez Marechais* da República Popular da China, os quais foram nomeados pela primeira, única e última vez em 1955. Nascido em Hubei, no Sul, a história de Lin se confunde com a do movimento comunista chinês. Além das vitórias militares quando ele era ainda muito jovem, Lin foi um destacado líder da esquerda do partido, envolvendo-se em confrontos épicos na Revolução Cultural, os quais o tornaram bastante conhecido entre os maoístas ocidentais. Lin morreu em um acidente de avião quando empreendia uma fuga desesperada para a União Soviética, logo após descobrir que havia perdido a luta interna no Partido.

9 N.E.: Hè Lóng [贺龙] (1896-1969) foi um destacado militar de origem camponesa, originário de Hunan, que se tornou general com destaque na Guerra Civil e na resistência ao Japão na Segunda Guerra – o que lhe valeu postos civis e militares de relevo na República Popular da China até cair em desgraça. Mais se falará sobre ele no capítulo 2.3.

10 N.E.: Xú Hǎidōng [徐海東] (1900-1970) foi um general sênior chinês e herói revolucionário, uma biografia dele pode ser encontrada no capítulo 9.1.

11 N.E.: Zhū Dé [朱德] (1886-1976). Ele se destacou no processo que envolve a Guerra Civil da China (1927-1949), a resistência à ocupação militar japonesa (1937-1945) e a Guerra da Coreia (1950-1953). Zhu, por sua vez, foi o grande idealizador do Exército Vermelho e detinha autoridade moral sobre os demais marechais. Líder revolucionário, ele teve participação destacada na vida política chinesa nas décadas que se seguiram. Quando Zhu faleceu, no ano de 1976, ele estava no exercício da chefia de Estado da República Popular da China, coincidentemente no mesmo ano da morte de Mao e Zhou Enlai.

processo que culminou até este momento no qual a terra de Mao é a principal parceira do Brasil – e é tão importante quanto nos é, quase totalmente, desconhecida.

Sem me alongar mais, porque este livro é um clássico e fala por si, nós da Autonomia Literária estamos muito orgulhosos de trazê-lo ao Brasil e fica aqui um agradecimento especial à nossa aguerrida tradutora Gabriela Barizon e ao atento revisor Gregory Rodrigues Teixeira, assim como o Instituto Humanidade, Direitos e Democracia (IHUDD) pela constante troca e pesquisa a respeito da obra.

PARTE 1
EM BUSCA DA CHINA VERMELHA

1.1. Algumas questões não respondidas

Durante meus sete anos na China, centenas de questionamentos foram feitos sobre o Exército Vermelho, os sovietes e o movimento comunista. Partisans[12] ansiosos poderiam prontamente fornecer essas respostas, mas elas seriam, ainda, bastante insatisfatórias. Como eles *sabiam*? Eles nunca estiveram na *China Vermelha*.

O fato era que, talvez, não houvesse maior mistério entre as nações, ou um épico mais confuso, do que a história da *China Vermelha*. Lutando no coração da nação mais populosa da Terra, os celestiais vermelhos[13] estiveram por nove anos isolados por um bloqueio midiático tão eficaz quanto uma fortaleza de pedra. Um muro de milhares de tropas inimigas constantemente os cercava; o território era mais inacessível que o Tibet[14]. Ninguém havia penetrado aquelas paredes e voltado para

12 N.E.: *Partisan* aqui aparece no sentido de *partidário comunista*, mas nesta obra ele surge quase como sinônimo de combatente móvel no sentido chinês, uma vez que "partisan" é um termo mais preciso do que "guerrilheiro" no contexto desta obra, muito embora eles sejam em grande medida intercambiáveis e interseccionais. No entanto, guerrilheiro não traduziria exatamente o grau e a forma de organização dos comunistas na China daquele momento: eles se organizavam estrategicamente – desde a disposição das suas tropas, atuação coordenada com tropas regulares, controle territorial e até a emissão de moeda própria – do que de forma meramente tática – o que implicaria apenas em realizar ações furtivas contra um adversário estruturado em tropas regulares, em superioridade tecnológico-numérica.

13 N.E.: Celestiais vermelhos é uma referência a *Tiānchāo* [天朝], o que foi muitas vezes traduzido como Império Celeste – embora signifique Dinastia Celestial –, um epíteto usado pelo Império da China desde a Dinastia Han (206 a.C. até 220 d.C.) para se relacionar com seus vizinhos.

14 N.E.: Tibet, na verdade, é um conceito geográfico físico para o enorme platô que ocupa a China e algumas outras partes da Ásia. Esse planalto, grosso modo, deriva dos Himalaias, e se espalha por várias províncias chinesas e, também, por países como Índia, Nepal, Butão, Afeganistão, Quirguistão, Tadjiquistão e Paquistão. Em tibeta-

escrever as experiências desde que o primeiro soviete chinês fora implantado no Sudeste de Hunan[15], em novembro de 1927.

Até coisas simples eram questionadas. Alguns, negavam a existência de algo como o Exército Vermelho. Eram só alguns milhares de ladrões famintos. Alguns negavam até a existência dos sovietes. Eram supostamente uma invenção da propaganda comunista. Entretanto, os simpatizantes dos vermelhos exaltavam ambos como a única salvação para os males da China. Em meio a toda essa propaganda e contrapropaganda, evidências verossímeis tornaram-se escassas a observadores objetivos. Aqui se encontram algumas das perguntas não respondidas que interessavam todos aqueles preocupados com política e com a vivaz história do Oriente:

Foi ou não o Exército Vermelho Chinês uma massa de revolucionários marxistas conscientes, sob comando unificado do Partido Comunista da China, disciplinado e com um programa centralizado? Se sim, qual era esse programa? Os comunistas alegavam estarem lutando pela reforma agrária, contra o imperialismo, pela democracia soviete e pela emancipação nacional. Nanquim[16] declarou que os vermelhos eram

---

no – isto é, no dialeto de Lhasa –, seu nome é *Böd*, mas em mandarim é *Tŭbō* [土蕃]. Não há certeza se esse termo em mandarim é originário ou é uma transliteração de alguma outra língua. O que chamamos de Região Autônoma do Tibet, na verdade, se diz *Xīzàng* [西藏] em mandarim, isto é, Zang do Oeste, pois se refere apenas à principal nação tibetana, os *u-tsang*.

15 N.E.: Húnán [湖南] é uma província no Sul da China de onde veio Mao Zedong e muitos dos líderes comunistas de primeira geração. A província só foi incorporada ao mundo chinês por volta de 350 a.C., pouco antes da unificação imperial do país. O nome da província se deve ao lago Dòngtíng [洞庭], sendo que Hunan significa literalmente onde ela fica: ao "Sul do Lago" – enquanto a província vizinha de Húběi [湖北] é "Norte do Lago" e ambas possuem uma relação intrínseca, tendo sido unificadas sob o nome Changsha em diversos momentos da história chinesa; já a língua mais falada na província, o Xiāng [湘], uma língua sinítica um pouco afastada, também chamado de hunanês, que leva o mesmo nome do principal rio local e era a língua materna de Mao Zedong.

16 N.E.: Nanquim é como ficou consagrado pelo uso, em português, o nome da cidade chinesa de Nánjīng [南京], cujo significado é, literalmente, "Metrópole do Sul". Ela já foi capital da China ou de reinos chineses por diversas vezes, principalmente no início da Dinastia Ming e da República, chegando a ter sido a maior cidade do mundo no século XIV. Embora tenha sido fundada em 495 a.C., ela só ganhou

uma nova espécie de vândalos e saqueadores liderados por "bandidos intelectuais". Quem estava certo? Ou ambos estavam?

Antes de 1927, membros do Partido Comunista eram membros do Kuomintang (KMT), mas em abril do mesmo ano houve o grande "expurgo". Comunistas, intelectuais radicais desorganizados, bem como trabalhadores organizados e camponeses foram executados em larga escala, durante um golpe de Estado de direita, liderado por Chiang Kai-shek, que tomou o poder com fins de formar um "Governo Nacional" em Nanquim. Desde então, seria crime passível de morte ser comunista, ou simpatizar com o comunismo, e milhares pagaram a pena. Entretanto, outros milhares continuaram a correr o risco. Muitos camponeses, trabalhadores, estudantes e soldados se juntaram ao Exército Vermelho na luta armada contra o regime ditatorial de Nanquim. Por quê? Qual força implacável os levou a apoiar opiniões políticas suicidas? Quais eram as principais desavenças entre o Kuomintang e o Gonchandang[17]?

Como eram os comunistas chineses? De qual forma se assemelham e de qual forma se diferenciam dos comunistas e socialistas de qualquer outro lugar? Turistas perguntavam se tinham longas barbas, se faziam barulhos enquanto comiam suas sopas, ou se carregavam bombas em suas pastas. Aqueles que realmente estavam interessados queriam saber se eles eram marxistas "genuínos". Leram *O Capital* e os trabalhos de Lenin? Possuem um programa econômico integralmente socialista? São stalinistas ou trotskistas? Ou nenhum deles? O movimento deles era mesmo parte orgânica da revolução mundial? Eram eles internacionalistas? "Apenas uma ferramenta de Moscou", ou nacionalistas essencialmente lutando por uma China independente?

---

o atual nome em 1421, nos primórdios da Dinastia Ming, logo depois de, ironicamente, ter deixado de ser a capital da China, cargo que ocupou por algumas décadas, perdendo lugar para Pequim – Běijīng [北京], que significa "Metrópole do Norte". Pequim ganhou esse nome "apenas" em 1403. A mudança de nome de ambas se deu por paralelismo e está ligada à organização político-simbólica da Dinastia Ming. Na época em que Edgar Snow escreveu esta obra, os nacionalistas governavam a China desde Nanquim, que foi capital da China até 1949.

17 N.E.: *Gòngchǎndǎng* [共产党] é como se escreve o nome do Partido Comunista em mandarim.

Quem eram esses guerreiros que lutaram por tanto tempo, de forma tão audaz e intensa, sendo reconhecidos como invencíveis por espectadores de todos os tipos – até mesmo, em privado, pelos seguidores do generalíssimo[18] Chiang Kai-shek? O que os fazia lutar daquela forma? O que os fazia resistir? Qual era a base revolucionária do movimento? Quais eram as esperanças, objetivos e sonhos que os fizeram guerreiros incrivelmente obstinados – surpreendentes levando em consideração o histórico comprometimento da China – que enfrentou centenas de batalhas, bloqueios, escassez de sal, fome, doença, epidemias e, finalmente, a *Longa Marcha*, na qual, cruzaram doze províncias da China, irromperam centenas de tropas do Kuomintang e emergiram vitoriosamente com uma nova base no Noroeste?

Quem eram seus líderes? Eram eles homens qualificados com um ideal fervoroso, uma ideologia e uma doutrina? Profetas sociais, ou meros camponeses ignorantes cegamente lutando por uma existência? Que tipo de homem era Mao Zedong, "o bandido nº1" da lista de Nanquim, para o qual Chiang Kai-shek oferecia uma recompensa de um quarto de milhão de yuans[19] pela captura vivo ou morto? O que se passava dentro daquela estimada cabeça oriental? Ou Mao estava, de fato, morto, como Nanquim oficialmente já havia anunciado? Como era Zhu De, o comandante em chefe do Exército Vermelho, cuja cabeça valia o mesmo que Mao para Nanquim? E Lin Biao, o famoso estra-

18 N.E.: Rigorosamente, "grande marechal" (*dà yuánshuài* [大元帅]), mas referido comumente como "generalíssimo" em português e em demais línguas ocidentais. Ele foi conferido exclusivamente em 1937 a Chiang para combater os invasores japoneses como chefe supremo de todas as armas do exército da República da China – o mesmo título foi oferecido a Mao Zedong em 1955 que, no entanto, recusou a honraria. Chiang, ao contrário, morreu ostentando esse título enquanto era, também, governante supremo da República da China, a qual se reduziu à ilha de Taiwan de 1949 em diante.

19 N.E.: O Yuán [元] é a unidade de valor monetário na China desde tempos imemoráveis, mas não o nome técnico de qualquer moeda chinesa. À época, a moeda chinesa nas áreas comandadas pelo Kuomintang se chamava *Fǎbì* [法幣], isto é, *Moeda Legal*, a qual nasceu na esteira da reforma financeira de 1935, mas preferimos adotar o termo genérico "yuans", seguindo a tradução atual desta obra para o mandarim. Há uma confusão no original em inglês na qual se faz menção à recompensa por Mao em yuans de prata, o que pode ter acontecido antes de 1935, quando a moeda corrente da China circulava em moedas de prata, o que foi abolido depois da referida reforma.

tegista vermelho de vinte e oito anos, do qual se diz que nunca ter sido derrotado? De onde veio? Quem eram os outros muitos líderes vermelhos que foram declarados mortos e reapareceram nos jornais, não só ilesos como, ainda, comandando novas forças contra o Kuomintang?

O que explicava o histórico impressionante de resistência do Exército Vermelho ao longo de nove anos contra combinações militares enormemente superiores? Desprovido de um parque industrial, grandes canhões, combustível, aeronaves, dinheiros e técnicas modernas utilizadas na guerra contra eles por Nanquim, como esses vermelhos sobreviveram e aumentaram seus seguidores? Que táticas militares foram empregadas? Como foram treinados? Quem os orientou? Havia gênios militares russos entre eles? Quem conseguiu esquivar-se não só de todos os comandantes do Kuomintang enviados, como também de toda a valiosa equipe de assessores alemães de Chiang Kai-shek, liderada primeiro pelo general von Seeckt[20] e, posteriormente, pelo general von Falkenhausen[21]?

Como era um soviete chinês? Os camponeses os apoiavam? Se não, o que os mantinha? Em qual magnitude os vermelhos sustentavam o "socialismo" em regiões onde tinham poder consolidado? Por que o Exército

---

20 N.E.: Johannes "Hans" Friedrich Leopold von Seeckt (1866-1936), um estrategista militar e político alemão. Depois se tornou consultor militar dos nacionalistas chineses a partir de 1933, tendo projetado *a campanha de cerco e aniquilamento* contra os comunistas, forçando o Exército Vermelho a realizar a *Longa Marcha* a partir de 1934. As estratégias de von Seeckt são mencionadas por Mao Zedong – que, no entanto, lhe omitiu o nome – em seu *Problemas estratégicos da guerra revolucionária na China*, datado de 1936, e publicado de forma incompleta: "Certos especialistas militares dos jovens países imperialistas em rápida expansão, nomeadamente a Alemanha e o Japão, fazem uma ruidosa propaganda em favor da ofensiva estratégica e contra a defensiva estratégica".

21 N.E.: Alexander Ernst Alfred Hermann Freiherr von Falkenhausen (1878-1966) sucedeu a von Seeckt, mas foi forçado a renunciar a sua posição de principal consultor militar do KMT, uma vez que, dentro de pouco tempo, a Alemanha sob o regime nazista se uniu ao Império japonês. Na Segunda Guerra Mundial, von Falkenhausen foi governador militar da Bélgica, motivo pelo qual foi denunciado por crimes contra a humanidade. Nos julgamentos do pós-Guerra, ele teve uma possível pena de morte reduzida a apenas doze anos de trabalhos forçados, graças a testemunhos sobre sua (suposta) postura ambivalente. Apesar de seu cargo militar de destaque nas forças do Eixo, ele, aparentemente, cumpriu sua promessa de nunca entregar aos japoneses os planos militares que fez para a China.

Vermelho não tomou cidades grandes? Isso era prova de que não era um movimento genuinamente liderado pelo proletariado, mas que tinha, na verdade, se mantido como uma revolução camponesa? Como era possível falar em "comunismo" e "socialismo" na China, enquanto 80% da população ainda era rural, onde o industrialismo ainda usava roupas de criança – quiçá, encontrava-se ainda em paralisia infantil?

Como se vestiam os vermelhos? Como comiam? Como jogavam? Como amavam? Trabalhavam? Quais eram suas legislações de casamento? As mulheres eram "nacionalizadas" como os publicistas do Kuomintang alegavam? O que era uma "fábrica vermelha" chinesa? Uma companhia de teatro vermelha? Como organizavam a economia? Como eram saúde pública, recreação, educação, "cultura vermelha"?

Qual era o poder do Exército Vermelho? Meio milhão, como gabavam-se as publicações do *Komintern*[22]? Se afirmativo, por qual motivo não tomaram o poder? De onde conseguiram armamentos e munições? Era um exército disciplinado? E quão elevada era a moral da tropa? Era verdade que oficiais e civis viviam de formas similares? Se, como o generalíssimo Chiang anunciou em 1935, Nanquim "exterminou a ameaça do banditismo comunista", o que explicava o fato de que, em 1937, os vermelhos ocuparam um território ainda maior e mais unificado do que antes (na região mais estratégica do Noroeste da China)? Se os vermelhos haviam sido exterminados, por qual motivo o Japão teria exigido a Nanquim, como parte dos famosos *Três Princípios do Koki Hirota*[23], que um pacto com Tóquio e com a Alemanha Nazista

22 N.E.: *Komintern* vem do alemão *Kommunistische Internationale*, a Internacional Comunista, também conhecida como Terceira Internacional, que definiu os rumos do movimento revolucionário mundial a partir de 1919. Ela marca a ruptura entre comunistas e social-democratas, afirmando a opção da via revolucionária em detrimento do reformismo dominante na Segunda Internacional – que resultou no apoio à Primeira Guerra Mundial por parte de muitos partidos socialistas, além do foco na disputa eleitoral e parlamentar. A Terceira Internacional perde força com o aumento da proeminência soviética, até então o único Estado socialista do mundo, sendo extinta definitivamente em 1943.

23 N.E.: Koki Hirota [廣田 弘毅] (1878-1948) foi ministro das relações exteriores do Japão entre 1933-1936, premiê entre 1936-1937 e, novamente, ministro das relações exteriores dali até 1938. Seus famosos três princípios eram: *O lado chinês (o governo nacionalista) deveria: 1. Banir completamente o movimento antijaponês e*

fosse estabelecido, para "evitar a bolchevização da Ásia"? Os vermelhos eram mesmo anti-imperialistas? Eles queriam uma guerra contra o Japão? Moscou os apoiaria em tal cenário? Ou eram as ferozes propagandas antijaponesas apenas um artifício e uma tentativa desesperada de atrair a comiseração pública, o último suspiro dos bandidos e traidores desmoralizados, como afirmava apreensivamente o ilustre Dr. Hu Shi[24] para sua classe de ávidos estudantes em Pequim[25]?

Quais eram as perspectivas militares e políticas do movimento comunista chinês? Qual era sua história de formação? Poderia este, ter êxito? E o que esse êxito significaria para nós? Para o Japão? Qual seria o efeito dessa mutação tremenda em um quinto (alguns dizem, um quarto) da população do mundo? Quais mudanças produziria na política mundial? Na história mundial? Como afetaria os vastos investimentos britânicos, americanos e de outras nações na China? Aliás, os vermelhos possuíam qualquer tipo de "política externa"?

Finalmente, qual era o significado da proposta dos comunistas de formar uma "frente nacional unificada" na China, com fins de terminar a guerra civil?

Por muito tempo, soou absurdo que não houvesse um observador não comunista sequer que pudesse responder a esses questionamentos

---

se livrar de sua dependência da Europa e dos Estados Unidos, mudando isso para amizade e cooperação com o Japão. 2. Reconhecer formalmente a independência do Estado [fantoche] de Manchukuo e apoiar os intercâmbios econômicos e culturais entre ele e as áreas vizinhas controladas pelos chineses. 3. Cooperar com o lado japonês para estabelecer instalações na área de fronteira com a Mongólia Exterior, a fim de lidar com a ameaça das forças comunistas.

24 N.E. Hú Shì [胡适] (1891-1962) foi um importante ensaísta, filósofo, acadêmico e diplomata chinês ligado ao *Movimento Quatro de Maio* (ver subcapítulo 2.2.) que, no entanto, recusou o comunismo e se tornou um aliado do Kuomintang, indo morar em Taiwan onde viveu o resto dos seus dias.

25 N.E.: Pequim, como ficou consagrado pelo uso em português e foi adotado nesta edição – mais precisamente, Běijīng [北京] –, é "Metrópole do Norte"; é a mais populosa capital do mundo, a terceira maior administração municipal e segunda maior cidade chinesa. Fundada em 1.045 a.C., sua configuração original remonta, no entanto, à ocupação e, consequente, dinastia Mongol (Yuan) – que lá construiu o complexo que envolve a Cidade Imperial e é a sede da China até hoje, atravessando as dinastias Ming, Qing e o comunismo, apenas com breves intervalos.

com segurança, exatidão ou investigação pessoal baseada em fatos. Essa era uma história com crescente interesse, *a história* da China, como admitido por correspondentes de notícias enviados em expedições de questões secundárias. Contudo, éramos lamentavelmente mal-informados sobre ela. Entrar em contato com os comunistas nas áreas dominadas por nacionalistas era extremamente difícil.

Comunistas, cujas cabeças pendiam sob sentenças de morte, não se deixavam à mostra entre a boa – ou *má* – sociedade. Mesmo em concessões internacionais, Nanquim mantinha uma rede de espionagem muito bem paga em atividade. Incluindo, por exemplo, paramilitares como C. Patrick Givens, ex-chefe dos caçadores de vermelhos da polícia britânica da *Concessão Internacional de Xangai*[26]. Todo ano, o inspetor Givens era creditado por autoridades do Kuomintang pela captura e subsequente prisão ou execução, após extradição da Concessão, de punhados de supostos comunistas, a maioria deles entre quinze e vinte e cinco anos. Era um dentre muitos dos detetives contratados para espionar jovens radicais chineses e caçá-los em seu próprio país.

Todos sabíamos que a única forma de aprender qualquer coisa sobre a China Vermelha era indo até lá. Demos a desculpa para nós mesmos dizendo *Méi yoǔ fǎzi* [没有法子] – “de jeito nenhum”. Alguns tentaram e falharam. Acreditava-se ser impossível. As pessoas achavam que era impossível adentrar o território vermelho e sair vivo.

Então, em junho de 1936, um amigo chinês muito próximo me trouxe notícias sobre uma situação política incrível no Noroeste da Chi-

26 N.E.: A *Concessão Internacional de Xangai* (em chinês *Shànghǎi Gōnggòng Zūjiè* [上海公共租界]) era a área daquela cidade entregue aos ocidentais por ocasião da derrota da China na Guerra do Ópio. O acordo foi firmado em 1845 e durou até 1943. Embora inicialmente a China tivesse soberania sobre a Concessão, isso logo foi modificado em desfavor do país. Por isso, o autor menciona a prática de “extradição” da *Concessão* para a República da China, mesmo se referindo ao território chinês. Importante sublinhar as peculiaridades de Xangai (*Shànghǎi* [上海]), maior cidade do país e porta de entrada da modernidade na China, ela possui uma língua local, pertencente ao ramo *wu* das línguas siníticas – portanto, consideravelmente diferente do mandarim – e uma relativa juventude para os padrões urbanos chineses, já que foi fundada “apenas” em 746 d.C durante a Dinastia Tang, embora ela seja habitada desde tempos muito remotos por aldeias de pescadores.

na – um evento que culminaria posteriormente na prisão do generalíssimo Chiang Kai-shek e mudaria a história da China. Mais importante para mim, com essas notícias, aprendi um possível método de adentrar em território vermelho. Exigia que eu partisse imediatamente. A oportunidade era ímpar e não deveria ser desperdiçada. Decidi aproveitá-la e, com isso, tentar quebrar um bloqueio informativo de nove anos.

É fato de que minha vida foi posta em risco, embora os noticiários publicados posteriormente – "morto por bandidos" – tenham sido um tanto exagerados. Mas, contra uma enxurrada de histórias de terror sobre as barbaridades cometidas pelos vermelhos, que por muitos anos construiu e sustentou esse vernáculo e a imprensa internacional sobre a China, eu tinha poucos motivos para me animar no trajeto. Nada, na verdade, além de uma carta de apresentação a Mao Zedong, presidente do governo soviete. Meu objetivo era encontrá-lo. Por meio de quais aventuras? Eu não sabia. Centenas de vidas haviam sido sacrificadas nesses anos de batalha do Kuomintang versus comunistas. Será que colocar um pescoço estrangeiro em risco seria razoável para chegar a essas respostas? Como eu era pouco apegado a esse pescoço em questão, concluí que não era um preço alto a ser pago.

Nesse estado de espírito melodramático, eu parti.

1.2. Um lento trem à Paz Ocidental[27]

Era início de junho, Pequim vestia a verde renda da primavera, os milhares de salgueiros e ciprestes imperiais faziam da *Cidade Proibida*[28] um cenário de fascínio e deslumbramento. Em vários jardins arejados, era quase impossível imaginar a China do trabalho árduo, da fome, da revolução, da invasão estrangeira, situados além dos telhados cintilantes dos palácios. Aqui, estrangeiros bem alimentados poderiam viver em suas próprias pequenas *terras do nunca*, com whisky e refrigerante, camisas polo, tênis e tabloides de fofoca, satisfeitos, praticamente alienados do latejo humano acontecendo fora do silêncio das paredes isolantes da cidade – algumas delas, literalmente isolantes.

Ainda assim, no último ano, a atmosfera de luta que pairava na China havia invadido o oásis que era Pequim. Ameaças de conquista feitas pelos japoneses provocaram grandes manifestações, especialmente entre os jovens enraivecidos. Meses antes, eu estive embaixo da Muralha Tártara[29] cravejado de balas e vi milhares de estudantes se reunirem

27 N.E.: É uma ironia com o significado literal do nome da prefeitura de Xī'ān [西安]) sobre a qual falaremos adiante.

28 N.E.: A *Cidade Proibida Púrpura*, ou *Zǐ jìn chéng* [紫禁城], é um gigantesco complexo palaciano concluído em 1420 d.C. para servir de morada para os imperadores da Dinastia Ming (1368-1644), embora fique na mesma área da Cidade Imperial da Dinastia Yuan (1271–1368), a dinastia mongol. Seu nome se deve à Estrela do Norte – também conhecida como Polaris ou Ursa Menor –, que em chinês é referida como Estrela Púrpura – e de acordo com as regras da astrologia chinesa, ela simboliza a morada do imperador Ziwei, uma divindade daoista que representa o imperador terreno, uma vez que é uma estrela que não aparenta se mover no plano celeste, mas em torno da qual as demais orbitam. A Cidade Proibida foi o centro nevrálgico de Pequim e, hoje é seu núcleo simbólico – embora o centro de comando atual do país esteja ligeiramente a oeste dela, nos jardins da antiga Cidade Imperial, dentro da qual a Cidade Proibida é compreendida, o chamado Zhōngnánhǎi [中南海].

29 N.E.: A *Muralha Tártara* ficava em Pequim e remetia ao antigo limite sul da

desafiando o risco de espancamento pelos policiais, vociferando em um poderoso coro: "Resistir ao Japão! Rejeitamos as exigências do imperialismo japonês de separação do Norte e Sul da China!"

Toda a alvenaria defensiva de Pequim não conseguiria prever as reverberações da tentativa sensacional do Exército Vermelho Chinês de marchar através de Shaanxi até a Grande Muralha[30] – supostamente para iniciar uma guerra contra o Japão e retomar os territórios perdidos. A expedição, de certa forma, quixotesca foi prontamente parada por onze divisões do novo exército do generalíssimo Chiang Kai-shek, mas isso não evitou que estudantes patriotas corressem o risco de prisão e, até mesmo, morte, por se organizarem nas ruas proferindo as palavras proibidas: "Acabem com a guerra civil! Cooperem com os comunistas para resistir ao Japão! Salvem a China!"[31]

---

antiga Khanbaliq (ou Dàdū [大都]), como foi nomeada a cidade durante a breve Dinastia Yuan, de origem mongol. A construção dessa muralha se completou em 1293, quando da remodelagem da cidade pelos dominadores mongóis, o que à época significou o deslocamento do seu centro para onde se encontra até hoje. Sob a Dinastia Ming, a Muralha Tártara passou a ser o limite sul entre a Cidade Interior (onde ficam a Cidade Imperial e a Cidade Proibida) e a Cidade Exterior, tendo sido destruída apenas nos anos 1960 para a construção do metrô. Ainda que Pequim tenha uma habitação urbana reconhecida desde 1045 a.C., data adotada como de sua fundação, ela já teve vários nomes e centros diferentes e foi destruída, reconstruída, renomeada e ressignificada diversas vezes; a Muralha Tártara deixava claro, no entanto, que a disposição da atual Pequim remete ao período mongol.

30 N.E.: A Grande Muralha da China ou, em chinês, *Wànlǐ Chángchéng* [万里长城] – que significa a *Longa Muralha de uma Miríade de Li* – sendo que o significado técnico de "miríade" ou "dez mil coisas" no daoismo diz respeito à infinitude. O termo *chéng* [城] serve tanto para cidadela, castelo quanto para muro que circunda a cidade, sendo traduzido como "cidade" em Cidade Proibida e "muralha" neste caso. A Grande Muralha é uma das maiores construções já feitas pela humanidade e se constitui em impressionantes 21 mil quilômetros de extensão – ironicamente *mais de 40 mil li* – tendo sido construída a partir da primeira dinastia, o Qin – quando as muralhas dos reinos combatentes foram integradas – até a Dinastia Ming, para proteger os chineses dos povos bárbaros em seu entorno – a começar pelos ancestrais dos mongóis e manchus. Isso remonta à prática ancestral chinesa de urbanização, que passa por construir muralhas em torno de assentamentos habitacionais.

31 Nota do Autor: Em 9 de dezembro de 1935, houve um histórico protesto estudantil que serviu de virada de página a favor dos comunistas. Entre os líderes desse movimento estavam Huang Jing e Huang Hua – (N.E.: Huang Jing [黄敬] (1912-

Uma vez, à meia noite, eu subi nas ruínas de um trem, me sentindo um pouco doente, mas em um estado de êxtase. Eu ansiava pela jornada à minha frente, anos e centenas de quilômetros fora dos esplendores medievais da Cidade Proibida: eu estava a caminho da *China Vermelha*. E me sentia um tanto enfermo, pois havia tomado todas as vacinas disponíveis. Uma amostra microscópica do meu sangue mostraria um desfile macabro; eu havia tomado vacinas de varíola, febre tifóide, cólera, tifo, e havia sido imunizado contra a peste bubônica. Todas as cinco doenças eram prevalentes no Noroeste. Adicionalmente, havia uma série de relatos alarmantes sobre a transmissão de peste bubônica na província de Shaanxi, um dos únicos lugares no planeta em que a doença era endêmica.

Meu destino imediato foi Xi'an[32]. Foram dois penosos dias e noites de trem ao sudoeste de Pequim, até a estação ocidental final da ferrovia de Longhai. De lá, planejei ir em direção ao norte e entrar em distritos sob controle soviético, que ocupavam o âmago do *Grande Noroeste da China*. Luochuan, uma cidade a cerca de 200 quilômetros ao norte de Xi'an, marcava o começo do território vermelho em Shaanxi. Tudo ao norte dela, exceto por trechos de território ao longo de ferrovias centrais e alguns pontos que serão destacados posteriormente, já estava

---

1958), cujo nome de nascença era Yu Qiwei [俞启威], foi o primeiro marido de Jiang Qing, futura e polêmica esposa de Mao Zedong. De jovem promissor, terminou a vida caindo em desgraça na campanha antidireitista de 1958, quando chefiava o poderoso primeiro Ministério de Construção de Máquinas; já Huáng Huá [黄华] (1913-2010) foi o intérprete e interlocutor de Edgar Snow enquanto ele escrevia este livro, tendo uma vida longa e próspera como quadro do Partido Comunista, chegando ao cargo de Ministro das Relações Exteriores (1976-1982). Diplomata altamente destacado junto aos países socialistas, foi destaque na adesão da China às Nações Unidas em 1971 e também na aproximação com os Estados Unidos naquela década).

32 Xī'ān [西安] é a capital da província chinesa de Shaanxi, foi capital de toda a China sob a Dinastia Han (202 a.C. – 220 d.C) e é uma das cidades chinesas mais antigas. Ela abriga em sua região metropolitana Xiányáng [咸阳], a primeira capital da China unificada. Em Xi'an, foram descobertos os famosos cavaleiros de terracota, que são uma representação em tamanho real do exército de Qín Shǐ Huángdì [秦始皇帝], literalmente Primeiro Imperador de Qin – isto é, de toda a China. Em seus arredores também repousam as ruínas de Bànpō [半坡], um sítio arqueológico de 6.700 anos que consiste em uma das maiores joias do neolítico chinês.

pintado de vermelho. Com Luochuan na extremidade sul, e tendo a Grande Muralha como extremidade norte do controle vermelho em Shaanxi, tanto as fronteiras leste quanto oeste vermelhas, eram formadas pelo rio Amarelo[33]. Vindo das margens do Tibet, a ampla e turva corrente flui ao norte de Gansu[34] e Ningxia[35] para além da Grande Muralha e adentra a província de Suiyuan na Mongólia Interior[36]. Então, após muitos quilômetros se deslocando para o leste, volta-se ao sul novamente, para trespassar a Grande Muralha e formar a delimitação entre as províncias de Shaanxi e Shanxi[37].

---

33 N.E.: O rio Amarelo (*Huáng hé* [黄河]) é o berço da civilização chinesa – inclusive, dos grupos tibeto-birmaneses que lá surgiram e só depois migraram para o planalto tibetano e para o Sudeste Asiático, se autonomizando dos chineses. Ele nasce nas montanhas Bayan Har, na província de Qinghai, as quais são um anexo das montanhas *Kunlun*, que formam a borda norte do planalto tibetano. O rio Amarelo se estende por 5.464 quilômetros até desaguar no mar de Bohai, na província de Shandong. Ele se chama "amarelo" por causa do acúmulo de *loesse* no seu fundo, o que deixa sua aparência com essa cor, mas ele só foi assim chamado muito tempo depois, na Dinastia Han Oriental – até então, seu nome era apenas *hé* [河], uma palavra que com o tempo se tornou um dos muitos termos chineses para "rio", mas era inicialmente apenas o seu nome exclusivo. Seu curso já foi alterado diversas vezes, tanto por inundações como pela obra humana.

34 N.E.: Gānsù [甘肃] é uma província no Noroeste chinês, fronteiriça aos atuais Xinjiang e Tibet. Seu nome é uma junção de Gānzhōu [甘州] e Sùzhōu [肃州]. O seu território foi o limite oeste da cultura chinesa, com habitação humana neolítica. É no sudeste da atual Gansu que nasceu o Reino de Qin, em torno do qual se unificou a China – além de ser o principal centro de recepção e difusão do budismo naquele país.

35 N.E.: Níngxià [宁夏], "Pácifico Xia" é uma região autônoma da minoria hui, que é muçulmana, e representa em torno de 20% da sua população atual. Também no Noroeste chinês, é uma área de incursões de tribos não han e de pluralidade étnica e religiosa.

36 N.E.: A Mongólia Interior é atualmente uma região autônoma mongol na China – à época que o autor escreveu este livro, havia uma questão sobre a incorporação ou não de Suiyuan, uma província histórica chinesa, ao seu território, além da própria questão da reivindicação de autonomia das minorias étnicas, o que se resolve apenas com a Revolução de 1949: a Mongólia Interior se tornou uma região autônoma e Suiyuan passou a integrá-la.

37 N.E.: Não confundir Shaanxi com Shanxi. A última se escreve Shānxī (山西), literalmente "Oeste das Montanhas" [Taihang], inicialmente transliterada como Shanxi, enquanto Shaanxi (Shǎnxī) (陕西), "Oeste do [planalto de] Shaan", era inicialmente escrita como Shenxi no sistema Wade-Giles. Como sempre, em línguas chinesas, uma variação de tom enuncia palavras diferentes.

Era na curva do rio mais traiçoeiro da China que os sovietes operavam: ao norte de Shaanxi, nordeste de Gansu e sudeste de Ningxia. Por uma curiosa sequência histórica, essa região quase corresponde aos confins originais do berço da China. Acerca dela, os chineses se formaram e se unificaram como povo pela primeira vez, há milhares de anos.

Ao amanhecer, eu examinei meus colegas de viagem e notei um jovem, e um belo senhor, com uma mecha de barba branca, sentado no lado oposto ao meu, bebendo um chá amargo. Em um primeiro momento, o jovem falou comigo de maneira formal e, depois, inevitavelmente, acabou falando sobre política. Descobri que o tio de sua esposa era agente ferroviário, e que ele estava viajando com uma credencial. Estava voltando a Sichuan[38], sua província de origem, a qual tinha deixado há sete anos. Mas não sabia se seria possível visitar sua cidade natal, afinal. Haviam comunicado que bandidos estavam agindo nos entornos dela.

"Você está falando dos vermelhos?"

"Ah, não. Vermelhos, não. Embora haja vermelhos em Sichuan também. Não, eu estou falando de bandidos."

"Mas os vermelhos não são bandidos também?", perguntei por curiosidade. "Os jornais sempre dizem que os vermelhos são criminosos, ou os chamam de bandidos comunistas".

"Ah, mas você sabe que os editores devem chamá-los de bandidos porque Nanquim manda", explicou. "Se os chamassem de comunistas ou revolucionários, provariam que eles mesmos são comunistas".

"Mas, em Sichuan, as pessoas não temem os vermelhos tanto quanto temem os bandidos?"

---

38 N.E.: Sìchuān [四川], literalmente, "Quatro Rios", é uma província histórica do Sudoeste chinês ao sul de onde Snow se encontrava. Suas origens se perderam no tempo, mas do que se sabe foi sede dos reinos de Ba e Shu, depois conquistado pelo Reino de Qin em 316 a.C., que unificou a China na primeira dinastia. Seu desenvolvimento à parte do resto da China durante milhares de anos, seu despovoamento e depois reconstrução durante a Dinastia Ming produziram peculiaridades na província como, por exemplo, a língua local, referida muitas vezes como mandarim sichuanês, que possui diferenças importantes em relação ao mandarim padrão.

"Bem, isso depende. Os camponeses ricos, senhores de terra[39], funcionários públicos e cobradores de impostos, sim. Mas os camponeses não os temem. Às vezes, dão-lhes boas-vindas". Então, olhou apreensivamente ao velho homem que estava sentado ouvindo atentamente, contudo, parecendo não ouvir. "Veja bem", ele continuou, "os camponeses são ignorantes demais para compreender que os vermelhos os usam. Pensam que os vermelhos realmente cumprem o que dizem".

"Mas não cumprem?"

"Meu pai me escreveu dizendo que eles de fato aboliram o uso do ópio em Sichuan e redistribuíram a terra lá. Então, veja bem, eles não são exatamente bandidos. Eles têm princípios, certo? Mas são homens perversos. Matam muita gente."

Surpreendentemente, o "barba cinza" levantou sua gentil face e, com perfeita compostura, fez uma reflexão desconcertante: *shā bùgòu* [杀不够]! – "*mataram foi pouco!*" Ambos olhamos, aturdidos.

Infelizmente, o trem se aproximava de Zhengzhou, onde eu teria que fazer a transferência para a linha de Longhai, e fui obrigado a terminar a conversa. Mas, desde então, me questiono como esse senhor de aparência confuciana sustentaria aquela surpreendente afirmação. Pensei sobre aquilo durante todo o próximo dia de viagem enquanto

39 N.E.: Os senhores de terra (*dìzhǔ* [地主], literalmente *comandantes territoriais*), eram os proprietários de unidades rurais maiores e que exerciam o seu poder de tal forma, que sequer se envolviam no trabalho. Eles são um fenômeno originário da metade final da Dinastia Ming, consistindo em uma classe derivada de militares e funcionários públicos premiados com terras vastas para padrões chineses, rompendo com a tradição agrícola chinesa mais coletivizada – eles se diferenciam dos camponeses ricos, os *fùnóng* [富农], uma vez que estes se envolviam no trabalho ao contrário dos senhores. As propriedades que os senhores de terra acumulavam eram, no entanto, ridiculamente menores do que as que possuem latifundiários brasileiros de hoje em dia, tendo em média, segundo o relatório do movimento de reforma agrária chinês de 1950, "apenas" 9,6 hectares (144,11 *mu*) por família em média, o que os tornaria meros sitiantes – e não fazendeiros – no Brasil, mas eles exerciam muito poder político – e militar – sobre os camponeses de forma institucionalizada.

subíamos todos os estranhos níveis de colinas de loesse[40] em Henan[41] e Shaanxi, até que meu trem, este ainda novo e bastante confortável, chegasse à nova e bela estação de Xi'an.

Logo após minha chegada, liguei para o general Yang Hucheng,[42] o comissário de pacificação, da província de Shaanxi. Até dois anos antes, o general Yang era soberano incontestável daquelas regiões de Shaanxi, não controlado pelos vermelhos. Anteriormente um criminoso, chegou ao poder pelo caminho que colocou alguns dos mais aptos líderes da China em exercício, e, no mesmo caminho, é ventilado que ele acumulou uma *fortuna como de costume*. Entretanto, recentemente, ele havia sido obrigado a dividir seu poder com vários outros senhores no Noroeste. Em 1935, o "jovem marechal" Zhang Xueliang[43], anteriormente soberano da

---

40 N.E.: O loesse (do alemão *Löss*) é um sedimento fértil de coloração amarelada. É formado por sedimentos depositados pelo vento: basicamente, partículas de quartzito, calcário e calcita. Sua coloração amarela se deve à presença de óxido de ferro. Ele está intimamente ligado ao rio Amarelo, o berço da civilização chinesa.

41 N.E.: Hénán [河南], cujo significado é "Sul do Rio [*Amarelo*]" e disputa com a província vizinha de Shaanxi o título de berço da civilização chinesa – muito embora Banpo fique em Shaanxi, mas o fato é que ambas, junto de Shanxi, abrigaram a Cultura Yangshao, descoberta nos anos 1950, que foi a predecessora, ainda no neolítico, do que hoje é a China e consistia em uma organização coletiva capaz de estabelecer uma rede de aldeias que viviam de grandes plantações de painço, mas também de trigo e arroz, além da criação de animais.

42 N.E.: Yáng Hǔchéng [楊虎城] (1893-1949) foi um republicano de primeira hora, aderente à Revolução Xinhai (1911) que depôs a monarquia, mas depois se converteu em um senhor da guerra, passando no começo dos anos 1930 para o lado do Kuomintang, até que o risco de invasão japonesa o colocou em rota de colisão com Chiang Kai-chek, razão pela qual participou do Incidente de Xi'an, pouco depois de falar com Snow. Ele passou o ano 1937 em uma luta interna contra Chiang Kai-chek para priorizar a resistência ao Japão, inclusive denunciando isso ao exterior. Conduzido à prisão domiciliar no final daquele ano, ele passou os próximos doze anos nessa condição, quando foi executado junto de sua família na iminência da Revolução de Outubro de 1949 – por essas razões, o general Yang é reverenciado pelo Partido Comunista e é considerado um mártir revolucionário. Por sinal, Yang foi apresentado a Snow por Wáng Bǐngnán [王炳南] (1908-1988), que era a ligação dos comunistas com o KMT em Shaanxi – e era casado com uma militante comunista alemã, Anneliese "Anna" Martens, o que lhe ajudava nas conexões com a Internacional Comunista; ele depois se tornou um destacado diplomata da República Popular da China.

43 N.E.: Zhāng Xuéliáng [張學良] (1901-2001) era o grande senhor da guerra da

Manchúria[44], trouxe seu exército Dongbei – isto é, o Exército do Nordeste, que cuidava da Manchúria – até Shaanxi, e assumiu o gabinete em Xi'an como supremo caçador de vermelhos na região – vice-comandante da Comissão Nacional da Repressão de Bandidos. Shao Lizi[45], acólito do

---

Manchúria, extremo nordeste da China, que, após o assassinato do pai pelos japoneses em 1928, tomou o lado do KMT. Liderava as tropas chinesas na Manchúria em 1931, quando os japoneses invadiram a região e criaram o Estado fantoche de Manchukuo. Xueliang recuou para o interior da China e preparou a resistência. Em 1936, diante da iminência da invasão japonesa, ele também entrou em conflito com Chiang Kai-shek – Xueliang participou do Incidente de Xi'an, onde tomou a frente e prendeu o generalíssimo para forçar a Segunda Frente Unida com os comunistas; quando libertou seu prisioneiro ilustre, Xueliang caiu numa escaramuça e foi colocado em prisão domiciliar já em 1936, passando quase quatro décadas nessa condição, uma vez que foi levado pelo KMT para Taiwan. Preso, Xueliang se dedicou aos estudos, se tornou artista e, inclusive, se converteu ao cristianismo por meio da Igreja Metodista, partindo para viver no Havaí depois de conseguir sua liberdade. Morreu aos cem anos sem ter voltado à China comunista, apesar de ser considerado um herói pelos comunistas pelo seu obstinado patriotismo.

44 N.E.: A Manchúria é uma região que ocupa as três províncias mais ao Nordeste da China – Hēilóngjiāng [黑龙江], Jílín [吉林] e Liáoníng [辽宁] – e inclui partes do Extremo Oriente russo. A rigor, se trata de um exônimo, que tem origem no nome pelo qual os manchus eram chamados, isto é, *jurchen* – um povo tungúsico, originário dessa região e do Leste russo, que possivelmente eram referidos como *Dōnghú* [东胡] – "bárbaros do leste" – na história antiga da China. Em si, os *jurchen* são citados como tais na história chinesa a partir de 748 d.C. e, rapidamente, eles se civilizaram em contato com a cultura chinesa, encabeçando a Dinastia Jin [金朝] (1115-1234), que dominou apenas o Norte da China, e depois a Dinastia Qing (1636–1912), que foi a última a governar toda a China – mas é bom lembrar que a sinicização dos manchus, embora gradual e demorada, inclusive pelas diferenças linguísticas consideráveis entre eles e os chineses, acabou acontecendo ironicamente após os séculos de Dinastia Manchu. Hoje, existem pouco mais de 10 milhões de pessoas que se identificam como manchus, a maioria delas na China, o que significa que enormes contingentes foram assimilados pela cultura han.

45 N.E.: Shào Lìzǐ [邵力子] (1882-1967) foi um jovem intelectual que participou da fundação do Partido Comunista, mas depois se manteve ao lado do KMT quando do rompimento dos comunistas com os nacionalistas. Nomeado frequentemente para governos provinciais, à época ele governava Shaanxi sob as ordens de Chiang Kai-shek. Também participou do Incidente de Xi'an e, com a Revolução de 1949, ele voltou para o lado dos comunistas como ocorreu com toda a ala esquerda do KMT, chegando a ocupar inúmeros cargos na República Popular da China.

generalíssimo Chiang Kai-shek, tinha sido enviado para auxiliar o jovem marechal e era governador de Shaanxi.

Um delicado equilíbrio de poderes era mantido entre essas figuras. Puxando os fios por trás delas, estava o temível generalíssimo, que desejava estender sua ditadura ao Noroeste e exterminar não só a revolução, liderada pelos comunistas, mas também aniquilar as tropas do velho Yang Hucheng e do jovem Zhang Xueliang, pelo método simples de fazê-los matar uns aos outros – uma excelente encenação político-militar em três atos, cujo estratagema principal Chiang aparentemente acreditou que só ele sabia. Esse era o erro de cálculo do generalíssimo, que somava pressa na busca do propósito e, ainda, confiança excessiva na estupidez dos seus adversários, os quais, na verdade, estavam a poucos meses de lhe aprisionar em Xi'an, o deixando ao sabor de seus desígnios[46].

Encontrei o general Yang em uma mansão de pedra concluída recentemente, a um custo faraônico. Ele vivia nessa caixa-forte de várias câmaras – a casa oficial do comissário de pacificação – sem uma esposa. Como muitos outros chineses nesse período transicional, Yang Hucheng encontrava-se onerado pela infelicidade doméstica, pois era um homem de duas mulheres. A primeira era a garota "pés de lótus" de sua juven-

46 N.E.: É o referido Incidente de Xi'an, ocorrido entre 12 e 26 de dezembro de 1936, quando Chiang foi preso pelo triunvirato em questão. Chiang foi obrigado a pactuar com os comunistas, que enviaram Zhou Enlai, o futuro número 2 da China, em pessoa para negociar com o generalíssimo. Em um jogo duplo de dissimulações, a política de cerco e aniquilamento foi posta em suspensão, Chiang garantiu a vida e a liberdade, enquanto os comunistas saíram das cordas, garantindo a formação de alguma contingência para a iminente invasão japonesa – que, se não a evitou, dificultou seu sucesso total, permitindo a virada de jogo dos chineses anos mais tarde. Como se sabe, as concessões que as partes fizeram entre si eram condicionadas à resistência ao Japão; passado isso, as diferenças entre comunistas e o Kuomintang só seriam resolvidas no campo de batalha – e acabou com a vitória dos vermelhos em 1949.

tude[47], desposada a ele por seus pais em Pucheng[48]. A segunda, uma mulher exuberante e ousada, como a madame Chiang Kai-shek, era uma bela e jovem mãe de cinco filhos, moderna e vanguardista, que diziam ter sido comunista, e era a garota que Yang tinha escolhido por conta própria. De acordo com os missionários, quando ele abria a porta de sua nova casa, todas traziam consigo as mesmas exigências mínimas. Uma detestava a outra, cada uma lhes deu um filho, e todas se recusaram a se mudar para a mansão de pedra, a menos que a outra fosse abandonada.

Para um observador externo, o caso parece simples: um divórcio ou uma terceira esposa seriam a solução. Mas o general Yang ainda não tinha se decidido, portanto, vivia sozinho. Seu dilema não era incomum na China moderna. Chiang Kai-shek enfrentou algo similar quando se casou com Song Meiling[49]: rica, educada nos Estados Unidos, metodista e despreparada para aceitar a poligamia. Chiang, por fim, se divorciou da sua primeira esposa (mãe de seu filho Ching-kuo[50]) e dispensou

---

47 N.E.: Referência à terrível prática de amarrar os pés das mulheres de modo a, literalmente, deixá-los deformados no formato de uma flor de lótus – o que ilustra que esta primeira esposa de Yang era a prometida nos termos tradicionais e patriarcais chineses. Durante mais de um milênio, essa prática nefasta foi símbolo de status social e universalizado entre a elite chinesa. Isso só foi proibido em 1949 com a Revolução e a chegada dos comunistas ao poder.

48 N.E.: Pǔchéng [浦城] é um condado sob a jurisdição do município de Nánpíng [南平], no Norte da província sulista de Fújiàn [福建].

49 N.E.: Sòng Měilíng [宋美齡] (1898-2003) foi a influente esposa de Chiang Kai-shek e membro da poderosa família Song, que basicamente ocupava o topo do Kuomintang. Ela foi responsável pela conversão de seu marido do budismo ao protestantismo e era, ainda, bastante ativa politicamente, sendo uma das grandes mentoras do giro à direita do Kuomintang. Filha de Charlie Song [Soong], um poderoso empresário e missionário metodista de Hainan, no extremo sul da China, de etnia hakka, Meiling era xangainesa pela família de sua mãe e por nascimento, tendo estudado nos Estados Unidos e, por isso, falava inglês fluentemente. Depois da morte do marido em 1975, ela teve o papel diminuído, sobretudo pela ascensão do filho do primeiro casamento de Chiang ao poder, o que a obrigou a um autoexílio dali até seus anos finais nos Estados Unidos.

50 N.E.: Chiang Ching-kuo ou Jiǎng Jīngguó [蔣經國] (1910-1988) foi o único filho biológico de Chiang Kai-shek, tendo servido como primeiro-ministro e depois presidente de Taiwan entre 1978-1988, sucedendo a Yen Chia-kan, que apenas terminou o mandato de seu pai, falecido em 1975. Ching-kuo ascendeu dentro do sistema autoritário do Kuomintang em Taiwan, antes da prática de eleições nos mol-

suas duas concubinas. A decisão foi fortemente aprovada pelos missionários, que desde então rezavam por sua alma. Entretanto – a ideia inovadora importada do Ocidente – ainda foi bastante reprovada por muitos chineses. O velho Yang, tendo vindo do povo, provavelmente estava menos preocupado com o destino de sua alma do que com as tradições de seus ancestrais.

A passada carreira criminosa de Yang não necessariamente o desqualificava como líder. Essa suposição não seria feita na China, onde uma carreira criminosa na juventude frequentemente indicava que aquele era um homem de caráter forte e com propósito. Se olharmos a história chinesa, vários de seus patriotas mais competentes em algum momento foram classificados como bandidos. O fato era que muitos dos piores trapaceiros, malandros e traidores haviam chegado ao poder na China sob o pretexto da honra, a hipocrisia podre das máximas confucianas e do clericalismo dos clássicos chineses – uma tradição que utilizou o bom e forte braço de bandidos de verdade para, assim, *fazer o que deveria ser feito*, como continua a ser verdade no momento em que escrevo este relato.

A história do general Yang como revolucionário sugeria que havia sido um robusto camponês que, um dia, pode ter tido grandes sonhos de promover mudanças massivas em seu mundo, mas, encontrando-se no poder, buscou em vão por uma metodologia, e terminou exaurido e confuso, dando ouvidos aos conselhos dos mercenários que se agrupavam ao seu redor. Recusou-se a discutir questões políticas, e educadamente delegou um de seus secretários para me mostrar a cidade. Também estava sofrendo de uma severa dor de cabeça e reumatismo quando o visitei, em meio a seu mar de problemas, não era eu quem iria insistir em fazer perguntas irritantes. Pelo contrário, em seu dilema, tinha minha solidariedade. Portanto, após uma breve entrevista com

---

des ocidentais na ilha. Controverso, estudou na União Soviética por conta da então aproximação dos nacionalistas chineses com Moscou, mas depois seguiu o rumo de seu pai no giro à direita do KMT, embora tivesse uma relação turbulenta com sua poderosa e americanófila madrasta, além de colossais embates contra redes mafiosas que apoiavam – e integravam – seu partido.

ele, me retirei discretamente para tentar encontrar respostas com o nobre governador Shao Lizi.

O governador Shao me recebeu no jardim de seu espaçoso yamen[51], arejado e tranquilo, após o clima seco das ruas poeirentas de Xi'an. Tinha visto ele pela última vez há seis semanas, quando ele era o secretário pessoal de Chiang Kai-shek, e naquela ocasião ele havia me ajudado na entrevista com o generalíssimo. Desde então, ele havia ascendido rapidamente dentro do Kuomintang. Era um homem competente, bem-educado, e o generalíssimo agora havia outorgado a ele a distinção de uma governança. Entretanto, o pobre Shao, como muitos outros governadores civis, não tinha domínio para além dos muros cinzas da sede da província – sendo o remoto território ainda dividido pelo general Yang e pelo jovem marechal.

O honrado Shao tinha sido ele próprio um "bandido comunista". Tivera papel pioneiro no Partido Comunista da China. Na época, era de bom tom ser comunista, mas ninguém tinha exatamente certeza do que isso significava, exceto que muitos homens jovens e inteligentes eram comunistas. Posteriormente, Shao abjurou seu passado vermelho, uma vez que em 1927 se tornou bastante claro o que isso significava, e ninguém queria literalmente perder a cabeça à toa. Shao se tornou budista devoto e, por conseguinte, não mostrou mais sinais de heresia. Era um dos cavalheiros mais encantadores da China.

"Como andam os vermelhos?", perguntei a ele.

"Não há mais muitos deles. Os de Shaanxi são apenas reminiscências."

"Então a guerra continua?", perguntei.

"Não, no momento, há um pequeno conflito no norte de Shaanxi. Os vermelhos estão se deslocando em direção a Ningxia e Gansu. Parece que querem se unir à Mongólia Exterior."

Trocou de assunto para a situação no Sudoeste, onde generais insurgentes exigiam uma expedição antijaponesa. Questionei se ele pensava que a China deveria entrar em conflito com o Japão. "Podemos?", reivindicou. Então o governador budista me disse exatamente o que pen-

---

51 N.E.: Um *yámén* (衙门) é o típico escritório ou residência de burocratas que remonta à Dinastia Qing, que se tornou sinônimo de escritório oficial, embora com uma conotação negativa.

sava sobre o Japão, apenas em *off* – como todo oficial do Kuomintang fazia para dar sua própria opinião sobre o Japão.

Alguns meses depois dessa entrevista, o pobre Shao seria colocado sob pressão na questão da guerra contra o Japão – juntamente com o generalíssimo – por jovens rebeldes do exército do marechal Xueliang, que se recusou a ser razoável e aceitar "talvez um dia" como resposta, mais uma vez. A pequena esposa de Shao, estudante retornada de Moscou, ex-comunista, foi cercada por um grupo de insurrecionistas e travou uma valente luta para resistir à prisão.

Shao não evidenciava prever nada disso em nossa conversa, e uma troca de pontos de vista tendo nos trazido perigosamente perto de uma conclusão indicava que era hora de partir. Eu já havia tirado de Shao Lizi o que eu queria. Ele confirmou o que recebi de meu informante em Pequim: o conflito no norte de Shaanxi tinha sido freado temporariamente. Portanto, era possível sim chegar ao front, se eu articulasse isso adequadamente.

1.3. Alguns bronzes Han[52]

Após aproximadamente seis meses da minha chegada em Xi'an, a crisc do Noroeste estava prestes a eclodir de uma forma que ninguém jamais teria previsto, o mundo todo foi dramaticamente informado sobre uma incrível aliança entre o grande exército do marechal Zhang Xueliang e os "bandidos", a quem ele mesmo ordenou destruir quando ocupava o cargo de deputado comandante em chefe das forças de repressão ao comunismo. Mas, em junho de 1936, o mundo exterior se encontrava ignorante aos insólitos desdobramentos, e, mesmo nos quartéis dos gendarmes de Chiang Kai-shek, os famosos camisas azuis, ninguém sabia exatamente o que se passava. Cerca de 300 comunistas estavam

52 N.E.: *Hàn* [汉] é o maior grupo étnico da China (e, por conseguinte, de todo o mundo) e é equivalente a "chinês étnico", representando formalmente quase 92% da população chinesa. O termo deriva da Dinastia Han, a segunda a governar o país de forma unificada entre 206 a.C. e 220 d.C. – e que moldou a China como a conhecemos. A Dinastia Han, por sua vez, adotou esse nome do feudo – e atual município – de Hànzhōng [汉中], que significa "meio do [rio] Han". Originalmente, o termo próprio para a civilização chinesa era *Huáxià* [華夏] e os chineses étnicos se denominavam "vários hua", *zhūhuá* [诸华], ou "vários xia", *zhūxià* [诸夏], razão pela qual ainda existe a expressão *Huárén* [华人]. A designação do povo chinês em sentido étnico como "han", no entanto, só se torna dominante a partir do século XIX, com a chegada das teorias raciais ocidentais na China – que demandam uma identificação unitarizante das etnias existentes na Dinastia Qing. Contudo, isso esconde a diversidade cultural que existe entre pessoas han de toda a China, sendo tanto mais semelhante a um amplo grupo etnolinguístico – como, por exemplo, os "germânicos", "eslavos" ou "latinos" na Europa, embora eles estejam compreendidos em um único Estado nação. Importante sempre lembrar que o Sul da China só se tornou parte dela com as expansões registradas após a unificação: foram tornados chineses só a partir daí. De tal sorte, han é um termo, portanto, mutuamente aceitável entre Norte e Sul para "chinês étnico", enquanto hua se refere em demasiado às origens chineses no Norte, já os nacionais da China, independentemente da etnia, são os *Zhōngguórén* [中国人]. Os bronzes em questão dizem respeito ao metal com o qual era feito desde ornamentos a instrumentos rituais durante milênios, antes da ascensão da porcelana.

presos na cadeia da cidade, e os camisas azuis estavam à caça de mais. A atmosfera de extrema tensão prevalecia. Agentes de espionagem e contraespionagem estavam por toda parte. Entretanto, não há mais necessidade de confidencialidade sobre aquele período fascinante, com os segredos que me foram forçosamente incumbidos, para que aqui pudessem ser contados.

Antes de chegar a Xi'an, eu nunca havia visto o Exército Vermelho. O homem de Pequim, que escreveu uma carta em tinta invisível a Mao Zedong para mim, eu sabia que era um comandante vermelho, mas não tinha o visto. A carta chegou até mim por uma terceira pessoa, um velho amigo, mas, exceto por essa carta, eu tinha apenas uma esperança de conexão ao Noroeste. Eu tinha sido instruído a simplesmente ir a um hotel em Xi'an me hospedar lá e, assim, esperar pela visita de um senhor que se apresentaria como Wang, sobre o qual eu não sabia nada além disso. Nada – exceto que ele providenciaria para que eu entrasse nos distritos vermelhos por meio do avião particular, conforme me foi prometido, do próprio Zhang Xueliang!

Alguns dias após eu me acomodar no hotel, um chinês um tanto grande, floreado e rechonchudo, entretanto, arrojado e solene, usando um longo traje de seda cinza, entrou pela minha porta aberta e me cumprimentou em um excelente inglês. Aparentava ser um comerciante próspero, mas se apresentou como Wang. Mencionou o nome de meu amigo em Pequim e estabeleceu, assim, que era quem eu esperava.

A semana seguinte me trouxe a descoberta de que Wang já valia a viagem para Xi'an. Passei quatro ou cinco horas por dia ouvindo seus *causos*, suas reminiscências e suas explicações mais sérias sobre a situação política. Ele foi inteiramente inesperado. Formado em uma escola para missionários em Xangai, era proeminentemente identificado na comunidade cristã. Mais tarde, eu viria a saber que ele tinha tido uma igreja própria, e era conhecido entre os comunistas como Wang *mushi*, isto é, o pastor Wang. Como muitos pastores bem-sucedidos de Xangai, ele havia sido membro da *Qīng Bāng* [青帮], referida no Ocidente como *Gangue Verde* de Xangai[53], e conhecia todo mundo,

53 N.E.: A *Gangue Verde* se tratava de um misto de sociedade secreta com orga-

desde Chiang Kai-shek (também membro) até Du Yuesheng[54], chefe da organização criminosa. Ele já havia sido alto oficial do Kuomintang, mas até o presente momento, não é possível disponibilizar seu verdadeiro nome.

Por algum tempo, tendo desertado de sua congregação e do oficialismo, o pastor Wang esteve trabalhando com os vermelhos. Por quanto tempo, eu não sei. Era um tipo de embaixador extraoficial entre diferentes instâncias militares e governamentais nas quais os comunistas estavam tentando conseguir acordos e respaldo aos seus projetos de uma "frente nacional antijaponesa". Com Xueliang, pelo menos, ele havia sido bem-sucedido. Neste ponto, é necessário introduzir um pouco de contexto para que se estruture a base do entendimento secreto que se firmou a esta altura.

Zhang Xueliang era até 1931 um popular, apostador, generoso, moderno, jogador de golfe, usuário de entorpecentes, contraditório tirano senhor da guerra dos 30 milhões de manchus – ele foi confirmado no cargo por herança de seu pai, o ex-criminoso – e ditador militar da China – Zhang Zuolin[55], e pelo governo do Kuomintang em Nan-

---

nização criminosa que operava na China desde os últimos anos da Dinastia Qing, mas depois, com a república, passa a ter relações profundas com a ala direita do Kuomintang, enquanto se dedicava ao tráfico de drogas, contrabando, venda de proteção e prostituição. Suas origens remontam a seitas budistas han proibidas durante a Dinastia Qing, que logo derivam para sistemas mafiosos, exprimindo a tensão entre chineses étnicos e a elite manchu. O fato é que a Gangue Verde é a máfia chinesa por excelência, ou a forma como ela chegou no imaginário ocidental por meio do cinema *noir* de Xangai dos anos 1930.

54 N.E.: Dù Yuèshēng [杜月生] (1888-1951) foi um dos líderes da Gangue Verde e, em dado momento, também o chefão absoluto do crime em Xangai, colaborando estreitamente com Chiang Kai-shek, para quem providenciava armas modernas e uma rede de espiões e contatos no submundo – além de estar alinhado na ideia de que era preciso combater o comunismo primeiro, antes de deter a invasão japonesa. Depois de ajudar a extrema direita no expurgo dos comunistas posterior à fracassada Revolução de 1927, Du chegou a ser nomeado, ironicamente, para o Conselho de Supressão ao Ópio de Xangai. Após a Revolução Chinesa, Du foge para Hong Kong, onde faleceu em poucos anos, viciado em ópio, mas é lembrado e aclamado em Taiwan até hoje.

55 N.E.: Zhāng Zuòlín [张作霖] (1875-1928), pai do jovem marechal Zhang Xueliang, foi um senhor da guerra da Manchúria, e traficante de ópio, que ocupou a

quim, o qual também havia lhe concedido o título de vice-comandante em chefe das Forças Armadas da China. Em setembro de 1931, o Japão empenha-se em conquistar o Noroeste, e os reveses de Zhang iniciam-se. No momento em que a invasão japonesa foi iniciada, o jovem marechal Xueliang encontrava-se no *Peking Union Hospital*[56], sob a Muralha, se recuperando de febre tifoide, sem condições de enfrentar tal crise sozinho. Apoiava-se fortemente em Nanquim e em seu irmão "mais velho" por juramento de sangue, o generalíssimo Chiang Kai-shek. Mas Chiang Kai-shek, que não dispunha de recursos satisfatórios para confrontar o Japão – e os vermelhos –, solicitou suporte da Liga das Nações. Xueliang seguiu o conselho do generalíssimo e as ordens de Nanquim. Como resultado, perdeu sua pátria, a Manchúria, após um ato de resistência meramente simbólico de suas tropas retraídas. A propaganda de Nanquim fez parecer que a política da não resistência havia sido ideia do jovem marechal, embora os registros provassem que fora ordem explícita do governo. Tal sacrifício viabilizou que o generalíssimo sustentasse seu próprio, e instável, regime em Nanquim e que começasse uma nova campanha de extermínio contra os vermelhos.

Foi assim que as tropas manchus, conhecidas na China como *Dongbei* ("Nordeste"), se deslocaram ao sul da Grande Muralha para "dentro da China propriamente dita[57]". O mesmo ocorreu quando o Japão invadiu a província de Jehol (Rehe)[58]. Xueliang não estava hospita-

---

presidência da China breve e ditatorialmente entre 1927 e 1928, até ser obrigado a renunciar e retornar para sua terra imediatamente – ocasião em que morreu, precisamente em um atentado promovido pelos japoneses no trem que o levava de Pequim de volta para a Manchúria.

56 N.E.: Também conhecido como Běijīng Xiéhé Yīyuàn [北京协和医院], é um renomado hospital geral em Pequim. Ele foi fundado em 1921 pela Fundação Rockefeller e é afiliada à Peking Union Medical College (PUMC) e à Academia Chinesa de Ciências Médicas (CAMS). Durante a Revolução Cultural, ele foi rebatizado de Hospital Anti-Imperialista.

57 N.E.: China propriamente dita é um conceito complexo e duvidoso que, no caso, marca a parte do território chinês que não incluí o Xinjiang, Tibet, Mongólia Interior e, no caso específico, a Manchúria, ou seja, a área externa à hegemonia cultural han.

58 N.E.: A província de Rèhé [熱河], "Rio Quente", era romanizada como Jehol e ficava ao norte da Grande Muralha. Em 1955, a administração da República Popular da China dividiu a área entre a província de Hebei, a província de Liaoning, o muni-

lizado na ocasião, mas deveria estar. Nanquim não enviou qualquer assistência a ele e não fez nenhum provisionamento de defesa. O generalíssimo, para evitar uma guerra, estava disposto a ver Jehol cair sob domínio do Japão também, e assim o foi. Zhang Xueliang ficou com a culpa e, passivamente, foi o bode expiatório toda vez que alguém tinha de renunciar para apaziguar uma população enfurecida. Era o generalíssimo ou Zhang – e o segundo já havia se curvado a essa função. Zhang acabou partindo para a Europa para "estudar a conjuntura".

Os acontecimentos mais importantes para Xueliang na Europa não foram seus encontros com Mussolini, Hitler ou Ramsay MacDonald[59], mas sim que, pela primeira vez, ele se encontrava saudável, curado do vício em drogas. Alguns anos antes, ele havia se viciado em ópio, como muitos generais chineses entre batalhas. Sair deste vício não era fácil, e os médicos garantiram que podiam curá-lo com injeções. Quando os médicos terminavam o tratamento, de fato, o jovem marechal não tinha mais abstinências pelo ópio a noite toda; no entanto, se encontrava, agora, viciado em morfina.

Quando conheci Zhang em Mukden em 1929, ele era o ditador mais jovem do mundo, e ainda parecia bastante bem. Era magro, de rosto marcado e cheio de icterícias, mas de mente rápida e energética. Era, também, cheio de exuberância. Era abertamente antijaponês, pronto a fazer de tudo para manter o Japão longe da China e moderenizar a Manchúria. Vários anos mais tarde, sua condição física deteriorou-se muito. Um de seus médicos em Pequim me contou que ele gastava 200 yuans por dia em "remédios" – uma preparação especial de morfina, que poderia gradualmente ser "retirada", em teoria.

Mas, pouco antes de partir para a Europa, ainda em Xangai, Zhang Xueliang começou a se curar do vício em drogas. Quando retornou

---

cípio de Tianjin e a Região Autônoma da Mongólia Interior.

59 N.E.: James Ramsay MacDonald (1866-1937) foi um notório ativista antiguerra e fundador do Partido Trabalhista do Reino Unido. Ele se tornou a primeira pessoa de esquerda a servir como primeiro-ministro de seu país – brevemente em 1924 e, depois, entre 1929 e 1935, sendo responsável em parte desse período por um governo de união nacional em parceria com os conservadores, que marcou sua guinada à direita e lhe valeu a expulsão das fileiras trabalhistas.

à China, em 1934, seus amigos ficaram felizes e impressionados: ele tinha ganhado músculos, havia cor em seu rosto, aparentava ser dez anos mais jovem, e as pessoas viram nele traços daquele líder radiante que era quando jovem. Ele sempre teve uma mente ágil e realista, e agora havia dado tempo para que esta progredisse. Em Hankou[60], ele retomou o comando do Exército Dongbei, que havia sido deslocado à China Central para combater os vermelhos. Foi uma homenagem à sua notoriedade, que seu exército, apesar de seus erros no passado, o recepcionou entusiasticamente novamente.

Zhang adotou uma nova rotina – acordava às seis, exercício puxado, estudos e treinos diários, alimentação simples, hábitos espartanos e contato direto e pessoal, tanto com seus subalternos, quanto com oficiais de suas tropas, que ainda totalizavam cerca de 140 mil homens. Começava a surgir um novo Exército Dongbei. Céticos gradualmente se convenceram de que o jovem marechal havia se tornado novamente alguém digno de atenção, e levaram a sério seu juramento feito em seu retorno: de que toda sua vida seria devotada à tarefa de recuperar a Manchúria e apagar a humilhação de seu povo.

Entretanto, Zhang não havia perdido sua fé no generalíssimo. Durante toda a relação, Zhang jamais vacilou em sua lealdade ao velho homem, cujo regime ele havia salvado três vezes do colapso, e a quem confiava plenamente seu juízo e sinceridade. Evidentemente, ele acreditava em Chiang Kai-shek quando me disse que estava se preparando para recuperar a Manchúria, e que não cederia qualquer território sem oferecer resistência. Em 1935, os militares japoneses continuaram a agressão: o regime fantoche do leste de Hebei[61] foi estabelecido, parte

60 N.E.: Hànkǒu [汉口] não existe mais desde 1927, ano em que ela foi fundida com Wǔchāng [武昌] e Hànyáng [汉阳] para formar a atual cidade de Wǔhàn [武汉] – isso aconteceu após a famosa Expedição do Norte, quando comunistas e o Kuomintang, ainda unidos, marcharam para derrotar o regime dos senhores da guerra instalado em Pequim e estabeleceram nas antigas três cidades uma nova capital, com o intuito de unificar toda a China.

61 N.E.: Héběi [河北], ou "Norte do Rio [Amarelo]", é província que envolve a cidade de Pequim, que detém status especial, fazendo fronteira com as províncias de Shanxi a oeste, Henan a sul, Shandong a sudeste e Liaoning a nordeste, bem como a Região Autônoma da Mongólia Interior a norte. Enfim, se trata de uma área da

de Chahar foi anexada[62], exigências de separação entre o Sul e o Norte da China foram feitas, às quais Nanquim parcialmente tolerou. Um ameaçador rompante de descontentamento começou a se espalhar entre os oficiais e homens do jovem marechal, especialmente quando suas tropas foram deslocadas ao Noroeste para travar uma guerra impopular contra o Exército Vermelho, enquanto o atrito com os japoneses continuava, quase sem resistência.

Após meses de batalhas contra os vermelhos no Sul, diversas conclusões foram feitas pelo jovem marechal e por alguns de seus oficiais: de que os "bandidos", que eles estavam combatendo, na verdade, eram liderados por comandantes qualificados, patriotas, e antijaponeses; que esse processo de "extermínio do comunismo" poderia durar por muitos anos mais; que era impossível resistir ao Japão enquanto as guerras antivermelhas estavam em progresso; e que, enquanto isso, o Exército Dongbei estava rapidamente sendo reduzido e dissolvido em batalhas sem propósito.

Não obstante, ao transferir seus quartéis para o Noroeste, Zhang iniciou uma enérgica campanha contra os vermelhos. Por algum tempo, foi efetiva, mas, em outubro e novembro de 1935, o Exército de Dongbei sofreu graves derrotas, perdendo, alegadamente, duas divisões inteiras (101ª e 109ª) e parte de uma terceira (110ª). Milhares de homens do Exército de Dongbei, então, "desertaram" para se juntar ao Exército Vermelho. Muitos oficiais foram aprisionados também, e mantidos por um período de "tutela antijaponesa".

Quando esses oficiais foram libertados e retornaram a Xi'an, trouxeram ao jovem marechal elogiosos testemunhos da moral e organização nos distritos sovietes, mas, especialmente, sobre a honestidade do

---

China tradicional.

62 N.E.: Chahar se trata de uma antiga província de maioria mongol desde as invasões do século XIII, absorvida na maior parte pela Região Autônoma da Mongólia Interior a partir de 1952 – mas algumas partes suas são, hoje, partes do município de Pequim e da província de Hebei. De 1937 a 1945, Chahar foi ocupada pelo Japão e fez parte de Mengjiang, uma região controlada pelos japoneses liderada pelo príncipe mongol Demchugdongrub da Aliança Shilingol. Paralelamente, a Aliança do Exército Antijaponês do Povo Chahar [察哈爾民眾抗日同盟軍] foi estabelecida em Kalgan em 26 de maio de 1933 por Féng Yùxiáng [馮玉祥] e Jí Hóngchāng [吉鴻昌].

Exército Vermelho em querer parar a guerra civil, unificar a China por meio de meios democráticos e unir-se a fim de se opor ao imperialismo japonês. Zhang estava surpreso. Ficava ainda mais impressionado pelos relatos de que suas próprias divisões sentiam que não deviam lutar contra os vermelhos, usando *slogans* como: "chineses não devem lutar contra chineses!" e "unam-se conosco ao contra-ataque pela Manchúria!" – estavam contagiando toda a base do Exército Dongbei.

Nesse meio tempo, Zhang havia sido fortemente influenciado à esquerda por conta própria. Muitos dos estudantes da sua Universidade Dongbei tinham vindo a Xi'an e estavam trabalhando com ele; dentre eles, alguns eram comunistas. Após as demandas feitas pelo Japão à Pequim em dezembro de 1935, *os Três Princípios de Koki Hirota*, ele havia enviado um recado ao Norte de que todos os estudantes anti-Japão, independentemente de convicções políticas, poderiam encontrar o paraíso em Xi'an. Enquanto agitadores políticos anti-Japão em outras regiões da China estavam sendo presos por agentes do governo de Nanquim, em Shaanxi eles eram apoiados e protegidos. Alguns dos oficiais mais jovens de Zhang foram bastante influenciados pelos estudantes também, e quando os oficiais capturados retornaram dos distritos vermelhos e relataram que organizações de massa, abertamente anti-Japão, estavam prosperando lá, e após a descrição da propaganda patriótica dos vermelhos entre as pessoas, Zhang começou a pensar mais nos vermelhos como aliados naturais do que como inimigos.

Foi nesse momento, no início de 1936, que o pastor Wang me disse que um dia ligou para Zhang e abriu a entrevista declarando: "Eu vim para emprestar seu avião para ir a distritos dos vermelhos".

Zhang levantou-se abruptamente e o olhou em estado de estupefação. "O quê? Você ousa vir até aqui e fazer tal proposta? Você percebe que pode ser executado por isso?"

O pastor, então, elaborou. Explicou que tinha contatos com os comunistas, e sabia coisas das quais Zhang deveria saber. Falou por um longo tempo sobre as políticas em mutação, a necessidade de uma China unificada para uma resistência ao Japão e a disposição dos vermelhos de fazer grandes concessões à Nanquim com fins de resistir ao Japão, uma tática a qual os vermelhos já haviam compreendido que não poderiam tornar efetiva sozinhos. Wang preconizou que o marechal deveria preparar-se para um diálogo sobre esses pontos, posteriormente, com certos líderes vermelhos. Após a surpresa inicial, Zhang ouviu atentamente a tudo isso. Ele esteve por algum tempo pensando que os vermelhos lhe poderiam ser úteis: certamente, eles também acreditavam que ele também poderia ser útil a eles; talvez pudessem ser muito úteis um ao outro, com base nas demandas em comum entre eles de terminar a guerra civil e na formação de uma resistência unificada contra o Japão.

Ao final, o pastor voou para Yan'an[63], Norte de Shaanxi, no avião particular do jovem marechal. Entrou na China "soviética" e retornou com uma fórmula para a negociação. Pouco tempo depois, o próprio Zhang Xueliang voou até Yan'an, encontrou-se com Zhou Enlai e, após um longo e detalhado diálogo, de acordo com Wang, Zhang se convenceu da sinceridade, sensatez e viabilidade de suas propostas por uma Frente Unida.

As primeiras etapas da implementação do acordo Dongbei com os comunistas incluíam a interrupção dos conflitos em Shaanxi. Nenhum dos lados se moveria sem notificar o outro. Os vermelhos enviaram diversos delegados a Xi'an, que vestiram uniformes Dongbei, juntando-se à equipe de Zhang Xueliang e ajudando a reorganizar os métodos de treinamento político em seu exército. Uma nova escola foi aberta por Wang em Qucun em Shaanxi, onde oficiais de patente mais baixa passavam por cursos intensivos de política, economia, ciências sociais e estudo detalhado e estatístico de como o Japão dominou a Manchúria e o que a China perdeu por consequência. Centenas de estudantes radicais reuniram-se em Xi'an e ingressaram em outra escola de treinamento político antijaponesa, na qual, o jovem marechal também lecionava frequentemente. Algo como o sistema político de comissariado, usado na Rússia Soviética e no Exército Vermelho chinês, foi adotado pelo Exército Dongbei. Alguns dos oficiais mais velhos, herdados da época

63 N.E.: Yán'ān [延安] é uma prefeitura da província de Shaanxi que tem esse nome por causa do rio Yán – lembrando que prefeituras em nível provincial ou municípios chineses são divisões da província, compreendendo eventualmente cidades, distritos e condados em seu interior. Foi lá que teve fim a Longa Marcha.

da Manchúria, foram dispensados. Para substituí-los, Zhang Xueliang promoveu oficiais radicais jovens, a quem ele agora contava como suporte para constituir seu novo exército. Os bajuladores que acompanhavam Zhang durante seus anos de *playboy* foram substituídos, em geral, por estudantes sérios e motivados da Universidade de Dongbei.

Graças a tais mudanças terem sido concebidas de forma cuidadosamente discretas, é que se tornou possível a Zhang a semiautonomia como senhor da guerra da província. Embora as tropas de Dongbei não entrassem mais em conflito com os vermelhos, havia tropas de Nanquim ao longo das fronteiras de Shanxi e Shaanxi e em Gansu e Ningxia, e ainda havia conflito nessas regiões. Nenhum rumor de trégua entre Zhang e os comunistas escapou para a imprensa. Apesar de os espiões de Chiang Kai-shek em Xi'an suspeitarem que algo estava em "fermentação", eles conseguiram poucos detalhes da natureza disso. Ocasionalmente, chegavam caminhões a Xi'an trazendo vermelhos, mas pareciam inofensivos, todos vestiam uniformes de Dongbei. A eventual saída de caminhões de Xi'an aos distritos vermelhos não levantava suspeitas, pareciam com qualquer caminhão preparado para o front.

Era em um desses caminhões que eu iria para o front – como me confidenciou o pastor Wang logo após minha chegada. A jornada de avião estava fora da jogada, pois seria um enorme risco de constrangimento ao jovem marechal envolvido: seus pilotos americanos poderiam não conter suas línguas se um estrangeiro fosse deixado no front – e não retornasse.

Um dia de manhã, o pastor Wang me chamou juntamente de um suposto oficial de Dongbei – ou um jovem usando farda de oficial de Dongbei – e sugeriu um passeio pela cidade milenar Han, no exterior de Xi'an. Um carro cortinado nos aguardava fora do hotel. Quando entramos, me deparei com um homem no canto usando óculos escuros e *zhongshan*[64], que servia como uniforme de oficial do Kuomintang.

---

64 N.E.: Zhōngshān [中山] é como era chamada a túnica típica dos líderes chineses, imortalizada depois por Mao. Na época, ela era conhecida pelo nome do falecido líder do Kuomintang, Sun Yat-sen, que na China é conhecido como Sun Zhongshan, um de seus pseudônimos.

Dirigimos para fora da localização do velho palácio da Dinastia[65] Han. Então, caminhamos pelo elevado monte de terra onde o célebre imperador[66] Wu[67] de Han outrora se sentou em seu trono e "governou a ter-

65 N.E.: Cumpre salientar que, embora, nesse contexto, o caractere chāo [朝] seja traduzido convencionalmente como "dinastia", ele significa "manhã". Sua origem remonta aos tempos da Dinastia Shāng [商朝], também chamada de Dinastia Yīn [殷朝] (1600 a.C. – 1045 a.C.), nos primórdios da história escrita chinesa. Esse uso de "manhã" remota ao fato de que, nessa época, os funcionários do reino chegavam para audiências matutinas com o rei. Ainda assim, muitas vezes a Dinastia Shang/Yin era referida também como dài [代], isto é, era, período ou geração. O conceito de dinastia/chāo [朝] evolui na China nos séculos posteriores, se consagrando definitivamente no período imperial, quando era o nome oficial de toda a China – ou de partes dela (Qin, Han, Tang etc.). As Dinastias não eram chamadas pelos nomes dos clãs/famílias que lhes encabeçavam, mas por títulos convencionados, às vezes por razões de origem (Qin ou Han) ou por motivos filosóficos-religiosos (Ming ou Qing). Como comparação, a França jamais se chamou oficialmente "Dinastia Carolíngia" ou "dos Capeto"; nem o Reino Unido foi referido como "Dinastia de Windsor"; tampouco nomes de famílias (como Liu, Li ou Zhao/Ying) foram nomes das dinastias que elas encabeçaram na China. Dessa forma, dada a peculiaridade do conceito chinês de dinastia – ou da tentativa de tradução ou até transposição do conceito de chāo [朝] para o Ocidente –, optamos por referenciar em caixa alta os nomes delas – Dinastia Qin, Dinastia Han e assim por diante. Afinal de contas, era um dos nomes próprios e oficiais para o país que hoje chamamos de China – ainda que em concorrência com o uso de Grande (Dà [大]) junto ao nome da dinastia.

66 N.E.: Imperador é a tradução instituída pelos ocidentais para o termo *Huàngdì*. Enquanto *huáng* [皇] seria algo como "augusto" ou "radiante" – e é homófono de "amarelo" [黄] com o qual guarda relação semântica –, designando os três soberanos míticos – reis semideuses da tradição chinesa –, *dì* [帝] se refere ao deus supremo – e celeste – dos chineses do Período Shang [商朝], ao primeiro período da existência da civilização chinesa que se tem registros propriamente e, também, à forma como os cinco primeiros "imperadores" eram referidos – os sábios governantes do início da civilização chinesa, cuja função era tanto mais religiosa-ritual do que política. O termo *Huangdi*, por óbvio, guarda relação com o "Imperador Amarelo", o fundador da China segundo as tradições do país, mas em relação ao qual existem discussões importantes sobre sua existência histórica real. O primeiro a adotar o cargo de imperador foi Qin Shi Huangdi, literalmente, o Primeiro Imperador Qin, unificador da China.

67 N.E.: Imperador Wu da Dinastia Han, cujo nome de nascença era Liú Chè [劉徹] (156 a.C.-87 a. C.), foi o chinês étnico a ficar mais tempo no poder, tendo reinado por 54 anos. Seu recorde só foi quebrado por dois imperadores da Dinastia Qing, Kangxi e Qianlong, que governaram, respectivamente, por 61 e 60 anos, mas eram, de todo modo, manchus. O imperador Wu, por sua vez, reinou entre 141 a.C. e 87 a.C. e foi um importante edificador da China unificada em todos os seus aspectos,

ra". Aqui, era possível coletar fragmentos das telhas daqueles incríveis tetos com mais de dois milênios.

O pastor Wang e o oficial de Dongbei tinham algum assunto a tratar, ficaram separados conversando. O oficial do Kuomintang, que estava sentado quieto durante toda nossa longa e poeirenta viagem, veio até mim, retirou seus óculos escuros e chapéu branco. Notei que era bastante jovem. Abaixo de uma borda de cabelos grossos e lustrosos, um par de olhos intensos cintilaram em minha direção. Um sorriso malicioso se abriu em sua face bronzeada, com apenas um olhar, sem os óculos, ficava evidente que o uniforme era um disfarce, não se tratava de um burocrata sedentário, e sim um homem de ações exteriores. Era de estatura média, e aparentava ser ligeiramente forte. Portanto, quando se aproximou de mim e pegou meu braço com seu punho de ferro, eu me encolhi por surpresa. Havia uma graça de pantera nos movimentos do homem, uma agilidade e flexibilidade por baixo do rígido e formal corte do traje.

Ele aproximou o rosto do meu, sorriu e fixou seu olhar incisivo e imperioso em mim, segurou meus dois braços firmemente com sua mão firme, sacudiu a cabeça comicamente, apertou os lábios e piscou! "Olhe para mim!" Ele sussurrou com o êxtase de uma criança guardando um segredo. "Olhe para mim! Você me reconhece?"

Eu não sabia o que pensar do camarada. Ele estava tão empolgado com algo, que seu entusiasmo me contagiou, me senti tolo por não ter nada a dizer. Se eu o reconhecia? Nunca havia encontrado um chinês como ele na minha vida. Balancei minha cabeça, me desculpando.

Ele soltou minha mão e apontou um dedo para seu peito. "Achei que talvez você tivesse visto minha foto em algum lugar", ele disse. "Bem, eu sou Deng Fa[68]", apresentou-se, inclinando a cabeça para trás, e olhou para mim, para que eu visse o efeito da bomba.

---

governando a China a partir de Xi'an.

68 N.E.: Dèng Fā [邓发] (1906-1946) era o homem forte da polícia secreta dos comunistas. Ele faleceu poucos anos mais tarde, antes da Revolução, em um desastre aéreo que ceifou a vida de alguns líderes do Partido.

Deng Fa? Deng Fa... ora, Deng Fa era comandante da Polícia de Segurança do Exército Vermelho. Ainda mais, havia uma recompensa de 50 mil yuans por sua cabeça!

Deng se divertiu ao revelar sua identidade. Ele era impressionante, puro entretenimento na situação: ele, o notório "bandido comunista", vivendo no seio do campo inimigo, bem debaixo dos narizes dos espiões que pairavam por toda parte. E ele estava radiante em me ver – literalmente, me abraçando repetidamente: eu, um americano, voluntariamente entrando em áreas "de bandidos". Ele me ofereceu de tudo. Se eu queria o cavalo dele? Ah, o cavalo que ele tinha, o melhor da China Vermelha! Suas fotos? Ele tinha uma coleção incrível, e era toda minha. Seu diário? Ele enviaria instruções para sua esposa, que ainda se encontrava em território de sovietes, para que entregasse tudo a mim e ainda mais. E manteve sua palavra.

Que chinês! Que bandido vermelho!

Deng Fa era cantonês, filho de uma família de classe trabalhadora, e já havia sido um cozinheiro de pratos estrangeiros em um navio a vapor que fazia a rota Hong Kong-Guangzhou. Ele foi líder da grande greve do setor de transportes de Hong Kong, quando foi espancado e teve algumas costelas quebradas por um guarda britânico que não gostava de piquetes. Foi então, que ele se tornou um comunista, entrou em Whampoa[69] e participou do processo revolucionário nacionalista, se tornando a partir de 1927 parte do Exército Vermelho em Jiangxi[70].

---

69 N.E.: A Academia Militar da República da China, conhecida pelo nome romanizado da sua sede, no Cantão, Whampoa (Huángbù [黄埔]), foi uma instituição fundada em 1924 pelo Kuomintang para modernizar as forças armadas chinesas. Foi centro de formação tanto de nacionalistas como de comunistas e teve entre seus célebres alunos figuras como Zhou Enlai. Sun Yat-sen foi o idealizador do projeto, que unia nacionalistas e comunistas, mas que teve o decisivo papel de conselheiros e especialistas militares soviéticos.

70 N.E.: Jiāngxī [江西], "Oeste do Rio [Yangtzé]" é uma província do Sul da China, que se tornou parte do mundo Han em 473 a. C. e, por isso, ficou de fora da civilização chinesa remota, o que lhe confere peculiaridades culturais em relação às províncias do Norte, o berço da civilização chinesa. Jiangxi tem laços muito profundos com Hunan, os quais remontam principalmente ao início da Dinastia Ming – quando Hunan foi repovoada por moradores *han* oriundos de Jiangxi e, possivelmente, chegaram os ancestrais mais antigos de Mao a Hunan. Juntas, Jiangxi e Hunan, serão os berços da

Permanecemos por uma hora ou mais naquela altura, conversando e olhando a sepultura envolta em verde de uma cidade imperial abaixo. Quão incongruente, todavia, quão lógico era que este lugar seria onde os comunistas acreditavam ser o mais seguro para que nós quatro nos encontrássemos, o exato lugar onde dois milênios antes o imperador Wu de Han exerceu seu poder sobre uma China unificada, e que tão exitosamente consolidou um povo e uma cultura, depois do caos do período dos Reinos Combatentes – é por essa razão que seus descendentes atuais se intitulam orgulhosamente filhos de Han.

Eu estava ali, quando Deng me indicou quem me escoltaria até os territórios vermelhos, como eu viajaria, como eu viveria na China Vermelha, e assegurou que eu seria cordialmente bem recebido.

"Você não teme pela sua cabeça?", lhe perguntei enquanto dirigimos de volta para a cidade.

"Não mais do que Zhang Xueliang", ele disse. "Eu estou morando com ele".

Revolução como se verá mais adiante – e é de Jiangxi que partiu a *Longa Marcha*.

1.4. Através dos Portões Vermelhos

Deixamos Xi'an antes do amanhecer, os altos portões de madeira do que fora a Cidade de Ouro abriram-se arrastando ruidosamente suas correntes frente à mágica de nossa marcha militar. À meia luz do quase amanhecer, os grandes e desengonçados caminhões militares partiam pelo campo de aviação, de onde expedições eram enviadas diariamente para reconhecimento e bombardeios às linhas vermelhas.

Para um viajante chinês, cada quilômetro desta estrada a norte de Xi'an evoca memórias dos coloridos e suntuosos cortejos de seu povo. Não parecia inapropriado que a última mutação histórica na China, o movimento comunista, tenha escolhido essa localização para realizar seu destino. Dentro de uma hora, estávamos sendo transportados pelo rio Wei, em cujo vale os ancestrais de Confúcio[71] desenvolveram a cultura do arroz[72] e, ainda, formularam tradições fortemente presentes na

71 N.E.: Ancestrais de Confúcio é um epíteto para os chineses e se refere a Kǒng Fūzǐ [孔夫子], ou "Mestre Kong" (551 a.C. – 479 a. C.), um dos principais pensadores, junto de Laozi, e construtores da China como a conhecemos por meio do seu pensamento e de sua escola, que atravessou os séculos, chegando aos dias atuais. O culto aos antepassados, a importância dos ritos, o desenvolvimento de uma burocracia, a ideia de produzir padrões de conduta morais, por meio do exemplo, são algumas das ideias mais notáveis de Confúcio. Já o confucionismo, em seus muitos desdobramentos, é, junto do daoismo e do budismo, em sua versão chinesa, uma das três principais escolas e fundamentos do pensamento da China quando unificada – o que só foi alterado com a chegada do marxismo.

72 N.E.: Há controvérsias sobre a região de origem do cultivo do arroz, mas hoje em dia tende-se a acreditar que isso aconteceu antes do que se imaginava em 1936: certamente no vale do Yangtzé, por ancestrais dos atuais yue/viet ou por tailandeses – que habitavam a região antes da expansão chinesa. No entanto, de fato, o plantio em larga escala, mobilizando coletividades inteiras de forma complexa, possivelmente remonta à cultura Yangshao (que surgiu por volta de 5000 a.C.) nas regiões de Shaanxi e províncias vizinhas.

mitologia popular da China rural até o presente. Próximo ao meio-dia, chegamos a Zongpu. Foi próximo desse distrito cercado por muralhas que nasceu o imponente e temível personagem que "unificou" a China pela primeira vez, Qin Shi Huang Di [秦始皇帝][73], o Primeiro Imperador da China, há aproximadamente 2.200 anos. O Imperador Qin integrou todas as muralhas milenares que serviam de fronteiras para a China, até hoje o mais incrível trabalho de construção civil do mundo, a Grande Muralha da China.

As flores de papoula balançavam seus fartos botões, prontos para a colheita, ao longo da rodovia recentemente construída, uma estrada já profundamente pregueada em decorrência de deslizamentos e sulcos. Portanto, era limitadamente navegável até mesmo em nosso Dodge de seis toneladas. Shaanxi há muito era reconhecida como uma província produtora de ópio. Durante a *Grande Fome do Noroeste*[74], que alguns anos antes havia levado, no mínimo, três milhões de vidas. Pesquisadores da Cruz Vermelha dos Estados Unidos atribuíram grande parte da tragédia ao cultivo da papoula, forçada aos camponeses por monopólios provinciais, controlados por senhores da guerra gananciosos. Tendo as melhores terras direcionadas ao cultivo de papoula, durante períodos de seca, havia uma grave escassez de painço, trigo e milho, cereais básicos do Noroeste.

---

73 N de. E.: Qín Shǐ Huángdì [秦始皇帝], que literalmente significa Primeiro Imperador Qin, foi o nome adotado por Ying Zheng [嬴政] ou Zhao Zheng [趙政] (259 a.C. – 210 a. C.), o unificador de toda China, que governou por onze anos, de 221 a.C. até a sua morte. Membro da família Ying, soberanos do Reino de Qin, o mais ocidental dos reinos do mundo chinês, ele inicialmente era Rei (*Wáng* [王]) de Qin. Ao unificar a China, até então um emaranhado de reinos que combatiam entre si, ele integrou as muralhas dispersas que existiam no país na forma da Grande Muralha, promoveu a queima de livros que julgava desnecessários e governou com mão de ferro, baseado na Escola Legalista de Hán Fēi [韩非] (280 a.C. – 233 a.C.). Embora curto, seu governo deixou um legado que durou até o século XX, sobrevivendo até mesmo a invasões estrangeiras e suas consequentes dinastias que, no final, foram fagocitadas pelos próprios chineses eventualmente dominados.

74 N.E.: Também conhecida como *Fome chinesa de 1928-1930*, que, além de Shaanxi, afetou também as províncias de Henan, Gansu e trechos da atual Mongólia Interior. Segundo pesquisas atuais, o número total de mortes pode ter chegado a 10 milhões de vítimas. No capítulo 6.2., o autor tratará mais sobre o tema.

Passei uma noite em um *kang* [炕] de argila[75], em uma cabana suja em Luochuan, com porcos e asnos alojados no ambiente ao lado, e ratos no meu, e tenho certeza de que todos nós dormimos muito pouco. Na manhã seguinte, alguns quilômetros além daquela cidade, as esplanadas de loesse estavam ainda mais altas, e o país encontrava-se estranhamente transfigurado.

As incríveis terras de loesse, que cobriam a maior parte das províncias de Gansu, Shaanxi, Ningxia e Shanxi, contabilizavam a preciosa fertilidade dessa região (onde havia pluviosidade). O loesse proporciona uma fonte inesgotável de solo arável poroso por dezenas metros de profundidade. Geólogos acreditam que o loesse é matéria orgânica acumulada durante séculos passados da Mongólia, trazido pelos grandes ventos vindos do Oeste que sopram da Ásia Central. Panoramicamente, o resultado era uma infinita variedade de formas esquisitas e conturbadas – colinas como grandes castelos ou como fileiras de mamutes, pãezinhos bem arredondados, como cordilheiras formadas por alguma mão gigante, abandonando a marca de dedos raivosos. Formas fantásticas, incríveis e às vezes assustadoras, um mundo configurado por um deus louco – e ainda às vezes um mundo também de estranha beleza surrealista.

Embora víssemos campos cultivados por toda parte, raramente víamos casas. Os camponeses estavam escondidos naquelas colinas de loesse também. Em todo o Noroeste, era um hábito há séculos que os homens cavassem suas casas nos duros e amarronzados penhascos – os chamados *yáodòng* [窰洞][76]. Mas não eram cavernas, no sentido ocidental. Frescas no verão, quentes no inverno, fáceis de construir e fáceis de limpar. Até mesmo senhores de terra mais ricos frequentemente cavavam suas casas nas colinas. Algumas eram construções de vários cômodos, alegremente decorados e mobiliados, com assoalhos de pedra e quartos com pé direito alto, iluminados por janelas de papel de arroz abertas nas paredes de terra e por robustas portas envernizadas de preto.

---

75 N.E.: É um tipo de plataforma aquecida por baixo por algum tipo de forno rústico, muito necessária à época devido ao clima frio do norte da China.

76 N.E. *yáodòng* [窰洞], ou "casas caverna", como chamavam os chineses, eram essas impressionantes construções que despertam o interesse de qualquer ocidental.

Uma vez, não muito longe do condado de Luochuan, ao Sul de Yan'an, um jovem oficial de Dongbei, que vinha comigo no saltitante caminhão, apontou para um vilarejo de casas de caverna. Ficava apenas a uma milha de distância da rodovia, logo após um desfiladeiro profundo. "Eles são vermelhos", revelou. "Um de nossos destacamentos foi enviado para lá para comprar painço há algumas semanas, e aqueles camponeses se recusaram a vender uma porção. Os soldados imbecis pegaram um tanto à força. Enquanto se retiravam, os camponeses atiraram neles". Ele balançou os braços em um arco, incluindo tudo nos dois lados da rodovia, cuidadosamente resguardada por dúzias de ninhos de metralhadora nos topos das colinas controladas por tropas do Kuomintang. *Hóng fěi* [红匪] – bandidos vermelhos – ele disse, "tudo aqui é território dos bandidos vermelhos".

Eu olhei em direção aos espaços que se referia com mais atenção, pois estava no horizonte da montanhosa e desconhecida colina que eu pretendia explorar em algumas horas.

Na estrada, passamos pela 105ª Divisão, integralmente formada por manchus voltando de Yan'an a Luochuan[77]. Eram jovens esguios e robustos, a maioria era mais alta do que a média dos soldados chineses. Paramos para tomar chá em uma estalagem à beira da rodovia, e eu me sentei próximo a vários deles enquanto descansavam. Haviam acabado de retornar de Wayaobao[78], no Norte de Shaanxi, onde ocorrera um conflito com os vermelhos. Ouvi pedaços da conversa entre eles. Estavam falando sobre os vermelhos.

"Os comunistas comem bem melhor do que nós", um deles comentou.

"Sim – comem a carne dos *lǎo bǎixing* [老百姓][79]!", respondeu o outro.

---

77 N.E.: Luochuan é um condado que fica no sul do município de Yan'an. Em suma, o autor aponta que a referida divisão se movia do centro administrativo de Yan'an – o distrito de Baota, no meio do município – e se dirigia para Luochuan, a alguns quilômetros ao sul.

78 N.E. Wǎyáobǎo [瓦窑堡] era uma vila, e hoje subdistrito da atual cidade de Zicheng, sob a jurisdição da prefeitura de Yan'an, onde ocorreu uma importante conferência do Partido Comunista em relação à omissão do Kuomintang diante da invasão japonesa. Também foi palco de inúmeros confrontos entre o Kuomintang e os comunistas.

79 N.E.: *Os velhos cem sobrenomes*. Uma expressão coloquial para camponeses, cuja

"Isso não importa, os comunistas, na verdade, apenas comem uns poucos senhores de terra. Os comunistas são um mal menor. Quem nos agradeceu por termos ido combater em Wayabao? Os senhores de terra! Não é um fato? Por que deveríamos matar a nós mesmos por esses homens ricos?"

"Eles falam que mais de três mil homens do nosso exército Dongbei se juntou aos comunistas ..."

"Mas tem outra coisa sobre os comunistas. Por que deveríamos lutar contra nosso próprio povo, quando nenhum de nós quer lutar com ninguém, a menos que seja contra um japonês, hein?"

Um oficial se aproximou dessa conversa promissora, que então terminou. Pediu para que seguissem em frente. Pegaram seus rifles, e caminharam penosamente pela estrada. Pouco depois, também partimos.

Chegamos a Yan'an no começo da tarde do segundo dia, onde a única estrada adequada para tráfego com rodas a norte de Shaanxi terminava – cerca de 400 *li*[80], mais ou menos, ao sul da Grande Muralha. Era uma cidade histórica: através dela chegaram invasores nômades do Norte, séculos atrás, e, através dela, varreram a grande cavalaria mongol de Gengis Khan[81], em seu trajeto de conquista em direção a Xi'an.

Yan'an era especialmente desenhada para a defesa. Acomodada no meio de uma tigela formada por altas colinas com nervuras rochosas, suas paredes robustas rastejam até os cumes. Anexadas a elas agora, como colmeias de vespas, havia fortificações recém-construídas, nas quais metralhadoras apontavam para os vermelhos não muito longe.

---

origem diz respeito às centenas de sobrenomes mais comuns partilhados pelas famílias chinesas étnicas. Os senhores de terra se colocavam como parte do campesinato, quando lhes convinha, para resistir aos comunistas, mas naturalmente formavam não apenas um extrato superior como, também, profundamente opressor aos agricultores comuns.

80 N.E.: O lǐ [里] é uma velha unidade de medida chinesa, que já variou com o tempo e hoje equivale a 500 metros, sendo esse o valor aproximado da referência seria algo como 200 quilômetros.

81 N.E.: Gengis Khan (1162-1227), nome honorífico de Temujin, foi o líder mongol responsável pela expansão do seu povo pelo mundo, inclusive na China, sendo um dos maiores conquistadores que a humanidade já conheceu. Foi nomeado postumamente Imperador da China, uma vez que seu neto, Kublai, foi entronizado como governante chinês, dando início à chamada Dinastia Yuan. Uma das hipóteses para a morte de Gengis Khan é de que ele faleceu em combate nos arredores de Yan'an.

A estrada e seus arredores imediatos foram então ocupados por tropas de Dongbei, mas até recentemente Yan'an estava completamente isolada. Os vermelhos reverteram o bloqueio que o generalíssimo impôs, usando-o contra as tropas nacionalistas – e, supostamente, centenas de pessoas morreram de fome.

O longo cerco vermelho de Yan'an havia sido revogado algumas semanas antes da minha chegada, mas vestígios dele ainda eram evidentes nas prateleiras vazias dos habitantes de aspecto faminto e nos comércios de portas fechadas. Poucos alimentos estavam disponíveis, e os preços eram astronômicos. O que se podia ser comprado foi adquirido como resultado de uma trégua temporária com os partisans vermelhos. Em troca de não tentarem nenhuma ofensiva contra nenhum distrito soviete nessa frente de batalha, os camponeses sovietes agora venderiam grãos e vegetais às tropas anticomunistas famintas.

Eu tinha minhas credenciais para fazer uma visita ao front. O plano era deixar a cidade na manhã seguinte e ir em direção às linhas "brancas", cujas tropas estavam meramente ocupando suas posições, sem qualquer tentativa de investida. Assim que chegasse lá, eu pretendia me esgueirar por uma das trilhas da montanha que, segundo me foi dito, era usada pelos comerciantes para contrabandear mercadorias por regiões sovietes.

Para descrever exatamente como eu o fiz, como eu esperava, eu passei pelo último sentinela e adentrei na terra de ninguém, e assim posso ter causado graves adversidades aos adeptos do Kuomintang que me auxiliaram no caminho. Em resumo, minha experiência me provou, mais uma vez, que tudo é possível na China, contanto que seja feito de maneira chinesa. Pois, às sete em ponto do dia seguinte, eu realmente havia deixado a última metralhadora para trás, e estava passando pela fina faixa de território que dividia "vermelho" de "branco"[82].

---

82 N.E.: Embora as cores do Kuomintang sejam o azul e o branco – e a bandeira da República da China vermelha, branca e azul – o autor guarda o paralelismo da Revolução Russa, onde os "brancos" eram os antirrevolucionários e os comunistas, por suposto, os vermelhos.

Comigo havia apenas um condutor de mula – *luó fū* [骡夫] como se diz em mandarim[83] – contratado para mim por um coronel manchu em Yan'an. Ele era designado a carregar meus escassos pertences até o primeiro posto vermelho – eram um saco de dormir, um pouco de comida, duas câmeras fotográficas e vinte e quatro rolos de filme. Eu não sabia se ele era um bandido vermelho ou branco – mas parecia um bandido. Todo esse território, por muitos anos, foi controlado alternadamente pelas duas cores, era bastante possível que fosse um deles – talvez, ambos.

Por quatro horas seguimos um pequeno e sinuoso riacho sem ver qualquer sinal de vida humana. Não havia qualquer tipo de estrada, apenas o leito do rio que corria apressadamente entre altas paredes de pedra, acima das quais erguiam-se ligeiros montes de loesse. Seria o momento perfeito para eliminar um *demônio estrangeiro*[84] demasiadamente

---

83 N.E.: Mandarim é um termo em português, cunhado no século XVI, que é usado em quase todas as línguas ocidentais, em suas derivações, para se referir à língua chinesa padrão. Na Constituição da China atual, o mandarim é referido como *pǔtōnghuà* [普通话], isto é, língua comum (ou geral) – que, mais precisamente, se refere ao *běifānghuà* [北方话], língua do Norte, nesse caso, padronizada de acordo com o dialeto de Pequim. O termo "mandarim" se origina do fato dos magistrados chineses, os *guān* [官], serem chamados de "mandarins" pelos jesuítas em missão no século XVI, que eram, em geral, portugueses ou europeus a mando de Portugal. Tais mandarins falavam o que poderia ser considerado a norma culta do "chinês". No entanto, o padrão do mandarim daquela época era baseado na língua hegemônica de Nanquim, o chamado *jiānghuái guānhuà* [江淮官話], a "língua do baixo Yangtzé", como determinado pela Dinastia Ming em seus primórdios, no século XIV. Esse padrão só mudou em meados do século XIX, no final da Dinastia Qing, com a adoção da variante de Pequim como padrão – o que permanece até hoje. Historicamente, na China unificada, o consenso dos estudiosos é que a variante principal de Chang'an, em Xi'an, o chamado *guānzhōng* [关中], serviu como língua franca no período Zhou e nas Dinastias Qin, Han, Tang e mesmo Song/Jin, quando se passa a adotar uma língua comum baseada nos dialetos do Norte – o mandarim antigo –, e só muda novamente na Dinastia Ming. Todas essas línguas francas, contudo, pertencem à mesma família linguística.

84 N.E.: Os termos "demônio estrangeiro" (*yàngguǐzi* [洋鬼子]) ou "demônio ocidental" (*xīyáng guǐzi* [西洋鬼子]) são variantes empregadas pelos chineses em relação aos ocidentais desde o século XVI. Isso se deve à disposição dos navegadores europeus e, depois, estadunidenses de criar distúrbios – o que certamente tomou proporções gigantescas a partir do início do chamado *século de humilhação* em 1839.

inquisitivo. Um fator inquietante era o condutor de mula, frequentemente, manifestar admiração por meus calçados de couro bovino.

"Dào la" [到啦] – *chegamos* –, gritou, enquanto as paredes de pedra por fim deram passagem e se abriram em um estreito vale, verde com trigo jovem.

Aliviado, olhei além dele e vi, ao lado de uma colina, um vilarejo de loesse, de onde uma fumaça azul ondulava das altas chaminés de argila, que se pareciam com dedos contra a face do penhasco. Em alguns minutos, estávamos lá.

Um jovem camponês usando um turbante de pano branco e um revólver na cintura saiu e olhou para mim espantado. Quem era e o que eu queria?

"Eu sou um jornalista americano", disse em conformidade com o que o pastor Wang havia me instruído. "Quero falar com o chefe local da Liga do Povo Pobre (*Pínmín Huì* [贫民会])"[85].

Ele olhou para mim vagamente e respondeu algo como "*hàipà*! [害怕]" *Hàipà*, em qualquer dialeto chinês que eu tenha aprendido, tinha apenas um significado: "Estou com medo". Se ele está com medo, o que diabos eu devo sentir? Mas sua apresentação contradizia suas palavras: ele parecia completamente autoconfiante. Ele se virou para o muleteiro e perguntou quem eu era.

O condutor da mula repetiu o que eu disse, adicionando alguns floreios dele mesmo. Com alívio, eu vi o rosto do camponês se suavizar, e então notei que ele era um rapaz jovem bastante bonito, com uma bela pele bronzeada e bons dentes brancos. Não se parecia com os modestos camponeses de outras partes da China. Havia um desafio em seus brilhantes e alegres olhos, e uma certa bravata. Ele lentamente tirou a mão de seu revólver e sorriu.

"Eu sou quem você procura", ele disse. "Eu sou o chefe. Entre e tome um pouco de chá quente".

---

85 N.E.: Dentre as muitas organizações setoriais que o Partido Comunista instituía nas comunidades que ele conquistava do Kuomintang, a Liga do Povo Pobre (*Pínmín Huì* [贫民会]) era a mais genérica e servia para integrar grupos variados, de trabalhadores e até lumpemproletariado, para atividades organizativas diversas. Ver mais detalhes no subcapítulo 6.3.

As pessoas da colina de Shaanxi tinham seu próprio dialeto, repleto de coloquialismos arrastados, mas entendiam mandarim, e grande parte da fala deles era compreensível para alguém de fora. Após algumas tentativas de diálogo com o chefe, ele começou a demonstrar um pouco de compreensão, e a conversa progrediu. Contudo, ocasionalmente, *hàipà* ainda interferia nossa conversa, mas, por algum tempo, eu me sentia muito desconcertado para questionar *o quê*, afinal, ele temia. Descobri que *hàipà*, no dialeto das colinas de Shaanxi[86], era o equivalente a *bù zhīdào* [不知道] em mandarim, que significava simplesmente "não entendo". Meu contentamento ao descobrir foi notável.

Sentado em um *kang* forrado em feltro, eu falei mais sobre mim ao meu anfitrião e sobre meus planos. Em pouco tempo ele pareceu tranquilizado. Eu queria ir a Ansai, o distrito da prefeitura de Yan'an no qual estava a sede dos comunistas[87] – onde eu acreditava que o presidente do soviete, Mao Zedong, estaria. Poderia ele me prover um guia e um condutor de mulas?

Certamente, certamente, ele assegurou, mas eu não deveria pensar em me deslocar no ardor do dia. O sol já havia atingido o auge e estava realmente quente, eu parecia cansado, enquanto isso, eu sequer tinha comido. Na realidade, eu estava faminto. Sem muitas cerimônias, aceitei o convite para uma primeira refeição com um "bandido vermelho". Meu condutor de mulas estava ansioso para retornar para o distrito central Yan'an, eu o paguei e me despedi. Foi um adeus à minha última

86 N.E.: Snow se referia ao que, no caso, é uma variante da língua jin – hoje considerada como autônoma ao mandarim, muito embora pertença ao conjunto das línguas siníticas. O jin é falado no Norte de Shaanxi, em várias províncias vizinhas e, também, na Região Autônoma da Mongólia Interior por grupos chineses. Na verdade, o dialeto em questão era, possivelmente, o *Zhì-Yán* [志延], uma variante da língua jin falada em Yan'an e não uma variante do mandarim, daí a confusão por causa do falso cognato.

87 N.E.: Na China existem as chamadas cidades em nível de prefeitura (ou municípios) – *Dìjíshì* [地级市]; que possuem divisões administrativas internas como distrito (*Qū* 区), condado (*Xiàn* [县]) e/ou cidades – *Shì* [市]. As prefeituras são imediatamente inferiores à província. Embora não exista algo semelhante no Brasil, é como se fosse uma prefeitura regional que unisse vários municípios de diferentes portes.

conexão com o mundo "branco" por muitas semanas que viriam. Eu havia cruzado o *Rubicão* vermelho.

Estava agora à mercê de Liu Longhuo – Liu, Fogo do Dragão; do mesmo modo, a mercê de seus camaradas de aspecto forte, que começaram a aparecer dos *yaodong* vizinhos. Trajados e armados de forma similar, olhavam para mim curiosamente e riam do meu sotaque disparatado.

Liu me ofereceu tabaco, vinho e chá, e me encheu de perguntas. Ele e seus amigos me examinaram proximamente com muito interesse, interrompendo com exclamações de aprovação, minha câmera, meus sapatos, minhas meias de lã, o tecido dos meus shorts de algodão e (uma longa admiração) pelos zíperes na minha camisa cáqui. A impressão geral pareceu prevalecer. Contudo, por mais caricato que pareça, o conjunto da obra serviu bem à finalidade. Eu não sabia o que "comunismo" poderia significar na prática para esses homens, e eu estava preparado para ver meus pertences serem rapidamente "redistribuídos" – ao invés disso, recebi o tratamento de um convidado estrangeiro.

Dentro de uma hora, um imenso prato de ovos mexidos chegou, acompanhado de rolinhos no vapor, painço cozido, repolho e um pouco de porco assado. Meu anfitrião desculpou-se pela singeleza da comida, e eu, por um apetite exagerado. O que posteriormente tornou-se irrelevante, enquanto eu tive que me fazer mais enérgico com os hashis para acompanhar meus colegas da Liga do Povo Pobre.

Fogo do Dragão me garantiu que Ansai estava a "apenas alguns passos" de distância, e achava que eu estava apreensivo quanto a isso. Eu não poderia fazer nada além de esperar, salientava. Já se passavam das quatro da tarde quando chegaram um jovem guia e um novo condutor de mulas. Antes de partir, ousei tentar pagar a Liu pela comida, mas ele recusou indignadamente.

"Você é um visitante estrangeiro", ele explicou, "e você tem assuntos a tratar com nosso presidente Mao. Além disso, seu dinheiro não serve para nada". Olhando de relance a nota que eu segurava, ele perguntou: "Você nunca viu dinheiro soviete?" Quando eu respondi negativamente, ele contou o equivalente a um *yuan* em dinheiro soviete[88]. “Aqui. Você vai precisar disso na estrada”.

Liu aceitou um yuan do Kuomintang[89] em troca. Eu o agradeci novamente, e escalei a estrada atrás do meu guia e o novo condutor de mulas.

À frente de mim, havia uma estreita saída e um incidente que posteriormente fomentaria o boato de que eu teria sido sequestrado e morto por bandidos. E de fato, bandidos, não os vermelhos, mas os brancos, já estavam me rastreando por trás daquelas silenciosas paredes de loesse.

---

88 N.E.: O Autor se refere ao *Sūwéi'āi guó bì* [苏维埃国币] ou *Moeda Nacional dos Sovietes*, o nome da primeira moeda que os comunistas imprimiram nas suas zonas de controle. Importante notar que é um caso de uma moeda que precede um Estado, o qual os comunistas buscaram edificar, dentre outras coisas, com uma moeda própria, emitida pelo Banco Nacional Soviético [chinês], que data de 1931, mas passou a emitir moeda em 1932. Essa moeda é precursora do *Rénmínbì* [人民币], *Moeda do Povo*, e moeda da República Popular da China e já utilizada em 1948, pouco antes da Revolução Chinesa.

89 N.E.: Trata-se do *Fǎbì* [法幣], *Moeda Legal*, já referido aqui, isto é, a moeda da área da China dominada pelo Kuomintang, conforme a reforma financeira de 1935.

PARTE 2
A ESTRADA PARA A CAPITAL VERMELHA

2.1. Perseguido por bandidos brancos

"Acabem com os senhores de terra que se alimentam de nossa carne!"

"Acabem com os militaristas que bebem o nosso sangue!"

"Boas-vindas à Frente Unida com todos os exércitos antijaponeses!"

"Viva a Revolução Chinesa!"

"Viva o Exército Vermelho Chinês!"

Foi sob essas palavras de ordem inquietantes, em ideogramas escritos em negrito, que passei minha primeira noite no território vermelho.

Mas não havia sido em Ansai e nem sob a proteção de soldados vermelhos. Como temia, não chegamos a Ansai naquele dia, mas, ao entardecer, havíamos chegado apenas a um pequeno vilarejo situado na curva de um rio, cercado por montes inquietantemente escuros por todos os lados. Camadas e mais camadas de casas de telhado de ardósia emergiam da borda do riacho, e, em suas paredes de tijolo de argila, estavam desenhadas as palavras de ordem. Cinquenta ou sessenta camponeses e crianças olhando com curiosidade, saíram para saudar minha caravana de uma mula.

O jovem emissário da Liga do Povo Pobre decidiu por me deixar aqui. Uma de suas vacas havia parido recentemente, segundo ele. A vizinhança era cheia de lobos e ele teria de voltar às suas obrigações. Ansai ainda estava estava a 15 quilômetros de distância, e não chegaríamos lá facilmente na escuridão. Ele me deixou sob a custódia do presidente local da Liga do Povo Pobre. Tanto o guia quanto o condutor de mula recusaram qualquer tipo de remuneração pelos serviços – tanto em dinheiro branco quanto vermelho.

O presidente era um jovem no início de seus vinte anos, usava um casaco de algodão azul desbotado sob um rosto moreno e alegre e um par de calças brancas acima de seus pés descalços embrutecidos, que pareciam ser feitos de couro. Ele me recepcionou e foi muito gentil. Ofereceu-me uma acomodação na sala de reuniões do vilarejo, água quente e uma tigela de painço. Recusei a sala fedorenta e solicitei duas portas que estavam desmontadas. Coloquei-as em uns bancos e desenrolei meu saco de dormir, fiz minha cama ao ar livre. Era uma bela noite, o céu estava limpo e estrelado, e a pequena queda d´água murmurava paz e tranquilidade. Exaurido da longa caminhada, dormi quase imediatamente.

Quando abri meus olhos novamente, o amanhecer apenas começava. O presidente estava em cima de mim chacoalhando meu ombro.

"O que houve?"

"É melhor que você se vá mais cedo. Há bandidos por perto, você tem que chegar a Ansai rapidamente."

Bandidos? Ele não estava falando dos vermelhos, falava de "bandidos brancos". Levantei-me sem necessidade de persuasão adicional. Não queria que algo tão absurdo quanto ser sequestrado por bandidos brancos acontecesse comigo na China Soviética.

Bandidos brancos, na terminologia do Kuomintang, eram chamados de *míntuán* [民团], ou seja, *milícia*[90], enquanto os bandidos vermelhos eram, em terminologia soviete, chamados de *yóují duì* [游击队], algo como "grupo de ataque itinerante", termo chinês para a unidade partisan. Em uma tentativa de evitar insurreições camponesas, as forças milicianas foram gradualmente organizadas pelo Kuomintang. Funcionavam como parte orgânica do sistema *Bǎojiǎ* [保甲], um método antigo de controlar o campesinato, que agora vinha sendo amplamente imposto tanto pelo Kuomintang na China quanto pelos japoneses na Manchúria ocupada.

Baojia, literalmente, significa armadura (*jiǎ* [甲]) garantida (*bǎo* [保]). O sistema estipulava que cada dez famílias camponesas deveriam ter um chefe de armadura para garantir que eles seguissem as regras e satisfizessem o chefe do condado local. Este é um tipo de sistema de

90 N.E.: Literalmente, *mintuan* seria regimento popular, sendo "milícia" uma das traduções possíveis no sentido que se trata de uma tropa auxiliar – evidentemente, não nos baseamos exatamente no sentido coloquial e atual de milícia no Brasil, mas não deixa de haver paralelismos entre um fenômeno e outro.

garantia contínua. Se alguém em um Baojia cometesse um crime, todo o Baojia seria responsabilizado. Os mongóis e manchus governaram a China dessa maneira.

Usar esse método para impedir que os camponeses organizem a rebelião é quase invencível. Como os chefes do Baojia eram quase sempre camponeses ricos, latifundiários, agiotas e donos de lojas de penhores, eles estavam sempre dispostos em "garantir" que qualquer inquilino ou devedor não se rebelasse. E essa falta de garantia era um assunto muito sério. Uma pessoa sem garantia poderia ir para a cadeia por qualquer pretexto, como, por exemplo, por apenas parecer "suspeita". Com efeito, isso significava que o destino de todo o campesinato estava nas mãos desses agiotas, que podiam destruir um homem a qualquer momento ao não lhe conferir garantia.

Uma das funções importantes do sistema Baojia é coletar impostos para manter a milícia. As milícias eram selecionadas, organizadas e dirigidas por latifundiários, donos de casas de penhores e agiotas. Sua principal tarefa é se opor ao comunismo, ajudar a recolher o aluguel e coletar os grãos da colheita comunitária, cobrar as dívidas e os juros, ajudar o magistrado do condado a cobrar impostos extorsivos, dentre outras coisas.

Assim, sempre que o Exército Vermelho ocupava um lugar, seu primeiro e último inimigo era a milícia. Porque as milícias não tinham outra base exceto os senhores de terra que os sustentavam, e, sempre que o Exército Vermelho chegava, é claro que elas perdiam essa fonte. A verdadeira guerra de classes na China podia ser vista mais claramente na luta entre as milícias e os partisans do Exército Vermelho, porque essa luta era muitas vezes um conflito armado direto entre os proprietários e seus antigos arrendatários. Havia centenas de milhares de pessoas integrando milícias, sendo a principal força auxiliar do contingente de dois milhões de combatentes anticomunistas na China.

Embora houvesse uma trégua entre o Exército Vermelho e o exército do Kuomintang nesse front, ataques dos milicianos contra os partisans vermelhos continuaram sem parar. Em Xi'an, Luochuan e Yan'an, eu ouvi falar que muitos senhores de terra refugiados naquelas cidades agora estavam financiando, ou liderando pessoalmente, bandidos brancos em operações nas fronteiras dos distritos sovietes. Tirando vantagem da ausência de poderes centrais vermelhos, eles promoveram ataques retaliatórios em território vermelho, queimando e saqueando vilarejos e matando camponeses. Líderes foram capturados e levados para distritos brancos, onde generosas recompensas eram oferecidas por senhores de terra a oficiais brancos em troca de prisioneiros vermelhos.

Interessados primariamente em recompensas rápidas em dinheiro, em suas aventuras, os milicianos foram encarregados dos serviços mais implacáveis na guerra entre vermelhos e brancos. Dessa forma, nem me ocorreria experimentar da "política externa" deles. Embora meus pertences fossem poucos, eu temia que o pouco dinheiro e roupas que eu tinha, juntamente com minhas câmeras, seriam recompensas tentadoras demais para que eles descartassem, caso se fizesse necessário apenas dar fim a um demônio estrangeiro para tomá-los.

Após engolir apressadamente um pouco de chá quente e bolinhos de trigo, parti com novos guia e condutor de mula, cedidos pelo presidente. Por uma hora, seguimos o leito do rio, ocasionalmente passando por pequenos vilarejos de cavernas, onde cães de pelagem pesada rosnavam ameaçadoramente e crianças sentinelas saíam para reivindicar nossa autorização de passagem. Então, chegamos a um agradável lago naturalmente escavado de grandes rochas, com águas calmas, e ali eu vi meu primeiro partisan vermelho.

Estava sozinho, exceto por um pônei branco pastando ao lado da água, usando uma manta sedosa azul como sela, com uma estrela amarela.

O jovem estava tomando banho; com a nossa chegada, saltou rapidamente, vestindo um casaco azul céu e um turbante atoalhado branco, no qual tinha afixada uma estrela vermelha. Ele tinha uma pistola Mauser na cintura, com uma borla pendurada audazmente em seu coldre de madeira. Com a mão na arma, esperou que fôssemos até ele e exigiu que disséssemos o que queríamos ao guia.

"Eu tenho que entrevistar Mao Zedong", falei. "Sei que ele está em Ansai. Quão longe ainda estamos?"

"Presidente Mao?", ele perguntou lentamente. "Não, ele não está em Ansai." Então ele espiou atrás de nós e perguntou se estávamos sozinhos. Quando se convenceu de que eu estava, ele baixou a guarda, sorriu como se tivesse alguma diversão secreta e disse: "Eu estou indo pra Ansai. Vou te acompanhar até o governo distrital."

Ele andou comigo levando seu pônei ao lado; eu ofereci espontaneamente mais detalhes sobre mim, e arrisquei algumas perguntas sobre ele. Descobri que ele era parte do gabinete de defesa política, e estava encarregado de patrulhar essa fronteira. E o cavalo? Era um "presente" do jovem marechal Xueliang. Ele me contou que os vermelhos haviam capturado mais de mil cavalos das tropas do jovem marechal em batalhas recentes no norte de Shaanxi. Posteriormente, me contou que seu nome era Yao, tinha 22 anos e era um vermelho há seis anos.

Em aproximadamente duas horas, chegamos a Ansai, situada no lado oposto de um curso d´água que servia como subafluente do rio Amarelo. Uma grande cidade no mapa, Ansai se tornou pequena, uma bela carcaça de muralha. As ruas eram completamente desertas e tudo se encontrava em ruínas.

"A cidade foi completamente destruída há mais de uma década por uma inundação", explicou Yao. "A cidade toda se foi a nado."

Os habitantes de Ansai não reconstruíram a cidade, agora viviam na face de um grande penhasco, em *yaodongs* em formas de colmeias, pouco depois dos muros. Assim que chegamos, descobrimos, no entanto, que o destacamento do Exército Vermelho posicionado ali havia sido despachado para caçar bandidos, enquanto os integrantes do distrito soviete tinham ido a Baijiaping, um vilarejo nos entornos, para apresentar um relatório ao encarregado provincial. Yao se voluntariou para me escoltar até Baijiaping [百家平] – "Paz das Cem Famílias" – na qual chegamos ao cair da tarde.

Eu já estava em território soviete há um dia e meio e ainda não havia presenciado inquietações de guerra, tinha encontrado apenas um soldado vermelho e uma população que parecia unanimemente empenhada em completar suas tarefas agrárias plenamente. Mas eu não deveria me deixar enganar por aparências. Eu me lembrava de como durante a Guerra Sino-Japonesa em Xangai em 1932 os camponeses chineses seguiram arando seus campos durante a batalha, aparentemente despreocupados. Portanto, quando fizemos a curva para entrar na Paz das Cem Famílias, e eu escutei gritos horripilantes diretamente acima de mim, eu não estava inteiramente despreparado.

Olhando na direção do som dos ferozes gritos de guerra, eu vi, parados em uma borda acima da estrada, frente a uma fila de casas estilo casernas, uma dúzia de camponeses ostentando lanças, piques e alguns rifles, com a atitude mais intransigente possível. Meu destino como saltador de obstáculos estava prestes a ser decidido sem mais rodeios: se eu seria entregue ao pelotão de fuzilamento como um imperialista, ou se seria recebido como um sincero entrevistador.

Eu devo ter feito uma cara engraçada para Yao, pois ele gargalhou. "*Bù pà*", riu-se. "Não tenha medo. Eles são apenas partisans praticando. Há uma escola vermelha partidária aqui. Não se preocupe!"

Depois, descobri que o currículo dos partisans incluía esse ensaio de gritos de guerra chineses, os quais remontavam aos tempos dos torneios descritos em um dos romances favoritos de Mao Zedong, o *Margem da água* (*Shuǐhǔ zhuàn* [水浒传])[91]. Tendo experimentado a técnica de certa forma, involuntariamente, eu posso garantir que, de fato, ainda era bastante efetiva e intimidadora.

Eu havia acabado de me sentar e iniciar a entrevista com um funcionário soviete ao qual Yao tinha me apresentado em Baijiaping, quando um jovem comandante usando um cinto Sam Browne chegou em um cavalo suado e veio ao chão. Fitou-me com curiosidade. Dele, ouvi todos os detalhes da minha própria aventura.

---

91 N.E.: *Margem da água*, também traduzido para algumas línguas ocidentais como *Todos os homens são irmãos*, se trata de um dos romances chineses clássicos. Publicado em data incerta, talvez no século XVI d.C., já durante a Dinastia Ming, ele se trata de uma versão ficcional e fantástica da história real do fora-da-lei Sòng Jiāng [宋江], que se passou no século XII d.C. Na trama, Song comanda um grupo de 108 rebeldes que confrontam a Dinastia Song (960 d.C. – 1279 d.C.), a qual dominava o Sul da China. Depois de vitórias, eles terminam anistiados e passam a servir ao imperador, o que os leva a um destino trágico. O gosto de Mao pela obra se deve tanto pela lição de heroísmo que desafia, de maneira fora-da-lei, os poderosos, quanto serve de vaticínio sobre os custos de se dobrar ao poder.

O recém-chegado chamava-se Bien, e era comandante da Guarda Vermelha de Ansai. Ele anunciou que havia retornado de um confronto com cerca de cem milicianos. Um pequeno garoto camponês, que servia como jovem pioneiro, tinha corrido por muitos quilômetros e chegado quase exausto a Ansai para alertá-los de que os milicianos haviam invadido o distrito. E de que o líder deles era, de fato, um demônio estrangeiro que agia como bandido branco, eu mesmo!

"Eu peguei um destacamento de cavalaria em um atalho na montanha e, em uma hora, avistamos os bandidos", recontou Bien. "Eles estavam seguindo você", apontou para mim, "estavam há apenas dois *li* de distância. Mas nós os cercamos, os atacamos em um vale, capturamos alguns, incluindo dois de seus líderes, e vários cavalos. O resto deles escapou em direção a fronteira." Enquanto ele terminava seu relatório, parte de seu comando se apresentava no pátio trazendo várias montarias capturadas.

Comecei a me perguntar se ele realmente pensava que eu estava liderando os milicianos. Teria eu escapado dos brancos, que, caso tivessem me capturado na terra de ninguém, teriam, sem dúvida alguma, me intitulado como um vermelho, para depois ser capturado pelos vermelhos e ser acusado de ser um branco?

Nesse momento, um jovem e elegante oficial apareceu, ornamentado com uma barba preta singularmente cheia para um chinês. Ele veio até mim e me abordou com uma voz suave e culta. "Olá", disse, "você está procurando por alguém?"

Ele falou em inglês!

Esse foi o momento em que me foi revelado que ele era o célebre Zhou Enlai.

2.2. Zhou Enlai, o homem da insurreição

Depois de conversar por alguns minutos com Zhou Enlai e explicar quem eu era, ele preparou tudo para que eu passasse a noite em Baijianping e pediu para que eu retornasse na manhã seguinte ao seu quartel em um vilarejo próximo.

Meu jantar foi em uma seção do Ministério de Comunicações, que estava posicionada ali, e conheci alguns jovens que estavam estacionados em Baijiaping. Alguns deles eram professores na escola partidária, outro era operador de rádio, e alguns eram oficiais do Exército Vermelho. Nossa refeição consistia em frango cozido, pão de trigo integral sem levedura, repolho, painço e batatas, que eu comi calorosamente. Mas, como de costume, não havia nada além de água quente para tomar e eu não podia nem tocar nela. Eu estava ressecado de sede.

A comida foi servida e despachada, essa é a palavra, por dois garotos indolentes vestindo uniformes vários números maiores que eles, bonés altos com longas abas, que insistiam em cair em seus olhos. Olharam para mim de uma forma azeda no começo, mas, após alguns minutos, consegui provocar um riso amigável de um deles. Encorajado por esse sucesso, eu o chamei enquanto passava.

"Ei!", chamei, "nos traga um pouco de água fria."

O jovem simplesmente me ignorou. Alguns minutos depois, tentei com o outro, sem resultados melhores.

Então vi que Li Kenong, chefe da seção de comunicações, estava rindo de mim por trás de seus densos óculos. Ele puxou minha manga. "Você pode chamá-lo de diabinho vermelho", aconselhou, "ou pode chamá-lo de *tóngzhì* [同志] ('camarada'), mas não pode chamá-lo de 'ei'! Aqui todos são camaradas. Esses rapazes são jovens pioneiros, e estão aqui porque são revolucionários e se voluntariaram a nos ajudar. Não são servos. São futuros guerreiros vermelhos."

Assim, consegui enfim a "água fria" – na verdade, morna.

"Obrigado", disse apologeticamente, "camarada!"

O jovem pioneiro me olhou audazmente. "Não se preocupe", respondeu, "não há necessidade de agradecer um camarada por algo assim!"

Eu nunca havia visto tanta dignidade pessoal em jovens chineses. O primeiro contato foi apenas o começo de uma série de surpresas que os jovens pioneiros me proporcionaram, pois, enquanto eu adentrava mais e mais em território soviete, eu estava por descobrir nesses "diabinhos vermelhos" de faces coradas (entusiásticos, divertidos, enérgicos e leais) o espírito vivo de uma prodigiosa campanha da juventude.

Foi um daqueles filhos de Lenin que me escoltou de manhã até o quartel de Zhou Enlai. Que, por fim, era uma cabana antibomba (meio caverna), cercada por muitas outras iguais, nas quais agricultores habitavam despreocupados por estarem em uma região de conflito – e, em seu centro, estava o comandante vermelho da Frente Leste. O acantonamento de algumas tropas nos entornos parecia não ter perturbado a serenidade rústica. Antes dos quartéis de Zhou Enlai, em relação a quem Chiang Kai-shek tinha oferecido 80 mil yuans pela cabeça, havia sempre uma sentinela.

Por dentro, eu notei que o aposento era limpo, mas decorado da forma mais simples possível. Um mosquiteiro pendurado por cima do *kang* de argila era o único item de luxo visível. Havia duas caixas de ferro na parte superior do *kang* e uma pequena mesa de madeira servindo como escrivaninha. Zhou estava curvado sobre ela, lendo mensagens de rádio quando a sentinela anunciou minha chegada.

"Tenho um informe de que você é um jornalista confiável, amistoso com o povo chinês, e que pode ser confiado com a verdade", disse Zhou. "Isso é tudo que queremos saber. Não nos importa se você não é um comunista. Nós receberemos qualquer jornalista que venha a territórios sovietes. Não somos nós, mas sim o Kuomintang que os impede. Você pode escrever sobre qualquer coisa que testemunhar e vai receber toda ajuda para investigar distritos sovietes."

Evidentemente o "informe" sobre mim havia vindo dos quartéis comunistas secretos em Xi'an. Os vermelhos tinham comunicação via rádio com todas as cidades importantes da China, incluindo Xangai, Wuhan, Nanquim e Tianjin[92]. Apesar dos ataques frequentes às instalações de rádio dos vermelhos em cidades brancas, o Kuomintang nunca teve sucesso em terminar e manter comunicações urbano-rurais por muito tempo. Segundo Zhou, o Kuomintang nunca conseguiu decifrar os códigos do Exército Vermelho desde que o Primeiro Departamento de Rádio foi criado com equipamento tomado de tropas brancas.

A estação de rádio de Zhou era uma instalação de rádio, portanto sem fio, alimentada por um gerador manual, situada próxima ao quartel-general. Por meio dela, Zhou estava em contato com todos os pontos importantes em áreas sovietes e com todos os fronts. Tinha contato até com o comandante em chefe, Zhu De, cujas tropas estavam posicionadas centenas de quilômetros a sudoeste, na fronteira Sichuan-Tibet. Havia uma escola de rádio em Bao'an[93] em Yan'an, capital temporária do Noroeste, onde cerca de noventa estudantes estavam sendo treinados para se tornarem engenheiros de rádio. Eles captavam as transmissões diárias de Nanquim, Xangai e Tóquio e forneciam notícias à imprensa da China Soviética.

Zhou agachou-se frente a sua pequena mesa e colocou os radiogramas de lado, essencialmente relatórios (disse ele) de unidades posicionadas em vários pontos ao longo do rio Amarelo, no lado oposto da província vizinha Shanxi, a Frente Leste vermelha. Ele começou a

---

92 N.E.: Tiānjīn [天津] é uma das atuais quatro prefeituras (municípios) administradas pelo governo central, junto com Pequim, Xangai e Chongqing. Tianjin se encontra onde o rio Amarelo desemboca no mar e é uma cidade relativamente jovem, fundada no século XV – sua juventude se deve ao fato de que foi formada pelos sedimentos aluviais do rio Amarelo, cuja origem se deve tanto a causas naturais quanto aos inúmeros desvios daquele rio por obras públicas, as quais construíram inúmeros canais ao longo do tempo.

93 N.E.: Bǎo'ān [保安] é atualmente um subdistrito do condado de Zhidan em Yan'an, que aparecerá com destaque nas Partes 3 e 6 deste livro. Naquela época, contudo, ele era todo o nome de todo o condado, o que foi trocado em 1937 para Zhidan, em homenagem ao líder comunista Liu Zhidan, morto em 1936. Bao'an se escreve com os caracteres de seguro (*bǎo* [保]) e paz, no sentido de salvação, descanso ou relaxamento (*ān* [安]), o que consiste na noção chinesa de *segurança*.

se exercitar e me sugeriu um roteiro. Quando terminou, me entregou um papel com itens que cobriam uma viagem que totalizava noventa e dois dias.

"Esta é minha recomendação", disse ele, "mas segui-la é sua decisão. Creio que você vai achar a jornada interessante."

Mas noventa e dois dias! E quase metade deles seriam gastos andando ou nas costas de um cavalo. O que tinha para ser visto? Seriam os distritos vermelhos tão extensos? Como veio a se provar, eu gastei muito mais tempo do que ele sugeriu para, no final, ter ido embora com relutância por ter visto tão pouco.

Zhou me prometeu um cavalo para me carregar até Bao'an, a três dias de distância, e fez os preparativos para que eu partisse na manhã seguinte, quando eu poderia acompanhar parte da corporação de comunicações que retornava à capital provisória. Descobri que Mao Zedong e outros funcionários sovietes estavam lá agora, e Zhou concordou em enviar uma mensagem por rádio informando sobre minha chegada.

Enquanto conversávamos, eu estudei Zhou com profundo interesse; como muitos líderes vermelhos, ele era uma lenda tanto quanto um homem. Elegante, de estatura média, estrutura ligeiramente rígida, tinha uma aparência pueril, apesar de sua longa barba preta – e tinha um par de olhos acentuados, cálidos e intensos. Havia certo magnetismo nele, que parecia derivar de uma combinação de charme pessoal e autoconfiança de autoridade. Seu inglês era um tanto titubeante e difícil. Ele me disse que não colocava em prática há cinco anos. O relato abaixo é baseado em notas feitas durante nossa conversa naquele momento.

Zhou nasceu em 1899 em Huai'an, Jiangsu, no que ele chamou de uma "família de mandarins[94] falidos". Sua mãe era uma nativa de Shaoxing, província de Zhejiang. Zhou foi dado para adoção, aos quatro meses de vida, à família do irmão mais novo de seu pai. O irmão estava prestes a morrer sem deixar descendentes quando o pai de Zhou, para

94 N.E.: "Mandarins", no caso, significam os oficiais ou magistrados do Império. A China é conhecida por ter desenvolvido uma "burocracia de Estado" – embora exista um certo anacronismo nessa comparação, mas é certo que havia um corpo variado de magistrados, hierarquizados e organizados a serviço do imperador. Isso evoluiu em um processo lento e gradual ao longo da história chinesa.

assegurá-lo de que teria um herdeiro homem nos registros familiares, ofereceu o pequeno Enlai para que ele criasse como se fosse seu filho. "Minha tia se tornou minha verdadeira mãe quando eu era bebê", disse Zhou. "Eu não a deixei por um dia sequer até os meus dez anos, quando ela e minha mãe biológica morreram."

O avô paterno de Zhou era um acadêmico que havia servido como magistrado também em Huai'an, durante a Dinastia Manchu. Foi onde Zhou passou sua infância, enquanto seu pai, que havia sido recém-aprovado nos exames imperiais, esperava, à toa, por um magistério; ele faleceu ainda durante a infância de Zhou. Sua mãe adotiva (a quem Zhou chamava de "mãe") era extremamente culta, o que não era muito comum entre esposas de magistrados. Ainda mais incomum, ela se interessava por ficção e histórias "proibidas" de revoluções do passado, as quais ela introduziu a Zhou quando ele era criança. Sua educação básica foi em uma escola familiar, com um tutor particular, que lhe ensinava literatura clássica e filosofia, com fins de prepará-lo para uma vida de oficial. Após a morte de suas "duas mães", Zhou foi enviado para viver com outra tia e tio, o irmão mais velho de seu pai, também um oficial, na província de Fengtian, atual Liaoning (na cidade de Mukden, atual Shenyang), Manchúria. Começou a ler livros ilegais e trabalhos escritos ou inspirados por reformistas como Liang Qichao[95].

Ingressou na Escola Secundária de Nankai, aos quatorze anos, situada em Tianjin. A monarquia foi derrubada, e Zhou agora estava inteiramente "sob a influência do Kuomintang" fundado por Sun Yat-sen. O Japão acolheu Sun Yat-sen durante sua agitação contra a monarquia. Sun ainda teve asilo lá enquanto se preparava para destituir senhores da guerra corruptos que haviam expropriado a república. Zhou viajou ao Japão em 1917, no ano em que se graduou da Escola Secundária de Nankai. Enquanto estudava japonês, Zhou foi "estudante ouvinte" na Universidade de Waseda, em Tóquio, e na Universidade de Kyoto. Também se tornou amplamente familiarizado com estudantes chineses de pensamento revolucionário no Japão, durante sua estadia de dezoito

---

95 N.E.: Liáng Qǐchāo [梁啓超] (1873-1929) foi um intelectual, jornalista e político, dos mais expressivos reformadores da monarquia, a qual pretendia transformar em monarquia constitucional.

meses, e se manteve em contato através de cartas e leitura, com eventos em Pequim.

Em 1919, o ex-diretor da Escola Secundária de Nankai, Zhang Boling, tornou-se reitor da recém instituída Universidade de Nankai em Tianjin. Zhou deixou o Japão para se matricular nela a convite de Zhang. Enquanto isso, seus familiares, "um bando de gastadores" – como Zhou os chamava –, haviam empobrecido de tal forma que não poderiam oferecer qualquer suporte aos planos universitários de Zhou. Zhang Boling encontrou um emprego para Zhou que pagava o suficiente para custear ensino, alojamento e livros. "Durante meus últimos dois anos na Escola Secundária de Nankai, eu tinha suporte da minha família. Eu vivia de uma bolsa que tinha ganhado por mérito de melhor aluno da minha sala. No Japão, eu vivia de dinheiro emprestado dos meus amigos. Agora, na Universidade de Nankai, eu me tornei editor do *Notícias da Federação dos Estudantes de Tianjin* (*Tiānjīn Xuéshēng Liánhé Huìbào* [天津學生聯合會報]), o que me ajudou a cobrir alguns dos gastos." Zhou conseguiu fazer isso, mesmo tendo ficado cinco meses preso em 1919 por ter sido líder da rebelião estudantil de Nankai, derivada do *Movimento Quatro de Maio*.

Durante esse período, Zhou ajudou a formar a *Juéwù Shè* [觉悟社], ou *Sociedade do Despertar,* um grupo radical do qual os membros posteriormente, em sua maioria, se tornaram anarquistas, nacionalistas e comunistas – uma delas foi Deng Yingchao, com quem Zhou tinha se casado em 1925. A Sociedade do Despertar existiu até o fim de 1920, quando quatro de seus fundadores, incluindo Zhou, foram à França como parte de um programa cooperativo de estágio e trabalho organizado por Chen Duxiu[96] e outros francófilos.

96 N.E.: Chén Dúxiù [陳獨秀] (1879-1942) foi um intelectual, escritor de origem nobre e primeiro secretário-geral do Partido Comunista, que liderou até o fracasso do levante de 1927, quando foi duplamente responsabilizado, tanto pelo Komintern quanto pela ala de Mao Zedong, como responsável pela tragédia. Por essa razão, foi expulso do partido e se alinhou ao trotskismo, sendo preso pelo Kuomintang em 1932. Mesmo com a soltura de forma condicional, diante do cenário de resistência ao Japão, Chen se negou a receber cargos oferecidos pelo Kuomintang ou ofertas para retornar ao Partido Comunista, morrendo em relativo ostracismo enquanto era professor de uma escola secundária.

"Antes de ir a França", disse Zhou, "eu li traduções do *Manifesto comunista* de Marx e Engels; do *Luta de classes (Programa Erfurt)* de Karl Kautsky; e de a *Revolução de Outubro* de Trotsky. Esses livros tinham sido publicados com o patrocínio da revista *Nova juventude* (*Xīn qīngnián* [新青年]), e editados por Chen Duxiu. Também conheci pessoalmente Chen Duxiu e Li Dazhao[97], que seriam fundadores do Partido Comunista da China" (Zhou não fez qualquer referência a ter encontrado Mao Zedong nesse período).

"Naveguei até a França em outubro de 1920. No caminho, conheci vários estudantes hunaneses membros da *Sociedade de Estudos do Novo Povo* (*Xīnmín Xuéhuì* [新民学会]), articulada por Mao Zedong. Entre os quais estavam Cai Hesen e sua irmã, Cai Zhang, que haviam organizado o primeiro Exército de Juventude Socialista Chinesa na França, em 1921. Em 1922 me tornei membro fundador da Liga da Juventude Comunista da China e comecei a trabalhar em tempo integral na organização. Dois anos depois, fui a Londres, onde passei dois meses e meio. Não gostei. Depois fui à Alemanha e trabalhei lá por um ano auxiliando na organização. Nossa Liga da Juventude Comunista havia enviado delegações a Xangai em 1922 para solicitar adesão ao Partido, formado no ano anterior. Com nosso requerimento garantido, a Liga da Juventude se tornou, oficialmente, integrante do Partido e eu me tornei um comunista. Outros membros fundadores que se tornaram comunistas da mesma forma na França incluíam Cai Hesen, Cai Zhang, Zhao Shiyan, Li Fuchun, Li Lisan[98], Wang Ruofei e os dois filhos de Chen

97 N.E.: Lǐ Dàzhāo [李大釗] (1889-1927) foi um intelectual de origem camponesa, destaque do *Movimento Quatro de Maio* e do *Movimento da Nova Cultura*. Ele morreu tragicamente, ao ser sequestrado na Embaixada da União Soviética em Pequim e, em seguida, condenado à morte por Zhang Zuolin, pai do marechal Xueliang. Embora tenha morrido em abril de 1927, poucas semanas depois do massacre de Xangai e da ruptura de Chiang Kai-shek com os comunistas, Li estava empenhado ainda numa tentativa de união entre os comunistas e o Kuomintang contra os senhores da guerra – especificamente, aqueles que dominavam a Manchúria. Li é reconhecido como um precursor de Mao, uma vez que defendia a necessidade de considerar o papel do campesinato e da cultura chinesa, ao contrário da elite do Partido naquele momento.

98 N.E.: Lǐ Lìsān [李立三] (1899-1967) era mais um expoente do grupo hunanês do Partido Comunista, e conhecia Mao desde 1915. Entre 1927, sobretudo 1928, e 1930 foi o nome mais influente do Partido e seu líder de fato, mas perdeu sua influ-

Duxiu – Chen Yannian e Chen Qiaonian. Posteriormente, Yannian virou puxador de riquixá com fins de organizar a categoria em Xangai. Durante a contrarrevolução, ele foi capturado e severamente torturado antes de ser assassinado. Seu irmão foi executado no campo de concentração de Lunghua, em Xangai, um ano depois, em 1928."

"Dentre os estudantes da nossa Associação de Estudantes Chineses na França, mais de quatrocentos se uniram à Liga da Juventude. Menos de cem se juntaram aos anarquistas, e cerca de cem foram para o Kuomintang."

O respaldo financeiro aos estudantes chineses na França vinha da Associação Sino-Francesa de Educação e de Cai Yuanpei e Li Shizeng[99]. "Vários senhores mais velhos e patriotas", afirmou Zhou, "confidencialmente ajudavam os estudantes, e sem finalidades políticas pessoais." O financiador pessoal de Zhou enquanto estava na Europa foi Yan Xiu, um fundador da Universidade de Nankai. Diferentemente da maioria dos estudantes chineses, Zhou não exercia trabalhos braçais na França, exceto por um breve período na fábrica da Renault, onde estudou organização do trabalho. Após um ano com um tutor particular aprendendo francês, dedicou todo seu tempo à política. "Mais tarde", disse Zhou, "quando amigos mencionaram que eu havia usado o dinheiro de Yan Xiu para me tornar um comunista, Yan citou um provérbio chinês 'Todo homem racional tem seus próprios fins!'"

Entre França, Londres e Alemanha, Zhou gastou três anos. Em seu retorno à China, fez uma breve pausa em Moscou para instruções. Ao final de 1924, chegou no Cantão, onde se tornou vice-diretor do departamento político da Academia Whampoa de Chiang Kai-shek – enquanto ainda estava em Paris, Zhou havia sido eleito ao Comitê Exe-

---

ência depois dos fracassos seguidos por sua tática de tudo ou nada. Ele foi chamado à União Soviética, para uma espécie de retiro punição, mas voltou no final da Segunda Guerra, estando presente ao lado de Mao na Proclamação da República Popular da China em outubro de 1949, ocupa cargos importantes, mas cai em desgraça na Revolução Cultural, morrendo no cárcere.

99 N.E.: Cai e Li foram fundadores do movimento anarquista chinês, mas depois se tornaram militantes do Kuomintang e não romperam com o partido, girando à direita junto dele. Cai faleceu em Hong Kong, ainda em 1940, e Li acompanhou Chiang Kai-shek na fuga para Taiwan, onde morreu em 1973 – eles fizeram parte do malfadado grupo dos *quatro anciãos anticomunistas*.

cutivo Central do Kuomintang; na província do Cantão, ele foi eleito secretário do Partido Comunista, uma aliança estranha e paradoxal! Em Whampoa, o verdadeiro chefe de Zhou era o assessor russo general Vasili Blyukher[100], conhecido em Guangdong como Galen – ou Jiālún [加倫] no Norte.

Com a habilidosa orientação de Galen, e do assessor político chefe dos russos, Mikhail Borodin[101], Zhou Enlai estabeleceu uma comunidade de discípulos cadetes conhecidos como a Liga da Juventude Militar, que incluía Lin Biao, e outros que viriam a ser generais do Exército Vermelho. Sua influência foi ampliada posteriormente em 1925 quando foi indicado como comissário político da Primeira Divisão do Kuomintang, que suprimiu uma revolta próxima a Shantou, no litoral de Guangdong – uma ocasião na qual Zhou se utilizou para organizar associações sindicais naquele porto. Em março de 1926, tensões entre o Kuomintang e os vermelhos resultaram no primeiro choque anticomunista de Chiang. Ele teve sucesso em extinguir a prática de filiação a dois partidos, e removeu vários comunistas de Whampoa. Contudo, Zhou Enlai permaneceu sob as ordens de Chiang Kai-shek.

Em 1926, iniciou-se a *Expedição do Norte*[102], com Chiang Kai-shek coletivamente escolhido como comandante em chefe pelo Kuomin-

100 N.E.: Nascido Vasily Konstantinovich Gurov [Васи́лий Константи́нович Гуров] (1989-1938), o então general Blyukher [Блю́хер] foi um notável militar soviético, com destacadas campanhas no Extremo-Oriente, mas acabou executado nos expurgos dos fins dos anos 1930, três anos após ser nomeado marechal, acusado de colaborar com o Japão – o que, a rigor, faz pouco sentido e jamais foi comprovado, tanto que ele foi reabilitado já em 1956.

101 N.E.: Borodin [Бородин] era o nome de guerra de Mikhail Markovich Gruzenberg [Михаи́л Ма́ркович Грузенберг] (1884-1951), o homem designado por Lenin para estruturar os planos militares do Komintern na China. Culpado pelo fracasso do levante de 1927, ele ainda foi de alguma forma reabilitado, mas não resistiu aos expurgos do início dos anos 1950 – e muitos especialistas apontam que ele foi perseguido pela sua defesa da via chinesa.

102 N.E.: A *Expedição do Norte* foi uma campanha militar feita em conjunto entre o Kuomintang e os comunistas em 1926, tendo por objetivo remover os senhores da guerra do poder e reunificar o país. A consequência foi um racha do Kuomintang entre sua ala direita, liderada por Chiang Kai-shek, e sua ala esquerda, comandada por Wāng Jīngwèi [汪精衞] (1883-1944), com o expurgo – e depois perseguição –

tang e pelos comunistas. Foi solicitado que Zhou Enlai preparasse uma insurreição para auxiliar o exército do Kuomintang a tomar Xangai. Dentro de três meses, o Partido Comunista havia organizado 600 mil trabalhadores e foi capaz de convocar uma greve geral; no entanto, resultou em um fiasco. Desarmados e sem treino, os trabalhadores não sabiam como "tomar a cidade".

Subestimando a importância da primeira e, depois, da segunda greve, os senhores da guerra do Norte cortaram uma porção de cabeças, mas falharam em estancar o movimento dos trabalhadores, enquanto Zhou Enlai aprendia na prática "como liderar uma revolta". Zhou Enlai e alguns conhecidos líderes operários de Xangai, como Zhao Shiyan, Gu Shunzhang e Luo Yinong, organizaram piquetes com 50 mil trabalhadores dessa vez. Com pistolas Mauser contrabandeadas para dentro da cidade, um "cinturão de ferro" de 300 atiradores foi treinado para ser a única força armada desses trabalhadores de Xangai.

Em 21 de março de 1927, os revolucionários chamaram uma greve geral que paralisou todas as indústrias de Xangai. Primeiro, foram tomadas as delegacias de polícia; depois, os armamentos, guarnições; e, então, veio a vitória. Cinco mil trabalhadores foram armados, seis batalhões de tropas revolucionárias criadas, o exército de senhores da guerra recuou e um "governo de cidadãos" foi declarado. "Dentro de dois dias", disse Zhou, "ganhamos tudo, com exceção das concessões estrangeiras."

A Concessão Internacional (conjuntamente controlado pelos britânicos e japoneses) e a Concessão Francesa nunca foram atacadas durante a terceira insurreição; caso contrário, o triunfo teria sido completo – e breve. O exército do Kuomintang, liderado por Bai Chongxi, foi recepcionado pelos *partisans-trabalhadores* na cidade. Então, em 12 de abril, a aliança nacionalista-comunista abruptamente terminou quando Chiang Kai-shek instaurou um regime separado em Nanquim, para liderar uma das contrarrevoluções clássicas da história.

---

dos comunistas. Chiang Kai-shek, como se sabe, venceu a briga interna e se aliou aos senhores da guerra, enquanto os comunistas passaram a resistir no interior do país. Jingwei, por sua vez, deu um outro giro e se tornou colaborador japonês na Segunda Guerra Mundial, morrendo antes do final do conflito.

Na Concessão Francesa e no Acordo Internacional, enviados de Chiang haviam secretamente feito consultas com representantes de potências estrangeiras. Tinham feito acordos para cooperar contra os comunistas chineses e seus aliados russos – até então, aliados de Chiang também. Tendo recebido grandes quantias de banqueiros de Xangai e consagrações de autoridades internacionais, bem como armas e veículos blindados. Chiang também recebeu assistência de poderosos acordos e concessões de líderes do submundo. Eles mobilizaram centenas de gângsteres profissionais, da Gangue Verde a outros. Colocados nos carros blindados estrangeiros, e vestindo uniformes de tropas do Kuomintang, os gângsteres executavam uma operação noturna em coordenação com as tropas de Chiang, movendo-se pela retaguarda e pelos flancos. Pegos completamente de surpresa por tropas consideradas amigas, os partisans foram massacrados, e o governo de cidadãos foi dissolvido de forma sangrenta.

Assim se inicia, após uma notavelmente afortunada escapada, a vida de Zhou Enlai como fugitivo dos assassinos do Kuomintang e líder da revolução, que finalmente passou a levantar a bandeira vermelha na China.

Dezenas de companheiros de Zhou Enlai, no Levante de Xangai, foram capturados e mortos. Zhou estimava que a conta do "Massacre de Xangai" chegasse a 5 mil vidas. Ele mesmo havia sido capturado pela Segunda Divisão de Chiang Kai-shek, e o general Bai Chongxi, posteriormente governante de Guangxi, na fronteira com o Vietnã, chegou a emitir uma ordem para sua execução. Mas o irmão do comandante da divisão havia sido estudante de Zhou em Whampoa, e ajudou Zhou a escapar.

O Insurrecionista fugiu para Wuhan, depois para Nanchang, onde ajudou a organizar o *Levante de Nanchang*[103]. Membro veterano do

103 N.E.: *Nánchāng* [南昌] é a capital de Jiangxi, Sul da China, e o levante que leva o seu nome, conhecido entre os chineses como *Nánchāng Qǐyì* [南昌起义], aconteceu em 1º de agosto de 1927: foi uma resposta ao Massacre de Xangai, ocorrido quatro meses antes e narrado no capítulo anterior. Apesar da derrota das forças comunistas, o evento marcou a definitiva ruptura política dos comunistas com o Kuomintang, ou sua ala direita, e é a data de inauguração do Exército de Libertação Popular (ELP), embora não ainda com esse nome – a data, 01.08, inclusive, consta da bandeira do ELP.

politburo na época, Zhou era secretário do comitê que dirigia o levante, que foi um fracasso. Depois, ele se dirigiu a Shantou, onde resistiu por dez dias a ataques tanto de barcos estrangeiros quanto de tropas nativas de militaristas. Com o fracasso e derrota da comuna de Cantão, Zhou foi forçado a trabalhar clandestinamente até 1931, quando teve sucesso em "furar o bloqueio" e adentrar nos distritos sovietes de Jiangxi e Fujian, no Sul do país[104]. Foi onde assumiu o cargo de comissário político de Zhu De, o comandante em chefe do Exército Vermelho. Posteriormente Zhou se tornou vice-presidente do conselho militar revolucionário, um posto que ele ainda ocupava quando o encontrei. Foram anos de esforços extenuantes no Sul, e então a *Longa Marcha*..., mas os detalhes adicionais da história de Zhou, e das cenas e eventos já mencionados, eu estava prestes a saber mais, em um contexto mais amplo, de Mao Zedong e outros.

Zhou havia me deixado a impressão de uma mente calma, sensata e empírica. Em Nankai – fiquei sabendo por um de seus colegas de sala –, Zhou frequentemente pegava papéis femininos em peças escolares. Não havia nada feminino no soldado barbudo, duro e pouco sentimental que encontrei em Baijiaping, no entanto. Mas havia um certo encanto, uma qualidade nos diversos ingredientes que fariam de Zhou o diplomata nº 1 da China Vermelha.

104 N.E.: Fújiàn [福建] é uma província do Sul da China que serve como contraface continental para a ilha de Taiwan. Muito diversa etnicamente, ela é habitada em grande medida pelas etnias min e hakka, sendo incorporada à China apenas no processo de unificação imperial, quando a Dinastia Qin dominou o reino de Minyue. Fujian tem esse nome por conta das cidades de Fuzhou e Jianzhou – hoje Nanping – e é conhecida pelas grandes plantações de chá.

2.3. Alguma coisa sobre He Long

Às seis horas da manhã seguinte, parti com um pelotão de cerca de quarenta jovens da corporação de comunicações, que escoltavam uma caravana de mercadorias destinada a Bao'an.

Descobri que apenas eu, o jovem Hu Jinkui, um emissário do *Wàijiāo Bù* [外交部] – o próprio *Ministério das Relações Exteriores* dos vermelhos – e Li Changlin, um comandante vermelho, estávamos montados. Talvez, "montados" não seja a descrição ideal: Fu estava privilegiado em uma mula robusta, entretanto bastante carregada; Li Changlin estava em um jumento igualmente sobrecarregado e eu, por minha vez, os acompanhava de maneira confusa no cavalo solitário, que por vezes parecia não estar presente.

Meu animal possuía uma lua crescente nas costas e um cavalgar de camelo. Suas patas enfraquecidas titubeavam tanto que eu me preparava para que a qualquer momento ele cedesse e soltasse seu último suspiro. Ele era especialmente preocupante enquanto nos arrastávamos pelas trilhas escavadas em íngremes cerros, que se erguiam do leito do rio. Me parecia que qualquer alteração brusca do meu peso nos arremessaria para o desfiladeiro abaixo.

Li Changlin riu do topo de sua pirâmide de bagagens de meu desapontamento. "Você está sentado em uma boa sela, *tóngzhì*, mas o que há embaixo dela?"

Com tal escárnio, não pude resistir ao comentário: "Apenas me diga, Li Changlin, com cães como estes? É assim que você equipa a cavalaria vermelha?"

"*Bùshì* [不是]! Não, você verá! Seu cavalo é '*huài la*' [坏啦] – imprestável? Bem, é só por termos cavalos assim na retaguarda que nossa cavalaria é invencível na frente! Se há um cavalo gordo e veloz, nem o próprio Mao fica com ele na retaguarda em privilégio a quem está no front! Apenas os mais desgastados são usados na retaguarda. E assim é com todas as coisas: armas, comida, roupas, cavalos, jumentos, camelos, ovelhas – os melhores vão para nossos guerreiros vermelhos! Se é um cavalo que você quer, *tóngzhì*, vá ao front!"

Mas e homens? Li me explicou que era mais fácil disponibilizar um combatente de linha de frente do que um bom cavalo.

E o comandante Li era um bom homem, um bom bolchevique e um bom narrador. Ele já era um vermelho há dez anos, e veterano do Levante de Nanchang de 1927, quando o comunismo se tornou uma força independente na China pela primeira vez. Enquanto eu cavalguei, me arrastei e passei sede pelos montes acidentados de Shaanxi ao lado do comandante Li, ele contou incidentes e anedotas uma após a outra, e, algumas vezes, após um tanto de pressão, até parava um pouco para falar sobre si.

Li, um hunanês, era aluno do ensino médio quando entrou para o Kuomintang e iniciou sua participação na *Grande Revolução*[105]. Deve ter começado a integrar o Partido Comunista no início dos anos 1920; havia trabalhado como organizador do setor trabalhista com Deng Fa, em Hong Kong, durante a grande greve dos marinheiros de 1922. Ele disse que, em 1925, foi enviado como parte da delegação liderada por comunistas para ver He Long, quem já tinha uma reputação de líder criminoso. As memórias de Li aqui são apresentadas como parte da lenda do Exército Vermelho.

"Os homens de He Long jamais foram bandidos, mesmo naquela época", Li me disse, enquanto nos sentávamos para descansar um dia embaixo de algumas árvores próximas a um riacho. "Seu pai havia sido um líder da *Sociedade dos Irmãos mais Velhos* (*Gēlǎohuì* [哥老會])[106]

105 N.E.: A *Grande Revolução* é como os chineses tratam o movimento de 1925-1927, quando os comunistas, ainda dentro do Kuomintang, assumem uma linha revolucionária, forçando a *Expedição do Norte*, para derrotar os senhores da guerra – enquanto realizavam uma série de levantes e greves. Ela é terminada, violentamente, em abril de 1927, com a traição de Chiang Kai-shek e o expurgo dos comunistas.

106 N.E.: *Gēlǎohuì* [哥老會], a Sociedade dos Irmãos mais Velhos, foi uma sociedade secreta e um movimento de resistência subterrâneo contra a Dinastia Qing, possivelmente fundada no século XVIII em Sichuan. Como muitas sociedades secretas

e, assim, He Long herdou seu prestígio; assim, se tornou famoso por Hunan enquanto ainda jovem. Muitas histórias são contadas pelos hunaneses sobre sua ousadia quando mais novo."

"O pai dele era um oficial militar durante a Dinastia Qing e, um dia, foi convidado para jantar por seus companheiros oficiais. Ele levou seu filho, He Long, consigo. O pai se gabava da valentia do filho, e um dos convidados resolveu testá-lo. Disparou uma arma embaixo da mesa. Eles disseram que He Long sequer piscou!"

"Quando nós o encontramos, ele já havia sido comissionado no exército provincial. Ele controlava terras pelas quais caravanas ricas de ópio tinham de passar da província de Yunnan[107], no Sudoeste, até a então cidade de Hankou, e ele vivia de tributá-las, mas não roubava as pessoas. Seus seguidores não estupravam nem farreavam, como as tropas de exércitos de muitos outros senhores da guerra – e ele também não deixava que fumassem ópio. Mas era costume que se oferecesse ópio aos visitantes. He Long não fumava, mas, quando chegamos, ele tinha cachimbos de ópio disponíveis no *kang*, e, frente a eles, discutimos sobre a revolução."

"O líder do nosso comitê de propaganda era Zhou Yiqun, um comunista que tinha alguma conexão familiar com He Long. Conversamos com ele por três semanas. He Long não tinha muita instrução, exceto em assuntos militares, mas não era um homem ignorante."

"Fundamos uma escola de treinamento do Partido em seu exército, com Zhou Yiqun – que foi posteriormente morto – como líder. Apesar de ser uma escola de treinamento nacionalista do Kuomintang, a maioria dos divulgadores eram comunistas. Muitos dos estudantes que entraram na escola se tornaram líderes políticos. Além do exército de

---

daquela época, ela protegia a maioria étnica han dos desmandos da elite manchu.

107 N.E.: Yúnnán [云南], que significa "Sul [das montanhas] das Nuvens", é uma província sulista e estratégica da China, onde se entroncam os caminhos que levam ao Sudeste Asiático e, também, serve como porta de entrada para o planalto tibetano. Dominada pelos chineses a partir da conquista de Sichuan, ao norte, Yunnan se trata de uma terra de paisagens espantosas com montanhas, rios e nuvens, além de inúmeras minorias étnicas. O Exército Vermelho escreverá partes importantes de sua história ao singrar a província durante a *Longa Marcha*, conforme será narrado na Parte 5 desta obra.

He Long, a escola forneceu comissários políticos à Terceira Divisão, sob Yuan Zuming, que era então comandante do Exército de Rota de Esquerda. Yuan Zuming foi assassinado por agentes do Tang Shengzhi, e a Terceira Divisão foi dada a He Long. Seu amplo comando foi nomeado Vigésimo Exército, que se tornou parte do principal do Quarto Grupo do Exército sob comando de um general da esquerda do Kuomintang, Zhang Fakui."

"O que aconteceu com He Long após o Levante de Nanchang?"

"As forças dele foram derrotadas. Ele e Zhu De se deslocaram para Shantou. Foram derrotados novamente. O que restou de seus exércitos fugiu para o interior, mas He Long escapou para Hong Kong. Mais tarde, ele entrou clandestinamente em Xangai, e, depois, disfarçado, entrou em Hunan."

"Dizem que He Long estabeleceu um distrito soviete em Hunan com apenas uma faca. Isso foi no início de 1928. He Long estava se escondendo em um vilarejo, conspirando com membros da *Sociedade dos Irmãos mais Velhos*, quando chegaram coletores de impostos do Kuomintang. Liderando alguns camponeses, ele atacou e matou os coletores de impostos com sua própria faca e os desarmou. Dessa aventura, conseguiu revólveres e rifles suficientes para armar seu primeiro exército de camponeses."

A fama de He Long na Sociedade dos Irmãos mais Velhos ampliou-se a toda China. Os vermelhos disseram que ele poderia ir desarmado a qualquer vilarejo no país, apresentar-se à Sociedade dos Irmãos mais Velhos e formar um exército. Os rituais e linguagem especiais da Sociedade eram bastante difíceis de dominar, mas He Long era um dos "níveis" mais altos, e é dito que, mais de uma vez, alistou um ramo inteiro da Sociedade dos Irmãos mais Velhos ao Exército Vermelho. Sua eloquência como orador era bastante conceituada no Kuomintang. Li disse que, quando ele falava, era capaz de "levantar os mortos para a batalha".

Quando o Exército Vermelho do Segundo Front de He Long se retirou dos distritos sovietes de Hunan em 1935, foram contados mais de quarenta mil rifles, e, em sua própria Longa Marcha, seu exército passou por adversidades ainda maiores ao Noroeste do que as principais forças de Jiangxi. Milhares morreram nas montanhas congeladas, e milhares mais morreram de fome ou foram mortos por bombardeios de Nanquim. Ainda assim, o magnetismo de He Long e influência eram tão grandiosos ao longo da China rural, contou Li, que muitos homens preferiam ficar com ele e morrer na estrada do que desertar, e milhares de homens pobres ao longo do caminho da marcha juntavam-se para ajudar a preencher os escalões em declínio. Por fim, ele chegou ao Tibet oriental, onde finalmente se juntou a Zhu De, com cerca de vinte mil homens – a maioria deles, descalços, famintos e fisicamente exaustos. Após muitos meses de recuperação, suas tropas agora estavam de volta à marcha, em Gansu, onde deveriam ter chegado em algumas semanas.

"Como He Long se parece?", perguntei a Li.

"Ele é um homem grande, e forte como um tigre. Nunca se cansa. Dizem que ele carregou muitos de seus homens feridos na marcha. Mesmo quando ele era general do Kuomintang, vivia de modo simples como seus homens. Não se importa nem um pouco com bens pessoais, exceto por cavalos. Ele ama cavalos. Uma vez ele teve um cavalo muito bonito, que ele gostava muito. Foi capturado por tropas inimigas. He Long entrou em uma batalha para recuperar o cavalo. E ele o recuperou!"

"Embora ele seja impetuoso, He Long é muito humilde. Desde que se uniu aos comunistas, ele foi fiel ao Partido e nunca falhou na doutrina dele. Sempre pede por críticas e ouve cuidadosamente as orientações. Sua irmã é bastante parecida com ele – uma mulher alta e de pés grandes. Ela mesma liderou tropas vermelhas – e carregou homens feridos nas costas. Bem como a esposa de He Long."

O ódio de He Long pelos ricos tornou-se lendário na China. Dizia-se que senhores de terra e aristocratas fugiam sem titubear, mesmo de lugares bem protegidos por tropas de Nanquim, caso se mencionasse He Long nos entornos, mesmo em distâncias de até 200 *li* – pois ele era conhecido pela rapidez em seus movimentos.

Uma vez, He Long prendeu um missionário britânico, de origem suíça, chamado Bosshard, e uma corte militar o "sentenciou" a dezoito meses de prisão por suspeita de espionagem. A sentença do reverendo

Bosshard ainda não havia terminado quando He Long iniciou a Longa Marcha, mas ele tinha a ordem de movimentar o exército. Ele foi liberado finalmente durante a Longa Marcha, e recebeu uma conta pelas despesas de viagem até Yunnan. Para a surpresa da maioria das pessoas, o reverendo Bosshard não traria duras palavras sobre He Long. Pelo contrário, conta-se que ele pontuou que "se os camponeses soubessem como são os comunistas, nenhum deles fugiria".

Era o meio do dia, decidimos tomar banho na corrente fresca e convidativa. Entramos e nos deitamos em uma longa e plana pedra, enquanto a água rasa ondulava sobre nós como lençóis frescos. Alguns camponeses passavam, conduzindo uma grande nuvem de ovelhas diante deles; acima de nossas cabeças o céu era azul e limpo. Não havia nada além de paz e beleza aqui, e foi aquele meio-dia ímpar no qual o mundo por séculos sempre foi assim, apenas paz, beleza e contentamento.

Perguntei a Li Changlin se ele era casado.

"Eu era", respondeu vagarosamente. "Minha esposa foi morta no Sul, pelo Kuomintang."

2.4. Companheiros vermelhos

O Norte de Shaanxi era uma das regiões mais pobres que eu vi na China, sem excluir o ocidente de Yunnan no Sudoeste. Não havia real escassez de terra, no entanto, em muitos lugares, faltavam terras cultiváveis. Em Shaanxi, um camponês podia possuir até 100 *mŭ* [畝][108] de terra e ainda ser considerado um homem pobre. Um senhor de terra dessa região não tinha apenas de possuir centenas de *mu* de terra, mas ainda ter sua propriedade situada nas poucas terras férteis do vale, nas quais o arroz e outras lavouras preciosas podiam ser cultivadas.

As fazendas de Shaanxi eram inclinadas – e algumas delas até deslizantes, desmoronamentos de terra eram frequentes. Os campos eram basicamente remendos dispostos sobre o cenário compactado, entre rachaduras e pequenos riachos. A terra parecia suficientemente abundante em muitas partes, mas as lavouras cultivadas eram severamente delimitadas por bruscos declives, tanto em quantidade quanto em qualidade. Havia poucas montanhas genuínas, apenas infinitos morros acidentados. Os ângulos acentuados faziam sombra, o que proporciona uma coloração que mudava ao longo do dia e, ao entardecer, tornavam-se um mar de topos de montes púrpura com sulcos aveludados pretos, como as dobras de uma camisa de um mandarim, em direção a desfiladeiros que pareciam não ter fundo.

Após o primeiro dia, eu cavalguei um pouco, não tanto por pena do meu preguiçoso pangaré, mas porque todo o resto dos meus companheiros marchavam. Li Changlin era o combatente mais velho da organização. A maior parte dos outros eram garotos adolescentes, pouco mais do que crianças. Um deles tinha como apelido *Lăo Gŏu* [老狗],

---

108 N.E.: Um mŭ ou mou [畝], unidade chinesa de medida de terra que varia com a localização, mas pela regra de 1915 é 0,165 acre ou 666,5 metros quadrados.

isto é, Cachorro Velho[109], e, andando com ele, perguntei o motivo pelo qual havia se juntado aos vermelhos.

Ele era do Sul, e percorreu todo o caminho que começou nos distritos sovietes de Fujian, na expedição de nove mil quilômetros do Exército Vermelho – da qual autoridades militares estrangeiras se recusaram a acreditar ser possível. Entretanto, aqui estava o Cachorro Velho, 17 anos de idade, mas aparentando ter 14. Participou da Longa Marcha, mas aquilo não lhe perturbava. Dizia estar preparado para marchar mais 25 mil *li*, 50 mil quilômetros, caso o Exército Vermelho precisasse.

Junto de Cachorro Velho, havia um garoto apelidado de *Lǎo Biǎo* [老表][110], que tinha vindo de quase tão longe, isto é, da província vizinha de Fujian a oeste, Jiangxi – e tinha dezesseis anos.

Eles gostavam do Exército Vermelho? Perguntei. Eles me olharam com genuína perplexidade. Evidentemente, nunca havia ocorrido a nenhum deles que alguém poderia não gostar do Exército Vermelho.

"O Exército Vermelho me ensinou a ler e a escrever", disse o Cachorro Velho. "Aqui eu aprendi a operar um rádio, e como operar propriamente um rifle. O Exército Vermelho ajuda os pobres."

"E isso é tudo?"

"Eles são bons com a gente, nós nunca apanhamos", adicionou Lao Biao. "Aqui, todos somos iguais. Não é como nos distritos brancos, onde os pobres são escravos dos senhores de terra e do Kuomintang. Aqui, todos lutamos para ajudar os pobres e para salvar a China. O Exército Vermelho luta contra os senhores de terra – e contra os bandidos brancos, e o Exército Vermelho é antijaponês. Como alguém não gostaria de um exército assim?"

Houve um outro garoto camponês em Sichuan que tinha se juntado aos vermelhos, e eu perguntei a ele o motivo de ele tê-lo feito. Ele me

---

109 N.E.: O cachorro é um dos signos do horóscopo chinês, portanto é possível que a alcunha tenha relação com isso e suas características de protetor e leal.

110 N.E.: Literalmente, *Lǎo Biǎo* [老表] é "Velho Primo", mas a expressão não é aleatória. Ela é comum à província de Jiangxi, onde as pessoas se tratam dessa forma, para expressar os vínculos de conterraneidade – e o mesmo ocorre em Hunan, terra de Mao e de muitos outros comunistas de primeira geração, que foi repovoada por muitas famílias de Jiangxi depois do massacre que aconteceu no início da Dinastia Ming, no século XIV.

disse que seus pais eram camponeses pobres, possuíam apenas quatro *mu* de terra, o que não era suficiente para alimentar ele e suas duas irmãs. Quando os vermelhos visitaram seu vilarejo, contou ele, todos os camponeses os acolheram e ofereceram chá quente e doces. Os dramaturgos vermelhos apresentaram peças. Foi um período feliz. Apenas os senhores de terra fugiram. Quando a terra foi redistribuída, os pais dele receberam a parte deles. Então, eles não ficaram ressentidos, mas muito felizes quando ele se juntou ao exército dos pobres.

Outro jovem, de uns 19 anos, que havia sido aprendiz de ferreiro em Hunan, recebeu o apelido de *Tiĕ Laohŭ* [老铁虎][111], o Velho Tigre de Ferro. Quando os vermelhos chegaram ao seu distrito, ele largou seus foles de ferreiro, forja e seu aparato de aprendiz, se armando com apenas um par de sandálias e calças e, assim, correu para se alistar. Por quê? Porque ele queria lutar contra os mestres que faziam seus aprendizes passarem fome, e lutar contra os senhores de terra que roubavam seus pais. Ele estava lutando pela revolução que libertaria os pobres. O Exército Vermelho era bom para as pessoas, eles não roubavam, não violentavam, como faziam as tropas brancas. Ele puxou sua calça mostrando uma longa cicatriz branca na perna, uma recordação de batalha.

Tinha outro jovem de Fujian, um de Zhejiang e muitos outros de Jiangxi e Sichuan, mas a maioria deles eram nativos de Shaanxi e Gansu. Alguns haviam se graduado como jovens pioneiros e, apesar de aparentarem ser crianças, eram vermelhos já há anos. Alguns haviam se alistado para lutar contra o Japão, dois haviam se alistado para escapar da servidão, três eram desertores de tropas do Kuomintang, mas a maioria havia se juntado "porque o Exército Vermelho é um exército revolucionário, lutando contra senhores de terra e contra o imperialismo".

Então eu conversei com um comandante do pelotão, um garoto mais velho, de 24 anos. Ele estava no Exército Vermelho desde 1931. Naquele ano, seu pai e sua mãe foram mortos por um bombardeio de Nanquim, que também destruiu sua casa em Jiangxi. Quando ele chegou em casa da lavoura e encontrou seus pais mortos, ele jogou

111 N.E.: O metal próprio ao tigre no horóscopo chinês é, precisamente, o ferro. Daí, a referência. Possivelmente, para apontar que ele era combatente enérgico e pouco dado à diplomacia.

sua enxada de uma vez no chão, despediu-se de sua esposa e se juntou aos comunistas. Um de seus irmãos, partisan vermelho, foi morto em Jiangxi em 1935.

Eles eram um grupo bastante heterogêneo, mas muito mais nacional, em sua composição, do que os exércitos chineses convencionais, que eram, normalmente, cuidadosamente segregados de acordo com as províncias. As diferenças de origens provinciais e dialetais não pareciam os dividir; pelo contrário, tornava-se constantemente assunto de zombarias saudáveis. Nunca presenciei alguma desavença séria entre eles. Na realidade, eu não veria uma briga corporal sequer entre soldados vermelhos, ou jovens, durante toda minha viagem, e achei isso marcante.

Apesar de tragédias terem tocado a vida de quase todos eles, talvez eles tivessem sido jovens demais para terem se tornado demasiado deprimidos. A mim, pareciam bastante felizes, e talvez o primeiro grupo de proletários chineses conscientemente felizes. Contentamento passivo era um fenômeno comum na China, mas o sentimento elevado de felicidade, que implica em um sentido de positividade sobre a existência, era de fato raro.

Eles cantavam o dia todo na estrada, e o acervo de canções era interminável. A cantoria não era por comando, era espontânea, e cantavam bem. Sempre que o espírito se sentisse movido, ou se pensasse em uma música apropriada, um deles começava a cantarolar, e comandantes e homens se juntavam a eles. Cantavam à noite também, assim como aprendiam novas canções populares dos camponeses que traziam suas violas de Shaanxi.

Qualquer que fosse a disciplina, parecia ter sido inteiramente autoimposta. Quando passamos por damasqueiros selvagens nas colinas, houve uma dispersão abrupta, até que todos estivessem com os bolsos cheios, e alguém sempre me trazia um punhado. Depois de passar pelas árvores, como se uma rajada de vento tivesse os atingido, voltaram rapidamente à formação para recuperar o tempo perdido. Mas, quando passávamos por pomares privados, ninguém tocava as frutas neles, e os grãos e vegetais que comíamos nos vilarejos eram pagos integralmente.

Até onde eu pude observar, os camponeses não carregavam qualquer ressentimento contra meus companheiros vermelhos. Alguns pareciam ter algo próximo de uma amizade, e eram muito leais – um fato que, provavelmente, não era alheio a uma recente redistribuição de terras e abolição dos tributos. Eles ofereciam espontaneamente comidas que tinham com desconto, e aceitavam dinheiro soviete sem hesitação. Sempre que chegávamos a um vilarejo à tarde ou ao cair da noite, o presidente do soviete local prontamente nos providenciava quartéis e nos disponibilizavam fornos. Com frequência, presenciei mulheres camponesas e suas filhas se voluntariarem para nos ajudar com os fornos, rindo e fazendo piadas com combatentes vermelhos, de uma forma bastante emancipada para mulheres chinesas, particularmente para Shaanxi.

No último dia, paramos para almoçar em um vale verde, e aqui todas as crianças vieram investigar o primeiro demônio estrangeiro que muitas delas haviam visto. Decidi catequizá-las.

"O que é um comunista?", perguntei.

"É um cidadão que ajuda o Exército Vermelho a lutar contra os bandidos brancos e contra os japoneses", um jovem de nove ou dez anos respondeu.

"E o que mais?"

"Ele ajuda a lutar contra os senhores de terra e contra os capitalistas!"

"Mas o que é um capitalista?" Isso silenciou uma criança, mas outra tomou frente: "Um capitalista é um homem que não trabalha, mas faz com que outros trabalhem para ele." Um tanto simplista, talvez, mas continuei:

"Há senhores de terra ou capitalistas aqui?"

"Não!", eles gritaram todos juntos. "Todos eles fugiram!"

"Fugiram? Fugiram de quê?"

"Do *nosso* Exército Vermelho!"

"Nosso" exército, uma criança camponesa falando sobre "seu" exército? Bem, obviamente, não era a China, mas, se não, o que era? Quem teria ensinado isso a eles?

Eu aprendi esse "quem" quando eu examinei os livros didáticos da China Vermelha – e conheci o velho Papai Noel chamado Xu Teli[112], outrora diretor da Escola Normal de Changsha e ali comissário de educação soviete.

112 N.E.: Xú Tèlì [徐特立] (1877-1968) foi um pedagogo originário de Changsha, que já em seus primeiros anos se envolveu na luta contra a monarquia, vindo a aderir ao Partido Comunista em 1927. Ele foi o grande pensador e elaborador dos projetos de educação para os comunistas – e mais se falará sobre ele no item 6.5. deste livro.

PARTE 3
EM SEGURANÇA

3.1. Mao Zedong: o homem forte do Soviete

Eram inúmeros os pequenos vilarejos no Noroeste, mas cidades, de qualquer tamanho, eram incomuns. Exceto pelas indústrias instauradas pelos vermelhos, o país era agrário e quase pastoril em alguns lugares. Portanto, era um tanto vertiginoso sair subitamente dos topos dos montes retorcidos e ver abaixo de mim, em um verde vale, os muros milenares de Bao'an, que significa *Segurança*[113].

Bao'an foi uma fortaleza de fronteira nas Dinastias Qin e Tang contra os invasores nômades do Norte. Os vestígios de suas fortificações, atingidos pelas labaredas do sol daquela tarde, podiam ser vistos ladeando a estreita passagem que anteriormente escoou legiões de mongóis conquistadores nesse vale. Ainda existia um centro urbano, onde guarnições um dia estiveram aquarteladas; e uma forte alvenaria defensiva, recentemente aprimorada pelos vermelhos, abrangendo cerca de uma milha quadrada na qual a cidadezinha estava localizada atualmente.

Aqui, finalmente, encontrei o líder contra o qual Nanquim lutava há dez anos, Mao Zedong, presidente da "República Soviética da China", para assim empregar o título recém-adotado. O antigo nome de *República Soviética dos Trabalhadores e Camponeses da China* foi descartado quando os vermelhos deram início à luta por uma Frente Unida.

A mensagem de rádio de Zhou Enlai havia sido recebida, e eu era esperado. Um quarto tinha sido providenciado para mim no "Escritório de Relações Exteriores", e me tornei um hóspede temporário do Estado Soviete. Minha chegada resultou em um aumento espantoso da população estrangeira de Bao'an. O outro residente ocidental era

113 N.A.: Em dezembro de 1936, os vermelhos iriam ocupar Wúqǐ [吴起], no noroeste de Shaanxi, e a capital seria transferida para lá.

um alemão conhecido como o *tongzhi* Li De[114], o 'Virtuoso Camarada Li'. Li De era o único assessor estrangeiro até então com o Exército Vermelho chinês.

Encontrei Mao pouco após minha chegada: uma figura magra, que de alguma forma me lembrava Abraham Lincoln, altura acima da média para um chinês, relativamente curvado, cabelos bastante cheios, pretos e bastante longos, com longos olhos inquisitivos, um dorso de nariz alto e maçãs do rosto proeminentes. Minha impressão mais rápida foi de um rosto intelectual e perspicaz, mas não tive a oportunidade de vê-lo por muitos dias. A próxima vez que o encontrei foi ao entardecer: Mao estava caminhando sem chapéu pela rua, falando com dois jovens camponeses e gesticulando seriamente. Eu não o reconheci até que alguém me apontasse enquanto passeava junto com outros transeuntes, apesar dos 250 mil yuans que Nanquim oferecia por sua cabeça.

Eu poderia ter escrito um livro sobre Mao Zedong. Falei com ele por muitas noites, sobre uma ampla variedade de assuntos, e eu ouvi dezenas de histórias sobre ele de seus soldados e comunistas. Ele me contou sobre sua infância e juventude, como ele se tornou um líder no Kuomintang e sobre a Revolução Nacionalista, os motivos de ele ter se tornado um comunista e como o Exército Vermelho se desenvolveu. Ele descreveu a *Longa Marcha* e escreveu um poema clássico sobre ela para mim. Ele me contou histórias de muitos outros vermelhos renomados, de Zhu De e até de sua juventude, em que havia carregado, em seus ombros, por mais de nove mil quilômetros, duas caixas de ferro contendo os arquivos do governo soviete.

---

114 N.E.: Lǐ Dé [李德], ou Otto Braun (1900-1974), foi um audacioso revolucionário comunista alemão, com vasta atuação internacional. A título de curiosidade, ele era ex-companheiro de Olga Benário, antes dela vir para o Brasil e se apaixonar pelo líder revolucionário brasileiro Luís Carlos Prestes. Braun chega na China no começo dos anos 1930 e permanece lá até 1939, depois vai morar na União Soviética, retornando à Alemanha Oriental nos anos 1950, após a morte de Stalin. Só nos anos 1960 foi revelado que Braun e Li De eram a mesma pessoa, motivo pelo qual ele escreveu seu clássico *Um agente do Komintern na China – 1932-1939* (*Chinesische Aufzeichnungen* (1932–1939) no original, *Notas chinesas*). Na Parte 11, sobretudo no item 11.5, mais será falado sobre ele.

A vida de Mao era uma rica encruzilhada de uma geração inteira, um guia importante para compreender as origens do que se tramava na China, e eu inclui todo esse emocionante registro de histórico pessoal exatamente como ele me transmitiu. Mas, aqui, minhas próprias impressões sobre ele podem ser válidas de registro.

Nunca haveria um "salvador" da China, mas certamente se sentia uma força do destino em Mao. Não era nada imediato ou reluzente, mas um tipo de vitalidade elemental. O que qualquer indivíduo poderia perceber de grandiosidade em Mao, emanava de sua desconcertante capacidade de sintetizar e expressar as exigências de milhões de chineses, especialmente do campesinato. Se as "exigências" e o movimento que os propulsionava fossem a dinâmica que poderia rejuvenescer a China, então, de uma percepção solidamente histórica, Mao Zedong tornou-se um grande homem. Entretanto, Mao era também interessante pessoalmente, separadamente de sua vida política, pois, apesar de seu nome ser tão familiar aos chineses quanto Chiang Kai-shek, pouco se sabia sobre ele, e todo tipo de lendas estranhas existiam sobre sua pessoa. *Eu fui o primeiro jornalista estrangeiro a entrevistá-lo.*

Mao tinha a fama de ter *o corpo fechado*. Havia sido declarado morto inúmeras vezes por seus inimigos, para reaparecer em colunas de notícias poucos dias depois, mais ativo do que nunca. O Kuomintang também "matou" e enterrou Zhu De oficialmente várias vezes, com o auxílios da corroboração eventual de missionários clarividentes. Inúmeras foram as vezes em que os famosos homens morreram, isso, contudo, não os impossibilitou do envolvimento em façanhas extraordinárias, incluindo a Longa Marcha. Mao de fato estava em um de seus períodos de falecimento quando visitei a China Vermelha, mas o encontrei bastante vivo. Havia boas razões para que dissessem que ele tinha o corpo fechado: embora tenha participado de diversas batalhas, sido capturado uma vez por tropas inimigas e escapado e alcançado o valor da recompensa mais alta do mundo por sua cabeça, por todos esses anos, ele não foi ferido uma vez sequer.

Eu estive na casa de Mao uma noite por um acaso enquanto ele recebia um exame físico completo de um cirurgião vermelho, um homem que havia estudado na Europa e sabia sobre o assunto. Mao evidenciava uma saúde excelente. Nunca tinha tido tuberculose ou qualquer "doença incurável", como boatos criados por alguns viajantes mais dramáticos. Seus pulmões eram completamente sãos, embora, diferentemente da maioria dos comandantes vermelhos, Mao era um fumante compulsivo de cigarros. Durante a Longa Marcha, Mao e Li De conduziram uma pesquisa botânica original testando vários tipos de folhas como substitutos para o tabaco.

A segunda esposa de Mao, He Zizen, que era uma ex-professora escolar e organizadora comunista, não teve a mesma sorte de seu marido. Ela tinha dezenas de ferimentos causados por fragmentos de um bombardeio aéreo, embora todos fossem superficiais. Pouco antes de deixar Bao'an, Mao e sua esposa eram orgulhosos pais de uma nova garotinha. Ele tinha mais duas crianças com sua ex-esposa, Yang Kaihui, a filha de seu professor preferido. Ela foi morta em Changsha[115] em 1930 por ordem do General He Jian, senhor da guerra da província de Hunan.

Mao Zedong tinha 43 anos quando o encontrei em 1936. Tinha sido eleito presidente do Governo Central Soviete provisório no Segundo Congresso Nacional Soviético da China em 1934, acompanhado por delegações representando aproximadamente nove milhões de pessoas vivendo sob as leis vermelhas. No momento do Segundo Congresso, a propósito, se deve inserir que Mao Zedong estimava que a população máxima dos diversos distritos sob controle direto do Governo Central Soviete, em 1934, eram as seguintes: Soviete do Nordeste de Jiangxi, três milhões; Soviete de Hubei-Anhui-Henan, dois milhões; Soviete de Hunan-Jiangxi-Hubei Ocidental, um milhão; Soviete de Jiangxi-Hunan, um milhão; Soviete Zhejiang-Fujian, um milhão; Soviete de Hunan-Hubei, um milhão; totalizando, nove milhões. Projeções fantásticas

115 N.E.: Chángshā [长沙] ou "Longo Areial" se trata da capital da província de Hunan, uma cidade construída às margens do rio Xiang por volta de 2.400 anos atrás. Mas a habitação dela de forma mais contínua se desenvolve, a rigor, há sete mil anos com o cultivo do arroz e, logo no nascedouro da civilização chinesa há 4.700 anos, torna-se um local de intercâmbio para os chineses e as etnias que estavam presentes ali originariamente. Em alguns momentos, Changsha chegou a sediar até um reino com seu nome e gozou de certa autonomia dentro das várias dinastias imperiais.

estimando até dez vezes aquele número foram, evidentemente, alcançadas ao se somar toda a população de todas as regiões em que o Exército Vermelho ou partisans vermelhos operavam.

A influência de Mao Zedong através do mundo comunista da China era provavelmente superior à de qualquer pessoa. Ele era membro de quase tudo, o Comitê Revolucionário Militar, o gabinete de organização do Comitê Central, a comissão de finanças, o comitê de organização, a comissão de saúde pública e outros. Sua real influência era assegurada pelo domínio do gabinete político, o qual tinha poder decisivo em diretrizes do Partido, governo e exército. Embora todos o conhecessem e o respeitassem, não havia – ainda, pelo menos – nenhum ritual de culto ao herói dedicado à sua figura. Nunca encontrei um vermelho chinês que bradasse frases como *nosso grande líder*, nunca ouvi o nome de Mao ser usado dinasticamente como sinônimo para o povo chinês, mas ainda não encontrei um que não gostasse do *presidente*[116] – como todos o chamavam – e o admirasse. O papel da personalidade dele no movimento era nitidamente grandioso.

Mao me parecia um homem bastante interessante e complexo. Tinha a simplicidade e naturalidade de um camponês chinês, um dinâmico senso de humor e um amável riso rústico. Sua risada ecoava até sobre si e as limitações dos sovietes – um riso infantil, mas que jamais abalou sua fé interior em seu propósito. Falava com franqueza e tinha aparência simples, alguns poderiam considerá-lo áspero e grosseiro.

116 N.E.: Na edição original, e na língua inglesa, o cargo de Mao se chamava *chairman* – literalmente, "homem da cadeira", um termo em inglês que nasceu como tradução conceitual para o inglês do latim *praesidens* – que significa "aquele que se senta primeiro", muito embora a língua inglesa depois tenha forjado o termo *president*, que se consagrou, sobretudo pelo seu uso na política dos Estados Unidos. Em mandarim, o termo para *chairman* é *zhǔxí* [主席], também literalmente "homem da cadeira" – o que se constitui na tradução literal, trazido por estudantes chineses que voltaram do exterior anglófono. Zhuxi também serve para designar o cargo de presidente na atual Constituição da China, embora haja também no mandarim o termo *zǒngtǒng* [总统], usado para definir os primeiros presidentes da República da China e, hoje, usado para designar os chefes de Estado de outras repúblicas não socialistas – e isso possui conotação mais militar. Na língua portuguesa, evidentemente, não temos duplicidades como *chairman/president* nem *zhuxi/zongtong* e, em todos os casos, nos referimos unicamente a "presidente", o que perde uma certa sutileza.

Ainda assim, combinava qualidades intrigantes de ingenuidade, perspicácia incisiva e sofisticação mundana.

Acho que minha primeira impressão – predominantemente, a de uma perspicácia natural – estava provavelmente correta. Contudo, Mao era um talentoso intelectual chinês clássico, leitor onívoro, estudante avançado de filosofia e história, bom orador, um homem de memória incomum e poderes extraordinários de concentração, um hábil escritor, despreocupado com seus hábitos pessoais e aparência, mas incrivelmente meticuloso com detalhes do dever, um homem de energia incansável e um estrategista político e militar de genialidade considerável. Era curioso que os japoneses o reconheciam como o estrategista chinês mais competente vivo.

Os vermelhos estavam erguendo algumas construções novas em Bao'an, mas as acomodações eram bastante rudimentares quando estive lá. Mao vivia com sua esposa em um *yaodong* de dois cômodos de paredes expostas, precárias, cobertas por mapas. Ele já havia vivido pior, e, como filho de um camponês "rico" em Hunan, também já havia vivido melhor. O utensílio de luxo que Mao tinha (igual a Zhou) era um mosquiteiro. Fora isso, Mao vivia basicamente como suas bases do Exército Vermelho. Após dez anos de liderança dos vermelhos, após centenas de confiscos de propriedades de senhores de terra, oficiais e coletores de impostos, ele possuía apenas seus cobertores e alguns objetos pessoais, contando dois uniformes de algodão. Embora fosse um comandante do Exército Vermelho, bem como seu presidente, ele usava na lapela de seu casaco apenas as duas barras vermelhas que são a insígnia do soldado vermelho comum.

Acompanhei Mao diversas vezes em encontros coletivos dos camponeses e cadetes vermelhos, e ao teatro vermelho. Ele se sentou discretamente entre a multidão e divertiu-se plenamente. Lembro-me de uma vez, entre atos no Teatro Antijaponês, houve um pedido generalizado de um dueto de Mao Zedong e Lin Biao, o reitor de 28 anos da Universidade do Exército Vermelho[117] e outrora um famoso jovem cadete

117 N.E.: Universidade do Exército Vermelho Antijaponesa do Povo Chinês, *Zhōngguó Rénmín Kàngrì Hóngjūn Dàxué* [中国人民抗日红军大学], ou simplesmente Universidade do Exército Vermelho ou Universidade Vermelha, também conhecida

da equipe de Chiang Kai-shek. Lin ficou corado como uma criança e os safou da "performance ordenada" com um gracioso discurso, pedindo uma música às mulheres comunistas ao invés disso.

A alimentação de Mao era a mesma que a de todos, mas, sendo um hunanês, ele tinha o *ài là* [爱辣] de alguém do Sul, ou "amor à pimenta". Ele assava pimenta até em seus pães. Exceto por essa paixão, Mao parecia não perceber o que comia. Houve uma noite, no jantar, que ouvi ele desenvolver uma teoria sobre amantes de pimenta serem revolucionários. Ele propôs sua própria província em primeiro lugar, Hunan, famosa por seus revolucionários. Depois mencionou a Espanha, México, Rússia e França para corroborar sua afirmação, mas risonhamente teve que assumir a derrota quando alguém refutou sua teoria mencionando o conhecido amor pelo alho e pela pimenta dos italianos. Uma das músicas favoritas dos *bandidos vermelhos*, incidentalmente, era uma cantiga chamada *Pimenta vermelha* – e ela falava do desagrado da pimenta com sua existência vegetal, esperando para ser comida, e como ridicularizava o contentamento dos repolhos, espinafres e feijões com suas vidas covardes. A pimenta termina liderando uma insurreição vegetal. A pimenta vermelha, por sinal, era uma das favoritas do presidente Mao.

Ele não parecia ter nenhum sinal de megalomania, mas tinha uma profunda noção de dignidade pessoal, e sua atitude dava a impressão de ter a coragem de agir com decisão quando necessário. Eu nunca o vi ficar bravo, mas ouvi pessoas dizerem que ele ficou terrivelmente irado algumas vezes. Pelo jeito, seu talento tanto para rir quanto para xingar era excepcional e imparável.

Descobri que ele estava surpreendentemente bem-informado sobre a política mundial da época. Aparentemente, até mesmo na Longa Marcha, os vermelhos recebiam transmissões de notícias via rádio, e, no Noroeste, eles publicavam seus próprios jornais. Mao tinha uma leitura excepcional sobre história mundial e tinha uma elaboração realista das condições políticas e sociais europeias. Tinha bastante interesse no Partido Trabalhista da Inglaterra, e me perguntou intensamente sobre

---

pelo seu diminutivo em mandarim *Hóng Dà* [红大].

as ações atuais deles, esgotando rapidamente meu conteúdo sobre o assunto. Parecia que ele achava muito difícil de entender o motivo de que, em um país em que os trabalhadores são emancipados, ainda não tivesse se estabelecido um governo dos trabalhadores. Eu temia que minhas respostas não o tivessem o satisfeito. Ele demonstrou profundo desprezo por Ramsay MacDonald, a quem ele se referia como *hànjiān* [汉奸] – o maior traidor do povo britânico.

Sua opinião sobre o presidente Roosevelt era bastante interessante. Mao acreditava que Roosevelt era antifacista, e pensava que a China poderia cooperar com um homem assim. Mao me fez inúmeras questões sobre o New Deal e sobre a política de relações exteriores de Roosevelt. Esses questionamentos evidenciaram uma impressionante visão dos objetivos de ambos. Ele considerava Mussolini e Hitler farsantes. No entanto, Mao achava Mussolini intelectualmente um homem muito mais capaz, com algum conhecimento de história, enquanto via Hitler como uma marionete sem livre arbítrio em relação aos capitalistas reacionários.

Mao havia lido um punhado de livros sobre a Índia e tinha algumas opiniões bastante definitivas sobre o país. A principal delas era a de que a revolução indiana não aconteceria nunca sem uma revolução agrária. Ele me perguntou sobre Gandhi, Jawaharlal Nehru, Suhasini Chattopadhyay e outros líderes indianos que eu conhecia. Ele também sabia algo sobre o movimento negro nos Estados Unidos, e desfavoravelmente comparou o tratamento dos negros e indígenas americanos com políticas na União Soviética direcionadas a minorias nacionais. Ele ficou bastante interessado quando apontei as diferenças do contexto histórico negro nos Estados Unidos em relação às minorias na Rússia.

Mao era um ávido estudante de filosofia. Uma vez, estava fazendo as entrevistas noturnas com ele sobre a história comunista, quando um visitante trouxe a ele vários livros novos sobre filosofia, e Mao pediu para adiar nossos compromissos. Ele consumiu aqueles livros em três ou quatro noites de leitura, nas quais ele pareceu alheio a qualquer outra coisa. Ele não havia limitado sua leitura a filósofos marxistas, também sabia um pouco sobre os gregos antigos, Espinosa, Kant, Goethe, Hegel, Rousseau e outros.

Frequentemente me perguntava sobre a percepção que o próprio Mao tinha sobre a responsabilidade da força, violência e a necessidade do uso de força letal. Em sua juventude, Mao havia tido fortes tendências liberais humanistas, e a transição do idealismo ao realismo evidentemente aconteceu primeiro filosoficamente. Embora tenha nascido camponês, não havia sofrido muito na juventude pela opressão de senhores de terra, como muitos vermelhos – e, apesar de o marxismo ser núcleo de seu pensamento, deduzi que o ódio entre classes para ele provavelmente fosse um mecanismo intelectualmente adquirido no baluarte de sua filosofia, mais do que um impulso instintivo a uma ação.

Nada nele sugeria algum sentimento religioso. Era um humanista, fundamentalmente um humanista; acreditava na capacidade da nossa espécie em resolver seus problemas. Creio que, em linhas gerais, Mao tenha exercido um papel moderador no movimento comunista – naquilo em que questões de vida e morte estivessem envolvidas.

Mao trabalhava treze ou quatorze horas por dia. Muitas vezes, até muito tarde da noite, frequentemente se recolhendo apenas às duas ou três horas da madrugada. Parecia ter uma estrutura de ferro. Isso, ele associava à sua juventude dedicada ao trabalho duro no campo na fazenda de seu pai, e a um rigoroso período em seus tempos de escola, em que havia formado um clube meio espartano com alguns camaradas. Eles corriam, faziam longas trilhas pelos montes arborizados do Sul da China, nadavam em temperaturas baixas, caminhavam sem camisa na chuva e granizo, tudo para se fortalecerem. Sabiam intuitivamente que, nos anos a seguir, a China exigiria a capacidade de resistência a grandes provações e tribulações.

Mao, uma vez passou um verão vagando por toda Hunan, sua província nativa. Ganhava seu pão trabalhando de fazenda em fazenda e, algumas vezes, por mendicância. Outra vez, passou dias comendo nada além de feijões duros e água – mais uma vez, um processo de "fortalecer" seu estômago. As amizades que fez no interior, em suas perambulações do começo da juventude, lhe foram de grande valor quando ele começou a organizar milhares de camponeses em Hunan, dez anos mais tarde, em famosas uniões camponesas, que se tornaram a primeira base dos sovietes, após a cisão do Kuomintang com os comunistas em 1927.

Mao me impressionou como um homem de percepção incrivelmente profunda. Lembro-me de seus olhos marejarem, uma ou duas vezes, quando falava de seus camaradas mortos, ou em reminiscências de acontecimentos de sua juventude, durante as revoltas do arroz e períodos de fome de Hunan, quando alguns camponeses famintos foram degolados em sua província por exigirem comida do *yamen*[118]. Um soldado me contou que havia visto Mao dar seu casaco a um homem ferido no front. Disseram que ele tinha se recusado a usar sapatos quando os combatentes vermelhos não os tinham.

Sim, eu duvidava muito de que ele algum dia ganharia qualquer respeito da elite intelectual da China; talvez, não somente por ter uma mente excepcional, mas por ter os hábitos pessoais de um camponês. Os discípulos chineses de Pareto[119] podem tê-lo considerado inculto. Falando com Mao um dia, o vi distraidamente abaixar o cinto de suas calças e checar se havia parasitas – mas creio que seria possível que Pareto também fizesse uma inspeção se vivesse em circunstâncias similares, embora ele jamais tiraria suas calças na presença do presidente da Universidade do Exército Vermelho, como fez Mao uma vez, quando eu estava entrevistando Lin Biao. Estava muito quente na pequena caverna. Mao Zedong se deitou na cama, tirou as calças e estudou o mapa militar pendurado na parede por vinte minutos – sendo casualmente interrompido por Lin Biao, que lhe pedia confirmações de datas e nomes que Mao, invariavelmente, sabia. Os hábitos casuais de Mao eram consistentes com sua completa indiferença à aparência pessoal, embora ele fosse perfeitamente qualificado para se parecer com os generais nas caixas de bombons e os políticos nas fotos do *Quem é Quem* na China.

---

118 N.E.: A morada do magistrado local, dos tempos do Império ao começo da República, era a sede do poder e onde os camponeses famintos iam protestar.

119 N.E.: Vilfredo Federico Damaso Pareto (1848-1923) foi um economista e sociólogo italiano, considerado precursor do fascismo – ou como um elo perdido entre o liberalismo clássico e o movimento que viria a dominar a Itália. Snow se refere ao fato de que Pareto criou teorias que buscavam justificar a desigualdade social, reputando-a como natural – e defendendo a ideia da hegemonia de uma "elite" como algo bom e inevitável.

Com exceção das duas semanas que passou doente, Mao caminhou a maior parte dos nove mil quilômetros da Longa Marcha, como as bases. Poderia ter alcançado cargos altos e riquezas "traindo" o Kuomintang, e isso também se aplicava à maioria dos comandantes vermelhos. A determinação com a qual esses comunistas agarram-se a seus princípios por dez anos não poderia ser plenamente avaliada a menos que se soubesse da história das "balas de prata" na China, meio pelo qual outros rebeldes foram comprados.

Me foi possível checar diversas declarações de Mao e, frequentemente, constatei que eram apropriadas. Mao me expôs às discretas doses de propaganda ideológica, mas era atraente, comparado ao que recebi em círculos "não-bandidos". Ele nunca me impôs nenhum tipo de censura, seja na minha escrita ou fotografia, cortesias pelas quais fiquei muito grato. Fez o melhor para garantir que eu obtivesse fatos para explicar vários aspectos da vida soviete.

3.2. Políticas comunistas básicas

Quais eram as diretrizes fundamentais dos vermelhos chineses? Eu tinha uma dúzia ou mais de conferências sobre o assunto com Mao Zedong e outras lideranças comunistas. Mas, antes de analisar suas políticas, fazia-se necessário ter uma concepção do longo embate entre os comunistas e Nanquim. Para compreender até mesmo os eventos recentes do Noroeste em enrubescimento, era necessário observar alguns acontecimentos históricos pela perspectiva dos comunistas chineses.

Nos parágrafos seguintes, parafraseei, em partes, declarações de Luo Fu, nome de guerra de Zhang Wentian[120], o secretário-geral fluente em inglês do politburo do Partido Comunista, que entrevistei em Bao'an.

O Partido Comunista da China foi fundado apenas em 1921 (em um evento ao qual será dedicada uma discussão mais detalhada posteriormente). Cresceu rapidamente até 1923, quando uma aliança bipartidária foi formada com o Kuomintang do Dr. Sun Yat-sen. O Dr. Sun havia, de forma independente, conseguido firmar uma entente com o Partido Comunista Russo, encabeçado por Lenin, o que proporcionou a Sun auxílio material e político. Nem o Partido Comunista da China e nem o Kuomintang detinham o poder naquele momento, mas Sun era apoiado por senhores da guerra provinciais no Sul da China. Eles consentiram que Sun constituísse um governo provisório de "toda a China" no Cantão, em concorrência ao Governo de Pequim, que era respaldado por uma camarilha de senhores da guerra do Norte, mas reconhecido por potências estrangeiras. De 1923 em diante, o Kuomintang foi reorganizado com o auxílio dos consultores políticos rus-

120 N.E.: Zhāng Wéntiān [张闻天] ou Luò Fǔ [洛甫] (1900-1976) foi secretário-geral do Partido Comunista de 1935 até 1943, o que significava que ele era um coordenador político, dada a liderança mais geral de Mao. Zhang teve posições moderadas do início ao fim: ele cairia em desgraça no final dos anos 1950 quando se aliou com o marechal Peng Dehuai contra Mao Zedong.

sos, e em ressonância em linhas gerais com o partido de Lênin. Com a anuência de Sun, alguns membros jovens do Partido Comunista da China também se juntaram ao Kuomintang. Sun Yat-sen era um patriota nacionalista, sua aspiração era resgatar a independência soberana da China; além disso, seus conceitos de revolução social (como expressados em seu *Três Princípios do Povo*) eram uma amálgama confusa de reforma do capitalismo e socialismo. Os comunistas endossaram as aspirações de independência nacional de Sun, mas miraram crucialmente em uma ditadura do proletariado.

Moscou, inicialmente (1918-22), tentou promover interesses revolucionários russos no Extremo Oriente cooperando com os senhores da guerra de Pequim. Entre 1921-22, o Komintern reexaminou a utilidade de potenciais aliados na China, após o retorno de seu representante, Hendricus Sneevliet, com um auspicioso relatório sobre as expectativas para Sun Yat-sen. Profundamente decepcionado após o indeferimento do Ocidente de seus planos para o avanço internacional da China (*Tratado Naval de Washington* de 1922[121]), o Dr. Sun agora dava boas-vindas às ofertas de auxílio russas concedidas pelo intermediário do Komintern, Adolf Joffe. Uma completa reorientação da diplomacia soviética foi iniciada a partir do tratado Sun-Joffe. A tríplice aliança (Kuomintang/comunistas chineses/Rússia Soviética) tinha como consenso "aqui na China não existem requisitos para a instauração exitosa do comunismo ou socialismo", conquanto, "a aspiração primordial e imediata da China é alcançar a união nacional e independência nacional", em uma batalha na qual os chineses "poderiam depender da assistência da Rússia". Quando Mikhail Borodin chegou ao Cantão no final de 1922 para tornar-se consultor de Sun e diretor da delegação sovié-

121 N.E.: O *Tratado Naval de Washington* de 1922 foi um acordo entre as cinco potências vencedoras da Primeira Guerra: Reino Unido, Estados Unidos, Japão, França e Itália. Elas buscavam organizar e limitar a distribuição do poder bélico naval no mundo no pós-Primeira Guerra. Na realidade, era uma tentativa de redesenhar o imperialismo e, por isso, nem a conferência que redigiu o Tratado e nem o seu relatório final incluiu a União Soviética ou a China – as quais passaram a colaborar estrategicamente, uma vez que o Japão já havia tomado Taiwan em 1895 e a Coreia em 1910, visando tomar a própria China, enquanto os soviéticos seguiam cercados pelas potências capitalistas.

tica, exercia funções mistas, sendo representante do politburo soviético e representante do Komintern, o que, em si, já era uma ferramenta da política exterior soviética – intrínseco ao dualismo inicial, houve contradições entre os interesses nacionais russos e os interesses do Partido Comunista da China, as quais nunca foram resolvidas.

A longevidade da aliança, no que dizia respeito aos comunistas, estava condicionada ao Kuomintang sustentar-se acatando os dois propósitos essenciais. O primeiro reconhecia a necessidade de uma diplomacia anti-imperialista – a plena restauração da soberania política, territorial e econômica, por meio da ação revolucionária. O segundo demandava uma política interna de "antifeudalismo e antimilitarismo" – a deposição dos senhores de terra e senhores da guerra e a construção de novas formas de vida social, econômica e política, algo que tanto os comunistas quanto o Kuomintang concordavam ser de "natureza" democrática.

A palavra "democrática" foi usada pelo Dr. Sun para abarcar sua abordagem paternalista de uma revolução na qual o "povo" ou as massas chegariam à "modernização" sob a tutela do seu Kuomintang. Para os comunistas, isso se tratava de uma revolução "democrático-burguesa", que poderia ser instrumentalizada em etapas, rumo ao socialismo, sob a "hegemonia" de seu partido. O governo bipartidário formado no Cantão era composto apenas por membros do Comitê Executivo Central do Kuomintang – que, de 1924 a 1927, contava com comunistas. A filiação dos comunistas em órgãos centrais do Kuomintang era restrita a apenas um terço do total.

Os comunistas interpretavam a próspera concretização da revolução "democrático-burguesa" do Dr. Sun como um indispensável precedente à sociedade socialista que seria concebida posteriormente. O suporte a um movimento de "independência e libertação nacional democrática" lhes pareceu sensato.

Dr. Sun Yat-sen morreu em 1925, antes da revolução ser finalizada. A cooperação entre o Kuomintang e os comunistas chegou ao seu fim em 1927. Da perspectiva dos comunistas, a Revolução Nacionalista pode ser dada como terminada nesse momento também. A direita do Kuomintang, dominada pelo novo militarismo – e com o apoio de certos poderes estrangeiros, como os banqueiros dos portos (do tratado assinado com as potências ocidentais após a derrota na Guerra do Ópio) e os senhores de terra – rompe com o governo de esquerda do Kuomintang e cria, em seguida, um regime em Nanquim, sob o poder de Chiang Kai-shek – governo de esquerda este que era, naquele momento, paradoxalmente apontado pelos comunistas como "contrarrevolucionário", ou seja, contra a própria "revolução democrático-burguesa".

Todo o Kuomintang rapidamente conciliou-se com o golpismo de Nanquim[122] – e o comunismo se tornou ato criminoso passível a pena de morte. O que os vermelhos compreendiam ser dois elementos primordiais do nacionalismo – o movimento anti-imperialista e a revolução democrática – foram abandonados, na prática. Como resultado, iniciou-se uma guerra civil e, mais tarde, um intenso conflito contra a emergente revolução agrária. Milhares de comunistas e muitas lideranças de associações camponesas foram assassinados. As organizações foram suprimidas. Uma "tirania iluminada" fazia guerra contra todas as formas de oposição. Ainda assim, um bom número de comunistas sobreviveu no exército, e o partido manteve-se unido naquele período de terror branco. Em 1936, apesar do dispêndio de bilhões de dólares na guerra civil contra eles, o Exército Vermelho ocupava o Noroeste, a mais larga porção (embora escassamente habitada) de território anexado a estar sob seu controle.

Naturalmente, os vermelhos consideravam que a década da história desde 1927 havia, valiosamente, legitimado sua tese de que independência nacional e a democracia (que o Kuomintang também havia definido como intenção) não seriam alcançados na China sem uma política externa anti-imperialista e uma revolução agrária, internamente. Para entender o motivo de o comunismo ter uma crescente e consisten-

---

122 N.E.: Também conhecido como *o Incidente de 15 de julho de 1927*, quando a direção do Kuomintang expurgou os comunistas e acabou com a dualidade de capitais "nacionalistas" em favor de Nanquim, o que marcou a vitória da ala direita liderada por Chiang Kai-shek – antes havia Wuhan, sob controle da esquerda do Kuomintang, liderada por Wang Jingwei, e Nanquim, liderada pela direita de Chiang, originalmente "de centro". Isso se situa três meses depois do Massacre de Xangai e quinze dias antes do Levante de Nanchang, a data da formação do Exército Vermelho. Só restou uma ala esquerda, liderada pela viúva de Sun Yat-sen, Song Qingling.

te adesão, sobretudo entre jovens patriotas, e porque, no momento, as sombras de uma grande catástrofe, antevendo uma grande mudança no Oriente, eram projetadas nas telas da história, precisávamos observar os conflitos principais. Quais eram eles?

Primeiramente, os vermelhos declararam que, após o governo de Nanquim rachar as forças vitais da revolução em 1927, a China perdeu muito terreno. O que está no acordo, está no acordo. O descumprimento da reforma agrária resultou em insatisfação generalizada – e revolta aberta da população rural em várias partes do país. As condições gerais de miséria e sofrimento da população rural foram gravemente intensificadas. A China agora tinha algumas rodovias transitáveis, uma excelente frota de aviões e o *Movimento Nova Vida*[123], mas denúncias chegavam diariamente sobre desgraças que, na China, eram consideradas rotineiras. Mesmo enquanto eu escrevia este capítulo, por exemplo, a imprensa lançou essas notícias aterradoras da China central e ocidental:

"Condições de fome ainda são relatadas em Henan, Anhui, Shaanxi, Sichuan e Guizhou. Evidentemente, o país enfrenta uma das mais severas fomes em muitos anos, milhares já morreram. Uma pesquisa recente da Comissão de Assistência Alimentar de Sichuan concluiu que trinta milhões de pessoas estão agora no cinturão da fome na província, onde cascas de árvore e argila de caulim[124] foram consumidos por dezenas de milhares. Declaram-se quatrocentos mil refugiados pela fome em Shaanxi, mais de um milhão em Gansu, cerca de sete milhões em Henan e três milhões em Guizhou. A fome em Guizhou é reconhecida pela Central de Notícias oficial como a mais séria em cem anos, afetando sessenta distritos da província."

---

123 N.E.: O Movimento Nova Vida, *Xīn Shēnghuó Yùndòng* [新生活运动], foi uma campanha de massas, com caráter fascista, liderada pelo Kuomintang nos anos 1930. Tratava-se de um movimento de "reforma moral", que misturava leituras conservadoras do confucionismo com valores cristãos protestantes, onde as "camisas azuis" ocupavam o espaço simbólico das "camisas negras" fascistas na Itália, marcando a guinada à extrema direita do partido – substituindo, assim, os valores modernizadores progressistas do *Movimento Quatro de Maio* e da *Nova Cultura*.

124 N.E.: Embora mundialmente conhecido, e base para a fabricação de cerâmica e porcelana, o caulim é originário da China – e seu nome se origina de uma vila em Jiangxi chamada Gāolǐng [高嶺].

Sichuan era a província onde os tributos eram coletados com sessenta anos ou mais de antecedência, e centenas de acres de terra haviam sido abandonados por camponeses impossibilitados de pagar os arrendamentos e os juros de empréstimos ultrajantes. Em meus arquivos, havia itens, reunidos ao longo de seis anos, que manifestavam equivalente inquietação em diversas outras províncias. Havia poucos sinais de que o intervalo de frequência dessas calamidades estivesse diminuindo.

Enquanto a massa da população rural estava indo à falência, a concentração de terra e riqueza nas mãos de um pequeno grupo de senhores de terra e proprietários mafiosos aumentaram proporcionalmente à queda geral da agricultura independente. Divulgaram que Sir Frederick Leith-Ross[125] havia dito que não havia classe média na China, apenas os incrivelmente miseráveis e os insolitamente ricos. Tributos elevados, método de distribuição da safra e todo o sistema de relacionamentos, sociais, políticos e econômicos, descritos por Karl August Wittfogel como "modo de produção Asiático"[126], forçaram os camponeses sem terra ao endividamento perpétuo, sem reservas, e inaptos a responder a crises como secas, fomes e inundações.

Enquanto secretário do Comitê do Kuomintang (e candidato ao Comitê Executivo Central) no movimento camponês em 1926, Mao Zedong fiscalizou o acervo de estatísticas de terra de domínios em 21 províncias[127]. Reafirmou nessa inspeção que senhores de terra autócto-

---

125 N.E.: Sir Frederick William Leith-Ross (1887-1968) foi um nobre e banqueiro britânico, tendo servido como secretário particular do premiê liberal H.H. Asquith em 1911. Aqui ele aparece por conta da fabulosa *Missão Leith-Ross* de 1935, quando os britânicos persuadiram os chineses a fazer uma reforma monetária, mas de acordo com os interesses financeiros britânicos.

126 N.E.: *Modo de produção asiático* é, na verdade, um conceito marxista que Karl August Wittfogel (1896–1988) apenas desenvolveu ao seu modo, misturando-o com as teses do sociólogo alemão Max Weber. Comunista à época que este livro foi escrito, Wittfogel se tornaria um profundo anticomunista após a Segunda Guerra – mas já há indícios na sua obra a respeito disso, sobretudo por sua tentativa de normalizar a crise asiática, e chinesa, causada pelo colonialismo ocidental em aliança com oligarquias locais como algo próprio, e natural, da formação histórica do Oriente: a chamada *hipótese causal hidráulica* e a noção de *despotismo oriental*.

127 N.A.: Mao também foi vice-chefe do Departamento de Propaganda do Kuomintang e vice-diretor de seu Instituto de Treinamento do Movimento Camponês,

nes, camponeses ricos, oficiais, proprietários ausentes e agiotas, cerca de 10% da população, juntos, possuíam mais de 70% da terra cultivável da China. Cerca de 15% pertenciam a camponeses médios. Mas mais de 65% da população rural, constituída de camponeses pobres, arrendatários e trabalhadores rurais, detinha apenas cerca de 10 a 15% do total da terra arável.

"Esses números foram ocultados após a contrarrevolução" – de acordo com Mao. "Atualmente, dez anos mais tarde, ainda é impossível de se conseguir de Nanquim um balanço de distribuição de terras da China."

Os comunistas afirmavam que a bancarrota rural foi intensificada pelas medidas de "não resistência ao imperialismo" do Kuomintang – particularmente, ao imperialismo japonês. Como resultado de uma "política sem conflitos" contra o Japão, a China perdeu cerca de um quinto do território nacional, mais de 40% de malha ferroviária, 85% dos territórios não ocupados, grande parte do carvão, 80% das jazidas de ferro, 37% das melhores áreas florestais e cerca de 40% de suas exportações nacionais. O Japão passou a deter mais de 75% do total de empreendimentos em ferro fundido e mineradoras de ferro do que restava da China e mais de metade da indústria têxtil. A conquista da Manchúria também furtou a China de seu melhor mercado, bem como a privou de suas matérias primas mais disponíveis. Em 1931, a Manchúria obtinha mais de 27% de suas importações de outras províncias chinesas, mas, em 1935, a China tinha permissão de vender apenas 4% dessas importações ao *Manchukuo*[128]. Assim, o Japão ficou com a região da China mais adequada ao desenvolvimento industrial – e assim ele não só conseguiu interromper esse desenvolvimento como, ainda, desviou as matérias-primas para sua própria indústria. Isso deu ao Japão os alicerces continentais necessários para prosseguir com a agressiva invasão da China. Muitos sentiram que, mesmo que o resto da China não fosse mais invadido, essas mudanças eliminaram comple-

---

onde lecionou para muitos quadros que mais tarde se juntaram a ele na formação do Exército Vermelho.

128 N.E.: O nome da Manchúria ocupada pelo Japão, um Estado fantoche chefiado pelo último imperador chinês, na qualidade de títere nipônico.

tamente qualquer coisa que Nanquim pudesse reivindicar às gerações futuras como méritos seus.

E o que foi conquistado pelos nove anos de guerra de Nanquim contra os vermelhos? A junta do Noroeste havia, recentemente, resumido os resultados em um manifesto em oposição às preparações à sexta campanha de "aniquilação final" dos vermelhos. Nos lembrava de que a Manchúria havia caído nas mãos do Japão durante uma dessas operações de "aniquilação final", Xangai tinha sido invadida em outra, Rehe (Jehol) havia capitulado durante a terceira, o leste de Hebei caiu durante outra e a soberania das províncias de Hebei e Chahar foram severamente comprometidas durante a quinta ação de "extermínio de resquícios de criminosos".

Certamente, Nanquim não conseguia parar a guerra civil enquanto os vermelhos continuavam a confrontar o governo à força. Em abril de 1932, a República Soviética da China declarou guerra contra o Japão e propôs a união com elementos antijaponeses. Novamente, em janeiro de 1933, propôs a união com "qualquer força armada" em "uma Frente Unida desde a base". Entretanto, não havia uma oferta real de consenso com Chiang Kai-shek. Em meados de 1936, os comunistas (e o Komintern) haviam radicalmente mudado de posicionamento. Em busca de ampla unidade nacional, incluíram o Kuomintang e até mesmo Chiang Kai-shek. O Partido Comunista da China agora anunciava unir seu Exército Vermelho aos distritos sovietes sob a soberania do Governo Central do Kuomintang, contanto que o segundo concordasse em "firmar um governo democrático representativo, resistir ao Japão, emancipar o povo e garantir liberdades civis às massas". Em outras palavras, os vermelhos estavam prontos para "casar de novo" com o Kuomintang, se voltasse a ser o programa "nacionalista-burguês" de anti-imperialismo e antifeudalismo. Mas, com base nesses dois objetivos básicos, evidenciaram que o embate por sobrevivência nacional era algo de suma importância, e deveria ser priorizado, mesmo que isso custasse a modificação das contendas internas sobre a questão da terra; perceberam, também, que antagonismos de classe deveriam ser sublimados, e que isso certamente não poderia ser atendido sem a resolução eficiente da batalha externa com o Japão.

Citando Mao em sua entrevista comigo:

"A questão principal que se apresenta ao povo chinês hoje é a resistência ao imperialismo japonês. Nossa política soviete é, categoricamente, condicionada por esse conflito. Os senhores da guerra do Japão esperam subjugar toda a China e fazer dos chineses seus escravos coloniais. O combate à invasão japonesa e a luta contra a conquista econômica e militar japonesa são as missões centrais que devem ser tidas em mente em uma análise de políticas sovietes. O imperialismo japonês não é apenas inimigo da China, mas também de todas as pessoas no mundo que almejam paz. Sobretudo, inimigo daqueles que têm interesses no Oceano Pacífico, mais apropriadamente, americanos, britânicos, franceses e russos e demais nações soviéticas. A política continental japonesa, bem como a política naval, é voltada não apenas contra a China, mas também contra esses países... O que esperamos de potências estrangeiras? Esperamos que nações amigas ao menos não colaborem com o imperialismo japonês, e que não adotem um posicionamento neutro. Esperamos que auxiliem ativamente a China a resistir à invasão e à conquista."

Ao empregar a palavra "imperialismo", os comunistas incisivamente distinguiam entre o Japão e poderes capitalistas democráticos favoráveis e não agressivos. Mao Zedong explicou:

"No que toca à questão do imperialismo em geral, observamos que, entre as grandes potências, algumas manifestam indisponibilidade de engajarem uma nova guerra mundial, algumas não estão preparadas para ver o Japão ocupar a China: países como os Estados Unidos, Reino Unido, França, Holanda e Bélgica. Também havia os países sob constante ameaça de poderes hostis, como Tailândia, Filipinas, países da América Central, Canadá, Índia, Austrália e Índias Orientais Neerlandesas (Indonésia) etc. – todos mais ou menos sob ameaça do Japão. Os consideramos amigos, e os convidamos à cooperação... Então, exceto pelo Japão e pelos países que apoiam o imperialismo japonês, as categorias mencionadas acima podem ser articuladas em uma aliança mundial antiguerra, anti-agressão e antifascista... No passado, Nanquim recebeu muito auxílio de americanos, britânicos e de outros países. A maior parte desses recursos foi usada em guerra civil. Para cada soldado vermelho assassinado, Nanquim sacrificou muitos camponeses e trabalhadores. Conforme um artigo recente do banqueiro Zhang Naiqi[129], cada soldado vermelho morto por Nanquim custou cerca de 80 mil yuans ao povo chinês. Tal 'ajuda', portanto, não retornou ao povo chinês. Apenas após Nanquim determinar cessar a guerra civil para lutar contra o imperialismo japonês, e após unir-se com a revolução do povo com fins de formar um governo democrático de defesa nacional – apenas então, tal auxílio será verdadeiramente um benefício ao povo chinês."

Perguntei a Mao se os sovietes eram favoráveis ao cancelamento dos tratados assimétricos. Ele salientou que muitos desses tratados desiguais já haviam efetivamente sido exterminados pelos japoneses, sobretudo no caso da Manchúria. Mas que para os posicionamentos subsequentes em um governo representativo na China ele considerava:

"As potências que auxiliam ou que não se opõem à China em sua guerra pela independência e liberação serão convidadas a desfrutarem de relações amigáveis próximas com a China. Aqueles que ativamente apoiam o Japão logicamente não receberão o mesmo tratamento: por exemplo, Alemanha e Itália já estabeleceram relações especiais com o *Manchukuo*, e não poderão ser reconhecidos como poderes favoráveis ao povo chinês. A China pacificamente negociará tratados de vantagens mútuas com potências amigas. Com outros poderes, a China está disposta a manter uma cooperação muito mais ampla... Ao que se refere ao Japão, a China revogará todos os tratados desfavoráveis em um gesto de guerra por libertação, confiscará todas as posses imperialistas japonesas e revogará todos os privilégios especiais, concessões e influência do Japão neste país. Quanto às nossas relações com

129 N.E.: Zhāng Nǎiqì [章乃器] (1897–1977) foi um curioso caso de um banqueiro que, mais tarde, se aliou aos comunistas e ajudou na implementação da República Popular da China, chegando a servir como ministro. Depois, caiu em desgraça entre o final dos anos 1950 e a Revolução Cultural, sendo, no entanto, reabilitado *post-mortem* por Deng Xiaoping.

outras potências, nós comunistas não defendemos qualquer medida que desfavoreça a China no posicionamento mundial em sua batalha contra o imperialismo japonês. Quando a China efetivamente se tornar independente, interesses comerciais autênticos poderão desfrutar de oportunidades muito maiores do que antes. O poder de consumo e produção de 450 milhões de pessoas não são questões possíveis de permanecer como interesse exclusivo dos chineses, mas sim de muitas nações. Nossas centenas de milhões de habitantes, uma vez verdadeiramente emancipados, com suas imensas capacidades produtivas livres para atividades criativas em cada área, podem tanto aprimorar a economia quanto elevar o nível cultural do mundo todo. Mas a força de produção do povo chinês havia sido abordada de forma limitada no passado; pelo contrário, foi suprimida por militares locais e pelo imperialismo japonês."

Finalmente, perguntei, "Há a possibilidade de a China fazer alianças anti-imperialistas com potências democráticas capitalistas?"

"Alianças anti-imperialistas, antifascistas", respondeu Mao, "são por natureza alianças pacíficas e de mútua defesa contra nações incitadoras de guerras. Um tratado antifascista entre democracias capitalistas e os chineses é perfeitamente possível e desejável. Serve aos interesses de tais países integrar uma frente antifascista como autodefesa... Se a China fosse integralmente colonizada, isso iniciaria um longo período de uma série de tenebrosas guerras disparatadas. Uma escolha deve ser feita. O povo chinês tomará o caminho da resistência contra seus opressores por si mesmo, e esperamos que estadistas de nações estrangeiras marchem conosco nesse caminho, e não pelos nefastos rumos da sangrenta história do imperialismo... Para combater o Japão de forma eficaz, a China deve recorrer à assistência de outras potências também. Isso não significa, no entanto, que a China não é capaz de combater o Japão sem auxílio estrangeiro! O Partido Comunista da China, o Governo Soviete, o Exército Vermelho e o povo chinês estão abertos a se unirem a qualquer potência para encurtar a duração dessa guerra. Mas, caso nenhuma se junte a nós, estamos dispostos a levá-la sozinhos."

Os vermelhos verdadeiramente concebiam derrotar a impetuosa máquina de guerra do Japão? Acredito que sim. Qual era a singular estrutura lógica em que baseavam sua hipótese de vitória? Era uma das dúzias de questionamentos que expressei a Mao Zedong.

3.3. Em guerra contra o Japão

Em 16 de julho de 1936, me sentei em um banco sem encosto na residência de Mao Zedong. Já passava das nove da noite, os toques de recolher já haviam sido dados, e quase todas as luzes já haviam sido apagadas. As paredes e teto da habitação de Mao eram compostos de rocha maciça, o assoalho era de tijolos. Tecidos de algodão estendiam-se até metade das janelas, também escavadas em pedra, velas crepitavam na mesa quadrada e sem cor, à nossa frente, sob a qual estava estendida uma toalha de feltro vermelha limpa. A esposa de Mao encontrava-se no cômodo adjacente, fazendo compota de pêssegos selvagens comprados naquele mesmo dia de um vendedor de frutas. Mao estava sentado com suas pernas cruzadas, em uma profunda gôndola escavada da sólida rocha, fumando um cigarro na frente da porta.

Sentado próximo a mim, estava Wu Liangping, um jovem quadro comunista, atuando como intérprete nas minhas entrevistas "oficiais" com Mao Zedong. Escrevia as respostas de Mao Zedong às minhas questões inteiramente em inglês, estas eram traduzidas para chinês, corrigidas por Mao, conhecido por sua insistência sobre precisão em detalhes. Com o auxílio do Sr. Wu, as entrevistas eram retraduzidas ao inglês, e, devido a tais cautelas, creio que estas páginas contenham alguns equívocos de comunicação. Certamente, eram precisamente as perspectivas partidárias do líder dos comunistas chineses – posicionamentos que seriam levados ao conhecimento do mundo ocidental pela primeira vez.[130]

---

130 N.E.: Wú Liàngpíng [吴亮平] (1908-1986) teve uma longa carreira como tradutor, teórico e formulador do marxismo chinês, ocupando inúmeros cargos, além de ter traduzido para o mandarim o clássico *Anti-Dühring*, de Friedrich Engels. O seu funeral, em 1986, contou com a presença dos líderes chineses da época e seu centenário foi amplamente comemorado.

Wu Liangping, a quem estou imensamente grato por tamanha ajuda no levantamento de materiais, era filho de um senhor de terra rico em Fenghua, o distrito natal de Chiang Kai-shek em Zhejiang. Havia fugido de lá há alguns anos, quando seu ambicioso pai tentou desposá-lo com uma parente do generalíssimo. Wu era graduado pela Universidade Daxia, em Xangai. Wu Liangping foi preso por Patrick Givens, chefe do Departamento de Investigação Criminal da polícia britânica da Concessão Internacional. Incriminado por atividade comunista, passou dois anos na prisão de Ward Road Gaol. Estudou na França, Inglaterra e Rússia, tinha vinte e seis anos e, por suas enérgicas obras como comunista, recebeu seu uniforme, quarto e comida – o último consistindo majoritariamente de painço e macarrão.

Mao começou a responder meu primeiro questionamento sobre as táticas comunistas em relação ao Japão: "Se o Japão for derrotado e expulso da China, você pensa que o problema substancial com o imperialismo será, de forma geral, sanado aqui?"

"Sim. Se outros países imperialistas não agirem como o Japão, e se a China derrotar o Japão, isso significará que as massas chinesas terão despertado, se mobilizado e estabelecido sua independência. Portanto, o problema com o imperialismo terá sido resolvido."

"Sob quais condições você acha que o povo chinês poderia extenuar e derrotar as forças do Japão?", perguntei.

Mao respondeu: "Três condições garantirão nosso sucesso: primeiro, a concretização da Frente Unida Nacional contra o imperialismo japonês na China; segundo, a formação de uma Frente Antijaponesa; terceiro, a ação revolucionária dos oprimidos pelo imperialismo japonês, em sofrimento presente. Dessas, a necessidade central, é a união do povo chinês."

Perguntei: "Quanto tempo você acha que tal conflito duraria?"

Mao: "Isso depende da resistência da Frente Popular Chinesa, de muitos fatores condicionantes na China e no Japão e da extensão do auxílio internacional que a China receber, bem como dos índices de desenvolvimento revolucionário do Japão. Se a Frente Popular Chinesa for solidamente uniforme, e efetivamente articulada horizontalmente e verticalmente, caso a contribuição internacional à China dos governos que reconhecem a ameaça que o imperialismo japonês representa a seus próprios interesses seja substancial, se a revolução acontecer de forma mais acelerada no Japão, a guerra será curta e a vitória será alcançada muito em breve. Se essas condições não se concretizarem, entretanto, a guerra será bastante longa, mas, no fim, o resultado seria o mesmo, o Japão será derrotado; porém, os sacrifícios serão prolongados e será um período penoso ao mundo todo."

Perguntei: "Qual sua opinião acerca da evolução esperada possível de tal guerra, política e militarmente?"

Mao: "São dois assuntos interligados na questão – a política de potências internacionais e a estratégia dos exércitos da China. Ora, a política continental japonesa já é bem determinada e bastante conhecida. Aqueles que pensam que ao reforçar o sacrifício da soberania chinesa, através de concessões e comprometimentos econômicos, políticos e territoriais, podem deter as investidas do Japão, estão apenas deixando-se levar por uma utopia extravagante. Adicionalmente, é evidente que a marinha japonesa ambiciona bloquear os mares chineses e confiscar as Filipinas, Tailândia, Indochina, a Malásia Britânica e as Índias Orientais Holandesas (Indonésia). Na eventualidade de uma guerra, o Japão tentará fazer desses lugares suas bases estratégicas, isolando Reino Unido, França e Estados Unidos de acessarem a China, monopolizando assim os mares do Pacífico Sul. Essas estratégias estão incluídas no plano estratégico naval do Japão, cópias que nós vimos. Tal estratégia naval será articulada com a estratégia territorial do Japão."

"Muitos pensam que seria impossível a China continuar sua batalha contra o Japão, uma vez que ele tomou certos pontos estratégicos no litoral chinês e impôs um bloqueio. Isso é um disparate. Para rebater isto, basta apontarmos a história do Exército Vermelho. Em dados períodos, nossas forças foram superadas em dez ou vinte vezes em números pelas forças do Kuomintang, as quais também eram superiores a nós em equipamentos. Os recursos econômicos deles muitas vezes superaram os nossos, e recebiam ajuda material externa. Por que, então, somamos triunfo após triunfo contra tropas brancas, e não só sobrevivemos até o presente, como ampliaram seu poder?"

"A justificativa é que o Exército Vermelho e o Governo Soviete desenvolveram entre a população em suas regiões uma relação de solidariedade sólida como pedra, pois todos nos sovietes estavam prontos para enfrentar seus opressores, todos estavam em combate, voluntariamente e deliberadamente, por seus próprios interesses e pelo que acreditavam ser justo. O empenho dos sovietes foi liderado por homens habilidosos, resistentes, determinados, munidos de profundo conhecimento das incumbências estratégicas, políticas, econômicas e militares de suas posições. O Exército Vermelho foi vitorioso muitas vezes, mesmo tendo começado com apenas algumas dúzias de rifles nas mãos e alguns revolucionários determinados – pois sua base sólida captou até mesmo tropas brancas, bem como a população civil. O inimigo era infinitamente superior militarmente, mas encontrava-se politicamente imobilizado."

"Na guerra antijaponesa, o povo chinês teria ao seu lado muito mais benefícios do que o Exército Vermelho pôde empregar em suas batalhas contra o Kuomintang. A China é uma nação bastante grande, e é intolerável que seja dominada e que cada polegada do seu território esteja sob a espada do invasor. Caso o Japão triunfe em ocupar, mesmo uma porção larga da China, obtendo controle de uma área com cem ou até duzentos milhões de pessoas, portanto, ainda estaríamos distantes da derrota. Ainda nos restaria um grande contingente para combater os senhores da guerra do Japão, os quais também teriam de enfrentar uma pesada ação de retaguarda ao longo de toda a guerra. Quanto às munições, os japoneses não são capazes de confiscá-las no interior, e são suficientes para equipar os exércitos chineses por muitos anos. Eles também não podem nos deter de capturar grandes quantidades de armamentos e munições das mãos deles mesmos. Através da última estratégia, o Exército Vermelho havia equipado suas forças armadas atuais a partir do Kuomintang: por nove anos eles foram nossos "vetores de munição". São perspectivas infinitamente mais elevadas se nos abrirmos à utilização de tais táticas que nos garantiu nossas tropas se todo o povo chinês se unisse contra o Japão!"

"Economicamente, certamente, a China não é coesa. Mas o desenvolvimento disforme da economia da China também demonstra alguns benefícios em uma guerra contra a economia intensamente centralizada e concentrada do Japão. Por exemplo, separar Xangai do resto da China não seria algo tão catastrófico ao país como seria a ruptura de Nova Iorque ao resto dos Estados Unidos. Ademais, é impossível que o Japão isole toda a China: o Noroeste, Sudoeste e Oeste da China não podem ser bloqueados pelo Japão. Dessa forma, mais uma vez, o ponto central do problema torna-se a mobilização e unificação de todo o povo chinês, e a construção de uma frente, como tem sido proposta pelo Partido Comunista desde 1932."

Perguntei: "Em caso de uma guerra sino-japonesa, você acha que aconteceria uma revolução no Japão?"

Mao: "A Revolução Japonesa não é apenas uma possibilidade, mas, sim, uma certeza. Inevitável, e começará a ocorrer imediatamente após as primeiras derrotas mais severas sofridas pelo exército japonês."

Perguntei: "Você acha que a União Soviética e Mongólia Exterior se envolveriam nessa guerra e ajudariam a China? Sob que circunstâncias isso seria possível?"

Mao: "Naturalmente, a União Soviética também não é um país isolado. Não pode ignorar os acontecimentos do Extremo Oriente. Não deve manter-se passiva. Será que a União Soviética apenas observará o Japão conquistar toda a China, fazendo dela uma base estratégica pela qual atacará a União Soviética? Ou auxiliarão o povo chinês a resistir aos opressores japoneses, conquistar a independência e estabelecer relações amigáveis com o povo russo? Pensamos que a Rússia escolherá a segunda opção, certamente. Acreditamos que uma vez que o povo chinês estabeleça o próprio governo, dando início à guerra de resistência, e queira estabelecer alianças amigáveis com a União Soviética, bem como com outras potências receptivas, a União Soviética estará na vanguarda para estender as mãos para nós. O combate ao imperialismo japonês é uma missão mundial, e a União Soviética, como parte do mundo, não pode mais permanecer neutra tanto quanto a Inglaterra e os Estados Unidos."

Pergunta: "É objetivo imediato do povo chinês retomar todos os territórios perdidos ao imperialismo japonês, ou apenas remover o Japão do Norte da China, e de todo território além da Grande Muralha?"

Mao: "É objetivo imediato do povo chinês recuperar todos os nossos territórios perdidos ao imperialismo japonês, e não meramente defender nossa soberania ao sul da Grande Muralha. Isso significa que a Manchúria deve ser reconquistada. No entanto, nós não incluímos a Coreia, previamente uma colônia chinesa[131], mas, quando tivermos novamente estabelecido a independência dos territórios perdidos da China, caso os coreanos desejem quebrar as correntes com o imperialismo japonês, ofereceremos vigorosamente nosso auxílio em sua luta pela independência. A mesma coisa se aplica a Taiwan[132]. No caso da Mongólia Interior, habitada tanto por chineses quanto mongóis, nos esforçaremos para tirar o Japão de lá e lhes auxiliar a estabelecer um Estado Autônomo[133]."

Pergunta: "Concretamente, como o Governo Soviete e o Exército Vermelho cooperariam com os exércitos do Kuomintang em uma guerra contra o Japão? Em uma guerra com um inimigo estrangeiro seria necessário que todos os exércitos chineses estejam sob comando centralizado. O Exército Vermelho consentiria, caso atribuída a representação a um conselho superior de guerra, a sujeitar-se a suas decisões tanto militarmente quanto politicamente?"

---

131 N.E.: Mao, de fato, citou a Coreia como colônia, embora ela fosse tanto mais um Estado vassalo – que havia sido invadida e ocupada pelo Japão já em 1910, poucos anos depois se proclamar um império e tentar iniciar um processo de modernização. A Coreia sempre teve uma relação cultural estreita com a China, mas conseguiu se manter relativamente autônoma depois de sua unificação no século X – a condição do país sempre flutuou entre a soberania real e vassalagem em relação à China, no entanto. No quadrante histórico da entrevista, era impossível saber qual seria o destino de uma Coreia livre da ocupação japonesa – e poucos anos mais tarde o país se viu em meio a uma guerra sangrenta que o divide até hoje.

132 N.E.: Taiwan voltou ao controle chinês após a Segunda Guerra Mundial, servindo como ponto de fuga para o Kuomintang após sua derrota em 1949, mudando qualquer prognóstico a respeito da ilha – que, até a dominação japonesa em 1895, fazia formalmente parte da China.

133 N.E.: A Mongólia Interior se tornou uma região autônoma da China, com o mesmo status do Tibet, Xinjiang, Ningxia e Guangxi, persistindo dessa forma até hoje.

Mao: "Sim. Nosso regime incondicionalmente seguirá as deliberações de tal conselho, contanto que autenticamente tenha como objetivo combater o Japão."

Pergunta: "O Exército Vermelho concordaria em não deslocar tropas em ou contra quaisquer áreas ocupadas por exércitos do Kuomintang, salvo com o consentimento ou ordem do conselho superior de guerra?"

Mao: "Sim. Certamente, não movimentaremos nossas tropas em áreas ocupadas por exércitos antijaponeses – tampouco o fizemos no passado. O Exército Vermelho não se utilizaria de uma conjuntura de guerra de forma oportunista."

Pergunta: "Quais reivindicações seriam feitas pelo Partido Comunista, em contrapartida, para tal colaboração?"

Mao: "Insistiria em travar guerra, categoricamente e definitivamente, contra a ofensiva japonesa. Adicionalmente seria desejável a consideração de questões destacadas pelo apelo a uma república democrática e estabelecimento de um governo de defesa nacional."

Pergunta: "Qual a melhor forma de as pessoas estarem equipadas, articuladas e qualificadas para tal guerra?"

Mao: "As pessoas devem ter o direito de se organizar e de se armar. Essa é uma liberdade que Chiang Kai-shek negou a elas no passado. A opressão não foi inteiramente eficaz – no caso do Exército Vermelho. Além disso, apesar da violenta repressão em Pequim, Xangai, e outros locais, os estudantes começaram a se organizar e já haviam se preparado por conta própria politicamente. Mas, ainda assim, os estudantes e as massas revolucionárias antijaponesas não conseguiram a liberdade; não podem ser mobilizados, treinados e armados. Quando o contrário for realidade, quando as massas obtiverem liberdade econômica, social e política, suas forças serão amplificadas em centenas de vezes, e o real poder da nação será revelado. O Exército Vermelho, por meio de sua própria luta, alcançou a liberdade dos militaristas e tornou-se um poder invencível. Os voluntários antijaponeses conquistaram sua liberdade de ação contra seus opressores japoneses e se armaram de forma similar. Se o povo chinês for treinado, armado e organizado, pode se tornar uma força igualmente invencível."

Pergunta: "Em sua opinião, quais deveriam ser as estratégias e táticas fundamentais seguidas nesta *guerra de libertação*?"

Mao: "A estratégia adotada deve ser a de guerra de manobra, com uma frente ampla, móvel e ilimitada: uma estratégia cujo êxito depende em um alto nível de mobilidade em terrenos acidentados, caracterizado por agilidade para a ofensiva e para a retração e rapidez de concentração e espalhamento. Será uma guerra de manobra de larga escala, não uma guerra posicional de escavação de trincheiras, linhas altamente compactadas e fortificações intensivas. Nossa estratégia e tática devem ser condicionadas ao teatro no qual a guerra se apresentará, esse é o preceito de uma guerra de manobra. Isso não significa o abandono de termos estratégicos cruciais, que podem ser preservados da guerra posicional contanto que sejam frutíferos. Mas a estratégia principal deve ser a de guerra de manobra, e uma confiabilidade significativa deve ser atribuída aos partisans e suas táticas. Equipamento militar reforçado deve ser utilizado, mas deve ser algo de importância estratégica complementar e secundária."

Deve ser mencionado aqui que esse tipo de estratégia, em geral, parecia ser amplamente corroborada também entre líderes militares não comunistas. A força aérea de Nanquim, integralmente importada, era uma imponente, ainda que custosa, máquina de policiamento interno, mas poucos especialistas se iludiam sobre sua capacidade em longa distância em uma guerra real. A força aérea e a mecanização que ocorreu no exército central eram vistas por muitos como brinquedos caros, incapazes de manter uma função de propósito após as primeiras semanas, tendo em vista que a China carecia de segmentos industriais para manutenção e reabastecimento de uma força aérea – ou qualquer outro ramo de equipamentos militares técnicos modernos.

Bai Chongxi, Li Zongren, Han Fuju, Hu Zongnan, Chen Cheng, Zhang Xueliang, Feng Yuxiang[134] e Cai Tingkai estavam entre os gene-

134 N.E.: Féng Yùxiáng [冯玉祥] (1882 – 1948) é uma figura peculiar da história chinesa, conhecido pelo epíteto de "o general cristão" pela forma como sua conversão, ao cristianismo metodista, impactou na sua trajetória. Antes, ele construiu uma carreira militar desde a infância, escalonando toda a hierarquia militar – o que o tornou, por inércia, um senhor da guerra ao final da monarquia. Mas ele rompeu com

rais em destaque que pareciam partilhar da convicção de Mao de que a única esperança da China de vitória contra o Japão deveria basear-se fundamentalmente em altiva manobra das massas de tropas, divididas em unidades móveis, e na habilidade de manter uma defesa prolongada ao longo de áreas partisans.

Mao Zedong continuou:

"Geograficamente, o palco da guerra é tão amplo que se torna possível para nós exercermos a guerra de manobra com máxima eficiência – e com expressiva eficácia sobre máquinas de guerra lentas como as japonesas, projetadas para lidar com ataques da retaguarda. Profunda concentração e extenuante defesa de uma ou duas posições vitais em uma frente estreita seria jogar fora todas as vantagens táticas de nossa geografia e organização econômica, e repetir do erro dos abissínios[135]. Nossa estratégia e tática deve ter como objetivo evitar grandes batalhas decisivas nos estágios iniciais da guerra e gradualmente desgastar a moral da tropa, o espírito de batalha e a eficiência militar das forças vivas do inimigo... Paralelamente às tropas chinesas convencionais, devemos criar, conduzir e munir politicamente e militarmente grandes quantidades de destacamentos partisans e militares entre os camponeses."

"O que foi alcançado por unidades voluntárias antijaponesas desse tipo na Manchúria é apenas uma pequena amostra do potencial latente da oposição que pode ser mobilizada a partir dos camponeses revolucionários de toda China. Adequadamente lideradas e organizadas, tais unidades podem manter os japoneses ocupados vinte e quatro ho-

isso e se tornou um dos criadores do Guominjun, o Exército Nacionalista, o qual expulsou o imperador da Cidade Proibida em 1924, se juntando ao Exército Nacional Revolucionário em 1927. Ele se manteve ao lado de Chiang Kai-shek no contexto do golpe de Estado de Nanquim, mas rompeu com ele em razão da postura omissa dele à invasão japonesa, só se reaproximando do generalíssimo no contexto da segunda Frente Unida. Depois da Segunda Guerra, ficou mais próximo dos comunistas por patriotismo – e foi reconhecido por eles como um "bom senhor da guerra".

135 N.E.: O erro dos abissínios se refere, na verdade, à invasão da Etiópia – cujo nome arcaico é Abissínia – pelas forças fascistas de Mussolini, o que ocorreu poucos meses antes dessa entrevista – e consistiu numa fragorosa derrota militar daquele exército africano. Mao era um estudioso atento de assuntos militares, observando o que ele mesmo denominava de "jovens potências imperialistas".

ras por dia, e preocupá-los bastante. Há de ser lembrado que a guerra ocorrerá na China. Isso significa que os japoneses estarão inteiramente cercados por chineses hostis. Os japoneses estarão forçados a se moverem com seu próprio abastecimento e a protegê-lo, mantendo tropas ao longo de todas as suas linhas de comunicação, e fortemente guarnecendo as bases na Manchúria e no Japão."

"O processo da guerra apresentará à China uma oportunidade de capturar muitos prisioneiros japoneses, armas, munições, equipamentos de guerra e coisas assim. Um estágio será alcançado em que será mais e mais viável confrontar os exércitos do Japão em bases de guerra posicional, usando fortificações e intensa defesa, pois, conforme a guerra progredir, os equipamentos técnicos das forças antijaponesas serão consideravelmente aprimorados, e serão reforçados por valioso auxílio estrangeiro. A economia do Japão cederá sob a pressão de uma longa e custosa ocupação da China, e a motivação de suas forças será desgastada ao longo da experimentação de uma guerra de incontáveis conflitos, entretanto, vacilantes. O grande reservatório de material humano do povo revolucionário chinês continuará, assim, derramando homens prontos para lutar por suas liberdades em nossas linhas de frente, depois que a inundação do imperialismo japonês tiver naufragado em si mesma nos recifes escondidos da resistência chinesa."

"Todos esses outros fatores vão condicionar a guerra e nos possibilitarão traçar os ataques finais decisivos nas fortificações do Japão e bases estratégicas, para assim tirar o Japão da ocupação da China. Oficiais e soldados japoneses capturados e desarmados por nós serão acolhidos e bem tratados. Não serão executados. Serão tratados de forma fraterna. Todo critério será utilizado para tornar os japoneses soldados proletários, com os quais não teremos desavenças, a fim de que eles se levantem e se oponham a seus opressores fascistas. Nosso mote será: *unam-se e resistam ao opressor comum, os líderes fascistas.* Tropas japonesas antifascistas são nossas aliadas, e não há contradição em nossas finalidades."

Já passava das duas da manhã e eu estava exausto, mas não via sinais de cansaço no semblante reflexivo de Mao. Ele, alternadamente, passeava entre os dois pequenos cômodos, sentava-se, deitava-se; inclinava-se sobre a mesa, lia um punhado de relatórios durante os intervalos em que Wu traduzia o que eu escrevia. A esposa de Mao também ainda estava acordada. Inesperadamente, ambos se inclinaram e exclamaram encantados para uma mariposa que havia desfalecido ao lado da vela. Era realmente adorável, de asas sombreadas em um verde maçã delicado, e franjada em um suave arco-íris de açafrão e rosa. Mao abriu um livro e colocou esse prisma de cores entre suas páginas.

Poderiam tais pessoas estarem seriamente pensando em guerra?

3.4. Cabeças de dois milhões

Muitas coisas eram ímpares na Universidade do Exército Vermelho.

Seu presidente era um comandante de 28 anos (diziam os comunistas) que nunca havia perdido uma batalha. Vangloriava-se em uma sala de universitários, guerreiros veteranos, os quais a média de idade era 27 anos, com média de oito anos de experiência de batalha e três ferimentos cada. Havia qualquer outra universidade em que a "escassez de papel" fazia necessária a utilização de panfletos de propaganda do inimigo como cadernos escolares? Ou onde o custo de educação de cada cadete, incluindo comida, vestuário e todas as despesas institucionais era de menos de 15 yuans por mês? Ou onde o valor agregado das recompensas oferecidas de vários cadetes notórios excedia dois milhões de yuans?

Decididamente, talvez a única cadeira de "educação superior" do mundo na qual as salas de aula eram grutas à prova de bombas, com cadeiras e mesas de pedra e tijolo e lousas de calcário e saibro.

Em Shaanxi e Gansu, além de casas convencionais, havia grandes habitações em cavernas, templos em grutas e muralhas encasteladas de centenas de anos de idade. Oficiais ricos e senhores de terra construíram esses célebres edifícios milhares de anos atrás, para proteção contra inundações, invasões e contra a fome, e aqui acumulavam grãos e tesouros para vigiá-los durante cercos. Muitas das câmaras abobadadas eram construídas profundamente no loesse ou em rocha sólida, algumas continham quartos com capacidade para centenas de pessoas. Essas moradias no penhasco eram abrigos antibomba ideais. Em uma propriedade tão arcaica, a Universidade Vermelha encontrou uma estadia incomum, porém segura.

Lin Biao, o presidente, foi apresentado a mim logo após minha chegada, e ele me convidou para conversar um dia com um de seus cadetes. Sugeriu o tópico: "Políticas americanas e britânicas em relação à China". Quando organizou um "jantar de macarrão" para a ocasião, foi demasiado para mim, e sucumbi.

Lin Biao era filho de um dono de fábrica na província de Hubei, nascido em 1908. Seu pai foi arruinado por tributações extorsivas, mas Lin conseguiu terminar o ensino preparatório e tornou-se cadete na famosa Academia Whampoa no Cantão. Nela, deixou um histórico magistral. Recebeu treinamento militar e político intensivos sob o comando de Chiang Kai-shek e de seu consultor chefe, o general russo Blyukher. Logo após sua graduação, inicia-se a Expedição do Norte, e Lin é promovido à capitania. Em 1927, aos 20 anos, era coronel no notório Quarto Exército do Kuomintang, sob comando de Zhang Fakui. Em agosto do mesmo ano, após o golpe de Estado de direita em Nanquim, conduziu seu regimento a se juntar ao Vigésimo Exército sob comando de He Long e Ye Ting na Revolta de Nanchang, que deu início ao confronto armado dos comunistas pelo poder.

Lin Biao compartilhava com Mao Zedong a peculiaridade de ser um dos poucos comandantes vermelhos nunca feridos. Esteve na frente engajado em mais de cem batalhas, em comando de campo há mais de dez anos, exposto a todo tipo de adversidade que seus homens já haviam conhecido, e com uma recompensa de 100 mil yuans por sua cabeça, ainda assim, ilesa.

Em 1932, Lin Biao foi incumbido do comando do Primeiro Corpo do Exército Vermelho, que então contava com 20 mil rifles. Tornou-se, de acordo com a opinião geral entre oficiais do Exército Vermelho, a "força mais temida" deles, sobretudo devido a habilidade excepcional de Lin como estrategista. A mera constatação de que seria o Primeiro Corpo do Exército Vermelho em batalha, por vezes, foi suficiente para debandar o exército de Nanquim. Como muitos dos comandantes vermelhos qualificados, Lin nunca havia saído da China, não falava e não lia outra língua senão o chinês. Antes dos 30 anos, entretanto, Lin já havia conquistado reconhecimento para além das esferas vermelhas. Seus artigos em revistas do Exército Vermelho, como a *Luta* e a *Guerra e revolução*, sendo publicados, estudados e criticados em periódicos militares de Nanquim, Japão e Rússia. Era referido como criador do "ataque curto" – uma tática comentada pelo general Feng Yuxiang. A maestria habilidosa da "ofensiva rápida" pelos vermelhos pode ter gerado muitas vitórias.

Uma manhã, fiz uma jornada com Lin e seu corpo docente por uma curta distância além dos muros de Bao'an até a Universidade do Exército Vermelho. Chegamos no horário de intervalo. Alguns cadetes estavam jogando basquete nas duas quadras; outros estavam jogando tênis em uma quadra em um gramado ao lado de um afluente do rio Amarelo. Alguns outros cadetes estavam jogando tênis de mesa, escrevendo, lendo novos livros e revistas, ou estudando em suas salas de aula rudimentares.

Era o Primeiro Ministério Universitário, a Hong Da, Universidade Vermelha, contendo aproximadamente 200 estudantes tinha quatro departamentos, somando mais de 800 estudantes. Havia também, próximas a Bao'an, e sob o controle administrativo do comissário de educação, escolas de rádio, cavalaria, e de capacitação médica e agronômica. Existia uma escola do Partido Comunista e centros de capacitação de educação em massa.

Mais de 200 cadetes se reuniram para me escutar falar sobre "políticas americanas e britânicas". Fiz um resumo grosseiro das intenções anglo-americanas e concordei em responder às dúvidas. Um grande erro, percebi logo, e o jantar de macarrão quase não compensou meu constrangimento.

"Qual o posicionamento do governo britânico em relação à formação do Conselho pró japonês Hebei-Chahar[136], e ao guarnecimento do Norte da China por tropas japonesas?"

136 N.E.: O Conselho Político Hebei-Chahar foi formado em 1935 onde hoje é a Mongólia Interior e a província de Hebei, no contexto do avanço nipônico em direção à Mongólia. De um lado, ele se apresentava para os chineses como um instrumento para evitar a formação de outro Estado fantoche japonês na China continental, depois do episódio da Manchúria; por outro lado, ele se mostrava como um elemento de colaboração para os japoneses. Diante dessas ambiguidades, os comunistas costumavam tratá-lo apenas como um órgão de capitulação.

"Quais são os resultados da tática da Administração Nacional de Recuperação – NRA, na sigla em inglês[137] – nos Estados Unidos, e de qual forma favoreceu a classe trabalhadora?"

"Alemanha e Itália vão cooperar com o Japão se uma guerra eclodir na China?"

"Por quanto tempo você acha que o Japão pode levar à frente uma guerra substancial contra a China, se ela não receber auxílio de outras potências?"

"Por que a Liga das Nações fracassou?"

"Por qual razão, embora o Partido Comunista seja legal tanto no Reino Unido quanto nos Estados Unidos, não há um governo dos trabalhadores em nenhum desses países?"

"Como está a evolução da estruturação de uma frente antifascista na Inglaterra? E nos Estados Unidos?"

"Qual o futuro do movimento estudantil, cujo centro é Paris?"

"Em sua opinião, a visita de Leith-Ross ao Japão poderia resultar em tratados anglo-japoneses de medidas direcionadas contra a China?"

"Quando a China iniciar a resistência ao Japão, os Estados Unidos e o Reino Unido ajudarão a China ou o Japão?"

"Por favor, nos conte o motivo de americanos e britânicos manterem suas frotas e forças armadas na China, se são amigos do povo chinês?"

"O que os trabalhadores americanos e britânicos acham da União Soviética?"

Não havia território a não ser descoberto em um período de duas horas! E não se limitou a duas horas. Começando às dez da manhã, continuou até o fim da tarde.

---

137 N.E.: A NRA era uma agência federal dos Estados Unidos – isto é, uma autarquia especial – criada pelo presidente Franklin Delano Roosevelt em 1933, no contexto do New Deal. Ela servia para reorganizar a economia americana durante a Grande Depressão, fortalecendo a indústria e o emprego industrial por meio de uma série de medidas que passavam desde a estruturação de sindicatos até o controle de preços – motivo pelo qual ela sofria ataques de setores conservadores e chegou a ser declarada inconstitucional pela Suprema Corte em 1935. Seu legado foi gerar a Lei Nacional de Relações Trabalhistas, aprovada poucos meses depois da Suprema Corte fechar a NRA. Muitas das suas medidas sobreviveram à declaração de inconstitucionalidade da NRA, motivo pelo qual ainda se falava na agência na China de 1936.

Posteriormente, andei por várias salas de aula e conversei com Lin Biao e seus docentes. Eles me falaram um pouco sobre os critérios de ingresso à escola e me mostraram anúncios impressos de seus cursos, milhares de cópias que haviam sido clandestinamente espalhadas por toda China. Os quatro departamentos do instituto admitiam "pessoas que estivessem determinados a lutar contra o imperialismo japonês e a se dedicarem à causa revolucionária nacional, independentemente de distinções de classe, sociais ou políticas". O limite etário era de 16 a 28 anos, "não importando o sexo". Além disso, "os candidatos devem ser fisicamente robustos, livres de doenças epidêmicas" e, também – e isso era um elemento bem excludente –, "livres de todos os vícios".

Na prática, descobri que a maior parte dos cadetes no Primeiro Departamento eram comandantes regimentais, de batalhão, ou divisionais ou comissários políticos do Exército Vermelho, recebendo capacitação militar e política avançada. Conforme as normas do Exército Vermelho, todo comandante ativo ou comissário deveria dedicar ao menos quatro meses em algum programa assim a cada dois anos de serviço ativo.

O Segundo e Terceiro Departamentos contemplavam comandantes de companhia, pelotão e esquadrão – combatentes experientes do Exército Vermelho – bem como novos recrutas selecionados dos "graduados das escolas secundárias ou equivalente, professores desempregados ou oficiais, quadros de exércitos antijaponeses voluntários, líderes partisans antijaponeses e trabalhadores que se dedicaram a organizar e liderar movimentos trabalhistas". Mais de sessenta graduados da escola secundária de Shanxi juntaram-se aos vermelhos durante a expedição naquela província.

As aulas no Segundo e Terceiro Departamentos duravam seis meses. O Quarto Departamento era dedicado essencialmente à "capacitação de engenheiros, quadros de cavalaria e unidades de artilharia". Aqui, conheci alguns maquinistas formadores e aprendizes. Posteriormente, quando estava deixando a China Vermelha, eu encontraria, entrando em um caminhão, oito novos recrutas da "universidade clandestina" chegando de Xangai e Pequim. Lin Biao me disse que tinham uma lista de espera com mais de dois mil estudantes requerentes de todas as partes da China. Na época, todo cadete tinha de praticamente se "esgueirar" até chegar lá.

O programa de ensino era diversificado nos departamentos da Hong Da. A formação política do Primeiro Departamento incluía os seguintes cursos: Conhecimentos Políticos, Obstáculos da Revolução Chinesa, Política Econômica, Construção Partidária, Problemas Táticos da República, Leninismo e Bases Históricas da Democracia, e Forças Políticas e Sociais no Japão. A formação política continha os seguintes módulos: Dificuldades Estratégicas na Guerra contra o Japão, Guerra de Manobra (contra o Japão) e Desenvolvimento das Forças Partisans na Guerra Antijaponesa.

Livros didáticos especializados foram elaborados para alguns desses cursos. Alguns foram trazidos diretamente da editora de Jiangxi, onde (como foi dito a mim) mais de oitocentas impressoras eram utilizadas na fábrica principal. Em outros cursos, o material utilizado eram as lições dos comandantes do Exército Vermelho e de líderes do Partido, relacionados a acontecimentos históricos das revoluções russa e chinesa, ou com materiais obtidos dos arquivos, documentos e estatísticas do governo.

Esses cursos na Hong Da quiçá oferecessem a resposta ao questionamento "Os vermelhos genuinamente pretendem entrar em guerra com o Japão?" Isso era o bastante para demonstrar como os vermelhos pressagiavam e, efetivamente, se organizavam para a "guerra de independência" da China contra o Japão – uma guerra a qual encaravam como incontornável, a menos que, por algum milagre, o Japão desistisse dos grandiosos territórios da China, já debaixo do rolo compressor nipônico.

Era evidente que os vermelhos estavam plenamente determinados a lutar, e que acreditavam que iniciar a guerra os garantiria vantagem na frente – e poderia ser identificado não apenas nas asserções acaloradas de seus líderes, em duras lições práticas no exército, e nas propostas por uma Frente Unida com um inimigo de dez anos, o Kuomintang, mas também era visível na propagação intensa através de distritos sovietes.

Desempenhando um papel condutor nessa missão educativa, estavam muitas associações de jovens, conhecidas como *rénmín kàngrì jù shè* [人民抗日剧社], ou *companhias teatrais populares antijaponesas*, que viajavam incessantemente de um lado para o outro nos distritos vermelhos, disseminando a ideologia da resistência e despertando o nacionalismo nos camponeses.

Foi um desses espetáculos desse incrível teatro infantil que assisti, logo após minha primeira visita à Universidade do Exército Vermelho.

3.5. Teatro vermelho

As pessoas já estavam se direcionando ao palco ao ar livre, improvisado em um velho templo, quando saí com o jovem oficial que havia me convidado ao teatro vermelho. Era sábado, duas ou três horas antes do pôr do sol, parecia que toda Bao'an estava indo também.

Cadetes, condutores de mula, mulheres e garotas trabalhadoras da fábrica, de uniformes e sapatos, funcionários das cooperativas e dos correios do soviete, soldados, carpinteiros, camponeses com seus filhos, todos se encaminharam em direção à grande campina gramada ao lado do rio, onde os atores estavam se apresentando. Seria difícil imaginar uma reunião mais democrática – algo como a *Chautauqua* dos velhos tempos nos Estados Unidos[138].

Não eram vendidas entradas, não existia nada como "camarotes" nem assentos marcados. Cabras pastavam na quadra de tênis nas proximidades. Avistei Luo Fu, secretário-geral do politburo do Comitê Central, Lin Biao, presidente da Universidade do Exército Vermelho, Lin Boqu, comissário do povo de Finanças, o presidente Mao, além de outros oficiais e suas esposas, espalhados entre a plateia, sentados pela relva verde como todos os outros. Ninguém prestou muita atenção neles quando a peça começou.

Frente ao palco, havia uma extensa cortina rosada de seda, contendo os dizeres "companhia teatral popular antijaponesa", em caracteres chineses e, também, em chinês escrito em alfabeto latino, que os chineses

---

138 N.E.: Chautauqua foi um movimento social, originalmente metodista, mas depois não-denominacional, voltado à educação e entretenimento popular nos Estados Unidos, muito popular no final do século XIX e início do século XX – cujo nome tem origem entre os iroqueses e nomeia várias localidades dos Estados Unidos. As assembleias de Chautauqua se espalharam por todo o interior dos Estados Unidos até meados da década de 1920. O Chautauqua trouxe cultura para as comunidades rurais, com palestrantes, professores, músicos e atores.

estavam incentivando, com fins de acelerar a educação em massa. A programação duraria três horas. Descobri que era um conjunto de pequenas encenações, danças, cantos e pantomimas – como um show de variedades, ou um *vaudeville*[139], tendo como consenso essencialmente duas temáticas centrais: o antiniponismo e a revolução. Repleto de propaganda explícita e acessórios cenográficos rústicos. Contudo, tinha a vantagem de ser livre de batidas de pratos acústicos e cantos em falsete, e lidava com matéria viva no lugar de tramas históricas insignificantes, que eram assuntos da decadente ópera chinesa.

O teatro vermelho compensava sua falta de sutileza e sofisticação, de certa forma, com sua vivacidade, seu humor radiante e a interação entre atores e plateia. Convidados do teatro vermelho pareciam de fato ouvir ao que era dito: algo de fato estonteante em contraposição à plateia pedante das óperas, a qual, frequentemente, passava parte do tempo comendo frutas e sementes de melão, fofocando, jogando toalhas quentes de um lado para o outro, passeando entre os camarotes e, apenas ocasionalmente, olhando para o palco.

A primeira peça curta chamava-se *Invasão*. A abertura se dava em um vilarejo manchu em 1931, com a chegada e condução dos soldados chineses "não-combativos". No segundo ato, os oficiais japoneses faziam um banquete na casa de um camponês, usando homens chineses como cadeiras – e tendo relações com suas esposas embriagados. Em outra cena, ambulantes de narcóticos vendiam morfina e heroína e forçavam todo camponês a comprar uma quantidade. Um jovem se recusava a comprar e era feito como alvo.

"Se você não compra morfina, não obedece às leis sanitárias do Manchukuo, não adora seu 'sagrado' Imperador Puyi[140]", acusaram

---

139 N.E.: *Vaudeville* era um tipo de show de variedades itinerante, originado na França, mas que se tornou popular nos Estados Unidos e no Canadá a partir dos anos 1880. Em um primeiro momento muito diferente do Chautauqua, as diferenças entre eles desapareceram no início do século XX.

140 N.E.: Pǔyí [溥儀] (1906-1967), da Casa de Aisin-Gioro, foi o último imperador da Dinastia Qing e, consequentemente, da China. Ele foi entronizado com apenas dois anos de idade, sendo forçado a renunciar em 1912, um ano depois da Revolução Xinhai, que instituiu a República – contudo, Puyi continuou morando na Cidade Proibida até 1924, quando foi expulso de lá. Ele fica então sob controle

seus algozes. "Você não é de boa índole, você é um bandido antijaponês!" – e o jovem foi imediatamente executado.

Uma cena no mercado do vilarejo mostrava pequenos comerciantes pacificamente vendendo seus produtos. Subitamente, chegavam soldados japoneses procurando por mais "bandidos antijaponeses". Imediatamente requerendo passaportes, aqueles que tivessem esquecido deles eram mortos. Então, dois oficiais japoneses se deleitavam com o porco de um ambulante. Quando perguntados sobre o pagamento, olharam para o vendedor, perplexos. "Você está querendo pagamento? Chiang Kai-shek nos deu a Manchúria, Jehol (Rehe), Chahar, A Trégua de Tanggu, o Acordo He-Umezu[141] e o Conselho Político Hebei-Chahar sem nos pedir sequer um tostão! E você quer que nós paguemos por um pouco de porco!" Por isso, o empalaram como um "bandido".

Por fim, claro, aquilo tudo se mostrou ser excessivo aos camponeses. Mercadores viraram suas barracas e guarda-sóis, camponeses avançaram com suas lanças, mulheres e crianças juntaram-se com suas facas e todos prometeram que "lutariam até a morte" contra os *rìběn guǐzi* [日本鬼子] – os "demônios japoneses".

A pequena peça era salpicada com humor e com o dialeto local. Explosões de risadas alternavam-se com juras de aversão e ódio aos japoneses. A plateia ficou bastante agitada. Não era apenas propaganda política para eles, tampouco um pastelão, mas a triste realidade em si.

---

dos japoneses nos anos 1920, chegando a ser nomeado pelos invasores como "imperador" do Estado fantoche nipônico de Manchukuo, criado no lugar da Manchúria ocupada. Preso ao final da Segunda Guerra Mundial, ele não é condenado à morte, mas reabilitado pelos comunistas que usam sua conversão, aparentemente sincera, como peça de propaganda.

141 N.E.: *Acordo He-Umezu* – ou Acordo He-Mei ou, mais formalmente, Hé Yīngqīn-Méijīn Xiédìng [何应钦-梅津协定], em chinês – foi um tratado secreto entreguista do Kuomintang para o Império do Japão. Seu nome diz respeito aos sobrenomes dos mais importantes generais da China e do Japão – He Yingqin e Yoshijirō Umezu, respectivamente –, que o assinaram em junho de 1935. Por meio dele, os dois países concordaram em cessar hostilidades, mantendo o status quo bélico, em larga vantagem para os japoneses. Ele se segue à *Trégua Tanggu* de 1933, pela qual os japoneses ficaram com a Manchúria e acordaram não avançar ao sul da Muralha da China, criando, no entanto, uma grande zona desmilitarizada ao sul de seus domínios que lhes permitia cooptar os mongóis e planejar avanços militares futuros.

O substrato da árdua realidade por trás desse retrato, feito como um tipo de farsa, não era ofuscado pelo humor sagaz da peça para ao menos um dos soldados ali presentes. Ele se levantou ao final e, com a voz trêmula, emocionado, gritou: "Morte aos bandidos japoneses! Abaixo aos assassinos do nosso povo chinês! Lutemos por nossas casas!" Todo o grupo ressoou suas falas vigorosamente. Fui informado de que esse rapaz era um manchu cujos pais haviam sido assassinados pelos japoneses.

O alívio cômico era proporcionado neste momento pelas cabras que, fazendo seus zigue-zagues, foram pegas despreocupadamente mastigando a rede de tênis, que alguém havia esquecido de recolher. Uma onda de risadas varreu a audiência enquanto alguns cadetes perseguiam as delinquentes para recuperar esses bens importantes do Departamento de Recreação.

O segundo número do programa era uma dança da colheita, delicadamente performada por uma dúzia de garotas da companhia de teatro. Descalças, vestidas com calças de camponeses e coletes vistosos, lenços de seda na cabeça, dançaram em magnífica harmonia e elegância. Algumas dessas garotas, como me informaram, vieram diretamente de Jiangxi, onde aprenderam a dançar na escola de artes dramáticas dos vermelhos em Ruijin[142] . Tinham um talento genuíno.

Outra apresentação excepcional e divertida chamava-se *Dança da Frente Unida*, que fazia uma interpretação da mobilização da China na resistência ao Japão. Não sei qual truque usaram para confeccionar os figurinos, mas, repentinamente, jovens apareceram vestindo pulôveres brancos de marinheiro, bonés e shorts – primeiro, como composições de cavalaria; em seguida, como força aérea; depois, como soldados rasos e, por fim, como a marinha. A pantomima e mímica, da qual os chineses nascem artistas, expressavam a essência da dança de forma bastante realista. Então houve algo que chamaram de *Dança das máquinas vermelhas*. Por meio de sons e gestos, interação e entrelace de pernas e braços, os pequenos dançarinos habilidosamente simulavam o impulso e movimento de pistões, o virar das engrenagens e rodas,

142 N.E.: Ruìjīn [瑞金] é uma cidade no leste da Prefeitura de Gànzhōu [贛州], onde se iniciou a Longa Marcha – logo, a presença de gente de lá em Shaanxi significa que, possivelmente, são veteranas sobreviventes da Longa Marcha.

o zumbir do dínamo – e perspectivas de uma China do futuro na era das máquinas.

Entre os atos, clamores emergiam de cantorias improvisadas pela plateia. Meia dúzia de garotas nativas de Shaanxi – trabalhadoras das fábricas – foram solicitadas por demanda popular para cantar uma velha canção popular da província. O acompanhamento era fornecido por um camponês de Shaanxi com sua viola artesanal. Outra performance "por solicitação" foi feita por um cadete que tocava gaita, e outro foi chamado para cantar uma das canções favoritas do Sul. Então, para minha absoluta consternação, uma reivindicação para que o *wàiguó xīnwén jìzhě* [外国新闻记者] – o repórter de notícias estrangeiro – exercitasse os pulmões com um solo próprio!

Eles se recusaram a me dispensar. Lamentavelmente, não conseguia pensar em nada além de fox trots, valsas, La Bohème e "Ave Maria", todos me pareceram inapropriados à plateia militar. Sequer conseguia me lembrar de "A Marselhesa". O pedido persistiu. Extremamente constrangido, finalmente apresentei *The Man on the Flying Trapeze*. Foram muito corteses. Não houve requisição de repetição e eu fiquei enormemente aliviado.

Depois, vi as cortinas subirem para o próximo ato, que se revelou uma peça social com tema revolucionário – um contador se apaixonava pela esposa de um senhor de terra. Em seguida, mais dança, um noticiário ao vivo, lidando com as últimas notícias do Sudoeste, e um coral de crianças cantando *A Internacional*. Aqui, as bandeiras de diversas nacionalidades eram hasteadas em flâmulas de uma coluna iluminada redonda, inclinada aos jovens dançarinos que emergiam lentamente, conforme as palavras eram cantadas, para ficarem eretos, punhos cerrados, enquanto a canção acabava.

O teatro havia acabado, mas minha curiosidade permanecia. No dia seguinte, fui entrevistar Wei Gongzhi[143], uma dirigente da companhia teatral popular antijaponesa local.

143 N.E.: Wēi Gǒngzhī [危拱之] (1905-1973) é uma personagem notável, tendo sido uma das 32 mulheres a terem realizado toda a odisseia da Longa Marcha, em seus milhares de quilômetros.

A senhorita Wei nasceu em Henan em 1905, e era comunista há quase dez anos. Inicialmente, ela se juntou a um grupo de agitação política dentro do Guominjun[144] de Feng Yuxiang, o *general cristão* – mas, quando ele se aliou ao golpe de Estado de Nanquim em 1927, ela desertou, juntamente a muitos outros jovens estudantes, e se tornou comunista na antiga cidade de Hankou. Em 1929, foi enviada à Europa pelo Partido Comunista e estudou por um tempo na França, depois em Moscou. Em 1931, retornou à China, furando exitosamente o bloqueio do Kuomintang ao redor da China Vermelha – quando começou a trabalhar em Ruijin sob o comando do Ministério de Propaganda (no qual Deng Xiaoping[145] se tornou diretor em 1933).

144 N.E.: *Guómínjūn* [国民军] ou Exército Nacional, também chamado de Exército do Noroeste, foi a reunião de tropas de alguns senhores da guerra que, no entanto, adotaram uma linha nacionalista e romperam com as camarilhas de generais que dominavam o país desde a queda da monarquia. O Exército Nacional foi o responsável por expulsar Puyi, o último imperador, da Cidade Proibida em 1924 – o que foi o gesto final de afirmação da República. Poucos anos mais tarde, ele é absorvido pelo Exército Nacional Revolucionário, que àquela época unia o Kuomintang e os comunistas. Lá, ele fica mesmo depois da ruptura com os vermelhos, muito embora rache em 1929 com Chiang Kai-shek durante a *Guerra das Planícies Centrais*, que dura até o final de 1930 com a vitória do Kuomintang, apoiado pelo Exército Dongbei de Zhang Xueliang. Muitos dos oficiais do Guominjun são reaproveitados pelo Kuomintang ou, a partir de 1937, pela segunda Frente Unida entre comunistas e Kuomintang, na resistência ao Japão.

145 N.E.: Dèng Xiǎopíng [邓小平] (1904-1997) foi o segundo líder supremo da China – ou o terceiro, a depender de como se considere o papel de Hua Guofeng como sucessor de Mao. Deng liderou a política de Reforma e Abertura dos anos 1980, mas, apesar de sua proeminência aparente, ele era o líder operacional do grupo conhecido como *Oito Grandes Anciãos* (*Bā Dà Yuánlǎo* [八大元老]), os quais se encarregaram de comandar a China depois da morte de Mao Zedong, no contexto de crise internacional do socialismo e das inúmeras questões – e feridas – abertas no rescaldo da Revolução Cultural. Hoje, seu papel no socialismo chinês só é suplantado pelo próprio Mao, sendo visto como amplamente favorável pelos chineses, muito embora o julgamento sobre seu legado seja visto de forma ambivalente pelo mundo: por um lado, o reformador que trouxe prosperidade à China; por outro, um líder moderado demais que fez concessões em exagero. Aqui, ele aparece por conta do seu primeiro papel de destaque, qual seja, o chefe da propaganda no Soviete de Jiangxi, onde ele era um homem-forte de Mao e de sua linha – do qual se afastou em determinados momentos dos anos 1950 e 1960, sem nunca ter havido, no entanto, uma ruptura total entre eles, ao contrário de juízos apressadamente categóricos de que Deng é

Ela contou um pouco da história do teatro vermelho. Grupos de artes dramáticas foram organizados pela primeira vez em Jiangxi em 1931. Na famosa Escola Gorky em Ruijin (sob direção técnica de Ye Jianying[146]), com mais de mil estudantes admitidos de distritos sovietes, os vermelhos treinaram cerca de sessenta grupos teatrais, de acordo com a senhorita Wei. Viajaram pelos vilarejos e pelo front. Cada trupe possuía longas filas de espera de requisições de povoados sovietes. Os camponeses, sempre gratos por qualquer diversão em suas vidas carentes de atividade cultural, voluntariamente providenciavam todo o transporte, alimentação e estadia dessas visitas.

No Sul, Wei havia sido diretora adjunta, mas, no Noroeste, era encarregada de toda a organização de artes dramáticas. Ela passou pela Longa Marcha, saindo de Jiangxi, uma das poucas mulheres comunistas que sobreviveram ao evento. Trupes teatrais foram criadas no soviete de Shaanxi antes que o exército do sul alcançasse o Noroeste, mas, com a chegada do novo talento de Jiangxi, as artes dramáticas aparentavam ter ganhado uma nova vida. Neste momento, havia cerca de trinta trupes de teatro itinerantes, segundo a senhorita Wei, e outras em Gansu. Eu encontraria muitas outras posteriormente em minhas viagens.

"Todo exército tem seu próprio grupo de artes dramáticas", continuou a Srta. Wei, "bem como quase todo distrito. Os atores são quase todos recrutados localmente. A maior parte de nossos atores experientes do Sul agora tornaram-se professores."

---

uma espécie de contradição antagônica de Mao. Esta menção a Deng não aparece na primeira edição desta obra, mas consta na de 1968 como uma atualização.

146 N.E.: Yè Jiànyīng [叶剑英] (1897-1986) futuramente se tornou um dos *Dez Marechais* – e naquele momento já era um destacado líder militar que, anos antes, foi fundamental para Mao Zedong se converter no líder dos comunistas. Um ano depois dessa entrevista, ele se casou com Wei Gongzhi. Após a instauração da República Popular da China, Ye perdeu a briga política para Lin Biao enquanto ocupava postos de liderança em Guangdong – mas isso não afetou sua carreira militar, o que inclui sua nomeação como marechal em 1955, a qual ele manejou habilmente pelas décadas seguintes para enfraquecer seus adversários políticos. Após a morte de Mao, ele ocupou inúmeras posições de liderança política e foi fundamental na *Reforma e Abertura*.

Conheci muitos jovens pioneiros, veteranos da Longa Marcha, ainda nos primeiros anos da adolescência, encarregados da organização e treinamento de organizações dramáticas em diversos vilarejos.

"Camponeses viajam longas distâncias para ver nossas apresentações vermelhas", informou-me, orgulhosamente, a Srta. Wei. "Às vezes, quando estamos próximos a fronteiras brancas, soldados do Kuomintang enviam mensagens secretamente para pedir aos nossos atores que venham a alguma cidade mercante em distritos fronteiriços. Quando fazemos isso, tanto soldados vermelhos quanto soldados brancos colocam os braços para trás e se dirigem ao mercado local para assistir nossa performance. Mas oficiais de patente alta do Kuomintang jamais permitiriam algo assim, se soubessem disso, pois, uma vez que assistem nossos atores, muitos dos soldados do Kuomintang não combatem mais o nosso Exército Vermelho."

O que me surpreendeu sobre esses "clubes" de arte dramática foi que, guarnecidos com tão pouco, foram capazes de atender uma necessidade social legítima. Tinham acessórios e figurinos extremamente escassos, ainda assim, com esses materiais rudimentares, eram capazes de produzir uma ilusão autêntica de teatro. Os atores recebiam apenas alimentação, roupas e um pequeno subsídio de subsistência, mas estudavam todos os dias, como todos os comunistas, e acreditavam estarem trabalhando pela China e pelo povo chinês. Dormiam em qualquer lugar, alegremente comiam o que lhes era oferecido, andavam longas distâncias de vilarejo a vilarejo. Do ponto de vista das comodidades materiais, certamente eram os atores mais mal recompensados da terra, contudo, nunca houve outros mais felizes.

Os vermelhos compuseram quase todas suas peças e canções. Algumas foram contribuições de oficiais versáteis, mas a maior parte delas foram preparadas por contistas e artistas do departamento de propaganda. Muitas dramatizações vermelhas foram escritas por Cheng Fangwu, um famoso autor hunanês, o qual a adesão ao soviete de Jiangxi em 1933 empolgou Xangai. Recentemente, Ding Ling, a principal escritora da China, havia adicionado seu talento ao teatro vermelho.

Não havia arma mais poderosa de propaganda no movimento comunista do que as trupes dramáticas vermelhas, e nenhuma tão sutilmente instrumentalizada. Com alterações constantes na programação, quase diárias, e performances de *jornal em carne e osso*, problemas militares, políticos, econômicos e sociais se tornavam material teatral – e inquietações e questionamentos eram atendidos de forma bem-humorada e, também, compreensível a camponeses desconfiados. Quando os vermelhos ocupavam novas áreas, era o teatro vermelho que tranquilizava os temores das pessoas, lhes apresentando as ideias fundamentais do projeto vermelho – enquanto propagavam grandes quantidades de reflexões revolucionárias, afirmando a confiança popular. Durante a expedição vermelha a Shanxi em 1935, por exemplo, centenas de camponeses souberam dos atores vermelhos com o exército, e juntaram-se para vê-los.

A coisa toda era "propaganda na arte" levada ao extremo, e muitos questionariam "Por que arrastar a arte para isso?" No entanto, isso era, em seu mais amplo significado, arte, pois comunicava aos espectadores ilusões de vida; e se essa arte fosse ingênua, era porque a matéria viva da qual era inspirada, e as pessoas que ela atraía, eram também ingênuas na forma em que abordavam os problemas da vida. Para as massas da China, não havia uma clara segmentação entre a arte e a propaganda, havia apenas a distinção entre o que era experiência humana assimilável e o que não era.

Há quem interprete a história do movimento comunista chinês como uma grande campanha publicitária – por sua tática de contornar polêmicas, muitas vezes apresentando ideias muito sofisticadas para o público apenas dizendo que elas tinham direito de existir. É difícil dizer agora, mas é provavelmente a contribuição mais duradoura dos vermelhos, mesmo que eles acabem sendo derrotados e esmagados. Para milhões de jovens camponeses, que tinham ouvido a palavra do marxismo por meio daqueles jovens imberbes, milhares dos quais já mortos, os antigos exorcismos presentes na cultura chinesa jamais seriam eficazes como antes. Qualquer que fosse o rumo da fascinante itinerância dos vermelhos China adentro, o povo ainda reivindicaria, energicamente, profundas mudanças sociais – nas quais os camponeses aprenderam a ter esperança, de forma jamais vista. Esses jovens trouxeram para os pobres e oprimidos uma nova fé.

Mesmo que tenham cometido equívocos severos algumas vezes, era sinceramente perceptível que o objetivo propagandístico desses jovens era agitar, mover os milhões na China rural às suas responsabilidades na sociedade; despertá-los a acreditar em direitos humanos, combater o acanhamento, a passividade e as crenças imutáveis no taoísmo e confucionismo; educá-los, persuadi-los e, sem dúvida, por vezes cercá-los e empurrá-los para que lutassem pelo "reinado do povo" – uma perspectiva nuca antes vista na China rural – para que batalhassem por uma vida justa, igualitária, livre e com dignidade humana, na maneira que viam comunistas. Muito além de qualquer decreto piedoso, mas sem significado emitido por Nanquim, essa crescente tensão, de um campesinato gradualmente se tornando consciente, após milênios de profundo adormecimento, poderia forçar a concretização de uma ampla mudança do país.

O que esse "comunismo" conseguiu fazer, de certa forma, foi que, pela primeira vez na história chinesa, milhares de jovens movidos por seus próprios grandes sonhos "retornaram ao povo" – e tais sonhos estavam embalados por um universo de conhecimento, ao qual inesperadamente tiveram acesso. E eles foram às profundidades dos fundamentos de seu país para, assim, "divulgar" parte do conhecimento recém-aprendido a um campo intelectualmente desamparado, onde camponeses vivendo na escuridão desejaram se engajar na aliança por uma construção de uma "vida mais próspera".

PARTE 4
A GÊNESE DE UM COMUNISTA CHAMADO MAO ZEDONG

4.1. Infância

Nas cinco ou seis rodadas de perguntas sobre diferentes temas que apresentei, Mao discorreu por uma dúzia de noites, raramente referindo-se a si ou a seu papel em alguns dos eventos descritos. Comecei a perder as esperanças em esperar que ele iria me dar esses detalhes: Mao, obviamente, considerava o particular muito pouco importante. Como outros vermelhos que encontrei, ele era inclinado a falar apenas sobre comitivas, organizações, exércitos, deliberações, batalhas, estratégias, "providências" e assim por diante, raramente sobre experiências pessoais.

Por um tempo, pensei que sua relutância em se aprofundar em temas subjetivos – ou mesmo em conquistas individuais de seus camaradas –, poderia ter como princípio a modéstia ou algum medo ou desconfiança de mim – em razão do prêmio que muitos desses homens possuíam por suas cabeças. Depois, descobri que não era o caso, muitos dos comunistas não guardavam muitos detalhes pessoais. Conforme comecei a coletar biografias, diversas vezes constatei que um comunista conseguiria contar tudo que havia ocorrido nos primeiros anos de sua juventude, mas, uma vez que se identificava com o Exército Vermelho, perdia-se em algum momento e, sem mais questionamentos, ninguém mais conseguiria ouvir histórias sobre ele, mas apenas sobre o Exército, os sovietes ou *o Partido* – com letra maiúscula. Essas pessoas falavam sem limites sobre datas e circunstâncias de batalhas, deslocamentos por destinos inéditos, mas tais eventos pareciam apenas ter importância coletiva – não por individualmente terem feito história ali, mas em razão de o Exército Vermelho ter estado ali e, por trás dele, toda a força orgânica de uma ideologia pela qual eles lutavam. Era uma constatação significativa, no entanto, difícil de documentar.

Em uma noite em que todos os outros assuntos haviam sido saciados, Mao recorreu à lista que eu havia preparado, *história pessoal*. Sorriu para uma das questões, "quantas vezes você se casou?" – e o boato que se espalhou posteriormente foi o de que eu havia perguntado a Mao quantas esposas ele teve. De qualquer forma, ficou desconfiado em relação à necessidade de fornecer uma autobiografia. Mas argumentei que, de certa forma, era mais importante do que informações em outros temas. "As pessoas querem saber que tipo de homem você é" – disse – "quando elas lerem o que você diz. Então você também poderá corrigir alguns dos rumores falsos que circulam."

Eu lembrei ele das diversas vezes em que o declararam morto; de como algumas pessoas acreditaram que ele falava francês fluentemente, enquanto outros acreditavam que ele era um camponês ignorante; sobre como um informe o descrevia como um tuberculoso à beira da morte, enquanto outros sustentavam que ele era um fanático insano. Ele pareceu ligeiramente surpreso que as pessoas passassem o tempo delas especulando sobre ele. Concordou que tais informações deveriam ser corrigidas. Então, olhou novamente os tópicos que eu havia disposto.

"Suponhamos", ele disse por fim, "que eu desconsidere suas perguntas e, em vez disso, te dê um retrato geral de minha vida? Creio que seja mais plausível, e responderá todos os seus questionamentos da mesma forma."

Durante as entrevistas noturnas que se seguiram, éramos como conspiradores de fato, amontoados naquela caverna sob a mesa coberta com um pano vermelho, e velas chamuscadas entre nós – escrevi até estar pronto para dormir. Wu Liangping se sentou próximo a mim e interpretou o suave sotaque sulista de Mao[147], no qual "galinha", em

147 N.E.: O sotaque e as variações de Mao eram reminiscências de sua língua materna: o dialeto xiang-shuang da língua *lóu shào* [娄邵], também chamado de "velho *xiang*" (hunanês antigo), segundo o mapa do *Language atlas of China/Zhōngguó yǔyán dìtú jí* [中国语言地图集], o *Atlas de idiomas da China*, referência no assunto. Na época em que este livro foi escrito, em 1936, as fronteiras entre línguas e dialetos da China não estavam bem definidas cientificamente, muito embora elas ainda sejam alvo de debates muito pertinentes. É sempre importante ressaltar ao leitor que a China tem proporções – e diversidades – continentais e, embora o mandarim padrão seja língua oficial e comum do país, ele é uma língua franca e não necessariamente a língua materna das pessoas – mesmo das autoridades.

vez de um bom e sólido *jī* [鸡], se tornava um *romântico guii*, enquanto Hunan tornava-se *Funan*, e uma xícara de *chá* [茶][148] se tornava *ts'a* – e muitas outras variações curiosas aconteciam. Mao relatava tudo de suas memórias, e eu escrevia conforme ele falava. Era, como eu mencionei, retraduzido e corrigido, e este é o resultado, sem esforços para alcançar a excelência literária, além de correções necessárias na sintaxe do paciente Sr. Wu:

"Nasci no vilarejo de Shaoshan[149], prefeitura de Xiangtan, província de Hunan, em 1893. O nome de meu pai era Mao Yichang; o nome de minha mãe quando solteira era Wen Qimei."

"Meu pai era um camponês pobre e, quando ainda jovem, foi obrigado a juntar-se ao exército devido a uma grande carga de dívidas. Ele foi soldado por muitos anos. Posteriormente, retornou ao vilarejo onde nasci, e, guardando e acumulando rigorosamente um pouco de dinheiro através de pequenas trocas e outros empreendimentos, conseguiu comprar de volta sua terra."

"Como camponeses médios, meus pais detinham 15 *mu* de terra. Nestes, puderam plantar 60 *dan* de arroz por ano. Os cinco membros da família consumiam ao todo 35 *dan* por ano. Usando o excedente, meu

148 N.E.: Sim, "chá" se escreve em mandarim, a língua da qual se origina, exatamente da mesma forma que em português.

149 N.E.: Sháoshān [韶山] era um vilarejo e, hoje, é uma cidade sob jurisdição da prefeitura de Xiāngtán [湘潭], no centro-leste da província de Hunan. Ela faz parte da Região Metropolitana de Changsha, capital da província. É, basicamente, uma aglomeração de população majoritariamente rural. Seu nome significa "O Som da Montanha" – em virtude de uma velha lenda que trata de um encantamento do mítico pássaro fênix pelo lendário imperador Shun. Evidências arqueológicas apontam que lá foi área de influência da cultura Daxi, formada por ancestrais da minoria hmong-mien, chamados de *miao* pelos chineses. No entanto, o intercâmbio com os chineses é antiquíssimo, remontando ao período Shang. Sua absorção definitiva pelo mundo chinês, no entanto, se dá pela invasão do Reino de Zhou em 350 a.C., o qual depois foi absorvido pelo Reino de Qin que, por sua vez, unificou a China – mas a chegada dos chineses étnicos ocorre em larga quantidade só mesmo com o início da Dinastia Han e, depois, com o repovoamento do início da Dinastia Ming por pessoas han vindas da província vizinha de Jiangxi, a exemplo do ancestral conhecido mais remoto de Mao.

pai acumulou um pouco de capital e comprou mais sete *mu* de terra[150], o que proporcionou à família o status de camponeses 'ricos'. Podíamos então produzir 85 *dan* de arroz por ano."[151]

"Quando eu tinha 10 anos de idade, e minha família possuía apenas 15 *mu* de terra, os cinco membros da família consistiam em meu pai, mãe, avô, irmão mais novo e eu. Após adquirirmos os sete *mu* adicionais, meu avô faleceu, mas veio mais um irmão mais novo. Contudo, ainda tínhamos o excedente de 49 *dan* de arroz por ano, e, com eles, meu pai progressivamente prosperou."

"Quando meu pai era um camponês médio, ele começou a negociar na venda e transporte de grãos, onde ele fazia pouco dinheiro. Após tornar-se um camponês 'rico', direcionou a maior parte de seu tempo a este negócio. Contratou um trabalhador rural em tempo integral, e colocou os filhos para trabalhar na nossa terra, bem como sua esposa. Comecei a trabalhar em tarefas agrícolas quando tinha seis anos de idade. Meu pai não tinha um comércio para seu negócio. Ele apenas comprava grãos de camponeses pobres e os transportava aos mercadores da cidade, onde conseguia preços mais altos. No inverno, quando o arroz estava sendo moído, ele contratava um trabalhador extra para trabalhar na fazenda, sendo assim, naquele momento, havia sete bocas para alimentar. Minha família comia de maneira frugal, mas tinha o suficiente, sempre."

"Comecei a estudar na escola primária local quando tinha oito anos, e permaneci até os 13 anos de idade. Nas manhãs e à noite, eu trabalhava na fazenda. Durante o dia, eu lia *Os Analectos* de Confúcio e os *Cin-*

---

150 N.E.: Como vimos, cada *mŭ* ou *mou* [畝], unidade chinesa de medida de terra, varia com a localização, mas pela regra de 1915 equivale a 0,165 acres – ou 666,5 metros quadrados. Ou seja, os 22 *mu* que família Mao passou a ter os tornaria donos de uma chácara no Brasil atual, mas, na província de Hunan do período, isso lhes fazia camponeses médios, até pela dinâmica de divisão da terra.

151 N.E.: Cada *dān* [担] equivale, desde os anos 1930, a 50 quilos na China continental, mas ele não existia durante a Dinastia Qing – na verdade, Mao converteu outra unidade medida, o *Shí* [石]. A produção da família pulou de 3 para 4,25 toneladas de arroz por ano.

co Clássicos[152]. Meu professor de chinês[153] era de uma tradição muito rigorosa. Era hostil e rígido, frequentemente punindo fisicamente seus alunos. Devido a isso, eu fugi da escola quando tinha dez anos. Tive medo de retornar para casa e apanhar lá, e parti em direção à cidade, a qual eu acreditava ser em um vale em algum lugar. Vaguei por três dias até que minha família finalmente me encontrasse. Então, descobri que havia andado em círculos em minhas andanças, e, após tanto caminhar, eu havia me deslocado apenas oito *li* (quatro quilômetros) de distância de minha casa."

"Após retornar à minha família, contudo, para minha surpresa, as condições melhoraram. Meu pai estava ligeiramente mais solícito e meu professor mais inclinado à temperança. O resultado do meu ato de protesto me impressionou muito. Foi uma 'investida' de sucesso."

"Meu pai quis que eu fizesse a manutenção dos livros familiares, assim que eu aprendi alguns caracteres. Queria que eu aprendesse a usar o ábaco. Como meu pai insistiu nessa ideia, comecei a trabalhar com a contabilidade à noite. Ele era um *capataz* severo. Detestava me ver ocioso, e, se não houvesse livros a serem contabilizados, ele me colocava para fazer deveres da fazenda. Era um homem de temperamento forte, frequentemente batia em mim e em meus irmãos. Não nos dava qualquer dinheiro, mas apenas o mínimo de comida. No décimo quinto dia de cada mês, fazia uma concessão aos seus trabalhadores e lhes servia ovos com arroz, mas nunca carne. A mim, nunca serviu ovos ou carne."

---

152 N.E.: Os *Analectos de Confúcio* ou *Lúnyŭ* [論語] – literalmente, os *Diálogos* (ou *Provérbios*) *selecionados* – são um conjunto de ideias e ditos atribuídos a Confúcio que consiste em um dos *Quatro Livros da China* – os demais são o *Grande ensino* ou *Grande aprendizado* (*Dà xué* [大學]), *Doutrina do meio* (*Zhōng yōng* [中庸]) e *Mêncio* (*Mèngzĭ* [孟子]). Já os *Cinco Clássicos* são o *Livro das mutações* (I ching ou *Yì jīng* [易經]), *Clássico da História* ou *Clássico dos documentos* (*Shū jīng* [書經]), *Clássico da poesia* ou *Livro das odes* (*Shī jīng* [詩經]), *Livro dos ritos* (*Lĭ Jì* [禮記]) e os *Anais de primavera e outono* (*Chūn qiū* [春秋]) – juntos, eles formam as nove obras canônicas da cultura chinesa, com reverberações em grande parte do Extremo Oriente.

153 N.E.: Professor de chinês no sentido de professor da língua nacional, isto é, o mandarim – mas sobretudo da escrita, que é comum para todas as línguas e dialetos da China. Lembrando que as pessoas ainda falam língua hunanesa em Hunan, dividida no ramo atual e antigo – nos seus muitos dialetos –, além de línguas minoritárias, embora a língua nacional seja baseada na língua de Pequim.

"Minha mãe era uma mulher bondosa, generosa e empática, sempre pronta a dividir o que possuía. Tinha compaixão pelos pobres e frequentemente dava-lhes arroz quando vinham pedir durante períodos de fome. Mas não podia fazer isso quando meu pai estava por perto. Ele reprovava atos de caridade. Tivemos muitas contendas em nossa casa acerca desse assunto."

"Havia dois 'partidos' na família. Um era meu pai, o governo. A oposição era constituída por mim, minha mãe e meu irmão, e por vezes até pelo trabalhador. Na 'frente unida' da oposição, no entanto, existiam divergências de opiniões. Minha mãe defendia uma política de ataque indireto. Ela criticava qualquer manifestação aberta de emoção de rebelião declarada contra o governo. Dizia que esse não era o jeito chinês."

"Mas, aos 13 anos, descobri um poderoso argumento a meu favor para debater com meu pai em seus próprios termos, através da citação dos *Clássicos*. As acusações prediletas de meu pai contra mim eram as de conduta desleal e preguiça. Em troca, eu citava passagens dos *Clássicos* dizendo que os anciãos deveriam ser bondosos e afetuosos. Contra a acusação de que eu era preguiçoso, eu contra-argumentava que os mais velhos haviam de trabalhar mais do que os jovens, de que meu pai era três vezes mais velho que eu e, portanto, deveria trabalhar mais do que eu. Declarei que quando eu tivesse a idade dele, então, eu teria muito mais energia."

"O velho continuou a *acumular riquezas*, ou o que era considerado uma *grande fortuna* naquele pequeno vilarejo. Não comprou mais terras para si, mas comprou muitas hipotecas de terras de outras pessoas. Seu capital aumentou em *dois ou três mil yuans*."

"Minha insatisfação aumentou. A disputa dialética em nossa família evoluía constantemente. Há um incidente que me recordo de maneira especial. Quando tinha por volta de 13 anos, meu pai convidou várias visitas para sua casa, e, enquanto estavam presentes, um conflito iniciou-se entre nós dois. Meu pai me expôs perante todo o grupo, chamando-me de preguiçoso e inútil. Isso me enfureceu. Eu o xinguei e saí de casa. Minha mãe correu atrás de mim, e tentou me convencer a voltar. Meu pai também me seguiu, praguejando enquanto ordenava que eu voltasse. Cheguei à beira de um lago e ameacei me jogar se ele se aproximasse mais. Nessa situação, reivindicações e contra reivindicações foram apresentadas para que a guerra civil cessasse. Meu pai exigiu que eu pedisse perdão mediante um *kòutóu* [叩头][154] – como um gesto de rendição. Concordei em ficar de joelhos para o *kòutóu* se ele prometesse que não me bateria. Desse modo, a guerra teve um fim, e assim aprendi que quando eu defendia meus direitos por meio da rebelião declarada, meu pai cedia, mas quando eu continuava dócil e subserviente, ele apenas me atormentava e me batia mais."

"Quando penso sobre isso, penso que, por fim, a rigidez de meu pai acabou sendo o que o derrotou. Aprendi a odiá-lo, e formamos uma verdadeira 'frente unida' contra ele. Ao mesmo tempo, isso provavelmente me beneficiou. Tornou-me mais diligente em meu trabalho; fez com que eu cuidasse dos meus livros criteriosamente, para que dessa forma ele não tivesse embasamento para me criticar."

"Meu pai estudou por dois anos. Ele tinha um nível de alfabetização suficiente para ler livros. Minha mãe era completamente analfabeta. Ambos eram de famílias camponesas. Eu era o 'intelectual' da família. Conhecia os *Clássicos*, mas não gostava deles. Gostava mesmo era dos romances da *China Imperial*, principalmente as histórias de rebelião:

General Yue Fei ou *Romance biográfico completo de Yue* (*Shuō yuè quánchuán* [说岳全传])[155];

154 N.E.: O *Kòutóu* [叩头] pode ser traduzido como "reverência" e é formado pelos caracteres de bater (*kòu* [叩]) e "cabeça" (*tóu* [头]) – consiste em uma cerimônia de etiqueta tradicional no leste da Ásia, originada na China, mediante a qual a pessoa se põe de joelhos, vergando o corpo para colocar as mãos e a cabeça no chão. É um ritual no qual se pede clemência aos deuses, aos Budas, pais ou ancestrais por erros graves.

155 N.E.: O referido livro só ganhou edição para o inglês recentemente, traduzido como *General Yue Fei*. Em mandarim, ele é referido de forma abreviada como *Biografia completa de Yue* em enciclopédias e afins. Trata-se de um romance biográfico – com aspectos fantásticos – escrito por Qian Cai entre o século XVII e XVIII, tendo sido banido pelo imperador Qianglong, da Dinastia Qing, décadas após sua publicação. O livro trata de uma história real do século XII, tendo como protagonista o heroico general Yuè Fēi [岳飛] da Dinastia Song, que comandou vários combates contra a Dinastia Jin – também de origem manchu, a exemplo da Dinastia Qing, talvez por isso a proibição. Na época, o Song dominava o Sul e o Jin o Norte da China. Yue foi executado em virtude de uma intriga da corte Song.

Margem da água (*Shuǐhǔ zhuàn* [水滸傳])[156];

Romance biográfico completo da revolta contra Tang (*Fǎn Táng yǎnyì quánchuán* [反唐演义全传])[157];

Romance dos Três Reinos (*Sānguó yǎnyì* [三國演義])[158];

Jornada ao Oeste (*Xī yóujì* [西遊記])[159], a história da semilendária peregrinação rumo à Índia no século VII d.C. de Tang Sanzang, personagem baseado na figura histórica do monge Xuanzang."

"Lia-os enquanto ainda muito jovem, apesar da vigilância de meu velho professor, que odiava esses livros proibidos e os chamava de malig-

---

156 N.E.: Já nos referimos a ele no capítulo 2.1., uma vez que Mao o utilizava como livro de formação para os jovens soldados vermelhos, e ela se trata também de uma história subversiva que se passa na Dinastia Song, no qual fora-da-lei se envolvem em uma série de aventuras, algumas delas com o próprio imperador.

157 N.E.: Ou, simplesmente, *Revolta contra Tang*, que é o romance menos conhecido entre os citados, mas já foi adaptado como série de TV em Hong Kong nos anos 1980 – com o título em mandarim *Xue Gang contra Tang* ou *Destined to Rebel* em inglês. É mais um romance fantástico que, no entanto, diz respeito a fatos históricos de intrigas na corte e tem como protagonista o subversivo Xuē Gāng [薛刚] – antes de ser sistematizada como romance, a obra era um conto folclórico e tema de uma ópera.

158 N.E.: O *Romance dos Três Reinos*, o mais famoso da literatura chinesa, foi publicado entre 1321 e 1323 pelo dramaturgo Luō Guànzhōng [罗贯中], que viveu em data incerta no século XIV sob a Dinastia Ming. A obra trata da ficcionalização dos relatos contidos no *Registro dos Três Reinos* (*Sānguó zhì* [三國志]) de Chén Shòu [陳壽] (233–297), escrito à época do processo de desfazimento da Dinastia Han, entre 169 d.C. e 280 d.C. junto. Na trama, os reinos de Wu, Shu-Han e Wei competiam pela hegemonia chinesa pós-Han – e seus nobres e generais eram personagens centrais de uma gigantesca colcha de retalhos de narrativas.

159 N.E.: *Jornada ao Oeste* é um romance ficcional, possivelmente escrito por Wú Chéng'ēn [吴承恩] (1500–1582 ou 1505–1580), mas publicado em 1592 de forma anônima. O livro é uma ficção que trata da viagem que Táng Sānzàng [唐三藏], baseado na figura histórica do monge budista Xuánzàng [玄奘] (602–664), faz para o Oeste, sob as ordens do imperador Taizong da Dinastia Tang, em busca de relíquias budistas perdidas. No entanto, o périplo não é só geográfico, como também espiritual, no contexto do budismo chinês, que buscava ali um "retorno às raízes" para se autonomizar do daoismo. O personagem central, contudo, não é o monge, mas o seu protetor, Sūn Wùkōng [孙悟空], um macaco com poderes mágicos que terá de proteger Tang Sanzang na viagem – e aprender uma série de lições. O livro inspirou muitas outras versões, inclusive para outras mídias, sendo a mais conhecida delas entre nós, a série animada japonesa *Dragon Ball*.

nos. Costumava ler eles na escola, cobrindo com um *Clássico* quando o professor passava. Bem como a maioria dos meus colegas de escola. Sabíamos a maior parte das histórias de cor, discutíamos e as rediscutíamos diversas vezes. Conhecíamos mais delas do que os homens mais velhos do povoado, que também as apreciavam e costumavam compartilhar histórias conosco. Acredito que eu possa ter sido bastante influenciado por tais livros, lidos em uma idade tão impressionável."

"Finalmente deixei a escola primária quando tinha treze anos e comecei a trabalhar longas horas na fazenda, ajudando o trabalhador contratado, executando plenamente o trabalho de um homem durante o dia e durante a noite fazendo a manutenção dos livros contábeis para meu pai. Apesar disso, fui capaz de continuar com minhas leituras, devorando tudo que conseguia encontrar, exceto os *Clássicos*. Isso irritava meu pai, que queria que eu tivesse domínio dos *Clássicos*, sobretudo após ele ter sido derrotado em uma ação judicial devido a uma pertinente citação utilizada por seu adversário na corte chinesa. Eu costumava cobrir a janela do meu quarto tarde da noite para que meu pai não visse a luz. Dessa forma eu li um livro chamado *Palavras de advertência para uma era de prosperidade* (*Shèngshì wēiyán* [盛世危言])[160] – do qual eu gostei muito. O autor, um dos muitos acadêmicos reformistas, pensava que a fraqueza da China estava na escassez de equipamentos ocidentais – linhas ferroviárias, telefones, telégrafos e navios a vapor – e os queria introduzidos ao país. Meu pai considerava livros assim um desperdício de tempo. Queria que eu lesse algo prático, como os *Clássicos*, que poderiam ajudá-lo a ganhar em ações judiciais."

"Continuei a ler os antigos romances e fábulas da literatura chinesa. Mas me ocorreu um dia que havia algo de peculiar nessas histórias, a ausência de camponeses que lavravam a terra. Todos os personagens eram guerreiros, oficiais ou sábios; nunca havia um herói camponês. Questionei isso por cerca de dois anos, então avaliei o conteúdo das histórias. Percebi que exaltavam militares ou soberanos, que não ti-

---

160 N.A.: Livro de Zheng Guanying, que defendia muitas reformas democráticas, incluindo o governo parlamentar e métodos modernos de educação e comunicação. Seu livro teve uma grande influência quando publicado em 1898, ano da malfadada *Reforma dos Cem Dias*.

nham que trabalhar nas terras, pois as possuíam e as controlavam – e, evidentemente, faziam os camponeses trabalharem nela para eles."

"Meu pai não acreditava nos deuses desde muito cedo e, agora, na meia idade, ele era um cético, mas minha mãe ardentemente idolatrava Buda. Deu educação religiosa a seus filhos, e todos ficamos consternados por nosso pai ser um descrente. Quando eu tinha nove anos de idade, abordei com seriedade o problema de meu pai não dispor de qualquer piedade por minha mãe. Tivemos muitas tentativas posteriormente de convertê-lo, mas sem sucesso. Ele apenas nos amaldiçoava, e, saturados dos ataques dele, recuávamos para elaborar novos planos. Mas ele não queria nada com os deuses."

"Minhas leituras começaram gradativamente a me influenciar, no entanto, e me tornei cada vez mais cético. Minha mãe começou a ficar preocupada comigo, e me repreendia por minha indiferença às formalidades da fé, mas meu pai não comentava nada. Então, um dia, ele foi viajar para recolher dinheiro, e em seu caminho encontrou um tigre. O tigre ficou assustado com o encontro e fugiu no mesmo instante, mas meu pai ficou ainda mais atônito e contemplou um bom negócio em sua escapada milagrosa. Começou a perguntar-se se não havia ofendido os deuses. Daquele momento em diante, passou a expressar mais respeito pelo budismo e a queimar incenso uma vez ou outra. Ainda assim, quando meu recuo se tornou mais agravado, ele não interferiu. Rezava aos deuses apenas quando se via em dificuldades."

"Um livro como o *Palavras de advertência para uma era de prosperidade* suscitou em mim o desejo de prosseguir com meus estudos. Também havia me revoltado com o meu serviço na fazenda. Meu pai, evidentemente, me contrariou. Discutimos sobre a ideia, e eu finalmente fugi de casa. Estudei por metade de um ano. Depois disso, estudei mais dos *Clássicos* sob a orientação de um velho intelectual chinês, também li muitos artigos contemporâneos e alguns livros."

"Nesse período, um incidente que afetou toda a minha vida ocorreu em Hunan. Fora da pequena escola chinesa onde eu estava estudando, nós, os estudantes, notamos muitos mercadores de feijão retornando de Changsha. Perguntamos a eles o motivo de todos estarem indo embora. Eles nos contaram sobre uma grande insurreição na cidade."

"Houve um período severo de fome naquele ano, e, em Changsha, milhares estavam sem comida. Os famintos enviaram uma delegação ao governador civil para implorar por assistência, mas ele os respondeu, soberbamente, *por que vocês não têm comida? Há bastante na cidade. Eu sempre tive o suficiente*. Quando as pessoas souberam da resposta do governador, ficaram furiosas. Realizaram reuniões massivas e uma manifestação organizada. Atacaram o yamen manchu[161], cortaram o mastro da bandeira, o símbolo do gabinete e removeram o governador. Posteriormente, o Comissário de Políticas Internas, um homem chamado Zhang, chegou em seu cavalo e anunciou às pessoas que o governo tomaria medidas para ajudá-las. Zhang estava sendo sincero em sua promessa, aparentemente, mas o imperador não gostava dele e o acusou de ter conexões íntimas com a *máfia*. Ele foi deposto. Um novo governador chegou e, de uma só vez, ordenou a prisão dos líderes da revolta. Muitos deles foram decapitados e suas cabeças terminaram exibidas em postes como aviso aos futuros *rebeldes*."

"Esse incidente foi discutido em minha escola por muitos dias. Isso me deixou profundamente marcado. A maior parte dos outros estudantes simpatizou com os manifestantes, mas apenas do ponto de vista do observador. Estavam apenas meramente interessados no incidente empolgante. Nunca me esqueci disso. Senti que os rebeldes eram pessoas comuns como pessoas da minha própria família, lamentei profundamente a injustiça do tratamento dado a eles."

"Não muito tempo depois, em Shaoshan, houve um conflito entre membros da Sociedade dos Irmãos mais Velhos[162] e um senhorio local. Ele os processou no tribunal, e era um senhor de terra muito poderoso, facilmente comprou uma decisão favorável a si mesmo. Os membros da Sociedade dos Irmãos mais Velhos foram derrotados. Mas, ao invés

161 N.E.: Como já explicado, o yamen era a casa do magistrado e, também, sede do poder político local, que à época pertencia aos manchus sob a Casa de Aisin-Gioro, a derradeira dinastia chinesa.

162 N.E.: A mesma sociedade secreta da qual fazia parte He Long e, também, Zhu De, dois dos protagonistas deste livro e futuros marechais da República Popular da China.

de se sujeitarem, eles se rebelaram contra o senhor de terra e contra o governo e retiraram-se a uma montanha local chamada Liu Shan, onde construíram um refúgio. Tropas foram mandadas contra eles, e o senhor de terra espalhou uma história de que eles haviam sacrificado uma criança quando hastearam a bandeira da rebelião. O líder dos rebeldes chamava-se Peng, o fabricante de mó, as pedras do moinho. Foram finalmente eliminados e Peng teve de fugir. Mas ele foi, depois, capturado e decapitado. Aos olhos dos estudantes, no entanto, ele era um herói, já que todos simpatizavam com a rebelião."

"No ano seguinte, quando uma nova colheita ainda não havia acontecido e o arroz do inverno já havia esgotado, houve uma escassez de comida em nosso distrito. Os pobres reivindicaram ajuda dos camponeses ricos e deram início a um movimento intitulado de *coma arroz de graça*. Meu pai, que era comerciante de arroz, estava vendendo bastante para a cidade a partir de nossa propriedade, apesar da escassez. Não me compadeci com ele. Ao mesmo tempo, não achei os métodos dos camponeses adequados."

"Outra influência que tive nesse período foi a presença de um professor '*radical*' em uma escola primária local. Ele era '*radical*', pois se opunha ao budismo e queria se livrar dos deuses. Incentivava as pessoas a converterem os templos em escolas. Ele era questionado pessoalmente de forma dura. Eu o admirava e concordava com suas perspectivas."

"A ocorrência desses incidentes em um espaço de tempo próximo ficou marcada em minha jovem mente, já rebelde. Nesse período, também comecei a desenvolver um pouco de consciência política, sobretudo após ler um folheto que se iniciava com a frase: '*Lastimavelmente, a China será subjugada!*' Falava sobre a ocupação japonesa da Coreia e Taiwan, da perda da suserania chinesa sobre a Indochina[163], a Birmânia[164] e sobre outro lugar. Após ler isso, fiquei deprimido acerca do futuro do meu país e comecei a perceber que era dever de todo o povo salvá-lo."

---

163 N.E.: Hoje, Laos, Vietnã e Camboja.

164 N.E.: Atual Myanmar.

"Meu pai havia decidido me colocar como aprendiz em uma loja de arroz no centro de Xiangtan, com o qual ele tinha conexões. Eu não era contrário à ideia a princípio, pensando que poderia ser interessante. Mas, naquela mesma época, ouvi falar de uma nova escola incomum e decidi me inscrever, apesar da oposição de meu pai. Essa escola ficava no condado de Xiangxiang[165], onde a família da minha mãe vivia. Um primo meu também era um estudante lá e me contou sobre a escola e as evoluções nas condições da '*educação moderna*'. Havia menos ênfase nos *Clássicos*, e mais era ensinado sobre o '*novo conhecimento*' do Ocidente. Os métodos educacionais também eram bastante '*radicais*'."

"Fui até a escola com meu primo e me inscrevi. Aleguei ser morador de Xiangxiang, pois pensava que a escola estava aberta apenas a nativos do próprio condado. Posteriormente, assumi minha real posição como nativo de Xiangtan quando descobri que o lugar era aberto a todos. Paguei 1.400 yuans de cobre por cinco meses na instituição, incluindo alojamento e todos os materiais necessários para meus estudos. Meu pai finalmente concordou com minha entrada após alguns amigos argumentarem que essa educação '*inovadora*' elevaria minha capacidade de ganhos. Foi a primeira vez que estive longe de casa mais de 50 *li* (25 quilômetros). Eu tinha 16 anos de idade."

"Na nova escola, pude estudar ciências naturais e novos tópicos do conhecimento ocidental. Outro ponto notável era que um dos professores era um estudante regresso do Japão, e ele usava tranças falsas[166]. Era bastante fácil reconhecer que era falso. Todos riam dele e o chamavam de *demônio estrangeiro falso*."

"Nunca havia visto tantas crianças juntas. A maior parte delas eram filhos de senhores de terra, trajando roupas caras; poucos eram os camponeses que conseguiam pagar para mandar os filhos para uma escola daquelas. Eu era mais malvestido do que os outros. Possuía apenas

165 N.E.: O então condado de Xiāngxiāng [湘乡] é, hoje, uma cidade no leste da Prefeitura de Xiangtan – localizada ao sul de Shaoshan.

166 N.E.: As tranças eram o típico corte de cabelo manchu para os homens, que consistia na raspagem da parte frontal do cabelo e um trançado na parte de trás. Isso foi imposto à população han pela Dinastia Qing que era manchu. Em chinês, o termo para isso era *biànzi* [辫子] e vem do manchu *soncoho*.

um traje de casaco e calças decentes. Batas não eram utilizadas pelos alunos, apenas pelos professores e apenas os *demônios estrangeiros* utilizavam trajes estrangeiros. Muitos dos estudantes mais abastados me desprezavam por eu geralmente estar usando meu casaco e calças esfarrapados. No entanto, entre eles eu tinha amigos, e dois deles, especialmente, eram bons camaradas. Um deles é hoje um escritor que vive na Rússia Soviética[167]."

"Fiz um bom progresso nessa escola. Os professores gostavam de mim, principalmente os que ensinavam os *Clássicos*, pois eu escrevia boas dissertações em estilo clássico. Mas minha cabeça não estava nos *Clássicos*. Estava lendo dois livros enviados a mim por meu primo, que falavam do movimento reformista de Kang Youwei[168]. Um deles era de Liang Qichao, editor do *Almanaque do novo povo* (*Xīnmín cóngbào* [新民叢報]). Li e reli aqueles livros até tê-los decorados. Idolatrava Kang Youwei e Liang Qichao – e era muito grato a meu primo, que então eu considerava bastante vanguardista, mas posteriormente se tornou um contrarrevolucionário, juntando-se aos reacionários no período da Grande Revolução de 1925-27."

"Muitos dos estudantes não gostavam do *demônio estrangeiro falso* por conta de sua trança artificial inumana, mas eu gostava de ouvi-lo falar sobre o Japão. Ele ensinava música e inglês. Uma de suas canções

---

167 N.E.: Mao se referia a Xiāo Sān [萧三] (1896 – 1983), que foi o primeiro escritor a escrever uma biografia sua, ainda em 1949. Ele só retornou à China em 1939 – amigo desde essa época, Xiao era um erudito, tanto escritor quanto tradutor de russo, francês, alemão e inglês.

168 N.E.: Kāng Yǒuwéi [康有為] (1858-1927) foi um intelectual altamente influente na China da virada do século XIX para o XX. Suas obras miravam em uma *utopia ao modo chinês*, sendo a principal delas o chamado *Livro da Grande Unidade* (*Dàtóng shū* [大同書]) – mas, ao mesmo tempo, prefiguram o socialismo na China, um termo que ele chegou a usar, usando um misto de confucionismo, budismo e daoismo, também acenava para ideias de eugenia e chegou a se aproximar do imperador, tentando produzir reformas na direção de uma monarquia constitucional – que, no entanto, esbarraram nas intrigas da corte. Anos mais tarde, ele liderou movimentos de restauração da monarquia que fracassaram, destruindo a imagem e desmoralizando Kang. De todo modo, Kang foi mestre de Liang Qichao, já referenciado como inspirador de Zhou Enlai, mas, também, de Sun Yat-sen e Mao Zedong em seus primeiros anos.

era japonesa, e se chamava 'A batalha no mar Amarelo'. Ainda me lembro de algumas agradáveis palavras dela:

O pardal canta
O rouxinol dança,
E os verdes campos são adoráveis na primavera
As flores de romã carmesim,
Os salgueiros têm suas folhas verdes,
E há um novo cenário.

Na época, eu compreendia e sentia a beleza do Japão e, também, sentia sua altivez e poder nessa música, que trata da sua vitória sobre a Rússia. Eu não pensava que existia também um Japão atroz – o Japão que conhecemos hoje."

"Isso foi tudo que aprendi do *demônio estrangeiro falso*."

"Recordo-me também de que só nesse período ouvi, pela primeira vez, que o imperador Xianfeng e a imperatriz viúva Cixi[169] já estavam mortos, embora o novo imperador, Xuantong (Puyi), já estivesse governando há dois anos. Eu ainda não era um antimonarquista; na realidade, considerava o imperador, bem como a maior parte dos oficiais, homens bons e habilidosos. Apenas necessitavam de auxílio das reformas de Kang Youwei. Eu era fascinado pelas histórias dos imperadores da China: Yao, Shun[170], Qin Shi Huang Di (o Primeiro Imperador Qin) e

---

169 N.E.: Cíxǐ Tàihòu [慈禧太后] (1835 –1908) era uma nobre manchu que serviu como concubina do imperador Xianfeng. Depois da morte do marido em 1861, assumiu como coimperatriz viúva, mas, a partir de 1881, com a morte da principal esposa do imperador, se tornou a única imperatriz viúva da China – e governante de fato do país – até sua morte em 1908. Apesar de seu filho e de seu sobrinho terem sido entronados como "imperadores" no período, era ela quem realmente dava as cartas. Habilidosa e altamente culta, mas também profundamente autoritária e inclemente, Cixi conviveu com – e, de certa forma, a acelerou – a decadência imperial, na qual levantes populares deixaram milhões de mortos – tornando o sistema monárquico chinês, e não só a Dinastia Qing, irreformável. É ela quem decide a sucessão imperial em favor de Puyi, de forma completamente atabalhoada, abrindo espaço para o fim da monarquia.

170 N.E.: Yáo [尧] (2356 a.C. – 2255 a.C.) e Shùn [舜] (2294 a.C. – 2184 a.C.) são parte do grupo chamado de *três soberanos e cinco imperadores*, isto é, governantes

Wu de Han – e lia muitos livros sobre eles. Aprendi também um pouco de história estrangeira nesse período, e geografia. Ouvi falar sobre os Estados Unidos, pela primeira vez, em artigo que falava sobre a Revolução Americana e continha uma sentença assim: *Após oito anos de uma árdua guerra, Washington obteve vitória e consolidou sua nação*. Em um livro chamado *Grandes heróis do mundo*, também li sobre Napoleão, Catarina II da Rússia, Pedro I da Rússia, Wellington, Gladstone, Rousseau, Montesquieu e Lincoln."

mítico-históricos que, no entanto, foram atestados tanto pelos registros de Sima Qian quanto por Huangfu Mi. Apesar do título deles ser traduzido como "imperador", na verdade, em mandarim o registro é apenas *dì* [帝] – por isso alguns sinólogos traduzem o termo por "tearca", isto é, líder de uma teocracia. Uma vez que o termo imperador surge apenas 2.000 anos após os registros dos dois citados. Na tradição, Yao foi mestre de Shun, um sendo um nobre e o segundo o plebeu para quem ele renunciou – eles tiveram vidas e reinados muito longos, mas também tiveram de enfrentar terríveis provações ligadas a um *grande dilúvio* ocorrido no rio Amarelo. Existe uma importante polêmica sobre o legado deles entre confucianos e daoistas.

4.2. Dias em Changsha

Mao Zedong continua:

"Eu comecei a desejar ir a Changsha, a grande cidade, capital da província, que era a 120 *li* [60 quilômetros] da minha casa."

"Dizia-se ser uma cidade bastante grande, contendo milhares de pessoas, várias escolas e o *yamen* do governador. Era um lugar absolutamente magnífico! Desejei muito ir até lá e entrar na escola para o povo de Xiangxiang. Naquele inverno, eu pedi para que um de meus professores da escola de ensino fundamental me colocasse lá."

"O professor concordou, e eu fui a Changsha extremamente empolgado, porém temeroso de que me negariam a inscrição e, com muito custo, esperançoso de me tornar um estudante dessa grande escola. Para minha surpresa, eu fui aceito sem impedimentos. Mas eventos políticos estavam em movimentação acelerada e eu estava fadado a permanecer lá por apenas metade de um ano."

"Em Changsha, eu li meu primeiro jornal, o *Levante popular* (*Mínlì bào* [民立报])[171], um periódico nacionalista revolucionário que falava sobre A Revolta de Cantão contra a Dinastia Manchu, e a morte dos 72 heróis, comandados por um hunanês chamado Wang Xing. Essa foi a história que mais me chamou atenção. Achei o Minli Bao cheio de materiais que me geravam entusiasmo. Yu Youren[172] era o editor

171 N.E.: O *Mínlì bào* [民立报], literalmente, *Jornal do levante popular*, foi fundado em 1910, pouco antes da revolução republicana de 1911 – ano em que Mao também vai para Changsha. O nome desse jornal não tem tradução exata *nem convencionada* para as línguas ocidentais, mas optamos por *levante*, uma vez que isso tanto tem relação com o ideograma de *lì* [立] – que é, simplificadamente, uma pessoa de pé e significa elementos correlatos a isso – quanto tem uso no vocabulário político do Brasil de hoje.

172 Yú Yòurèn [于右任] (1879 -1964), veterano militante e quadro intelectual republicano, sua vida quase se confunde com o Kuomintang, o qual ele fundou e acompanhou até o final da vida – mesmo com os giros que o partido deu em sua

do periódico – e ele, posteriormente, se tornou um famoso líder do Kuomintang. Também descobri Sun Yat-sen nessa época, e o programa do *Tóngménghuì* [同盟會][173]. O país se encontrava às vésperas de sua Primeira Revolução."

"Eu fiquei tão empolgado que escrevi um artigo e postei no mural da minha escola. Foi minha primeira expressão de opinião política, e, de certa forma, um tanto desajeitada. Eu ainda não havia perdido minha admiração por Kang Youwei e Liang Qichao. Não compreendia plenamente a diferença entre eles. Sendo assim, em meu artigo, eu defendi que Sun Yat-sen fosse chamado de volta do Japão para se tornar o presidente de um novo governo, que Kang Youwei fosse o primeiro-ministro e Liang Qichao fosse ministro das relações exteriores!"

"O movimento anticapital estrangeiro começou simultaneamente à construção da ferrovia Sichuan-Hanzhou – e a demanda popular por um parlamento ganhou amplitude."

"Em resposta, o imperador decretou a criação apenas de um conselho consultivo."

"Os alunos da minha escola se agitavam cada vez mais. Demonstravam seus sentimentos antimanchu em uma rebelião contra as tranças. Um amigo e eu cortamos as nossas, mas outros, que haviam prometido fazer o mesmo, não foram capazes de cumprir suas promessas. Então, eu e meu amigo os atacamos secretamente e cortamos suas tranças à força, no total, mais de dez foram vítimas de nossas tesouras. Sendo assim, em um curto período, eu progredi de ridicularizar o *demônio estrangeiro*

existência. Yu ocupou cargos de relevo na China continental durante o período republicano e, depois, acompanhou Chiang Kai-shek e a ala direita do Kuomintang na fuga para Taiwan – e lá Yu terminou os seus dias.

173 N.E.: *Tóngménghuì* [同盟會], a *Liga Unida* ou *Aliança*, foi a sociedade secreta surgida da fusão entre a *Sociedade para a Regeneração Chinesa* (*Xīngzhōnghuì* [興中會]), liderada por Sun Yat-sen e fundada em 1894, e a *Sociedade da Restauração* (*Guāngfùhuì* [光復會]) de Cai Yuanpei. Ela foi inicialmente liderada por Sun e esteve intimamente relacionada com a Revolução de 1911 – e depois se converte no Kuomintang. Durante a monarquia, havia uma impossibilidade quase total de organização partidária, gerando um efeito curioso de surgimento de sociedades secretas gigantescas.

falso, pela sua imitação de trança, a exigir que fossem completamente abolidas. Como uma ideia política pode mudar pontos de vista![174]"

"Após o levante de Wuchang[175], liderado por Li Yuanhong, foi declarada lei marcial em Hunan. O cenário político se alterou rapidamente. Um revolucionário, certo dia, apareceu na escola secundária e fez um discurso inspirador com a permissão do diretor. Sete ou oito estudantes levantaram-se na assembleia em apoio, com forte tom de denúncia contra os manchus e apelos para que ações fossem tomadas para estabelecer a república. Todos ouviram atentamente. Não se ouvia um barulho sequer enquanto o orador da revolução, um dos oficiais de Li Yuanhong, falava frente a estudantes empolgados."

"Quatro ou cinco dias após ouvir esse discurso, eu me determinei a integrar o exército revolucionário de Li Yuanhong. Decidi ir a Hankou com alguns amigos. Nós arrecadamos uma quantia com nossos colegas de sala. Sabendo que as ruas de Hankou eram bastante molhadas, e que se fazia necessário o uso de sapatos de chuva, então, eu pedi um emprestado a um amigo do exército, aquartelado fora da cidade. Fui impedido pelos guardas da guarnição. O lugar havia se tornado bastante ativo. Os soldados estavam recebendo balas pela primeira vez, e o descarregamento estava sendo feito na rua."

"Rebeldes se aproximavam da cidade nos arredores da ferrovia Guangzhou-Hankou, e os conflitos se iniciaram. Uma grande batalha aconteceu fora dos muros da cidade de Changsha. Ao mesmo tempo, acontecia uma insurreição dentro da cidade, os portões haviam sido derrubados e tomados por trabalhadores chineses. Através de um desses portões, eu retornei à cidade. Então, fui para um lugar alto e assisti a batalha, até que, por fim, eu vi a bandeira Han[176] ser hasteada no

---

174 N.E.: Cortar a trança, portanto, tinha um significado rebelde, simultaneamente, nacionalista e antimonárquico – e é, ao mesmo tempo, irônico vindo de quem veio, uma vez que o sobrenome Mao [毛] significa "cabelo", "pelo" ou "pena".

175 N.E.: Essa revolta ocorre em 10 de outubro de 1911, na província irmã e vizinha a de Mao, lembrando que, à época dos fatos Wuchang, Hankou e Hanyang ainda eram cidades separadas, as quais só foram fundidas e se tornaram Wuhan em 1º de janeiro de 1927.

176 N.E.: Nesse sentido, é um levante nacional e étnico, comum ao período, mas que não detém exatamente tendências chauvinistas, pois os manchus, naquele mo-

yamen. Era uma bandeira branca com o caractere 议 (*yì*) escrito nela[177]
. Eu voltei à minha escola e a encontrei sob guarda militar."

"No dia seguinte, foi instaurado um governo *dūdu* [都督][178]. Dois membros proeminentes da Sociedade dos Irmãos mais Velhos foram nomeados dudu e vice-dudu. Eram, respectivamente, Jiao Dafeng e Chen Zuoxin. O novo governo foi estabelecido nos antigos prédios do Conselho Consultivo, do qual Tan Yankai era dirigente, mas fora dispensado. O conselho em si havia sido abolido. Entre os documentos manchus encontrados pelos revolucionários, havia uma petição implorando pela abertura de um parlamento. O original tinha sido escrito em sangue por Xu Teli, que agora é comissário de educação no Governo Soviete. Xu cortou a ponta de seu dedo como demonstração de sinceridade e determinação, e sua petição começava, '*imploro pela abertura do parlamento, me despeço (aos delegados provinciais e a Pequim) cortando meu dedo*'."

"O novo dudu e vice-dudu não duraram muito. Eles não eram homens ruins, tinham algumas intenções revolucionárias, eram pobres e representavam os interesses dos oprimidos."

"Os senhores de terra e mercadores estavam insatisfeitos com eles. Não muitos dias depois, fui chamar um amigo e vi os corpos deles na rua. Tan Yankai havia organizado uma revolta contra eles como representante dos proprietários de terra e militares de Hunan."

"Muitos estudantes estavam se alistando no exército. Um exército de estudantes tinha sido organizado, e, entre esses estudantes, estava

---

mento, eram identificados como a casta dominante – e, praticamente, também estrangeira – por conta da indignação das massas com a monarquia comandada por uma família real manchu. Evidentemente, os han – em sua enormidade e variedade – e os manchus são vistos hoje como povos da China – Zhongguo –, mas os chineses étnicos propriamente ditos são os han.

177 N.E.: *Yì* [议] significa discutir, falar, criticar ou desaprovar em mandarim. Ele também serve como base para a palavra "parlamento", isto é, *Yìhuì* [议会] – e é nesse sentido que, aparentemente, ela foi usada pelos rebeldes na sede do comando da cidade – que era o yamen, como já vimos, a sede local da burocracia imperial. Há divergências sobre o que estava escrito na bandeira, mas adotamos a versão da edição em mandarim desta obra.

178 N.E.: Um *dūdu* [都督] era uma espécie de interventor. Literalmente, significava "supervisor da capital".

Tang Shengzhi[179] . Eu não gostava do exército de estudantes, achava a base dele confusa. Decidi me alistar ao exército regular para ajudar a completar a revolução. O imperador Puyi de Qing ainda não havia renunciado – e houve um período de resistência."

"Meu salário era de sete yuans por mês, mais do que eu ganho no Exército Vermelho hoje – eu gastava dois yuans por mês em comida. Também tinha que comprar água. Os soldados tinham que carregar a água para dentro da cidade, mas eu, sendo um estudante, não podia me dignar a carregar e comprava dos vendedores de água. O resto do meu salário era gasto em jornais, dos quais me tornei um ávido leitor: o *Diário de notícias do rio Xiang (Xiāngjiāng rìbào* [湘江日报]) – em cujas páginas se discutia socialismo e revolução, e foi em suas colunas que eu conheci, pela primeira vez, esse termo. Eu também discutia socialismo ou, na verdade, reformismo social, com outros estudantes e soldados. Eu li alguns panfletos escritos por Jiang Kanghu sobre o socialismo e seus princípios. Eu escrevi entusiasticamente sobre esse assunto para diversos colegas de classe, mas apenas um deles respondeu positivamente."

"Havia um mineiro e um ferreiro de Hunan em meu pelotão – e eu gostava muito de ambos. Os outros eram medíocres, e um deles era um malandro. Persuadi mais dois estudantes a se alistarem no exército, e me tornei bastante próximo do comandante de pelotão e da maioria dos outros soldados. Eu sabia escrever, conhecia algumas coisas sobre livros, e eles respeitavam meu 'grande conhecimento'. Eu poderia ajudar escrevendo cartas para eles ou em tarefas similares."

"O desfecho da revolução ainda não tinha sido decidido. O imperador ainda não havia desistido completamente do poder – e houve con-

179 N.E.: Táng Shēngzhì [唐生智] (1989-1970) foi membro da ala esquerda do Kuomintang, até mudar de lado para apoiar Chiang Kai-shek no período da ruptura com os comunistas – depois, Tang rompeu com o generalíssimo, mas foi novamente reabilitado com a Guerra Antijaponesa. Era ele o comandante das forças chinesas de resistência durante o cerco japonês a Nanquim, o que terminou de forma trágica e desastrosa, embora ele tenha sido pessoalmente poupado. Depois da Guerra, Tang novamente rompe com o Kuomintang, se aliando aos comunistas. Assim, ele manteve cargos de chefia em Hunan depois de 1949, uma vez que ele permaneceu filiado à ala esquerda do Kuomintang, que até hoje é um dos partidos legalizados da China. Terminou a vida doente, mas não sem ter sido expurgado na Revolução Cultural.

flito no Tongmenghui a respeito da liderança. Dizia-se em Hunan que novas guerras eram inevitáveis. Diversos exércitos estavam organizados contra os manchus e Yuan Shikai[180]. Entre eles, estava o exército de Hunan. Mas, justamente enquanto os hunaneses estavam se preparando para entrar em ação, Sun Yat-sen e Yuan Shikai entraram em acordo, e a guerra anunciada foi cancelada, Norte e Sul foram *unificados* – e o Governo de Nanquim foi dissolvido. Pensando que a revolução havia acabado, eu me demiti do exército e decidi retornar aos meus livros. Eu já era soldado por metade de um ano."

"Eu comecei a ler anúncios nos jornais. Muitas escolas estavam sendo abertas e usavam esse meio para atrair novos estudantes. Eu não tinha nenhum critério especial para escolher as escolas, eu não sabia o que eu queria fazer exatamente. Um anúncio para a academia de polícia me chamou atenção, e eu me candidatei a vaga. Antes de ser avaliado, no entanto, eu li um anúncio de uma escola de fabricação de sabão. Não se pagava mensalidade, a acomodação era mobiliada e um pequeno salário era prometido. Era um anúncio atrativo e inspirador. Falava sobre os benefícios sociais da fabricação de sabão e como isso enriqueceria o país e as pessoas. Eu mudei de ideia sobre a academia de polícia, decidi me tornar fabricante de sabão. Paguei um yuan de taxa de inscrição nessa também."

"Enquanto isso, um amigo meu se tornou um estudante de Direito – e me recomendou entrar na mesma faculdade. Também li um anúncio muito sedutor dessa Faculdade de Direito, prometia várias coisas incríveis. Prometia ensinar tudo sobre leis aos estudantes em três

180 N.E.: Yuán Shìkǎi [袁世凯] (1859-1916) foi um líder militar oriundo de um clã nobre, que participou da tentativa – fracassada – de modernização da China no século XIX. Ele passou anos como plenipotenciário da Dinastia Qing chinesa na Coreia, que durante séculos foi uma área de influência da China, mas naquele momento começava a sentir o assédio do Império Japonês. Depois ele muda para o lado dos republicanos, o que o faz se tornar o segundo presidente da República da China. Só que logo, ele trabalhou para concentrar poderes a ponto de romper com os republicanos e, inclusive, deu um golpe fracassado para restaurar a monarquia, com ele mesmo como imperador no final de 1915 – cargo que ele assumiu de forma contestada por poucos meses, sendo forçado a renunciar. Yuan morreu pouco tempo depois, gravemente enfermo.

anos e no fim desse período os tornaria instantaneamente *mandarins*. Meu amigo continuou elogiando sua faculdade para mim, até que eu finalmente escrevi à minha família, repetindo todas as promessas do anúncio, e pedi para que me mandassem dinheiro para a mensalidade. Eu pintei uma excelente imagem a eles sobre meu futuro como jurista e mandarim. Então, eu paguei um yuan para me inscrever na escola e esperei pela resposta dos meus pais."

"O destino, mais uma vez, interveio na forma de um anúncio de uma escola de comércio. Outro amigo me avisou que o país estava em uma guerra econômica, e que os economistas seriam necessários para reconstruir a economia do país. O argumento dele prevaleceu, e eu gastei mais um yuan para me inscrever na escola secundária de Economia. Eu me inscrevi lá e fui aceito. Enquanto isso, no entanto, eu continuei a ler anúncios, e um dia eu li um descrevendo as vantagens da *Escola Superior Pública de Comércio*. Era operada pelo governo, oferecia um vasto currículo e eu tinha ouvido falar que os professores eram pessoas muito capacitadas. Decidi que seria melhor me tornar um especialista em Economia lá, paguei meu um yuan, me inscrevi e comuniquei meu pai sobre minha decisão. Ele ficou satisfeito. Meu pai prontamente apreciou as vantagens da inteligência econômica. Eu entrei nessa escola e permaneci por um mês."

"O problema que encontrei em minha nova escola é que a maior parte das aulas eram ministradas em inglês, e, assim como muitos outros estudantes, eu conhecia pouco desse idioma – na verdade, sabia pouco mais do que o alfabeto. Uma desvantagem adicional era que a escola não providenciava professores de inglês. Descontente com a situação, eu me retirei da instituição no fim do mês e continuei na minha busca em anúncios."

"Minha aventura escolar foi na *Primeira Escola Secundária* da província. Me inscrevi com um yuan, fiz o exame de admissão e passei no topo da lista de candidatos. Era uma escola grande, com muitos estudantes e numerosos licenciados. Um professor de chinês de lá me ajudou muito, ele se aproximou de mim devido à minha afinidade com a literatura. Esse professor me emprestou um livro chamado *Ca-*

tálogo de reflexões para aprovação imperial (*Yù pī tōngjiàn jílǎn* [御批通鉴辑览])[181], que continha decretos e críticas do imperador Qianlong de Qing."

"Por volta dessa época, uma revista do governo explodiu em Changsha. Houve um grande incêndio, e nós, os estudantes, achamos muito interessante. Muitas balas e cartuchos explodiram, e a pólvora causou um incêndio intenso. Era melhor do que bombinhas. Por volta de um mês depois, Tan Yankai foi removido por Yuan Shikai, que agora detinha o controle da máquina política da República. Tang Xiangming substituiu Tan Yankai e fez acordos para a entronização de Yuan."

"Eu não tinha gostado da Primeira Escola Secundária. O currículo era limitado e as regulações eram questionáveis. Depois de ler o *Catálogo de reflexões para aprovação imperial*, eu também tinha chegado à conclusão de que seria melhor continuar estudando e lendo sozinho. Seis meses depois, deixei a escola e organizei um cronograma de estudo próprio, que consistia em ler todos os dias na biblioteca da província de Hunan. Eu era bastante assíduo e consistente quanto a isso, e a metade do ano que passei dessa forma considero ter sido muito valioso para mim. Eu ia à biblioteca pela manhã quando abria. Pela tarde, fazia uma pausa apenas para comprar e consumir dois bolinhos de arroz, que eram meu almoço diário. Passava o dia todo na biblioteca lendo, até que fechasse."

"Durante esse meu período autodidático, eu li muitos livros, estudei geografia mundial e história do mundo. Pela primeira vez, eu vi e estudei um mapa-múndi. Eu li *A riqueza das nações* de Adam Smith, *A origem das espécies* de Darwin e um livro sobre ética de John Stuart Mill. Eu li os trabalhos de Rousseau, estudei o sistema lógico de Spencer, um livro de Montesquieu, *O espírito das leis*. Eu misturei poesia e romances, e os contos da Grécia Antiga, e estudei de forma aprofundada história e geografia da Rússia, Estados Unidos, Inglaterra, França e outros países."

---

181 N.E.: Era o livro de história chinesa oficial da Dinastia Qing, publicado em 1768, dos seus primórdios ao fim da Dinastia Ming, segundo a visão do imperador Qianlong, o segundo monarca a governar a China por mais tempo. Era uma obra de referência, ainda, no início do século XX.

"Naquela época, eu vivia em uma habitação para nativos do distrito de Xiangxiang. Muitos soldados moravam lá também, aposentados ou desgarrados do distrito, que não tinham trabalho e pouco dinheiro. Os estudantes e soldados sempre estavam discutindo na habitação, e um dia a hostilidade entre eles progrediu para violência física. Os soldados atacaram e tentaram matar os estudantes. Eu escapei me escondendo no banheiro, onde fiquei até que a briga acabasse."

"Naquela época, eu não tinha dinheiro, e meus pais se recusaram a me oferecer suporte a menos que eu entrasse em alguma escola. Já que não poderia mais viver na habitação, comecei a procurar outro lugar para me hospedar. Enquanto isso, eu comecei a pensar seriamente na minha 'carreira', e tinha me decidido que a melhor opção para mim era ensinar. Comecei a ler anúncios novamente. Desta vez, um anúncio da *Primeira Escola Normal de Hunan* (*Húnán Shěng Lì Dì Yī Shīfàn Dù* [湖南省立第一师范度])[182] me chamou a atenção, e eu li com entusiasmo as vantagens: sem mensalidade, mobília e alojamento baratos. Dois dos meus amigos insistiam para que eu entrasse. Queriam minha ajuda para a confecção de suas redações de admissão. Escrevi sobre minhas intenções à minha família e recebi o consentimento deles. Eu compus as redações dos meus dois amigos, e uma para mim. Todos fomos aceitos. Na realidade, eu tinha sido aceito três vezes. Eu não via meu ato de substituir meus amigos como imoral, era apenas uma questão de amizade."

"Estudei na Primeira Escola Normal por cinco anos, e consegui resistir aos atrativos de todos os anúncios. Finalmente, consegui me graduar. Os incidentes na minha vida aqui na Escola Normal de Hunan

182 N.E.: Hoje, ela é chamada *Primeira Universidade Normal de Hunan*. Nasceu em 1161 com o nome de *Academia Chengnan*, na Dinastia Song do Sul, quando o Norte da China estava dominado pelos manchus. Naturalmente, se trata de uma instituição educacional generalista destinada a formar professores, tendo sido continuada e descontinuada ao longo da história chinesa – uma vez que ainda atravessou as Dinastias Yuan, Ming e Qing, além da turbulenta passagem para o regime republicano. Ela foi refundada como uma universidade moderna em 1903, no contexto de tentativa de modernização da monarquia – e é essa versão dela que Mao e seus contemporâneos encontram. Mao é um raro caso de um pedagogo com origens camponesas a dirigir tanto uma revolução quanto um país.

foram muitos, e, durante esse período, minhas ideologias começaram a tomar forma. Também adquiri minhas primeiras experiências com ações sociais."

"A escola tinha muitas normas, e eu concordava com muito poucas delas. Eu me opunha aos cursos de ciências naturais requeridos, por exemplo. Queria me especializar em ciências sociais. Ciências naturais não me interessavam, e eu não estudava. Tive avaliações ruins na maioria dessas disciplinas. Acima de tudo, odiava o curso obrigatório de desenho de natureza morta. Achava extremamente estúpido. Eu costumava pensar no objeto mais simples possível para desenhar, terminava rapidamente e saía da sala. Eu me lembro de uma vez ter feito um desenho do verso de um famoso poema, que dizia *no meio da falésia para ver o sol nascer no mar* (*bànbì jiàn hǎi rì* [半壁见海日])[183], que representei com uma linha reta e um semicírculo em cima dela. Uma outra vez, em um exame, eu me contentei em desenhar uma forma oval. Chamei-a de "ovo". Tirei 40 em desenho e reprovei. Felizmente, minhas notas em ciências sociais eram todas excelentes – e balanceavam minhas notas ruins."

"Um professor de chinês nessa escola, que os alunos apelidaram de "Yuan, o Barbudo", ridicularizou minha escrita, chamou de trabalho de jornalista. Ele detestava Liang Qichao, que até então tinha sido meu exemplo, o considerava semianalfabeto. Fui obrigado a alterar meu estilo. Estudei a escrita de Han Yu, e dominei a antiga fraseologia clássica. Graças a Yuan, o Barbudo, portanto, eu hoje consigo compor um texto clássico, se solicitado."

"O professor que mais me causou impacto foi Yang Changji[184], um estudante que havia retornado da Inglaterra, com quem minha vida

---

183 N.E.: Trata-se de uma tradução livre de um verso do poema *Mèngyóu Tiānmǔ yín liú bié* [夢遊天姥吟留別] de Lǐ Bái [李白] (701–762), cujo título pode ser traduzido como *Viagem onírica, um poema de despedida à Matriarca Celestial*. Um dos maiores gênios da poesia universal, Li Bai viveu durante a Dinastia Tang e era fortemente influenciado pelo taoísmo. Nesse poema, ele tratou de uma viagem onírica pela qual o eu lírico se despede da sagrada montanha Matriarca Celestial – *Tianmu*, em mandarim –, que se localiza no condado de Xinchang, município de Shaoxing, província de Zhejiang.

184 N.E.: Yáng Chāngjì [杨昌济] (1871–1920) era o professor favorito de Mao e um dos intelectuais mais brilhantes da sua geração. Ele morreu precocemente, mas

posteriormente seria intimamente relacionada. Ele acreditava fielmente na própria ética e tentava incutir nos alunos o desejo de se tornarem morais, homens virtuosos, úteis para a sociedade. Sob a influência dele, eu li um livro de ética traduzido por Cai Yuanpei, e me inspirei a escrever um texto intitulado '*O poder do coração* (*Xīn zhī lì* [心之力])'. Naquela época, eu era um idealista, meu texto foi bastante elogiado pelo professor Yang Changji, de seu ponto de vista idealista. Ele me deu nota 100 por esse artigo."

"Um professor chamado Tang costumava me dar cópias velhas do *Jornal do povo* (*Mín bào* [民报]), e eu as lia com muito interesse. Dele, eu aprendi sobre as atividades e programas de Tongmenghui. Um dia, li uma cópia do Min bao que continha a história de dois estudantes chineses que estavam viajando pela China, e haviam chegado a Kangding, na fronteira [de Sichuan] com o Tibete. Isso me inspirou muito. Queria seguir o exemplo deles, mas não tinha dinheiro, e pensava que eu deveria primeiro tentar viajar por Hunan."

"Parti a pé no verão seguinte, percorri cinco províncias. Estava acompanhado de um estudante chamado Xiao Yu. Andamos por essas cinco províncias sem gastar qualquer dinheiro. Os camponeses nos deram comida e lugar para dormir. Aonde íamos, éramos acolhidos e tratados com bondade. O amigo com quem eu viajava, Xiao Yu, mais tarde se tornou um oficial do Kuomintang em Nanquim, sob ordens de Yi Peiji, que antes era o reitor da *Universidade Normal de Changsha*[185]. Yi Peiji se tornou um funcionário de alto escalão em Nanquim e indicou Xiao Yu ao escritório de custódia no Museu do Palácio de Pequim. Xiao vendeu algumas das mais valiosas peças do museu e desapareceu com o dinheiro em 1934."

"Sentindo-me mais expansivo e na necessidade de alguns companheiros próximos, um dia coloquei um anúncio em um jornal de Changsha, convidando homens jovens que desejavam exercer trabalho patriótico a entrarem em contato comigo. Especifiquei que teriam de

---

anos depois sua filha Yang Kaihui se tornaria a esposa de Mao Zedong, a quem conheceu quando Yang Changji era mestre de Mao.

185 N.E.: Não confundir com a Primeira Escola Normal de Hunan: a Universidade Normal de Hunan é outra instituição.

ser jovens duros, determinados e prontos a fazer sacrifícios pelo país deles. A esse anúncio, recebi três respostas e meia. Uma era de Luo Zhanglong, que se juntaria ao Partido Comunista para posteriormente traí-lo. Os dois outros eram jovens que futuramente se tornaram ultrarreacionários. A 'meia' resposta veio de um jovem descomprometido chamado Li Lisan. Li ouviu tudo que eu tinha para dizer, e foi embora sem fazer propostas definitivas, nossa amizade nunca se desenvolveu."

"Mas, gradualmente, eu construí um grupo de estudantes ao meu redor, e o núcleo foi formado do que mais tarde viria a ser uma sociedade que teria ampla influência nos acontecimentos e destino da China. Era um pequeno grupo de homens sérios que não tinham tempo para discutir trivialidades. Tudo o que faziam e diziam deveria ter um propósito. Não tinham tempo para o amor ou romance, consideravam os tempos 'muito difíceis' e a necessidade de conhecimento muito urgente para discutirem sobre mulheres ou assuntos pessoais. Eu não estava interessado em mulheres. Meus pais me casaram quando eu tinha quatorze anos com uma garota de vinte, mas eu nunca vivi com ela. Não a considerava minha esposa, pensava muito pouco nela. Para além das discussões sobre os encantos femininos, meus companheiros rejeitavam qualquer conversa sobre assuntos da vida diária. Lembro-me de estar na casa de um jovem que começou a falar comigo sobre comprar carne, e, na minha presença, chamou seu funcionário para discutir com ele sobre o assunto. Depois, ordenou que o funcionário fosse comprar uma peça. Fiquei irritado e não o vi novamente. Meus amigos e eu preferíamos falar sobre questões grandes, a natureza do homem e da sociedade humana, da China, do mundo e do universo!"

"Também nos tornamos fisiculturistas fervorosos. Nos feriados de inverno, nós caminhávamos pelos campos, subíamos e descíamos montanhas e a muralha da cidade, além de nadar nas correntezas. Quando chovia, tirávamos nossas camisas e chamávamos de banho de chuva. Quando o sol estava muito quente, também dispensávamos as camisetas e chamávamos de banho de sol. Durante as ventanias da primavera, gritávamos que isso era um novo esporte chamado banho de vento. Dormíamos a céu aberto quando a neve já começava a cair, e, mesmo em novembro, nadávamos nos rios gelados. Tudo isso sob a premissa de 'treino físico'. Talvez isso tenha me ajudado a construir o físico necessário para as minhas muitas marchas de ida e volta pelo Sul da China, e para a Longa Marcha de Jiangxi ao Noroeste."

"Eu me comunicava muito com vários estudantes e amigos em outros povoados e cidades. Gradualmente comecei a notar a necessidade de uma organização mais coesa. Em 1917, com alguns outros amigos, ajudei a fundar a *Sociedade de Estudos do Novo Povo* (*Xīnmín Xuéhuì* [新民学会]). Tinha entre 70 e 80 integrantes. Três desses viriam a se tornar nomes importantes no comunismo chinês e na história da Revolução Chinesa. Dentre os comunistas mais conhecidos do Xinmin Xuehui, estavam: Luo Mai, secretário do comitê de organização do Partido; Xia Xi da segunda frente do Exército Vermelho; He Shuheng, que se tornou ministro da Suprema Corte nas regiões Soviéticas Centrais, posteriormente assassinado por Chiang Kai-shek; Guo Liang, um famoso organizador sindical, morto pelo general He Jian em 1930; Xiao San, meu amigo e escritor situado na Rússia Soviética; Cai Hesen, membro do Comitê Central do Partido Comunista, morto por Chiang Kai-shek em 1927; Yi Lirong, que se tornou um membro do Comitê Central – e que mais tarde o traiu pelo Kuomintang, se tornando organizador de sindicato capitalista; e Xiao Zisheng, fundador do partido[186]. A maior parte dos membros do Xinmin Xuehui foi morta durante a contrarrevolução de 1927[187]."

---

186 N.E.: Há muitas incorreções nessas recordações de Mao: Luo Mai era pseudônimo de Li Weihan; Xia Xi morreu no começo daquele ano de 1936, mas Mao omite ou desconhece o fato, assim como também reputa que Xiao Zisheng teria "morrido enfermo", mas ele ainda estava vivo e viveu por muitos anos – portanto, podemos inferir que isso se deve a uma confusão com a morte de Xia Xi. Por razões de precisão histórica, suprimos o trecho que Mao fala da morte de Xiao Zisheng.

187 N.A.: Outros membros incluíam Liu Shaoqi, Ren Bishi, Li Fuchun, Wang Ruofei, Teng Taiyuan, Li Weihan, Xiao Qingguang e, pelo menos uma mulher, Cai Chang, irmã de Cai Hesen. Todos alcançaram altos postos no PCCh. O professor favorito de Mao, e futuro sogro, Yang Changji e Xu Teli eram patronos [N.E.: Liú Shàoqí [刘少奇] (1898 -1969) depois foi presidente da República Popular da China e adversário de Mao].

"Outra sociedade formada naquela época, que lembrava o Xinmin Xuehui, foi a *Sociedade de Ajuda Mútua* (*Hùzhù Shè* [互助社]) de Hubei. Muitos de seus membros posteriormente também se tornaram comunistas. Entre eles, estava Yun Daiying, seu líder, que foi morto durante a contrarrevolução por Chiang Kai-shek. Lin Biao, atual presidente da Universidade do Exército Vermelho, também era membro. Bem como Zhang Hao, hoje encarregado do trabalho dentro das tropas brancas. Em Beiping (nome de Pequim à época desses fatos), houve uma sociedade chamada *Sociedade Auxiliar* (*Fŭ Shè* [辅社]) – e alguns de seus membros se tornaram vermelhos. Em outras partes da China, notavelmente em Xangai e Hangzhou, Hankou e Tianjin[188], foram organizadas sociedades radicais pela juventude militante, que começaram a expressar influência na política chinesa."

"A maioria dessas sociedades foram organizadas sob a influência da *Nova juventude* (*Xīn qīngnián* [新青年]), a famosa revista do *Movimento Nova Cultura*, editada por Chen Duxiu. Eu comecei a ler essa revista quando era estudante da Escola Normal Superior, admirava muito os artigos de Hu Shi e Chen Duxiu. Por um tempo, foram meus exemplos, substituindo Liang Qichao e Kang Youwei, que eu já havia descartado."

"Nessa época minha cabeça estava cheia de uma mistura curiosa de ideias sobre liberalismo, reformismo democrático e, também, socialismo utópico."

"Eu tinha vagos interesses sobre a democracia do século XIX, utopismo e liberalismo arcaico – definitivamente, eu era antimilitarista e anti-imperialista."

"Ingressei na Escola Normal em 1912. Graduei-me em 1918."

188 N.A.: Em Tianjin, foi a *Sociedade do Despertar* (*Juéwù Shè* [覺悟社]) que liderou a organização da juventude radical. Zhou Enlai era um dos fundadores – além da senhorita Deng Yingchao (que ainda não era casada na época [1936] com Zhou Enlai); Ma Jun, executado em Pequim em 1927, e Sun Xiaoching, secretário do comitê municipal de Guangzhou do Kuomintang.

4.3. Antessala da Revolução Chinesa

Enquanto ouvia as recordações de Mao, notei uma presença tão interessada quanto eu: He Zizhen, a esposa dele. Muitas das informações que ele deu sobre si mesmo e sobre o movimento comunista, evidentemente ela nunca havia ouvido antes – e essa era a realidade da maior parte dos camaradas de Mao em Bao'an. Mais adiante, coletei notas biográficas de outros líderes vermelhos, seus colegas frequentemente amontoavam-se interessadamente para ouvirem as histórias pela primeira vez. Embora tivessem lutado juntos por anos, frequentemente, nada sabiam sobre os dias pré-comunistas uns dos outros, que geralmente consideravam como uma espécie de *idade das trevas*, sendo o começo da vida quando se tornavam comunistas.

Era mais uma noite, e Mao estava sentado com as pernas cruzadas, inclinado sob suas remessas. Acendeu um cigarro em uma vela e pegou a meada da história de onde ele havia parado na noite anterior:

"Durante meus anos na Primeira Escola Normal de Changsha, gastei ao todo apenas 160 yuans, incluindo as inúmeras taxas de inscrição! Desse montante, devo ter usado um terço em jornais, pois assinaturas periódicas me custavam cerca de um yuan por mês, e eu frequentemente comprava livros e revistas em bancas. Meu pai me atormentava por essa extravagância. Chamava isso de dinheiro desperdiçado em papel inútil. Mas eu havia adquirido o hábito de ler jornais, e de 1911 a 1927, quando escalei a montanha Jinggang, nunca parei de ler os jornais diários de Pequim, Xangai e Hunan."

"Em meu último ano na universidade, minha mãe faleceu, e, mais do que nunca, perdi o interesse em retornar para casa. Decidi naquele verão que iria a Pequim. Muitos estudantes de Hunan estavam planejando viagens à França, para estudar sob um regime 'trabalho-estudo'

– que os franceses utilizavam para recrutar jovens chineses para sua causa durante a *Guerra Mundial.* Antes de deixar a China, esses estudantes planejavam estudar francês em Pequim. Ajudei a organizar o movimento, e, nos grupos que foram ao estrangeiro, havia muitos estudantes da Primeira Escola Normal de Hunan, muitos dos quais se tornariam radicais ilustres no futuro. Xu Teli foi influenciado pelo movimento também e, aos quarenta anos, abandonou a cátedra e partiu para a França. No entanto, não se tornou um comunista até 1927."

"Acompanhei alguns dos estudantes hunaneses em Pequim. Entretanto, embora eu tenha ajudado a organizar o movimento, e o movimento tenha tido o suporte da Sociedade do Novo Povo, eu não quis ir para a Europa. Sentia que não sabia o suficiente sobre meu próprio país, e que meu tempo poderia ser utilizado de forma mais proveitosa na China. Aqueles que decidiram ir à França na época aprenderam francês com Li Shizeng, agora presidente da *Universidade Sino-Francesa* (*Zhōng-Fă* [中法]), mas eu, não. Eu tinha outros planos."

"Pequim me parecia muito cara. Cheguei à capital com dinheiro emprestado dos meus amigos – e, quando cheguei, tive de procurar trabalho imediatamente. Yang Changji, meu antigo professor de ética na escola normal, havia se tornado professor na Universidade Nacional de Pequim. Recorri a ele para que me ajudasse a encontrar um trabalho, e ele me apresentou ao bibliotecário da universidade. Este era Li Dazhao, que se tornaria um fundador do Partido Comunista da China, e que, posteriormente, seria executado por Zhang Zuolin. Li Dazhao arranjou um trabalho para mim como assistente bibliotecário – que me pagava generosos 8 yuans por mês."

"Minha posição era tão baixa que as pessoas me evitavam. Uma de minhas incumbências era registrar os nomes das pessoas que vinham ler os jornais, mas, para a maior parte deles, eu não existia. Dentre aqueles que vinham ler, eu reconhecia nomes de líderes famosos do *movimento renascentista chinês*[189], homens como Fu Sinian, Luo Jialun e outros, dos quais eu tinha intenso interesse. Tentei iniciar conversas sobre assuntos

189 N.E.: Epíteto do *Movimento Quatro de Maio.*

políticos e culturais com eles, mas eram homens ocupados. Não tinham tempo para ouvir um bibliotecário com sotaque do Sul."

"Mas não fiquei desmotivado. Eu me juntei à Sociedade de Filosofia e, também, à Sociedade de Jornalismo com o objetivo de poder frequentar aulas na universidade. Na Sociedade de Jornalismo, conheci camaradas estudantes como Chen Gongbo, que agora é um funcionário importante em Nanquim; Tan Pingshan, que posteriormente se tornou um comunista, entretanto, membro do então denominado *Terceiro Partido*; e Shao Piaoping. Shao, sobretudo, auxiliou-me muito. Ele era conferencista na Sociedade de Jornalismo, um liberal, e um homem de um idealismo fervoroso e bom caráter. Também foi morto por Zhang Zuolin em 1926."

"Enquanto eu trabalhava na biblioteca, também conheci Zhang Guotao[190], agora vice-presidente do Governo Soviete; Kang Baixing (a quem partiu para a Califórnia em dado momento); Duan Xipeng, agora vice-ministro da educação em Nanquim. Também conheci e me apaixonei por Yang Kaihui. Ela era filha do meu velho professor de Ética, Yang Changji, o qual tinha uma ótima percepção sobre mim desde a juventude e era um amigo genuíno desde então, o que se mantinha em Pequim."

"Meu interesse por política continuou a crescer – e meu ponto de vista tornou-se mais e mais radicalizado. No entanto, naquele momento, eu ainda estava, *digamos*, confuso e procurando por um caminho. Havia lido alguns folhetos sobre anarquismo – e fui bastante influenciado por eles. Falava bastante sobre esses escritos com um estudante que costumava me visitar, chamado Zhu Qianzhi[191], que debatia sobre

---

190 N.E.: Zhāng Guótāo [张国焘] (1897-1979) foi o grande nêmesis de Mao, e talvez a grande ameaça real à sua liderança em toda a história do Partido Comunista. Zhang era líder militar e possuía planos estratégicos frequentemente discordantes aos de Mao, mas ele terminou por fracassar e, gradualmente, perder o poder. Naquele momento, ele ainda conservava um cargo secundário no Partido, mas muito em breve ele seria definitivamente afastado: desertou para o Kuomintang, fugindo para a ilha de Hong Kong, de onde emigrou, nos anos 1960, para o Canadá, país no qual viveu seus últimos dias, já afastado da política.

191 N.E.: O nome dele foi corrigido em relação ao original em inglês, uma vez confrontado com a edição em mandarim e fontes históricas do período. Zhū Qiānzhī [

anarquismo e suas possibilidades na China. Naquele período, eu apoiava muitas dessas propostas."

"Minhas condições de vida em Pequim eram miseráveis, e, em contraste, a beleza da velha capital era uma enérgica e vivificante compensação. Fiquei em um lugar chamado Sanyanjing[192], em um pequeno dormitório com sete outras pessoas. Quando todos estávamos apinhados no *kang* e mal restava espaço para respirarmos. Eu costumava ter que avisar as pessoas próximas de mim quando precisava me virar. Mas nos parques e no velho palácio eu vi a primavera adiantada do Norte, vi as ameixeiras brancas florescerem enquanto o gelo ainda se encontrava sólido sob o parque *Mar do Norte* (*Běihǎi* [北海][193]). Vi os salgueiros ao longo do Beihai com cristais de gelo pendurados, e me lembrei da descrição da cena pelo poeta Tang, Cen Shen[194], que escreveu sobre as árvores peroladas pelo inverno naquele parque, que se pareciam com *dez mil árvores de pêra em flor* (*qiān shù wàn shù líhuā kāi* [千树万树梨花开]). As incontáveis árvores de Pequim cativavam meu encanto e admiração."

"No início de 1919, eu fui para Xangai com os estudantes destinados à França. Tinha uma passagem apenas para Tianjin, e eu não sabia

---

朱谦之] (1899–1972) foi um enormíssimo intelectual, estudioso de cultura japonesa e budismo que à época se afirmava anarquista. Ele permaneceu na China depois da Revolução de 1949, seguindo carreira acadêmica.

192 N.E.: *Sān Yǎn Jǐng* [三眼井] – literalmente *Poço de Três Furos* – é um *hutong*, uma típica viela com casas de Pequim, que fica a alguns quarteirões ao norte da Cidade Imperial.

193 N.E.: O parque Mar do Norte, ou Beihai, é uma área de 71 hectares em pleno centro de Pequim, encravados dentro do lago de mesmo nome com apenas duas passagens para fora dele. Ele foi construído em 1150, ainda pela Dinastia Jin, a primeira dinastia manchu, poucas décadas antes da invasão mongol. Na época, essa área de Pequim era o jardim imperial de fora da cidade propriamente dita, mas, com o domínio mongol, poucas décadas depois, ele passa a ser os jardins dos fundos da Cidade Imperial – e assim prossegue atualmente, tendo por vizinha a sede do Partido Comunista.

194 N.E.: Cén Shēn [岑参] (715–770), também conhecido como Cén Jiāzhōu [岑嘉州], foi um poeta e mandarim da Dinastia Tang, cuja obra está eternizada na antologia conhecida como *300 Poemas da Dinastia Tang* – e parte disso está publicado no Brasil na *Antologia da poesia clássica chinesa: Dinastia Tang* (São Paulo: Editora Unesp). Por ser leitor do *300 Poemas*, Mao frequentemente revela seu gosto pela poesia dessa época, com referências a Li Bai e agora a Cen Shen.

como ir mais adiante. Mas, como diz o provérbio chinês, '*nem o Céu interdita o caminho de alguém*' (*Tiān wú jué rén zhī lù* [天无绝人之路], e um afortunado empréstimo de 10 yuans de um colega estudante, que tinha conseguido um pouco de dinheiro da *Escola Auguste Comte* em Pequim, viabilizou que eu chegasse até o distrito de Pukou em Nanquim. Parei em Qufu e visitei o mausoléu de Confúcio. Vi o pequeno riacho onde os discípulos de Confúcio banhavam seus pés, e a cidadezinha onde o sábio viveu durante a infância. Ele supostamente plantou uma distinta árvore próxima ao templo histórico dedicado a ele, e eu vi isso também. Nessa viagem, escalei o monte *Tai*, a montanha sagrada de Shandong[195], onde o general cristão Feng Yuxiang se exilou ao se aposentar – e redigiu seus escritos patrióticos."

"Mas quando cheguei a Pukou estava novamente sem um tostão, e sem uma passagem. Ninguém tinha dinheiro para me emprestar; eu não sabia como eu sairia da cidade. Mas a pior tragédia que me ocorreu foi quando um ladrão roubou meu único par de sapatos! *Āiyō* [哎哟] – *Ai*! O que eu ia fazer? Mas, novamente, '*nem o Céu interdita o caminho de alguém*' – e eu tinha uma porção de sorte. Fora da estação de trem, encontrei um velho amigo de Hunan, que se provou um verdadeiro *bodisatva*[196] salvador ao me emprestar dinheiro para comprar um par

195 N.E.: Shāndōng [山东], ou, literalmente, "Leste das Montanhas [Taihang]", é a segunda maior província da China, registrando mais de 101 milhões de habitantes em 2020. Como vimos, muitas províncias da China têm nomes com significados conceituais imediatos, muitas vezes guardando paralelismos em relação a algum elemento geográfico: no caso, a cadeia de montanhas Taihang é o que separa e identifica Shanxi (Oeste das Montanhas) de Shandong (Leste de Montanhas) – embora ambas sejam identidades por ideogramas que correspondem ao nome dos reinos mais importantes que existiam lá no *Período da Primavera e dos Outonos* (722 a.C. – 481 a.C.), respectivamente, Jìn [晋] a oeste e Lǔ [鲁] a leste. É precisamente no reino de Lu (Shandong) no qual nasceu Confúcio, na cidade de Qufu, hoje parte da prefeitura de Jining. Já o monte Tai, onde fica o pico do imperador de Jade, é uma montanha no centro da província, um pouco menor que as montanhas Taihang.

196 N.E.: No original em inglês, Snow traduziu por "anjo da guarda", mas, na edição em mandarim, a referência é *bodisatva*, isto é, aquele se põe no caminho da iluminação no budismo – que é o mais provável que Mao tenha dito, uma vez que ele teve formação budista, não cristã. Além do mais, o mais próximo de um anjo no budismo é um deva, e talvez bodisatva pudesse significar algo como "bom samaritano", para

de sapatos – e, também, o suficiente para que eu comprasse uma passagem para Xangai. Dessa forma, concluí minha jornada em segurança, mantendo a atenção nos meus sapatos. Em Xangai, descobri que um bom montante de dinheiro foi arrecadado para enviar estudantes para a França – e um subsídio foi providenciado para me auxiliar a retornar a Hunan. Vi meus amigos partirem no navio a vapor – e fui embora em direção a Changsha."

"Durante minha primeira viagem ao Norte, como me lembro, fiz essas excursões: andei sobre o gelo no 'golfo' do lago Beihai. Andei em torno das muralhas da província de Jiangsu, ao norte a de Xuzhou – famosa no *Romance dos Três Reinos* (*Sānguó yǎnyì* [三国演义]) – e ao sul a de Nanquim – também famosa historicamente. Naquele momento, me pareceram concretizações válidas de serem adicionadas às minhas aventuras e caminhadas em Hunan."

"Quando retornei a Changsha, tomei uma posição mais de linha de frente na política. Após o *Movimento do Quatro de Maio*, eu devotei a maior parte do meu tempo a atividades políticas estudantis, e era o editor da *Revista do rio Xiang* (*Xiāngjiāng pínglùn* [湘江评论]), o periódico semanal dos estudantes de Hunan, o qual tinha uma grande influência sobre todo o movimento estudantil do Sul da China. Em Changsha, ajudei a fundar a *Clube do Livro Cultural* (*Wénhuà Shūshè* [文化书社]), uma associação para o estudo de tendências culturais e políticas modernas. Essa sociedade, e de forma mais específica a Sociedade de Estudos do Novo Povo, era intensamente antagônica a Zhang Jingyao, o então *governador militar* (*dūjūn* [督军])[197] de Hunan, e um personagem hediondo. Lideramos uma greve geral dos estudantes con-

manter um paralelismo com a tradição cristã.

197 N.de E.: O *dūjūn* [督军] ou, literalmente, *supervisor de exército* era um cargo que existia desde a Dinastia Han e versava sobre chefes militares designados para a administração civil de certas províncias. O cargo é reinventado na República para formalizar o poder territorial nas províncias de certos senhores da guerra – os quais, sob o mando do governo central, exerciam de maneira excepcional os poderes políticos, semelhante aos *interventores* no Brasil do Estado Novo. Naquele quadrante histórico, quem exercia o cargo em Hunan era Zhāng Jìngyáo [张敬尧] (1881-1933), um obscuro senhor da guerra que morreria anos mais tarde servindo aos japoneses no processo de ocupação da Manchúria.

tra Zhang, exigindo sua destituição, e enviamos delegações para agitarem contra o déspota à Pequim e ao Sudoeste, onde naquele momento Sun Yat-sen era atuante. Em represália à oposição dos estudantes, Zhang Jingyao censurou a *Revista do rio Xiang*."

"Depois disso fui a Pequim, para representar a Sociedade de Estudos do Novo Povo e organizar o movimento antimilitarista lá. A sociedade ampliou sua batalha contra Zhang Jingyao a uma agitação antimilitarista geral, e eu me tornei dirigente da agência de notícias para promover esse trabalho. Em Hunan, o movimento estava sendo recompensado com certo sucesso. Zhang Jingyao foi deposto por Tan Yankai, e um novo regime foi estabelecido em Changsha. A respeito desse período, a sociedade hunanesa começou a se dividir em dois grupos, uma ala de direita e uma de esquerda – a esquerda insistia em um programa de mudanças econômicas e políticas de amplo alcance."

"Fui a Xangai pela segunda vez em 1919. Mais uma vez vi Chen Duxiu – o encontrei pela primeira vez em Pequim, quando estava na Universidade Nacional de Pequim, e talvez ele tenha me influenciado mais do que qualquer outra pessoa. Também encontrei Hu Shi naquele período, chamando-o na tentativa de ganhar seu apoio para a luta dos estudantes hunaneses. Em Xangai, debati com Chen Duxiu nossos planos para a Liga da Reforma de Hunan. Então retornei a Changsha e comecei a organizá-la. Tomei posto como professor, enquanto continuava com minhas atividades na Sociedade de Estudos do Novo Povo. Havia, então, um projeto para a 'independência' de Hunan, o que significava, na verdade, autonomia. Revoltados com o governo do Norte, e acreditando que Hunan poderia ser modernizada de forma mais ágil estando livre das conexões com Pequim, nosso grupo optou pela secessão. Eu era um forte adepto da Doutrina Monroe americana e da Política de Portas Abertas[198]."

---

198 N.E.: A política de *Portas Abertas* foi uma estratégia diplomática dos Estados Unidos, estabelecida no final do século XIX e início do século XX, que exigia um sistema de comércio e investimento igualitário das potências ocidentais na China, garantindo também – e por consequência – a integridade territorial da China. A Doutrina Monroe foi criada pelo presidente estadunidense de mesmo nome em 1823, que servia como uma segunda declaração de independência dos Estados Unidos em

"Tan Yankai foi removido de Hunan por um senhor da guerra chamado Zhao Hengti[199], que utilizou o movimento pela independência de Hunan para fins pessoais. Fingiu apoiá-lo, defendendo a ideia de *Estados Unidos Autônomos da China*, mas, assim que chegou ao poder, reprimiu vigorosamente o movimento democrático e o governo representativo. Nosso grupo reivindicava direitos iguais a homens e mulheres e um governo representativo, com uma plataforma para uma democracia burguesa. Defendíamos abertamente essas reformas em nosso jornal, o *Novo Hunan.* Lideramos um ataque ao parlamento provincial, do qual a maioria dos membros eram senhores de terra e aristocratas nomeados pelos senhores da guerra. Esse embate terminou conosco retirando nossos pôsteres e pergaminhos, repletos de frases exorbitantes e sem sentido."

"O ataque ao parlamento foi considerado um grande incidente em Hunan, e amedrontou os governantes. No entanto, quando Zhao Hengti assumiu o poder, ele traiu todas as ideias que apoiava e, sobretudo, suprimiu violentamente todas as reivindicações por democracia. Nossa organização, portanto, voltou os esforços contra ele. Lembro-me de um episódio em 1920, quando a Sociedade de Estudos Novo Povo organizou uma manifestação para celebrar o terceiro aniversário da *Revolução Russa de Outubro de 1917*. Foi reprimida pela polícia. Alguns dos manifestantes tentaram hastear a bandeira vermelha nesse encontro, mas foram proibidos de fazê-lo pela polícia. Os manifestantes denunciaram que, de acordo com a Constituição da República da China[200], as pessoas

---

relação à Europa, mas também trazia incutido a noção de que as Américas seriam uma área de influência de Washington que, no entanto, deveria se manter neutra em caso de confrontos entre países europeus e suas colônias ao redor do mundo. Esse breve momento americanista de Mao era uma posição meditada, uma vez que o plano global dos Estados Unidos parecia, aos olhos jovens reformadores chineses, algo mais razoável do que o imperialismo europeu, sempre tão agressivo e interventivo.

199 N.E.: Zhào Héngtì [赵恒惕] (1880-1971) era um quadro de primeira hora do Tongmenghui de Sun Yat-sen. Quando estudava no Japão, ele se torna um senhor da guerra "esclarecido", nos anos 1910, para crescer na política – mas logo depois cai em desgraça. Mais tarde, ele se alia a Chiang Kai-shek e se torna parte orgânica de sua camarilha, a ponto de ter morrido no exílio em Taiwan com idade bastante avançada.

200 N.E.: Tratava-se, na verdade, da chamada *Constituição Provisória da República da China*, aprovada em 1912, cuja efetividade sempre esteve em causa, uma vez que o regime de senhores da guerra frequentemente tornava seus direitos e garantias me-

tinham o direito de reunião e de livre organização e expressão, mas isso não sensibilizou os policiais – que responderam não estarem ali para serem ensinados sobre a Constituição, mas sim para executarem ordens do governador, Zhao Hengti. Desse momento em diante, tornei-me mais e mais convencido de que apenas o poder político das massas, assegurado pela luta popular, poderia garantir a realização de reformas dinâmicas."

"No inverno de 1920, organizei os trabalhadores politicamente pela primeira vez, e comecei a ser guiado nessa época pela influência da teoria marxista e história da *Revolução Russa*. Durante minha segunda visita a Pequim, eu havia lido muito sobre os eventos na Rússia, e empenhadamente procurado pelo pouco de literatura comunista disponível em escrita chinesa. Três livros, especialmente, ficaram profundamente gravados em minha mente, e me consolidaram uma fé no marxismo, do qual, uma vez que aceitei como a interpretação correta da história, não hesitei posteriormente. Esses livros foram o *Manifesto comunista*, traduzido por Chen Wangdao[201], o primeiro livro marxista a ser publicado em caracteres chineses; *Luta de classes*, de Karl Kautsky; e o *Uma História do socialismo*, de Thomas Kirkup. No verão de 1920, me tornei, em teoria, e de certo modo na prática, um marxista, e desse período em diante passei a me considerar como tal. No mesmo ano, me casei com Yang Kaihui."

---

ras letras mortas – como no evento em questão, que tanto ensinou a Mao. Embora traduzida como "Constituição Provisória" para as línguas ocidentais, ela era apenas uma *Yuēfǎ* [約法], isto é, uma "lei [fundamental] provisória" e não formalmente uma Constituição – que se diz *Xiànfǎ* [宪法]. Ela vigora precariamente até 1928, quando a China é reunificada e chefiada por Chiang Kai-shek em acordo com os velhos senhores da guerra, sendo administrada por uma Lei Orgânica – que não suplantou, no entanto, todo o texto da *Constituição Provisória* e se referia, apenas e tão somente, aos espaços dominados pelos Kuomintang. A China terá uma Constituição propriamente dita apenas em 1946 – e vigente a partir de 1947 – a qual é usada até hoje em Taiwan, mas que foi derrogada na China continental já em 1949, com a ascensão dos comunistas.

201 N.E.: Chén Wàngdào [陳望道] (1891–1977) foi um erudito e a primeira pessoa a traduzir o *Manifesto* para o mandarim – e a sua versão é consagrada até hoje. Em desacordo com Chen Duxiu, ele deixou os quadros comunistas ainda em 1923, mas ficou no país após 1949, filiando-se à Liga Democrática, um dos partidos existentes legalizados na República Popular da China – depois, ele retornou ao Partido Comunista em 1957, ocupando diversos cargos acadêmicos e científicos no país.

4.4. Mao e seu período nacionalista

Mao agora era um marxista, mas não um comunista, pois ainda não existia na China um Partido Comunista organizado. Já no início de 1919, Chen Duxiu havia estabelecido contato com o Komintern por meio dos russos que viviam em Pequim, e assim o fez Li Dazhao também. Até que, na primavera de 1920, Grigori Voitinsky[202], um representante autorizado da Terceira Internacional – *Dìsān Guójì* [第三国际], em mandarim – mais conhecida como Internacional Comunista – o Komintern –, chegou à Pequim acompanhado de Yang Mingzhai[203], membro do Partido Comunista Russo, agindo como seu intérprete. Uniram-se a Li Dazhao, e provavelmente também conheceram membros da *Sociedade de Estudo de Teoria Marxista* dele. No mesmo ano, o enérgico e persuasivo Hendricus Sneelivet, cujo nome de guerra era Maring – ou *Mălín* [马林], para os chineses –, um intermediário holandês do Komintern, chegou a Xangai para tratativas com Chen Duxiu, em torno de quem importantes marxistas chineses orbitavam. Foi

202 N.E.: Grigori Naumovich Voitinsky [Григорий Наумович Войтинский] (1893-1953), nascido com o sobrenome Zarkhin [Зархин], conhecido na China como Wú Tíngkāng [吴廷康] ou Wèi Qín [魏琴], foi chefe do bureau para o Extremo Oriente do Komintern, encarregado de fundar uma seção chinesa do Partido Comunista. Nascido no seio de uma família judia na Rússia, Voitinsky é o pai da sinologia soviética. Depois do racha entre o Kuomintang e o Partido Comunista da China, ele vai embora do país e termina seus dias como pesquisador na União Soviética.

203 N.E.: Yáng Míngzhāi [杨明斋] (1882-1938) nasceu em Shandong, mas ainda muito jovem partiu para a Rússia para ganhar a vida, se unindo aos comunistas já no processo revolucionário de 1917. Ele terá um papel central como elo entre russos e chineses, nos primeiros anos, mas depois cai em desgraça com o fracasso da revolução em 1927 e a queda de Karl Radek na Universidade Sun Yat-sen na União Soviética. Ele viverá uma vida errante entre Rússia e China, até ser condenado à morte em 1938 pelo Komintern, suspeito de espionagem.

Chen que, em maio de 1920, convocou uma conferência que organizaria um núcleo comunista – cujos membros se tornaram convocadores da conferência em Xangai no ano seguinte, com o auxílio de Voitinsky, que chamou de o primeiro congresso do Partido Comunista. No fim, tratava-se de os grupos de Li Dazhao, em Pequim, o de Chen, em Guangzhou, outros grupos em Shandong e Hubei, além do grupo de Mao, em Hunan.

Recordando, o Partido Comunista da China, em 1937, ainda estava em seus anos de adolescência, seus êxitos poderiam ser reconhecidos como não triviais. Era o Partido Comunista mais forte do mundo, fora o da Rússia – e o único, com a mesma exceção, que poderia se vangloriar de ter um exército próprio.

Mais uma noite, e Mao continuou com sua narrativa:

"Em maio de 1921, fui a Xangai para comparecer ao encontro de fundação do Partido Comunista. Em sua organização, os papéis de liderança eram de Chen Duxiu e Li Dazhao, ambos entre os mais notáveis líderes intelectuais da China. Sob Li Dazhao, como bibliotecário assistente na Universidade Nacional de Pequim, desenvolvi-me rapidamente em direção ao marxismo, e Chen Duxiu havia sido fundamental em meu interesse por essa direção também. Debati com Chen, em minha segunda visita a Xangai, os livros marxistas que eu havia lido, e as enunciações convictas do próprio Chen me impressionaram profundamente no que, por certo, foi um período crucial de minha vida."

"Havia apenas mais um outro hunanês no encontro histórico, o *Primeiro Congresso Nacional do Partido Comunista*, em Xangai. Outros que se encontravam presentes eram Zhang Guotao, agora vice-presidente do conselho militar do Exército Vermelho, Bao Huiseng e Zhou Fohai. Ao todo, éramos doze. Em Xangai, foram eleitos para o Comitê Central do Partido Chen Duxiu, Zhang Guotao, Chen Gongbo – agora um oficial do Kuomintang –, Shi Cuntong – agora burocrata em Nanquim –, Shen Xuanlu, Li Hanjun (falecido em Wuhan em 1927), Li Da[204] e Li Sen (falecido mais tarde). No mês de outubro seguinte, a

204 N.E.: Lǐ Dá [李达] (1890-1966) foi um dos expoentes da filosofia marxista na China, mais especificamente da escola chamada *Nova Filosofia*, cujos desdobramentos também se dão na União Soviética. Ele terá papéis de destaque na academia chi-

primeira ramificação provincial do Partido foi estabelecida em outras províncias e cidades."

"Os membros do partido em Hubei incluíam Dong Biwu – atualmente, diretor da Escola do Partido Comunista Bao'an –, Xu Bailing e Shi Yang. Os membros de Shaanxi incluíam Gao Chongyu e alguns líderes estudantis famosos. Em Pequim, estavam Li Dazhao – assassinado em 1927, como sabemos –, Deng Zhongxia – assassinado por Chiang Kai-shek em 1934 –, Zhang Guotao – agora vice-presidente da comissão militar do Exército Vermelho –, Luo Zhanglong, Liu Jing – agora trotskista – e alguns outros. Em Guangzhou estavam Lin Boqu – o atual comissário do povo de Finanças do Governo Soviete –, Peng Pai – morto, também, em 1927. Wang Jinmei e Deng Enming estavam entre os fundadores do ramo de Shandong."

"Enquanto isso, na França, um Partido Comunista da China havia sido organizado por diversos estudantes-trabalhadores de lá, e sua fundação foi quase concomitante ao início da organização na China. Entre os fundadores desse ramo do Partido, estavam Zhou Enlai, Li Lisan, e Xiang Jingyu, esposa de Cai Hesen. Luo Mai (Li Weihan) e Cai Hesen foram também fundadores do ramo francês. Outro ramo do Partido Chinês foi organizado na Alemanha, mas isso veio um tanto depois; entre seus membros, estavam Gao Yuhan, Zhu De (agora comandante em chefe do Exército Vermelho) e Zhang Shenfu (agora professor da Universidade Tsinghua). Em Moscou, o fundador do ramo russo foi Qu Qiubai[205], e no Japão foi Zhou Fohai."

"Em maio de 1922, o Partido Comunista de Hunan, do qual eu era secretário, já havia organizado mais de vinte uniões sindicais, entre mineiros, trabalhadores ferroviários, funcionários municipais, tipógrafos e trabalhadores da casa da moeda governamental. Um vigoroso movi-

---

nesa depois da instauração da República Popular da China, mas cairá em desgraça na Revolução Cultural – e só foi reabilitado realmente de forma póstuma nos anos 1990.

205 N.E.: Qú Qiūbái [瞿秋白] (1899-1935) foi um enormíssimo intelectual, sendo um dos grandes responsáveis pelo desenvolvimento do marxismo na China. Suas contribuições estão pareadas às de Ai Siqi e Li Da e, dentre os quadros operativos do Partido Comunista, somente Mao Zedong poderia ser incluído nesse panteão de pioneiros. Ele faleceu precocemente após ser capturado em Fujian no início da Longa Marcha e, um ano depois, ser executado.

mento dos trabalhadores se iniciou naquele inverno. A ação do Partido Comunista estava então centrada majoritariamente nos estudantes e trabalhadores, e muito pouco havia sido feito pelos camponeses. A maior parte das grandes minas estava organizada, e praticamente todos os estudantes. Houve grandes esforços tanto das frentes dos estudantes quanto dos trabalhadores. No inverno de 1922, Zhao Hengti, o interventor que governava Hunan, ordenou a execução de dois sindicalistas hunaneses, Huang Ai e Pang Renquan. Como resultado, uma agitação generalizada iniciou-se contra Zhao. Huang Ai, um dos dois sindicalistas mortos, era líder de uma tendência sindical de direita, que tinha como alicerce os estudantes de escolas industriais, e era nossa oposição, mas o apoiávamos nesse caso – e em muitas outras lutas. Anarquistas também foram determinantes em organizações sindicais, as quais foram todas organizadas no Sindicato dos Trabalhadores de Hunan (*Húnán Láogōng Huì* [湖南劳工会]). No entanto, nós nos engajamos nele e, por meio de negociação, evitamos diversas ações intempestivas e inúteis partindo deles."

"Fui enviado a Xangai para auxiliar na organização do movimento contra Zhao Hengti. O *Segundo Congresso do Partido* foi reunido em Xangai naquele inverno de 1922 – e eu pretendia participar. No entanto, me esqueci do nome de onde o evento ocorreria e, assim, não consegui encontrar nenhum camarada, e o perdi. Retornei a Hunan e arduamente promovi a ação entre trabalhadores e as organizações sindicais. Naquela primavera, ocorreram também muitas paralisações por melhores pagamentos e melhor tratamento e reconhecimento das organizações sindicais. A maior parte delas foi satisfatória. Em 1º de maio, uma greve geral foi chamada em Hunan, e isso marcou a conquista da inédita força do movimento dos trabalhadores da China."

"O *Terceiro Congresso do Partido Comunista* foi sediado em Guangzhou, em maio de 1923. Nele, foi tomada a decisão histórica de associação ao Kuomintang e, assim, cooperar e criar uma Frente Unida[206] contra os senhores da guerra do Norte, que lideravam o regime de Beiyang[207].

206 N.A.: Durante a chamada primeira Frente Unida, havia dupla filiação dos comunistas no Kuomintang, isso era aceito e, em grande medida, incentivado. Mao, portanto, ocupava cargo nos dois partidos.

207 N.A.: Era o nome que se deu ao regime de senhores da guerra que durou de

Fui a Xangai e trabalhei no Comitê Central do Partido. Na primavera seguinte, 1924, voltei à Guangzhong e atendi ao Primeiro Congresso do Kuomintang. Em março, retornei a Xangai combinando meu trabalho gabinete executivo do Comitê Central do Partido Comunista com o gabinete executivo do Comitê Executivo Central do Kuomintang local. Os outros membros desse gabinete eram então Wang Jingwei – posteriormente, primeiro-ministro em Nanquim – e Hu Hanmin, com quem trabalhei na articulação de medidas do Partido Comunista e do Kuomintang. Naquele verão, a Academia Militar de Whampoa foi instituída. Galen, como era conhecido o general Blyukher no Sul, se tornou consultor, enquanto outros consultores chegaram da Rússia – e a aliança entre o Kuomintang e o Partido Comunista começou a tomar proporções de um movimento revolucionário nacional. No inverno seguinte, retornei a Hunan para um descanso – uma vez que havia adoecido em Xangai. No entanto, enquanto estava em Hunan, organizei o núcleo do grande movimento campesino daquela província."

"Eu não concebia o grau da luta de classes entre os camponeses, mas após o *massacre de 30 de maio de 1925*[208], e durante a grande onda de atividade política que o acompanhou, os camponeses hunaneses se tornaram bastante combativos. Deixei minha casa, onde estava me recuperando depois de ter adoecido em Xangai, e comecei uma campanha de organização rural. Em alguns meses, tínhamos formado mais de 20 associações camponesas, e havíamos despertado a fúria dos senhores de terra, que exigiam minha prisão. Zhao Hengti enviou soldados atrás

---

1912 a 1928, sendo reconhecido internacionalmente como o governo legítimo da China – mesmo que não dominasse toda a China, nem tivesse legitimidade popular.

208 N.A.: Quadros comunistas e nacionalistas em 1925 organizaram a primeira Federação Sindical de Xangai, que levou à manifestação de 30 de maio, com demandas pelo fim da extraterritorialidade e pelo retorno do Acordo Internacional de Xangai à soberania chinesa. A polícia do assentamento britânico disparou contra os manifestantes e matou vários deles, o que provocou um boicote aos produtos britânicos. Os principais organizadores foram Liu Shaoqi e Chen Yun [N.E.: Chén Yún [陈云] (1905-1995) foi uma eminência parda do Partido, ocupando inúmeros cargos de chefia da economia, sempre manejando habilmente críticas a Mao, as quais se tornaram mais abertas após sua morte; Chen foi um expoente da *Reforma e Abertura*, embora discordasse dos seus lineamentos mais à direita].

de mim, e fugi para Guangzhou. Cheguei lá quando os estudantes de Whampoa haviam derrotado Yang Ximing, o senhor da guerra de Yunnan, e Liu Zhenhuan, o senhor da guerra de Guangxi, e ares de grande otimismo permeavam a cidade e o Kuomintang. Chiang Kai-shek havia sido promovido a comandante do Primeiro Exército, e Wang Jingwei, a chefe de governo, após a morte de Sun Yat-sen em Pequim."

"Tornei-me editor do *Semanário político* (*Zhèngzhì zhōubào* [政治周报]), uma publicação do departamento de propaganda política do Kuomintang – então liderado por Wang Jingwei – que, posteriormente, teve um papel bastante ativo em atacar e desacreditar a direita do Kuomintang, liderada por Dai Jitao. Também fui incumbido de treinar organizadores para o movimento camponês – e eu ofereci um curso com esse propósito, que era frequentado por representantes de 21 províncias diferentes, incluindo estudantes da Mongólia Interior. Não muito depois de minha chegada em Guangzhou, me tornei chefe do Departamento de Agitação e Propaganda do Kuomintang e membro suplente do seu Comitê Central, enquanto Tan Pingshan, outro comunista, era chefe do Departamento dos Trabalhadores."

"Eu estava escrevendo cada vez mais, e assumindo responsabilidades especiais na ação camponesa do Partido Comunista. Com base em meu estudo e meu trabalho na organização dos camponeses de Hunan, escrevi dois panfletos, um chamado *Análise de classes na sociedade chinesa* e o outro chamado *A base de classe de Zhao Hengti – e as tarefas que temos à frente*[209]. Chen Duxiu se opôs às opiniões expressas no primeiro, o qual

209 N. de. E.: Mao escreveu o *Análise de classes na sociedade chinesa* depois de um período sabático de produção, no qual as atividades políticas incessantes não lhe permitiam produzir – mas, por tabela, esse artigo também é fruto da experiência que ele viveu no período. Mas já se trata de uma obra na qual as bases do pensamento maduro de Mao, o que consiste antes de tudo em uma leitura marxista que enfatiza a particularidade da experiência histórica chinesa. Porém, isso vai além do caso concreto e singular que ele trata, representa antes uma nova abordagem do método marxismo, pelo qual a universalidade e o universalismo inerentes ao materialismo histórico tomam dimensões materiais, se despindo de qualquer resquício formalista ou idealista – o que diverge da linha do Komintern e, particularmente, de Chen Duxiu, que insistia em reproduzir na China o modelo usado na União Soviética e cogitado no mundo ocidental. Frequentemente, Mao será difamado por sua ideia de pensar um "comunismo camponês", mas não é disso que se trata: a China do período que era

defendia políticas radicais de terras e organização vigorosa dos camponeses, sob o Partido Comunista, e, por isso, ele recusou sua publicação nos órgãos centrais comunistas. Posteriormente, esse primeiro artigo foi publicado numa revista chamada *Camponês mensal* (*Nóngmín yuèkān* [农民月刊], de Guangzhou, e na revista *Juventude da China* (*Zhōngguó qīngnián* [中国青年]). A segunda tese foi publicada como panfleto em Hunan. Comecei a discordar das políticas oportunistas à direita de Chen nesse período, e gradualmente nos distanciamos cada vez mais, apesar de o conflito entre nós não chegar a um clímax até 1927."

"Continuei a trabalhar no Kuomintang em Cantão até cerca do momento em que Chiang Kai-shek tentou seu primeiro golpe de Estado lá em março de 1926. Após a reconciliação da esquerda e direita do Kuomintang e a reafirmação da solidariedade entre o Kuomintang e os comunistas, fui para Xangai na primavera de 1926. O Segundo Congresso do Kuomintang ocorreu em maio daquele ano, sob liderança de Chiang Kai-shek. Em Xangai, eu dirigia o Departamento Camponês do Partido Comunista, e de lá fui enviado a Hunan, como inspetor do movimento camponês – tanto para o Kuomintang quanto para o Partido Comunista. Enquanto isso, sob a Frente Unida do Kuomintang e Partido Comunista, a histórica *Expedição do Norte* se iniciou no outono de 1926."

"Em Hunan, fiscalizei a organização camponesa e condições políticas em cinco *localidades* – Changsha, Liling, Xiangtan, a vila de Hungshan e Xiangxiang – e escrevi o *Relatório sobre uma investigação feita em Hunan a respeito do movimento camponês*. Eu o apresentei ao Comitê Central, para defender a adoção de uma nova linha no movimento camponês. No início da primavera seguinte, quando alcancei Wuhan, um encontro interprovincial de camponeses foi realizado, e eu estive presente e discuti as propostas de minha tese, que levava recomendações para uma redistribuição bem ampla de terras. Nesse encontro, estavam Peng Pai, Fang Zhimin, dois comunistas russos, dentre outros. Uma deliberação foi aprovada de adoção de minha proposta de inscrição ao *Quinto Congresso do Partido Comunista*. O Comitê Central, no entanto, rejeitou."

---

camponesa, o que Mao pontua é que a práxis da revolução precisa, radicalmente, ter conexão com a realidade material à qual se refere.

"Quando o *Quinto Congresso* foi sediado em Wuhan em maio de 1927, o Partido ainda estava sob o comando de Chen Duxiu. Embora Chiang Kai-shek já tivesse liderado a contrarrevolução e iniciado seus ataques ao Partido Comunista em Xangai e em Nanquim, Chen estava estático por uma questão de moderação e concessões ao Kuomintang de Wuhan. Superando toda a oposição, seguiu políticas pequeno-burguesas oportunistas à direita. Eu estava muito descontente com as políticas do Partido nesse momento, especialmente em relação ao movimento camponês. Penso hoje que se o movimento camponês tivesse sido organizado de forma mais meticulosa e armado para uma luta de classes contra os senhores de terra, os sovietes teriam tido um desenvolvimento antecipado e bastante mais poderoso por todo o país."

"Mas Chen Duxiu discordou violentamente. Ele não entendeu o papel dos camponeses na Revolução e subestimou grandemente suas possibilidades nesse período. Consequentemente, o *Quinto Congresso*, realizado na véspera da crise da Grande Revolução, falhou em aprovar um planejamento de terras adequado. Minhas opiniões, que exigiam pela rápida intensificação do embate agrário, sequer foram discutidas, pois o Comitê Central, também dominado por Chen Duxiu, se recusou a trazê-las para reflexão. O Congresso considerou a questão agrária definindo como um *senhor de terra* 'um camponês proprietário de mais de 500 *mu* de terra' – uma base completamente inadequada e irrealista para se desenvolver uma luta de classes, e praticamente sem qualquer consideração dos aspectos bastante singulares da economia de terras na China[210]. Após o Congresso, no entanto, a Associação Nacional dos Camponeses Chineses (*Zhōnghuá Quánguó Nóngmín Xiéhuì* [中华全国农民协会])[211] foi organizada, e me tornei o primeiro presidente dela."

---

210 N.E.: Basicamente, isso tornaria alguém proprietário de 33 hectares, algo do tamanho de um sítio grande no Brasil, mas era uma quantidade de terras demasiada para a China do período e um piso muito alto e irreal. Essa métrica ignorava também que os senhores de terra, para além da porção de terras que possuíam, também detinham um controle político e militar institucionalizado peculiar. Essa caracterização mudará, sobretudo, ao final da Segunda Guerra, com o movimento de reforma agrária da China, o Tǔgǎi [土改].

211 N.E.: A Associação Nacional de Camponeses da China foi a pedra angular do movimento camponês e, depois, da reforma agrária na China, existindo até 1964,

"Na primavera de 1927, o movimento camponês em Hubei, Jiangxi e Fujian, e especialmente em Hunan, havia desenvolvido uma militância surpreendente, apesar da atitude morna do Partido Comunista em relação a ele, e o alarme definitivo ao Kuomintang. Altos oficiais e comandantes do exército começaram a exigir por sua supressão, descrevendo a Associação dos Camponeses como uma 'associação de vagabundos', de atos e demandas excessivas. Chen Duxiu havia me retirado de Hunan, responsabilizando-me pelos ocorridos de lá e violentamente opondo-se às minhas ideias."

"Em abril, um movimento contrarrevolucionário iniciou-se em Nanquim e Xangai, e um massacre generalizado de trabalhadores organizados se deu sob o comando de Chiang Kai-shek. As mesmas medidas foram tomadas em Guangzhou. Em 21 de maio daquele ano de 1927, o *Levante de Xu Kexiang*[212] ocorreu em Hunan. Punhados de camponeses e trabalhadores foram mortos pelos reacionários. Pouco depois, a esquerda do Kuomintang em Wuhan anulou o acordo com os comunistas e os expulsou do Kuomintang e do governo, o qual deixou de existir em seguida."

"Muitos líderes comunistas foram ordenados agora pelo Partido a deixarem o país, fugirem para a Rússia, Xangai ou lugares seguros. Recebi ordens para ir a Sichuan. Induzi Chen Duxiu a me enviar a Hunan ao invés disso, como secretário do comitê provincial, mas, após dez dias, ele ordenou que eu retornasse de uma vez, me acusando de organizar uma revolta contra Tang Shengzhi, que então ocupava o comando militar em Wuhan. As relações do Partido encontravam-se em um estado caótico. Quase todos se opuseram à liderança de Chen Duxiu e a seus posicionamentos oportunistas. O colapso da entente em Wuhan, logo em seguida, promoveu a derrocada dele."

---

quando se tornou uma organização focal para camponeses pobres e médios – e sobreviveu assim até 1986, no bojo das políticas de Reforma e Abertura.

212 N.E.: Também conhecido como *Incidente do Dia do Cavalo* (*Mǎ Rì Shìbiàn* [马日事变]) foi uma repressão comandada pelo chefe do regimento do exército do Kuomintang em Changsha contra os comunistas.

4.5. Sovietes em movimento

Uma conversa que tive com Mao a respeito dos tão disputados eventos da primavera de 1927 pareceu-me interessante o suficiente para ser mencionada. Não era parte de sua autobiografia, como ele havia me dito, mas foi importante anotar como uma reflexão pessoal sobre qual havia sido uma experiência decisiva na vida de todos os comunistas chineses.

Perguntei a Mao quem ele considerava mais responsável pelo fracasso do Partido Comunista em 1927, a derrota do governo de coalizão e todo o triunfo da ditadura de Nanquim. Mao atribuiu a maior parte da culpa a Chen Duxiu, cujo "oportunismo vacilante privou o partido de ter a liderança e o comando necessários – em um momento em que moderação excessiva significava catástrofe".

Além de Chen, o homem responsabilizado pela derrota foi Borodin, conselheiro político chefe russo, que era representante do politburo da União Soviética. Mao explicou que Borodin reverteu, totalmente, seu posicionamento, que até 1926 se centrava na distribuição radical de terras – assim, ele passou a se opor, com força, a isso em 1927, sem qualquer justificativa lógica para sustentar suas vacilações. "Borodin estava um pouco à direita de Chen Duxiu", disse Mao, "e estava pronto a fazer de tudo para agradar a burguesia, até mesmo a desarmar os trabalhadores – como ele, por fim, requisitou". M. N. Roy[213], o delegado indiano do Komintern, "estava ligeiramente à esquerda, tanto de Chen

213 N.E.: Manabendra Nath Roy (1887-1954), nascido Narendra Nath Bhattacharya, e conhecido na China como Luō Yì [罗易], foi um filósofo e militante comunista indiano com profunda atuação internacional: ele conheceu o marxismo nos Estados Unidos, depois foi central na fundação, em 1917, do Partido Comunista do México – o primeiro fora da Rússia – e teve forte atuação na União Soviética e no Komintern, chegando à China – onde ficou até o final de 1927, partindo após *o fiasco* da tentativa de revolução. Isso o leva a romper com o Komintern e voltar à sua terra, após a Segunda Guerra. Ele se afastou do marxismo e passou a buscar uma via intermediária entre liberalismo e comunismo, o que chamaria de "humanismo radical".

quanto de Borodin, mas era apenas isso." Ele "podia se pronunciar", segundo Mao, "e falava demais, sem apresentar qualquer método efetivo". Mao pensava que, objetivamente, Roy havia sido um tolo; Borodin, um intransigente; e Chen, um traidor inconsciente.

"Chen tinha real temor dos trabalhadores, e especialmente dos camponeses armados. Confrontado por fim com a realidade de uma insurreição armada, perdeu completamente a razão. Não podia mais enxergar com clareza o que estava acontecendo, e seus instintos pequeno-burgueses o traíram até seu pânico e derrota."

Mao afirmou que Chen naquele tempo era um completo ditador do Partido, e tomava decisões cruciais sem sequer consultar o Comitê Central. "Ele não apresentava a outros líderes partidários as ordens do Komintern", de acordo com Mao, "ou sequer debatia conosco sobre eles". Mas, por fim, foi Roy que forçou a ruptura do Kuomintang. O Komintern enviou um recado a Borodin, ordenando que o Partido começasse um confisco delimitado de terras dos senhores de terra. Roy conseguiu uma cópia dessa ordem e prontamente a apresentou a Wang Jingwei, o presidente do *governo de esquerda*[214] do Kuomintang em Wuhan. O resultado desse capricho é bastante conhecido. Os comunistas foram expulsos do Kuomintang pelo regime de Wuhan, que logo depois sucumbiu, perdendo o suporte de senhores da guerra regionais, que agora buscavam acordos e concessões de segurança com Chiang Kai-shek. Borodin e outros agentes do Komintern fugiram para a Rússia, e chegaram lá a tempo de ver a oposição aniquilada e a "revolução permanente" de Trotsky ser desacreditada, enquanto Stalin despendia esforços grandiosos para "a construção do socialismo em um só país".

Mao não pensava que a contrarrevolução poderia ter sido derrotada em 1927, mesmo que o Partido Comunista tivesse conduzido as ações mais agressivas de confisco de terras – e criado exércitos comunistas com os trabalhadores e camponeses, antes da cisão do Kuomintang. "Mas os

---

214 N.E.: Lembrando que, àquela altura, havia uma dualidade de regimes do Kuomintang. Wang Jingwei era, no entanto, a liderança reconhecida pelo Komintern, mas ele bruscamente muda de posição, como foi uma tônica na sua vida, abrindo espaço para a liderança plena de Chiang Kai-shek em aliança com os senhores da guerra e os poderes imperialistas.

sovietes poderiam ter tido um início imensamente relevante no Sul, e uma base da qual, posteriormente, nunca teriam sido destruídos."

Em sua narrativa acerca de si mesmo, Mao agora havia alcançado o início dos sovietes, que emergiram dos escombros da revolução e batalharam para a construção de uma vitória a partir de uma derrota. Continuou:

"Em 1º de agosto de 1927, o *Vigésimo Exército*, sob comando de He Long e Ye Ting – e em colaboração com Zhu De – liderou o histórico Levante de Nanchang – e o princípio do que veio a ser o Exército Vermelho foi organizado. Uma semana depois, em 7 de agosto, uma reunião especial, chamada *Conferência Emergencial* do Comitê Central do Partido, depôs Chen Duxiu do cargo de secretário-geral. Eu era membro do departamento político desde a Terceira Conferência, em 1924, e fui atuante nessa escolha – dentre outros dez membros presentes no encontro estavam: Cai Hesen, Peng Gongda, Zhang Guotao e Qu Qiubai. Uma nova orientação foi adotada pelo Partido, e toda a esperança de cooperação com o Kuomintang foi abandonada para o momento, já que o antigo partido aliado havia se tornado instrumento do imperialismo, incapaz de exercer as responsabilidades de uma revolução democrática. A longa e aberta contenda pelo poder havia começado."

"Fui enviado a Changsha para organizar o movimento, que posteriormente se tornou conhecido como *Revolta da Colheita de Outono*[215]. Meu projeto lá exigia pela concretização de cinco pontos: (1) plena ruptura do Partido provincial com o Kuomintang; (2) organização de um exército revolucionário de camponeses-trabalhadores; (3) confisco de propriedades de pequenos, médios, bem como, senhores de terra; (4) instituição do poder político do Partido Comunista em Hunan, independente do Kuomintang e (5) organização de sovietes. O quinto ponto naquele tempo foi rejeitado pelo Komintern, e apenas muito depois podia ser usado como um lema."

---

215 N.E.: A *Revolta da Colheita de Outono* (*Qiūshōu Qǐyì* [秋收起义]), de setembro de 1927, foi o grande teste da estratégia maoísta de fazer a revolução desde o campo. Comandada desde o Soviete da Hunan, apesar do levante ter sido suprimido, ele deixou lições importantes, depois aprimoradas – que serviram de base para a Revolução de 1949.

"Em setembro, já havíamos obtido êxito em organizar um levante amplo, por meio dos sindicatos de camponeses de Hunan, as primeiras unidades de um exército camponês-trabalhador foram formadas. Os recrutas vinham de três fontes principais – os camponeses, os mineiros de Hanyang[216] e militares insurrecionalistas do Kuomintang. Essa jovem força militar da revolução foi chamada de 'Primeira Divisão do Primeiro Exército de Camponeses e Trabalhadores'. O primeiro regimento foi formado pelos mineiros de Hanyang; um segundo foi criado entre guardas camponeses em Pingjiang, Liuyang, Liling e mais duas outras localidades de Hunan; e uma terceira a partir de uma parte de soldados de Wuhan, que havia se revoltado contra Wang Jingwei. Esse exército foi organizado com a autorização do comitê provincial de Hunan, mas a agenda essencial do comitê de Hunan era oposta ao Comitê Central do Partido, que parecia, no entanto, ter adotado uma política de 'sentar e esperar', ao invés de uma oposição efetiva."

"Enquanto eu estava organizando o exército e viajando entre os mineiros de Hanyang e dos guardas camponeses, fui capturado por alguns membros do *mintuan*[217], a milícia rural, a serviço do Kuomintang. O terrorismo do Kuomintang estava então em seu auge, e centenas de comunistas – ou mesmo supostos comunistas – foram executados. Ordenaram que eu fosse levado ao quartel-general da milícia, onde eu deveria ser morto. Emprestando várias dezenas de yuans de um camarada, entretanto, tentei subornar a escolta para me libertarem. Os soldados regulares eram mercenários, sem qualquer interesse em minha morte, e concordaram em me soltar, mas o subordinado encarregado recusou-se

216 N.A.: Mineiros que foram organizados por Mao, Liu Shaoqi e Chen Yun. Ao formar um exército de camponeses e operários, sovietes de soldados e conselhos populares, Mao agiu independentemente do Comitê Central e foi repreendido. Quando ele estabeleceu seus primeiros sovietes de soldados, a linha do Comitê Central havia mudado novamente. Em novembro de 1927, o Comitê Central expulsou Mao do politburo por "direitismo". Todo o trabalho básico que ele fez na montanha Jinggang, naquele inverno, foi "ilegal", embora Mao não soubesse disso por alguns meses. Ele foi reintegrado em junho de 1928.

217 N.E.: Recordemos o subcapítulo 2.1.: o *mintuan*, ou milícia, era o regimento paramilitar do Kuomintang para áreas rurais – responsável pelo trabalho sujo – e existia tanto no Norte quanto no Sul.

a permitir. Então, decidi tentar escapar, mas não tive oportunidade até que cheguei a cerca de 200 metros do quartel-general da milícia. Naquele ponto, me desprendi e corri pelos campos."

"Cheguei a um ponto alto, acima de uma lagoa, com uma grama alta cercando o lugar, e lá me escondi até o pôr do sol. Os soldados me perseguiram, e forçaram alguns camponeses a os ajudarem a me procurar. Muitas vezes chegaram muito perto, uma ou duas vezes tão perto que eu quase podia tocá-los, mas, de alguma forma, eu escapei sem ser descoberto, embora em meia dúzia das vezes eu tenha perdido as esperanças, tendo a certeza de que eu seria recapturado. Enfim, ao cair da noite eles abandonaram a busca. Imediatamente parti por entre as montanhas, viajei a noite toda. Eu estava sem sapatos, e meus pés estavam severamente feridos. Na estrada, encontrei um camponês que fez amizade comigo, deu-me abrigo, e mais tarde me guiou até o próximo distrito. Eu tinha sete yuans comigo e os usei para comprar sapatos, um guarda-chuva e um pouco de comida. Quando por fim cheguei aos guardas camponeses em segurança, eu tinha duas moedas de cobre em meu bolso."

"Com a instauração da nova divisão, tornei-me presidente do comitê do front do Partido, e Yu Sadu, um comandante das tropas de guarnição em Wuhan, tornou-se comandante do Primeiro Exército. Yu, no entanto, havia sido forçado a assumir a posição devido ao comportamento de seus homens; tendo imediatamente, depois, desertado e se juntado ao Kuomintang. Agora ele trabalha para Chiang Kai-shek em Nanquim."

"O pequeno exército liderando o levante camponês deslocou-se para o sul através de Hunan. Tiveram que fazer o caminho entre milhares de militares do Kuomintang e travaram muitas batalhas, com muitos reveses. A disciplina era precária, o treinamento político estava em um nível baixo e havia muitos elementos hesitantes entre os homens e oficiais. Houve muitas deserções. Depois da evasão de Yu Sadu, o exército foi reorganizado quando chegou a Ningdu. Chen Hao se tornou comandante das tropas que restavam, cerca de um regimento; ele também se tornou traidor posteriormente. Mas muitos do primeiro grupo permaneceram leais até o final, e permanecem até hoje no Exército Vermelho – homens como Luo Ronghuan, comissário político do Primeiro Corpo do Exército, e Yang Lisan, agora comandante do exército. Quando o pequeno bando finalmente escalou a montanha Jinggang, totalizavam cerca de mil."

"Devido ao programa da *Revolta da Colheita de Outono* não ter sido autorizado pelo Comitê Central, devido também às grandes perdas sofridas pelo Primeiro Exército, e da perspectiva das cidades, o movimento parecia ser condenado ao fracasso, o Comitê Central agora me repudiava definitivamente. Fui destituído do politburo, e do comitê de front do Partido. O comitê provincial de Hunan também nos atacou, nos chamando de *movimento do rifle*. Entretanto, mantivemos nosso exército unido em Jinggang, seguros de que estávamos seguindo o posicionamento correto – e os eventos subsequentes nos deram razão inteiramente. Novos recrutas foram somados, e a divisão ficou cheia novamente. Tornei-me seu comandante."

"Do inverno de 1927 ao outono de 1928, a Primeira Divisão manteve sua base em Jinggang. Em novembro de 1927, o primeiro soviete foi fundado na fronteira de Hunan com Jiangxi, e o primeiro governo soviete foi eleito. Seu presidente era Du Xiujing. Naquele soviete, e nos subsequentes, promovemos um programa democrático, com uma política moderada, baseada em desenvolvimento lento, mas regular. Isso conferiu a Jinggang recriminações de golpistas no Partido, que demandavam uma política terrorista de pilhagem, incêndios e execuções de senhores de terra, com intuito de destruir a moral do adversário. O comitê de front do Primeiro Exército se recusou a utilizar essas táticas – e foram intitulados pelos extremistas como 'reformistas'. Fui ferozmente atacado por eles por não adotar uma política 'mais radical'."

"Dois ex-líderes mercenários próximos a Jinggang, chamados Wang Zuo e Yuan Wencai, se juntaram ao Exército Vermelho no inverno de 1927. Isso aumentou a capacidade em cerca de três regimentos. Wang e Yuan se tornaram comandantes regimentais e eu era comandante do exército. Esses dois homens, embora previamente mercenários, juntaram suas forças à *Revolução Nacionalista*, e agora estavam prontos para lutarem contra a reação. Enquanto permaneci em Jinggang, eles eram comunistas fiéis, e executavam as ordens do Partido. Posteriormente, quando deixados por conta própria, retornaram a seus hábitos mercenários. Subsequentemente, foram executados pelos camponeses, então organizados, sovietizados e capazes de se defenderem."

"Em maio de 1928, Zhu De chegou a Jinggang e nossas forças se juntaram. Juntos traçamos um plano para o estabelecimento de uma área de seis condados sovietes, para estabilizar gradualmente o poder comunista nas fronteiras de Hunan-Jiangxi-Guangdong – e, tendo isso como fundamento, expandir a áreas maiores. Essa estratégia era em oposição às recomendações do Partido, que tinha ideias grandiosas de expansão rápida. No próprio exército, Zhu De e eu tínhamos que lutar contra duas tendências: primeiro, o desejo de avançar em Changsha de uma vez, algo que considerávamos aventureirismo; segundo, o desejo de nos retirar para a fronteira do sul de Guangdong, que considerávamos um 'retrocesso', puro capitulacionismo. Nossas tarefas principais, como as víamos, eram duas: dividir a terra, implementar sovietes. Queríamos armar as massas para acelerar tais processos. Nossa reivindicação política de livre comércio com áreas brancas, tratamento benevolente de tropas inimigas capturadas e, em geral, moderação democrática."

"Uma assembleia geral foi convocada em Jinggang no outono de 1928, e contou com a presença de delegados de distritos sovietes do norte de Jinggang. Algumas opiniões divididas ainda existiam entre homens do Partido nos distritos sovietes acerca dos pontos mencionados acima, e nesse encontro essas diferenças foram amplamente manifestadas. Uma minoria argumentou que nosso futuro nessas circunstâncias estava estreitamente limitado, mas a maioria tinha fé na política, e quando uma deliberação foi proposta declarando que o movimento soviete seria vitorioso, foi aprovada com facilidade. O Comitê Central do Partido, no entanto, ainda não havia dado ao movimento sua aprovação. Isso não ocorreu até o inverno de 1928, quando o relatório das diligências no Sexto Congresso do Partido Comunista da China, ocorrido em Moscou, chegou a Jinggang."

"Com a nova orientação adotada naquele Congresso, Zhu De e eu estávamos em pleno acordo. Daquele momento em diante, as diferenças entre líderes do Partido e líderes do movimento soviete nos distritos agrários desapareceram. A harmonia do Partido foi reestabelecida."

"As deliberações do Sexto Congresso condensaram a experiência da Revolução de 1925-27 e dos levantes de Nanchang, Guangdong e da Colheita de Outono. Foi finalizado com a aprovação da *ênfase no movimento agrário*. Nessa época, tropas do Exército Vermelho começaram a aparecer em outra parte da China. Levantes haviam ocorrido no leste e oeste de Hubei no inverno de 1927, e forneceram a base para novos distritos sovietes. He Long no Oeste e Xu Haidong no Leste começaram a formar seus próprios exércitos trabalhadores-camponeses. A área de operação do segundo tornou-se núcleo do Soviete Hubei-Henan-Anhui, para onde posteriormente foram Xu Xiangqian[218] e Zhang Guotao. Fang Zhimin e Shao Shiping também haviam começado um movimento na fronteira nordeste de Jiangxi, adjacente a Fujian, no inverno de 1927 – e a partir disso, posteriormente, se desenvolveu uma poderosa base soviete. Após o fracasso do Levante de Guangdong, Peng Pai liderou parte das leais tropas a Hailufeng, e lá formou um soviete, o qual, seguindo uma política golpista, logo foi destruído. Parte do exército, entretanto, fez conexões com Zhu De e comigo, mais tarde tornando-se o núcleo do Décimo Primeiro Exército."

"Na primavera de 1928, os partisans tornaram-se ativos em Xingguo e Tonggu, em Jiangxi, liderados por Li Wenlin e Li Shaojiu. Esse movi-

218 N.E.: Xú Xiàngqián [徐向前] (1901-1990) se tornou, futuramente, um dos *Dez Marechais* da China – o único deles a se originar do Norte. Ele era filho de um camponês rico, o que lhe permitiu estudar, motivo pelo qual seguiu seus estudos na Academia Militar de Whampoa, controlada pelos comunistas. Serviu na *Expedição do Norte*, mas logo depois aderiu ao Partido Comunista, partindo para a clandestinidade já no contexto de 1927. Foi central na *Longa Marcha* e na Guerra Antijaponesa, tendo cargos de destaque no pós-1949 como o de chefe do Estado-Maior do Exército de Libertação Popular. Depois de quase ser destronada em 1967, sobreviveu politicamente e resistiu a Lin Biao na Revolução Cultural, chegando a proteger Deng Xiaoping e participar ativamente do processo político posterior a 1976 – quando se tornou ministro da defesa da China (1976-1981) e liderou os esforços da Guerra Sino-Vietnamita em 1979, aposentando-se oficialmente em 1985 pela idade avançada.

mento tinha sua base em torno de Ji'an, e esses partisans posteriormente se tornaram o cerne do Terceiro Exército, enquanto o distrito tornou-se base da Central do Governo Soviete. Em Fujian ocidental, sovietes foram estabelecidos por Zhang Dingcheng, Deng Zihui e Fu Bocui – sendo que o último deles, depois, se tornou um social-democrata."

"Durante o período de luta contra o aventureirismo em Jinggang, o Primeiro Exército derrotou duas tentativas de tropas brancas retomarem a montanha. Jinggang se mostrou uma excelente base para um exército móvel como o que estávamos construindo[219]. Tinha boas defesas naturais, e lá se cultivava plantações suficientes para abastecer um pequeno exército. Possuía uma circunferência de 500 *li* e tinha cerca de 80 *li* de diâmetro – isto é, 250 e 40 quilômetros, respectivamente. Localmente, era conhecido de outra forma, como *Cinco Poços Pequenos e Grandes* (*Dàxiăo Wŭjĭng* [大小五井]), a verdadeira Jinggang era uma montanha próxima, há muito desertificada, que recebeu esse nome devido a cinco poços principais em seus lados – grande (*dà* [大]), pequeno (*xiăo* [小]), superior (*shàng* [上]), inferior (*xià* [下]) e médio (*zhōng* [中]). Os cinco vilarejos na montanha eram nomeados de acordo com os poços."

"Após a união de forças dos nossos exércitos em Jinggang houve uma reorganização, o famoso Quarto Exército Vermelho foi criado, com Zhu De sendo nomeado comandante, enquanto eu me tornei comissário político. Mais tropas chegaram a Jinggang após levantes e motins no exército de He Jian no inverno de 1928, e desses emergiu o Quinto Exército Vermelho, comandado por Peng Dehuai. Complementarmente a Peng havia Deng Ping, morto em Zunyi, Guizhou,

219 N.E.: Novamente, recordemos o capítulo 2.1. e como os grupos de partisans, em mandarim, eram chamados de *yóují duì* [游击队], isto é, *grupos de ataque itinerante* (ou móvel) – então, há uma sutileza que escapa, pois Mao faz tanto referência à concepção do Exército Vermelho como uma organização destinada à guerra de manobra, e não de posições, pois é assim que ele entendia que seriam os conflitos assimétricos seja contra o Kuomintang ou os japoneses – como Mao coloca para Snow no subcapítulo 3.3., em relação à invasão nipônica, ainda na primeira entrevista deles –, mas também porque ele coloca isso na margem da guerra de guerrilha. Essa zona de indeterminação nos fez reiterar a opção – tanto mais simbólica, por falta de um termo mais preciso – por definir os agentes da tática auxiliar dos vermelhos como *partisans* e não meros guerrilheiros.

durante a Longa Marcha; Huang Gonglue, morto em Guangxi em 1931; e Teng Daiyuan."

"As condições na montanha, com a chegada de tantas tropas, estavam ficando bastante ruins. As tropas não tinham uniformes de inverno, e a comida era extremamente escassa. Por meses sobrevivemos basicamente à base de abóbora. Os soldados gritavam um slogan próprio: '*Abaixo o capitalismo, e coma abóbora!*' – para eles, capitalismo significava senhores de terra e as abóboras dos senhores de terra. Deixando Peng Dehuai em Jianggang, Zhu De rompeu o bloqueio estabelecido pelas tropas brancas, e, em janeiro de 1929, nossa primeira estadia na conturbada montanha terminou."

"O Quarto Exército começou ali uma campanha através do sul de Jiangxi que se desenvolveu rapidamente com sucesso. Estabelecemos um soviete em Tonggu, e lá encontramos e nos unimos com as tropas Vermelhas locais. Dividindo forças, continuamos até Yongding, Shanghang e Longyan – e constituímos sovietes em todas aquelas localidades. A existência de movimentos de massa militantes anteriores à chegada do Exército Vermelho garantia nosso sucesso, e ajudava a consolidar o poder soviete em uma base estável bastante rapidamente. A influência do Exército Vermelho agora estendida, ao longo do movimento de massas agrário e *partisan*, e para diversos outros lugares, mas os comunistas não tomaram inteiramente o poder até mais tarde."

"As condições no Exército Vermelho começaram a melhorar, tanto materialmente politicamente, mas ainda existiam tendências ruins. O *sectarismo*, por exemplo, era uma fraqueza refletida em falta de disciplina, ideias exacerbadas de democracia e desarticulação de organização. Outra tendência que combatíamos era a *vadiagem* – a falta de vontade de fazer o trabalho duro, ausência de disposição para estabelecer um regime com paz de espírito, pouco ânimo para a mobilização, indolência para mudar de terreno, pouca aceitação de novas experiências etc. Também havia reminiscências do *militarismo*, com um dos comandantes maltratando, ou até mesmo agredindo homens, e discriminando aqueles que não gostavam pessoalmente, enquanto mostravam favoritismo a outros."

"Muitas das fraquezas foram superadas após a convocação da Nona Conferência do Partido do Quarto Exército Vermelho, sediada no Oeste de Fujian, em Gutian, em dezembro de 1929. Ideias de melhorias foram debatidas, muitos mal entendidos foram nivelados e novos planos foram adotados, o que dispôs alicerces para um modelo elevado de liderança ideológica no Exército Vermelho. Antes disso, o fracionarismo já tinha sido exposto e era bastante sério, sendo utilizado por uma facção trotskista no Partido junto de lideranças militares para enfraquecer o movimento. Um embate enérgico contra eles foi iniciado na ocasião, e muitos foram privados de suas posições no Partido e comando no exército. Desses, Liu Enkang, um comandante do exército, foi um caso emblemático. Descobriu-se que pretendiam destruir o Exército Vermelho o conduzindo para posições difíceis em batalhas com o inimigo, e após diversos confrontos malsucedidos seus planos se tornaram evidentes. Atacaram ferozmente nosso projeto e tudo que defendíamos. A realidade, tendo exposto os erros deles, fez com que fossem removidos de posições de responsabilidade, e, após a Conferência de Fujian, perderam a influência."

"Essa conferência pavimentou o caminho para o estabelecimento do poder soviete em Jiangxi. O ano seguinte foi marcado por alguns êxitos notáveis. Quase todo o Sul de Jiangxi estava sob o Exército Vermelho. A base das regiões centrais sovietes foi definida."

"Em 7 de fevereiro de 1930, uma importante conferência do Partido foi convocada no sul de Jiangxi para debater o futuro do programa dos sovietes. Foi atendido por representantes locais do Partido, pelo exército e pelo governo. Nela, a questão de políticas de terras foi discutida em grande profundidade, e a luta contra o *oportunismo* – liderado por aqueles opostos à redistribuição de terras – foi superada. Deliberou-se que a distribuição de terras fosse concretizada, junto da aceleração da formação de sovietes. Nessa conferência foi decidida a fundação do governo provincial soviete de Jiangxi. Ao novo programa, os camponeses receberam com um suporte acalorado e otimista, o que ajudou nos meses seguintes a derrotar as campanhas de extermínio dos exércitos do Kuomintang."

4.6. O Exército Vermelho na resistência às Campanhas de Aniquilamento

O relato de Mao começou a ultrapassar a categoria de *história pessoal* para, finalmente, se sublimar no grande movimento no qual, apesar de deter um papel dominante, ele mesmo não era mais nitidamente um indivíduo. Não era mais *eu*, mas sim *nós*. Não era mais Mao Zedong, mas sim o Exército Vermelho; não eram percepções subjetivas das experiências de uma vida individual, mas um registro objetivo de um espectador preocupado com as mutações do destino coletivo humano, o qual era a matéria da História.

Conforme seu relato chegava a um encerramento, tornou-se mais e mais necessário que eu o interrogasse sobre ele mesmo. O que *ele* estava fazendo naquele momento? Qual cargo *ele* ocupava? Qual era *sua* posição nessa ou naquela situação? E meus questionamentos, usualmente, evocavam referências sobre ele contidas neste último capítulo da narrativa:

"Gradualmente o trabalho do Exército Vermelho com as massas evoluiu, a disciplina foi fortalecida e uma nova técnica de organização foi desenvolvida. Os camponeses de toda parte começaram a se voluntariar para auxiliarem na revolução. Desde a montanha Jinggang em Hunan, o Exército Vermelho estipulou três regras simples de disciplina para seus combatentes: imediata obediência às ordens, nenhum confisco de qualquer coisa dos camponeses pobres e, por fim, entrega imediata ao governo de todos os bens confiscados dos senhores de terra. Após a Conferência de 1928, esforços enfáticos para conseguirmos o apoio dos camponeses foram feitos – e oito regras foram adicionadas às três mencionadas anteriormente:

1. *Repor todas as portas quando deixar uma casa*[220];
2. *Devolver e enrolar a esteira de palha na qual você dormiu;*
3. *Ser cordial e educado com as pessoas e ajudá-las quando for possível;*
4. *Devolver todos os itens que foram emprestados;*
5. *Repor todos os itens que forem danificados;*
6. *Ser honesto em todas as transações com camponeses;*
7. *Pagar por todos os itens que forem comprados;*
8. *Ser higiênico e, principalmente, construir latrinas a uma distância segura das casas das pessoas.*"

"As últimas duas regras foram adicionadas por Lin Biao. Esses oito pontos foram aplicados cada vez com mais sucesso, e hoje ainda são o código dos soldados vermelhos, memorizados e repetidos por todos eles. Três outras atribuições foram ensinadas ao Exército Vermelho como propósito fundamental: primeiro, lutar até a morte contra o inimigo; segundo, armar o povo; terceiro, levantar dinheiro para ajudar com a luta."

"No início de 1929, diversas unidades partisans sob o comando de Li Wenlin e Li Shaojiu foram reorganizadas, formando assim o Terceiro Exército Vermelho, comandado por Huang Gonglue, tendo Chen Yi[221] como comissário político. Durante o mesmo período, parte dos milicianos de Zhu Peide se rebelaram e se juntaram ao Exército Vermelho. Foram encaminhados ao acampamento comunista por um comandante desiludido do Kuomintang, Luo Binghui, que decidiu

220 N.A.: Essa ordem não é tão enigmática quanto parece. As portas de madeira de uma casa tradicional chinesa são facilmente destacáveis – e muitas vezes são desmontadas à noite, colocadas sobre blocos de madeira e usadas como cama improvisada [O Exército Vermelho tinha uma música com esse tema, que também era cantada todos os dias].

221 N.E.: Chén Yì [陈毅] (1901-1972) foi mais um dos *Dez Marechais*. Após a Revolução de 1949, ele se dedicou mais à política do que à vida militar propriamente dita, servindo como prefeito de Xangai entre 1949 e 1958 – a partir de quando se tornou ministro das relações exteriores até 1972, quando se empenhou em uma linha de reconciliação com a União Soviética, o que lhe valeu um rebaixamento do cargo na Revolução Cultural. Ainda que revertido, Chen jamais retomou seu poder anterior, falecendo de causas naturais no início dos anos 1970. Mao compareceu ao seu funeral.

se juntar ao Exército Vermelho. Ele hoje é comandante do Trigésimo Segundo Exército Vermelho do Exército do Segundo Front. A partir dos partisans e dos núcleos de tropas vermelhas regulares de Fujian, foi criado o Vigésimo Exército Vermelho sob comando de Wu Zhonghao, com Tan Zhenlin como comissário político. Wu foi morto em batalha e posteriormente foi substituído por Luo Binghui."

"Foi nesse período que a Primeira Corporação do Exército foi organizada, com Zhu De como comandante e comigo como comissário político. Era composto pelo Terceiro Exército, pelo Quarto Exército, comandado por Lin Biao e pelo Vigésimo Exército, sob o comando de Luo Binghui. A liderança do Partido foi atribuída a um comitê do front, do qual eu fui presidente. Já havia mais de dez mil homens na Primeira Corporação do Exército naquela época, organizados em dez divisões. Além dessa força central, havia muitos regimentos locais e independentes. Guardas vermelhos e partisans."

"As táticas vermelhas, à parte da base política do movimento, explicam muito sobre o exitoso desenvolvimento militar. Em Jinggang quatro lemas foram adotados, e eles davam uma ideia dos métodos partisans de guerra utilizados, sob os quais foi desenvolvido o Exército Vermelho. Os motes eram:

1. Inimigo avança, eu recuo! (*dí jìn wǒ tuì!* [敌进我退!]).
2. Inimigo estaciona, eu perturbo! (*dí zhù wǒ rǎo!* [敌驻我扰!]).
3. Inimigo cansa, eu ataco! (*dí pí wǒ dǎ!* [敌疲我打!]).
4. Inimigo recua, eu persigo! (*dí tuì wǒ zhuī!* [敌退我追!])."

"Esses slogans, sempre formados por quatro caracteres chineses[222], que a princípio foram rejeitados por muitos militares experientes, os quais não concordavam com a modalidade das táticas defendidas. Mas o acúmulo de experiência provou que as táticas estavam corretas. Sempre que o Exército Vermelho se distanciava delas de forma geral, não obtinha sucesso. Nossas forças eram pequenas, superada de dez a vinte

222 N.E.: Trata-se de quatro *chéngyǔ* [成语], isto é, provérbios de quatro caracteres que seguem a tradição chinesa. Corrigimos o texto original em inglês para reproduzir o estilo, e a natureza conceitual, simples e direta do mandarim.

vezes pelo inimigo; nossos recursos e materiais de batalha eram limitados, e apenas com a combinação habilidosa de guerra de manobra com táticas de guerrilha poderíamos ter esperanças de sermos bem-sucedidos em nossa luta contra o Kuomintang, que lutava a partir de bases vastamente ricas e superiores."

"A tática mais importante em particular do Exército Vermelho era, e continua sendo, sua habilidade de concentrar a força principal durante o ataque, dispersando rapidamente em seguida. Isso significava que táticas de *guerra de posição*[223] deveriam ser evitadas e todos os esforços deveriam ser feitos para interceptação das forças do inimigo enquanto em movimento para, assim, destruí-las. Centrado nas noções de mobilidade e velocidade, o Exército Vermelho produziu poderosas '*batalhas de assalto*', desenvolvidas com base nas táticas acima mencionadas."

"Na expansão de áreas sovietes, de forma geral, o programa do Exército Vermelho favoreceu um desenvolvimento em ondas, ao invés de avanços assimétricos, alcançado por '*saltos*' ou '*pulos*' – e sem uma consolidação profunda em territórios conquistados. A tática era pragmática, bem como as já descritas, e surgiu a partir de muitos anos de experiência coletiva militar e política. Tais táticas foram severamente criticadas por Li Lisan, que defendia a concentração de todo armamento nas mãos do Exército Vermelho e a absorção de todos os grupos partisans. Ele queria ofensivas ao invés de consolidação; avanços sem assegurar a retaguarda; investidas sensacionalistas às grandes cidades, acompanhados por levantes e extremismo. O posicionamento de Li

223 N.E.: Quem é familiarizado com a obra do marxista italiano Antonio Gramsci, certamente, se ateve às reiteradas menções sobre *guerra de manobra* e *guerra de posição* nesta obra – o argumento de Mao, em um sentido até concretamente mais bélico do que Gramsci, é de que o adversário necessitava transformar o conflito em uma grande guerra de posição, com trincheiras e fortificações, onde levaria vantagem, e o Exército Vermelho, em razão disso, estava obrigado a manter a disputa nos termos de uma guerra de manobra. Ainda que não houvesse diálogo ou polêmica entre eles naquele momento, certamente aí reside a grande diferença entre as duas linhas de comunismo: o pensamento de Mao se recusa a aceitar a guerra nos termos que, talvez, seriam naturais, pois antes de vencer o inimigo é preciso fazer com que o conflito se dê em termos mais favoráveis.

Lisan era dominante no Partido naquela época[224] – *sobretudo fora das áreas sovietes* – e ele era suficientemente influente para pressionar a aceitação, pelo Exército Vermelho, ao contrário do juízo de seu comando de campo. Um dos resultados disso foi o ataque a Changsha, e o outro, a investida a Nanchang. Mas o Exército Vermelho se recusou a imobilizar seus grupos partisans e a vulnerabilizar sua retaguarda frente ao inimigo durante essas aventuras."

"No outono de 1929, o Exército Vermelho se deslocou para o norte de Jiangxi, atacando e ocupando muitas cidades, infligindo inúmeras derrotas aos exércitos do Kuomintang. Quando estava a uma proximidade impressionante de Nanchang, a Primeira Corporação do Exército se voltou bruscamente ao oeste e avançou sobre Changsha. Nesse trajeto, encontraram e uniram forças com Peng Dehuai, que já havia ocupado Changsha uma vez, mas na outra ocasião foi forçado a se retirar para evitar ser cercado por forças de tropas inimigas imensamente superiores. Peng havia sido obrigado a deixar Jinggang em abril de 1929, tendo desempenhado missões ao sul de Jiangxi, resultando em um grande aumento de suas tropas. Juntou-se a Zhu De e às forças centrais do Exército Vermelho em Ruijin em abril de 1930, e, após uma conferência, foi decidido que o Terceiro Exército de Peng deveria atuar na fronteira de Hunan-Jiangxi, enquanto Zhu De e eu nos deslocaríamos para Fujian. Foi em junho de 1930 que o Terceiro Exército e as tropas do Primeiro Exército finalmente conseguiram se conectar, dando início ao segundo ataque a Changsha. As tropas do Primeiro e do Terceiro Exército foram combinadas, formando o Primeiro Exército do Front, com Zhu De como comandante e eu como comissário político. Sob essa liderança, chegamos aos muros externos de Changsha."

"O *Comitê Revolucionário dos Trabalhadores e Camponeses Chineses* foi organizado nesse período, e eu fui eleito presidente. A influência do Exército Vermelho em Hunan era abrangente, quase tanto quanto em Jiangxi. Eu era conhecido entre camponeses hunaneses, pois grandes recompensas foram oferecidas por minha captura, vivo ou morto, bem

224 N.E.: Trata-se da descrição da chamada *Linha Li Lisan*, embora em mandarim o termo seja *Rota Lisan* (*Lìsān Lùxiàn* [立三路线]). Ela dominou o Partido entre 1928 e 1930, não sem abalos e questionamentos, como descreveu Mao.

como por Zhu De e outros vermelhos. As terras da minha família em Xiangtan foram confiscadas pelo Kuomintang. Minha esposa, minha irmã, as esposas de meus dois irmãos, Mao Zemin[225] e Mao Zetan, e meus filhos foram todos presos por He Jian, o senhor da guerra que governava Hunan. Minha esposa, Yang Kaihui, e minha irmã, Mao Zehung, foram executadas. Os outros foram liberados posteriormente. A notoriedade do Exército Vermelho se estendia até meu próprio vilarejo em Xiangtan, e eu fiquei sabendo de uma lenda entre camponeses locais que acreditavam que eu retornaria à minha terra nativa em breve. Quando um dia um avião passou por lá, se convenceram de que era eu. Eles alertaram o homem que estava arando minha terra que eu havia retornado para tomar conta de minha antiga propriedade, para verificar se alguma árvore tinha sido cortada. E se fosse o caso, eu certamente exigiria reparações de Chiang Kai-shek, disseram."

"Mas o segundo ataque a Changsha se mostrou um fracasso. Grandes reforços foram enviados à cidade, que estava intensamente guarnecida; além disso, novas tropas estavam sendo derramadas em Hunan em setembro para atacar o Exército Vermelho. Apenas uma batalha importante aconteceu durante o cerco e nela o Exército Vermelho eliminou duas brigadas de tropas inimigas. No entanto, não foi possível tomar Changsha e após algumas semanas, nós batemos em retirada para Jiangxi."

"Esse fracasso auxiliou na destruição da *Linha Li Lisan* – e poupou o Exército Vermelho de fazer um ataque que, provavelmente, seria catastrófico a Wuhan, mas que Li, no entanto, vinha exigindo. As funções centrais do Exército Vermelho, naquele momento, eram de recrutamento de novas tropas, sovietização das novas áreas rurais e, acima

225 N.E.: *Máo Zémín* [毛泽民] (1896-1943) era um dos irmãos mais novos de Mao Zedong. Naturalmente, ele ingressou no Partido Comunista pelas mãos do irmão mais velho, tendo assumido importantes tarefas gerenciais no Banco Central Vermelho e em outras atividades de tesouraria. Ele foi executado pelo senhor da guerra Sheng Shicai, que era um ditador de facto do Xinjiang, que à época agia de forma independente do governo chinês central – e rompeu com a União Soviética, de quem foi aliado próximo durante os anos 1930, em uma reviravolta oportunista. Mao Zemin, na ocasião de sua morte, estava instalado no Xinjiang e tramava a remoção de Shicai por seus atos temerários e prejudiciais ao esforço de guerra dos Aliados.

de tudo, consolidação rigorosa do poder soviete de tais áreas já sob comando do Exército Vermelho. Para tal plano, os ataques a Changsha eram desnecessários e continham em si um elemento de aventura. Caso a primeira ocupação tivesse sido realizada como ação temporária, e não com o intuito de tentar tomar a cidade e instaurar um poder estatal, seus efeitos poderiam ter sido considerados benéficos. O erro foi estratégico e tático, de tentar estabelecer uma base em Changsha sem que o poder soviete já estivesse consolidado."

Interrompendo a narrativa de Mao por um instante, cabe um esclarecimento: Li Lisan era hunanês e estudante retornado da França. Dividia seu tempo entre Xangai e Hankou (que se tornou parte de Wuhan em 1927), onde o Partido Comunista possuía um *quartel-general subterrâneo* – apenas após 1930 o Comitê Central foi transferido para os distritos sovietes. Li dominou o Partido Chinês de 1929 a 1930, quando foi destituído do politburo e enviado a Moscou. Como Chen Duxiu, Li Lisan carecia de fé nos sovietes rurais, e solicitava que fortes e truculentas investidas deveriam ser adotadas contra grandes capitais como Changsha, Wuhan e Nanchang. Ele queria uma tática de "*terrorismo*" nos vilarejos para desmoralizar as oligarquias, uma "*ofensiva vigorosa*" dos trabalhadores, levantes e greves para paralisar o inimigo em suas próprias bases e "*ataques ladeados*" no Norte, desde a Mongólia Exterior e Manchúria, respaldado pela União Soviética.

Continuando:

"Mas Li Lisan *superestimou* tanto o poderio militar do Exército Vermelho naquele momento quanto as condições revolucionárias no cenário político. Acreditava que a revolução se aproximava do êxito e, logo, teria poder sobre o país todo. Essa crença foi fomentada pela longa e exaustiva guerra civil ocorrendo entre Feng Yuxiang e Chiang Kai-shek[226], dando uma perspectiva altamente favorável a Li Lisan. Mas, na opinião do Exército Vermelho, o inimigo estava fazendo preparativos para uma grande investida contra os sovietes assim que a guerra civil tivesse fim, portanto não era hora para *putschismo*, o que possi-

226 N.E.: Snow se refere à *Guerra das Planícies Centrais* entre o Exército do Kuomintang e o Guominjun, o Exército Nacional, liderado pelo "general cristão" Feng Yuxiang.

velmente seria uma aventura catastrófica. Essa avaliação se mostrou inteiramente correta."

"Com os eventos em Hunan, mas também após a captura de Ji'an, em Jiangxi, o *'Lilisanismo'* foi superado no Exército – e o Exército Vermelho recuou para o distrito soviete de Jiangxi; o próprio Li atestou que esteve equivocado, logo perdendo sua influência no Partido. Houve, no entanto, um período crítico no exército antes do *'Lilisanismo'* ter sido completamente enterrado. Parte do Terceiro Exército preferia continuar com a tática de Li, e exigia a separação do Terceiro Exército. Peng Dehuai lutou energicamente contra essa tendência, obtendo sucesso na manutenção da unidade e lealdade do alto-comando das forças à sua liderança. Mas o Vigésimo Exército, liderado por Liu Tiechao, se levantou em uma rebelião aberta, e prendeu o presidente do Soviete de Jiangxi junto de muitos agentes e oficiais, nos atacando politicamente, com base na linha de Li Lisan. Isso ficou conhecido como o *Incidente de Futian*[227] – por causa da localidade desse nome, onde se passaram os fatos, que era próxima de Ji'an, então coração dos distritos sovietes. Os ocorridos geraram uma comoção, e para muitos deve ter parecido que o destino da Revolução dependia do resultado daquela batalha. Entretanto, a revolta foi rapidamente suprimida, devido à lealdade do Terceiro Exército, à ampla solidariedade do Exército e das tropas vermelhas e ao suporte dos camponeses. Liu Tiechao foi preso, e outros rebeldes foram desarmados e liquidados. Nossa linha foi reforçada, o *'Lilisanismo'* foi eliminado definitivamente e, como resultado, o movimento soviete obteve imensos ganhos."

"No entanto, Nanquim agora estava imensamente agitada em relação ao potencial dos sovietes em Jiangxi, e ao fim de 1930 iniciou sua *Primeira Campanha de Aniquilamento* contra o Exército Vermelho.

227 N.E.: O *Incidente de Futian* é um episódio controverso, mas é certo que ele é um ponto de virada a favor de Mao e sua linha. Isso é narrado no clássico da escritora estadunidense Agnes Smedley, *China's Red Army Marches* (1934) – o primeiro relato detalhado, em inglês, da guerra revolucionária na China – segundo o qual além da liga *antibolchevique*, de caráter liquidacionista e possivelmente ligada ao Kuomintang, havia também um grupo social-democrata, disposto a pôr fim ao processo revolucionário, o qual entrou em choque com Mao, numa disputa duríssima na qual se buscava ocupar o espaço deixado por Li Lisan.

Forças inimigas de cerca de 100 mil homens iniciaram um cerco às áreas vermelhas, atravessando por cinco rotas. Contra essas tropas o Exército Vermelho foi capaz de mobilizar cerca de 40 mil homens. Com habilidosas manobras do aparato militar, superamos a *Primeira Campanha*, com grandes vitórias. Seguindo a tática de concentração e dispersão rápidas, atacamos cada unidade separadamente, usando nossas principais forças. Taticamente, permitíamos que tropas inimigas avançassem sobre o território soviete e, aí, organizávamos ataques repentinos e concentrados, em maior número, contra unidades isoladas das tropas do Kuomintang – realizando, assim, manobras pelas quais poderíamos momentaneamente cercá-las, revertendo a vantagem estratégica geral que o inimigo possuía, uma vez que era numericamente superior na maioria das vezes."

"Em janeiro de 1931, essa *Primeira Campanha* havia sido completamente derrotada. Creio que isso não teria sido possível senão por três fatores concretizados pelo Exército Vermelho antes de seu início. Primeiro, a consolidação do Primeiro e Terceiro Exércitos sob comando centralizado; segundo, a extinção da Linha Li Lisan; terceiro, o triunfo do Partido contra a Liga Antibolchevique de Liu Tiechao e contra outros contrarrevolucionários ativos dentro do Exército Vermelho e distritos sovietes."

"Após uma trégua de apenas quatro meses, Nanquim lançou sua *Segunda Campanha*, sob comando supremo de He Yingqin, agora ministro da Guerra. Suas forças superavam 200 mil homens, que infiltraram áreas vermelhas por sete rotas. A perspectiva do Exército Vermelho naquele momento parecia bastante crítica. A área de poder soviete era bastante pequena, os recursos eram limitados, os equipamentos eram escassos e o material do inimigo excedia, por larga vantagem, o do Exército Vermelho em todos os aspectos. Para enfrentar essa ofensiva, no entanto, o Exército Vermelho ainda se utilizou das mesmas táticas que, até então, haviam sido exitosas. Atraindo destacamentos inimigos para dentro dos territórios vermelhos, nossas forças repentinamente concentravam-se contra a Segunda Rota do oponente, derrotando diversos regimentos, destruindo seu poder de ofensiva. Imediatamente depois atacamos rápida e sucessivamente a Terceira Rota, a Sexta e a Sétima, os derrotando em todos os turnos. A Quarta Rota recuou sem entrar em batalha – e a Quinta Rota foi parcialmente destruída. Dentro de 14 dias, o Exército Vermelho havia lutado em seis batalhas e marchado por oito dias, terminando com uma vitória decisiva. Com a ruptura ou retirada de outras seis rotas, o Exército da Primeira Rota, comandado por Jiang Guangnai e Cai Tinkai, retirou-se sem um conflito substancial."

"Um mês depois, Chiang Kai-shek assumiu o comando de um exército de 300 mil homens '*para o aniquilamento final dos bandidos vermelhos*'. Chiang foi auxiliado por seus comandantes mais competentes: Chen Mingshu, He Yingqin e Zhu Shaoliang, que eram responsáveis, cada um, por uma rota principal de avanço. Chiang esperava tomar áreas vermelhas em uma *blitzkrieg*, a famosa guerra-relâmpago – pretendendo uma rápida varredura dos '*bandidos vermelhos*'. Ele moveu seus exércitos 80 *li* [40 quilômetros] por dia em direção ao coração dos distritos vermelhos. Isso gerou as melhores condições para as táticas nas quais o Exército Vermelho desempenhava melhor seu papel – e logo o grande equívoco nas táticas de Chiang ficou claro. Com uma força central de apenas 30 mil homens, e uma série de manobras brilhantes, nosso exército atacou cinco diferentes colunas em cinco dias. Na primeira batalha, o Exército Vermelho capturou diversos soldados inimigos e grandes quantidades de munição, armas e equipamentos. Em setembro, a *Terceira Campanha de Aniquilamento* se mostrou um fracasso – e Chiang Kai-shek retirou suas tropas em outubro."

"Nesse momento, o Exército Vermelho adentrou um período de relativa paz e crescimento. A expansão foi bastante rápida. O *Primeiro Congresso Soviete* foi convocado em 11 de dezembro de 1931, e o Governo Soviete Central foi instituído, comigo como presidente. Zhu De foi nomeado comandante em chefe do Exército Vermelho. No mesmo mês ocorreu o Levante de Ningdu, onde mais de 20 mil soldados do Exército da Vigésima Oitava Rota do Kuomintang se rebelaram, juntando-se ao Exército Vermelho. Eles eram liderados por Dong Zhentang e Zhao Bosheng. Zhao foi morto em batalha, posteriormente, em

Jiangxi, mas Dong ainda é comandante hoje do Quinto Exército Vermelho – a Quinta Corporação tendo sido formada a partir das tropas tiradas do Levante de Ningdu."

"O Exército Vermelho então começou ofensivas próprias. Em 1932, os vermelhos travaram uma grande batalha em Zhangzhou, Fujian, capturando a cidade. No Sul, nós atacamos Chen Jitang em Nanxiong e, no front de Chiang Kai-shek, tomamos Le An, Lichuan, Jianning e Taining – e atacamos Ganzhou, sem conseguir ocupá-la, no entanto. De outubro de 1932 em diante, até o início da Longa Marcha ao Noroeste, eu devotei meu tempo, quase exclusivamente, ao trabalho com o Governo Soviete, deixando o comando militar a Zhu De e outros."

"Em abril de 1933, iniciou-se a quarta e, para Nanquim, talvez a mais desastrosa das suas *campanhas de aniquilação*[228] – na primeira batalha desse período, duas das divisões do Kuomintang foram desarmadas e dois comandantes de divisão foram capturados. A 49ª Divisão foi parcialmente destruída e a 42ª, absolutamente exterminada. Treze mil homens foram capturados nessa batalha em Dalongping e Qiaohui no condado de Le'an. A 11ª Divisão, então a melhor de Chiang Kai-shek, foi eliminada logo em seguida, sendo quase totalmente desarmada. Esses eventos provaram-se pontos fundamentais de mudança e a *Quar-*

---

228 N.A.: Houve uma confusão considerável, em muitos relatos escritos sobre as guerras antivermelhas, quanto ao número de grandes expedições enviadas contra os distritos sovietes. Alguns escritores totalizaram até oito campanhas de "extermínio" ou "aniquilação", mas várias dessas grandes mobilizações de Nanquim foram puramente defensivas. Os comandantes do Exército Vermelho falaram de apenas cinco principais campanhas desse tipo. Elas foram, com o número aproximado de tropas de Nanquim diretamente envolvidas em cada um, da seguinte forma: *Primeira*, de dezembro de 1930 a janeiro de 1931, 100 mil; *Segunda*, maio a junho de 1931, 200 mil; *Terceira*, julho a outubro de 1931, 300 mil; *Quarta*, abril a outubro de 1933, 250 mil; *Quinta*, de outubro de 1933 a outubro de 1934, 400 mil – e mais de 900 mil soldados foram mobilizados contra os três principais distritos sovietes. Nenhuma expedição importante foi lançada por Nanquim durante 1932, quando Chiang Kai-shek estava usando aproximadamente 500 mil soldados em posições defensivas ao redor dos distritos vermelhos. Foi, ao contrário, um ano de grandes ofensivas vermelhas. Evidentemente, as operações defensivas de Nanquim em 1932 foram, é claro, propagandeadas como "campanhas antivermelhas", sendo mal interpretadas por muitos escritores como grandes expedições.

ta Campanha terminou logo em seguida. Chiang Kai-shek, na época, escreveu uma carta a Chen Cheng, seu comandante de campo, que considerava essa derrota '*a maior humilhação de sua vida*'. Chen Cheng não era a favor de dar prosseguimento à campanha. Ele disse às pessoas que, em sua opinião, lutar contra os vermelhos era um '*trabalho perpétuo*' e uma '*sentença de morte*'. Relatos dessa ordem chegaram a Chiang Kai-shek, o levando a destituir Chen Cheng do alto comando."

"Para a *Quinta Campanha de Aniquilamento*, a última delas, Chiang Kai-shek mobilizou quase um milhão de homens e adotou novas táticas e estratégia. Já na *Quarta Campanha*, por recomendação de seus *consultores alemães*[229], Chiang começou a utilizar *sistemas de fortificações por blocausses*[230]. Na *Quinta Campanha*, ele apostou todas as suas fichas nessa estratégia."

"Nesse período, cometemos dois erros importantes. O primeiro foi o fracasso na união com o exército de Cai Tingkai em 1933, durante a *Rebelião de Fujian*[231]. O segundo, a adesão a uma incorreta estratégia de

---

229 N.E.: Nessa época, o principal desses "consultores alemães" era o general von Seeckt, que forçou os comunistas a fazerem a Longa Marcha, depois substituído pelo general von Falkenhausen. Ambos já foram citados no subcapítulo 1.1. e tiveram envolvimento com o nazismo – o primeiro, na sua ascensão; o segundo no seu estabelecimento e por sua participação direta na Segunda Guerra Mundial, tendo sido, inclusive, condenado por crimes contra a humanidade nesse contexto.

230 N.E.: Os *blocausses* (do inglês *blockhouse*, por meio do alemão *blockhaus*, que significa "casa de troncos") são fortificações simples, originalmente de madeira, mas podendo ser de concreto ou pedra, que serviam como redutos defensivos – usados contra adversários sem artilharia. A prática, oriunda dos consultores alemães, era de cercar o Exército Vermelho com essas fortificações, o que transformaria os conflitos em uma guerra de posição, não uma guerra de manobra – que os comunistas necessitavam, por sua inferioridade tecnológica e numérica. A disseminação desse sistema é apontada como a razão pela qual os comunistas precisaram empreender a Longa Marcha.

231 N.E.: É o incidente que instaura o brevíssimo Governo Popular de Fujian (*Fújiàn Rénmín Zhèngfǔ* [福建 人民 革命 政府]), liderado por Cai Tingkai, Chen Mingshu e Jiang Guangnai, que traem o Kuomintang e proclamam um governo à parte, mas não recebem nem a adesão dos comunistas e nem o apoio de Feng Yuxiang – que à época havia se retirado da política por sua derrota na *Guerra das Planícies Centrais*. O Kuomintang retoma a área, e os comandantes do Governo Popular partem em exílio, mas voltam à China quando a segunda Frente Unida é instalada para resistir à invasão japonesa.

defesa passiva (ou *pura*)[232], abandonando nossas táticas anteriores. Foi um grave erro enfrentar as forças vastamente superiores de Nanquim em uma *guerra de posição*, na qual o Exército Vermelho não se encontrava tecnicamente e espiritualmente nas melhores condições."

"Como resultado desses erros, e das novas táticas da campanha de Chiang, combinados à esmagadora superioridade numérica e técnica das forças do Kuomintang, o Exército Vermelho foi obrigado, em 1934, a buscar uma mudança nas condições de sua existência em Jiangxi, que rapidamente se tornou desfavorável. Além disso, a situação política nacional influenciou na decisão do deslocamento das principais ações ao Noroeste. Após a invasão do Japão da Manchúria e Xangai, o Governo Soviete já em fevereiro de 1932, havia declarado formalmente guerra contra o Japão. Essa declaração, obviamente, não poderia ser concretizada em razão do bloqueio e cerco da China Soviete pelas tropas do Kuomintang. Então, essa declaração veio acompanhada da convocação de uma nova Frente Unida, de todas as forças da China, com fins de resistência ao imperialismo japonês. No início de 1933, o Governo Soviete anunciou que cooperaria com o Exército Branco sob condição do fim da guerra civil e o fim dos ataques aos sovietes e ao Exército Vermelho – além de garantia de liberdades civis, direitos democráticos às massas e armamento para o povo para a guerra antijaponesa."

"No entanto, a *Quinta Campanha de Aniquilamento* se iniciou em outubro de 1933. Em janeiro de 1934, o *Congresso Geral dos Sovietes da China* foi sediado em Ruijin, a capital soviete – e um balanço sobre os ganhos da revolução foi feito. Nesse contexto, entreguei um extenso

232 N.E.: Mao dissertou sobre a questão no seu livro, publicado incompleto, também de 1936, *Problemas estratégicos da guerra revolucionária*, mais precisamente no seu Capítulo V, *A defensiva estratégica*: a *defesa passiva* é uma das estratégias condenadas por Mao, citada como contraexemplo no livro, consistindo em momentos em que o Exército Vermelho se prostrou apenas se protegendo sem perspectiva de contra-atacar – seu simétrico era a *ofensiva pura*, mas ele não se deteve teoricamente a esse último ponto, pois como o Japão investiu sobre o restante do território da China, e a segunda Frente Unida se formou. Mao possivelmente não teve tempo de concluir esse capítulo, embora tenha feito menção à prática. Isso confere com os relatos até aqui, onde ele prefere resumir os dois erros, respectivamente, como "capitulacionismo" e "aventureirismo", em jargão político.

relatório, e nessa ocasião o Governo Central Soviete foi eleito como existe hoje. As preparações para a *Longa Marcha* foram feitas logo em seguida. Iniciou-se em outubro de 1934, apenas um ano após Chiang Kai-shek ter lançado sua última campanha – um ano de luta quase constante, conflitos e imensas perdas para ambos os lados."

"Em janeiro de 1935, as forças centrais do Exército Vermelho alcançaram Zunyi, em Guizhou. Pelos próximos quatro meses, o Exército Vermelho esteve quase constantemente em movimento – e as mais enérgicas lutas e combates entraram em cena. Por meio de muitas dificuldades, através dos mais fundos, longos e perigosos rios da China, enfrentando algumas das passagens montanhosas mais altas e perigosas, passando por áreas de *ferozes povos indígenas*, através de campos vazios, no frio e calor intenso, ventania, neve e tempestades, perseguido por metade do Exército Branco da China, cruzando todas essas barreiras naturais – e lutando contra tropas locais de Guangdong, Hunan, Guangxi, Guizhou, Yunnan, Xikang[233], Sichuan, Gansu e Shaanxi –, o Exército Vermelho enfim chegou ao norte de Shaanxi, em outubro de 1935, aumentando suas bases no grande Noroeste da China."

"A vitoriosa marcha do Exército Vermelho – e a chegada triunfal a Gansu e Shaanxi, com sua força vital ainda intacta – se deu, primeiramente, devido à liderança adequada do Partido Comunista e, em segundo lugar, pela grande habilidade, coragem, determinação, persistência quase sobre-humana e ardor revolucionário dos nossos *quadros fundamentais*, o povo dos sovietes. O Partido Comunista da China foi, é e sempre será fiel ao *marxismo-leninismo*[234] – e continuará sua luta contra qualquer tendência oportunista. Nessa determinação se encontra uma explicação para a invencibilidade e certeza de sua vitória final."

---

233 N.E.: O Xīkāng [西康] ou, em português, "Kham do Oeste" foi uma província existente entre 1939 e 1950, localizada no Oeste do Sichuan e Leste do Tibet, na área dominada pelos Khampa, uma das três principais nações tibetanas.

234 N.E.: Essa conclusão de Mao antecipa resumidamente o que foi a *Longa Marcha* – que será o objetivo da Parte seguinte – e proclama a fidelidade dos comunistas chineses ao marxismo-leninismo, ainda que, por outro lado, divirja de um pressuposto básico dele, que é pensar a ação das massas organizadas como *a verdadeira vanguarda* – o que já naquele quadrante histórico estabelece uma diferença fundamental do *Maoísmo* com qualquer linha proveniente da então União Soviética.

PARTE 5
A LONGA MARCHA

5.1. A Quinta Campanha de Cerco e Aniquilamento

Mal consigo esboçar a cativante – embora registrada apenas de forma fragmentada – história dos seis anos dos sovietes do Sul da China – um período fadado a ser o prenúncio da triunfal Longa Marcha. Mao Zedong narrou sucintamente o desenvolvimento orgânico dos sovietes e a gênese do Exército Vermelho. Contou sobre como os comunistas se consolidaram, desde algumas centenas de revolucionários esfarrapados e famintos – só que jovens e determinados – a um exército de centenas de milhares de trabalhadores e camponeses, até se tornarem em 1930 concorrentes substanciais ao poder, levando Nanquim a lançar sua primeira ofensiva de larga escala contra eles. Da *Primeira*, passando pela *Segunda* e *Terceira* até a *Quarta Campanha de Aniquilamento*, todas elas foram objetivamente fracassadas. Em cada uma delas, os vermelhos destruíram brigadas e divisões inteiras de tropas do Kuomintang, reabasteceram seus suprimentos de armas e munição, recrutaram novos combatentes e expandiram seu território.

Entretanto, qual era a vida que acontecia além das linhas impenetráveis dos clandestinos vermelhos? Parecia-me um fato deslumbrante de nossos tempos que, durante toda a história dos sovietes no Sul da China, sequer um observador "externo" estrangeiro tenha conseguido entrar no território vermelho – a única nação governada por comunistas do mundo, com exceção da União Soviética. Todo registro escrito sobre os sovietes do Sul por estrangeiros, portanto, era fonte indireta. Mas alguns pontos marcantes agora poderiam ser corroborados com base em relatos, tanto favoráveis quanto contrários, que expunham de forma nítida os alicerces de sustentação do Exército Vermelho. A terra foi distribuída e os tributos reduzidos. Empresas coletivas foram criadas em larga escala; em 1933, existiam mais de mil cooperativas sovietes apenas em Jiangxi.

Desemprego, ópio, prostituição, escravidão infantil e casamentos forçados foram relatados como extintos, enquanto as condições de vida dos trabalhadores e camponeses pobres em áreas pacificadas melhoraram significativamente. A educação em massa teve imenso progresso nos sovietes estabilizados. Em algumas províncias, os vermelhos alcançaram os graus mais altos de formação em três ou quatro anos, mais do que havia sido feito pela China rural em séculos. Em Xingguo, o condado modelo dos comunistas, era declarado que 80% das pessoas sabiam ler e escrever.

A revolução não é um convite para jantar (*Gémìng bùshì qǐngkè chīfàn* [革命不是请客吃饭]) – conforme observou Mao Zedong[235]. Aqueles métodos de terrorismo "vermelho" foram amplamente utilizados contra senhores de terra e outros inimigos de classe – os quais foram presos, destituídos da terra, condenados em "julgamentos coletivos" e, frequentemente, executados. Isso foi, inquestionavelmente, verdadeiro como, de fato, foi confirmado pelos relatos dos próprios comunistas. Tais atividades seriam consideradas atrocidades ou "*justiça de massas*" executada por pobres armados, como punição aos crimes de terrorismo "branco" cometidos pelos ricos quando seguravam armas? Nunca tendo visto o Soviete de Jiangxi, eu poderia adicionar pouco – *no que seria uma avaliação de segunda mão, inútil para um livro de testemunho como este*. Por essa razão, decidi omitir deste livro alguns materiais de entrevista acerca do Soviete Jiangxi, os quais os leitores poderiam considerar convenientes, mas lhes faltaria a possibilidade de verificação in-

---

235 N.E.: Famoso trecho de Mao Zedong no *Relatório sobre uma investigação feita em Hunan a respeito do movimento camponês*, escrito em 1927 – o qual ele fez referência no subcapítulo 4.4. O trecho inteiro é: "*Em segundo lugar, a revolução não é um convite para jantar, a composição de uma obra literária, a pintura de um quadro ou a confecção de um bordado; ela não pode ser assim tão refinada, calma e delicada, tão branda, tão afável e cortês, comedida e generosa. A revolução é uma insurreição, é um ato de violência pelo qual uma classe derruba outra*". Originalmente, Snow traduziu convite para "jantar" por "chá da tarde", mas por convenção adotamos "jantar" – no entanto, em razão do costume do chá na China e que os camponeses dormiam cedo, evidentemente, aquela era também uma tradução possível.

dependente. Especulações sobre os sovietes do Sul, de qualquer forma, agora, são apenas objeto de interesse acadêmico. Nanquim, ao final de outubro de 1933, mobilizou a quinta e maior das guerras contra os comunistas – e, um ano depois, os vermelhos, finalmente, foram forçados a realizar uma retirada geral. Quase todos na época pensaram que aquele seria o fim, *a marcha fúnebre do Exército Vermelho*. Apenas dois anos depois, saberiam o quão errados estavam, em uma reviravolta notável, raramente vista na História, que viria a atingir um clímax com eventos que colocariam nas mãos dos comunistas a vida do *generalíssimo* – aquele que, por algum tempo, verdadeiramente acreditou em seu próprio triunfo, supondo que havia *exterminado a ameaça comunista*.

Levou até o sétimo ano de batalhas contra os vermelhos para que qualquer êxito significativo fizesse jus às tentativas de extermínio. Os vermelhos tinham um real controle administrativo sobre uma boa parte de Jiangxi e áreas grandes de Fujian e Hunan. Existiam outros distritos sovietes que não eram conectados com o território de Jiangxi, localizados nas províncias de Hunan, Hubei, Henan, Anhui, Sichuan e Shaanxi.

Contra os vermelhos, na *Quinta Campanha*, Chiang Kai-shek mobilizou cerca de 900 mil soldados, dos quais talvez 400 mil – cerca de 360 regimentos – ativamente participaram da batalha na área Jiangxi-Fujian contra o Exército Vermelho na área de Anhui-Henan-Hubei. Mas Jiangxi foi o eixo para a campanha toda. Aqui, o Exército Vermelho regular pôde mobilizar uma força combinada de 180 mil homens, incluindo todas as divisões reserva, e quiçá 200 mil partisans e guardas vermelhos. No entanto, ao todo, somavam um poder bélico de cerca de 100 mil rifles, sem artilharia pesada, e um estoque bastante limitado de granadas, cartuchos e munição, todos sendo produzidos pelo armamento vermelho em Ruijin.

Chiang adotou uma nova estratégia para extrair o máximo de seus melhores trunfos – recursos superiores, equipamento técnico, acesso a insumos do mundo exterior (ao qual os vermelhos não possuíam acesso) e alguns equipamentos mecânicos, que incluíam uma força aérea de cerca de 400 aviões. Os vermelhos capturaram alguns dos aviões de

Chiang, e possuíam três ou quatro pilotos, mas não tinham acesso a combustível, bombas e técnica. Ao invés de uma invasão ou tentativa de pegar os vermelhos de surpresa por força superior, algo que havia se provado altamente desastroso, Chiang agora utilizava a maior parte de suas tropas para cercar os "bandidos" e, assim, forçar a eles um bloqueio econômico.

Foi algo muito custoso. Chiang Kai-shek construiu centenas de quilômetros de estradas militares e milhares de pequenos fortes, os quais eram conectáveis, e estavam munidos de metralhadoras ou fogo de artilharia. Suas estratégias e táticas de defensiva e ofensiva tendiam a diminuir a superioridade dos vermelhos na questão da manobrabilidade, e enfatizava as desvantagens vermelhas em número e falta de recursos.

A *Quinta Campanha* foi relatada como, primariamente, organizada pelos conselheiros alemães de Chiang Kai-shek, particularmente o general von Falkenhausen, que era então o conselheiro-chefe do generalíssimo. As novas técnicas eram minuciosas, mas também muito lentas e custosas. As operações se arrastavam por meses e Nanquim ainda não havia desferido qualquer golpe decisivo às principais forças de seu inimigo. O efeito do bloqueio, no entanto, foi consideravelmente sentido nos distritos vermelhos – especialmente a total falta de sal. A pequena base vermelha estava se tornando incapaz de repelir a somatória de pressões militares e econômicas sendo aplicadas contra. Uma exploração considerável de camponeses deve ter sido necessária para a manutenção de uma resistência estonteante colocada durante essa campanha. Ao mesmo tempo, deve ser lembrado que os combatentes eram camponeses, proprietários de novas terras adquiridas. Apenas pela terra, a maior parte dos camponeses da China já lutaria até a morte. O povo de Jiangxi sabia que o retorno do Kuomintang significaria o retorno dos senhores de terra.

Nanquim acreditava que seus esforços de aniquilação estavam prestes a atingir o sucesso. O inimigo foi enjaulado e não poderia escapar. Supostamente, milhares haviam sido mortos com os bombardeios diários e metralhados por aviões, bem como por "expurgos" em distritos retomados pelo Kuomintang. O próprio Exército Vermelho, de acordo com Zhou Enlai, sofreu cerca de 60 mil baixas nesse cerco.

Áreas inteiras foram despovoadas, por vezes, por meio de migrações forçadas em massa, e, outras tantas, por simples e convenientes execuções em massa. Os comunicados de imprensa do Kuomintang estimaram que cerca de um milhão de pessoas foram assassinadas ou morreram de fome no processo de recuperação do Soviete Jiangxi.

Contudo, a *Quinta Campanha* se mostrou inconclusiva. Falhou em destruir as "forças vivas" do Exército Vermelho. Uma conferência militar vermelha foi convocada em Ruijin – e foi decidida a retirada, transferindo a força vermelha central para uma nova base.

A retirada de Jiangxi foi conduzida com tanta agilidade e rapidez, que as principais forças das tropas vermelhas, estimadas em cerca de 90 mil homens, já estavam em marcha por vários dias antes que os quartéis inimigos se dessem conta do que estava ocorrendo. Mobilizaram-se para o sul de Jiangxi, retirando a maior parte de suas tropas regulares do front do norte, e os substituindo por partisans. Essas movimentações ocorriam sempre durante a noite. Quando praticamente todo o Exército Vermelho estava concentrado próximo a Yudu, ao sul de Jiangxi, o comando para a Longa Marcha foi dado, tendo começado em 16 de outubro de 1934.

Por três noites, os vermelhos foram condensados em duas colunas, uma ao oeste e outra ao sul. No quarto dia, avançaram, de forma totalmente inesperada, e quase simultaneamente atacando as linhas de fortificação de Hunan e Guangdong. Eles as tomaram na ofensiva, colocando o inimigo atônito para correr e não pararam até que tivessem ocupado a faixa dos fortes de bloqueio e defesa no front do sul. Isso lhes deu estradas ao sul e oeste, nas quais sua linha de frente iniciou sua sensacional caminhada.

Ao lado da principal força do exército, milhares de camponeses vermelhos iniciaram a marcha – homens jovens e velhos, mulheres e crianças. Comunistas e não comunistas. Os equipamentos foram removidos, as fábricas foram desmanteladas e as máquinas foram carregadas em mulas e jumentos – tudo que fosse portátil e de valor estava nessa peculiar cavalgada. Conforme a marcha se estendia, muito dessa carga tinha que ser descartada, e os vermelhos me contaram que milhares de rifles e metralhadoras, maquinário, munição e, até mesmo, muita prata estavam enterrados ao longo do extenso caminho que fizeram até o Sul.

O que me disseram é que um dia no futuro, camponeses vermelhos, dessa vez acompanhados de tropas de policiamento, desenterrariam esse material. Esperavam apenas o sinal – e a guerra contra o Japão poderia ser esse marco.

Após as principais forças do Exército Vermelho evacuarem Jiangxi, ainda levou muitas semanas para que as tropas de Nanquim obtivessem êxito em ocupar as bases centrais vermelhas. Milhares de guardas vermelhos continuaram guerrilhando. Para guiá-los, o Exército Vermelho deixou nessa retaguarda seus comandantes mais hábeis: Chen Yi, Su Yu, Tan Zhenlin, Xiang Ying, Fang Zhimin, Liu Xiao, Deng Zihui, Qu Qiubai, He Shuheng e Zhang Dingcheng. Possuíam cerca de apenas seis mil soldados regulares fisicamente aptos e, no entanto, 20 mil feridos, abrigados entre camponeses. Milhares deles foram capturados e executados, mas conseguiram lutar um combate de retaguarda, o que permitiu que as principais forças estivessem em curso muito antes que Chiang Kai-shek pudesse mobilizar novas forças para perseguir e tentar eliminá-los na marcha. Mesmo em 1937, havia regiões em Jiangxi, Fujian e Guizhou ocupadas por esses fragmentos do Exército Vermelho, e naquela primavera o governo anunciou outra campanha antivermelha para "a última varredura" em Fujian.

5.2. Uma nação inteira em marcha

Após conseguir romper as primeiras linhas de fortificações com sucesso, o Exército Vermelho se lançou em sua histórica jornada, que duraria um ano se movendo a oeste e depois a norte. Foi uma expedição complexa e cheia de histórias, descrita apenas em linhas gerais aqui. Os comunistas me disseram que estavam escrevendo um relato coletivo da Longa Marcha, com contribuição de algumas dúzias daqueles que a integraram, que já somava 300 mil ideogramas[236]. Aventura, exploração, descobertas, coragem e covardia humanas, êxtase e triunfo, sofrimento, sacrifício e lealdade, em meio a tudo isso, como uma chama, um ardor inabalável, esperança inacabável e um incrível otimismo revolucionário daqueles milhares de jovens que não permitiam se derrotar pelo homem, pela natureza, por deus ou pela morte – tudo isso e muito mais parecia estar na composição de uma odisseia incomparável nos tempos modernos.

Os próprios vermelhos normalmente se referiam como *a Marcha de 25 mil li*, e com todas suas reviravoltas, turnos e contraturnos, do ponto mais distante de Fujian até o fim da estrada no extremo noroeste de Shaanxi, alguns segmentos de marchantes, indubitavelmente, fizeram tanto, ou ainda mais. Um itinerário preciso etapa por etapa, preparado pelo Primeiro Corpo do Exército, no entanto, mostrava que a rota abrangia um total de 18 mil *li* – ou 9 mil quilômetros, quase duas vezes a distância entre o ponto mais oriental e ponto mais ocidental dos Estados Unidos. Mas esses números eram, talvez, só a média da marcha das forças centrais. A jornada os conduziu através de algumas das tri-

236 N.E.: Trata-se de um livro conhecido, em inglês, como *Um balanço da Longa Marcha* [*An Account of the Long March*], e, em mandarim, como *Crônicas da Longa Marcha* (*Chángzhēng jì* [长征记]), escrito pelo Primeiro Corpo do Exército Vermelho, que foi publicado em agosto de 1936, meses depois que Snow escreveu este relato.

lhas mais difíceis, inadequadas para o tráfego de veículos e algumas das mais altas montanhas nevadas e grandes rios da Ásia. Foi uma grande batalha do início ao fim.

Quatro linhas centrais defensivas, apoiadas por posições de metralhadoras feitas de concreto armado e uma rede de *bunkers*, cercaram os distritos sovietes no Sudoeste da China, e os vermelhos tiveram que se dispersar antes que atingissem áreas sem defesas no Oeste. A primeira linha inimiga, em Jiangxi, foi superada em 21 de outubro de 1934; a segunda, em Hunan, foi ocupada em 3 de novembro; e uma semana depois a terceira, também em Hunan. As tropas de Jiangxi e Hunan desistiram da primeira e quarta linhas em 29 de novembro, e os vermelhos se moveram em direção ao norte de Hunan, para começar uma caminhada em linha reta até Sichuan, onde planejavam adentrar distritos sovietes e unirem-se ao *Exército do Quarto Front*, sob o comando de Xu Xiangqian. Entre as datas mencionadas acima, nove batalhas foram travadas. Ao todo, um total de 110 regimentos haviam sido mobilizados em seu caminho a Nanquim pelos senhores da guerra Chen Jitang, He Jian e Bai Chongxi.

Durante a marcha por Jiangxi, Guangdong, Guangxi e Hunan, os vermelhos sofreram perdas bastante severas. O contingente havia sido reduzido em cerca de um terço quando chegaram à província de Guizhou. Isso se deu primeiro devido ao impedimento de uma grande parte do transporte, 5 mil homens encarregados dessa tarefa sozinhos. A linha de frente foi bastante desacelerada e, em muitos casos, o inimigo tinha tido tempo de preparar obstáculos elaborados no caminho da marcha. Segundo, a partir de Jiangxi, uma rota não desviante foi mantida em direção a noroeste, o que favoreceu que Nanquim antecipasse a maior parte das movimentações do Exército Vermelho.

Grandes perdas como resultado desses erros fizeram com que os vermelhos adotassem novas táticas em Guizhou. No lugar de avançar em linha reta, os vermelhos começaram uma série de manobras de distração, tornando mais difícil para os aviões de Nanquim identificarem os objetivos diários das forças principais. Duas colunas, e, por vezes, até quatro, adotaram uma série de manobras extravagantes nas laterais da coluna central, para formar uma pinça com a linha de frente. Apenas os equipamentos mais essenciais e leves foram mantidos, e marchas noturnas tornaram-se rotina, com o pelotão de transporte severamente reduzido.

Prevendo a tentativa de travessia do rio Yangtzé[237] em Sichuan, Chiang Kai-shek retirou milhares de soldados de Hubei, Anhui e Jiangxi, e os moveu rapidamente a oeste, para interromper (a partir do norte) a rota de avanços do Exército Vermelho. Todas as travessias foram amplamente fortificadas; as balsas direcionadas para as margens norte do rio; todas as estradas bloqueadas; as plantações de grãos foram ceifadas em grandes áreas para que nada fosse aproveitado pelos vermelhos. Milhares de tropas de Nanquim foram enviadas a Guizhou, em reforço às tropas – saturadas de ópio – do senhor da guerra Wang Jialie – cujo exército, por fim, foi praticamente imobilizado pelos vermelhos. Ainda assim, muitas outras tropas de Chiang Kai-shek foram despachadas para as fronteiras de Yunnan, para criar obstáculos lá. Em Guizhou, os vermelhos se depararam com um comitê de boas-vindas de muitas centenas de milhares de soldados, e obstáculos foram deixados por toda parte em seu caminho. Isso exigia duas grandes contramarchas por dentro da província – e um amplo movimento circular em torno da capital.

As manobras em Guizhou ocuparam os vermelhos por quatro meses, durante os quais destruíram cinco divisões inimigas, capturaram os quartéis do governador Wang e tomaram seu palácio em estilo estrangeiro em Zunyi, recrutando, ainda, cerca de 20 mil homens – além de terem visitado a maior parte dos vilarejos e cidades da província,

237 N.E.: O rio Yangtzé, na verdade, se chama rio Longo (*Chángjiāng* [长江]). Esse engano se deve ao fato dele ter vários nomes em seu gigantesco curso de 6.300 quilômetros. O Yangtzé nasce no planalto tibetano – nas montanhas Tanggula – e desagua no mar da China Oriental em Xangai, o que o torna o terceiro rio mais extenso do mundo – e o sétimo em volume de água. Como os europeus conheceram uma parte de seu delta em Yangzhou, onde está um trecho dele chamado Yangzi (*Yángzǐ* [揚子]), assim ele foi nomeado. Na bacia do Yangtzé se desenvolveu o cultivo do arroz, mas ela era controlada por povos ancestrais dos atuais *hmong-mien* (*miao*) e *yue* (*viet*), antes dos han se expandirem para o Sul graças à unificação imperial. Por isso, ele é definido como *jiāng* [江], uma palavra austroasiática para rio, que depois se torna uma das palavras chinesas para esse tipo de curso d'água – e que serve para rios maiores. Para além de sua grandiosidade hidrográfica, ele é uma referência civilizacional e, hoje, um marco que divide o Norte do Sul da China.

convocando encontros em massa e organizando grupos comunistas entre os jovens. As perdas sofridas pelos vermelhos foram insignificantes, mas eles ainda enfrentavam problemas em cruzar o Yangtzé. Pela ágil concentração nas fronteiras de Guizhou-Sichuan. Chiang Kai-shek habilmente bloqueou as curtas rodovias diretas que levavam ao Yangtzé. Naquele momento, ele havia posicionado suas principais esperanças de extermínio dos vermelhos antes que fizessem a travessia do Yangtzé em qualquer ponto, com o intuito de empurrá-los para o Extremo Sudoeste, ou para as vastidões do Tibet. Chiang, então, telegrafou a seus diversos comandantes e senhores da guerra provinciais: *O destino da nação e do Partido depende da contenção dos vermelhos no sul do Yangtzé.*

Repentinamente, no início de maio de 1935, os vermelhos voltaram-se para o sul e adentraram Yunnan, onde a China faz fronteira com a Birmânia e a Indochina[238]. Uma incrível marcha trouxe, em quatro dias, os vermelhos a apenas 16 quilômetros da capital da província, *Yunnan Fu*[239]. Lá, o senhor da guerra Long Yun [龙云] – cujo nome significava, literalmente, "Nuvem Dragão" –, desesperadamente, mobilizou todas as tropas disponíveis para a defesa. Os reforços de Chiang deslocaram-se de Guizhou em perseguição. O próprio Chiang e sua esposa, que estavam hospedados em Yunnan Fu, apressadamente repararam a ferrovia francesa com destino à Indochina. Um grande esquadrão de bombardeiros de Nanquim mantinha os ataques diários aos vermelhos, mas eles continuaram a adentrar o território da província. Em pouco tempo, o pânico cessou. Descobriu-se que a movimentação a Yunnan Fu havia sido apenas uma distração executada por algumas poucas tropas vermelhas. As principais forças vermelhas se moviam a oeste, obviamente com a intenção de atravessar o rio em Longjie, um dos poucos pontos navegáveis do Alto Yangtzé.

238 N.E.: A Birmânia ou Burma hoje se chama Myanmar. Já a Indochina corresponde aos atuais Vietnã, Camboja e Laos.

239 N.E.: Na verdade, Kunming é o nome da capital de Yunnan, enquanto Yunnan Fu significa apenas "Prefeitura de Yunnan" – mas já serviu como o seu nome. Trata-se de uma região profundamente estratégica da China, pois é um entroncamento de ligação do país com o Sudeste Asiático, Tibet e o restante do interior do país.

Através da selvagem e montanhosa província de Yunnan, o rio Yangtzé flui profunda e agilmente por entre grandes picos levantando-se em imensos desfiladeiros de mais de um quilômetro, com íngremes paredes de pedra que se erguiam quase perpendicularmente em ambos os lados. Chiang estava satisfeito. Naquele momento, ele ordenou a retirada de todos os barcos na margem norte do rio e queimadas. Então, o generalíssimo ordenou que suas forças – e as de Long Yun – fizessem um movimento de *envelopamento* do Exército Vermelho, isto é, lhe atacar por ambos os lados – e, com isso, Chiang esperava exterminar definitivamente seu adversário nas margens do histórico, e imprevisível, Yangtzé.

Aparentemente alheios ao destino, os vermelhos continuaram em marcha veloz a oeste em três colunas em direção a Longjie. Os barcos de lá haviam sido queimados, enquanto pilotos de Nanquim reportaram que a linha de frente vermelha tinha começado a construir uma ponte de bambu. Chiang ficou mais confiante; a construção dessa ponte levaria semanas. Mas em uma tarde, de forma bastante discreta, uma infantaria vermelha reverteu sua direção. Em uma marcha forçada impressionante alcançando cerca de 130 quilômetros em uma noite e um dia, ao fim da tarde irromperam a única outra travessia por balsa dos entornos, no forte Jiaoping. Vestindo uniformes capturados de Nanquim, o batalhão adentrou a cidade ao cair da noite, sem comentários alarmantes, silenciosamente desarmando toda a guarnição.

Barcos haviam sido retirados para a margem norte, mas não tinham sido queimados (*Para que estragar barcos, já que os vermelhos estavam a centenas de* li *de distância e não iriam lá de qualquer forma?* – é o que devem ter presumido as tropas do governo). Mas como chegar à margem sul? Durante a noite, os vermelhos renderam um chefe do vilarejo, conduzindo-o até o rio, onde o forçaram a avisar os guardas do outro lado de que algumas tropas do governo haviam chegado e precisavam de uma balsa. Sem qualquer desconfiança, uma balsa foi enviada – e por meio dela um destacamento desses "soldados de Nanquim" logo desembarcaram na margem norte, isto é, já na província de Sichuan. Calmamente, os vermelhos entraram na guarnição, surpreendendo os guardas que sossegadamente jogavam *mahjong* – os comunistas tomaram suas armas, que estavam penduradas na parede, sem qualquer dificuldade.

Enquanto isso, as forças principais do Exército Vermelho executaram uma grande contramarcha e, ao fim da tarde, a linha de frente alcançou o forte. A travessia agora era um problema simples. Seis barcos grandes trabalharam constantemente por nove dias. O Exército todo foi transportado a Sichuan sem que ninguém morresse. Tendo concluído a ação, os vermelhos, prontamente, destruíram as embarcações e foram dormir. Quando as forças de Chiang alcançaram o rio, dois dias depois, a retaguarda comunista as *recebeu animadamente* da outra margem, obrigando-as a fazer um desvio de 100 quilômetros para chegar à travessia mais próxima – e quando, finalmente, elas conseguiram, elas foram repelidas pelos comunistas. Enfurecido, o generalíssimo tomou um avião até Sichuan, onde mobilizou novas tropas à frente da horda que chegava de forma iminente, esperando, dessa vez, interrompê-los na travessia de mais um rio estratégico – o gigantesco Dadu[240].

240 N.E.: O rio Dàdù [大渡] significa algo como "grande passagem", nascendo no planalto tibetano – na província de Qinghai – para se encontrar com o rio Min em Sichuan, o qual desemboca no rio Yangtzé. Ele é uma zona de transição, como seu próprio nome sugere, entre o mundo tibetano e o chinês.

5.3. Os heróis do rio Dadu

A travessia do rio Dadu foi um incidente único e decisivo da *Longa Marcha*. Se o Exército Vermelho tivesse falhado ali, muito provavelmente teria sido exterminado. O precedente histórico para tal destino já tinha ocorrido. Às margens do remoto Dadu, os heróis dos *Três Reinos*[241] e diversos outros guerreiros posteriores conheceram a derrota. Ainda no século XIX, naqueles mesmos desfiladeiros, os *últimos rebeldes de Taiping*[242], um exército de 100 mil homens liderado por Shi

241 N.E.: *Três Reinos* diz respeito às divisões da Dinastia Han depois de seu colapso – *respectivamente Wu, Shu-Han e Wei* –, período que foi relatado tanto no *Registro dos Três Reinos* quanto no *Romance dos Três Reinos*.

242 N.E.: A *Rebelião Taiping* [*Grande Paz*] ou, mais precisamente, *Rebelião do Reino Celestial Taiping* (*Tàipíng Tiānguó Zhīluàn* [太平天國之亂]) – alternativamente, *Movimento do Reino Celestial Taiping* (*Tàipíng Tiānguó Yùndòng* [太平天国运动]) – foi um levante messiânico, cristão e sincrético ocorrido entre 1850 e 1864 – e com desdobramentos até 1871. A rebelião foi liderada por Hóng Xiùquán [洪秀全] (1815-1864), um chinês hakka, que se proclamou *irmão mais novo de Jesus Cristo* e se levantou contra a Dinastia Qing. Os Taiping tomaram Nanquim, até então, a capital cultural da China, e enfrentaram de forma cruenta a ordem manchu – sendo repelidos de forma igualmente brutal. Além dos hakka, grande parte dos rebeldes eram cantoneses e, também, havia entre eles numerosos zhuang – uma etnia kra-dai, portanto da mesma família dos modernos tailandeses –, os quais geralmente estavam assentados no Sul da China, sobretudo em Guangxi. Para além do discurso religioso, havia, é claro, uma manifestação de insatisfação ancestral dos subgrupos do Sul em relação à organização do país, assim como uma fúria contra a elite manchu da última Dinastia. Ainda que conservadores moralmente, os Taiping eram progressistas em nível social, advogando por causas igualitárias. O resultado da rebelião não foi trivial: resultou de 20 a 30 milhões de mortos, diretos ou indiretos, o que junto das pressões do colonialismo ocidental, igualmente ajudaram a colapsar a Dinastia Qing. Muitas vezes, os nacionalistas de esquerda e os comunistas reivindicam o legado de Taiping. No *Sobre a prática*, um de seus mais célebres artigos, Mao reputa que "(...) *o caminho que seguiu o povo chinês no seu conhecimento do imperialismo. O primeiro grau foi o do conhecimento sensível, superficial, o da luta indiscriminada contra os estrangeiros, a época do Movimento do Reino Celestial dos Taipings* (...)".

Dakai[243], foi cercado e completamente aniquilado pelas forças manchus, sob o comando do famoso Zeng Guofan[244]. Naquele momento da Longa Marcha, o generalíssimo emitiu ordens para que se repetisse com os comunistas o que se fez contra os rebeldes Taiping, destinando tais comandos aos senhores da guerra Liu Xiang e Liu Wenhui, seus aliados em Sichuan, e a seus próprios generais que comandavam a perseguição.

Mas os vermelhos também sabiam sobre Shi Dakai – e de que o motivo de sua derrota havia sido um custoso atraso. Ao chegar às margens do Rio Dadu, o príncipe Shi pausou por três dias para celebrar o nascimento de seu filho – como um príncipe imperial. Aqueles dias de descanso deram ao seu inimigo a chance de se concentrar contra ele – e, também, para executar marchas bruscas em sua retaguarda. Percebendo seu erro tarde demais, o príncipe Shi tentou romper o cerco do inimigo, mas era impossível manobrar no exíguo terreno do desfiladeiro, e assim ele foi apagado do mapa[245].

Os vermelhos se determinaram a não cometer o mesmo erro. Movimentando-se rapidamente pelo norte do *rio das Areias Douradas* (*Jīnshā jiāng* [金沙江]) – como é conhecido o Yangtzé naquela região[246] –, eles logo adentraram o território tribal dos guerreiros indígenas lolo[247],

---

243 N.E.: Shí Dákāi [石达开] (1831-1863) foi um dos líderes da Rebelião Taiping e poeta, conhecido pelos epítetos de *Rei Alado* e *Senhor dos Cinco Mil Anos*. Ele foi dos últimos resistentes, sobretudo depois da morte de Hong Xiuquan, e inspirou o marechal Zhu De, que também era de etnia hakka.

244 N.E.: Zēng Guófān [曾国藩] (1811-1872), o marquês Yiyong, era um conterrâneo de Mao Zedong, sábio confuciano e oficial da Dinastia Qing que entrou para a história ao reprimir a Rebelião Taiping.

245 N.E.: Há controvérsias sobre a morte de Shi Dakai. Alguns relatos dão conta que uma inundação teria prejudicado o avanço de suas tropas, motivo pelo qual ele se entregou para que seus homens fossem poupados.

246 N.E.: Trata-se de um trecho do Yangtzé chamado *rio das Areias Douradas*, que vai de Gyêgu, na província de Qinghai, até seu encontro com o rio Min, na província de Sichuan – o Yangtzé, (na verdade, "rio Longo") tem vários nomes ao longo de seus milhares de quilômetros de extensão.

247 N.E.: No caso, tratava-se da tribo dos nuosu da casta negra, que pertenciam aos povos yi. Lolo é um exônimo pejorativo dado pelos chineses a todos os povos yi. O termo decorre de *luóluó* [猓猓] que faz referência a cães (pelo radical à esquerda dos dois

que se dividiram em "brancos" e "pretos"[248] em sua área autônoma. Nunca conquistados, nunca assimilados pelos chineses que habitavam seus entornos, os valentes lolo ocuparam por séculos a região densamente florestada e montanhosa de Sichuan, da qual as fronteiras eram delimitadas pelo grande arco sul, descrita como o Yangtzé a leste do Tibet. Chiang Kai-shek pode ter confiado convictamente em um longo atraso e enfraquecimento dos vermelhos nessa área que possibilitaria que concentrasse ao norte do Dadu. O ódio dos lolo pelos chineses era histórico – e raramente algum exército chinês cruzou suas fronteiras sem consideráveis perdas ou extermínio.

Mas os vermelhos já haviam cruzado pacificamente as regiões tribais dos povos *miao* e *shan*[249], indígenas de Guizhou e Yunnan, conquistando a amizade deles – e até mesmo alistaram alguns ao exército. Daquela vez, enviaram representantes para a mediação com os lolo. Pelo caminho capturaram diversas cidades nos arredores da terra lolo, onde encontraram algumas chefias tribais que foram feitas reféns por senhores da guerra provinciais chineses. Libertos e enviados de volta a seu povo, esses homens naturalmente enalteciam os vermelhos.

---

ideogramas), mas nos anos 1930 eles já eram chamados pelo exônimo neutro *lìlì* [傈傈] – no entanto, Snow optou pelo termo "lolo", consagrado em inglês e em algumas línguas do sudeste asiático e do Sul da China. No entanto, hoje eles são chamados pelo endônimo de povo [indígena] yi (*yízú* [彝族]), embora se trate de uma grande família étnica, muito diversa entre si. Os yi consistem em uma minoria birmanesa espalhada pela China (Yunnan, Sichuan, Guizhou e Guangxi), Tailândia, Laos e Vietnã – mas também em diásporas importantes no Japão e em Taiwan. As línguas dos yi se encontram na macro família sino-tibetana, especificamente no ramo birmanês.

248 N.E.: Os lolo negros e brancos são castas dos nuosu, sendo que os últimos oprimem os primeiros – há diversas teses sobre a divisão daquela sociedade dessa forma, inclusive que tenha sido obra do dominador chinês.

249 N.E.: *Miao* é como os chineses chamam os *hmong-mien*, um povo austroasiático que subsiste no Sul da China e no Sudeste da Ásia – e são relacionados com a ancestral cultura Daxi, que iniciou o cultivo do arroz, e controlava a bacia do Yangtzé, antes da chegada dos chineses. Já *shan* é o exônimo birmanês para os povos *tai* que habitam o Myanmar. O termo *shan* é uma corruptela de "Siam", o nome antigo da Tailândia, e a diferença deles para os tailandeses é o fato de eles serem aculturados dentro da cultura birmanesa, usando seu alfabeto e alguns de seus costumes – em razão de diásporas variadas, há incidência de pessoas shan tanto no Sul da China quanto em outros países do Sudeste Asiático.

Na linha de frente do Exército Vermelho estava o comandante Liu Bocheng[250], quem outrora havia sido um oficial em um exército de senhores da guerra de Sichuan. Liu conhecia os lolo, seus conflitos internos e descontentamentos. Especialmente, ele sabia sobre o ódio deles aos chineses – *e sabia falar um pouco da língua lolo*[251]. Designado à tarefa de negociar uma aliança amigável, adentrou o território lolo e foi a uma conferência com os chefes tribais. Os lolo, relatou Liu, se opunham aos senhores da guerra Liu Xiang, Liu Wenhui e ao Kuomintang, mas também aos vermelhos. Os lolo desejavam manter sua independência; as políticas dos vermelhos promoviam autonomia a todas as minorias nacionais da China. Os lolo odiavam os chineses, pois haviam sido oprimidos por eles, no entanto, existiam os chineses "brancos" e os "vermelhos", bem como existiam os lolo "brancos" e os lolo "negros", e sempre foram os chineses "brancos" responsáveis pelas execuções e opressão dos lolo. "Não seria interessante que os lolo negros e chineses vermelhos se unissem contra *seus inimigos em comum*, os brancos [*ironicamente*, chineses e lolo]?" Os lolo escutaram atentamente. Sorrateiramente, pediram armas e balas para o resguardo de sua

250 N.E.: Liú Bóchéng [刘伯承] (1892-1986) é mais um dos *Dez Marechais*. Nascido em Sichuan, em uma área que hoje jaz submersa pela barragem das *Três Gargantas*. Ele iniciou sua carreira militar cedo como apoiador de Sun Yat-sen desde 1914. Liu perdeu o olho direito em combate em 1916, o que lhe valeu as alcunhas de *Dragão de Um Olho Só* e de *Marte Chinês* – esta última dada pelo cirurgião que o operou sem anestesia. Ele rompeu com o Kuomintang em 1927, sendo um dos fundadores do Exército Vermelho, mas as duras derrotas que suas tropas sofreram fez com que ele passasse à clandestinidade e, logo depois, partisse para Moscou, onde foi aceito na Academia Frunze para estudar a guerra moderna – motivo pelo qual só retorna à China em 1930, quando terá papel central na administração militar da bacia do Yangtzé durante a Guerra Civil – assim como destaque na resistência à ocupação japonesa e na segunda Guerra Civil da China. Como muitos marechais, ele terá problemas na *Revolução Cultural* e tomará o lado de seu amigo de longa data Deng Xiaoping, com quem dirigiu importantes operações na Segunda Guerra Civil – a famosa anedota de Deng, "*Seja um gato preto ou um gato branco, desde que possa pegar o rato, é um bom gato*", na verdade, foi inventada pelo estrategista Liu, com um gato amarelo no lugar do preto.
251 N.E.: No caso, a língua nuosu, uma vez que as várias nações *yi* falam verdadeiros idiomas – e não meros dialetos.

independência e, também, ajudar os chineses vermelhos a combater os brancos. Para seu espanto, os vermelhos lhes deram ambos.

Então, ocorreu uma passagem não somente rápida, como também politicamente proveitosa. Centenas de lolo ingressaram nas fileiras dos chineses vermelhos e, assim, partiram em marcha até o rio Dadu para lutar contra o inimigo em comum. Alguns desses lolo marcharam, mais tarde, para o Noroeste. Liu Bocheng *bebeu o sangue de uma galinha recém-sacrificada* na frente do chefe lolo – e, ao final, todos beberam, jurando irmandade sanguínea à maneira tribal. Com esse pacto, os vermelhos declararam que aquele que violasse os termos da aliança, seria tão fraco e covarde quanto a ave.

Dessa forma, uma divisão de linha de frente da Primeira Corporação do Exército, liderada por Lin Biao, alcançou o rio Dadu. No último dia da marcha, emergiram das florestas de terra dos lolo, cuja densa folhagem fez com que os pilotos de Nanquim os perdessem, completamente, de vista. Assim, os vermelhos desceram de forma súbita à cidade ribeirinha de Anshunchang, de forma desavisada como haviam chegado ao forte de Jiaoping. Guiados através de estreitas trilhas nas montanhas pelos lolo, a linha de frente vermelha se infiltrou, discretamente, na pequena cidade – olhando para a margem sul do Dadu, desde um ponto alto, os comunistas ficaram surpresos e encantados ao descobrir que havia três balsas atracadas! O destino lhes sorriu mais uma vez.

Como isso aconteceu? Na costa oposta, havia apenas um regimento de militares do general Liu Wenhui, um dos dois ditadores da província de Sichuan. Outras tropas de Sichuan, bem como reforços de Nanquim, procediam sem pressa em direção ao Dadu, pois um regimento solitário parecia suficiente naquele momento. Um esquadrão, que deveria ser amplo, com todas as embarcações atracadas ao norte. Mas o comandante daquele regimento era um nativo do distrito; ele conhecia o território pelo qual os vermelhos deveriam passar – e quanto tempo supostamente levariam para chegar ao rio, o que ele deduzia demandar ainda muitos dias, e assim falou para seus homens. A esposa do comandante era nativa de Anshunchang, por isso ele cruzou as margens do

Dadu para visitar seus familiares e amigos e celebrar com eles. Dessa forma, ocorreu que, ao capturarem a cidade de surpresa, os vermelhos também tomaram um comandante, seus barcos e sua passagem para a margem norte do Dadu.

Dezesseis homens de cada uma das cinco companhias da linha de frente se voluntariaram a fazer a travessia no primeiro barco e trazer de volta os outros, enquanto, nas margens ao sul, os vermelhos armaram metralhadoras nas montanhas e montaram uma rede de fogo de cobertura no rio, concentrando-se nas posições expostas do inimigo. Era maio. Enxurradas despejavam-se das montanhas e o rio estava agitado, ficando mais profundo do que o Yangtzé. Partindo do rio acima, a balsa levou duas horas para fazer a travessia e atracar praticamente no oposto da cidade. A partir da margem sul, os aldeões de Anshunchang assistiam ofegantes. Eles temiam ser exterminados! Mas espere. Eles viram os vermelhos atracarem quase embaixo das armas do inimigo. Agora, certamente, seriam aniquilados. E ainda assim... as metralhadoras dos vermelhos na margem sul continuavam a ladrar. Os espectadores observaram o diminuto grupo chegar à terra firme, rapidamente se camuflando – e, então, eles escalavam, calmamente, uma falésia que dava visão às posições inimigas, abaixo delas. Eles montaram suas próprias metralhadoras leves, despejando uma enxurrada de chumbo e granadas contra as trincheiras inimigas ao longo do rio.

Repentinamente, as tropas brancas cessaram o fogo, saíram de suas trincheiras e escaparam para uma segunda linha de defesa, movendo-se, em seguida, para uma terceira. Um grande murmúrio subiu da margem sul e gritos de "*hǎo* [好]!" – bom! – pairavam pelo rio, enquanto o pequeno bando que havia capturado a balsa desembarcava. Enquanto isso, o primeiro barco retornava, rebocando outros dois e, na segunda viagem, cada um carregava oitenta homens. O inimigo havia fugido. Pelos três dias seguintes inteiros, aquelas três balsas de Anshunchang trabalharam sem parar – até que o equivalente a uma divisão tivesse alcançado a margem norte.

Mas o rio fluía cada vez mais rápido – e a travessia se tornava cada vez mais difícil. No terceiro dia, foram quatro horas gastas para enviar uma embarcação lotada de homens de uma margem à outra. Naquele ritmo, levariam semanas até que o exército todo e seus animais e suprimentos fossem movimentados. Muito antes dessa operação ser completada, eles acabariam cercados. A Primeira Divisão do Exército havia agora se abarrotado em Anshunchang – e chegavam as colunas de ladeamento, de transporte e a retaguarda. Os aviões de Chiang Kai-shek já haviam avistado todos elas, bombardeando-as copiosamente. Tropas inimigas aceleravam o passo desde o sudeste; outras se aproximavam pelo norte. Uma conferência militar foi convocada às pressas por Lin Biao.

Zhu De, Mao Zedong, Zhou Enlai e Peng Dehuai, naquela altura, tinham alcançado o rio – *e eles tomaram uma decisão que começaram a executar imediatamente*: cerca de 400 *li* ao oeste de Anshunchang, onde os desfiladeiros eram bastante altos, e o rio fluía estreitamente, profundo e ágil, havia uma ponte de suspensão com correntes de aço chamada *Lúdìng* [泸定] – *a ponte assentada por Lu*. Era a última travessia possível do Dadu a leste do Tibet. Diante disso, os vermelhos descalços agora se dirigiam a uma trilha que se emaranhava através dos desfiladeiros, por vezes, escalando centenas de metros para, novamente, descerem ao nível da túrgida corrente, onde chafurdavam através da lama que chegava à altura da cintura. Se capturassem a Luding, as tropas poderiam entrar em Sichuan central. Se elas falhassem, teriam de refazer seus passos através da terra dos lolo, reentrar em Yunnan e batalhar pelo caminho ao oeste em direção a Lijiang, na divisa com o Tibet – um desvio de cerca de mil quilômetros, ao longo do qual poucos poderiam esperar sobreviver.

Conforme suas forças principais se deslocavam a oeste, ao longo da margem sul, a divisão vermelha, que já havia cruzado o rio, se movia em paralelo. Por vezes, os desfiladeiros entre eles se aproximavam de forma tão estreita que as duas linhas de vermelhos podiam gritar para se comunicar, mesmo estando em margens opostas; muitas vezes, aquele abismo profundo os fazia temer que o Dadu os separasse para sempre – fazendo-os caminhar mais rapidamente. À noite, quando montaram uma longa formação de serpentes ao longo das falésias de ambos os lados, mais de 10 mil tochas refletiam na escura face do rio aprisionante abaixo, como se milhares de flechas fossem disparadas. Dia e noite, esses grupos de vanguarda marcharam ao dobro da velocidade, parando apenas breves dez minutos – para descanso e alimentação –, quando os soldados ouviam lições de seus comissários políticos extremamente cansados, os quais repetidamente explicavam a importância dessa ação, exortando para que cada um entregasse até o último suspiro, indispensáveis para superar a provação à frente deles. Um enfraquecimento no ritmo não poderia acontecer, sem indecisões, sem fadiga. "*A vitória é vida*", dizia Peng Dehuai; "*a derrota é morte certa*".

No segundo dia, a linha de frente da margem norte ficou para trás. As tropas de Sichuan montaram posicionamentos na rodovia, e conflitos se iniciaram. Os da margem sul seguiam de maneira mais obstinada. Prontamente, novas tropas apareceram na margem oposta – por meio de seus binóculos, os vermelhos viram que eram reforços brancos, apressando-se em direção a Luding. Por um dia inteiro, as duas tropas adversárias competiam uma com a outra ao longo da correnteza, mas, gradualmente, a vanguarda vermelha, que funcionava como uma furadeira do Exército Vermelho, ganhou distância dos soldados inimigos cansados – os quais faziam descansos mais longos e mais frequentes, parecendo ter menos energia; e, talvez, não estivessem muito ansiosos para morrer por uma ponte.

A *ponte assentada por Liu* havia sido construída há séculos, com a mesma estrutura de todas as pontes dos rios profundos da China ocidental. Dezesseis pesadas correntes de ferro – com um vão de cerca de 100 metros de comprimento, ou mais – eram estendidas ao longo do rio, com suas pontas encravadas de cada lado sob grandes pilhas de pedra cimentada, abaixo das cabeças de ponte. Tábuas maciças amarradas às correntes constituíam a passarela da ponte, mas, ao chegarem, os vermelhos notaram que metade desse assoalho de madeira havia sido removido e, diante deles, havia apenas correntes despidas, que oscilavam até um ponto central do rio. Na cabeça da ponte norte, tocas de metralhadoras os encaravam, e atrás havia posições comandadas por tropas brancas. A ponte, certamente, deveria já ter sido destruída, mas o povo de Sichuan era sentimental com suas poucas pontes; não era fácil reconstruí-las, além delas serem caras. Sobre Luding dizia-se que "*a riqueza de 18 províncias contribuiu para sua construção*". E quem imaginaria que os vermelhos tentariam, de forma insana, cruzá-la apenas pelas correntes? Mas foi o que fizeram.

Não havia tempo a ser perdido. A ponte deveria ser capturada antes que reforços do inimigo chegassem. Mais uma vez, voluntários foram necessários. Um a um, soldados vermelhos davam um passo adiante para arriscar suas vidas – e, dos que se ofereceram voluntariamente, trinta foram escolhidos. Granadas manuais e *Mausers* estavam atadas às suas costas e, logo, estavam balançando acima do fervilhante rio, movendo mão a mão, agarrando-se às correntes de ferro. Metralhadoras vermelhas atingiam as trincheiras inimigas, cravejando a cabeça de ponte com suas balas. O inimigo também respondeu com metralhadoras e com *snipers*, disparando contra o Exército Vermelho, enquanto os soldados comunistas rastejavam lentamente sobre o rio. O primeiro combatente foi baleado e caiu nas corredeiras abaixo, seguido por um segundo e, depois, por um terceiro. Mas os outros estavam se aproximando cada vez mais do meio, e as tábuas da ponte forneciam um pouco de proteção a esse esquadrão suicida – e a maioria das balas do inimigo passou de raspão ou caiu nos penhascos do outro lado.

O povo de Sichuan, provavelmente, nunca havia encontrado guerreiros como aqueles homens, para os quais se tornar soldado não era apenas a garantia de uma tigela de arroz – eles eram jovens prontos para se sacrificar em prol da vitória. Eram humanos, loucos ou divindades? Será que não haviam disparado para matar? Será que algum dos brancos desejava, secretamente, que nossos homens obtivessem sucesso em sua tentativa? Por fim, um vermelho rastejou pelo assoalho da ponte, destravou uma granada e a atirou com perfeita precisão nas trincheiras inimigas. Oficiais do Kuomintang ordenaram que o restante das madeiras fosse destruído. Mas já era demasiado tarde. Mais vermelhos rastejavam-se às vistas. Parafina foi jogada nas madeiras, e começaram a queimar. Naquele momento, cerca de vinte vermelhos se movimentavam adiante apoiados em suas mãos e pés, atirando uma granada após a outra na toca de metralhadora inimiga.

Repentinamente, na costa sul, seus camaradas começaram a gritar de alegria. "*Vida longa ao Exército Vermelho! Vida longa à Revolução! Vida longa aos heróis de Dadu!*" O inimigo se retirava em uma fuga a esmo. Correndo a toda velocidade pelas tábuas remanescentes da ponte, através de labaredas os lambendo à frente, os audaciosos vermelhos, rapidamente, pularam nos redutos inimigos e voltaram a metralhadora abandonada para o lado da costa.

Mais vermelhos, agora, avançavam pelas correntes, chegando para ajudar a apagar o incêndio e repor as madeiras. E, logo após, a divisão vermelha que havia atravessado em Anshunchang apareceu, lançando um ataque às posições inimigas restantes, de forma que, em pouco tempo, todas as tropas brancas se dissiparam – seja em fuga ou se juntando com os vermelhos, pois cerca de cem soldados de Sichuan presentes soltaram seus rifles e se juntaram a seus perseguidores. Dentro de uma ou duas horas todo o Exército Vermelho estava alegremente pelo caminho através do rio Dadu em Sichuan. Bem de longe, nos céus, os aviões de Chiang Kai-shek rugiam raivosa e impotentemente, enquanto os vermelhos gritavam em um frenético desafio a eles.

Pela coragem ímpar dos heróis de Anshunchang e Luding, eles foram condecorados com uma *Estrela Dourada*, a mais alta condecoração no Exército Vermelho Chinês.

5.4. Através dos verdes campos do planalto tibetano

Ao chegar ao outro lado do Dadu, os vermelhos partiram, de forma segura e com relativa liberdade, em direção ao oeste de Sichuan, onde o sistema de *blocausse* ainda não havia sido completado – e a iniciativa, agora, repousava em suas mãos. Mas as duras batalhas não haviam terminado inteiramente. Havia, ainda, mais de *três mil quilômetros de marcha e sete grandes cadeias de montanhas* à frente deles.

Ao norte do rio Dadu, os vermelhos escalaram quase cinco mil metros nas montanhas *Daxue*, as "*grandes montanhas nevadas*", e, quase em seu topo, com ar rarefeito, conseguiram observar a oeste um mar de picos nevados – o Tibet[252]. Já era junho, e nas terras baixas era bastante quente, mas, conforme cruzavam a *Daxue*, muitos daqueles sulistas pouco equipados – e sem costume com a altitude elevada – pereceram. Foi ainda mais difícil escalar uma desolada montanha, na qual literalmente construíram sua própria estrada derrubando paus longos de bambus e os colocando no caminho através de um tortuoso lamaçal que chegava à cintura. "*Naquele pico, um destacamento do exército perdeu dois terços de seus animais de transporte. Centenas de soldados caíram e nunca mais se levantaram.*" – disse Mao.

Escalaram a cordilheira *Qionglai* em seguida, perdendo mais homens e animais. Depois, escalaram a adorável montanha *Mengbi* e, posteriormente, a montanha *Gushan* – na qual também perderam mui-

252 N.E.: O Tibet não se refere apenas à chamada Região Autônoma do Tibet – que em chinês sequer se chama Tibet, mas sim Xīzàng [西藏], ou Zang Ocidental, derivada do nome da principal nação tibetana. Tibet é uma vasta região geográfica natural e multinacional, a exemplo do que é a Amazônia para brasileiros e demais sul-americanos, que envolve também a maior parte de Qinghai, o oeste de Sichuan, Gansu, Yunnan, além de partes do Nepal, Butão e mesmo Índia – em regiões que são disputadas militarmente entre Nova Déli e Pequim até hoje.

tas vidas. Finalmente, em 20 de julho de 1935, adentraram a próspera região de *Maergai*, a noroeste de Sichuan, e se juntaram ao Exército do Quarto Front e às regiões sovietes de Songpan – onde estacionaram para uma longa pausa de descanso, contabilização de perdas e recomposição de suas formações.

O Primeiro, Terceiro, Oitavo e Nono Exército, que haviam começado suas jornadas em Jiangxi nove meses antes com cerca de 90 mil homens armados, naquele momento reuniam apenas 45 mil deles, sob as bandeiras da foice e do martelo. Mas nem todos os ausentes tinham sido mortos, abandonados ou capturados: como tática defensiva, o Exército Vermelho deixou um certo número de tropas regulares da Longa Marcha em Hunan, Guizhou e Yunnan para organizar guerrilhas entre os camponeses, tudo para conduzir atividades de perseguição e desvio no flanco inimigo. Centenas de milhares de fuzis foram capturados, sendo distribuídos ao longo da rota – e de Jiangxi a Sichuan, naquele instante, existiam outras áreas de conflito contra as forças do Kuomintang. He Long ainda mantinha sua diminuta região soviete a norte de Hunan – e mais tarde as tropas de Xiao Ke foram ao seu encontro. Os diversos novos destacamentos partisans criados começaram a se mover lentamente para aquela pequena área soviete. Levou um ano inteiro para que Nanquim conseguisse expulsar He Long, e isso só aconteceu depois que o quartel-general do Exército Vermelho ordenou sua partida para Sichuan – em uma operação que ele completou cruzando o Tibet, enfrentando obstáculos inimagináveis.

A jornada dos vermelhos de Jiangxi até então havia os abastecido com muita comida e reflexões. Fizeram muitos novos amigos e muitos inimigos ferozes. Ao longo do caminho se mantiveram dos recursos tomados dos ricos – os senhores de terra, oficiais, burocratas e tiranetes locais. As expropriações obedeciam, sistematicamente, às leis sovietes: apenas o Ministério de Confiscos tinha o poder de distribuir os bens adquiridos. Todos os suprimentos confiscados eram informados via rádio para o exército, e aquele departamento designava as quantidades de provisões para cada setor dos marchantes, os quais formavam uma verdadeira serpentina de dezenas de quilômetros pelas curvas das montanhas.

Os *suprimentos excedentes* – materiais expropriados que estavam além da capacidade de transporte do Exército Vermelho – às vezes eram tão frequentes que eram distribuídos aos pobres locais. Quando o Exército Vermelho esteve em Yunnan, milhares de peças de presunto foram confiscadas de ricos comerciantes – e camponeses vieram de quilômetros de distância para conseguir uma delas. Toneladas de sal também foram distribuídas. Em Guizhou, diversas granjas de patos foram capturadas de senhores de terra e burocratas – e os soldados comeram tanto daquela ave que, nas palavras de Wu Liangping, *criaram asco de pato*. De Nanquim, levaram notas, yuans de prata e ouro do Banco Nacional da República Soviética da China[253] e, ao longo do caminho, passando por distritos pobres, usaram esse dinheiro para pagar por suas necessidades. Escrituras de terras foram destruídas, tributos foram abolidos e o campesinato pobre foi armado.

Exceto pela experiência ao norte de Sichuan, os vermelhos me disseram que foram bem-vindos em toda parte pela massa de camponeses. *As políticas estilo Robin Hood*[254] se tornaram conhecidas antes que eles chegassem e, muitas vezes, o "*campesinato oprimido*" enviava grupos para apelar que os vermelhos fizessem um desvio para, assim, "*liberar*" seus distritos. Esses camponeses tinham pouca noção do programa político do Exército Vermelho, mas, certamente, sabiam que era um "exército dos pobres", me disse Wu Liangping. Era o suficiente. Mao Zedong me contou de forma risonha de uma certa delegação que chegou para dar boas-vindas ao *Sūwéi'āi xiānshēng* [苏维埃先生] – isto é,

---

253 N.E.: O Banco Nacional da República Soviética da China (*Zhōnghuá Sūwéi'āi Gònghéguó Guójiā Yínháng* [中华苏维埃共和国国家银行]) é o antecessor do atual Banco Popular da China – o banco central da República Popular da China. Ele foi fundado nos sovietes do Sul ainda em 1931, sendo responsável pela Moeda Nacional dos Sovietes em 1932, consistindo em uma peculiaridade poderosa do comunismo chinês, que sempre deu uma peculiar atenção às questões monetárias e financeiras.

254 N.E.: Não deixa de haver paralelos interessantes entre o *Margem da água*, que tanto inspirou Mao, a ponto de usá-lo na formação dos vermelhos, e a lenda de Robin Hood, tantas vezes contada em diferentes mídias.

boas-vindas *ao senhor "Su Wei'ai"* ["So Viete"] ![255] Mas esses camponeses não eram mais ignorantes do que o senhor da guerra de Fujian, Lu Xingbang, que certa vez colocou um aviso em seu território oferecendo uma recompensa: "*Procura-se, vivo ou morto, Su Wei'ai* [So Viete]*!*" – o senhor da guerra declarou que *esse fora-da-lei causava prejuízos em todas as partes da província* e, por isso, precisava ser exterminado.

Em Maorgay e Maogong, o Exército Vermelho do Sul descansou por três semanas, enquanto o conselho militar revolucionário e representantes do Partido e Governo Soviete discutiam os planos para o futuro. Deve-se recordar do Exército do Quarto Front, que havia feito sua base em Sichuan já no início de 1933 – e, originalmente, havia sido formado em distritos sovietes de Henan-Hubei-Anhui: sua marcha por Henan até Sichuan foi conduzida por Xu Xiangqian e Zhang Guotao, dois vermelhos veteranos, e teve êxitos surpreendentes – e trágicos excessos – que haviam sido a marca de suas campanhas em Sichuan, a porção norte toda que outrora havia estado sob suas influências. No momento da junção no Maogong com os bolcheviques do Sul, o exército de Xu Xiangqian somava cerca de 50 mil homens. Assim, a força vermelha combinada, concentrada no oeste de Sichuan em julho de 1935, chegava a cerca de 100 mil homens.

Aqui, os dois exércitos se fragmentaram, pois parte dos sulistas continuaram em direção ao Norte, enquanto o resto permaneceu com o Exército do Quarto Front em Sichuan. Havia um desentendimento sobre o percurso correto a ser seguido. Zhang Guotao e Xu Xiangqian eram favoráveis a permanecer em Sichuan, em uma tentativa de reafirmar a influência comunista ao sul do Yangtzé. Mao Zedong, Zhu De e a maior parte do politburo estavam determinados a continuar em direção ao Noroeste. O período de indecisão foi terminado por dois fatores: o *primeiro*, era o movimento de envelopamento pretendi-

255 N.E.: Em mandarim, como já dito, "soviete" foi traduzido de forma meramente fonética, se usando de ideogramas que soavam parecido com a palavra russa *soviet* [совéт] – conselho –, o que resultou no termo *sūwéi'āi* [苏维埃]. Isso também soava, eventualmente, como um nome chinês comum, pois, dentre outras coisas, o caractere *sū* [苏] é, também, um sobrenome usual e *wéi'āi* [维埃] seria um prenome factível – assim surgiu o mito do *tal senhor Su Wei'ai*.

do pelas tropas de Chiang Kai-shek, que se deslocavam para Sichuan vindo tanto do leste quanto do norte, tendo sucesso em separar dois deslocamentos do Exército Vermelho; o *segundo* fator foi que o rio que separava as duas partes do Exército Vermelho era uma das corredeiras de Sichuan – então, quando o rio subitamente subiu, impossibilitou-se a comunicação entre as duas metades. Há também outros elementos de luta intrapartidária, que não precisam ser elaborados aqui[256].

Em março, juntamente do Primeiro Corpo do Exército como linha de frente, as principais forças de Jiangxi continuaram a marcha em direção ao Norte, deixando Zhu De junto com Xu Xiangqian e Zhang Guotao. O Exército do Quarto Front ficou no Tibet por mais um ano, sendo agregado ao Segundo Front de He Long, antes de performar uma marcha incrível até Gansu. Liderando a cavalgada vermelha que, em agosto de 1935, se deslocou em direção aos grandes campos da fronteira entre Sichuan e Tibet, estavam os comandantes Lin Biao, Peng Dehuai, Zuo Quan, Chen Geng, Zhou Enlai e Mao Zedong, juntos da maioria dos oficiais do governo central de Jiangxi e a maioria dos membros do Comitê Central do Partido. Eles iniciaram a última fase da marcha, com cerca de 30 mil homens.

A jornada mais perigosa e emocionante estava à frente deles, pois escolheram a rota através da região selvagem habitada pelas tribos autônomas dos tibetanos ganzi, que eram conflituosos com os *xifan*, povos nômades do leste do planalto do tibetano[257]. Passando pelos ter-

---

256 N.E.: Tratava-se da famosa disputa entre Mao e Zhang Guotao, a qual estava acomodada, quando Snow escreveu esse trecho. Poucos anos mais tarde, esse conflito intrapartidário muito delicado iria se resolver com a ruptura e definitiva expulsão de Zhang.

257 N.E.: Os *gānzī* [甘孜] são os tibetanos da prefeitura autônoma de *Garzê*, em Sichuan, muitas vezes referidos como "*manzi*" ou "*mantzu*" – como fez Snow no original –, os quais são uma ramificação dos *khampas*, que se encontravam sublevados naquele momento; já "*xifan*" é um exônimo pejorativo para os *qiāng* [羌], um grupo étnico, com algumas tribos nômades, considerado como um ramo à parte aos tibetanos e chineses, embora descendem dos *qiang* antigos – estes considerados como ancestrais de todos os povos tibetanos e dos atuais qiang. Lembrando que os tibetanos não compreendem uma nação homogênea, mas se dividem, à priori, em três grandes nações, os *tsang* – de onde se origina a palavra chinesa *zang* –, os *amdos* e os *khampas* – dos quais os *ganzi* fazem parte.

ritórios ganzi, os vermelhos, pela primeira vez, enfrentaram um povo unido em hostilidade contra eles, e seus padecimentos nessa parte da jornada superaram qualquer evento passado. Tinham dinheiro, mas não podiam comprar comida. Tinham armas, mas os inimigos eram invisíveis. Conforme marchavam pelas densas florestas e selvas, e através de correntes de nascentes de dúzias de rios, os povos tribais se afastaram das proximidades da marcha. Eles desmantelaram completamente suas casas, levaram tudo que havia de comestível, conduziram todos os seus rebanhos e aves aos planaltos e, assim, praticamente desabitaram toda a área.

Algumas centenas de metros em ambos os lados da estrada, no entanto, eram bastante perigosos. Muitos vermelhos que se aventuraram em procurar por uma ovelha nunca mais voltaram. Os *alpinistas* se escondiam nos arbustos densos e atacavam os *invasores*. Depois de escalar as montanhas, eles espreitavam desde as montanhas quando os vermelhos estavam enfileirados pelas passagens profundas e estreitas de pedra, onde por vezes apenas um ou dois poderiam andar lado a lado. Então, os ganzi rolavam imensas rochas para esmagá-los juntamente com seus animais. Aqui não houve tempo para explicar *as políticas vermelhas em relação às minorias nacionais* – não havia qualquer oportunidade para alianças amistosas. A rainha ganzi tinha um implacável e conhecido ódio pelo povo chinês de qualquer origem, e não fazia qualquer distinção entre vermelhos e brancos: ela ameaçou ferver vivo qualquer um que ajudasse os viajantes.

Incapazes de conseguir comida a menos que fosse pela captura, os vermelhos foram obrigados a iniciar uma guerra por alguns bois. Mao me disse que havia um ditado nessa época repetido pelos vermelhos, o qual vaticinava que "*comprar uma ovelha custa a vida de um homem*". Dos campos ganzi, colheram o trigo verde tibetano e vegetais como beterrabas e nabos – sendo os nabos de tamanhos imensos o suficiente "*para alimentar quinze homens*", de acordo com Mao. Com recursos tão precários, os vermelhos se equiparam para cruzar os grandes prados tibetanos. "*Essa é nossa única dívida internacional*", Mao me disse divertidamente – "*algum dia, nós devemos pagar aos ganzi e a todos os demais tibetanos pelas provisões que fomos obrigados a tomar deles*", completou. Apenas por meio das capturas de elementos das tribos conseguiam alguém para guiá-los pelo país. Mas fizeram amigos entre eles, e, após atravessarem a fronteira ganzi, vários aderiram à jornada – alguns deles eram agora estudantes na escola do Partido Comunista em Shaanxi, e poderiam um dia retornar à sua terra para contar a seus povos a diferença entre os chineses "vermelhos" e "brancos".

Nas pradarias, não encontraram habitações humanas por dez dias. Chuvas quase perpétuas caíam sobre esse pântano – e a única forma possível de cruzar seu centro era através de um labirinto de estreitos apoios para os pés conhecidos pelos alpinistas nativos, que guiaram os vermelhos. Mais animais foram perdidos – e, junto deles, mais homens. Muitos encalharam no peculiar mar de grama molhada e eram perdidos de vista nas profundidades do pântano, fora do alcance de seus camaradas. Não havia lenha. Portanto, foram forçados a comer trigo ainda verde e seus vegetais crus. Não existiam árvores para abrigo, e os vermelhos pouco equipados não tinham barracas. Durante a noite, amontoavam-se debaixo dos arbustos amarrados juntos, que os garantia apenas uma exígua proteção contra a chuva. Mas saíram triunfantes dessa provação – ou melhor, ao menos, em comparação às tropas brancas que os perseguiam, os perdendo e retornando com apenas um destacamento intacto.

O Exército Vermelho agora alcançava a fronteira de Gansu. Diversas batalhas estavam à frente, a perda de qualquer um poderia significar decisivamente uma derrota. Mais tropas de Nanquim, junto do Exército Dongbei – já ali deslocado da Manchúria para o Noroeste – e as tropas muçulmanas hui foram mobilizadas ao sul de Gansu para parar a marcha, mas os vermelhos conseguiram ultrapassar todos esses bloqueios e, no processo, anexaram centenas de cavalos da cavalaria muçulmana – a qual todos acreditavam, de forma bem confiante, que seria quem os aniquilaria por fim. Com os pés cansados, desgastados, e no limite da resistência humana, finalmente adentraram o norte de Shaanxi, logo abaixo da *Grande Muralha*. Em 20 de outubro de 1935, um ano após a partida de Jiangxi, a linha de frente do Primeiro Front do

Exército juntou-se aos Vigésimo Quinto, Vigésimo Sexto e Vigésimo Sétimo Exércitos Vermelhos, que já haviam estabelecido uma pequena base de poder soviete em Shaanxi, em 1933. Somando pouco mais do que 20 mil sobreviventes agora[258], eles se acomodaram no seu destino e partiram para refletir sobre a importância da conquista.

O resumo estatístico da Longa Marcha é impressionante. Demonstra que houve praticamente um conflito por dia em algum ponto ao longo do enfileiramento, enquanto, ao total, 15 dias inteiros foram devotados a batalhas significativas. Do total dos 365 dias em rota, 235 foram consumidos nas marchas durante o dia e 18 em marchas noturnas. Dos 100 dias de paradas – muitas das quais dedicadas a conflitos –, 56 dias foram despendidos ao noroeste de Sichuan, deixando apenas 44 dias de descanso da distância de quase 7.500 quilômetros ou uma média de uma parada a cada 183 quilômetros de marcha. A área coberta por dia era de 71 *li*, ou cerca de pouco mais de 35 quilômetros – uma *média* de velocidade fenomenal para um grande exército, com toda sua carga, em um dos territórios mais perigosos da terra.

De acordo com os dados fornecidos a mim pelo comandante Zuo Quan, os vermelhos cruzaram dezoito cadeias de montanhas, cinco das quais eram permanentemente congeladas e cruzaram 24 rios. Passaram por 12 províncias diferentes, ocuparam 62 cidades e vilarejos – e furaram o bloqueio de exércitos de dez senhores da guerra provinciais, além de derrotas, evasões ou desvios das diversas forças das tropas do governo central enviadas contra eles. Cruzaram seis distritos indígenas e adentraram regiões que nenhum exército chinês visitava há décadas.

Qualquer que seja a percepção sobre os vermelhos – e o que eles representavam politicamente, considerando que havia muito espaço para discussão – era impossível negar o reconhecimento de sua *Longa Marcha* – a *Chángzhēng* [长征] – como uma das maiores expedições da história militar. Na Ásia, apenas os mongóis a superaram e, nos

---

258 N.E.: Há controvérsias sobre o número de sobreviventes da *Longa Marcha*, por ser de difícil contabilização na situação emergencial em que eles se encontravam – essa avaliação de 20 mil sobreviventes, frise-se, é das mais otimistas.

últimos três séculos, não houve qualquer *migração nacional* militar similar, com a exceção, talvez, do *Voo dos Torghut* – que Sven Hedin citou em seu *Jehol, cidade dos imperadores* [*Jehol, Die Kaiserstadt*][259]. A marcha de Aníbal pelos alpes[260] parecia uma excursão comparada a ela. Uma comparação mais interessante foi a retirada de Napoleão Bonaparte de Moscou, quando o *Grande Exército* havia sido absolutamente destruído e desmoralizado[261].

Embora a Longa Marcha do Exército Vermelho ao Noroeste havia sido, inquestionavelmente, um refúgio estratégico forçado por derrotas regionais decisivas, os vermelhos finalmente atingiram seu objetivo com seu núcleo ainda intacto – e sua moral e intenções políticas mais elevadas do que nunca. Os comunistas racionalizaram e, aparentemente, acreditavam que caminhavam para formar um front antijaponês – e isso foi um elemento psicológico muito importante. O que seria uma retirada desmoralizada se tornou uma vigorosa marcha vitoriosa. A história, subsequentemente, mostrou que estavam certos na ênfase do que era, sem dúvidas, o segundo motivo da migração: o avanço a uma região da qual previram, corretamente, que desempenhariam um papel determinante nos destinos imediatos da China, Japão e Rússia Soviética. Aquela habilidosa manobra propagandística deve ser reconhecida como uma estratégia política brilhante. Ela era,

259 N.E.: Isso diz respeito à marcha forçada dos *torghut*, um clã mongol, que partiu para o que hoje é o norte do Xinjiang até a região do Volga, na atual Rússia – dentre outros périplos. Isso está relatado em *Jehol, cidade dos imperadores*, do geógrafo e explorador sueco Sven Hedin (1865-1952), que fez inúmeras viagens pelo Oriente Médio, Ásia Central e Extremo Oriente, chegando a descobrir algumas cidades perdidas – na obra em questão, Hedin se refere não à província extinta de Jehol (Rehe), mas à sua capital, Chéngdé [承德], que sediava o palácio de verão dos imperadores Qing.

260 N.E.: Aníbal Barca (247 a.C.-183 a.C.), general e comandante cartaginês, que fez a famosa marcha com elefantes pelos alpes para tentar vencer seus rivais romanos em 218 a.C.

261 N.E.: Isso ocorreu em outubro de 1812. Napoleão Bonaparte havia tomado Moscou um mês antes, mas, na verdade, tinha caído em uma armadilha do exército russo, que abandonou a cidade para lhe contra-atacar. Napoleão, então, foi derrotado e bateu em retirada, de forma trágica, iniciando sua derrocada.

em grande parte, responsável pela conclusão exitosa daquela caminhada heroica.

Em um sentido, aquela migração em massa foi a maior peça de propaganda armada da história. Os vermelhos passaram por províncias habitadas por mais de 200 milhões de pessoas. Entre batalhas e conflitos, em cada cidade ocupada, convocavam reuniões massivas, interpretavam peças teatrais, tributavam os ricos intensamente, libertavam muitos servos – alguns dos quais se juntaram ao Exército Vermelho –, pregavam "*liberdade, igualdade e democracia*", confiscavam propriedades de "traidores" – oficiais, grandes senhores de terra e coletores de impostos – e distribuíam seus bens entre os pobres. Milhões de pobres agora haviam presenciado o discurso do Exército Vermelho, e não o temiam mais. Os vermelhos explicaram os objetivos da revolução agrária e suas políticas anti-Japão. Armaram milhares de camponeses e deixaram alguns quadros para treinar partisans vermelhos, os quais deixavam as tropas de Nanquim ocupadas. Milhares caíram na *Longa*, e penosa, *Marcha*, mas outros milhares de camponeses, aprendizes, servos e desertores de posições do Kuomintang, trabalhadores, todos os deserdados, se juntaram e passaram a compor os quadros comunistas.

Um dia, alguém escreverá sobre a grandiosidade daquela expedição emocionante. Enquanto isso, como epílogo, ofereço a tradução livre de um poema clássico escrito pelo presidente Mao sobre essa excursão de 9 mil quilômetros – um rebelde, que conseguia escrever tão bem um verso quanto liderar uma campanha militar:

"O Exército Vermelho não teme longas e difíceis marchas,

Infinitas torrentes, mil montanhas – apenas coisas triviais. Em Wuling [a montanha dos Cinco Cumes], estradas sinuosas emulam tênues ondas,

*Na Wumeng [*a montanha da Capa Escura], *majestosa, atravessam os glóbulos de barro,*

Na ponte do rio Dadu, gélidas são suas correntes de ferro,

Águas do rio Jinsha [das Areias Douradas] encontram os penhascos quentes,
Regozija-se nas montanhas Min em seus milhares de li *de neve,*
Os três exércitos, por fim, abriram o sorriso!"[262]

262 N.E.: Trata-se de um *poema rítmico de sete caracteres* (*qī yán lǜ shī* [七言律诗]), estilo que foi bastante comum a partir do período Tang, de cuja poesia Mao é admirador. Mantivemos a lógica de uma ideia para cada caractere, descontados os artigos estritamente necessários: *Hóngjūn bùpà yuǎnzhēng nán* [红军不怕远征难] / *Wànshuǐ qiānshān zhǐ děngxián* [万水千山只等闲] / *Wǔlǐng wēiyí téng xì làng* [五岭逶迤腾细浪] / *Wūméng páng bó zǒu ní wán* [乌蒙磅礴走泥丸] / *Dàdù qiáo héng tiěsuǒ hán* [大渡桥横铁索寒] / *Jīnshā shuǐ pāi yúnyá nuǎn* [金沙水拍云崖暖] / *Gèng xǐ mínshān qiānlǐ xuě* [更喜岷山千里雪] / *Sānjūn guòhòu jǐn kāiyán* [三军过后尽开颜].

PARTE 6
A ESTRELA VERMELHA CHEGA AO NOROESTE

6.1. O soviete de Shaanxi: inícios

Enquanto os comunistas em Jiangxi, Fujian e Hunan, a partir de 1927, gradualmente construíram bases para se opor a Nanquim, os exércitos vermelhos apareceram em outras partes difusas da China. Delas, a maior área isolada era o soviete de Henan-Anhui-Hubei, que cobria boa parte daquelas três ricas províncias do vale do Yangtzé central e abarcava uma população de mais de duas milhões de pessoas. O Exército Vermelho ali começou sob o comando de Xu Haidong e, mais tarde, para liderá-lo, veio Xu Xiangqian, graduado da primeira turma de Whampoa, ex-coronel do Exército do Kuomintang e um veterano da Comuna de Guangzhou [Cantão].

Longe, nas montanhas a noroeste deles, outro cadete de Whampoa, Liu Zhidan, estava lançando as bases para as áreas soviéticas de Shaanxi, Gansu e Ningxia. Liu era um Robin Hood moderno, com o ódio típico dos montanheses pelos homens ricos; entre os pobres, ele estava se tornando um nome promissor, e entre os proprietários de terras e agiotas, o flagelo dos deuses.

Aquele guerreiro caótico nasceu na cidade de Bao'an, no norte de Shaanxi, filho de uma família de proprietários. Ele fez o ensino médio em Yulin, que ficava sob a sombra da *Grande Muralha* e era a sede do próspero comércio de Shaanxi com as caravanas da Mongólia. Deixando Yulin, Liu Zhidan conseguiu uma nomeação para a Academia Whampoa, completou seu curso lá em 1926, se tornando comunista e, também, um jovem oficial do Kuomintang. Com a Expedição Nacionalista até Hankou, ele estava lá quando ocorreu a cisão na aliança Kuomintang-comunista.

Em 1927, após o golpe de Estado de Nanquim, ele fugiu do expurgo e trabalhou secretamente para o Partido Comunista em Xangai. Retornando à sua província natal em 1928, ele restabeleceu conexões com alguns de seus antigos camaradas, que então estavam no Guominjun – o *Exército Nacional* do general Feng Yuxiang. No ano seguinte, ele liderou uma revolta camponesa no sul de Shaanxi. Embora a insurreição de Liu tenha sido sanguinariamente reprimida, dela surgiu o núcleo dos primeiros grupos guerrilheiros de Shaanxi.

A carreira de Liu Zhidan de 1929 a 1932 foi um caleidoscópio de derrotas, fracassos, desencorajamentos, aventuras e fugas espetaculares da morte, intercaladas com períodos de respeitabilidade como oficial readmitido. Vários pequenos exércitos sob seu comando foram completamente destruídos. Certa vez, ele foi nomeado chefe do *mintuan* (a milícia rural a serviço do Kuomintang) em Bao'an e usou seu cargo para prender e executar vários proprietários de terras e agiotas – comportamento estranho para um líder *mintuan*. O magistrado de Bao'an foi demitido e Liu fugiu, com apenas três seguidores, para um condado vizinho. Lá, um dos oficiais do general Feng Yuxiang os convidou para um banquete, no meio do qual Liu e seus amigos desarmaram seus anfitriões, apreenderam vinte armas e fugiram para as colinas, onde logo reuniram cerca de 300 seguidores.

O pequeno exército foi cercado, no entanto, e Liu pediu a paz. Sua oferta foi aceita e ele se tornou coronel do Exército do Kuomintang, com um posto de guarnição no oeste de Shaanxi. Novamente, ele iniciou um movimento antiproprietários e mais uma vez foi banido, só que na ocasião também preso. Devido, principalmente, à sua influência na Sociedade dos Irmãos mais Velhos de Shaanxi, ele foi perdoado mais uma vez – e suas tropas foram reorganizadas em uma brigada de transporte, da qual foi nomeado comandante. E, então, pela terceira vez, Liu Zhidan repetiu o erro de seus caminhos. Alguns dos senhores de terra em seu distrito, há muito acostumados à isenção tributária – que tratavam quase como um "direito hereditário" –, recusavam-se a pagar os tributos. Liu prendeu prontamente vários deles, fazendo com que a nobreza se levantasse em armas e exigisse que Xi'an o removesse e punisse. Suas tropas foram cercadas e desarmadas.

Por fim, Liu foi levado de volta a Bao'an com a cabeça a prêmio, mas seguido por muitos jovens oficiais comunistas e homens de sua própria brigada. Aqui, finalmente, ele começou a organizar um exército independente sob a bandeira vermelha em 1931, se apossando dos condados de Bao'an e Yanchang, o que rapidamente impulsionou as operações no norte de Shaanxi. As tropas do governo enviadas contra ele muitas vezes se entregavam aos vermelhos na batalha; desertores até atravessaram o rio Amarelo, vindos de Shanxi para se juntar a esse bandido, cuja ousadia, coragem e impetuosidade logo lhe renderam fama por todo o Noroeste da China, criando a lenda frequentemente repetida de que ele era *invulnerável a balas*.

Assassinatos de funcionários, cobradores de impostos e proprietários de terras tornaram-se generalizados. Desencadeando uma fúria há muito silenciosa, os camponeses armados invadiram, saquearam, levaram cativos, a quem mantiveram como resgate em suas áreas fortificadas, e se comportaram como bandidos comuns. Em 1932, os seguidores de Liu Zhidan ocuparam onze condados nas colinas de *loesse* do norte de Shaanxi, e o Partido Comunista organizou um departamento político em Yulin para dirigir as tropas de Liu. No início de 1933, o primeiro soviete de Shaanxi e uma administração regular foram estabelecidos – e um programa semelhante ao de Jiangxi foi tentado.

Em 1934 e 1935, os vermelhos de Shaanxi se expandiram consideravelmente, aprimorando seus exércitos e estabilizando um pouco as condições de seus distritos. Um governo soviete provincial de Shaanxi foi criado, uma escola de treinamento do Partido foi estabelecida e o quartel-general militar foi localizado em Anding. Os sovietes abriram seu próprio banco e agência postal e começaram a emitir dinheiro bruto e selos. Nas áreas completamente sovietes, uma economia soviete foi iniciada, as terras dos latifundiários foram confiscadas e redistribuídas, todas os tributos abusivos foram abolidos, cooperativas foram abertas e um apelo foi feito pelo Partido para recrutar membros para se voluntariar como professores para escolas primárias.

Enquanto isso, Liu Zhidan moveu-se bem ao sul da base vermelha em direção à capital. Ele ocupou Lintong, nos arredores de Xi'an, e sitiou a cidade por alguns dias, sem sucesso. Uma coluna de vermelhos avançou para o sul de Shaanxi e estabeleceu sovietes em vários condados de lá. Eles tiveram algumas derrotas ruins e reveses em batalhas contra o general Yang Hucheng – aquele que mais tarde se tornou aliado dos vermelhos –, mas obtiveram algumas vitórias. À medida que a disciplina aumentou no Exército Vermelho, e os elementos de banditismo foram eliminados, o apoio aos vermelhos se aprofundou entre os camponeses. Em meados de 1935, os sovietes controlavam 22 condados em Shaanxi e Gansu. O Vigésimo Sexto e o Vigésimo Sétimo Exércitos Vermelhos, com um total de mais de 5 mil homens, estavam então sob o comando de Liu Zhidan e podiam estabelecer contato por rádio com as principais forças do Exército Vermelho no Sul e Sudoeste. À medida que os vermelhos do sul começaram a se retirar de sua base Jiangxi-Fujian, esses montanheses de Shaanxi se fortaleceram muito, até que em 1935 Chiang Kai-shek foi forçado a enviar seu vice comandante em chefe, o marechal Zhang Xueliang, para liderar um grande exército contra eles.

No final de 1934, o Vigésimo Quinto Exército Vermelho, sob o comando de Xu Haidong, deixou Henan com cerca de 8 mil homens. Em outubro, alcançou o sul de Shaanxi e se conectou com cerca de mil partisans vermelhos naquela área, que haviam sido armados por Liu Zhidan. Xu acampou lá durante o inverno, ajudou os partisans a construir um exército regular, travou várias batalhas bem-sucedidas contra tropas do general Yang Hucheng e camponeses armados em cinco condados do sul de Shaanxi. Um governo soviete provisório foi estabelecido com Zheng Weishan, um membro de apenas 19 anos do Comitê Central da província de Shaanxi, como presidente e Li Gui e Chen Xianrui como comandantes de duas brigadas vermelhas independentes. Deixando-os para defender essa área, Xu Haidong então mudou-se para Gansu com seu Vigésimo Quinto Exército e abriu caminho para os distritos sovietes por meio de milhares de tropas do governo, capturando cinco sedes de condado no caminho e desarmando dois regimentos de tropas muçulmanas.

Em 25 de julho de 1935, o Vigésimo Quinto, o Vigésimo Sexto e o Vigésimo Sétimo exércitos se uniram perto de Yanchang, ao norte de Shaanxi. Suas tropas foram reorganizadas no Décimo Quinto Corpo do Exército Vermelho, com Xu Haidong como comandante e Liu Zhidan como vice-comandante e presidente do comitê militar revolucionário de Shaanxi-Gansu-Shanxi. Em agosto de 1935, esse exército encontrou e derrotou duas divisões de tropas do Exército Dongbei, sob o comando do general Wang Yizhe. Novos recrutas foram admitidos e armas e munições muito necessárias foram obtidas.

E então aconteceu uma coisa curiosa. Em agosto, chegou ao norte de Shaanxi um delegado do Comitê Central do Partido Comunista, um jovem e robusto cavalheiro chamado Zhang Jingfo – que era, possivelmente, um pseudônimo adotado por Zhang Mutao. De acordo com meu informante, que era então oficial de Estado-Maior de Liu Zhidan, o tal Zhang recebeu o poder de "reorganizar" o Partido e o exército. Ele era uma espécie de superinspetor.

Zhang, *o Gordo* (*Pàngzi* [胖子]), começou a coletar evidências para provar que Liu Zhidan não havia seguido a "linha do partido". Ele "desafiou" Liu e exigiu sua renúncia de todos os cargos. Liu Zhidan não colocou esse Zhang contra a parede como um intruso por ousar criticá-lo, mas retirou-se de todo comando ativo e foi, *como Aquiles*, ficar de mau humor em sua caverna em Bao'an. Zhang também ordenou a detenção e prisão de mais de uma centena de outros "reacionários" do Partido e do exército – depois se sentou, em silêncio, muito satisfeito consigo mesmo.

Foi nessa estranha cena que a vanguarda dos vermelhos do Sul, o Primeiro Corpo de Exército, chefiado por Lin Biao, Zhou Enlai, Peng Dehuai e Mao Zedong, entrou em outubro de 1935. De acordo com meus informantes locais em Bao'an, Mao e seu politburo pediram um reexame das evidências, descobriram que a maior parte delas era infundada, descobriram que Zhang, o *Gordo*, tinha excedido suas ordens e foi enganado pelos verdadeiros "reacionários". Eles reintegraram Liu e todos os seus comandados. O próprio Zhang foi preso, julgado, encarcerado por um período e, posteriormente, recebeu tarefas servis para executar.

Assim aconteceu que quando, no início de 1936, os exércitos vermelhos combinados tentaram sua famosa expedição "antijaponesa", cruzaram o rio e invadiram a vizinha Shanxi, Liu Zhidan estava novamente no comando. Ele se destacou naquela notável campanha durante a qual os vermelhos ocuparam mais de dezoito condados da chamada "província modelo" em dois meses. Ele foi, no entanto, mortalmente ferido em março de 1936, quando liderou um grupo de ataque contra uma fortificação inimiga, cuja captura permitiu ao Exército Vermelho cruzar o rio Amarelo. Liu Zhidan foi levado de volta para Shaanxi e morreu olhando para as colinas pelas quais ele havia vagado e amado quando menino, e entre o povo da montanha que ele liderou ao longo da estrada em que acreditava, a estrada da luta revolucionária. Ele foi enterrado em Wayaobao, e os vermelhos renomearam um condado de sua China Vermelha em homenagem a ele: Zhidan.

Em Bao'an, conheci sua viúva e sua filha, uma linda garotinha de seis anos. Os vermelhos haviam feito um uniforme especial para ela; ela usava um cinto de oficial e uma estrela vermelha no boné. Ela era o ídolo de todos ali. A pequena Liu se comportava como um marechal de campo e tinha muito orgulho de seu pai *bandido*.

Mas, embora Liu Zhidan fosse a personalidade em torno da qual esses sovietes do Noroeste cresceram, não foi Liu[263], mas as próprias condições de vida que produziram esse movimento convulsivo de seu povo. E, para entender qualquer sucesso que eles tiveram, era necessário não apenas agora olhar pelo que esses homens lutaram, mas examinar contra o que eles lutaram.

263 N.E.: Liú Zhìdān [刘志丹] (1903-1936), para além dos fatos narrados neste capítulo, deixou um legado de controvérsias paradoxalmente imenso para quem teve uma vida tão breve. O protagonismo de Liu na construção dessa área soviética também serviu para a formação de inúmeros quadros comunistas do Noroeste. Depois das constantes reavaliações sobre qual seria seu papel na História da China, seu status há quarenta anos, ininterruptamente, o de mártir revolucionário. Dentre esses quadros comunistas formados por ele, está Xí Zhòngxūn [习仲勋] (1913-2002), antigo vice-premiê da República Popular da China, formulador da política das Zonas Econômicas Especiais (ZEE's) e pai do atual presidente Xi Jinping.

6.2. Mortes e tributos no Noroeste da China[264]

Durante a *Grande Fome do Noroeste*, que durou cerca de três anos e afetou quatro grandes províncias, visitei algumas das áreas afetadas pela seca da província Suiyuan[265], na Mongólia Interior, em junho de 1929. Eu não sei, com precisão, quantas pessoas morreram de fome naqueles anos e, provavelmente, ninguém jamais saberá ao certo. O número repetido como oficial – na verdade, uma estimativa conservadora de 3 milhões de pessoas – é, frequentemente, aceito, mas não duvido de outras estimativas que chegam a 6 milhões de mortes[266].

Essa catástrofe quase não foi notada no mundo ocidental – e mesmo nas cidades costeiras da China. No entanto, alguns chineses e estrangeiros corajosos, ligados à *Comissão Internacional de Combate à Fome da China* [*China International Famine Relief Commission* (CIFRC)] financiada pelos Estados Unidos – de onde também vinham seu secretário, Dwight Edwards, além de O. J. Todd, que era engenheiro, e um maravilhoso médico missionário, Robert Ingram[267], os quais arriscaram suas

264 N.E.: Conforme o atento revisor deste livro, o título do subcapítulo faz referência a um trecho da famosa carta de Benjamin Franklin a Jean-Baptiste Le Roy sobre a Constituição dos Estados Unidos, datada de 1789, na qual apesar de defender a tese de que a Lei Maior de seu país foi feita para durar, ele reconhece que "neste mundo nada pode ser dito como certo, exceto a morte e os tributos" – Franklin, por seu turno, tirou o chiste da obra literária de Daniel Dafoe ou da dramaturgia cômica de Christopher Bullock.

265 N.E.: Suīyuǎn [綏遠] foi uma província chinesa existente entre 1928 e 1954, sendo unida, posteriormente, a outras províncias para formar a atual região autônoma da Mongólia Interior – mas Hohhot (Guisui), a capital de Suiyuan, permaneceu como capital da Mongólia Interior.

266 N.E.: Como apontam estudos atuais, o número correto de mortes beira os 10 milhões de mortos, na verdade.

267 N.A.: O Dr. Ingram foi morto alguns anos depois por bandidos chineses, *mas não* por bandidos vermelhos.

vidas naquelas áreas infestadas de tifo, tentando salvar seres humanos destroçados. Passei alguns dias com eles, passando por cidades cheias de morte, através de campos outrora férteis, que haviam se transformado em um terreno baldio desértico – uma terra de puro horror.

Eu tinha 23 anos e tinha vindo para a China procurando pelo *glamour do Oriente* – em busca de aventura. E a excursão a Suiyuan começou mais ou menos por essa razão. Mas aqui, pela primeira vez na minha vida, me deparei, abruptamente, com homens que morriam porque não tinham o que comer. Naquelas horas de pesadelo, que passei em Suiyuan, vi milhares de homens, mulheres e crianças morrendo de fome diante dos meus olhos.

Vocês já viram um homem bom e honesto, que trabalhou duro – um cidadão cumpridor da lei que nunca prejudicou ninguém –, quando ele não come há mais de um mês? É uma visão muito angustiante. Sua carne moribunda pende em dobras enrugadas; cada osso em seu corpo é visível; seus olhos fitam sem ver; e mesmo que ele seja um jovem de vinte anos, ele se move como uma bruxa velha, arrastando-se de um lugar para outro. Se ele teve sorte, há muito tempo vendeu sua esposa e filhas. Ele também vendeu tudo o que possui – a própria madeira de sua casa e a maioria de suas roupas. Às vezes, ele até vendeu o último trapo de decência, restando apenas seus testículos balançando sob o sol escaldante, dependurados como sementes murchas de oliveira – a última piada sombria para nos lembrar de que *isso* já foi um homem.

As crianças se encontravam em uma situação ainda mais lamentável, com seus pequenos esqueletos curvados e disformes, seus ossos tortos, seus bracinhos na forma de gravetos e suas barrigas roxas – cheias de casca de árvore e serragem, projetando-se como tumores. Enquanto isso, meninas e mulheres caídas aos cantos, aguardando pela morte, com suas nádegas pretas salientes e seus seios pendurados como sacos tombados. Mas não há, afinal, muitas mulheres e meninas: a maioria delas já morreu ou foi vendida.

Essas eram coisas que eu mesmo tinha visto e nunca esqueceria. Milhões de pessoas morreram assim na fome – e milhares ainda morreram na China dessa forma. Eu tinha visto cadáveres frescos nas ruas de

Saraqi, e nas aldeias eu tinha visto covas rasas e recentes onde as vítimas da fome e de doenças eram colocadas às dezenas. Mas essas não eram as coisas mais espantosas, afinal: em muitas dessas cidades ainda havia homens ricos, acumuladores de arroz e trigo, agiotas e senhores de terra, com guardas armados para defendê-los, enquanto eles lucravam enormemente. O mais chocante é que nas cidades – onde os burocratas jogavam mahjong com cantoras e dançarinas – havia grãos e comida. Em Pequim e Tianjin e em outros lugares havia milhares de toneladas de trigo e painço, coletadas, principalmente, por contribuições do exterior intermediadas pela *Comissão da Fome*. Só que nada disso era enviado para os famintos. Por quê? Porque, no Noroeste, alguns senhores da guerra retinham todos os trens, não lhes dando permissão para ir para o Norte, enquanto, no Norte, outros generais do Kuomintang se recusam a deixar os vagões irem para o Noroeste – mesmo para ajudar as vítimas, por medo das cargas serem tomadas pela outra parte.

Na medida em que a fome aumentava, a *Comissão* decidiu construir um grande canal, com fundos dos Estados Unidos, para ajudar a inundar terras devastadas pela seca, irrigando-as. Mas aí, um bando de abutres desceu sobre este país assombrado e comprou, dos famintos camponeses, milhares de acres sobre os quais pendiam impostos atrasados – tudo por alguns cobres, os mantendo à espera de inquilinos e dias chuvosos.

No entanto, a maioria das pessoas que viriam a morrer de fome, o fez sem nenhum ato de protesto.

"Por que eles não se revoltam?", perguntei a mim mesmo. "Por que eles não marcham em um grande exército e atacam os canalhas que podiam lhes cobrar impostos, mas não podiam alimentá-los, que podiam tomar suas terras, mas não podiam consertar um canal de irrigação? Ou por que eles não invadiam as grandes cidades para saquear a riqueza dos patifes que compram suas filhas e esposas, os homens que continuam devorando banquetes de 36 pratos enquanto homens honestos passam fome? Por que não?"

Eu estava enganado. O camponês chinês não era passivo, não era covarde. Ele lutaria quando tivesse um método, uma organização, liderança, um programa viável, esperança *e armas*. O desenvolvimento do *comunismo* na China provou isso. Contra o pano de fundo acima, portanto, não deve nos surpreender saber que os comunistas eram populares no Noroeste, pois as condições lá não eram melhores para a massa do campesinato do que em qualquer outro lugar da China.

Evidências nesse sentido foram, vividamente, documentadas pelo Dr. A. Stampar[268], o distinto especialista em saúde enviado pela Liga das Nações como conselheiro do Governo de Nanquim. Era a melhor coisa disponível sobre o assunto. O Dr. Stampar visitou as áreas do Kuomintang de Shaanxi e Gansu – e seus relatórios foram baseados em suas próprias observações, bem como em dados oficiais abertos para ele.

Ele apontou que "no ano 240 a.C. um engenheiro chamado Zheng Guo teria construído um sistema para irrigar quase um milhão de acres" no histórico vale do rio Wei de Shaanxi, berço da civilização chinesa, mas esse sistema foi negligenciado; as barragens ruíram e, embora novas obras fossem realizadas de tempos em tempos, a quantidade de território irrigado no final da Dinastia Manchu (1912) era inferior a 20 mil *mu*" – cerca de 3.200 acres. Os números que ele obteve mostraram que, durante a Grande Fome, 62% da população morreu completamente em um condado de Shaanxi, enquanto, em outro, 75% – e assim por diante. Estimativas oficiais revelaram que 2 milhões de pessoas morreram de fome somente em Gansu, cerca de 20% da população da província.

Citando, ainda, o Dr. Stampar, em sua pesquisa encomendada por Genebra sobre as condições no Noroeste antes da chegada dos vermelhos:

"Na fome de 1930, três dias de provisões de alimentos podiam comprar dois acres de terra. Aproveitando essa oportunidade, os ricos de Shaanxi aproveitaram para comprar grandes áreas agrícolas, e o número de camponeses proprietários caiu drasticamente. A seguinte passagem do relatório de Findley Andrew, datado de 1930, para o *Comissão da Fome* fala muito sobre aquele ano:

---

268 N.A.: Em *Northwest Provinces and Their Development Prospects* do Dr. Stampar, publicado em particular pela *Guójiā Jīngjì Wěiyuánhuì* [国家经济委员会] (Nanquim, julho de 1934). Infelizmente, como muitos relatórios esclarecedores do Dr. Stampar e outros investigadores da Liga das Nações da China e da China Central, este livro não foi divulgado ao público.

"... As aparências externas da província melhoraram muito em relação às do ano passado. Por quê? Porque nessa seção específica de Gansu com a qual nosso trabalho lida, a morte por fome, pestilência e espada condenaram, durante os últimos dois anos, um número tão grande da população que a própria demanda por alimentos diminuiu consideravelmente."

Muitas terras se tornaram inúteis, muitas foram concentradas nas mãos de proprietários e burocratas. Gansu tinha especialmente áreas "surpreendentemente grandes" de terras cultiváveis, mas não cultivadas. "A terra durante a fome de 1928-1930 foi comprada a preços extremamente baratos por proprietários que, durante esse período, fizeram fortunas com a execução do projeto de irrigação no norte do rio Wei" – uma medida de combate à fome financiada pela Comissão.

"Em Shaanxi, é considerado um sinal de honra não pagar imposto sobre a terra e, portanto, os ricos proprietários de terras são, em regra, isentos. Foi abominável fazer com que os camponeses que abandonaram suas terras durante a fome, tornando-os proibidos de retomar a posse até que suas dívidas sejam pagas."

O Dr. Stampar descobriu que os camponeses de Shaanxi – evidentemente excluindo os senhores da terra, que eram "isentos por regra" – tinham que pagar impostos sobre a terra e sobretaxas no valor de cerca de 45% de sua renda, enquanto outros impostos "representam mais 20%" e "não apenas a tributação é fantasticamente pesada, mas sua avaliação parece ser fortuita e sua forma de cobrança perdulária, brutal e, em muitos casos, corrupta".

Quanto a Gansu, o Dr. Stampar disse: "As receitas de Gansu durante os últimos cinco anos foram em média de mais de 8 milhões... impostos mais pesados do que em Zhejiang, uma das províncias mais ricas e mais pesadamente tributadas da China. Também será visto que essa receita, especialmente em Gansu, não é retirada de uma ou duas fontes principais, mas de uma infinidade de impostos, cada um rendendo uma pequena quantia, quase nenhuma mercadoria ou atividade produtiva ou comercial não é tributada. A quantia que a população paga é ainda maior do que é mostrado pelos números publicados. Em primeiro lugar, os coletores de impostos são capazes de reter uma parte – em alguns casos, uma parte muito grande dos valores arrecadados. Em segundo lugar, aos impostos cobrados pelo governo provincial ou do condado, devem ser adicionados aqueles determinados pelos líderes militares, que na província de Gansu são oficialmente estimados em mais de *dez milhões de yuans*[269]".

"Outra causa de despesa para a população é a milícia local – o *min-tuan* –, que, formada originalmente para defesa contra os bandidos, em muitos casos degenerou em uma gangue que vive à custa do campo." Dr. Stampar citou cifras mostrando que o custo de sustentar a milícia variava entre 30% e 40% do orçamento total do governo local – isso além, é claro, do ônus de manter os grandes exércitos regulares que, de acordo com o Dr. Stampar, absorviam mais de 60% das receitas provinciais em Gansu e Shaanxi.

Um missionário estrangeiro que conheci em Shaanxi me disse que uma vez acompanhou, pessoalmente, um trajeto de um porco, que era propriedade do camponês que o criou, até um comprador e, no processo, viu *seis impostos diferentes* serem pagos. Outro missionário, de Gansu, descreveu ter visto camponeses derrubando as paredes de madeira de suas casas – e a madeira é cara no Noroeste – para transportá-la para o mercado, vendê-la e, assim, pagar os cobradores de impostos. Ele disse que a atitude até mesmo de alguns dos camponeses "ricos", embora não amigável quando os vermelhos chegaram, era uma de indiferença junto da crença de que *nenhum governo poderia ser pior do que o antigo*.

E, no entanto, o Noroeste não era de forma alguma uma terra economicamente sem esperanças. Não era superpovoada; grande parte de sua terra era muito arável; poderia facilmente produzir muito mais do que poderia consumir; poderia se tornar uma *Ucrânia chinesa*. E tinha

269 N.A.: Trata-se de uma estimativa conservadora, uma vez que ela não menciona que nas províncias de Gansu e Shaanxi as principais receitas ilícitas dos militares vinham do imposto sobre o ópio, cobrado durante muitos anos. Os números fornecidos a mim pelo governo de Xi'an mostram que, quando o general Feng Yuxiang controlava esta área, ele conseguia 80 milhões de yuans por ano dessa fonte. O número, sem dúvida, diminuiu consideravelmente desde então, devido à concorrência do monopólio do ópio de Nanquim, mas ainda está na casa dos milhões todos os anos.

abundantes depósitos de carvão. Shaanxi tinha petróleo. O Dr. Stampar profetizou que "*Shaanxi, especialmente a planície de Xi'an, poderia se tornar um centro industrial de importância inferior apenas ao vale do Yangtzé, necessitando apenas de seus próprios campos de carvão*". Os depósitos minerais de Gansu, Qinghai e Xinjiang, considerados muito ricos, mal tinham sido tocados. Somente em ouro, disse Stampar, "*a região pode vir a ser um segundo Klondike*".

No Noroeste, certamente, havia condições que pareciam maduras para a mudança: algo contra o qual as pessoas se levantarão, mesmo que não tivessem nenhum objetivo aparente. Portanto, não é de se admirar que quando a Estrela Vermelha apareceu no Noroeste, milhares de homens surgiram para abraçá-la como um símbolo de esperança e liberdade.

Mas os vermelhos, afinal, se mostraram melhores?

6.3. A organização social dos sovietes chineses

Seja qual fosse a situação do movimento comunista chinês no Sul, talvez seja mais correto chamar o que eu encontrei no Noroeste de igualitarismo rural – do que qualquer nome que Marx considerasse como descendente de seu modelo. Isso era especialmente evidente na economia e, embora na vida social, política e cultural dos sovietes organizados houvesse uma orientação marxista simplória, as limitações das condições materiais eram óbvias em todos os lugares.

Não havia nenhuma indústria de máquinas de qualquer importância no Noroeste. Era principalmente uma região de cultivo e pastagem, cuja cultura havia estado em estagnação por séculos, embora muitos dos abusos econômicos prevalentes sem dúvida refletissem a economia em transformação nas cidades semi-industrializadas. No entanto, o próprio Exército Vermelho foi um produto notável do impacto da "industrialização" na China, e o choque das ideias que ele trouxe para a cultura fossilizada aqui foi, no verdadeiro sentido, revolucionário.

As condições objetivas, porém, negavam aos vermelhos a possibilidade de organizar muito mais do que o quadro político para o início de uma economia moderna, na qual eles só podiam pensar em termos de um futuro que lhes desse poder nas grandes cidades, onde eles poderiam assumir as bases industriais das concessões estrangeiras e, assim, lançar as bases para uma sociedade socialista. Enquanto isso, nas áreas rurais, sua atividade centrou-se principalmente na solução dos problemas imediatos dos camponeses – terras e impostos. No entanto, os comunistas chineses consideravam a distribuição de terras como uma etapa na construção de uma base de massas, um palco que lhes permitia desenvolver a luta revolucionária para a conquista do poder e, por fim, a efetivação de profundas mudanças socialistas[270]. Nas *Leis Fundamentais da República Soviética da China*, o Primeiro Congresso Soviético de Toda a China em 1931 estabeleceu em detalhes o "programa máximo" do Partido Comunista da China – e a referência a ele mostrou, claramente, que o objetivo final dos comunistas chineses era ser um Estado Socialista de concepção marxista-leninista. Enquanto isso, porém, a organização social, política e econômica dos distritos vermelhos consistia em uma transição muito temporária. Mesmo em Jiangxi, era pouco mais do que isso. Como os sovietes tiveram que lutar pela existência desde o início, sua principal tarefa sempre foi construir uma base militar e política para a expandir a revolução, em vez de *experimentar o comunismo na China*, que é o que algumas pessoas pensaram que os vermelhos estavam tentando em suas pequenas áreas bloqueadas.

A razão imediata do apoio popular aos vermelhos no Noroeste obviamente não era "de cada um de acordo com sua capacidade, para cada um de acordo com suas necessidades", mas algo como a promessa "aquele que cultiva terá sua lavoura" (*gēng zhě yǒu qítián* [耕者有其田]) – de Sun Yat-sen.

Embora os sovietes fossem em teoria um governo de *operários e camponeses*, na prática sua composição era esmagadoramente camponesa no seu caráter e proporção, e o regime teve que se moldar de acordo com isso. Foi feita, então, uma tentativa de equilibrar a influência camponesa e compensá-la, classificando a população rural nas seguintes classes: senhores de terra grandes, médios e pequenos; camponeses ricos, médios e pobres – e os meeiros artesãos, lumpemproletariado, trabalhadores rurais e "autônomos", estes chamados em mandarim de *zìyóu zhíyè zhě* [自由职业者], ou seja, os profissionais liberais – um

270 N.E.: Embora tenha seu aspecto *etapista* a organização dos sovietes dos comunistas chineses, no entanto, assume para si a China em sua condição e peculiaridades. É esse o sentido da obra de Mao, que triunfa sobre a linha de Chen Duxiu e, em seguida, sobre a de Li Lisan, pois eles insistiam na realização imediata do "socialismo", apesar das condições e fragilidades da China. Há, evidentemente, um lado conjuntural disso, mas também uma questão de concepção mais duradoura, haja vista os desdobramentos conhecidos da História da China sob a égide do Partido Comunista.

grupo que incluía professores, médicos e técnicos à *intelligentsia rural.* Essas divisões eram políticas e econômicas e nas eleições dos sovietes era dada uma representação muito maior aos camponeses (inclusive aos meeiros) e trabalhadores artesanais do que às outras categorias – o objetivo aparente era criar um tipo de ditadura democrática do "proletariado rural"[271].

Dentro dessas limitações, os sovietes pareciam funcionar muito bem em áreas onde o regime estava estabilizado. A estrutura do governo representativo foi construída a partir do soviete de aldeia, como a menor unidade: acima dele estavam o soviete distrital ou soviete do condado e, depois, os sovietes provinciais e centrais. Cada aldeia elegia seus delegados para os sovietes superiores até os delegados eleitos para o Congresso de todos os sovietes da China. O sufrágio era universal a partir dos 16 anos, mas não era igual, pelos motivos já mencionados.

Vários comitês foram estabelecidos sob cada um dos sovietes locais. Um comitê todo-poderoso, geralmente eleito em uma reunião de massas logo após a ocupação de um distrito pelo Exército Vermelho, e precedido por uma intensa campanha de propaganda, era o comitê revolucionário – que tinha o direito de decidir sobre eleições, cooperando estreitamente com o Partido Comunista. Sob o soviete local, e nomeados por ele, estavam os comitês de educação, cooperativas, treinamento militar, treinamento político, de terras, saúde pública, treinamento partidário, defesa revolucionária, ampliação do Exército Vermelho, ajuda mútua agrária, lavoura específica do Exército Vermelho e outros. Esses comitês foram encontrados em todos os órgãos dos sovietes, até o Governo Central, onde as políticas eram coordenadas e as decisões gerais eram tomadas.

A organização não parou com o próprio governo. O Partido Comunista tinha uma ampla adesão entre os camponeses e trabalhadores, nas

271 N.E.: Apesar do espanto de Snow, essa classificação não é aleatória ou conjuntural, mas obedece a categorização da composição de classes na China feita pelo próprio Mao em 1926, no seu *Análise de classes na sociedade chinesa*, e complementado em 1933 no *Como analisar as classes nas regiões rurais*. O fato disso ser aplicado só demonstrava o êxito do comando, também intelectual, de Mao sobre o movimento comunista chinês.

cidades e nas aldeias. Além disso, havia a Liga da Juventude Comunista e, sob seu comando, duas outras organizações que incluíam em seus membros a maioria dos jovens: o Corpo de Jovens Pioneiros (*Shàonián Xiānfēng Duì* [少年先锋队]) e as Brigadas Infantis (*Értóngtuán* [儿童团]). O Partido Comunista também organizou as mulheres na Liga da Juventude Comunista, nas sociedades antijaponesas, escolas de enfermagem, escolas de tecelagem e brigadas de cultivo. Camponeses adultos foram organizados na Liga do Povo Pobre e em sociedades antijaponesas. Até mesmo a Sociedade dos Irmãos mais Velhos foi trazida para a vida dos sovietes e recebeu trabalho aberto e legal para fazer. A Guarda Camponesa (*Nóng Wèiduì* [农卫队]), conjuntamente aos partisans, também fazia parte da estrutura política e social rural intensamente organizada.

O trabalho de todas essas organizações e seus vários comitês foi coordenado pelo Governo Central Soviético, pelo Partido Comunista e pelo Exército Vermelho. Aqui não precisamos entrar em detalhes estatísticos para explicar as conexões orgânicas desses grupos, mas pode-se dizer em geral que todos eles foram habilmente interligados, e cada um de forma direta, sob a orientação de algum comunista, embora as decisões de organização, filiação e trabalho pareciam ser realizadas de forma democrática pelos próprios camponeses. O objetivo da organização soviete obviamente era fazer de cada homem, mulher e criança um membro de alguma coisa, com um trabalho definido a ele designado para realizar.

Os métodos usados para aumentar a produção, utilizando grandes áreas de terrenos inutilizados, foi um exemplo típico da intensidade dos esforços da política dos sovietes chineses. Eu consegui cópias de muitas ordens, bastante surpreendentes em seu escopo e praticidade de bom senso, emitidas pela comissão de terras a seus vários ramos para orientá-los na organização e divulgação dos camponeses nas tarefas de cultivo. Para ilustrar: em uma dessas encomendas que peguei em uma filial local do escritório de terras, foram dadas instruções sobre o cultivo da primavera, a comissão instando seus trabalhadores a "fazer ampla propaganda para induzir as massas a participar voluntariamente, sem envolver qualquer forma de comando compulsório". Um aconselhamento detalhado foi oferecido sobre como atingir as quatro principais demandas desse período de plantio, que no inverno anterior haviam sido reconhecidas pelo povo dos sovietes como sendo: utilização mais extensa de terrenos inutilizados e expansão das terras do Exército Vermelho; aumento dos rendimentos da colheita; diversificação de cultivos, com destaque para novas variedades de melão e hortaliças; e expansão da área de plantio de algodão.

Entre os métodos recomendados por aquela ordem[272] para expandir a força de trabalho e, especialmente, para trazer as mulheres diretamente para a produção agrícola (particularmente nos distritos onde a população masculina havia diminuído como resultado do alistamento no Exército Vermelho), a seguinte instrução engenhosa sugeria a eficiência com a qual os vermelhos utilizavam os recursos disponíveis:

> "Mobilizar mulheres, meninos e velhos para participar do plantio e cultivo da primavera, cada um de acordo com sua capacidade de realizar uma tarefa principal ou auxiliar nos processos de trabalho da produção. Por exemplo, 'pés grandes' [*pés naturais*] e mulheres jovens devem ser mobilizadas para organizar equipes de treinamento, com tarefas que vão desde o desmatamento até as principais tarefas da produção agrícola propriamente ditas. Mulheres de 'pés pequenos' [pés *enfaixados*], garotos jovens e homens velhos devem ser mobilizados para ajudar na capina, compostagem e outros trabalhos auxiliares[273]."

Mas como os camponeses se sentiam a respeito disso? O camponês chinês, supunha-se, odiava organização, disciplina e qualquer atividade social além de sua própria família. Os vermelhos riram quando isso foi mencionado. Disseram que nenhum camponês chinês desgostava de

272 N.A.: Ordem de Instrução camponesa, Comissão de Terras de Shaanxi, 28 de janeiro de 1936.

273 N.E.: A ordem fazia referência à distinção entre as mulheres que tinham os pés enfaixados e as que não. O enfaixamento de pés consistia em uma prática patriarcal que deforma os pés das mulheres submetidas a isso, sendo mais tarde abolida pelos comunistas, mas que ainda existia à época na China.

organização ou atividade social se estivesse trabalhando para si mesmo e não para o *mintuan* – as milícias rurais –, senhores de terra ou para os coletores de impostos. E tive que admitir que a maioria dos camponeses com quem conversei parecia apoiar os sovietes e o Exército Vermelho. Muitos deles foram muito livres em suas críticas e reclamações, mas quando questionados se preferiam isso aos velhos tempos, a resposta foi quase sempre *um enfático sim*. Percebi também que a maioria deles falava dos sovietes como "nosso governo" (*wǒmende zhèngfǔ* [我们的政府]) – e isso me pareceu algo novo na China rural.

Uma coisa que sugeria que os vermelhos tinham sua "base" na massa da população era que, em todos os distritos sovietes mais antigos, o policiamento e a guarda eram feitos quase inteiramente apenas pelas organizações camponesas. Havia poucas guarnições reais do Exército Vermelho nos distritos sovietes, toda a força de combate do exército sendo mantida na frente. A defesa local foi compartilhada pelo corpo de defesa revolucionário da aldeia, guardas camponeses e partisans. Esse fato poderia explicar parte da aparente popularidade do Exército Vermelho junto ao (pobre) campesinato, pois ele, raramente, era instrumento de opressão e exploração, como outros exércitos, mas geralmente estava na frente, lutando por sua comida e engajado em enfrentar ataques inimigos. A intensa organização do campesinato criou, por conseguinte, uma retaguarda que liberou o Exército Vermelho para operar com a extrema mobilidade pela qual era conhecido.

Mas, para entender o apoio dos camponeses ao movimento comunista, era necessário ter em mente o fardo suportado pelo campesinato do Noroeste sob o antigo regime. Agora, onde quer que os vermelhos fossem, não havia dúvida de que eles mudavam radicalmente a situação do meeiro, do camponês pobre ou médio e de todos os demais elementos *despossuídos*. Todas as formas de tributação foram abolidas nos novos distritos durante o primeiro ano, para dar aos agricultores um espaço para respirar, e nos antigos distritos apenas um imposto único progressivo sobre a terra foi cobrado – além de um pequeno imposto único (de 5 a 10%) a negócios. Em segundo lugar, os vermelhos deram terras aos camponeses sem-terra e começaram a reclamar grandes áreas de “terras improdutivas” – principalmente terras de proprietários ausentes ou em fuga. Terceiro, eles tomaram terras e gado das classes ricas e distribuíram isso entre os pobres.

A redistribuição das terras era um fundamento da política vermelha. Como foi realizado? Mais tarde, por motivos de manobra política nacional houve um recuo drástico na política fundiária dos sovietes, mas quando viajei pelo Noroeste as leis fundiárias em vigor (promulgadas pelo Governo da República Soviética da China do Noroeste, em dezembro de 1935) previam o confisco de todas as terras dos senhores de terra e dos camponeses ricos que não eram cultivadas pelos próprios proprietários. No entanto, tanto o senhor de terra quanto o camponês rico recebiam toda a terra que pudessem cultivar com seu *próprio* trabalho. Em distritos onde não havia escassez de terras – e havia muitos desses distritos no Noroeste – as propriedades dos senhores de terra residentes e camponeses ricos, na prática, não eram confiscadas, mas os terrenos baldios e a terra de proprietários ausentes eram distribuídos e, às vezes, havia uma realocação das terras de melhor qualidade, com os camponeses pobres recebendo os melhores solos, e os senhores da terra recebiam a mesma quantidade de terra, só que em terrenos menos férteis.

O que era um senhor de terra? De acordo com a definição, bastante simplificada, dos comunistas, era todo agricultor que extraísse a maior parte de sua renda de terras arrendadas a outros, e não de seu próprio trabalho[274]. Por essa definição, os agiotas e os *tŭháo* [土豪][275] foram colocados, aproximadamente, na mesma categoria dos senhores de terra e

274 N.E.: Sobre os senhores de terra (*dìzhŭ* [地主] – literalmente, *comandantes territoriais*), como já explicado, além deles possuírem a propriedade de lotes maiores, também exerciam poder político, pois sua propriedade se originava de privilégios nobiliárquicos ou burocráticos que remontavam à Dinastia Ming – segundo a definição de Mao Zedong em *Como analisar as classes nas regiões rurais*: “*Os senhores de terra são os indivíduos que dispõem de terras mas não intervêm pessoalmente no trabalho, ou apenas realizam trabalhos insignificantes, vivendo pois da exploração dos camponeses*”.

275 N.A.: *Tŭháo* [土豪] que, na verdade, significa algo como “tiranetes da terra”, era o termo que os vermelhos usavam para designar proprietários de terra que, também, obtinham grande parte de sua renda emprestando dinheiro e comprando e vendendo hipotecas.

tratados de forma semelhante. As taxas de juros, segundo Dr. Stampar, chegavam, antes da chegada dos comunistas, a 60% no Noroeste, ou muito mais alto em tempos de estresse. Embora a terra fosse muito barata em muitas partes de Gansu, Shaanxi e Ningxia, o dinheiro era incrivelmente escasso. Na prática, era quase impossível para um trabalhador rural, ou um meeiro sem capital, acumular o suficiente para comprar terras suficientes para sua família. Conheci camponeses nos distritos vermelhos que nunca haviam possuído terras, embora em alguns lugares os preços fossem tão baixos quanto dois ou três yuans (de prata) por acre.

Classes diferentes das mencionadas acima não estavam sujeitas à ação confiscatória, de modo que uma grande porcentagem dos camponeses se beneficiaria imediatamente com a redistribuição. Os camponeses, meeiros e trabalhadores rurais mais pobres recebiam terras suficientes para seu sustento. Não parecia haver uma tentativa de "igualar" a propriedade da terra. Wang Guanlan me explicou que o objetivo principal das leis de terras dos sovietes era prover para cada pessoa terra suficiente para garantir que ela, e a sua família, pudessem viver com comida e roupas suficientes – Wang era um estudante recém-retornado da Rússia, de apenas 29 anos, que servia como comissário de terras para as três províncias vermelhas do Noroeste. Esse objetivo correspondia à *demanda mais urgente* do campesinato.

O confisco e redistribuição da terra tiveram efeitos muito atenuados no Noroeste, pois as grandes propriedades pertenciam, anteriormente, a funcionários públicos, cobradores de impostos e proprietários agora ausentes. Com o confisco de tais terras, em muitos casos foram satisfeitas as demandas imediatas do campesinato pobre, sem muitas interferências sobre os pequenos senhores de terra residentes ou os camponeses ricos. Assim, os vermelhos não apenas criaram a base econômica para o sustento do campesinato pobre e sem-terra, dando-lhes terras, mas também conquistaram a gratidão dos camponeses médios ao abolir a exploração fiscal e, em alguns casos, recrutaram a ajuda de pequenos senhores de terra na mesma base ou por meio de apelos patrióticos do movimento antijaponês. Vários comunistas proeminentes de Shaanxi vieram de famílias de senhores de terra.

Uma ajuda adicional foi dada aos camponeses pobres na forma de empréstimos a taxas de juros muito baixas ou sem juros. A agiotagem foi totalmente abolida, mas o empréstimo privado, a taxas fixadas no máximo de 10% ao ano, foi permitido. A taxa de empréstimo ordinária do governo era de 5%. Vários milhares de implementos agrícolas simples feitos nos arsenais vermelhos e milhares de quilos de sementes de grãos foram fornecidos a camponeses sem terra que desbravavam terras devastadas. Uma escola agrícola primitiva havia sido estabelecida, e fui informado de que estava planejada a abertura de uma escola de pecuária, assim que um especialista nesse campo, esperado de Xangai, chegasse.

Um movimento cooperativo estava sendo vigorosamente impulsionado. Essas atividades se estenderam além das cooperativas de produção e distribuição, ramificando-se para incluir a cooperação em formas novas para a China, como o uso coletivo de animais de fazenda e implementos – especialmente no cultivo de terras públicas e terras do Exército Vermelho – e na organização das sociedades de ajuda mútua de trabalho. Por meio desse último dispositivo, grandes áreas poderiam ser rapidamente plantadas e colhidas coletivamente, e os períodos de ociosidade de agricultores individuais estavam eliminados. Os vermelhos fizeram com que um homem conquistasse sua nova terra! Em períodos de maior movimento, o sistema de "Brigadas de Sábado" era usado, quando não apenas todas as organizações infantis, mas também todos os oficiais sovietes, partisans vermelhos, guardas vermelhos, membros de organizações femininas e qualquer destacamento do Exército Vermelho que estivesse por perto eram mobilizados para trabalhar pelo menos um dia por semana nas tarefas agrícolas. Até Mao Zedong participavam desse trabalho.

Aqui os vermelhos estavam introduzindo os germes da ideia drasticamente revolucionária de esforço coletivo e fazendo trabalho de educação primária para algum período futuro quando a coletivização pudesse se tornar praticável. Ao mesmo tempo, nos recessos escuros da mentalidade camponesa, penetrava lentamente o conceito de um domínio mais amplo da vida social. Pois as organizações criadas entre os camponeses eram o que os vermelhos chamavam de *três em um:* econômicas, políticas e culturais em sua utilidade.

O progresso cultural que os vermelhos fizeram entre esse povo era, de fato, insignificante para os padrões avançados do Ocidente. Mas certos males proeminentes, comuns na maior parte da China, foram definitivamente eliminados em vários condados, há muito sovietizados, no norte de Shaanxi, e uma campanha de propaganda estava sendo conduzida entre os habitantes de áreas mais novas para espalhar as mesmas reformas elementares lá. Como uma conquista notável, o ópio foi completamente eliminado no norte de Shaanxi e, de fato, não vi nenhum sinal de papoula depois que entrei nos distritos sovietes. A corrupção oficial era quase inédita. A mendicância e o desemprego pareciam ter sido, como afirmavam os comunistas, *liquidados*. Não vi um só mendigo durante todas as minhas viagens nas áreas vermelhas. O enfaixamento dos pés e o infanticídio eram crimes, a escravidão infantil e a prostituição haviam desaparecido, enquanto a poliandria e a poligamia foram proibidas.

Os mitos das *esposas coletivas* e da *nacionalização das mulheres* são absurdos demais para que eu precise refutá-los aqui, mas as mudanças no casamento, no divórcio e na herança foram em si, extremamente, radicais contra tradição e as leis arcaicas da China. As disposições da Lei de Casamento proibiram a tradicional prerrogativa da sogra de exploração das noras, criminalizou a compra e venda de mulheres como esposas ou concubinas e, ainda, colocou fim ao costume de "casamentos arranjados". Ainda, o casamento passou a ser permitido, exclusivamente, por consentimento mútuo, a idade legal aumentou para 20 anos para os homens e para 18 para as mulheres, os dotes foram proibidos e qualquer casal que se registrasse como marido e mulher perante um soviete de condado, distrito ou aldeia recebia uma certidão de casamento sem custo. Homens e mulheres que coabitavam eram considerados legalmente casados, registrados ou não. Todas as crianças foram consideradas legítimas perante a Lei do soviete.

O divórcio também poderia ser obtido no escritório de registro do soviete, gratuitamente, mediante "pedido insistente" de qualquer uma das partes do contrato de casamento, mas as esposas dos homens do Exército Vermelho eram obrigadas a obter o consentimento de seus maridos antes que o divórcio fosse concedido. A propriedade era dividida igualmente entre os divorciados – e ambos eram legalmente obrigados a cuidar de seus filhos, mas a responsabilidade pelos custos era assumida em maior parte pelo homem, que era obrigado a atender dois terços das despesas pela subsistência dos filhos.

A educação, em teoria, era "gratuita e universal", mas os pais eram obrigados a fornecer alimentos e roupas aos filhos. Na prática, nada como uma educação "gratuita e universal" ainda havia sido alcançada. No entanto, o velho Xu Teli, o comissário da educação, se gabava de que, se houvesse alguns anos de paz no Noroeste, os vermelhos iriam surpreender o resto da China com o progresso educacional que fariam. Mais adiante eu soube com mais detalhes o que os comunistas fizeram e esperavam fazer para liquidar com o pavoroso analfabetismo da região. Contudo, em um primeiro momento, foi interessante saber como o governo estava financiando não apenas o programa educacional, tal como era, mas todo esse organismo aparentemente simples e, ao mesmo tempo, imensamente complexo, que chamei de sociedade soviete.

6.4. Uma anatomia da moeda vermelha

Havia pelo menos duas funções básicas da economia soviete: alimentar e equipar o Exército Vermelho e, também, trazer socorro imediato ao campesinato pobre. Falhando em qualquer uma delas, a base do soviete logo entraria em colapso. Para garantir o sucesso nessas tarefas, era necessário que os vermelhos, desde os primeiros dias, iniciassem algum tipo de construção econômica.

A economia do soviete do Noroeste era uma curiosa mistura de capitalismo privado, capitalismo de Estado e socialismo primitivo. Os negócios particulares e a indústria privada eram permitidos e encorajados, enquanto a transação privada da terra e de seus produtos era permitido, apenas com algumas restrições – isso envolvia poços de petróleo, minas de sal e de carvão, além da comercialização de gado, couro, sal, lã, algodão, papel e outras matérias-primas. Mas não se estabelecia um monopólio estatal sobre esses artigos – e em todos eles as empresas privadas podiam e, até certo ponto, deveriam competir.

Um terceiro setor econômico foi criado com as cooperativas, nas quais o governo e as massas participavam como parceiros, competindo não apenas com o capitalismo privado, *mas também com o capitalismo de Estado*! Assim, embora os antagonismos de tal arranjo fossem óbvios, e em uma área economicamente mais desenvolvida teriam sido ruinosos, aqui nas regiões vermelhas eles se complementavam.

Os vermelhos definiram a cooperativa como *um instrumento para resistir ao capitalismo e desenvolver um novo sistema econômico*, e listaram seus cinco principais funções da seguinte forma: (I) combater a exploração das massas pelos mercadores; (II) combater o bloqueio do inimigo; (III) desenvolver a economia pública dos distritos sovietes; (IV) elevar o nível econômico-político das massas e (V) preparar as condições para a construção do socialismo – um período em que a revolução democrática da burguesia chinesa, sob a liderança do proletariado, pôde criar condições enérgicas que permitam a transição dessa revolução para o socialismo.[276]

Apesar do eufemismo com a qual eram descritas, as duas primeiras dessas funções apenas significavam que a cooperativa poderia ajudar as massas a organizar o contrabando, servindo como auxiliares da atividade antiembargo do soviete. O comércio entre os distritos vermelhos e brancos foi proibido por Nanquim, mas, usando pequenas estradas de montanha e *molhando a mão* dos guardas de fronteira, os vermelhos às vezes conseguiam manter seus negócios de *exportação* bastante ativos. O corpo de transporte, a serviço do Escritório Nacional de Comércio ou de Cooperativas, trocava as matérias-primas, retiradas dos distritos sovietes, por dinheiro do Kuomintang para obter manufaturas.

Cooperativas de consumo, vendas, produção e crédito foram organizadas nas vilas, distritos, condados e em nível provincial. Acima delas, havia o Escritório Central de Cooperativas, que respondia ao comissário de finanças e ao Ministério de Economia Nacional. Essas cooperativas foram construídas para, efetivamente, incentivar a participação dos estratos mais baixos da sociedade. Os compradores ingressavam na cooperativa pagando a partir de 50 centavos por ação, às vezes até 20 centavos, e as obrigações organizacionais eram muito extensas, de modo que cada acionista tinha que participar da vida econômica ou política da cooperativa. Embora não houvesse restrição quanto ao número de ações que um membro individual pudesse comprar, cada membro tinha direito a apenas um voto, independentemente de quantas ações possuísse. Cooperativas elegiam seus próprios comitês de gerenciamento e de supervisão, com a assistência do Escritório Central, o qual também fornecia trabalhadores e organizadores treinados. Cada cooperativa tinha departamentos de negócios, propaganda, organização, pesquisa e estatísticas.

276 N.A.: *Plano de desenvolvimento para as cooperativas* (*Hézuòshè fāzhǎn guīhuà* [合作社发展规划]), Ministério da Economia Nacional (Wayaobao, Shaanxi, novembro de 1935), p. 4.

Vários incentivos eram oferecidos para uma gestão eficiente, e a ampla divulgação disso estimulou e educou os camponeses sobre a utilidade do movimento de cooperativas. Ajudas financeira e técnica foram fornecidas pelo governo, que participou dos empreendimentos com participação nos lucros. Cerca de 70 mil yuans em empréstimos sem juros foram investidos pelo governo nas cooperativas de Shaanxi e Gansu.

Apenas a moeda do soviete estava em circulação, exceto nos condados que ficavam na fronteira, onde a moeda do Kuomintang também era aceita. Em seus sovietes em Jiangxi, Anhui e Sichuan, os vermelhos cunhavam yuans de prata e moedas subsidiárias em cobre – e muito desse metal foi transportado para o Noroeste. No entanto, depois do decreto de novembro de 1935, quando Nanquim iniciou o confisco de toda a prata na China, o preço daquele metal disparou, obrigando os vermelhos a retirar sua prata de circulação, usando-a só como reserva para a emissão de notas.

O papel-moeda no Sul, com a assinatura do *Banco Nacional da República Soviética da China*, foi impresso com perfeição, em papel bancário de boa qualidade. No Noroeste, deficiências técnicas resultaram em uma emissão muito mais tosca em papel ruim – e às vezes em tecido. Seus slogans apareciam em todo o dinheiro. As notas emitidas em Shaanxi traziam exortações como "Pare a guerra civil!" "Unam-se para resistir ao Japão!" "Viva a Revolução Chinesa!".

Mas como os comerciantes poderiam vender artigos importados das regiões brancas por moeda que não tinha valor de troca fora dos distritos sovietes? Para responder a essa questão, o tesouro público soviete fixou uma taxa de câmbio de 1,21 yuans vermelhos para cada 1 yuan do Kuomintang. Os regulamentos previam que:

> "todos os bens importados dos distritos brancos, e vendidos pelo Escritório Nacional de Comércio, serão pagos em moeda estrangeira [os yuans brancos]; as importações de bens de primeira necessidade, quando não vendidos diretamente ao Escritório Nacional de Comércio, mas por meio de cooperativas ou por comerciantes privados, serão primeiro registrados no Escritório Nacional, e sua

venda será feita em moeda soviete por dinheiro branco; outras trocas poderão ser feitas quando a necessidade exigir."[277]

Na prática, isso obviamente significava que todas as importações "estrangeiras" tinham que ser pagas em moeda "estrangeira". Mas como o valor das manufaturas importadas, bastante escassas, excediam, em muito, o valor das exportações dos sovietes (principalmente matérias-primas, ainda por cima, vendidas com desconto como mercadorias contrabandeadas), o balanço de pagamentos sempre tendeu a um resultado desfavorável – em outras palavras: ruína. Como isso poderia ser superado?

Não foi, inteiramente. Até onde pude descobrir, o problema foi enfrentado principalmente pela engenhosidade de Lin Zuhan, o digno comissário de finanças de cabelos brancos, cuja tarefa era fazer com que os vermelhos encontrassem uma solução. Aquele curioso velho guardião do tesouro havia sido tesoureiro do Kuomintang, e atrás dele havia uma história incrível.

Filho de um professor de Hunan, Lin Zuhan nasceu em 1886, estudou os *Clássicos*, cursou a faculdade normal em Changde e, depois, estudou em Tóquio, no Japão – e, lá, ele conheceu Sun Yat-sen, então exilado da China pelos manchus, e se uniu à sua sociedade revolucionária secreta, o Tongmenghui. Quando Sun fundiu o Tongmenghui com outros grupos revolucionários para fundar o Kuomintang, Lin se tornou, também, um de seus fundadores. Mais tarde, ele conheceu Chen Duxiu, que o influenciou muito e, por conta disso, em 1922, ele ingressou no Partido Comunista. Ele continuou trabalhando, no entanto, com o Dr. Sun Yat-sen, que admitiu os comunistas em seu partido – e Lin era, por sua vez, tesoureiro e ministro de Assuntos Gerais do Kuomintang. Ele estava com Sun Yat-sen na ocasião da morte do então líder nacionalista.

No início da Revolução Nacionalista, Lin era um dos muitos veteranos do Comitê Executivo Central do Kuomintang que eram mais

277 N.A.: *Sobre a política monetária da área soviete* (*Guānyú sūqū huòbì zhèngcè* [关于苏区货币政策]), contida na décima segunda edição do *Trabalho do Partido* (*Dǎng de gōngzuò* [党的工作]) (Bao'an, 1936).

velhos do que Chiang Kai-shek. Em Guangdong, ele foi ministro dos camponeses e durante a Expedição do Norte, tornou-se comissário político do Sexto Exército, comandado pelo general Cheng Qian – o falecido chefe do Estado-Maior de Nanquim. Quando Chiang Kai-shek começou a exterminar os comunistas em 1927, Lin o denunciou, fugiu para Hong Kong e depois para a Rússia Soviética, onde estudou por quatro anos na academia comunista. Em seu retorno à China, ele fez o trajeto pela "ferrovia subterrânea" e chegou com segurança a Jiangxi. Agora viúvo, Lin não via sua filha e seu filho, já adultos, desde 1927 – naquele ano, aos 41 anos, ele abandonou os confortos de sua posição e atrelou seu destino aos dos jovens comunistas.

Certa manhã, em meu quarto no Ministério das Relações Exteriores, entrou esse veterano da Longa Marcha, naquele momento já com seus 50 anos e um sorriso alegre no rosto, um uniforme desbotado, um boné vermelho com a aba quebrada e diante de seus olhos bondosos um par de óculos, com um dos lados amarrado na orelha com um pedaço de barbante. Eis o comissário do povo para as finanças! Ele se sentou na beira do *kang* e começamos a conversar sobre fontes de receita para o governo soviete. O governo, pelo que eu compreendi, praticamente não cobrava tributos; sua renda industrial devia ser insignificante. Então de onde – e eu queria saber muito disso – ele tirava seu dinheiro?

Lin começou a explicar: "Dizemos que não tributamos as massas e isso é verdade. Mas tributamos pesadamente as classes exploradoras, confiscando seu dinheiro e bens excedentes. Portanto, toda a nossa tributação é direta. Isso é diferente do Kuomintang. O que ele faz é exatamente o oposto. Ele faz com que os trabalhadores e camponeses paguem a maior parte dos tributos. Aqui tributamos menos de 10% da população – os proprietários e usurários (agiotas, donos de lojas de penhores etc.). Também cobramos um pequeno imposto de alguns grandes comerciantes, mas nenhum dos pequenos. Mais tarde, podemos impor um pequeno imposto progressivo sobre o campesinato, mas no momento todos os impostos de massa foram suspensos".

"Outra fonte de renda vem das contribuições voluntárias do povo. O sentimento patriótico revolucionário é muito forte. Sobretudo onde a guerra está acontecendo e as pessoas percebem que podem perder seus sovietes. Eles fazem grandes contribuições voluntárias de comida, dinheiro e roupas para o Exército Vermelho. Obtemos alguma receita também do comércio estatal, das terras do Exército Vermelho, de nossas próprias indústrias, das cooperativas e de empréstimos bancários. Mas é claro que *nossa maior receita vem dos confiscos*."

"Por confisco", interrompi, "você quer dizer o que é comumente descrito como pilhagem? " – do que Lin riu brevemente e respondeu: "O Kuomintang chama isso de pilhagem. Bem, se a tributação dos exploradores das massas é pilhagem, também o é a tributação das massas pelo Kuomintang. Mas o Exército Vermelho não faz pilhagem no sentido que os exércitos brancos fazem. Confiscos são feitos apenas por pessoas autorizadas, sob a direção da comissão de finanças. Cada item deve ser reportado em inventário ao governo e esse material é utilizado apenas para o benefício geral da sociedade. A pilhagem privada é severamente punida. Basta perguntar ao povo se os soldados vermelhos levam algo sem pagar por isso."

"Bem, você está certo. A resposta a isso, naturalmente, dependeria se você perguntasse a um senhor de terra ou a um camponês" – respondi.

"Se não tivéssemos que travar uma guerra incessante", continuou Lin, "poderíamos facilmente construir uma economia autossuficiente aqui. Nosso orçamento é feito com cuidado e poupamos todo o possível. Porque todo oficial dos sovietes também é um patriota e um revolucionário. Não exigimos salários e podemos sobreviver com pouca comida. Provavelmente a informação do quão pequeno é o nosso orçamento irá surpreendê-lo: para toda esta área, cujo tamanho é equivalente à Áustria, nosso gasto atual é de apenas cerca de 320 mil yuans por mês. Isso representa o valor dos bens somado ao valor monetário. Dessa soma, de 40 a 50% vem de confiscos e 15 ou 20% vem de contribuições voluntárias, incluindo dinheiro arrecadado pelo Partido entre nossos apoiadores nos distritos brancos[278]. O restante de nossa re-

278 N.A.: Naquela época, a área do soviete, provavelmente, estava recebendo pouca ou nenhuma ajuda financeira da Rússia, com a qual não tinha nenhuma conexão geográfica direta.

ceita é derivado do comércio, construção econômica, terras do Exército Vermelho e empréstimos bancários ao governo."

Os vermelhos alegaram ter inventado um mecanismo de orçamento, de receitas e despesas, a prova de corrupção. Li parte do *Esboço de Formulação do Orçamento* de Lin Zuhan, que dava uma descrição detalhada do sistema e de todas as suas salvaguardas. Sua integridade parecia ser baseada, principalmente, no controle coletivo do fluxo de caixa. Do órgão mais alto até a aldeia, o tesoureiro prestava contas, tanto pelos pagamentos quanto pelas cobranças, a um comitê de supervisão, de modo que maquiagens contábeis para esconder fraudes eram extremamente difíceis. O comissário Lin tinha muito orgulho de seu método e disse que, graças a ele, qualquer fraude seria impossível. E isso podia mesmo ser verdade. De todo modo, nos distritos vermelhos o verdadeiro problema não era o vazamento dos canos financeiros do soviete, mas a seca que afetava o abastecimento de recursos. Apesar do alegre otimismo de Lin, foi isso que escrevi em meu diário após aquela entrevista:

"O que quer que os números de Lin possam significar de forma precisa, é simplesmente um milagre chinês, quando lembramos que os partisans têm resistido naquele território a quatro ou cinco anos e que a economia se mantém, não há fome e os camponeses em geral parecem aceitar a moeda vermelha, depositando confiança nela. Na verdade, isso não pode ser explicado em termos de finanças sozinho, mas só é compreensível em termos sociais e políticos. "

"No entanto, é perfeitamente claro que a situação é extremamente grave, mesmo para uma organização que funciona com os poucos recursos dos quais os vermelhos se alimentam, e uma das três hipóteses de mudanças teriam de ocorrer, em breve, na economia das áreas vermelhas da China: (1) alguma forma de industrialização, introduzindo máquinas, para suprir o mercado com manufaturas necessárias; (2) o estabelecimento de uma boa conexão com alguma base econômica moderna no mundo exterior, ou a captura de algum centro econômico de nível mais elevado do que o atual (Xi'an ou Lanzhou, por exemplo), ou (3) a fusão real de tais centros econômicos, sob controle branco, com os distritos vermelhos".

Os vermelhos não compartilhavam do meu pessimismo: "Uma saída certamente será encontrada". E em poucos meses ela foi. A "saída" apareceu na forma de uma "fusão real".

A propósito, Lin não parecia estar "progredindo" financeiramente muito rápido[279]. Sua "mesada" como comissário de finanças era de *cinco yuans vermelhos* por mês.

279 N.E.: Apesar de ser referido neste capítulo pelo seu nome de nascença, Lín Zǔhán [林祖涵] é mais conhecido na China pelo seu nome de guerra Lín Bóqú [林伯渠] (1886-1960) – e já apareceu neste livro no capítulo 3.4. Entre as imprecisões, Snow, talvez por um erro de tradução, supôs que ele nasceu em 1882 e não em 1886 conforme as fontes oficiais do Partido, o que foi corrigido para esta edição. Zuhan/Boqu teve destaque na política chinesa até sua morte, presidindo a cerimônia de Proclamação da República Popular da China em outubro de 1949, depois de participar da heroica resistência à invasão japonesa. Também era poeta e foi uma figura central na construção da Nova China.

6.5. A pedagogia comunista de Xu Teli

Eu o chamava de Velho Xu porque era assim que todos, nos distritos vermelhos, o chamavam – *Lăo* [老] Xu, o Educador. Embora 59 anos fosse apenas uma idade média para a maioria dos altos funcionários do governo em outras partes do Oriente, na China Vermelha, ele parecia uma espécie de *honorável avô*, em contraste com os outros. No entanto, ele não era um espécime decrépito. Da mesma forma que seu contemporâneo Xie Juezai, ele tinha um passo altivo e vigoroso, olhos brilhantes e alegres, além de um par de pernas musculosas que o levaram através dos maiores rios e cordilheiras da China na Longa Marcha – e, muitas vezes, você podia ver esse par de malandros de cabelos brancos andando lado a lado, como alunos do ensino médio.

Xu Teli tinha sido um professor altamente respeitado até os 50 anos, quando surpreendentemente renunciou à sua casa, aos seus quatro filhos e à presidência da Escola Normal de Changsha para arriscar seu futuro com os comunistas. Nascido em 1877, perto de Changsha, não muito longe do local de nascimento de Peng Dehuai, ele era o quarto filho de uma família de camponeses pobres. Por meio de vários sacrifícios, seus pais lhe deram seis anos de escolaridade, ao final dos quais ele se tornou professor sob regime Manchu. Lá, ele permaneceu até os 29 anos, quando ingressou na Escola Normal de Changsha, se graduou e se tornou instrutor de matemática – disciplina na qual foi autodidata.

Mao Zedong foi um de seus alunos na Escola Normal assim como muitos outros jovens que, mais tarde, se tornaram comunistas – inclusive, Xu me disse que Mao era péssimo em matemática. O próprio Xu teve um papel na política muito antes de Mao distinguir um republicano de um monarquista. Ele ainda trazia aquela marca de combate à política tirânica dos tempos do Império, quando cortou a ponta do dedo mindinho para demonstrar sua sinceridade ao implorar, por meio de uma petição, para que um parlamento fosse concedido ao povo. Após a primeira revolução, quando por um tempo Hunan teve seu parlamento provincial, o Velho Xu era membro dele.

Xu acompanhou a delegação hunanesa de "estudantes-trabalhadores" à França depois da guerra – e estudou um ano em Lyon, onde pagou sua passagem, trabalhando algumas horas-extras em uma metalúrgica. Retornando a Hunan em 1923, ele ajudou a estabelecer duas escolas normais modernas na capital, e por quatro anos desfrutou de alguma prosperidade. Somente em 1927 ele se tornou comunista e um pária da sociedade burguesa.

Durante a Revolução Nacionalista, Xu Teli atuou no Kuomintang de Hunan, mas simpatizava com os comunistas. Ele pregava abertamente o marxismo para seus alunos. Quando o período de ex*purgos* começou, ele era um homem marcado – teve de *cair na clandestinidade* e, por não ter nenhuma ligação com o Partido Comunista, teve também que encontrar um esconderijo por conta própria. "Eu queria ser comunista", me disse um tanto melancólico, "mas ninguém nunca me pediu para entrar. Eu já tinha 50 anos e concluí que os comunistas me consideravam velho demais". Mas um dia um comunista procurou Xu em seu esconderijo e lhe pediu que entrasse no Partido. Ele me disse que chorou ao pensar que ainda era útil para construir um novo mundo.

O Partido o enviou para a Rússia, onde estudou por dois anos. Ao retornar, ele driblou o bloqueio a Jiangxi e logo depois se tornou comissário assistente de educação, abaixo de Qu Qiubai – e, depois que Qu foi morto, o Comitê Executivo nomeou Xu em seu lugar. Desde então ele tem sido o Velho Xu, o Educador. E certamente sua variada experiência – de vida e de ensino sob as formas de sociedade monárquica, capitalista e comunista – pareciam qualificá-lo para as tarefas que enfrentava. Ele, certamente, precisava de toda aquela experiência e mais, pois suas tarefas eram tão difíceis que qualquer educador ocidental ficaria desencorajado. Mas o Velho Xu era jovem demais para desanimar.

Um dia, quando estávamos conversando, ele começou a murmurar com humor algumas de suas dificuldades. "Tanto quanto podemos estimar", afirmou ele, "praticamente ninguém – exceto alguns senhores de terra, burocratas e comerciantes – sabia ler no Noroeste antes de nossa chegada. O analfabetismo parecia ser de cerca de 95% da população. Esse é, culturalmente, um dos lugares mais sombrios do mundo."

"Você sabia que as pessoas no norte de Shaanxi e Gansu acreditam que a água é prejudicial para elas? O homem médio aqui toma um banho completo apenas duas vezes em sua vida – uma vez quando ele nasce, a segunda vez quando ele é casado. Eles odeiam lavar os pés, as mãos ou o rosto, ou cortar as unhas ou os cabelos. Há mais tranças no Noroeste do que em qualquer outro lugar da China."[280]

"Mas tudo isso e muitos outros preconceitos são devidos à ignorância, e é meu trabalho mudar sua mentalidade. Essa população, comparada com a de Jiangxi, é realmente muito atrasada. Lá o analfabetismo estava em torno de 90%, mas o nível cultural era muito mais elevado, tínhamos melhores condições materiais para trabalhar e muitos mais professores formados. No nosso condado modelo, Xingguo, tínhamos mais de 300 escolas primárias e cerca de 800 professores – isso é igual ao número de escolas primárias e professores em todas as nossas zonas vermelhas aqui. Quando nos retiramos de Xingguo, o analfabetismo havia sido reduzido para menos de 20% da população."

"Aqui o trabalho é muito mais lento. Tivemos que começar tudo do zero. Nossos recursos materiais eram muito limitados. Até mesmo nossas máquinas de impressão foram destruídas – e agora temos que imprimir tudo por mimeógrafo ou por litografia de blocos de pedra. O embargo nos impede de importar a quantidade necessária de papel. Começamos, por causa disso, a produzir papel, mas a qualidade é terrível. Mas não importa essas dificuldades. Nós já conseguimos realizar algo. Se tivermos tempo, podemos fazer coisas aqui, isso vai surpreender o resto da China. Estamos treinando dezenas de professores das massas agora, e o Partido está treinando outros. Muitos deles se

280 N.E.: Naquela altura, mais de 20 anos após o fim da Dinastia Qing, o uso de tranças era só um costume terrivelmente antiquado, pois não havia mais nobres manchus para obrigar os chineses a usarem aquele peculiar corte de cabelo.

tornarão professores voluntários para as escolas de educação de massa. Nossos resultados mostram que os camponeses aqui estão ansiosos para aprender quando tiverem a chance."

"E eles não são estúpidos. Eles aprendem muito rapidamente e mudam seus hábitos quando recebem boas razões para isso. Nos distritos sovietes mais velhos daqui não se vê mais nenhuma garotinha com os pés enfaixados, mas você verá muitas moças com cabelo curto. Os homens estão cortando lentamente suas tranças agora, e muitos deles estão aprendendo a ler e escrever com a Liga da Juventude Comunista e os jovens pioneiros."[281]

Xu me explicou que sob o sistema educacional de emergência dos sovietes havia três seções: institucional, militar e social. A primeira era dirigida mais ou menos pelos sovietes, a segunda pelo Exército Vermelho e a terceira por organizações comunistas. A ênfase em todos eles era, de forma primária, política – mesmo as crianças menores aprendiam seus caracteres especiais por meio de slogans revolucionários simples e, em seguida, avançavam para histórias de conflito: entre os vermelhos e o Kuomintang, latifundiários e camponeses, capitalistas e trabalhadores e assim por diante, ressaltando sempre o heroísmo da Juventude Comunista e do Exército Vermelho, além das promessas de uma paraíso terreno no futuro comunista.

Em termos de ensino institucional, os vermelhos afirmavam já ter fundado cerca de 200 escolas primárias, além de uma escola preparatória para professores primários, uma escola agrícola, uma escola têxtil, uma escola sindical – que possuía cinco séries – e uma escola do partido com cerca de 400 alunos. Os cursos de todas as escolas técnicas duravam apenas por volta de seis meses.

---

281 N.E.: Os pés enfaixados são, como já dito, a prática absolutamente tirânica de enrolar com faixas de seda ou algum tecido os pés das mulheres, desde a infância, a ponto de deformá-los. Os cortes curtos para as mulheres, por outro lado, eram proibidos. Já as tranças foram as famosas imposições da tradição manchu aos chineses, quando eles se tornaram soberanos. Naquele quadrante histórico, todos esses costumes eram práticas já arcaicas na China, mas persistiam sendo reproduzidos no interior do país – e só foram abolidos com a Revolução de 1949.

A maior ênfase, naturalmente, estava na educação militar. Nela, muito foi alcançado em dois anos, apesar de todas as desvantagens do pequeno país soviete sitiado. Havia a Universidade do Exército Vermelho, as escolas de cavalaria e infantaria e duas escolas de treinamento do Partido. Havia uma escola de rádio e uma escola de medicina, que servia, na verdade, para formar enfermeiras. Havia uma escola de engenharia, onde os alunos recebiam o treinamento rudimentar de aprendizes. Como toda a própria organização dos sovietes chineses, tudo era muito provisório e concebido principalmente como uma espécie de atividade de retaguarda para fortalecer o Exército Vermelho e dotá-lo de novos quadros. Muitos dos professores não eram nem graduados do ensino médio. O que era interessante era o uso coletivo de qualquer conhecimento que eles tivessem. Essas escolas eram realmente comunistas, não apenas em ideologia, mas na utilização de cada fragmento de experiência técnica que pudessem mobilizar para "elevar o nível cultural".

Mesmo na educação social, os objetivos do programa do soviete eram principalmente políticos. Não havia tempo ou ocasião para ensinar literatura ou arranjos de flores aos camponeses. Os vermelhos eram pessoas práticas. Aos clubes Lenin, às seções da Liga da Juventude Comunista, aos partisans e aos sovietes de aldeia, eles enviaram textos simples e grosseiramente ilustrados de ideogramas, que ajudavam as organizações de massa a formar seus próprios grupos de autodidatas, com algum comunista ou com o alfabetizado entre eles como um líder. Quando os jovens, ou às vezes até camponeses idosos começavam a balbuciar frases curtas, eles se viram absorvendo ideias junto com seus ideogramas. Assim, entrando em um desses pequenos "centros sociais de educação" nas montanhas, você podia ouvir as pessoas se alfabetizando em voz alta:

"O que é isso?"

"Essa é a bandeira vermelha."

"O que é isso?"

"Isso é um homem pobre."

"O que é a bandeira vermelha?"

"A bandeira vermelha é a bandeira do Exército Vermelho."

"O que é o Exército Vermelho?"

"O Exército Vermelho é o exército dos pobres!"

E assim por diante, até que a pessoa que aprendesse 500 ou 600 caracteres antes de todos no grupo seria premiada, seja com uma bandeira vermelha, um lápis ou outros prêmios. Quando camponeses e seus filhos e filhas terminavam o livro didático, eles não apenas podiam ler pela primeira vez em suas vidas, mas também sabiam quem os havia ensinado e por quê. Eles haviam compreendido as ideias básicas de luta do comunismo chinês.

Em um esforço para encontrar um meio mais rápido de levar a alfabetização às massas, os comunistas começaram a usar de forma limitada o chinês latinizado (*lādīng huà* [拉丁化]). Eles elaboraram um alfabeto de 28 letras, que alegavam ser capaz de reproduzir quase toda a fonética chinesa e escreveram e publicaram um pequeno dicionário de bolso com as frases mais comuns do chinês traduzidas em palavras polissilábicas – e facilmente legíveis. Parte do jornal China Vermelha (*Hóngsè Zhōnghuá* [红色中华]) foi publicado em chinês latinizado, e o Velho Hu o estava experimentando com uma turma de jovens que havia escolhido em Bao'an. Ele acreditava que os complexos caracteres chineses acabariam sendo abandonados na educação em grande escala – e tinha muitos argumentos a favor de seu sistema, no qual vinha trabalhando há um ano.[282]

Até agora, ele não estava se gabando dos resultados, seja com seu sistema de latinização ou com seus outros esforços educacionais. "O nível cultural era tão baixo aqui que não poderia ser piorado, então, naturalmente, fizemos algum progresso", disse ele. Quanto ao futuro,

282 N.E.: A China só concluiu uma forma definitiva de latinização em 1958, o sistema pinyin. Tal sistema foi usado como regra para escrever nomes chineses nesta obra – mas que, no entanto, lhe é anterior em décadas. O pinyin se tornou padrão internacional para transliteração dos caracteres chineses apenas em 1982. Muitos pedagogos e estudiosos chineses discutiram abertamente a abolição do sistema milenar ideogramático durante o século XX, mas se concluiu apenas pela simplificação dos caracteres, a começar pela primeira reforma nesse sentido em 1956 – fruto da experiência de alfabetização de massas dos comunistas, o que em algumas décadas fez com que a maioria dos chineses soubesse ler e escrever pela primeira vez na longa história daquela civilização.

ele só queria tempo. Enquanto isso, ele me instava a me concentrar no estudo dos métodos educacionais do Exército Vermelho, onde ele afirmava que o verdadeiro ensino revolucionário podia ser encontrado.

PARTE 7
NA ROTA PARA O FRONT

7.1. Conversas com camponeses

Conforme viajava por Bao'an rumo à fronteira entre Shaanxi com Gansu, na direção ao front, fiquei nas cabanas rudimentares dos camponeses, dormi em seus *kang* de barro (quando o luxo de portas de madeira não estava disponível), comi sua comida e desfrutei de suas conversas. Todos eles eram pessoas pobres, gentis e hospitaleiras. Alguns deles recusaram qualquer pagamento de minha parte quando souberam que eu era um "hóspede estrangeiro". Lembro-me de uma velha camponesa de pés enfaixados, com cinco ou seis filhos jovens para alimentar, que insistia em matar uma de suas seis galinhas para mim.

"Não podemos permitir que um *demônio estrangeiro* diga às pessoas do mundo exterior que nós, vermelhos, não temos etiqueta!" Eu a ouvi dizer a um dos meus companheiros. Tenho certeza de que ela não quis ser indelicada. Ela simplesmente não conhecia outras palavras além de "demônio estrangeiro" para me descrever.

Eu estava viajando então com Hu Jinkui, um jovem comunista que havia sido designado pelo Ministério das Relações Exteriores para me acompanhar ao front. Como todos os comunistas que estavam posicionados na retaguarda, ele se alegrou com a oportunidade de se juntar às tropas da linha de frente – e, por isso, me considerou um presente dado pelo Céu para ele. Ao mesmo tempo, ele me via abertamente como um imperialista e era abertamente cético em relação a toda a minha viagem. No entanto, ele estava sempre disposto a ajudar em tudo, e nos tornamos muito bons amigos depois que a viagem acabou.

Certa noite, em Zhoujia, um vilarejo no extremo norte de Shaanxi, situado no município de Yulin, no distrito de Yuyang, perto da fronteira com Gansu, Hu e eu encontramos alojamento em um complexo onde viviam cinco ou seis famílias de camponeses. Um camponês de cerca de quarenta e cinco anos, responsável por seis das quinze crianças pequenas que corriam de um lado para o outro incessantemente, concordou em nos acomodar, prontamente e de forma gentil. Ele nos deu um quarto limpo com feltro novo no *kang* e forneceu milho e palha aos nossos animais – e nos vendeu, ainda, uma galinha por vinte centavos, e alguns ovos, mas pelo quarto não cobrou nada. Ele esteve em Yan'an, e já havia visto estrangeiros antes, mas nenhum dos outros homens, mulheres e crianças haviam visto um, e todos eles agora vinham, timidamente, para dar uma olhada. Uma criança começou a chorar quando viu a minha estranha aparência.

Depois do jantar, alguns camponeses entraram em nosso quarto, ofereceram-me tabaco e começaram a conversar. Eles queriam saber o que cultivávamos em meu país, se tínhamos milho e painço, cavalos e vacas – e se usávamos esterco de cabra como fertilizante. Um camponês me perguntou se tínhamos galinhas e, ao ouvir isso, nosso anfitrião bufou com desdém: "Onde há homens, deve haver galinhas!". Havia ricos e pobres em meu país? Existia um Partido Comunista e um Exército Vermelho? Receio que minha explicação do porquê havia um Partido Comunista nos Estados Unidos, mas nenhum Exército Vermelho os deixou confusos.

Em troca de responder às suas inúmeras perguntas, fiz algumas das minhas. O que eles achavam do Exército Vermelho? Eles, prontamente, começaram a reclamar da fome voraz dos cavalos. Aparentemente, quando a Academia do Exército Vermelho, de forma temporária, moveu sua escola de cavalaria para cá, o vilarejo parou por vários dias, resultando em uma grande queda nas reservas de milho e feno.

"Eles não te pagaram pelas coisas consumidas?", inquiriu Hu Jinkui.

"Sim, sim, eles pagaram bem; essa não é a questão. Nós não tínhamos uma quantidade grande, apenas alguns *dan* de milho, painço e palha. Temos apenas o suficiente para nós, e talvez um pouco mais, mas temos o inverno pela frente. As cooperativas vão nos vender grãos em janeiro? Isso é o que nos perguntamos. O que podemos comprar com o dinheiro soviete? *Não podemos nem comprar ópio*!"

Essa declaração veio de um velho esfarrapado, que ainda usava *tranças*, e que ao dizer isso, olhou, de forma triste, para a haste de 60 centímetros de seu cachimbo de bambu, abaixo de seu nariz enrugado. Os homens mais jovens abriram um sorrisinho quando ele falou isso. Hu admitiu que não podiam comprar ópio, mas disse que podiam comprar nas cooperativas qualquer outra coisa de que precisassem.

"Podemos fazer isso agora?", perguntou nosso anfitrião. "Podemos comprar uma tigela como essa, hein?"

E ele pegou a tigela de celuloide vermelha barata (de fabricação japonesa, acredito eu) que eu trouxe de Xi'an. Hu confessou que as cooperativas não tinham tigelas vermelhas, mas disse que tinham muitos grãos, pano, parafina, velas, agulhas, fósforos, sal – o que eles queriam?

"Ouvi dizer que você não consegue mais do que um metro e oitenta de tecido por pessoa agora, não é?", contestou um camponês.

Hu não tinha certeza, ele pensava que havia tecido o bastante. Ele recorreu ao argumento antijaponês: "a vida é tão amarga para nós quanto para vocês", disse. "O Exército Vermelho está lutando por vocês, camponeses e trabalhadores, para protegê-los dos japoneses e do Kuomintang. Mesmo que você nem sempre possa comprar tanto tecido quanto quiser, não pode comprar ópio, mas não tem que pagar tributos, não é? Não é verdade? Você não fica em dívida com os senhores de terra e perde sua casa e terra, não é? Bem, velho irmão, você gosta mais do Exército Branco ou de nós? Responda a essa pergunta. O que o Exército Branco já lhe deu por suas colheitas, hein?"

Com isso, todas as reclamações pareceram se dissipar, e a opinião foi unânime. "Certamente não, velho Hu, certamente não!", assentiu nosso anfitrião. "Se tivermos que escolher, escolheríamos o Exército Vermelho. Um filho meu está no Exército Vermelho e eu o enviei. Alguém nega isso?"

Perguntei por que eles preferiam o Exército Vermelho.

Em resposta, o velho que havia zombado da cooperativa, por não ter ópio, iniciou um discurso acalorado.

"O que acontece quando os brancos chegam?", perguntou. "Eles exigem tais e tais quantidades de comida, e nunca dizem uma palavra sobre o pagamento. Se recusamos, somos presos como comunistas. Se dermos a eles, não podemos pagar os tributos. Em qualquer caso, não conseguimos pagar os tributos! O que acontece, então? Eles levam nossos animais para vender. No ano passado, quando o Exército Vermelho não estava aqui e os brancos voltaram, eles levaram minhas duas mulas e meus quatro porcos. Essas mulas valiam 30 yuans cada, e os porcos eram adultos, no valor de 2 yuans cada. O que eles me deram?"

"Ai, ai! Eles disseram que eu devia 80 yuans em tributos e aluguel e eles me pagaram 40 yuans pelo meu estoque. Eles exigiram 40 yuans a mais. Eu conseguiria? Eu não tinha mais nada para eles roubarem. Eles queriam que eu vendesse minha filha; é um fato! Alguns de nós aqui tiveram que fazer isso. Aqueles que não tinham gado e nem filhas foram para a cadeia em Bao'an, e muitos morreram de frio..."

Perguntei a esse velho quanta terra ele tinha.

"Terra?!", ele resmungou. "Aí está a minha terra", conforme apontava ao topo de uma colina salpicada de milho, painço e vegetais. A terra ficava do outro lado do riacho do nosso pátio.

"Quanto vale isso?"

"A terra aqui não vale nada, a menos que seja uma terra de vale", disse ele. "Podemos comprar uma montanha dessas por 25 yuans. O que custa dinheiro são mulas, cabras, porcos, galinhas, casas e ferramentas."

"Bem, quanto vale a sua propriedade, por exemplo?"

Ele ainda assim recusou-se a dizer se suas terras valiam algo.

"A casa, meus animais e ferramentas valem 100 yuans com a montanha junto", ele finalmente estimou.

"E sobre isso, quanto teve que pagar em tributos e arrendamento?"

"Quarenta yuans por ano!"

"Isso foi antes da chegada do Exército Vermelho?"

"Sim. Agora não pagamos tributos. Mas quem sabe sobre o próximo ano? Quando os vermelhos vão embora, os brancos voltam. Um ano vermelho, o próximo branco. Quando os brancos vêm, eles nos chamam de bandidos vermelhos. Quando os vermelhos vêm, eles procuram contrarrevolucionários."

"Mas há uma diferença", interveio um jovem camponês: "se nossos vizinhos dizem que não ajudamos os brancos, isso satisfaz os vermelhos; se temos uma centena de nomes de homens honestos, mas nenhum nome de senhor de terra, ainda somos bandidos vermelhos para os brancos! Não é verdade?"

O velho assentiu com a cabeça. Ele disse que a última vez que o Exército Branco esteve aqui, matou uma família inteira de camponeses pobres em um vilarejo logo depois da colina. Por quê? Porque os brancos perguntaram onde os vermelhos estavam escondidos, e essa família se recusou a contar. "Depois disso todos nós fugimos daqui e levamos nosso gado conosco. Voltamos com os vermelhos."

"Você vai sair da próxima vez, se os brancos voltarem?"

"Ai, ai!", exclamou um ancião com cabelos longos, mas dentes perfeitos.

"Dessa vez vamos embora, com certeza! Eles vão nos matar!"

Ele começou a contar sobre o que seria considerado crimes dos aldeões para o Exército Branco: eles se juntaram à Liga dos Pobres, votaram nos sovietes distritais, deram informações ao Exército Vermelho sobre os movimentos do Exército Branco, dois tinham filhos no Exército Vermelho e outro tinha duas filhas em uma escola de enfermagem. Eram crimes ou não? Eles poderiam ser executados por qualquer uma dessas coisas, fui assegurado.

Mas agora um jovem adolescente descalço se aproximou, engajando na discussão e esquecendo do demônio estrangeiro. "Você chama essas coisas de crimes, vovô? São atos patrióticos! Por que os fazemos? Não é porque nosso Exército Vermelho é um exército do povo pobre e luta por nossos direitos?"

Ele continuou com entusiasmo: "Tivemos uma escola gratuita em Zhoujia antes? Tínhamos notícias do mundo antes de os vermelhos nos trazerem eletricidade sem fio? Quem nos dizia como é o mundo? Você diz que a cooperativa não tem tecido, mas nós já tivemos uma cooperativa antes? E quanto à sua terra, não havia uma grande hipoteca sobre ela para o senhor de terra Wang? Minha irmã morreu de fome há três anos, mas não tivemos o suficiente para comer desde que os vermelhos chegaram? Você diz que é amargo, mas não é amargo para nós, jovens, se podemos aprender a ler! Não é amargo para nós, jovens pioneiros, quando aprendemos a usar um rifle e lutamos contra os traidores e o Japão!"

Essa referência constante ao Japão e aos "traidores" pode soar improvável para quem conhece a ignorância (não a indiferença) da massa de camponeses chineses comuns em relação às invasões japonesas. Mas me deparei com tal narrativa de forma recorrente, não apenas no discurso dos comunistas, mas entre camponeses como aquele. A propaganda vermelha causou um grande impacto até que muitos desses rudes montanheses acreditassem estar em perigo iminente de serem escravizados pelos "anões japoneses" – um espécime que a maioria deles ainda não viu, exceto nos cartazes e caricaturas dos vermelhos.

O jovem acalmou-se, sem fôlego. Olhei para Hu e vi um sorriso satisfeito em seu rosto. Vários outros presentes gritaram em aprovação, e a maioria deles sorriu.

O diálogo continuou até quase nove horas, muito depois da hora de dormir. Isso me interessou principalmente porque aconteceu diante de Hu Jinkui, a quem os camponeses pareciam não ter nenhuma reverência por ser um "oficial" vermelho. Eles pareciam considerá-lo como um deles e, de fato, era filho de um camponês.

O último a nos deixar foi o velho das *tranças*, o portador da maioria das reclamações. Ao sair pela porta, ele inclinou-se e sussurrou mais uma vez para Hu, "velho camarada", ele implorou, "há algum ópio em Bao'an; atualmente, há algum?"

Quando ele saiu, Hu virou-se para mim com desgosto. "Você acredita?", reclamou. "Aquele velho maldito é presidente da Liga do Povo Pobre daqui, e ele ainda quer ópio! Este vilarejo precisa de mais trabalho educacional".

7.2. As Indústrias do soviete

Alguns dias a noroeste de Bao'an, a caminho do front, parei para visitar Wuqi, um "centro industrial" soviete de Shaanxi. Wuqi era admirável, não por eventuais conquistas tecnológicas que Detroit ou Manchester deveriam tomar nota – como o leitor logo verá –, mas porque ela simplesmente existia.

Por centenas de milhas ao redor existe apenas um país semipastoril, as pessoas vivem em cavernas exatamente como seus ancestrais há milênios, muitos dos camponeses ainda usam *tranças manchus*, enquanto cavalos, burros e camelos são a última novidade em matéria de comunicações. O óleo vegetal era usado para iluminação, enquanto as velas eram um luxo, a eletricidade desconhecida e os estrangeiros tão raros quanto os esquimós na África.

Naquele mundo pré-moderno, era espantoso de repente encontrar fábricas sovietes, máquinas funcionando ou uma colônia de trabalhadores ocupados produzindo mercadorias e ferramentas para a China Vermelha.

Apesar da falta de acesso ao mar, e as desvantagens trazidas pelo bloqueio inimigo, que os isolava do contato com qualquer grande base industrial moderna, em Jiangxi os comunistas construíram várias indústrias prósperas. Eles, por exemplo, controlavam as minas de tungstênio mais ricas da China, produzindo ao ano centenas de toneladas desse precioso minério – que era vendido, secretamente, para o monopólio de tungstênio de Guangdong do general Chen Jitang. Na gráfica soviética central em Ji'an, com seus 800 trabalhadores, muitos livros, revistas e um grande jornal "nacional" – o China Vermelha (*Hóngsè Zhōnghuá* [红色中 华]) – foram publicados.

Em Jiangxi, também havia fábricas de tecelagem, fábricas têxteis e oficinas mecânicas. As pequenas indústrias produziam bens manufaturados suficientes para suprir suas necessidades básicas. Os vermelhos afirmam ter tido um "comércio de exportação" superior a 12 milhões de yuans em 1933, a maior parte do qual foi realizada por empresários aventureiros do Sul, que lucraram muito driblando o bloqueio do Kuomintang. A maior parte da manufatura, no entanto, era artesanal e doméstica, cujos produtos eram vendidos por meio de cooperativas de produção.

De acordo com Mao Zedong, em setembro de 1933, os sovietes tinham 1.423 cooperativas de "produção e distribuição" em Jiangxi, todas pertencentes e administradas pelo povo. O testemunho dos pesquisadores da Liga das Nações deixa poucas dúvidas de que os vermelhos tiveram sucesso com esse tipo de empreendimento coletivo – mesmo quando ainda lutavam por sua existência. O próprio Kuomintang tentava copiar o sistema vermelho em partes do Sul, mas os resultados até agora sugerem que é extremamente difícil, se não impossível, operar tais cooperativas sob um regime capitalista estritamente liberal.

Mas, no Noroeste, eu não esperava encontrar nenhuma indústria. Os vermelhos enfrentaram desvantagens muito maiores aqui, em comparação com Sul, pois mesmo uma pequena indústria de máquinas era quase completamente inexistente antes que os sovietes fossem estabelecidos. Em todo o Noroeste, em Shaanxi, Gansu, Qinghai, Ningxia e Suiyuan, províncias com área quase do tamanho de toda a Europa, excluindo a Rússia, o investimento combinado da indústria de máquinas certamente deve ser consideravelmente menor do que a fábrica de uma grande montadora como, por exemplo, a Ford Motor Company.

Xi'an e Lanzhou tinham algumas pequenas fábricas modernas, mas a maior parte dependia dos centros industriais maiores mais a leste. Qualquer desenvolvimento das grandes possibilidades industriais do Noroeste só podia ocorrer por empréstimo de técnica e maquinário de fora. Isso valia mesmo para Xi'an e Lanzhou, as duas grandes cidades do Noroeste. Já as dificuldades enfrentadas pelos vermelhos nas áreas mais atrasadas de Gansu, Shaanxi e Ningxia eram escancaradas.

É claro, o bloqueio impedia importação de máquinas e de técnicos para os sovietes. Mas, em relação a esse último item, o Partido Comunista dizia que suas fontes eram amplas. Máquinas e matérias-primas eram problemas mais sérios. Batalhas foram travadas pelo Exército Vermelho apenas para conseguir alguns tornos, máquinas de tecer, motores ou ferro-velho. Quase tudo que eles tinham na categoria de maquinário, enquanto eu estava lá, tinha sido fruto de capturas de guerra! Durante sua expedição à província de Shanxi em 1936, por exemplo, eles expropriaram máquinas, ferramentas e matérias-primas sob controle branco, que foram transportadas em mulas por todo o caminho através das montanhas até suas fantásticas fábricas localizadas nos penhascos de Shaanxi[283].

As indústrias sovietes, quando visitei a China Vermelha, incluíam fábricas de roupas, uniformes, calçados e papel em Bao'an e em Helianwan (Gansu) e fábricas de tapetes em Dingbian (na Grande Muralha), minas de carvão em Yongping, que produziam o carvão mais barato da China, e fábricas de fiação de lã e algodão em sete condados – todas com planos de produzir bens suficientes para abastecer as 400 cooperativas em Shaanxi e Gansu. O objetivo do então "programa industrial", de acordo com Mao Zemin, comissário da economia popular, era tornar a China Vermelha "economicamente autossuficiente", forte o suficiente para sobreviver ao bloqueio do Kuomintang – se Nanquim se recusasse a aceitar as ofertas dos comunistas para uma "Frente Única" e o fim da guerra civil.

Entre as empresas estatais na área dos sovietes, as maiores e mais importantes eram a refinadora de sal do condado de Yanchi, na Grande Muralha de Ningxia – próxima aos lagos de onde era retirada sua matéria-prima – e as instalações petrolíferas de Yongping e Yanchang, onde são produzidos gasolina, querosene, petrolato, cera, velas e outros subprodutos. O sal de Yanchi é o melhor da China, produzido a partir de belos cristais de rocha em grandes quantidades. Portanto, o sal na área dos sovietes era muito mais barato do que na China do Kuomintang, se tornando a principal fonte de renda do governo. Após a captura de Yanchi, os vermelhos ganharam a simpatia dos mongóis ao norte da

---

283 N.E.: Sempre lembrar que Shanxi e Shaanxi são províncias diferentes, embora vizinhas.

Muralha, pois concordaram em entregar parte da produção a eles, contrariando a prática do Kuomintang de monopolizar toda a produção.

Os poços de petróleo do norte de Shaanxi são os únicos na China, e sua produção era vendida anteriormente para uma empresa americana, que tinha arrendamentos em outras reservas no distrito. Depois de tomarem Yongping, os vermelhos abriram dois novos poços e reivindicaram um aumento de produção de cerca de 40% em relação a qualquer período anterior, quando Yongping e Yanchang estavam em mãos "não-bandidas". Isso incluiu aumentos de "uma tonelada de gasolina, 12,5 toneladas de óleo de primeira classe e 6,75 toneladas de petróleo de segunda classe" durante o período de três meses relatado.

Esforços estavam sendo feitos para desenvolver o cultivo de algodão em áreas desmatadas de papoulas, e os vermelhos haviam estabelecido uma escola de fiação em Anding, com 100 alunas. Os trabalhadores recebiam três horas diárias de educação geral e cinco horas de instrução em fiação e tecelagem. Ao término do curso, após três meses, eram enviados a vários distritos para abrir fábricas têxteis. "Espera-se que em dois anos o norte de Shaanxi seja capaz de produzir todo o seu suprimento de tecido."

Mas Wuqi tinha a maior concentração de trabalhadores nas fábricas nos distritos vermelhos, e era importante também como local do principal arsenal dos vermelhos. Essa cidade comandava a importante rota comercial que levava a Gansu, e as ruínas de dois antigos fortes próximos atestavam sua antiga importância estratégica. A cidade atual é construída no alto das margens íngremes de argila de um rio caudaloso e é composta metade de "casas estrangeiras" (*yángfáng* [洋房]) – que é como os nativos de Shaanxi ainda chamam tudo o que tem quatro paredes e um telhado – e metade eram *yaodong,* as "casas de cavernas".

Cheguei tarde da noite e estava muito cansado. O chefe do comissariado de suprimentos para os exércitos de frente recebeu a notícia de minha chegada e veio ao meu encontro. Ele "me hospedou" no Clube Lenin de trabalhadores – um clube de chão de terra, localizado em um *yaodong* com paredes caiadas e limpas e confete pendurado em torno de um retrato do imortal Vladmir Ilitch.

Água quente, toalhas limpas – com os slogans do *Movimento Nova Vida*[284] estampados! – e o sabão logo chegaram. Seguiram-se um farto jantar, com bom pão assado. Comecei a me sentir melhor. Desenrolei minha roupa de cama na quadra de tênis de mesa e acendi um cigarro. Mas o homem é um animal difícil de satisfazer. Todo esse luxo e atenção só me fizeram ansiar pela minha bebida favorita.

E então, de todas as coisas, esse comissário de repente produziu, sabe-se lá de onde, um rico café preto com açúcar! Wuqi conquistou meu coração.

"Produtos do nosso plano quinquenal!", o comissário riu.

"Produtos do seu Ministério de Confiscos, você quer dizer", eu corrigi. Acho que deve ter sido uma fruta roubada, pois tinha todos os encantos do ilícito.

284 N.E.: Ver subcapítulo 3.2: o movimento de massas neofascista de Chiang Kai-shek.

7.3. "Eles cantam em demasia"

Fiquei na cidade de Wuqi por três dias, entrevistando trabalhadores na fábrica, "inspecionando" suas condições de trabalho, observando suas apresentações teatrais, participando de suas reuniões políticas, lendo seus cartazes, seus livros de alfabetização, conversando com eles – e treinando o físico. Como participei do jogo de basquete realizado em uma das três quadras da cidade de Wuqi, formamos temporariamente uma equipe composta por Hu Jinkui, o representante do Ministério das Relações Exteriores, um jovem estudante universitário de língua inglesa que trabalhava no departamento político, um médico do Exército Vermelho, um soldado e eu. O time de basquete do arsenal aceitou nosso desafio e nos massacrou.

O arsenal, assim como a Universidade do Exército Vermelho, estava localizado em uma fileira de salas abobadadas construídas na encosta de uma montanha. Eram frescas e ventiladas por dentro, iluminadas por sulcos insculpidos obliquamente na parede – e tinha a grande vantagem de serem totalmente à prova de bombas. Aqui, encontrei mais de cem trabalhadores fabricando granadas de mão, morteiros de trincheira, pólvora, pistolas, pequenas granadas, munições e algumas ferramentas agrícolas. A oficina estava empenhada em reabilitar montes de fuzis quebrados, metralhadoras, fuzis automáticos e submetralhadoras. No entanto, os produtos do arsenal eram toscos, e boa parte disso era usado para equipar os partisans. As unidades regulares do Exército Vermelho eram, quase inteiramente, abastecidas por canhões e munições capturadas do inimigo!

He Xiyang, diretor do arsenal, me conduziu por várias câmaras de cavernas, me apresentando seus trabalhadores enquanto contava algo sobre eles e sobre sua vida mesmo. Ele tinha 36 anos, era solteiro e havia sido técnico do famoso arsenal de Mukden (Shenyang), antes da invasão japonesa. Depois de 18 de setembro de 1931, ele foi para Xangai, onde se juntou ao Partido Comunista, mais tarde chegando ao Noroeste e às áreas vermelhas. A maioria dos maquinistas aqui também eram homens "de fora". Muitos haviam trabalhado na Hanyang, a maior siderúrgica da China (de propriedade japonesa), e alguns haviam trabalhado nos arsenais do Kuomintang. Conheci dois jovens mestres mecânicos de Xangai e um montador especializado, que me mostraram excelentes cartas de recomendação das notáveis firmas britânicas e americanas Jardine, Matheson & Co., Anderson Meyer & Co. e da Shanghai Power Company. Outro havia sido capataz em uma oficina mecânica de Xangai. Havia também maquinistas de Tianjin, Guangzhou e Pequim, e alguns haviam feito a Longa Marcha com o Exército Vermelho.

Soube que, entre os 114 mecânicos e aprendizes do arsenal, apenas 20 deles eram casados. Eles estavam com suas esposas em Wuqi – e algumas delas eram operárias de fábrica ou funcionárias do partido. No sindicato do arsenal, que representava a mão-de-obra mais qualificada dos distritos vermelhos, havia uma grande porcentagem de filiados ao Partido. Mais de 80% pertenciam ao Partido Comunista ou à Liga da Juventude Comunista.

Além do arsenal em Wuqi, havia fábricas de tecidos e uniformes, uma fábrica de calçados, uma fábrica de meias e uma farmácia e dispensário de medicamentos, com um médico. Ele era um jovem recém-saído de uma escola de treinamento médico de Shanxi, e sua jovem e bonita esposa estava com ele, trabalhando como enfermeira. Ambos se juntaram aos vermelhos durante a expedição de Shanxi no inverno passado. Perto dali havia um hospital, com atendimento de três médicos do exército, ocupado principalmente por soldados feridos, e havia uma estação de rádio, um laboratório rudimentar, uma cooperativa e a base de suprimentos do Exército.

Exceto no arsenal e na fábrica de uniformes, a maioria dos trabalhadores eram mulheres jovens de 18 a 25, no máximo 30 anos. Algumas delas eram casadas com soldados vermelhos que estavam no front; quase todas eram mulheres de Gansu, Shaanxi ou de Shanxi; e todas tinham cabelos curtos. *Salário igual para trabalho igual* era um slogan dos sovietes chineses, e não havia, supostamente, discriminação salarial contra as mulheres. O trabalho parecia receber tratamento financeiro preferencial sobre todos os outros nos distritos sovietes. Isso inclui os comandantes vermelhos, que não recebiam salário regular, mas apenas uma pequena ajuda de custo, que variava de acordo com o abastecimento do tesouro.

Wuqi era o quartel-general da bela Liu Qunxian, de 29 anos. Ex-operária de Wuxi e Xangai, ela foi estudante na Universidade Sun Yat-sen de Moscou, onde ela conheceu e se casou com Bo Gu (Qin Bangxian)[285]. De seus dias em Moscou, ela se lembra calorosamente de Rayna Prohme, a improvável deusa rebelde norte-americana de cabelos vermelhos, que foi consagrada no *Personal History* de Vincent Sheean[286]. Agora, Liu era ministra das mulheres dos sindicatos vermelhos. Ela descreveu as condições de trabalho para mim. Os operários ganhavam de 10 a 15 yuans mensais, com alimentação e quarto fornecidos pelo Estado. Os trabalhadores tiveram a garantia de atendimento médico gratuito e indenização por lesões. As mulheres recebiam quatro meses de descanso remunerado durante e após a gravidez, e havia um "berçário" simples para os filhos dos trabalhadores – mas a maioria parecia correr solta assim que conseguia andar. As mães podiam recolher parte do seu "seguro social", que provinha de um fundo criado com a dedução de 10% dos salários dos trabalhadores, ao qual o governo

---

285 N.E.: Bó Gŭ [博古], nome de guerra de Qín Bāngxiàn [秦邦憲] (1907-1946), foi um procminente comunista chinês, parte do grupo conhecido como os "28 bolcheviques", que eram estudantes chineses que foram estudar marxismo na União Soviética. Bo teve uma liderança importante, embora suplantada por Mao, e acabou morrendo em um desastre de avião após a Segunda Guerra Mundial, onde também morreu Deng Fa (ver subcapítulo 1.3).

286 N.E.: *Personal History* é um livro de memórias políticas de Vincent Sheean, publicado em 1935, que tem passagens importantes na China durante os agitados anos 1920 – e serviu de base para o enredo de *Correspondente estrangeiro* [*Foreign Correspondent*], filme clássico dirigido por Alfred Hitchcock em 1940. Por sua vez, Rayna Prohme (1893-1927) foi uma jornalista de origem norte-americana e militante comunista que atuou na China, onde terminou precocemente seus dias enferma. Sua contribuição na imprensa de língua inglesa para compreender o processo revolucionário chinês foi central.

acrescentava igual montante. O governo também contribuía com o equivalente a 2% de toda a massa salarial para educação e recreação dos trabalhadores – sendo que esses fundos eram administrados conjuntamente pelos sindicatos e pelos comitês de fábrica dos trabalhadores. A jornada de trabalho era de oito horas com uma semana de seis dias. Quando os visitei, as fábricas funcionavam 24 horas por dia, com três turnos de trabalho – provavelmente as plantas industriais mais movimentadas da China!

Tudo isso soa muito progressista, embora talvez longe de uma utopia comunista. O fato de que essas condições estavam realmente sendo realizadas, em meio à luta soviete pela vida era, realmente, interessante. Quão primitivamente elas estavam sendo realizadas era outra questão! Eles tinham clubes, escolas, dormitórios espaçosos – isso é certo –, mas tudo isso em casas-caverna com chão de terra, sem chuveiro, sem cinema, sem eletricidade. Eles recebiam comida; mas as refeições consistiam em painço, legumes e, às vezes, carne de carneiro, sem nenhuma iguaria. Eles coletavam seus salários e seguro social em moeda soviete, mas os artigos que podiam comprar eram estritamente limitados às necessidades – e não mais do que isso!

Insuportável! Diria o trabalhador médio americano ou inglês. Mas eu me lembrei, por exemplo, das fábricas de Xangai, onde meninos e meninas eram trabalhadores escravos, que ficavam sentados ou de pé por 12 ou 13 horas por dia, depois dormindo por exaustão na colcha de algodão suja, que eram suas camas, logo abaixo da máquina deles. Lembrei-me de garotinhas nas fábricas de bobinagem de seda e das jovens pálidas em fábricas de algodão – todas elas, como a maioria das trabalhadoras contratadas nas fábricas de Xangai, literalmente vendidas para esses empregos como escravas por quatro ou cinco anos, as quais eram proibidas de deixar sem permissão especial, dia ou noite, os seus locais de trabalho fortemente vigiados e de paredes altas. E lembrei que durante 1935 mais de 29 mil corpos foram recolhidos nas ruas, rios e canais de Xangai – cadáveres de pobres em situação de indigência, de bebês afogados ou crianças famintas.

Mas, para esses trabalhadores em Wuqi, por mais primitivo que fosse, aqui estava uma vida pelo menos de boa saúde, exercícios, ar puro da montanha, liberdade, dignidade e esperança, na qual havia espaço para crescimento. Esses trabalhadores sabiam que ninguém estava ganhando dinheiro com eles, acredito que sentiam que estavam trabalhando si mesmos e para a China, e diziam que eram *revolucionários*! Por isso, levavam bem a sério suas duas horas diárias de leitura e escrita, suas palestras políticas e seus grupos de teatro, e disputavam com entusiasmo os miseráveis prêmios oferecidos em competições entre grupos e indivíduos no esporte, na alfabetização, em saúde pública, em jornais murais e em "eficiência [em trabalho] da fábrica". Todas essas coisas eram *reais* para eles, coisas que nunca haviam conhecido antes, que nunca poderiam conhecer de forma alguma em outra fábrica da China, e pareciam gratos pelas portas da vida se abrirem para eles.

Era difícil mesmo para um veterano em matéria de China como eu acreditar, e ainda estava confuso sobre seu significado final, mas não posso negar as evidências que vi. Aqui o espaço me impede de apresentar essas evidências em detalhes. Teria que contar uma dúzia de histórias de trabalhadores com quem conversei; citar seus ensaios e críticas nos jornais murais – escritos nos rabiscos infantis dos recém-alfabetizados, muitos dos quais traduzi com a ajuda do estudante universitário; falar sobre as reuniões políticas que participei; das peças criadas e dramatizadas por esses trabalhadores; e das muitas pequenas coisas que compõem uma "impressão".

Mas por acaso me lembro de uma dessas "pequenas coisas" enquanto escrevo. Lá, conheci um engenheiro elétrico, um comunista brilhante, mas muito sério, chamado Zhu Zuozhi. Ele sabia inglês e alemão muito bem, era um especialista em energia e havia escrito um livro-texto de engenharia amplamente usado na China: ele já trabalhou na Shanghai Power Company e, mais tarde, na Anderson Meyer & Co. Até bem pouco tempo, ele trabalhou como engenheiro consultor no Sul. Zhu era um profissional altamente capacitado cuja renda anual chegava a 10 mil yuans, mas desistiu de tudo isso, abandonando sua própria família, para ir morar nas colinas escuras e selvagens de Shaanxi – tudo para oferecer seus serviços aos vermelhos em troca de nada. Incrível! O pano de fundo desse fenômeno remonta a um avô amado, um famoso filantropo de Ningbo[287], cuja derradeira ordem para o jovem Zhu, já no leito de morte, tinha sido "dedicar sua vida a elevar o padrão cultural das massas". E Zhu decidiu que o método mais rápido era o comunista.

Acho que Zhu entrou na história de forma um tanto melodramática, no espírito do mártir e fanático. Era um assunto sério para ele e significava uma morte prematura, e ele supôs que os outros também pensavam assim. Tenho certeza de que ele ficou um pouco surpreso ao ver as brincadeiras e a jovialidade ao seu redor. Quando perguntei se ele gostava disso, ele respondeu em tom grave que tinha apenas uma crítica séria: "Essas pessoas passam muito tempo cantando!" – reclamou. "Não é hora de cantar!"

Pareceu-me resumir muito sobre a bravata juvenil desse singular "centro industrial" da do soviete de Shaanxi. Eles tinham o espírito da indústria socialista, embora carecessem de materiais!

287 N.E.: Níngbō [宁波], "Onda Serena", chamada muito tempo no Ocidente por sua corruptela derivada do português "Liampó". Ela é uma das cidades mais antigas da China, cujas relíquias arqueológicas remontam a 6300 a.C. – e está localizada na província de Zhejiang, à beira do mar da China Oriental e próxima a Xangai.

PARTE 8
JUNTO AO EXÉRCITO VERMELHO

8.1. O verdadeiro Exército Vermelho

Depois de duas semanas cavalgando e caminhando pelas colinas e planícies de Gansu e Ningxia, cheguei a Yuwang Bao, uma cidade murada no sul de Ningxia, que era então o quartel-general do Exército Vermelho da Primeira Frente[288] – e de seu comandanteemchefe, Peng Dehuai.

Embora, no sentido militar estrito, todos os combatentes vermelhos pudessem ser chamados de "irregulares" (e algumas pessoas diriam "altamente irregulares"), os próprios vermelhos faziam uma nítida distinção entre seus exércitos de frente, exércitos independentes, partisans e guardas camponesas. Durante minhas primeiras viagens breves em Shaanxi, eu não tinha visto nenhum membro do Exército Vermelho "regular", pois suas forças principais estavam se movendo para o Oeste, a cerca de 320 quilômetros de Bao'an. Eu havia planejado uma viagem para o front, mas a notícia de que Chiang Kai-shek estava se preparando para lançar outra grande ofensiva a partir na frente Sul me inclinou a uma partida antecipada, enquanto eu ainda poderia passar pelas linhas para escrever minha história.

Um dia, falei das minhas dúvidas a Wu Liangping, o jovem oficial comunista que atuou como intérprete em minhas longas entrevistas oficiais com Mao Zedong. Ele estava perplexo. "Você tem a oportunidade de ir ao front, mas se pergunta se deve aproveitá-la? Não cometa esse erro! Chiang Kai-shek está tentando nos destruir há dez anos e não terá sucesso agora. Você não pode voltar sem ver o *verdadeiro* Exército Vermelho!" Ele apresentou evidências para mostrar por que eu não deveria, e que era bom que eu seguisse seu conselho.

288 N.A.: Do qual Nie Heting era chefe de gabinete e Xiao Hua era comissário político da Segunda Divisão do Exército.

Talvez a melhor maneira de compreender esses assim chamados bandidos fosse as estatísticas. Os fatos reunidos abaixo foram fornecidos a partir de seus arquivos pelas mãos de Yang Shangkun[289], o presidente de 29 anos, falante de russo, do departamento político da Primeira Frente do Exército Vermelho. Com algumas exceções, aquele relatório estatístico se limita a questões que tive alguma oportunidade de verificar por observação.

Em primeiro lugar, muitas pessoas supunham que os vermelhos eram apenas um bando obstinado de fora-da-lei e descontentes. Eu mesmo vagamente tinha essa noção. Logo, descobri que a grande massa da soldadesca vermelha era composta de jovens camponeses e trabalhadores, os quais acreditavam estar lutando por seus lares, suas terras e seu país.

De acordo com Yang, a idade média dos soldados rasos era de 19 anos. Embora muitos homens com os vermelhos tivessem lutado por sete, oito ou mesmo dez anos, isso era balanceado por muitos jovens ainda no meio da adolescência. E mesmo a maioria dos "velhos bolcheviques", veteranos de muitas batalhas, tinha apenas vinte e poucos anos. A maioria se juntou aos vermelhos como jovens pioneiros, ou se alistou aos quinze ou dezesseis anos.

No Exército da Primeira Frente, um total de 38% dos homens provinha da classe operária agrária – incluindo artesãos, condutores de mula, aprendizes, trabalhadores agrícolas etc. – ou da classe trabalhadora industrial, enquanto 58% eram camponeses. Apenas 4% eram da pequena burguesia – filhos de comerciantes, intelectuais, pequenos senhores de terra e outros. No exército, mais de 50% das tropas, incluindo comandantes, eram membros do Partido Comunista ou da Liga da Juventude Comunista.

289 N.E.: Yáng Shàngkūn [杨尚昆] (1907-1998) foi uma liderança longeva do Partido, chegando a ser chefe de Estado da China no final dos anos 1980 e início dos anos 1990, quando era um dos Oito Anciãos. Ele é o último a ocupar a presidência na qualidade de mera chefia de Estado, o que muda quando ele é sucedido por Jiang Zemin, o primeiro, antes de Hu Jintao e Xi Jinping a ocupar a presidência da Comissão Militar Central (do Partido e do Estado), a secretaria-geral do Partido e a presidência da República. Yang chegou a ser rebaixado durante a Revolução Cultural, mas foi uma figura central na Reforma e Abertura.

Entre 60 e 70% dos soldados eram alfabetizados – isto é, podiam escrever cartas e textos simples, cartazes, folhetos etc. Isso era muito mais alto do que a média do campesinato do Noroeste. Os soldados vermelhos começaram a estudar os caracteres chineses desde o dia de seu alistamento em textos comunistas, os quais foram especialmente preparados para eles. Eram oferecidos prêmios (cadernos baratos, lápis, bandeirolas etc., muito valorizados pelos militares) pelo progresso rápido e era feito um grande esforço para estimular o espírito de ambição e competição.

Os soldados vermelhos, como seus comandantes, não recebiam salários regulares. Mas todo homem alistado tinha direito à sua porção de terra e a alguma renda oriunda dela – em sua ausência, ela era cultivada por sua família ou pelo seu soviete local. Se ele não fosse natural dos distritos sovietes, entretanto, sua remuneração vinha de uma participação nos rendimentos das colheitas das "terras públicas" (confiscadas dos "grandes" senhores de terra), que também ajudavam a abastecer o Exército Vermelho. As terras públicas eram cultivadas por aldeões nos sovietes locais. Esse trabalho gratuito era obrigatório, mas a maioria dos camponeses, uma vez tendo sido beneficiados na redistribuição de terras, podem ter cooperado de bom grado para defender um sistema que melhorou seu sustento.

A idade média dos oficiais do Exército Vermelho era de 24 anos. Isso incluía líderes de esquadrão e todos os oficiais até comandantes do exército, mas, apesar de sua juventude, esses homens tinham em média oito anos de experiência em combate. Todos os comandantes de companhia ou superiores eram alfabetizados, embora eu tenha conhecido vários que só aprenderam a ler e escrever depois de ingressarem no Exército Vermelho. Cerca de um terço dos comandantes vermelhos eram ex-soldados do Kuomintang. Entre os comandantes vermelhos estavam muitos graduados na Academia Whampoa ou na Academia do Exército Vermelho em Moscou, ex-oficiais do "Exército do Nordeste" de Zhang Xueliang, cadetes da Academia Militar de Baoding, antigos homens do Guominjun (o exército do "general cristão" Feng Yuxiang) e vários estudantes retornados da França, Rússia Soviética, Alemanha e

Inglaterra. Conheci apenas um aluno que voltou dos Estados Unidos. Os vermelhos não se denominavam como *bīng* [兵], isto é, soldado – uma palavra que era alvo de muito ódio na China –, mas sim *zhànshì* [战士], que significa "combatentes" ou "guerreiros"[290].

A maioria dos soldados e oficiais do Exército Vermelho eram solteiros. Muitos deles eram "divorciados", isto é, haviam deixado suas esposas e famílias para trás. Em vários casos, tive sérias suspeitas de que o desejo desse tipo de divórcio, de fato, poderia ter algo a ver com o ingresso no exército, mas essa pode ser uma opinião cínica.

Minha impressão, a partir de dezenas de conversas na estrada e no front, foi que a maioria desses "combatentes vermelhos" ainda eram virgens. Havia poucas mulheres comunistas no front com o exército, e quase todas eram funcionárias do soviete ou casadas com oficiais do soviete.

Pelo que pude ver ou aprender, os vermelhos tratavam as camponesas e meninas com respeito, e o campesinato parecia ter uma boa opinião sobre a moralidade do Exército Vermelho. Não ouvi falar de nenhum caso de estupro ou abuso de mulheres camponesas, embora tenha ouvido de alguns dos soldados do Sul sobre "namoradas" abandonadas. Não havia lei contra fornicação, mas era esperado que qualquer homem do Exército Vermelho que tivesse "problemas" com uma garota se casasse com ela. Como os homens superavam em número as mulheres aqui, as oportunidades eram poucas. Não vi nada acontecendo que parecesse promiscuidade. O Exército Vermelho era puritano em seus pontos de vista sobre a licença sexual, e uma vigorosa rotina diária mantinha os jovens soldados ocupados. Muito poucos dos vermelhos fumavam ou bebiam: a abstenção era uma das "oito disciplinas" do Exército Vermelho e, embora nenhuma punição especial fosse prevista para nenhum dos vícios, li na "coluna negra" dos jornais de parede várias críticas graves de fumantes habituais. Beber não era proibido, mas a embriaguez era algo inédito. O comandante Peng Dehuai, que tinha sido general do Kuomintang, me disse que a extrema juventude

290 N.E.: Em mandarim, *bīng* [兵], além de soldado, também é peão no jogo de xadrez e enuncia uma ideia de um combatente instrumental, enquanto *zhànshì* [战士], além de combatente, possui propriedades heroicas no seu núcleo semântico.

do Exército Vermelho explicava muito de sua capacidade de resistir às adversidades, e isso era bastante crível. Também tornava o problema da companhia feminina menos pungente. O próprio Peng não via sua própria esposa desde 1928, quando liderou um levante das tropas do Kuomintang e se juntou aos vermelhos.

As baixas entre os comandantes do Exército Vermelho foram muito altas. Eles costumavam ir para a batalha lado a lado com seus homens, de comandantes de regimento para baixo. Joseph Stilwell[291] uma vez me disse que uma única coisa que poderia explicar o poder de luta dos vermelhos, contra um inimigo com recursos tão superiores, era o hábito dos oficiais vermelhos de dizer "vamos, rapazes!" em vez de "continuem, rapazes!" – durante a primeira e a segunda campanhas de "aniquilação final" de Nanquim, as baixas entre os oficiais vermelhos frequentemente chegavam a 50%. Mas o Exército Vermelho não suportou esses sacrifícios e, posteriormente, adotou táticas tendentes a reduzir o risco de vida de comandantes experientes. Não obstante, na Quinta Campanha de Cerco e Aniquilação de Jiangxi, as baixas dos comandantes vermelhos representaram em média cerca de 23% do total de oficiais. Pode-se ver muitas evidências disso nos distritos vermelhos. As visões comuns eram jovens, ainda em seus vinte e poucos anos, com um braço ou uma perna faltando, ou dedos baleados, ou com ferimentos feios na cabeça ou pelo corpo – mas ainda otimistas alegres sobre sua Revolução.

Quase todas as províncias da China estavam representadas nos vários exércitos. Nesse sentido, o Exército Vermelho era, provavelmente, o único exército nacional na China. Foi também o "mais viajado". Quadros veteranos cruzaram partes de 18 províncias. Eles possivelmente sabiam mais sobre a geografia chinesa do que qualquer outro exército. Em sua Longa Marcha, eles acharam a maioria dos antigos

---

291 N.E.: Joseph Stilwell (1883-1946) foi um general dos Estados Unidos que serviu como adido militar na China e, depois, foi enviado durante a Segunda Guerra para coordenar as ações dos Aliados na resistência à invasão japonesa na China. Stillwell era dono de uma personalidade difícil, mas por várias vezes entrou em conflito com Chiang Kai-shek por seus inúmeros erros e corrupção – o que foi central para implodir a cooperação sino-americana no final da Segunda Guerra.

mapas chineses bastante inúteis, e os cartógrafos vermelhos mapearam novamente muitas centenas de quilômetros de território, especialmente nos territórios aborígines e nas fronteiras ocidentais.

No Exército da Primeira Frente, composto por cerca de 30 mil homens, havia uma alta porcentagem de sulistas, cerca de um terço vindo de Jiangxi, Fujian, Hunan ou Guizhou. Quase 40% eram das províncias ocidentais de Sichuan, Shensi e Gansu. O Primeiro Exército de Frente incluía alguns povos "aborígenes" – miao e lolo – e ligado a ele estava um recém-organizado Exército Vermelho de muçulmanos. Nos exércitos independentes, a porcentagem de nativos era muito maior, representando em média três quartos do total.

Do mais alto comandante até a base, esses homens comiam e se vestiam da mesma forma. Os comandantes de batalhão e superiores, porém, tinham direito ao uso de cavalo ou mula. Percebi que havia até uma distribuição igualitária das iguarias disponíveis, expressas, enquanto eu estava no Exército Vermelho, principalmente em termos de melancias e ameixas. Havia muito pouca diferença entre os alojamentos dos comandantes e dos homens, e eles circulavam livremente de um lado para o outro sem qualquer formalidade.

Uma coisa me intrigou. Como os vermelhos conseguiram alimentar, vestir e equipar seus exércitos? Como muitos outros, presumi que deviam viver inteiramente de pilhagem. Descobri que isso estava errado, como já mostrei, pois vi que eles começavam a construir uma economia autossuficiente assim que ocupavam um distrito, e esse único fato possibilitava que eles mantivessem uma base apesar do bloqueio inimigo. Eu também não havia percebido com que quantias, quase inacreditavelmente modestas, era possível para um exército proletário chinês existir.

Os vermelhos tinham uma produção de armamentos muito limitada; seu inimigo era realmente sua principal fonte de suprimento. Durante anos, os vermelhos chamaram as tropas do Kuomintang de "carregadores de munição" e afirmavam ter capturado mais de 80% de seus canhões e mais de 70% de sua munição das tropas inimigas. As tropas regulares (diferentes dos guerrilheiros locais) que vi estavam equipadas principalmente com metralhadoras, rifles, fuzis automáticos, Mausers e canhões de montanha britânicos, tchecoslovacos, alemães e americanos, como os que haviam sido vendidos em grandes quantidades para o governo de Nanquim[292].

Os únicos rifles de fabricação russa que vi com os vermelhos eram da safra de 1917. Eles haviam sido capturados das tropas do general Ma Hongkui, como ouvi diretamente de alguns dos próprios ex-soldados de Ma. O general Ma, governador do que restava da Ningxia sob controle do Kuomintang, havia herdado esses fuzis do general Feng Yuxiang, que governou essa região em 1924 e obteve algumas armas da Mongólia Exterior. Os combatentes regulares vermelhos desprezavam o uso dessas armas antigas, que eu via apenas nas mãos de partisans.

Enquanto eu estava nos distritos sovietes, qualquer contato com uma fonte russa de armas era fisicamente impossível. Os vermelhos estavam cercados por várias tropas inimigas totalizando quase 400 mil homens – e o inimigo controlava todas as estradas para a Mongólia Exterior, Xinjiang ou a União Soviética. Concluí que os vermelhos chineses ficariam felizes em receber um pouco das dádivas que eram, frequentemente, acusados de receber da Rússia. Mas era bastante óbvio, com uma olhada no mapa, que, até que os comunistas chineses possuíssem muito mais território no Norte e no Oeste, Moscou seria incapaz de atender a quaisquer pedidos, mas é altamente duvidoso supor que os russos pretendiam fazê-lo.

Em segundo lugar, era fato que os vermelhos não tinham oficiais e generais altamente pagos e corruptos, que em outros exércitos chineses absorviam a maior parte dos fundos militares. Uma grande simplicidade era posta em prática tanto no exército quanto nos sovietes. Com efeito, o único fardo do exército para o povo era a necessidade de alimentá-lo e vesti-lo.

Na verdade, como já disse, todo o orçamento dos sovietes do Noroeste era de apenas 320 mil yuans por mês. Quase 60% iam para a manutenção das forças armadas. O velho Lin Zuhan, o comissário

---

292 N.A.: Questionado sobre as fontes das munições dos vermelhos, o generalíssimo Chiang Kai-shek disse que grande parte delas havia sido tomada de tropas governamentais derrotadas (em entrevista ao North China Daily News, 9 de outubro de 1934).

financeiro, pediu desculpas por isso, mas disse que era "inevitável até que a Revolução estivesse consolidada". As forças armadas contavam então (sem incluir os auxiliares camponeses) com cerca de 40 mil homens. Isso foi antes da chegada a Gansu dos exércitos da Segunda e Quarta Frente, após o que o território vermelho se expandiu bastante, e as principais forças vermelhas no Noroeste logo se aproximaram de um total de 90 mil homens.

Tanto para as estatísticas quanto para entender por que os comunistas chineses sobreviveram todos esses anos, era necessário ter um vislumbre de seu espírito interior, sua moral e vontade de lutar e seus métodos de treinamento. E, talvez ainda mais importante, sua liderança política e militar.

Por exemplo, que tipo de homem era Peng Dehuai, por cuja cabeça Nanquim, certa vez, ofereceu uma recompensa suficiente para manter todo o seu exército (se os números do comissário financeiro Lin estivessem corretos) por mais de um mês?

8.2. Impressões de Peng Dehuai

A consolidação do comando dos Exércitos Vermelhos da Primeira, Segunda e Quarta Frente ainda não havia ocorrido quando visitei a frente nos meses de agosto e setembro. Oito "divisões" da Primeira Frente do Exército Vermelho mantinham uma linha desde a Grande Muralha em Guyuan, na província de Ningxia, até Pingliang, na província de Gansu. Uma vanguarda do Primeiro Corpo de Exército estava se movendo para o Sul e para o Oeste, para abrir caminho para Zhu De, que liderava os exércitos da Segunda e Quarta Frente de Xikang e Sichuan, rompendo um profundo cordão de tropas de Nanquim no sul de Gansu. Yuwang Bao[293], uma antiga cidade murada muçulmana no sudeste de Ningxia, era o quartel-general do Exército da Primeira Frente, e aqui encontrei o comandante Peng Dehuai e seu staff[294].

A carreira de Peng como um "bandido vermelho" havia começado quase uma década antes, quando ele liderou um levante no exército do Kuomintang do polígamo senhor da guerra e governador, general He Jian. Peng subiu na hierarquia, foi admitido em uma escola militar em Hunan e, mais tarde, em outra escola em Nanchang. Após a formatura, ele rapidamente se destacou e garantiu rápidas promoções. Em 1927, quando tinha 28 anos, ele já era comandante de brigada e conhecido em todo o exército de Hunan como o oficial "liberal", que realmente consultou seu comitê de soldados.

A influência de Peng no então esquerdista Kuomintang, no exército e na escola militar de Hunan foram problemas sérios para He Jian. No inverno de 1927, o general He iniciou um drástico expurgo de esquerdistas em suas tropas e lançou o notório "Massacre Camponês" de

293 N.E.: Yùwàng Bǎo [预旺堡], atualmente, é situada no condado de Tóngxīn [同心县], prefeitura de Wúzhōng [吴忠] no centro-leste de Ningxia.

294 N.A.: Nesse ponto das minhas viagens, fui acompanhado por Huang Hua, o estudante da Universidade de Yenching a quem pedi para vir me ajudar.

Hunan, no qual milhares de camponeses e trabalhadores radicais foram mortos como "comunistas". Ele hesitou em agir contra Peng, contudo, por causa de sua ampla popularidade. Foi um atraso caro. Em julho de 1928, com seu próprio famoso Primeiro Regimento como núcleo, e acompanhado por partes do Segundo e Terceiro regimentos e os cadetes da escola militar, Peng Dehuai dirigiu a Insurreição Pingjiang, que se uniu a uma revolta camponesa e estabeleceu o primeiro governo soviete em Hunan.

Dois anos depois, Peng havia acumulado uma "irmandade de ferro" de cerca de 8 mil seguidores, que se tornaram o Quinto Corpo do Exército Vermelho. Com essa força, ele atacou e capturou a grande cidade murada de Changsha, capital de Hunan, e derrotou o exército de 60 mil homens de He Jian – naquele momento, em sua maioria, meros fumantes de ópio. O Exército Vermelho manteve o controle sobre aquela cidade por dez dias, resistindo aos contra-ataques das tropas combinadas de Nanquim-Hunan, mas foi finalmente forçado a evacuar por forças muito superiores, incluindo o bombardeio de canhoneiras estrangeiras.

Foi pouco depois que Chiang Kai-shek iniciou sua primeira *Campanha de Aniquilação* contra os bandidos vermelhos. Na Longa Marcha dos vermelhos do Sul, Peng Dehuai era comandante da linha de frente do Primeiro Corpo de Exército. Ele rompeu linhas de dezenas de milhares de tropas inimigas, capturou pontos vitais na rota de avanço e garantiu as comunicações para as forças principais, finalmente abrindo caminho para Shaanxi e um refúgio na base dos sovietes do Noroeste. Os homens de seu exército me disseram que ele caminhou a maior parte dos 9 mil quilômetros da Longa Marcha, frequentemente dando seu cavalo a um camarada cansado ou ferido.

Achei Peng um homem alegre, amante do riso, com excelente saúde, exceto por um estômago delicado – resultado de uma dieta forçada de uma semana de grãos de trigo crus, grama e de comida semivenenosa, somada a mais alguns dias sem comida alguma, durante a Longa Marcha. Veterano de dezenas de batalhas, ele havia sido ferido apenas uma vez, mas apenas superficialmente.

Fiquei no complexo onde Peng tinha seu quartel-general em Yuwang Bao, e então o vi muito naquele front. Esse quartel-general, a propósito – então no comando de mais de 30 mil homens – era uma sala simples, mobiliada com mesa e banco de madeira, duas caixas de despacho de ferro, mapas feitos pelo Exército Vermelho, telefone de campo, toalha, lava-louças, bacia e um *kang* no qual seus cobertores foram estendidos. Peng tinha apenas alguns uniformes, como o resto de seus homens, e eles não traziam nenhuma insígnia de patente. Um artigo de vestuário pessoal, do qual ele se orgulhava infantilmente, era um colete feito de um paraquedas capturado de um avião inimigo, abatido durante a Longa Marcha.

Compartilhamos muitas refeições juntos. Ele comia, com parcimônia e simplicidade, da mesma comida que seus homens recebiam, consistindo geralmente em repolho, macarrão, feijão, carneiro e, às vezes, pão. Ningxia cultivava lindos melões de todos os tipos, e Peng gostava muito deles. *Este paparicado entrevistador*, no entanto, achou Peng um pobre concorrente no negócio de comer melão, mas teve que se curvar diante dos maiores talentos de um dos médicos da equipe do comandante, cuja capacidade lhe rendeu o apelido de *Han, o comedor de melão* (*Hán chī guāde* [韩吃瓜的])

Aberto, franco e inflexível em suas maneiras e palavras, rápido em seus movimentos, cheio de riso e inteligência, Peng Dehuai era fisicamente muito ativo, um excelente cavaleiro e um homem resistente. Talvez isso se devesse em parte ao fato de ele não fumar e ser abstêmio. Eu estava com ele um dia, durante as manobras da Segunda Divisão Vermelha, quando tivemos que subir uma colina muito íngreme. Peng, de repente, gritou para seu staff ofegante e para mim "Corram para o topo!". Ele saltou como um coelho e chegou ao cume antes de todos nós. Outra vez, quando estávamos cavalgando, ele gritou um desafio semelhante. Dessa forma e de outras, ele deu a impressão de grande energia não gasta.

Peng se retirava para dormir tarde e se levantava cedo, ao contrário de Mao Zedong, que se retirava tarde, mas também acordava tarde. Pelo que pude saber, Peng dormia em média apenas quatro ou cinco horas por noite. Ele nunca parecia apressado, mas estava sempre ocupado. Lembro-me da manhã em que o Primeiro Corpo de Exército recebeu ordens para avançar 100 quilômetros para Haiyuan, em território inimigo: Peng deu todos os comandos necessários antes do café da manhã e desceu para comer comigo; imediatamente depois, ele partiu para a estrada, como se fosse para uma excursão ao campo, caminhando pela rua principal de Yuwang Bao com sua equipe, parando para falar com os sacerdotes muçulmanos que se reuniram para se despedir dele. O grande exército parecia comandar a si mesmo.

Os aviões do Kuomintang frequentemente jogavam panfletos nas linhas vermelhas, oferecendo de 50 mil a 100 mil yuans por Peng, vivo ou morto, mas ele tinha apenas uma sentinela de plantão diante de seu quartel-general – e perambulava pelas ruas da cidade sem nenhum guarda-costas. Enquanto eu estive lá, milhares de folhetos foram lançados oferecendo recompensas por Peng, Xu Haidong e Mao Zedong, mas o comandante ordenou que esses panfletos fossem preservados. Eles foram impressos em apenas um lado e havia escassez de papel no Exército Vermelho. O lado em branco desses folhetos foi usado mais tarde para imprimir propaganda do Exército Vermelho.

Peng gostava muito de crianças, notei, e muitas vezes era seguido por um grupo delas. Muitos jovens, que atuavam como merendeiros, corneteiros, serventes e cavalariços foram organizados como unidades regulares do Exército Vermelho, nos grupos chamados de jovens pioneiros. Muitas vezes, vi Peng sentado com dois ou três “diabinhos vermelhos”, conversando seriamente com eles sobre política ou seus problemas pessoais. Ele os tratava com grande dignidade.

Um dia, fui com Peng e parte de sua equipe visitar um pequeno arsenal perto do front, e inspecionar a sala de recreação dos trabalhadores, seu próprio Clube Lenin. Havia uma grande caricatura, desenhada pelos trabalhadores, de um lado da sala. Mostrava um japonês de quimono com os pés na Manchúria, Jehol e Hebei, além de uma espada erguida, pingando sangue, posicionada sobre o resto da China. O caricaturado japonês tinha um nariz enorme. “Quem é aquele?”, Peng perguntou a um jovem pioneiro, cujo dever era cuidar do Clube Lenin.

"Aquele", respondeu o rapaz, "é um imperialista japonês!"

"Como você sabe?" – Peng inquiriu.

"Basta olhar para o nariz grande dele!" – foi a resposta.

Peng riu e olhou para mim. "Bem", disse ele, indicando-me, "aqui está um demônio estrangeiro (*yàngguǐzi* [洋鬼子]), ele é um imperialista?"

"Ele é um demônio estrangeiro, tudo bem", respondeu o jovem pioneiro, "mas não é um imperialista japonês. Ele tem um nariz grande, mas não é grande o suficiente para um imperialista japonês!"

Eu indiquei a Peng que tais caricaturas podiam causar sérias desilusões quando os vermelhos, realmente, entrassem em contato com os japoneses e vissem que os narizes dos invasores eram tão razoáveis quanto os deles. Eles podem não reconhecer o inimigo e podem se recusar a lutar.

"Não se preocupe!", disse o comandante. "Conheceremos um japonês, tenha ele nariz ou não."

Certa vez, fui a uma apresentação do Teatro Antijaponês do Primeiro Corpo de Exército com Peng e nos sentamos com os outros soldados na grama abaixo do palco improvisado. Ele parecia gostar, imensamente, das peças e liderou um pedido de uma música favorita. O clima ficou bastante frio, depois de escurecer, embora ainda fosse final de agosto. Enrolei meu casaco acolchoado mais perto de mim. No meio da apresentação, de repente, notei com surpresa que Peng havia removido seu próprio casaco. Então eu vi que ele tinha colocado em volta de um pequeno trompetista sentado ao lado dele.

Compreendi a afeição de Peng por esses "diabinhos" mais tarde, quando certa noite ele cedeu à persuasão e me contou algo sobre sua infância. As provações de sua própria juventude podem surpreender um ouvido ocidental, mas eram típicas o suficiente para explicar por que muitos jovens chineses, como ele, desertaram para o Exército Vermelho.

8.3. Por que você é vermelho?

Peng Dehuai nasceu em uma aldeia de Xiangtan, bem perto da terra natal de Mao Zedong. Era uma rica comunidade agrícola ao lado do rio Xiang, que flui azul, a cerca de 90 *li* [45 quilômetros] de Changsha. Xiangtan era uma das partes mais bonitas de Hunan – uma paisagem verdejante, acolchoada com terras de arroz que se perdiam no horizonte e matagais de bambu alto. Mais de um milhão de pessoas viviam lá. Embora o solo de Xiangtan fosse rico, a maioria dos camponeses eram miseravelmente pobres, analfabetos e "pouco melhores que servos", de acordo com Peng. Os senhores de terra eram todo-poderosos lá, sendo donos das terras mais produtivas, das quais obtinham rendas e tributos, uma vez que eles eram em muitos casos os mandarins – a nobreza.

Vários grandes proprietários de terra em Xiangtan tinham rendas anuais entre 40 e 50 mil *dan* [2 a 2,5 mil toneladas] de arroz, e alguns dos mais ricos comerciantes de grãos da província viviam lá.

A própria família de Peng era de camponeses ricos. Sua mãe morreu quando ele tinha seis anos, seu pai se casou novamente, e a segunda esposa odiava Peng porque ele era uma lembrança constante de sua antecessora. Sua madrasta o mandou para uma escola chinesa de estilo antigo, onde o professor frequentemente o espancava. Peng era aparentemente capaz de cuidar de seus próprios interesses: em meio a uma dessas surras, ele pegou um banquinho, mirou e o arremessou. O professor moveu uma ação contra ele na justiça local, e sua madrasta testemunhou contra ele.

Seu pai ficou indiferente a essa briga, mas, para manter as pazes com sua esposa, ele enviou o jovem arremessador de banquinho para morar com uma tia, de quem Peng gostou – e essa tia colocou o menino em uma escola considerada moderna. Lá, ele conheceu um professor "radical", que não acreditava na *piedade filial*[295]. Um dia, quando Peng estava brincando no parque, esse professor apareceu e se sentou para conversar com ele. Peng perguntou se o professor amava os pais dele e, também, se achava que ele, Peng, deveria reverenciar seus próprios pais. Quanto a ele, disse o professor, não acreditava nessas bobagens. As crianças eram trazidas ao mundo enquanto seus pais brincavam, assim como Peng brincava naquele parque.

"Gostei dessa ideia", disse Peng, "e a mencionei para minha tia quando fui para casa. Ela ficou horrorizada e, no dia seguinte, me afastou da maligna 'influência estrangeira'." Ouvindo algo sobre a objeção do jovem à *piedade filial*, sua avó começou a orar regularmente "no primeiro e no décimo quinto dia de cada mês, e em festivais, ou quando havia tempestade", para que o Céu golpeasse essa criança *não filial* e a destruísse. Nas próprias palavras de Peng:

"Minha avó considerava todos nós como seus escravos. Ela era uma fumante inveterada de ópio. Eu odiava o cheiro daquilo e, uma noite, quando não aguentei mais, levantei-me e chutei uma panela de ópio dela do fogão... Ela ficou furiosa. Ela convocou uma reunião de todo o clã e exigiu formalmente minha morte por afogamento, porque eu era uma criança infiel. Ela fez uma longa lista de acusações contra mim."

"O clã estava prestes a atender a demanda da minha avó. Minha madrasta concordou que eu deveria morrer, e meu pai disse que, como era o desejo da família, ele não faria objeções. Então um tio, irmão de minha própria mãe, deu um passo à frente e, amargamente, atacou meus pais por não terem me educado adequadamente, disse que a culpa era deles e que, nesse caso, nenhuma criança podia ser responsabilizada."

"Minha vida foi poupada, mas tive que sair de casa. Eu tinha nove anos, era um outubro frio e eu não tinha nada além de meu casaco e minhas calças. Minha madrasta tentou tirar isso de mim, mas provei que não pertencia a ela, que foi dado a mim por minha própria mãe."

---

295 N.E.: *Piedade filial* é a tradução consagrada, embora demasiado latinizada, para *xiào* [孝], conceito da filosofia moral confuciana e uma das bases da tradição chinesa: a ideia de que os filhos devem reverenciar e se sujeitar aos pais, sobretudo ao patriarca, o que serve como esteio para o *culto aos antepassados*.

Assim foi o início da vida de Peng Dehuai no grande mundo. Ele conseguiu emprego, primeiro como vaqueiro e, depois, como mineiro de carvão – quando apertava um fole por 14 horas por dia. Cansado dessas longas jornadas, ele fugiu da mina para se tornar aprendiz de sapateiro, trabalhando apenas doze horas por dia. Não recebia salário e, oito meses depois, fugiu novamente, dessa vez para trabalhar em uma mina de sódio. A mina fechou; ele foi forçado a procurar trabalho mais uma vez. Ainda possuindo nada além dos trapos nas costas, ele se tornou um construtor de diques. Aqui ele tinha um "bom emprego", realmente recebia um salário e, em dois anos, economizou 1.500 yuans em dinheiro – cerca de 12 dólares americanos! Mas ele "perdeu tudo" quando uma mudança de senhores da guerra tornou a moeda sem valor. Muito deprimido, decidiu voltar para seu distrito natal.

Agora, com 16 anos, Peng foi visitar um tio rico, que salvou sua vida. O próprio filho desse homem tinha acabado de morrer e ele, que sempre gostou de Peng, o acolheu e lhe ofereceu um lar. Então, Peng se apaixonou por sua prima, e o tio estava favoravelmente disposto ao noivado. Eles estudaram com um tutor chinês, brincaram juntos e planejaram seu futuro.

Esses planos foram interrompidos pela impetuosidade irreprimível de Peng. No ano seguinte, houve uma grande fome de arroz em Hunan e milhares de camponeses ficaram desamparados. O tio de Peng ajudava muitos, mas os maiores estoques de arroz eram retidos por um grande senhor de terra comerciante que lucrava fabulosamente. Um dia, uma turba de mais de 200 camponeses se reuniram em casa desse mercador, exigindo que eles lhes vendessem arroz sem lucro – o que era, tradicionalmente, esperado de um homem virtuoso em tempos de fome. O homem rico se recusou a discutir o assunto, expulsou o povo e trancou seus portões.

Peng continuou: "Eu estava passando por sua casa e parei para assistir à manifestação. Vi que muitos dos homens estavam morrendo de fome e sabia que este homem tinha mais de 10 mil *dan* [500 toneladas] de arroz nos silos dele, mas ele tinha se recusado a ajudar os famintos. Fiquei furioso e conduzi os camponeses a atacar e invadir sua casa. Eles levaram a maior parte de suas provisões. Pensando nisso depois, não sabia exatamente por que tinha agido assim. Eu só sabia que ele deveria ter vendido arroz para os pobres, e que era certo que eles o tirassem dele se ele não o fizesse".

Peng teve que fugir mais uma vez para salvar sua vida, e dessa vez ele tinha idade suficiente para se juntar ao exército. Sua carreira como soldado começou. Não muito tempo depois, ele se tornaria um revolucionário.

Aos 18 anos, ele foi nomeado comandante de pelotão e se envolveu em uma conspiração para derrubar o governador militar Hu. Peng havia sido profundamente influenciado por um líder estudantil de seu exército que esse governador militar havia matado. Incumbido da tarefa de assassinar Hu, ele entrou em Changsha, esperou que ele passasse na rua um dia e jogou uma bomba nele. A bomba não explodiu. Peng escapou.

Não muito tempo depois, o Dr. Sun Yat-sen se tornou generalíssimo dos exércitos aliados do Sudoeste e conseguiu derrotar o governador militar Hu, mas foi posteriormente expulso de Hunan novamente pelos senhores da guerra do Norte. Peng fugiu com o exército de Sun. Enviado em missão de espionagem por Cheng Qian, um dos comandantes da Sun, Peng voltou a Changsha, mas foi traído e preso. Zhang Jingyao estava então no poder em Hunan. Peng descreveu suas experiências:

"Fui torturado todos os dias, durante cerca de uma hora, de muitas maneiras diferentes. Uma noite, meus pés e minhas mãos foram amarrados atrás das minhas costas. Fui pendurado no teto com uma corda em volta dos meus pulsos. Então, eles empilharam pedras grandes nas minhas costas, enquanto os carcereiros ficavam me chutando e exigindo que eu confessasse, pois ainda não tinham provas contra mim. Muitas vezes desmaiei."

"Essa tortura durou cerca de um mês. Eu costumava pensar, depois de cada sessão de espancamento, que da próxima vez eu confessaria, pois não aguentava mais. Mas todas as vezes decidi que não desistiria até o dia seguinte. No final, eles não conseguiram nada de mim e, para minha surpresa, finalmente fui libertado. Uma das maiores satisfações da minha vida veio alguns anos depois, quando nós [o Exército Vermelho] capturamos Changsha e destruímos aquela velha câmara de tortura. Libertamos várias centenas de prisioneiros políticos lá – muitos deles já meio mortos de espancamentos, tratamento diabólico e fome."

Quando Peng recuperou sua liberdade, ele voltou para a casa de seu tio para visitar sua prima. Peng pretendia se casar com ela, pois ainda se considerava noivo, mas ele descobriu que ela havia morrido. Alistando-se novamente no exército, ele logo recebeu sua primeira comissão e foi enviado para a escola militar de Hunan. Após sua graduação, se tornou comandante de batalhão na Segunda Divisão, sob o comando de Lu Diping, e foi designado para servir em seu distrito natal.

"Meu tio morreu e, sabendo disso, combinei de voltar para assistir ao funeral. No caminho, tive que passar pela casa de minha infância. Minha velha avó estava viva, já tinha mais de 80 anos e ainda era muito ativa. Ao saber que eu estava voltando, ela percorreu 10 *li* [5 quilômetros] na estrada para me encontrar e, então, implorou meu perdão pelo passado. Ela foi muito humilde e respeitosa. Fiquei bastante surpreso com essa mudança. Qual poderia ser a causa disso? Então eu refleti que não foi devido a nenhuma mudança em seu sentimento pessoal, mas à minha ascensão no mundo de um pária social a um oficial do exército com um salário de 200 yuans por mês. Dei um pouco de dinheiro à velha senhora e ela cantou meus elogios na família como um modelo de 'filho filial'!"

Perguntei a Peng que leitura o havia influenciado. Ele disse que quando jovem leu o *Reflexões sobre a governança* (*Zīzhì tōngjiàn* [资治通鉴]) de Sima Guang[296], começou pela primeira vez a ter alguns pen-

296 N.E.: Sīmǎ Guāng [司馬光] (1019-1086) foi um historiador, político e escritor chinês da Dinastia Song – no período inicial, a chamada Song do Norte. Além de escrever o *Reflexões sobre a governança* (*Zīzhì tōngjiàn* [资治通鉴]), uma compilação histórica abrangente da história chinesa de 403 a.C. a 959 d.C., Sima teve uma profunda influência sobre o trono, embora muitas vezes como oposição a grupos majoritários, pois pertencia a uma facção lida como conservadora, que se opunha a novas políticas que eram, no entanto, expansionistas e belicistas – e é nessa chave que Peng o compreendeu. A leitura de Sima Guang teve ressonância em Hunan talvez pelos escritos do filósofo Wáng Fūzhī [王夫之] (1619–1692), nascido naquela província, e que no século XVII escreveu um comentário ao *Reflexões* – Wang era lido pela juventude modernizadora e nacionalista de Hunan, inclusive por Mao.

samentos sérios sobre a responsabilidade de um soldado para com a sociedade. "As batalhas descritas por Sima Guang foram completamente inúteis e apenas causaram sofrimento ao povo – muito parecidas com as que estavam sendo travadas entre os senhores da guerra na China em meu próprio tempo. O que poderíamos fazer para dar um propósito às nossas lutas e provocar uma mudança permanente?"

Peng leu Liang Qichao e Kang Youwei e muitos dos mesmos escritores que influenciaram Mao Zedong. Por um tempo, ele teve algum interesse no anarquismo. Graças à revista *Nova juventude* de Chen Duxiu, ele aprendeu sobre o socialismo e, a partir desse ponto, começou a estudar o marxismo. A Revolução Nacionalista estava se formando, ele era um comandante de regimento e sentia a necessidade de uma doutrina política para dar ânimo às suas tropas. Os *Três Princípios do Povo* (*Sān Mín Zhǔyì* [三民主义]) de Sun Yat-sen "representavam um avanço em relação a Liang Qichao", mas Peng sentiu que era "muito vago e confuso", embora ainda fosse membro do Kuomintang. O *ABC do comunismo* dos revolucionários russos Bukharin e Preobrazhensky pareceu ser para Peng, "pela primeira vez, um livro que apresentava uma forma praticável e razoável de sociedade e governo".

Em 1926, Peng havia lido o *Manifesto comunista* de Karl Marx e Friedrich Engels, uma introdução ao *O capital* de Marx, *Uma nova sociedade* (de um importante comunista chinês), *A luta de classes* de Karl Kautsky e muitos artigos e panfletos que davam uma interpretação materialista da Revolução Chinesa. "Antes", disse Peng, "eu estava apenas insatisfeito com a sociedade, mas via poucas chances de fazer qualquer melhoria fundamental. Depois de ler o *Manifesto comunista*, abandonei meu pessimismo e comecei a trabalhar com uma nova convicção de que a sociedade poderia ser mudada."

Embora Peng não tenha se filiado ao Partido Comunista até 1927, ele alistou jovens comunistas em suas tropas, iniciou cursos marxistas de treinamento político e organizou comitês de soldados. Em 1926, ele se casou com uma garota do ensino médio que era membro da Liga da Juventude Socialista, mas durante a Revolução eles se separaram. Peng não a via desde 1928. Foi em julho daquele ano que Peng se levantou, capturou Pingjiang e começou sua longa carreira como rebelde ou bandido – como você preferir.

Ele estava andando de um lado para o outro, sorrindo e brincando, enquanto me contava esses incidentes de sua juventude e luta, carregando na mão um mata-moscas de crina de cavalo mongol, que ele brandia distraído para dar ênfase. Um mensageiro trouxe uma pilha de radiogramas, e de repente ele olhou para o sério comandante novamente quando se virou para lê-los.

"Bem, isso é tudo, de qualquer maneira", concluiu. "Isso explica algo sobre como um homem se torna um 'bandido vermelho'!"

8.4. As táticas da guerra partisan[297]

Nós nos sentamos na mansão de um antigo mandarim, em Yuwang Bao; era um edifício de dois andares com uma varanda com balaústres – a partir da qual se podia olhar para a Mongólia, que estava lá, além das planícies de Ningxia.

Nos altos e maciços muros de Yuwang Bao, um esquadrão de trompetistas vermelhos praticava com seus instrumentos. Enquanto isso, em um canto da cidade que se assemelhava a um forte, tremulava uma grande bandeira escarlate, com sua foice e martelo amarelos, estalando em razão da brisa que soprava de vez em quando – como se houvesse um punho atrás dela. Ao olhar para baixo, de um lado, podíamos ver um pátio limpo, onde mulheres muçulmanas[298] descascavam arroz e o assavam – enquanto penduravam roupas em um varal – e, do outro lado, havia uma praça distante, na qual alguns soldados vermelhos treinavam escalada de paredes, saltos à distância e lançamento de granadas.

Embora Peng Dehuai e Mao Zedong fossem nativos do mesmo condado (*tóng xiàn de* [同县的])[299], eles só foram se conhecer após a

297 N.E.: Como já explicado, optamos por manter o original em inglês "partisan", que também existe na língua portuguesa, para as tropas irregulares dos comunistas, justamente por "guerrilheiro" ser literal demais – e "partisan" traz em seu núcleo semântico mais do que a mera tática guerrilheira, sem demérito desta, além de implicações filosóficas do termo. O próprio autor diferencia os termos em várias ocasiões no texto original.

298 N.E.: No caso, tratava-se de mulheres da etnia huí [回], grupo étnico que compreende, resumidamente, os chineses étnicos convertidos ao islamismo e, às vezes, miscigenados com outras etnias como turcos, árabes e persas – os quais, naturalmente, possuem nuances diferentes dos chineses por incorporarem costumes (de vestimenta, de dieta) árabes e persas ou baseados na tradição corânica.

299 N.E.: Mao nasceu em Shaoshan, antes um vilarejo, hoje uma cidade, na região montanhosa ao norte da prefeitura de Xiangtan. Já Peng Dehuai nasceu no que hoje é

formação do Exército Vermelho. Peng falava com um marcado sotaque sulista[300] – e uma rapidez de metralhadora. Eu só conseguia entendê-lo claramente quando ele falava devagar e com simplicidade, mas ele era, em geral, impaciente demais para fazer isso. Para esta entrevista, Huang Hua, cujo inglês era excelente, atuou como meu intérprete[301].

"A principal razão para a guerra partisan na China", começou Peng, "é a falência econômica e, especialmente, a falência rural. Conflitos simultâneos causados pelo Imperialismo, pelos senhores de terra e pelos senhores da guerra levaram à destruição da base da economia rural, a qual não pode ser restaurada sem a eliminação desses causadores, seus principais inimigos. Enormes impostos, juntamente com a invasão japonesa, tanto militar quanto econômica, aceleraram o ritmo dessa falência camponesa, junto com a ação dos senhores da terra. O abuso de poder pela pequena nobreza nas aldeias torna a vida da maioria dos camponeses mais difícil. Há desemprego generalizado nas aldeias. Há uma disposição nas classes mais pobres para lutar por mudanças."

"Segundo, a guerra partisan foi desenvolvida por causa do atraso do interior da China. Ausência de comunicações, estradas, ferrovias e pontes tornam possível o povo se armar e organizar dessa maneira."

"Terceiro, embora os centros estratégicos da China sejam todos mais ou menos dominados pelos imperialistas, esse controle é desigual e não unificado. Entre as esferas de influência imperialistas existem grandes lacunas, nos quais a guerra partisan pode se desenvolver rapidamente."

"Quarto, a *Grande Revolução* de 1925-27 fixou a ideia revolucionária nas mentes de muitos, e, mesmo depois da contrarrevolução de 1927 e dos assassinatos nas cidades, muitos revolucionários se recusaram a se submeter, procurando maneiras para se oporem ao regime. Devido ao sistema especial de controle conjunto *imperialista e comprador* nas

---

o condado de Xiangtan, sede da prefeitura do mesmo nome, em uma aldeia chamada Shitan (hoje, cidade), que fica numa planície às margens do rio Xiang. A distância entre os locais de nascimento de ambos é algo em torno de 30 quilômetros.

300 N.E.: O sotaque sulista é, no caso, o acento de um falante do idioma xiang (o "hunanês") falando mandarim – mas, no caso, como vinha da planíce e não da montanha, Peng vinha de uma área que falava o mesmo dialeto de Changsha.

301 N.E.: Décadas mais tarde, Huang Hua seria ministro das Relações Exteriores da República Popular da China.

grandes cidades[302], e a falta de forças armadas no início, era impossível encontrar uma base nas áreas urbanas. Por isso, muitos operários, intelectuais e camponeses revolucionários voltaram para os distritos rurais para, assim, liderar insurreições camponesas. Condições sociais e econômicas intoleráveis criaram a demanda pela revolução: bastava dar direção, forma e objetivos a esse movimento de massas rural."

"Todos esses fatores contribuíram para o crescimento e sucesso da guerra partisan revolucionária. Eles são, é claro, declarados de maneira bastante simples e não entram nos problemas mais profundos por trás deles."

"Além dessas razões, a guerra partisan foi bem-sucedida e seus destacamentos desenvolveram sua invencibilidade por conta da identidade das massas com as forças de combate. Os partisans vermelhos não são apenas combatentes; eles são ao mesmo tempo propagandistas e organizadores políticos. Para onde quer que eles vão, os partisans levam a mensagem da revolução, explicam pacientemente à massa do campesinato as verdadeiras missões do Exército Vermelho e, assim, os faz entender que somente por meio da revolução suas necessidades podem ser satisfeitas – e por que o Partido Comunista é o único partido que pode conduzi-los."

"Mas, no que diz respeito às tarefas específicas da guerra partisan, você perguntou por que em alguns lugares ela se desenvolveu muito

302 N.E.: Quando fala em "imperialista e comprador" (*dìguó zhǔyì hé mǎi bàn* [帝国主义和 买办]), Peng se refere, na verdade, ao conceito de "burguesia compradora" de Mao Zedong, no já citado *Análise de classes na sociedade chinesa* de 1926 e sua relação [dialética] com o Imperialismo. O "comprador" (assim mesmo, em português, inclusive no inglês e no francês) era aquele nativo chinês que intermediava o comércio entre os portugueses e a China, ainda no século XVI, o que se estendeu aos demais ocidentais nos séculos posteriores – até chegar à sua forma definitiva, e degenerada, após a Guerra do Ópio nos anos 1840, quando se tratava da elite formada por mercadores que viviam do comércio com o Ocidente, mesmo que isso implicasse na destruição gradual do povo chinês. Em mandarim, *mǎi bàn* é um equivalente conceitual a "comprador" em português. Depois, o conceito é de certa forma elastecido, inclusive pelo próprio Mao Zedong, para descrever burguesias dependentes ao redor do mundo, inclusive na América Latina (vide a famosa conversa entre Mao Zedong e Che Guevara de 1960, vide *Memorandum of Conversation between Mao Zedong and Ernesto 'Che' Guevara*, transcrita no site do Wilson Center).

rapidamente e se tornou um forte poder político, enquanto em outros foi fácil e rapidamente suprimida. Eis uma questão interessante."

"Em *primeiro lugar*, a guerra partisan na China só pode ter sucesso sob a liderança revolucionária do Partido Comunista, porque somente o Partido Comunista quer e pode satisfazer as demandas do campesinato – e entender a necessidade de um trabalho organizacional profundo, amplo e constante com o campesinato e assim por cumprir suas promessas."

"Como as massas estão interessadas apenas na solução prática de seus problemas de subsistência, é possível desenvolver a guerra partisan apenas pela satisfação imediata de suas demandas mais urgentes. Isso significa que a classe exploradora deve ser prontamente desarmada."

"Os partisans nunca podem permanecer parados; fazer isso é um convite à autodestruição. Eles precisam se expandir constantemente, construindo em torno de si novos grupos periféricos e protetores. O treinamento político deve acompanhar todas as fases da luta, e novos líderes locais devem ser projetados a partir de cada novo grupo adicionado à revolução. Líderes de fora podem ser introduzidos em uma extensão limitada, mas nenhum sucesso duradouro pode ser alcançado se o movimento falhar em inspirar, despertar e criar constantemente líderes da massa local."

"Uma das principais razões pelas quais o marechal Zhang Xueliang começou a respeitar os vermelhos – o inimigo que ele havia sido enviado para destruir – foi que ele ficou impressionado com sua habilidade nesse tipo de combate, e passou a acreditar que eles poderiam ser utilizados na luta contra o Japão. Depois de ter alcançado uma espécie de trégua com os comunistas, Zhang convidou instrutores vermelhos para lecionar na nova escola de treinamento de oficiais, aberta para seu exército manchuriano em Shaanxi, e ali a influência comunista se desenvolveu rapidamente. O marechal Zhang e a maioria de seus oficiais, amargamente antijaponeses, se convenceram de que era da mobilidade superior e da capacidade de manobra que a China acabaria dependendo em uma guerra com o Japão. Eles estavam ansiosos para saber tudo o que os vermelhos aprenderam sobre as táticas e estratégias de *guerra de manobra*[303] durante dez anos de experiência em combate."

Seria possível, perguntei a Peng Dehuai, resumir os "princípios da guerra partisan vermelha"? Ele havia prometido fazê-lo e havia escrito algumas notas que ele agora lia. Para uma discussão mais completa do assunto, ele me indicou um pequeno livro escrito por Mao Zedong e publicado nos distritos sovietes[304]; mas isso eu não consegui.

"Existem certas regras de tática que devem ser seguidas", explicou Peng, "se o recém-desenvolvido exército partisan for bem-sucedido. Nós as aprendemos por meio de nossa longa experiência e, embora variem de acordo com as condições, acredito que se afastar delas geralmente leva à extinção. Seus princípios mais importantes podem ser resumidos em dez pontos."

"*Primeiro*, os partisans não devem travar nenhuma batalha perdida. A menos que haja fortes indícios de sucesso, eles devem recusar qualquer engajamento."

"*Segundo*, a surpresa é a principal tática ofensiva do grupo partisan bem liderado. A guerra de posição deve ser evitada. A brigada partisan não tem força auxiliar, retaguarda, linha de suprimentos e comunicações, exceto a do inimigo. Em uma longa guerra de posições, o inimigo tem todas as vantagens e, em geral, as chances de sucesso partisan diminuem proporcionalmente à duração da batalha."

"*Terceiro*, um plano de ataque cuidadoso e detalhado, e especialmente de retirada, deve ser elaborado antes que qualquer engajamento seja oferecido ou aceito. Qualquer ataque realizado sem o conhecimento total da situação particular expõe os partisans a ser superado pelo inimigo. Habilidade de manobra superior é uma grande vantagem dos partisans, e erros em sua manipulação significam o autoextermínio."

---

303 N.E.: Lembrando que em mandarim, partisan se diz *yóují duì* [游击队], algo como *grupo de ataque itinerante*. Então, esse tipo de tropa irregular guarda uma relação semântica profunda com a própria noção de *guerra de manobra* – em mandarim, literalmente *guerra móvel* (*yùndòng zhàn* [运动战]) –, uma relação que inexiste na arte da guerra ocidental.

304 N.A.: *Sobre a guerra de guerrilhas* (*Lùn yóujī zhàn* [论游击战]) de Mao, publicado em Wayaobao, Shaanxi, em 1935, estava esgotado.

"*Quarto*, no desenvolvimento da guerra partisan, a maior atenção deve ser dada ao *mintuan*[305], a milícia rural, a primeira, última e mais determinada linha de resistência dos senhores de terra e da nobreza. O *mintuan* deve ser destruído militarmente, mas deve, se possível, ser conquistado politicamente ao lado das massas. A menos que o *mintuan* em um distrito esteja desarmado, é impossível mobilizar as massas."

"*Quinto*, em um confronto regular com as tropas inimigas, os guerrilheiros devem superá-las em número. Mas, se as tropas regulares do inimigo estiverem se movendo, descansando ou mal protegidas, um ataque de flanco rápido, determinado e de surpresa em um ponto organicamente vital da linha do inimigo pode ser feito por um grupo muito menor. Muitos 'ataques rápidos' vermelhos foram realizados com apenas algumas centenas de homens contra um inimigo de milhares. Surpresa, velocidade, coragem, decisão inabalável, manobra perfeitamente planejada e a seleção do ponto mais vulnerável e vital da 'anatomia' do inimigo são, absolutamente, essenciais para o êxito completo desse tipo de ataque. Somente um exército partisan altamente experiente pode ter sucesso nisso."

"*Sexto*, no combate real, a linha guerrilheira dos partisans deve ter a maior elasticidade. Uma vez que se torna óbvio que o cálculo da força, preparação ou poder de combate do inimigo está errado, os partisans devem ser capazes de se desengajar e se retirar com a mesma velocidade com que iniciaram o ataque. Quadros confiáveis devem ser alçados em cada unidade, plenamente capazes de substituir qualquer comandante eliminado em batalha. O protagonismo dos subalternos deve ser fortemente incentivado na guerra partisan."

"*Sétimo*, as táticas de distração, engodo, diversão, emboscada, finta e provocação devem ser dominadas. Em chinês, essas táticas são chamadas de '*princípio de simular atacar o leste enquanto se ataca o oeste* (*shēngdōngjīxī de yuánzé* [声东击西的原则])[306]."

"*Oitavo*, os partisans devem evitar confrontos com a força principal do inimigo, concentrando-se no elo mais fraco, ou o mais vital."

---

305 N.A.: Peng Dehuai estimou que o *mintuan* contava com pelo menos 3 milhões de homens (além do enorme exército regular da China de 2 milhões de homens).

306 N.E.: Esse é o sexto dos 36 estratagemas de *A Arte da Guerra* de Sun Tzu.

"*Nono*, todas as precauções devem ser tomadas para evitar que o inimigo localize as forças principais dos partisans. Por essa razão, os partisans devem evitar se concentrar em um só lugar quando o inimigo está avançando e devem mudar de posição com frequência – duas ou três vezes em um dia ou noite, pouco antes de um ataque. O sigilo nos movimentos dos partisans é absolutamente essencial para o sucesso. Planos bem elaborados para dispersão após um ataque são tão importantes quanto planos para a concentração real para enfrentar um avanço inimigo."

"*Décimo*, além da mobilidade superior, os partisans, sendo inseparáveis das massas locais, têm a vantagem de uma inteligência superior, e devem fazer maior uso disso. Idealmente, todo camponês deveria fazer parte do quadro de inteligência dos partisans, de modo que seja impossível para o inimigo dar um passo sem que os guerrilheiros saibam disso. Grande cuidado deve ser tomado para proteger os canais de informação sobre o inimigo, e várias linhas auxiliares de inteligência devem sempre ser estabelecidas."

Esses eram os princípios básicos, de acordo com o comandante Peng, sobre os quais o Exército Vermelho construiu sua força, e era necessário empregá-los em todas as ampliações do território vermelho. Ele finalizou:

"Então você vê que a guerra partisan bem-sucedida exige estes fundamentos: destemor, rapidez, planejamento inteligente, mobilidade, sigilo, rapidez e determinação na ação. Na falta de qualquer um desses, é difícil para os partisans obter vitórias. Se no começo de uma batalha eles não têm decisão rápida, a batalha vai se alongar. Eles devem ser rápidos, caso contrário o inimigo será reforçado. Eles devem ser móveis e elásticos, caso contrário perderão suas vantagens de manobra."

"Finalmente, é absolutamente necessário que os partisans conquistem o apoio e a participação das massas camponesas. Se não houver movimentação do exército camponês, não há, de fato, uma base partisan, e o exército não pode existir. Somente ao implantar-se profundamente no coração do povo, atender às reivindicações das massas, consolidar uma base nos sovietes camponeses e abrigar-se na sombra das massas, a guerra partisan pode trazer a vitória revolucionária."

Peng estava andando de um lado para o outro na varanda, entregando um de seus pontos cada vez que voltava para a mesa onde eu estava sentado escrevendo. Agora ele parou de repente e ficou refletindo, pensativo.

"Mas nada, absolutamente nada", disse ele, "é mais importante do que isto: o Exército Vermelho é um exército popular e cresceu porque o povo nos ajudou."

"Lembro-me do inverno de 1928, quando minhas forças em Hunan diminuíram para pouco mais de dois mil homens e estávamos cercados. As tropas do Kuomintang queimaram todas as casas em uma área circundante de cerca de 300 *li* [150 quilômetros], tomaram toda a comida de lá e, depois, nos bloquearam. Não tínhamos tecido, usávamos casca para fazer túnicas curtas e cortávamos as pernas de nossas calças para fazer sapatos. Nosso cabelo crescia, não tínhamos moedas, nem luzes, nem sal. Estávamos doentes e famintos, os camponeses não estavam em melhor situação e não tocávamos no pouco que eles tinham."

"Mas os camponeses nos encorajaram. Eles desenterraram do solo os grãos que haviam escondido das tropas brancas e os deram para nós, e comeram batatas e raízes silvestres. Eles odiavam os brancos por queimar suas casas e roubar sua comida. Mesmo antes de chegarmos, eles já haviam lutado contra os senhores de terra e cobradores de impostos, por isso nos receberam bem. Muitos se juntaram a nós, e quase todos nos ajudaram de alguma forma. Eles queriam que ganhássemos! E por isso continuamos lutando e furando o bloqueio."

Ele se virou para mim e terminou com simplicidade. "A tática é importante, mas não poderíamos existir se a maioria do povo não nos apoiasse. Não somos nada além do punho do povo batendo em seus opressores!"

8.5. A vida do combatente vermelho

O soldado chinês tinha má reputação no exterior. Muitos pensavam que sua arma era principalmente ornamental, que ele lutava apenas com um cachimbo de ópio, que todos os tiros de rifle trocados eram de comum acordo e no ar, que as batalhas eram travadas com prata e o soldado era pago com ópio. Parte disso era verdade para a maioria dos exércitos no passado, mas o bem equipado soldado chinês de primeira classe (fosse branco ou vermelho) agora não era mais uma piada de *vaudeville*.

Ainda havia muitos exércitos de *ópera bufa* na China, mas nos últimos anos surgiu um novo tipo de combatente chinês, que logo suplantou o antigo. A guerra civil, especialmente a guerra de classes entre vermelhos e brancos, foi muito custosa, e muitas vezes travada de forma pesada e brutal, sem quartel ou tréguas duradouras concedidas por nenhum dos lados. Esses dez anos de luta na China, acima de tudo, criaram o núcleo de uma força de combate e cérebros militares experientes no uso de técnicas e táticas modernas, que em breve construiriam um poderoso exército que não poderia mais ser descartado como um *soldadinho de chumbo*.

O problema nunca foi com o próprio material humano. Os chineses podiam lutar tão bem quanto qualquer povo, como eu havia aprendido durante a Guerra de Xangai em 1932[307]. Desconsideradas as limitações técnicas, o problema havia sido a incapacidade do comando de treinar aquele material humano à sua disposição e dar-lhe disciplina militar, política moral e vontade de vencer. Nisso, residia a superioridade do Exército Vermelho – muitas vezes, era o único lado

307 N.E.: *Guerra de Xangai* ou *Incidente de 28 de janeiro* [de 1932] foi o atrito militar entre China e Japão, depois que o Império do Japão tentou tomar a Concessão Internacional de Xangai e foi repelido pelas forças chinesas.

em uma batalha que acreditava estar lutando por alguma coisa. Foi o maior sucesso dos vermelhos nas tarefas educativas na construção de um exército que lhes permitiu resistir à tremenda superioridade técnica e numérica de seu inimigo.

Por pura resistência obstinada e capacidade de suportar dificuldades sem reclamar, os camponeses chineses, que compunham a maior parte do Exército Vermelho, eram imbatíveis. Isso foi demonstrado pela *Longa Marcha*, na qual os vermelhos sofreram agressões terríveis de todos os lados, dormiram ao ar livre e viveram de trigo não descascado por muitos dias, mas ainda se mantiveram unidos e emergiram como uma poderosa força militar. Isso também foi demonstrado pelos rigores e imposições da vida cotidiana no Exército Vermelho.

As tropas vermelhas que vi em Ningxia e Gansu estavam aquarteladas em cavernas, antigos estábulos de senhores de terra, quartéis de barro e madeira erguidos às pressas e em complexos e casas abandonadas por ex-oficiais ou tropas de guarnição. Eles dormiam em *kang* duros, sem colchões e com apenas um cobertor de algodão cada um – ainda assim, esses quartos eram bastante arrumados, limpos e organizados, embora seus pisos, paredes e tetos fossem de argila caiada. Raramente, tinham mesas ou escrivaninhas, enquanto pilhas de tijolos ou pedras serviam de cadeiras, pois a maior parte da mobília havia sido destruída ou levada pelo inimigo antes de sua retirada.

Cada companhia do Exército Vermelho tinha seu próprio cozinheiro e comissariado. A dieta dos vermelhos era extremamente simples: painço e repolho, com um pouco de carneiro e às vezes carne de porco, era uma refeição mediana, mas eles pareciam prosperar com isso. Quase não via café, chá, bolo, doces de qualquer tipo ou vegetais frescos, mas os vermelhos também não faziam questão disso. As latas de café eram mais valorizadas do que seu conteúdo; ninguém gostava de café, tinha gosto de remédio, mas uma boa lata podia ser transformada em um cantil útil. A água quente era quase a única bebida consumida, e o consumo de água fria (muitas vezes contaminada) era expressamente proibido.

O soldado vermelho, quando não estava lutando, tinha um dia cheio e agitado. Tanto no Noroeste, como no Sul, ele teve longos períodos de inatividade militar, pois, quando um novo distrito era ocupado, o Exército Vermelho se estabelecia por um mês ou dois para estabelecer sovietes e "consolidar" de outra forma, e apenas colocar uma pequena força em posto avançado. O inimigo estava quase sempre na defensiva, exceto quando uma das grandes investidas periódicas de aniquilação era lançada.

Quando não estava nas trincheiras ou em postos avançados, o soldado vermelho observava uma semana de seis dias. Levantava-se às cinco da madrugada e retirava-se com um toque de recolher soado às nove da noite. A programação do dia incluía: uma hora de exercícios imediatamente após levantar; café da manhã, duas horas de exercício militar; duas horas de palestras e discussões políticas; almoço; uma hora de descanso; duas horas de estudo de ideogramas; duas horas de jogos e esportes; jantar, cantos e reuniões de grupo; e o toque de recolher.

Uma competitividade acirrada foi encorajada nos saltos em largura e em altura, corrida, escalada em parede e corda, pulos de corda, lançamento de granada e pontaria. Observando os saltos dos vermelhos sobre muros, grades e cordas, você pode facilmente entender por que a imprensa chinesa os apelidou de "macacos humanos", por seus movimentos rápidos e proezas ágeis em escalar montanhas. As flâmulas eram dadas em competições de grupo, desde o pelotão até o regimento, em esportes, exercícios militares, conhecimento político, alfabetização e saúde pública. Eu vi essas bandeiras expostas nos clubes Lenin de unidades que ganharam tais distinções.

Havia um Clube Lenin para cada companhia e para cada regimento, e aqui toda a vida social e "cultural" tinha seu centro. As salas regimentais dos clubes Lenin eram os melhores aposentos da unidade, mas isso dizia pouco; eu vi que elas sempre tinham estruturas grosseiras e improvisadas, e o interesse que despertavam provinha da atividade humana nelas, e não dos seus equipamentos. Todos eles tinham fotos de Marx e Lenin, desenhadas por talentos da companhia ou do regimento. Como algumas das pinturas chinesas de Cristo, elas geralmente tinham uma aparência distintamente oriental, com olhos puxados e uma testa *bulbosa* como a imagem de Confúcio, ou nenhuma testa. Marx, cuja transliteração chinesa é *Mǎkèsī* [马克思], foi apelidado pelos soldados vermelhos de *Mǎ Dà Húzi* [马大胡子] – ou *Ma, o Barba Grande*. Eles pareciam ter uma reverência afetuosa por ele. Isso era especialmente verdadeiro para os muçulmanos, que pareciam ser as únicas pessoas na China capazes de deixar crescer barbas luxuriantes e de apreciá-las.

Outra característica do Clube Lênin era ter um cantinho dedicado ao estudo da tática militar, em modelos de argila. Cidades em miniatura, montanhas, fortes, rios, lagos e pontes foram construídas nesses cantos, e exércitos de brinquedo lutaram de um lado para o outro, enquanto a turma estudava algum problema tático. Assim, em alguns lugares se via as batalhas sino-japonesas de Xangai refeitas, em outro as batalhas na Grande Muralha, mas a maioria dos modelos foi dedicada a batalhas passadas entre os vermelhos e o Kuomintang. Eles também eram usados para explicar as características geográficas do distrito em que o exército estava estacionado, para dramatizar as táticas de uma campanha hipotética ou apenas para animar as lições de geografia e política que os soldados vermelhos recebiam como parte de seu treinamento militar. Na sala Lenin de uma companhia médica militar, vi exibições de modelos de argila de várias partes da anatomia, mostrando os efeitos de certas doenças, ilustrando a higiene corporal e assim por diante.

Outro canto do clube era dedicado ao estudo de caracteres chineses, e ali se via o caderno de cada combatente pendurado em seu cabide na parede. Havia três grupos de estudo de caracteres chineses: aqueles que conheciam menos de 100 caracteres; os que sabiam de 100 a 300; e aqueles que podiam ler e escrever mais de 300 caracteres. Os vermelhos imprimiram seus próprios livros didáticos (usando propaganda política como material de estudo) para cada um desses grupos. O departamento político de cada companhia, batalhão, regimento e exército era responsável pela educação em massa, bem como pelo treinamento político. Apenas cerca de 20% do Primeiro Corpo de Exército, disseram-me, ainda era de "cegos" (*xiāde* [瞎的]), como os chineses chamavam os analfabetos totais.

"Os princípios do Clube Lenin", explicou-me Xiao Hua, o diretor político da Segunda Divisão, de 20 anos, "são bastante simples. Toda a vida e atividade neles devem estar conectadas com o trabalho diário e desenvolvimento dos homens. Deve ser feito pelos próprios homens. Deve ser simples e fácil de entender. Deve combinar valor recreativo com educação prática sobre as tarefas imediatas do exército."

A "biblioteca" do Clube Lenin médio consistia principalmente em livros-texto e palestras padrão do Exército Vermelho Chinês, uma história da Revolução Russa, revistas diversas que poderiam ter sido contrabandeadas ou capturadas das áreas brancas e arquivos de publicações dos sovietes chineses como *China Vermelha* (*Hóngsè Zhōnghuá* [红色中华]), *Tarefas do Partido* (*Dǎng de Gōngzuò* [党的工作]), *Luta* (*Dòuzhēng* [斗争]) e outros.

Havia também um jornal de parede em cada clube, e um comitê de soldados era responsável por mantê-lo atualizado. O jornal de parede dava uma visão considerável dos problemas do soldado e uma medida de seu desenvolvimento. Fiz anotações completas, traduzidas, de muitos desses papéis. Havia um desses típicos jornais de parede no Clube Lenin da Segunda Companhia, Terceiro Regimento, Segunda Divisão, de Yuwang Bao, por volta de 1º de setembro. Seu conteúdo incluía notícias diárias e semanais do Partido Comunista e da Liga da Juventude Comunista; um par de colunas de contribuições grosseiras dos recém-alfabetizados, principalmente exortações e slogans revolucionários; boletins de rádio sobre as vitórias do Exército Vermelho no sul de Gansu; novas canções a serem aprendidas; notícias políticas das áreas brancas; e, talvez o mais interessante de tudo, duas seções chamadas colunas vermelha e preta, dedicadas respectivamente a elogios e críticas.

Os "elogios" consistiam em homenagens à coragem, bravura, altruísmo, diligência ou outras virtudes de indivíduos ou grupos. Na coluna negra, os camaradas atacavam uns aos outros e a seus oficiais (*pelo nome*) por coisas como não manter um rifle limpo, negligência nos estudos, perder uma granada de mão ou baioneta, fumar em serviço, "atraso político", "indiferença", "individualismo", "hábitos reacionários" etc. Em uma coluna negra, vi um cozinheiro criticado por seu prato de painço "feito pela metade"; em outro, um cozinheiro denunciou um homem por "sempre reclamar" de suas refeições.

Muitas pessoas se divertiram ao ouvir sobre a paixão dos vermelhos pelo jogo inglês de tênis de mesa. Era bizarro, de alguma forma, mas cada Clube Lenin tinha em seu centro uma grande mesa de pingue-pongue, geralmente servindo também como mesa de jantar. Os clubes de Lenin eram transformados em refeitórios na hora da refeição, mas sempre havia quatro ou cinco "bandidos", armados com raquetes, bolas e rede, incitando os camaradas a se apressarem; eles queriam continuar com seu jogo. Cada companhia ostentava um campeão de pingue-pongue, e eu não era páreo para eles.

Alguns dos clubes Lenin tiveram toca-discos confiscados das casas de ex-funcionários ou oficiais brancos. Certa noite, fui entretido com um concerto em uma vitrola americana capturada, descrita como um "presente" do general Gao Guizi, que na época comandava um exército do Kuomintang lutando contra os vermelhos na fronteira Shaanxi-Suiyuan. Os discos do general Gao eram todos chineses, com duas exceções, ambas francesas. Um trazia "A Marselhesa" e "[It's a Long, Long Way to] Tipperary". A outra era uma canção cômica francesa. Ambos provocaram gargalhadas dos ouvintes atônitos, que não entenderam uma palavra.

Os vermelhos tinham muitos jogos próprios e estavam constantemente inventando novos. Um deles, chamado "Cartas de conhecer os caracteres" (*shìzì pái* [识字牌]), que era um concurso que ajudava os analfabetos a aprender seus ideogramas básicos. Outro jogo era um pouco parecido com o pôquer, mas as cartas altas estavam marcadas como "Abaixo o imperialismo japonês", "Abaixo os latifundiários", "Viva a Revolução" e "Viva os soviéticos". Os cartões menores carregavam slogans que mudavam de acordo com os objetivos políticos e militares. Houve muitos jogos de grupo. Os membros da Liga da Juventude Comunista eram responsáveis pelos programas dos clubes de Lenin, e da mesma forma cantavam em massa todos os dias. Muitas das canções foram cantadas ao som de hinos cristãos.

Todas essas atividades mantiveram a massa de soldados bastante ocupada e saudável. Não havia acompanhantes ou prostitutas no acampamento com as tropas vermelhas que vi. Fumar ópio era proibido. Não vi ópio ou cachimbos de ópio com os vermelhos na estrada, nem em nenhum quartel que visitei. Fumar cigarros não era proibido, exceto durante o serviço, mas havia propaganda contra isso, e poucos soldados vermelhos pareciam fumar.

Tal era a vida organizada dos soldados vermelhos regulares atrás do front. Não muito emocionante, talvez, mas bastante diferente das histórias dos propagandistas, das quais se poderia deduzir que a vida dos vermelhos consistia em orgias selvagens, diversão com dançarinas nuas e rapina antes e depois das refeições. A verdade parecia ser que um exército revolucionário em qualquer lugar sempre corria o risco de se tornar muito puritano, e não o contrário.

Algumas das ideias dos vermelhos tinham acabado de ser copiadas por Chiang Kai-shek – com muito mais condições de realizá-las –, seja pela elite do seu *Novo Exército* ou no seu *Movimento Nova Vida*. Mas uma coisa o Exército Branco não poderia copiar, e os vermelhos reivindicavam isso, era sua *consciência revolucionária*. O que isso significava podia ser mais bem compreendido nas sessões políticas das tropas vermelhas – onde se podia ouvir os credos firmemente implantados pelos quais esses jovens lutariam até a morte.

8.6. Sessão de política

Em uma tarde ociosa minha, fui visitar Liu Xiao, membro do departamento político do Exército Vermelho, com escritório em uma guarita na muralha da cidade de Yuwang Bao.

A essa altura, era óbvio que os comandantes vermelhos eram marxistas leais e estavam efetivamente sob a orientação do Partido Comunista, por meio de seus representantes no departamento político de todas as unidades do exército. Claro, Trotsky podia questionar se eles eram bons marxistas ou maus marxistas, mas o ponto era que eles eram lutadores conscientes do socialismo, só que à maneira deles: e sabiam o que queriam e acreditavam fazer parte de um movimento mundial.

Liu Xiao era um dos jovens mais sérios que conheci entre os vermelhos e um dos mais trabalhadores. Um jovem intensamente sério de 25 anos, com uma aparência intelectual, ele era extremamente cortês, gentil e polido. Senti um imenso orgulho espiritual interior nele por causa de sua ligação com o Exército Vermelho. Ele tinha um sentimento puro de totalidade religiosa sobre o comunismo, e eu acreditava que ele não hesitaria, sob comando, em atirar em qualquer número de "contrarrevolucionários" ou "traidores".

Eu não tinha o direito de interromper o dia de Liu, mas sabia que ele tinha ordens para me ajudar no que fosse possível – ele havia atuado várias vezes como meu intérprete –, então aproveitei ao máximo. Acho, também, que ele não gostava de estrangeiros, portanto, não podia culpá-lo por ter demorado por me conceder uma breve biografia sua. Ele havia sido detido e encarcerado duas vezes por policiais estrangeiros em seu próprio país.

Liu era um ex-aluno da Eastview Academy, uma escola missionária americana em Chenzhou, Hunan. Ele havia sido um cristão devoto, fundamentalista e bom membro da Y.M.C.A.[308] até 1926 e a Grande Revolução. Um dia, ele liderou uma greve estudantil, foi expulso e deserdado por sua família. Despertado para a "base imperialista das instituições missionárias" na China, ele foi para Xangai, se tornou ativo no movimento estudantil de lá, se filiou ao Partido Comunista e foi preso pela polícia na Concessão Francesa. Libertado em 1929, ele reencontrou seus camaradas, trabalhou sob o comitê provincial do Partido Comunista, foi preso pela polícia britânica, colocado na notória prisão de Ward Road, torturado por eletricidade para extorquir uma confissão, entregue às autoridades chinesas, preso novamente e não conseguiu sua liberdade até 1931. Ele tinha então apenas vinte anos. Pouco depois, ele foi enviado pela "ferrovia subterrânea" dos vermelhos para o distrito soviético de Fujian, e desde então esteve com o Exército Vermelho.

Liu concordou em me acompanhar e juntos encontramos nosso caminho para um Clube Lênin onde havia uma sessão de aula políticas. Era uma reunião de uma companhia do Segundo Regimento da Segunda Divisão, Primeiro Corpo de Exército, e estavam presentes 62 alunos. Eis a "seção avançada" da companhia; havia também uma "segunda seção". A educação política no Exército Vermelho era conduzida por meio de três grupos principais, cada um dos quais dividido nas duas seções mencionadas. Cada um elege seu comitê de soldados, para consultar seus oficiais superiores e enviar delegados aos sovietes. Os três grupos são para comandantes de companhia e superiores; comandantes de esquadrão e as bases; e o corpo de serviço – cozinheiros, cavalariços, condutores de mulas, carregadores, varredores e jovens pioneiros.

Galhos verdes decoravam a sala e uma grande estrela vermelha de papel estava pendurada na porta. Dentro havia as fotos habituais de Marx e Lenin, e em outra parede havia fotos dos generais Cai Tingkai e Jiang Guangnai, heróis da Guerra de Xangai[309]. Havia uma grande

308 N.E.: YMCA é a sigla de *Young Men's Christian Association*, isto é, *Associação Cristã de Moços* surgida em 1844 no Reino Unido e presente no mundo inteiro, sobretudo em universidades.

309 N.A.: Guerra (ou "Incidente") de Xangai, ocorreu em janeiro de 1932. A exibição de fotos desses generais não comunistas, mas antijaponeses, refletia a política de frente unida do Partido Comunista da China adotada em 1935.

foto do Exército Vermelho Russo reunido na Praça Vermelha em uma manifestação de aniversário de outubro – uma fotografia tirada de uma revista de Xangai. Finalmente, havia uma grande litografia do general Feng Yuxiang, com um slogan abaixo: *Devolva minhas montanhas e rios!* (*Huán wǒ shān hé* [还我山河]) – uma velha frase clássica, agora revivida pelo movimento antijaponês.

Os homens sentavam-se em cadeiras de tijolo, que trouxeram consigo. Muitas vezes, eram vistos alunos-soldados indo para a escola com cadernos numa mão e um tijolo na outra. A aula era dirigida pelo comandante da companhia e pelo comissário político, ambos membros do Partido Comunista. O assunto, concluí, era o "Progresso no Movimento Antijaponês". Um jovem magro e de rosto magro estava falando. Ele parecia estar resumindo cinco anos de "guerra não declarada" sino-japonesa e estava gritando a plenos pulmões. Ele contou sobre a invasão japonesa da Manchúria e suas próprias experiências lá, como ex-soldado do exército do marechal Zhang Xueliang. Ele condenou Nanquim por ordenar a "não-resistência". Em seguida, ele descreveu a invasão japonesa de Xangai, Jehol, Hebei, Chahar e Suiyuan. Em cada caso, ele afirmou, o "bando de cachorros do Kuomintang" havia recuado sem lutar. Eles haviam "dado aos bandidos japoneses um quarto de nosso país".

"Por quê?", ele inquiriu, intensamente animado, com sua voz falhando um pouco. "Por que nossos exércitos chineses não lutam para salvar a China? É por não quererem? Não! Nós homens do Nordeste (*Dōngběi* [东北]) questionamos nossos oficiais diretamente todos os dias para nos liderar rumo ao front, para lutar pela nossa pátria. Todos os chineses odeiam a ideia de se tornarem escravos dos japoneses! Mas os exércitos da China não podem lutar por causa de nosso *governo vende-pátria* (*màiguó zhèngfǔ* [卖国政府])."

"Mas o povo lutará se nosso Exército Vermelho liderar..." Ele terminou com um resumo do crescimento do movimento antijaponês no Noroeste, sob os comunistas.

Outro levantou-se, ficou em posição de sentido rígido, com as mãos pressionadas junto ao corpo. Liu Xiao sussurrou para mim que era um líder de esquadrão – um cabo – que fizera a Longa Marcha. "São apenas os traidores que não querem lutar contra o Japão. São apenas os homens ricos, os senhores da guerra, os cobradores de impostos, os senhores de terra e os banqueiros que iniciam o movimento 'cooperar com o Japão', sob o slogan de 'guerra conjunta contra o comunismo'. Eles são apenas um amontoado, eles não são chineses."

"Nossos camponeses e trabalhadores, todos, querem lutar para salvar o país. Eles só precisam ver um caminho... Por que eu sei disso? Em nossos sovietes de Jiangxi, tínhamos uma população de apenas três milhões de pessoas, mas recrutamos como voluntários para os grupos partisans 500 mil homens! Nossos sovietes leais nos apoiaram entusiasticamente na guerra contra as traiçoeiras tropas brancas. Quando o Exército Vermelho for vitorioso em todo o país, nossos guerrilheiros serão mais de dez milhões. Que o Japão se atreva a tentar nos roubar então!"

E muito mais disso. Um após o outro, eles se levantaram para expressar seu ódio contra o Japão, às vezes enfatizando, às vezes discordando da observação de um orador anterior, às vezes dando suas respostas às perguntas dos líderes da discussão, fazendo sugestões para "ampliar o movimento antijaponês" e assim por diante. Um jovem contou sobre a resposta do povo à expedição antijaponesa de Shanxi do Exército Vermelho no ano passado. "Os *velhos cem sobrenomes* (*lăo băixìng* [老百姓])", isto é, a plebe, "nos deu as boas-vindas", ele gritou. "Eles vieram às centenas se juntarem a nós. Eles nos trouxeram chá e bolos na estrada enquanto marchávamos. Muitos deixaram seus campos para se juntar a nós, ou nos animar... Eles entenderam muito claramente quem eram os traidores e quem eram os patriotas – quem queria lutar contra o Japão e quem queria vender a China para o Japão. Nosso problema é despertar o país inteiro como despertamos o povo de Shanxi..."

Um falou sobre o movimento estudantil antijaponês nos distritos brancos, outro sobre o movimento antijaponês no Sudoeste, e um homem do Nordeste contou as razões pelas quais os soldados manchurianos do marechal Zhang Xueliang se recusaram a lutar mais contra os vermelhos: "Os chineses não devem lutar contra os chineses, todos devemos nos unir para nos opor ao imperialismo japonês, devemos reconquistar nossa pátria perdida!" – concluiu com eloquência concisa. Por fim, um quarto homem falou dos voluntários antijaponeses da Manchúria e outro contou das greves dos trabalhadores chineses nas fábricas japonesas na China.

A discussão continuou por mais de uma hora. Ocasionalmente, o comandante ou comissário político interrompia para resumir o que havia sido dito, para elaborar um ponto ou acrescentar novas informações, ocasionalmente para corrigir algo que havia sido dito. Os homens faziam breves e laboriosas notas em seus caderninhos, e a séria tarefa do pensamento franzia seus honestos rostos de camponeses. Toda a sessão foi grosseiramente propagandística, e o exagero dos fatos não os incomodou nem um pouco. Foi, de certa forma, *autoproselitismo*, com materiais selecionados para provar uma única tese. Mas que era potente em seus efeitos era manifesto. Convicções simples, mas poderosas, de forma lógica, foram se formando nessas mentes jovens e pouco ensinadas – credos como todo grande exército de cruzados considerou necessário para se fortalecer com a unidade espiritual, coragem e prontidão para morrer em batalha por uma causa, o que chamamos de "moral".

Interrompi para fazer algumas perguntas. Elas foram respondidas por um punhado de mãos levantadas. Descobri que, dos 62 presentes, nove eram de famílias da classe trabalhadora urbana, enquanto o restante vinha direto da roça. Deles, 21 eram ex-soldados brancos e seis eram do antigo exército da Manchúria, o Dongbei. Apenas oito daquele grupo eram casados, e 21 eram de famílias vermelhas – isto é, de famílias de camponeses pobres que haviam participado da redistribuição de terras sob algum soviete. 34 do grupo tinham menos de 20 anos, 24 tinham entre 20 e 25 anos, quatro tinham mais de 30.

"De que maneira", perguntei, "o Exército Vermelho é melhor do que outros exércitos da China?" Isso fez com que meia dúzia de homens levantassem as mãos ao mesmo tempo.

"O Exército Vermelho é um exército revolucionário."

"O Exército Vermelho é antijaponês."

"O Exército Vermelho ajuda os camponeses."

"As condições de vida no Exército Vermelho são totalmente diferentes das do Exército Branco. Aqui somos todos iguais; no Exército Branco, o soldado e as massas são oprimidos. Aqui lutamos por nós mesmos e pelas massas. O Exército Branco luta pela nobreza e pelos senhores de terra. Oficiais e homens vivem da mesma forma no Exército Vermelho, no Exército Branco os soldados são tratados como escravos."

"Oficiais do Exército Vermelho vêm de nossas próprias fileiras e conquistam suas nomeações apenas por mérito. Os oficiais brancos compram seus empregos ou usam influência política."

"Soldados vermelhos são voluntários; soldados brancos são recrutados."

"Os exércitos capitalistas são para preservar a classe capitalista, o Exército Vermelho luta pelo proletariado."

"O trabalho dos exércitos dos senhores da guerra é arrecadar impostos e espremer o sangue do povo. O Exército Vermelho luta para libertar o povo."

"As massas odeiam o Exército Branco; elas amam o Exército Vermelho."

"Mas como", interrompi mais uma vez, "como vocês sabem que os camponeses realmente gostam do Exército Vermelho?" Mais uma vez, vários pularam para responder. O comissário político reconheceu um.

"Quando entramos em um novo distrito", disse ele, "os camponeses sempre se voluntariam para ajudar nosso serviço hospitalar. Eles carregam nossos feridos de volta para nossos hospitais da frente."

Outro: "Em nossa Longa Marcha através de Sichuan, os camponeses trouxeram para nós sapatos de grama, feitos por eles mesmos, e eles nos trouxeram chá e água ao longo da estrada."

Um terceiro: "Quando lutei no Vigésimo Sexto Exército de Liu Jitan, em Tingpien, éramos um pequeno destacamento defendendo um posto avançado solitário contra o general do Kuomintang, Gao Guizi. Os camponeses nos traziam comida e água. Não precisávamos usar nossos homens para trazer suprimentos, o povo nos ajudava. Os homens de Gao Guizi foram derrotados. Capturamos alguns deles nos disseram que estavam sem água há quase dois dias. Os camponeses haviam envenenado os poços e fugido."

Um soldado camponês de Gansu: "O povo nos ajuda de várias maneiras. Durante as batalhas, eles frequentemente desarmam pequenos grupos do inimigo, cortam seus fios de telefone e telégrafo e nos enviam notícias sobre os movimentos das tropas brancas. Mas eles nunca cortam nossas linhas de telefone; eles nos ajudam a colocá-los!"

Outro: "Quando um avião inimigo caiu recentemente contra uma montanha em Shaanxi, ninguém viu, exceto alguns camponeses. Eles estavam armados apenas com lanças e pás, mas atacaram o avião, desarmaram os dois pilotos, os prenderam e os levaram para nós em Wayabao!"

Ainda outro: "Em abril passado, em Yanchang, cinco aldeias formaram sovietes, onde eu estava estacionado. Depois fomos atacados por Tang Enbo e tivemos que recuar. O *mintuan* voltou, prendeu 18 aldeões e cortaram suas cabeças. Em seguida, contra-atacamos. Os aldeões nos conduziram por um caminho secreto da montanha para atacar o *mintuan*. Nós os pegamos de surpresa e atacamos e desarmamos três pelotões."

Um jovem com uma longa cicatriz na bochecha levantou-se e contou algumas experiências na *Longa Marcha*. "Quando o Exército Vermelho estava passando por Guizhou", disse ele, "fui ferido com alguns outros camaradas, perto de Zunyi. O exército teve que seguir em frente; não poderia nos levar junto. Os médicos nos enfaixaram e nos deixaram com alguns camponeses, pedindo para eles cuidarem de nós. Eles nos alimentaram e nos trataram bem, e quando as tropas brancas chegaram àquela aldeia, eles nos esconderam. Em poucas semanas nos recuperamos. Mais tarde, o Exército Vermelho voltou àquele distrito e capturou Tsunyi uma segunda vez. Nós nos juntamos ao exército, e alguns dos jovens das aldeias foram conosco."

Outro: "Uma vez estávamos numa aldeia de Anding, no norte de Shaanxi, e éramos apenas uma dúzia de homens e rifles. Os camponeses de lá fizeram coalhada de feijão para nós e nos deram uma ovelha. Fizemos um banquete e comemos também muito e fomos dormir, deixando apenas uma sentinela de guarda. Ele foi dormir também. Mas no meio da noite um menino camponês chegou e nos acordou. Ele havia corrido 10 *li* [5 quilômetros] de [alguma montanha] para nos avisar que o *mintuan* estava lá e pretendiam nos cercar. O *mintuan* nos atacou cerca de uma hora depois, mas estávamos prontos para ele e o expulsamos.

Um rapaz de olhos brilhantes, sem sombra de bigode no rosto, levantou-se e declarou: "Só tenho a dizer uma coisa. Quando o Exército Branco chega a uma aldeia em Gansu, ninguém o ajuda, ninguém lhe dá comida e ninguém quer se juntar a ele. Quando o Exército Vermelho chega, os camponeses se organizam e formam comitês para nos ajudar, e os jovens se voluntariam para se juntar. Nosso Exército Vermelho é o povo, e é isso que tenho a dizer!"

Cada jovem parecia ter uma experiência pessoal para relatar para provar que "os camponeses gostam de nós". Escrevi 17 respostas diferentes para essa pergunta. Ele provou ser tão popular que mais uma hora se passou antes que eu percebesse que esses guerreiros haviam se atrasado muito depois de sua chamada para jantar. Pedi desculpas e me preparei para sair, mas um "diabinho" ligado à empresa se levantou e disse: "Não se preocupe com cerimônia. Nós, vermelhos, não nos importamos em ficar sem comida quando estamos lutando, e não nos preocupamos em sentir falta da nossa comida quando podemos contar a um amigo estrangeiro sobre o nosso Exército Vermelho."

PARTE 9
JUNTO AO EXÉRCITO VERMELHO (CONTINUAÇÃO)

9.1. Xu Haidong, o ceramista vermelho

Pela manhã, fui ao quartel-general de Peng Dehuai e encontrei vários membros de sua equipe lá, terminando uma conferência. Eles me convidaram para entrar e abriram uma melancia. Enquanto nos sentávamos em volta das mesas, cuspindo sementes perversamente no *kang*, notei um jovem comandante que eu não tinha visto antes.

Peng Dehuai me viu olhando para ele e disse terrivelmente: "Aquele ali é um bandido vermelho famoso. Você o reconhece?" O recém-chegado logo deu um sorrisinho, corou e, da maneira mais desarmante, expôs uma grande janela onde deveriam estar os dois dentes da frente. Isso deu a ele uma aparência infantil e travessa, e todos sorriram.

"Ele é o homem que você estava ansioso para conhecer", forneceu Peng. "Ele quer que você visite o exército dele. O nome dele é Xu Haidong."

Agora, de todos os líderes militares vermelhos da China, provavelmente nenhum era mais "notório" e certamente nenhum era mais misterioso do que Xu Haidong. Quase nada se sabia dele no mundo exterior, exceto que uma vez ele trabalhou em uma olaria em Hubei. Chiang Kai-shek o rotulou como um flagelo da civilização. Recentemente, aviões de Nanquim visitaram as linhas vermelhas para lançar folhetos contendo, dentre incentivos que incluíam 100 yuans para cada soldado vermelho que desertasse levando seu rifle consigo para o Kuomintang, e também a seguinte promessa:

> "Mate Mao Zedong ou Xu Haidong e nós lhe daremos 100 mil yuans quando você se juntar ao nosso exército. Mate qualquer outro líder bandido e nós o recompensaremos de acordo."

E aqui, timidamente posicionada sobre um par de ombros quadrados de menino, estava aquela cabeça que Nanquim aparentemente valorizava tanto quanto a de Peng Dehuai.

Eu expressei os meus respeitos, imaginando como seria ter uma vida que valia tanto para qualquer um de seus subordinados, e perguntei a Xu se ele realmente estava falando sério sobre o convite para que eu visitasse seu exército. Ele era o comandante do Décimo Quinto Corpo do Exército Vermelho, com sede então localizada a cerca de 80 *li* [40 quilômetros] a noroeste, em uma cidade chamada Yuwang.

"Já arrumei um quarto para você na *torre do tambor* de Yuwang[310]", respondeu ele. "Apenas me deixe saber quando você quer vir, e eu vou enviar uma escolta para você."

Fizemos um acordo na hora.

Assim, se sucedeu que alguns dias depois, carregando uma pistola automática "confiscada" de um oficial vermelho, parti para Yuwang, acompanhado por dez soldados vermelhos, armados com rifles e Mausers – porque, em alguns lugares, nossa rota estava apenas a uma curta distância das posições da linha de frente do Exército Vermelho. Em contraste com as eternas colinas e vales de Shaanxi e Gansu, o caminho que seguimos era uma estrada que levava à Grande Muralha e aos solitários e belos campos da Mongólia Interior – cruzando chapadas elevadas, listradas por longos prados verdes e pontilhadas com capim alto e colinas suavemente arredondadas, nas quais pastavam grandes rebanhos de ovelhas e cabras. Águias e urubus, às vezes, voavam acima das nossas cabeças. Certa vez, um bando de gazelas selvagens se aproximou de nós, farejou o ar e, em seguida, partiu com incrível velocidade e graciosidade para as encostas das montanhas.

Em cinco horas, chegamos a Yuwang, uma antiga cidade muçulmana de 400 ou 500 famílias, com uma magnífica muralha de pedra e tijolo. Fora da cidade havia uma mesquita, com suas próprias paredes de belos tijolos vitrificados totalmente intactas. Mas outros edifícios

310 N.E.: As *torres do tambor* ou *gŭlóu* [鼓楼] ficavam no centro das vilas ou cidades chinesas tradicionais, geralmente em templos, cumprindo uma função semelhante – cerimonial e de marcação do tempo – às torres do sino nas igrejas nas localidades cristãs ou aos minaretes das mesquitas para os muçulmanos.

mostraram sinais do cerco que aquela cidade sofreu antes de ser tomada pelos vermelhos. Um prédio de dois andares que tinha sido o quartel-general do oficial do governo local estava parcialmente arruinado, com a fachada esburacada de balas. Disseram-me que aquele e outros edifícios nos arredores foram destruídos pelas tropas de defesa do general Ma Hongkui, quando o cerco vermelho começou. O inimigo havia se retirado de todos os edifícios extramuros, após incendiá-los, para evitar que os vermelhos os ocupassem como posições de ataque contra as muralhas da cidade.

"Na verdade, quando a cidade caiu", Xu Haidong me disse mais tarde, "houve apenas uma batalha muito pequena. Cercamos e bloqueamos Yuwang por dez dias. Lá dentro havia uma brigada da cavalaria de Ma Hongkui e cerca de mil milicianos do *mintuan*. Não fizemos nenhum ataque até a décima noite. Estava muito escuro. Colocamos uma escada na parede, uma companhia a escalou antes que os guardas inimigos a descobrissem e então eles defenderam a escada com uma metralhadora, enquanto um regimento de nossas tropas subiu pela parede."

"Houve pouca luta. Antes do amanhecer, havíamos desarmado todos os milicianos e cercado a brigada de cavalaria. Apenas um de nossos homens foi morto e apenas sete ficaram feridos. Demos um yuan a cada um dos milicianos e os mandamos de volta para suas terras – assim como demos aos homens de Ma dois yuans para cada um. Várias centenas deles ficaram e se alistaram conosco. O burocrata local e o comandante da brigada escaparam pela parede leste enquanto suas tropas estavam sendo desarmadas."

Passei cinco dias com o Décimo Quinto Corpo do Exército Vermelho[311], e achei cada hora acordado intensamente interessante. E, de tudo, nada era um material melhor para um "pesquisador dos sovietes chineses" – como fui rotulado em Yuwang – do que a história do próprio Xu Haidong. Conversei com ele todas as noites quando suas obrigações terminaram, cavalguei com ele até as linhas de frente da 73ª Divisão e fui ao teatro vermelho com ele. Ele me contou pela primei-

311 N.A.: Aqui, Wang Shoudao, chefe do departamento político do Décimo Quinto Corpo de Exército, contou-me um pouco da história pessoal de Xu.

ra vez a história da República Soviética de Hunan-Anhui-Hubei, que nunca tinha sido totalmente revelada. Como organizador do primeiro exército de partisans daquela grande área vermelha, que só perdia em tamanho para os sovietes centrais de Jiangxi, Xu Haidong conhecia quase todos os detalhes de seu desenvolvimento.

Xu me pareceu o homem com mais "consciência de classe" – em suas maneiras, aparência, conversa e experiência – de todos os líderes vermelhos que conheci. Com exceção de He Long, de fato, ele era, provavelmente, o único "proletário puro" entre os comandantes do exército. Enquanto a maioria dos oficiais subordinados era de origem proletária, muitos dos comandantes superiores eram de famílias de classe média, média camponesa ou da intelectualidade chinesa. Xu era uma grata exceção. Ele tinha muito orgulho de sua origem proletária e frequentemente se referia a si mesmo, com um sorriso, como um *coolie* (kǔlì [苦力][312]. Dava para perceber que ele acreditava sinceramente que os pobres da China, os camponeses e os trabalhadores eram pessoas boas – gentis, corajosas, altruístas, honestas – enquanto os ricos tinham o monopólio de todos os vícios. Para ele era simples assim, acredito: ele estava lutando para se livrar dos vícios. Essa fé fervorosa evitou que seus comentários arrogantes sobre sua própria ousadia e a superioridade de seu exército soassem como vaidade e presunção. Quando ele disse: "Um vermelho vale cinco brancos", dava para ver que para ele era uma declaração de fato irrefutável.

Seu entusiasmo orgulhoso era um pouco ingênuo, mas intensamente sincero e nisso talvez estivesse o segredo da devoção que os homens de Xu pareciam ter por ele. Ele estava imensamente orgulhoso de seu exército – os homens como indivíduos, sua habilidade como soldados, como cavaleiros e como revolucionários. Ele tinha orgulho de seus clubes Lênin e de seus cartazes feitos artisticamente – que eram realmente

312 N.E.: *kǔlì* [苦力] é um termo de origem controversa, embora signifique trabalhador braçal, servo ou escravo e foi assimilado pela língua chinesa como uma transcrição fonética – com dois ideogramas que reproduzem o som da palavra original – e conceitual – os dois ideogramas em questão significam "amargo" e "força/poder" (em sentido material), e a origem do termo vem do hindi, talvez por empréstimo de línguas turcomanas.

muito bons. E ele tinha orgulho de seus comandantes de divisão, dois dos quais eram "*coolies* como eu" e um dos quais – um vermelho já há seis anos – tinha apenas 21 anos.

Xu valorizava muito qualquer ato de proeza física, e lamentava que oito ferimentos que ele havia sofrido em dez anos de luta agora o atrapalhasse ligeiramente. Mas ele não fumava nem bebia, e ainda tinha um corpo esguio e ereto, cada centímetro do qual parecia ser de músculos rijos. Ele havia sido ferido em cada perna, em cada braço, no peito, em um ombro e no quadril. Uma bala entrou em sua cabeça logo abaixo do olho e saiu atrás de sua orelha. E, no entanto, ele ainda dava a impressão de um jovem camponês que tinha acabado de sair dos campos de arroz, desdobrou as pernas das suas calças e se juntou à "companhia livre" dos combatentes que passavam.

Eu descobri também sobre os dentes perdidos. Eles haviam se perdido durante um acidente a cavalo. Certo dia, galopando pela estrada, o casco de seu cavalo atingiu um soldado, e Xu se virou na sela para ver se havia sido ferido. O cavalo recuou e derrubou Xu em uma árvore. Quando recuperou a consciência, duas semanas depois, descobriu que seus incisivos superiores haviam ficado com a árvore.

"Você não tem medo de se machucar algum dia?" Eu perguntei a ele.

"Não muito", ele riu. "Eu tenho levado surras desde sempre, desde criança, e já estou acostumado com isso."

Sua infância, de fato, explica muito por que ele é um revolucionário hoje. Como todos os vermelhos, ele só queria falar sobre batalhas. Das centenas de palavras de anotações que escrevi, selecionei alguns fatos que parecem significativos.

Xu Haidong nasceu em 1900 em Huangpi perto de Hankou, província de Hubei. Sua família foi ceramista por gerações e, na época de seu avô, ela possuía terras, mas desde então, devido às secas, inundações e impostos, os Xu foram completamente proletarizados. Seu pai e cinco irmãos trabalhavam em uma olaria de Huangpi e ganhavam o suficiente para viver. Eram todos analfabetos, mas depositavam sua ambição em Haidong, uma criança brilhante e caçula dos seis filhos, que juntaram o dinheiro necessário para mandá-lo para a escola.

"Meus colegas estudantes", disse-me Xu, "quase todos eram filhos de senhores de terra ou comerciantes, já que poucos meninos pobres chegavam à escola. Eu estudava nas mesmas carteiras que eles, mas muitos me odiavam porque eu raramente usava sapatos e minhas roupas eram pobres e esfarrapadas. Eu não conseguia evitar brigar com eles, quando eles me xingavam. Se eu corria para o professor pedindo ajuda, era invariavelmente espancado por ele. Mas, se os filhos dos senhores de terra levavam a pior e iam para a professora, eu também apanhava!"

"No meu quarto ano na escola, quando eu tinha 11 anos, me envolvi em uma briga de 'ricos contra pobres' e fui encurralado por uma multidão de 'filhos ricos'. Estávamos jogando paus e pedras, e uma que atirei feriu a cabeça de uma criança chamada Huang, filho de um proprietário rico. Esse menino saiu chorando e em pouco tempo voltou com sua família. O Huang mais velho disse que eu tinha 'esquecido meu nascimento', e ele me chutou e me espancou. O professor então me deu uma segunda surra. Depois disso, fugi da escola e me recusei a voltar. O incidente me impressionou profundamente. Passei a acreditar que era impossível para um menino pobre obter justiça."

Xu tornou-se aprendiz em uma olaria, onde trabalhou de graça durante seus "anos de agradecimento ao mestre". Aos 16 anos, ele já trabalhava uma jornada inteira e era o ceramista mais bem pago entre trezentos trabalhadores. "Posso produzir uma boa peça de cerâmica tão rápido quanto qualquer um na China", Xu sorrindo, "portanto, quando a Revolução acabar, ainda serei um útil cidadão!"

Ele, então, relembrou um incidente que não aumentou seu amor pela nobreza: "Uma trupe teatral itinerante veio ao nosso bairro e os trabalhadores foram vê-la. Esposas da nobreza também estavam lá. Naturalmente, os trabalhadores ficaram curiosos em ver como eram essas mulheres bem guardadas dos poderosos, e ficaram olhando para os camarotes. Com isso, a nobreza ordenou aos milicianos do *mintuan* que os expulsassem do teatro, e houve uma briga. Mais tarde, nosso mestre de fábrica teve que dar um banquete para a 'nobreza' ofendida, e disparar alguns fogos de artifício para compensar a 'pureza estragada' daquelas mulheres que haviam sido contempladas pelo povo. O patrão tentou tirar do nosso salário o dinheiro para o banquete, mas ameaçamos fazer greve e ele mudou de ideia. Essa foi minha primeira experiência do poder da organização como arma de defesa dos pobres."

Quando tinha 21 anos, irritado por causa de uma briga doméstica, Xu saiu de casa. Ele caminhou até Hankou, depois foi para Jiangxi, onde trabalhou por um ano como ceramista, economizou seu dinheiro e planejou voltar para Huangpi. Mas ele pegou cólera e esgotou suas economias enquanto se recuperava. Com vergonha de voltar de mãos vazias, ele se alistou em um exército de senhor da guerra, no qual lhe foram prometidos 10 yuans por mês. Ele recebeu, no entanto, "apenas espancamentos". Naquela época, a Revolução Nacional começou no Sul, e o Partido Comunista fez propaganda no exército ao qual Xu Haidong pertencia. Vários deles foram decapitados. Desgostoso com o exército do senhor da guerra, ele desertou com um oficial e fugiu para Guangzhou, onde ingressou no Quarto Exército do Kuomintang sob o comando de Zhang Fakui, permanecendo até 1927 – e se tornando comandante de pelotão.

Na primavera de 1927 as forças nacionalistas estavam rachando em grupos de esquerda e de direita, e esse conflito foi especialmente agudo no exército de Zhang Fakui, o qual alcançou o rio Yangtzé. Ao lado dos radicais, Xu foi forçado a fugir e secretamente voltou para Huangpi. A essa altura, ele havia se tornado comunista, tendo sido muito influenciado por alguns propagandistas estudantis, e em Huangpi ele imediatamente começou a construir uma filial local do Partido.

O *golpe de Estado* de direita ocorreu em abril de 1927, e o comunismo foi levado à clandestinidade. Mas não Xu Haidong. Ele decidiu sozinho que havia chegado a hora de uma ação independente. Ele havia organizado a maioria dos trabalhadores das olarias e alguns camponeses locais. Foi entre eles que Xu recrutou o primeiro "exército de trabalhadores e camponeses" de Hubei. No início, eram apenas dezessete homens, e tinham um revólver e oito balas – do próprio Xu.

Esse foi o núcleo do que mais tarde se tornou a Quarta Frente do Exército Vermelho de 60 mil homens, que em 1933 tinha sob seu controle um território soviete do tamanho da Irlanda. Nele, havia correios, sistema de crédito, casas da moeda, cooperativas, fábricas têxteis e, em geral, uma economia bem-organizada, sob um governo eleito. Xu Xiangqian, formado em Whampoa e ex-oficial do Kuomintang, se tornou comandante em chefe, enquanto Zhang Guotao, um estudante que voltou de Moscou e um dos líderes do renascimento cultural chinês de 1917, foi presidente do Governo – o mesmo Guotao, fundador do Partido Comunista que, mais tarde, desafiou Mao pelo controle do Comitê Central. Juntos, eles estabeleceram um tipo chinês de governo soviético nas áreas fronteiriças de três províncias: Hubei, Anhui e Hunan, cujos nomes antigos eram O, Yu e Wan. Combinando-os, os vermelhos nomearam seu regime interprovincial de Soviete de Oyuwan[313] e o filiaram ao Governo Soviete de Toda a China, liderado por Mao Zedong ao sul do Yangtzé.

Oyuwan resistiu a vários cercos e expandiu seu território até outubro de 1932. A essa altura, os nacionalistas conseguiram penetrar profundamente na área de base mais rica. Para evitar o cerco, Zhang Guotao e Xu Xiangqian retiraram suas principais forças para o Oeste. Xu Haidong recebeu ordens de permanecer para trás, com seu Vigésimo Quinto Exército, para reagrupar unidades partisans dispersas e formar uma nova posição, enquanto as principais forças nacionalistas perseguiam o comando de Xu Xiangqian. Inesperadamente, os partisans de Xu Haidong obtiveram vitórias importantes e mais uma vez os nacionalistas foram forçados a sair de Oyuwan. Em 1933, voltaram à ofensiva e em 1934, coincidindo com sua *Quinta Campanha de Aniquilação no Sul*, o generalíssimo estrangulou a pequena república até a morte. No final de 1934, Xu Haidong liderou um grupo de não mais de 2 mil homens em um avanço para o Oeste, finalmente unindo-se às forças de Mao Zedong no norte de Shaanxi em 1935.

Além do bloqueio econômico, do bombardeio aéreo diário e da construção de uma rede de milhares de pequenos blocausses ao redor da área de Oyuwan, os generais de Nanquim evidentemente seguiram uma política de remoção ou aniquilação sistemática da população ci-

313 N.E.: Na verdade, essa transliteração para o inglês é uma corruptela do mandarim *È yù wǎn* [鄂豫皖].

vil. Durante a *Quinta Campanha*, as forças antivermelhas em Hubei e Anhui, então com cerca de 300 mil, foram fortalecidas com oficiais que Chiang Kai-shek passou um ano doutrinando com propaganda antivermelha em suas academias militares de Nanchang e Nanquim. O resultado foi uma guerra civil com a intensidade de guerras religiosas.

9.2. Guerra de classes na China

Durante três dias, várias horas todas as tardes e noites, eu estive inquirindo Xu Haidong e seu Estado-Maior sobre suas histórias pessoais, sobre suas tropas, sobre o destino da República Soviética de Oyuwan – e sobre a atual situação deles no Noroeste. Então, em resposta à minha questão "onde está sua família agora?", Xu Haidong me replicou de forma direta: "Todos do meu clã foram mortos, exceto um irmão, que está com o Exército da Quarta Frente".

"Você quer dizer mortos em combate?"

"Oh, não; apenas três de meus irmãos eram vermelhos. O resto do clã foi executado pelos generais Tang Enbo e Sha Douyin. Ao todo, os oficiais do Kuomintang mataram 66 membros do clã Xu."

"Sessenta e seis!" Eu repeti incrédulo.

"Sim, 27 dos meus parentes próximos foram executados, e 39 parentes distantes – todos em Huangpi que eram chamados Xu. Velhos e jovens, mulheres, crianças e até bebês foram mortos. O clã Xu foi exterminado, exceto minha esposa e três irmãos no Exército Vermelho, e eu. Dois de meus irmãos foram mortos em batalha mais tarde."

"E sua esposa?"

"Não sei o que aconteceu com ela. Ela foi capturada quando as tropas brancas ocuparam Huangpi em 1931. Mais tarde, ouvi dizer que ela havia sido vendida como concubina a um comerciante perto de Hankou. Meus irmãos que escaparam me contaram sobre isso, e sobre os outros assassinatos. Durante a *Quinta Campanha de Aniquilamento*, 13 do clã Xu escaparam de Huangpi e fugiram para Lishan, mas foram todos presos. Os homens foram decapitados; as mulheres e crianças foram fuziladas."

Xu notou meu olhar chocado e deu, melancolicamente, um sorrisinho. "Isso não foi nada incomum", disse ele. "Isso aconteceu com os clãs de muitos oficiais vermelhos, embora o meu tenha sofrido as maiores perdas. Chiang Kai-shek deu uma ordem para que, quando meu distrito fosse capturado, ninguém chamado Xu fosse deixado vivo."

Escrevi páginas e mais páginas de notas, coletadas de Xu e seus oficiais, contendo datas, locais e relatos detalhados de atentados cometidos contra a população pelas tropas do Kuomintang no Soviete de Oyuwan. Seria inútil repetir os detalhes dos crimes mais horrendos relatados – eles eram como os trágicos eventos da Guerra Civil da Espanha, ocorridos no mesmo período, os quais pareceriam inacreditáveis para os céticos que leriam sobre eles desde muito longe. Para a pessoa que não testemunhou as atrocidades, tudo iria parecer boato ou um relato inverossímil, pois aceitar esse nível de degradação do homem pelo homem golpearia qualquer confiança em nós mesmos. E mesmo que as histórias fossem verdadeiras, os vermelhos não estavam, também, engajados na violência, apenas diferindo a escolha da classe social das vítimas? A imprensa do Kuomintang, contudo, esteve contando, por anos, apenas o seu lado na história dessa guerra de classes. Para ajudar a completar o quebra-cabeças da história, não devia ser nada edificante para a imprensa branca saber o que os líderes dessa *revolução campesina* – como Mao Zedong insistia em tratá-la – diziam dos seus seguidores e como se viam como beligerantes.

Durante a *Quinta Campanha de Aniquilamento* dos vermelhos, como agora é reconhecido, os oficiais de Nanquim deram ordens, em muitas áreas, para *exterminar a população civil.* Isso foi considerado militarmente necessário porque, como o generalíssimo comentou em um de seus discursos, onde o povo dos sovietes estava há muito estabelecido, "era impossível distinguir um bandido vermelho de um bom cidadão". O método parece ter sido aplicado com selvageria peculiar na República de Oyuwan, principalmente porque alguns dos principais generais do Kuomintang encarregados de operações antivermelhas eram nativos daquela região, filhos de senhores de terra que haviam perdido suas terras para os vermelhos e, portanto, tinham um desejo insaciável de vingança. A população soviete havia diminuído em cerca de 600 mil no final da *Quinta Campanha.*

As táticas vermelhas em Oyuwan dependiam da mobilidade em um amplo território e, no início de cada ataque da *Aniquilação*, suas forças principais haviam saído dos distritos vermelhos para enfrentar o inimigo em seu próprio terreno. Eles não tinham bases estratégicas importantes para defender e se moviam prontamente de um lugar para outro para enganar, desviar, distrair e obter vantagens de manobra. Isso, no entanto, deixou a periferia de sua "base humana" muito exposta. Mas no passado as tropas do Kuomintang não haviam matado os camponeses e cidadãos que encontravam realizando, pacificamente, suas tarefas nas áreas dos sovietes que ocupavam.

Na *Quinta Campanha*, como em Jiangxi, novas táticas foram adotadas. Em vez de enfrentar o Exército Vermelho em campo aberto, as tropas de Nanquim avançaram em unidades fortemente concentradas, atrás de extensas fortificações, penetrando pouco a pouco no território vermelho, aniquilando ou transportando sistematicamente toda a população em amplas áreas dentro e fora das fronteiras vermelhas. Eles tentaram fazer de tais distritos um terreno baldio desolado e desabitado, incapaz de sustentar as tropas vermelhas, se eles o recapturassem mais tarde. Nanquim havia finalmente entendido que as únicas bases vermelhas estavam na população camponesa – e que tais bases deveriam ser destruídas.

Milhares de crianças foram feitas prisioneiras e levadas para Wuhan e outras cidades, onde foram vendidas como "aprendizes". Milhares de meninas e mulheres foram transportadas e vendidas para as fábricas como escravas e prostitutas. Nas cidades, elas foram penhoradas como "refugiadas da fome" ou "órfãs de pessoas mortas pelos vermelhos". Centenas delas chegaram aos grandes centros industriais em 1934. Um comércio considerável cresceu, com intermediários comprando meninos e mulheres das mãos de oficiais do Kuomintang. Tornou-se um negócio muito lucrativo por um tempo, mas ameaçou corromper as fileiras, e missionários começaram a falar sobre isso. O generalíssimo cristão Chiang Kai-shek foi, finalmente, obrigado a emitir uma ordem severa proibindo "receber suborno" e ordenando punições severas para os oficiais envolvidos no tráfico humano.

"Em dezembro de 1933", disse Xu Haidong, "cerca de metade de Oyuwan havia se tornado um vasto deserto. Havia pilhas de corpos em quase todas as aldeias ocupadas pelas tropas brancas. Quatro condados em Hubei, cinco em Anhui e três em Henan foram quase completamente arruinados. Em uma área de cerca de 400 *li* [200 quilômetros] de leste a oeste e cerca de 300 *li* [150 quilômetros] de norte a sul, toda a população estava sendo morta ou removida."

"Durante a luta do ano, recapturamos alguns desses distritos das tropas brancas, mas quando voltamos descobrimos que as terras férteis haviam se tornado semidesertas. Apenas alguns velhos e velhas permaneceram, e eles contavam histórias que nos horrorizavam. Nós não podíamos acreditar que tais crimes tivessem sido cometidos por chineses contra chineses."

"Em novembro de 1933, nós batemos em retirada das montanhas Tiantai e Laojun, áreas sovietes onde viviam, então, cerca de 60 mil pessoas. Quando voltamos, dois meses depois, descobrimos que esses camponeses haviam sido expulsos de suas terras, suas casas foram queimadas ou destruídas por bombardeios, e não havia mais de 300 velhos e algumas crianças doentes em toda aquela região. Com eles, soubemos o que havia acontecido."

"Assim que as tropas brancas chegaram, os oficiais começaram a dividir as mulheres e meninas. Aquelas com cabelo curto ou pés naturais eram fuziladas como se fossem comunistas. Em seguida, os oficiais superiores examinavam as sobreviventes e escolhiam as mais bonitas para si, deixando as restantes para os oficiais inferiores realizarem sua escolha. O resto era entregue aos soldados para usar como prostitutas. Eles foram informados de que essas mulheres eram 'esposas de bandidos' e, portanto, podiam fazer o que quisessem com elas."

"Muitos dos jovens desses distritos se juntaram ao Exército Vermelho, mas muitos dos que ficaram para trás, e até mesmo alguns dos velhos, tentaram matar os oficiais brancos por esses crimes. Aqueles que protestavam eram todos fuzilados como comunistas. Os sobreviventes nos contaram que muitas brigas ocorreram entre os brancos, que brigavam entre si sobre a distribuição das mulheres, mantendo algumas bonitas para servirem como concubinas."

"Você quer dizer que essas eram as tropas do Governo Nacional?" Eu interrompi.

"Sim, eles eram o Décimo Terceiro Corpo do Exército do general Tang Enbo e o Terceiro Corpo do Exército do general Wang Jun. Os generais Xia Douyin, Liang Guanying e Sun Diancai também foram responsáveis." Xu falou sobre outro distrito, o condado de Huanggan, em Hubei, que foi recuperado do general Wang Jun pelos vermelhos em julho de 1933: "Em uma cidade onde havia uma rua de prósperas cooperativas do soviete e um povo feliz, tudo estava em ruínas e apenas alguns velhos estavam vivos. Eles nos levaram para um vale e nos mostraram os corpos espalhados de 17 mulheres jovens deitadas seminuas ao sol. Todas elas foram estupradas e mortas. As tropas brancas evidentemente estavam com muita pressa; eles haviam se dado ao trabalho de tirar apenas uma perna da calça de uma menina. Naquele dia convocamos uma reunião, o exército realizou um serviço memorial lá e todos nós choramos."

"Não muito tempo depois, em Macheng, chegamos a um de nossos antigos campos de atletismo. Lá, em uma cova rasa, encontramos os corpos de 12 camaradas que foram mortos. Suas peles foram arrancadas deles, seus olhos arrancados, e suas orelhas e narizes cortados. Todos nós caímos em lágrimas de raiva diante dessa visão bárbara."

"No mesmo mês, também em Huanggan, nosso Vigésimo Quinto Exército Vermelho chegou a Ougongji, que já foi um lugar movimentado, mas agora estava deserto. Saímos da cidade e vimos a cabana de um camponês com fumaça saindo dela, em uma encosta, e alguns de nós escalamos até ela, mas o único ocupante era um velho que aparentemente enlouqueceu. Descemos para o vale novamente até encontrarmos uma longa pilha de homens e mulheres mortos. Havia mais de 400 corpos caídos ali, e eles evidentemente haviam sido mortos pouco tempo antes. Em alguns lugares, o sangue tinha vários centímetros de profundidade. Algumas mulheres estavam deitadas com seus filhos ainda agarrados a elas. Muitos corpos estavam caídos um ao lado do outro, em cima de outro."

"De repente, notei que um dos corpos se moveu e, indo até ele, descobri que era um homem ainda vivo. Encontramos vários outros vivos depois disso, ao todo mais de dez. Nós os carregamos de volta conosco e tratamos de seus ferimentos, e eles nos contaram o que havia acontecido. Essas pessoas fugiram da cidade para se esconder nesse vale, e acamparam ao ar livre. Depois disso, os oficiais brancos levaram suas tropas ao local, ordenaram que colocassem suas metralhadoras nas encostas das montanhas, e, então, abrissem fogo contra as pessoas abaixo. Eles continuaram atirando por várias horas até pensarem que todos estavam mortos. Então eles marcharam para longe novamente sem nem mesmo descer para olhar para eles."

No dia seguinte, Xu conduziu todo o seu exército até aquele vale e mostrou os mortos, entre os quais alguns dos soldados reconheceram camponeses que conheceram, homens e mulheres que devem ter dado abrigo a eles em algum momento ou lhes vendido melões comercializados nas cooperativas. Eles ficaram profundamente comovidos. Xu disse que essa experiência fortaleceu suas tropas com uma moral obstinada e uma determinação de morrer lutando, e que durante os 12 meses inteiros da última campanha de grande aniquilação, nenhum homem desertou do Vigésimo Quinto Exército.

"No final da *Quinta Campanha*", continuou ele, "quase todas as casas tinham mortos. Costumávamos entrar em uma aldeia que parecia vazia até olharmos para as casas em ruínas. Então encontrávamos cadáveres nas portas, no chão, ou no *kang*, ou escondido em algum lugar. Até os cães fugiram de muitas aldeias. Naquela época, não precisávamos de espiões para observar os movimentos do inimigo. Poderíamos segui-los facilmente pelos céus cheios de fumaça de cidades e aldeias em chamas."

Isso é apenas uma pequena parte das histórias que ouvi de Xu Haidong e outros que lutaram durante aquele ano terrível e finalmente caminharam para o Oeste, não seu exército, mas a "base" humana destruída, suas colinas e vales manchados com o sangue de sua juventude, seu coração vivo arrancado. Mais tarde, conversei com muitos combatentes de Oyuwan, e eles contaram histórias ainda mais lamentáveis. Eles não gostavam de falar sobre o que tinham visto; eles o faziam apenas sob questionamento, e ficou claro que suas experiências marcaram permanentemente a matriz de suas mentes com um ódio de classe inextirpável por toda a vida.

Novamente, alguém pode se perguntar se isso significa, no entanto, que os vermelhos são inocentes de atrocidade e vingança de classe. Eu acho que não. É verdade que durante meus quatro meses com eles, tanto quanto pude saber por meio de investigação irrestrita, eles executaram apenas dois civis. Também é verdade que não vi uma única aldeia ou cidade incendiada por eles, nem ouvi dos muitos camponeses que questionei que os vermelhos eram viciados em incêndios criminosos. Mas minha experiência pessoal com eles começa e termina com o Noroeste: não posso afirmar nem negar que "matar e queimar" possa ter sido feito em algum outro lugar.

E, para ser preciso, um dos dois malfadados "contrarrevolucionários" mencionados acima não foi morto pelos vermelhos, mas por alguns muçulmanos de Ningxia, os quais tinham forte aversão por coletores de impostos. Mais adiante, será contado de que maneira ele encontrou sua morte, mas primeiro vamos ver como esses muçulmanos eram governados.

9.3. Os Quatro Grandes Cavalos

Você poderia dizer jocosamente que Qinghai, Ningxia e o norte de Gansu são o protótipo daquela fantasia de Jonathan Swift, *a terra de houyhnhnm*[314], pois eles são governados pelos *Quatro Grandes Cavalos*, cuja fama é conhecida em toda a China. Sobre as áreas mencionadas, o poder é dividido – ou era, antes dos vermelhos começarem a expulsar os houyhnhnms de porções consideráveis de seu domínio – por uma família de generais muçulmanos chamada Ma: Ma Hongkui, Ma Hongbin, Ma Bufang e Ma Buqing. Esse *mǎ* [马], em particular, significa *cavalo*[315].

Ma Hongkui é governador de Ningxia, e seu primo, Ma Hongbin, ex-governador da mesma província – e, agora, governante de um *feudo* no norte de Gansu. Eles são parentes distantes de Ma Bufang, filho de uma das muitas esposas do famoso líder muçulmano Ma Keqin. Ma Bufang herdou a toga de seu pai e, em 1937, se tornou o comissário de pacificação daquela província, nomeado por Nanquim, enquanto seu irmão, Ma Buqing, ajuda em Qinghai e, além disso, explora a grande "cabo de panela" de Gansu, uma faixa estreita no Oeste que separa Qinghai de Ningxia. Por uma década, essa terra distante foi administrada como um sultanato pela família Ma, com alguma ajuda de um *Alá próprio*.

Dois dos *Grandes Cavalos* afirmam ser nobres, descendentes de uma aristocracia muçulmana que, algumas vezes, desempenhou um papel decisivo na história do Noroeste da China. Os irmãos Ma, como grande parte dos muçulmanos na China, têm sangue turco. Já no século

---

314 N.E.: Os houyhnhnm são uma raça de cavalos inteligentes presentes em *As viagens de Gulliver* de Jonathan Swift, cujo nome é uma onomatopeia feita a partir do relinchar dos equinos.

315 N.A.: *mǎ* [马] é um caractere peculiar, derivado de uma forma antiga em que se vê claramente sua evolução a partir do ideograma original.

VI, uma nação que hoje conhecemos como "turca" havia se tornado suficientemente poderosa na fronteira noroeste da China, a ponto de conseguir exigir dos monarcas das planícies[316]. Em alguns séculos, eles construíram um império que se estendia do leste da Sibéria, passando por parte da Mongólia e entrando na Ásia Central. Gradualmente, eles se espalharam para o Sul, e, no século VII, seu grande khan foi recebido quase como um igual na corte do imperador Yang, último monarca da Dinastia Sui[317]. Foi esse mesmo khan turco, Shibi, quem ajudou o general meio turco Li Yuan a derrubar o imperador Yang e estabelecer a célebre Dinastia Tang[318], que por três séculos reinou sobre a Ásia Oriental a partir de Chang'an (atual Xi'an) – a então capital mais culta da Terra.

Mesquitas já haviam sido construídas em Guangdong [Cantão] por comerciantes árabes marítimos antes de meados do século VII, mas com o advento da tolerante Dinastia Tang, a religião islâmica penetrou rapidamente por rotas terrestres através dos turcos do Noroeste. Mulás, comerciantes, embaixadas e guerreiros a trouxeram da Pérsia, da Arábia e da Ásia Central, e os imperadores Tang formaram laços estreitos com os califados a oeste. Especialmente no século IX, quando vastas hordas de turcos uigur[319], muito antes do grande líder turco Seljuk nascer,

---

316 N.E.: Snow se refere ao Grão-Khanato Turco Oriental, uma divisão do Grão--Khanato Turco original, ou o Império Göktürk, que se espalhou pelo mundo e teve origem entre os xiongnu, que travaram importantes guerras com os chineses, sempre fustigando seu limite ocidental.

317 N.E.: A breve Dinastia Sui (*Suí Cháo* [隋朝]) (581-618) unifica a China depois de 160 anos de divisão, e turbulência, do país.

318 N.E.: A Dinastia Tang (*Táng Cháo* [唐朝]) (618-906) basicamente é erigida no lugar da Dinastia Sui e governa a China de maneira unificada durante três séculos. Ela é marcada por um acentuado desenvolvimento filosófico e cultural, que cria as condições para a passagem da monarquia chinesa de uma estrutura assentada em uma nobreza para, gradualmente, uma burocracia formal – enquanto o budismo chinês se assenta de forma cada vez mais autônoma, depois de quase um milênio de existência quase sincrética com o Taoísmo. Não à toa, as poesias que Mao Zedong faz referência são da Dinastia Tang assim como é nela que se passam os fatos do *Jornada ao Oest*e.

319 N.E.: Os uigures são uma subdivisão da grande família de povos turcomanos, pertencentes à divisão karluk – a mesma dos uzbeques. É preciso lembrar que os povos turcomanos correspondem a uma grande família com uma origem comum,

foram convocadas para ajudar a corte Tang a suprimir uma rebelião, o que entrincheirou o islamismo na China. Após seu sucesso, muitos dos uigures foram recompensados com títulos e grandes propriedades, se estabelecendo no Noroeste e, também, em Sichuan e Yunnan.

Por um período de séculos, os muçulmanos resistiram vigorosamente à absorção chinesa, mas gradualmente perderam sua cultura, adotaram muito do que era chinês e se tornaram mais ou menos submissos à lei chinesa. No entanto, no século XIX, eles ainda eram poderosos o suficiente para fazer duas grandes tentativas de poder: um, em Yunnan, onde Du Wenxiu por um tempo estabeleceu um reino e se proclamou o sultão Suleiman; e a última, em 1864, quando os muçulmanos assumiram o controle de todo o Noroeste e até invadiram Hubei. A última rebelião foi reprimida após uma campanha que durou 11 anos. Naquela época de declínio do poder manchu, o habilidoso general chinês Zuo Zongtang surpreendeu o mundo ao recapturar Hubei, Shaanxi, Gansu e o leste do Tibete, finalmente liderando seu exército vitorioso pelas estradas desertas da Ásia Central, onde ele restabeleceu o poder chinês naquela fronteira distante[320].

Desde então, nenhum líder foi capaz de unir os muçulmanos da China em uma luta vitoriosa pela independência, mas houve levantes esporádicos contra o domínio chinês, com massacres selvagens e sangrentos de ambos os lados. A rebelião recente mais séria ocorreu em 1928, quando o general Feng Yuxiang era o senhor da guerra do No-

---

possivelmente nos montes Altai, no Oeste da Mongólia, mas eles se espalharam pela Ásia Central até a atual Turquia – a qual, apesar do nome, é lar principalmente dos otomanos, uma outra subdivisão, advinda dos oguzes. Os uigures habitam o sul do atual Xinjiang, mas, quando chegaram lá, se miscigenaram com uma população indo-europeia, os tocarianos, em um processo de assimilação lento. Com o tempo, se tornaram budistas e, mais tarde, muçulmanos, como grande parte dos povos turcos. Eles se tornaram hegemônicos depois do massacre dos mongóis dzhungar no norte do atual Xinjiang, no século XVIII, e hoje são uma das principais etnias não-han da China, mas dividem com os hui o posto das etnias islâmicas da China.

320 N.E.: Trata-se da Revolta Dungan, no qual a Dinastia Qing guerreou contra os muçulmanos da China, os quais tinham apoio britânico e do Império Otomano – o conflito deixou milhões de mortos de forma direta e indireta.

roeste. Foi sob Feng que a aliança dos "Cinco Ma"[321] adquiriu grande parte de sua influência e garantiu o núcleo de sua atual riqueza e poder.

Embora teoricamente os chineses considerem o povo hui ou muçulmano uma das cinco grandes nações da China[322], a maioria dos chineses parece negar a separação racial muçulmana, alegando que foram sinicizados. Na prática, o Kuomintang segue decididamente uma política de absorção, ainda mais direta (embora talvez menos bem-sucedida) do que a praticada em relação aos mongóis. A atitude oficial chinesa em relação aos muçulmanos parece ser a de que eles são uma "minoria religiosa", mas não uma "minoria nacional"[323]. No entanto, é bastante evidente para qualquer um que os veja em seu próprio domínio no Noroeste que suas reivindicações à unidade racial e ao direito à nacionalidade como povo não carecem de apoio substancial em fatos e história.

Diz-se que os muçulmanos da China somam cerca de 20 milhões, e deles pelo menos metade está agora concentrada nas províncias de Shaanxi, Gansu, Ningxia, Sichuan e Xinjiang.

Em muitos distritos – particularmente em Gansu e Qinghai –, eles são a maioria, e em algumas áreas muito grandes eles superam os chineses de dez para um. Geralmente, sua ortodoxia religiosa parece variar de acordo com sua força numérica em um determinado local, mas na região predominantemente muçulmana do norte de Gansu e sul de Ningxia a atmosfera é a de um país islâmico.

Pode-se dizer, de fato, que os hui são o maior povo que resta na China, entre os quais as autoridades religiosas são os verdadeiros árbitros

321 N.A.: Ma Zhongying era o quinto Ma, mas ele havia sido retirado de um papel ativo por conta da política tribal e de intrigas internacionais segundo Sven Hedin no seu *The Fight of "Big Horse"* [*O voo dos "Grandes Cavalos"*] (Nova Iorque, 1936).

322 N.A.: Existem os han (chineses étnicos), manchus, mongóis, hui (ou muçulmanos) e tibetanos.

323 N.E.: Basicamente, a confusão se deve ao fato de que os hui são, em grande medida, os chineses muçulmanos e se assemelham aos han, exceto pela região e alguns costumes. Já os uigures já existiam, como existem, como uma etnia separada, que fala sua língua própria – da grande família de línguas turcomanas –, possui sua própria religião e são, em sua maioria, muçulmanos. A "confusão" do Kuomintang é entre os hui e os han.

tanto da vida temporal quanto da espiritual, com a religião ainda sendo um fator decisivo em sua cultura, política e economia.

A sociedade hui gira em torno dos seus emires e mulás (ahong[324]), e seu conhecimento do Alcorão e do turco ou árabe (escasso como geralmente é), que são os mecanismos de magia e autoridade. Os hui do Noroeste rezam diariamente nas centenas de mesquitas bem cuidadas, observam os dias de festa muçulmanos, dias de jejum, casamento e cerimônias fúnebres, rejeitam a carne de porco e se ofendem com a presença de porcos ou cachorros. A peregrinação à Meca é uma ambição de todos, e é frequentemente realizada por homens ricos que, assim, reforçam o seu poder político e econômico. Para a maioria deles, o panislamismo, em vez do pan-hanismo, é o ideal.

A influência chinesa é, no entanto, muito marcante. Os hui se vestem como chineses (exceto por bonés brancos redondos ou seus *fez* cerimoniais usados pelos homens e turbantes brancos pelas mulheres) e todos falam chinês como a língua da vida diária (embora muitos conheçam algumas palavras do Alcorão).

Embora características marcadamente turcas não sejam raras entre eles, a fisionomia da maioria dificilmente se distingue da chinesa, com quem eles se casaram por séculos. Devido à sua lei de que qualquer chinês que se case com uma hui não apenas adote a fé, mas também seja adotado por uma família hui, afastando-se de seus próprios parentes, os filhos desses casamentos mistos tendem a crescer considerando a si mesmos como uma espécie diferente de seus parentes chineses étnicos.

A luta de três seitas entre os muçulmanos chineses enfraqueceu um pouco sua unidade, e criou um conveniente alinhamento para os comunistas chineses trabalharem entre eles. As três seitas são simplesmente as escolas Velha, Nova e Moderna. As escolas Velha e Nova formaram uma espécie de "frente unida" própria para se opor à herética escola Moderna. Essa última advogava, nominalmente, pelo abandono de muitas das cerimônias e costumes do islamismo e a adoção da "ciência", mas

324 N.E.: o termo *āhōng* [阿訇] deriva do persa *akhund* [آخوند] e significa, por sua vez, algo como professor ou estudioso do islã, muito embora, no contexto acima, ele seja equivalente a *imã* para o povo hui, isto é, aqueles que conduzem os ritos e orações nas mesquitas – o mais próximo de um sacerdote no islamismo.

seus objetivos reais eram evidentemente destruir o poder temporal dos ahong – a quem os Ma consideram inconvenientes – e, como ela recebia apoio do Kuomintang, muitos hui acreditavam que o objetivo dessa Escola era a doutrina indesejável do chamado "pan-hanismo" – absorção das minorias nacionais pelos chineses étnicos, os han. No Noroeste, os Quatro Ma eram líderes da Escola Moderna, e em torno deles agruparam seus próprios satélites, burocratas e os ricos proprietários de terras e barões do gado de quem seu regime dependia. E, no entanto, os Grandes Cavalos não eram exatamente os homens que você esperaria que liderassem um movimento de reforma na religião.

Peguemos Ma Hongkui como exemplo. Provavelmente, o mais rico e forte do quarteto, teve várias esposas e é dito que possui cerca de 60% das propriedades da cidade de Ningxia, tendo feito uma fortuna de milhões com ópio, sal, peles, impostos e sua própria moeda. Ainda assim, ele provou ser moderno o suficiente quando escolheu sua noiva "a partir de fotos"[325]. Importou uma secretária de Xangai, solicitou que reunisse fotos de beldades educadas elegíveis e fez sua escolha. O preço foi fixado em 50 mil yuans. O velho Ma alugou um avião, voou das nuvens de poeira do Norte para Suzhou, onde arrebatou a última adição ao seu harém, uma recém-graduada da Soochow Christian University, a Universidade Cristã de Suzhou – e então voltou para Ningxia como um Aladdin em seu tapete, em um golpe de marketing. Essas notícias eram tão bem relatadas pela imprensa do Kuomintang quanto aqueles dados de *Mortes e tributos no Noroeste da China*.

Um boletim governamental publicado em Ningxia listava os seguintes itens tributados naquela província pelo general Ma: vendas, animais domésticos, camelos, carregamentos e consumo de sal, lâmpadas para inalação de ópio, ovelhas, comércio, cerâmica, pombos, terras ordinárias e adicionais, intermediação comercial, comida comum e especial, madeira, carvão, peles, abate de animais, barcos, irrigação, pedras de moinho, casas, moagem, balanças, cerimônias, tabacos, vinho,

---

325 N.E.: No original, o autor utiliza o termo *picture bride*, que se refere à prática, do início do século XX, de trabalhadores emigrantes escolherem noivas de seus países de origem. A união dos casais era feita a partir de uma espécie de "casamenteira", com base apenas em fotos e recomendações de familiares.

carimbos, casamentos e legumes. E isso não era uma lista definitiva dos tributos cobrados, mas servia para suscitar o porquê de o povo ter tão pouco medo dos vermelhos.

O método de distribuição de sal de Ma Hongkui era único. O sal não era apenas um monopólio, mas cada pessoa era obrigada a comprar meia libra por mês, quer pudesse consumi-lo ou não. Ele não tinha permissão para revender; o comércio privado de sal era punível com chicotadas ou mesmo com a morte. Outras medidas contra as quais os habitantes protestaram foram a cobrança de um tributo de 30% sobre as vendas de ovelhas, vacas ou mulas, um imposto de 25 centavos sobre a propriedade de uma ovelha, um imposto de um yuan para o abate de um porco e 40 centavos de imposto sobre a venda de um alqueire de trigo.

A tributação excessiva e o endividamento forçaram muitos camponeses a vender todo o seu gado e abandonar suas terras. Grandes áreas haviam sido compradas por funcionários, coletores de impostos e credores a taxas muito baixas, mas grande parte delas permanecia um terreno baldio, porque nenhum inquilino foi encontrado para trabalhar sob a carga tributária e taxas para arrendamentos. Ocorreu, então, uma aceleração na concentração de terra, gado e capital, e um grande aumento de trabalhadores agrícolas contratados. Num distrito pesquisado, se verificou que mais de 70% dos agricultores estavam endividados e cerca de 60% viviam de alimentos comprados a crédito. No mesmo distrito, 5% da população possuía de 100 a 200 *mu* de terra, vinte a cinquenta camelos, vinte a quarenta vacas, cinco a dez cavalos, cinco a dez carroças e tinha de mil yuans a dois mil yuans em capital comercial, enquanto ao mesmo tempo cerca de 60% da população tinha menos de 15 *mu* de terra, nenhum gado além de um ou dois burros e um endividamento médio de 35 yuans e 166 quilos de grãos – muito mais do que o valor médio de suas terras.

De acordo com a imprensa vermelha, Ma Hongkui era suspeito de estar conspirando pelo apoio dos japoneses contra os vermelhos. Uma missão militar japonesa foi estabelecida na cidade de Ningxia, e o General Ma lhes deu permissão para construir um aeródromo ao norte da cidade, no território Alashan Mongol[326]. Alguns dos muçulmanos e mongóis temiam uma invasão japonesa armada real.

Essa era a imagem que os vermelhos projetavam – e que os encorajou a acreditar que poderiam "incitar um grande efeito dominó", cujo efeito seria a derrubada do império dos irmãos Ma. As tropas de Ma podem ter tido pouco interesse em lutar, mas ainda restava aos comunistas superar a aversão dos hui em cooperar com os chineses e oferecer-lhes um programa adequado. Isso os vermelhos estavam tentando muito fazer, pois a importância estratégica das áreas muçulmanas era manifesta. Eles ocupavam um amplo cinturão no Noroeste que dominava as estradas para Xinjiang e a Mongólia Exterior – e contato direto com a Rússia Soviética. Como os próprios comunistas viram:

"Existem mais de dez milhões de muçulmanos no Noroeste ocupando uma posição extremamente importante. Nossa missão e responsabilidade atual é defender o Noroeste e criar uma base antijaponesa nessas cinco províncias, para que possamos liderar com mais força o movimento antijaponês de todo o país e trabalhar por uma guerra imediata contra o Japão. Ao mesmo tempo, no desenvolvimento de nossa situação, podemos entrar em contato com a União Soviética e a Mongólia Exterior. Impossível cumprir nossa missão se não conseguirmos conquistar os muçulmanos para nossa esfera e para a frente antijaponesa."

O trabalho comunista entre os muçulmanos começou há vários anos no Noroeste. No início de 1936, quando o Exército Vermelho atravessou Ningxia e Gansu em direção ao rio Amarelo, vanguardas de jovens muçulmanos já faziam propaganda entre as tropas de Ningxia, incitando a derrubada do "cão de guarda do Kuomintang" e "traidor do islamismo", Ma Hongkui – e alguns deles haviam perdido a cabeça por isso. Essas são as principais promessas que os vermelhos lhes fizeram:

Abolir as duplas ou mais tributações que se repetiam sobre um mesmo serviço ou produto.

Ajudar a formar um governo autônomo hui.

---

326 N.A.: Os japoneses foram forçados, mais tarde, a abandonar esse aeródromo. Em 1937 os Ma juraram lealdade ao governo central.

Proibir o recrutamento obrigatório.

Cancelar dívidas e empréstimos antigos.

Proteger a cultura hui. Garantir a liberdade religiosa de todas as seitas. Para ajudar a criar e armar um exército hui antijaponês.

Ajudar a unir os muçulmanos de toda a China, Mongólia Exterior, Xinjiang e, também, da Rússia Soviética.

Aqui estava algo para atrair quase todos os muçulmanos. Mesmo alguns dos ahong viram nisso uma oportunidade de se livrar de Ma Hongkui (punindo-o por queimar as mesquitas das escolas Velha e Nova), e uma chance de realizar uma velha aspiração – restabelecer contato direto com Turquia através da Ásia Central. Em maio, os comunistas afirmavam ter alcançado o que os céticos diziam ser impossível. Eles se gabavam de terem criado o núcleo de um Exército Vermelho muçulmano chinês.

9.4. Muçulmanos e marxistas

Pela manhã, fui visitar o regimento de treinamento hui ligado ao Décimo Quinto Corpo de Exército, com um membro do Estado-Maior de Xu Haidong que falava inglês. Estava alojado no complexo de um comerciante e oficial muçulmano – um edifício de paredes grossas com janelas mouriscas, as quais davam para uma rua de paralelepípedos através da qual desfilavam burros, cavalos, camelos e homens.

Por dentro, o lugar era fresco e bem cuidado. Cada cômodo tinha no centro de seu piso de tijolos um lugar para uma cisterna, ligada a um ralo subterrâneo, para ser usada para banho. O interior da casa, fresco e arrumado. No centro do piso de tijolos de cada casa havia uma piscina, que levava a uma vala de drenagem para banho. Muçulmanos devotos tomavam banho cinco vezes ao dia, mas esses guerreiros, embora ainda praticassem o Islã, aparentemente usavam as cisternas só de vez em quando. Cheguei à conclusão de que eles provavelmente não possuíam a crença de levar um bom hábito longe demais. Mas ainda assim eram os soldados com os hábitos mais limpos que vi na China, sem praticar o gesto nacional de cuspir no chão.

Os vermelhos haviam organizado dois regimentos de treinamento do povo hui para o front, ambos recrutados em grande parte entre as antigas tropas de Ma Hongkui e Ma Hongbin. Eram mais altos e de compleição mais robusta do que os chineses, de barba mais pesada e pele mais escura, alguns deles muito bonitos em uma maneira distintamente turca, com grandes olhos negros em forma de amêndoa e traços caucasianos fortes e marcantes. Todos eles carregavam a grande espada do Noroeste e deram uma demonstração hábil de vários golpes por meio dos quais você pode remover rapidamente a cabeça de seu inimigo.

Caricaturas, cartazes, mapas e slogans cobriam as paredes de seus quartéis. "Derrube Ma Hongkui!"; "Deponha o governo do Kuomintang de Ma Hongkui!"; "Oponha-se à construção de aeródromos pelo Japão, à criação de mapas e à invasão de Ningxia!"; "Torne o governo independente do povo hui!"; "Construa nosso próprio Exército Vermelho maometano antijaponês!"

A partir disso, se pode deduzir que havia alguma insatisfação com o general Ma Hongkui entre seus soldados, e isso parecia ser compartilhado pelos camponeses de Ningxia. Lembro-me de parar na estrada uma manhã para comprar um melão de um camponês hui, que tinha uma encosta inteira coberta com eles. Ele era um velho caipira simpático com um rosto alegre, um jeito bem-humorado e uma filha realmente linda – uma aparição tão rara naquela região que fiquei e comprei três melões. Perguntei-lhe se os funcionários de Ma Hongkui eram realmente tão ruins quanto os vermelhos afirmavam. Ele ergueu as mãos comicamente em indignação, cuspindo sementes de melancia entre as gengivas. "Ai! Ai! Ai!", ele chorou. "Ma Hongkui, Ma Hongkui! Sempre nos cobrando impostos até a morte, roubando nossos filhos, queimando e matando! *Mā de* [妈的], *Ma Hongkui*!", disse o ancião praguejando – e todos no pátio riram da agitação do velho.

Os soldados hui com os vermelhos tinham sido originalmente conquistados pela propaganda subversiva realizada entre as tropas de Ma e por palestras políticas quando chegaram ao acampamento vermelho. Perguntei a um comandante por que ele havia se juntado.

"Para lutar contra Ma Hongkui", disse ele. "A vida é muito amarga para nós, *huímín* [回民], sob Ma Hongkui. Nenhuma família está segura. Se uma família tem dois filhos, um deles deve se juntar ao seu exército. Se ela tem três filhos, dois devem se juntar. Não há escapatória – a menos que você seja rico e possa pagar o imposto por um substituto. Que homem pobre pode pagar? Não apenas isso, mas cada homem deve trazer suas próprias roupas, e sua família deve pagar por sua comida, fogueiras e iluminação. Isso custa várias dezenas de yuans por ano."

Embora esses regimentos de muçulmanos vermelhos tivessem sido organizados há menos de meio ano, eles já haviam alcançado uma considerável "consciência de classe", ao que parecia.

Eles leram, ou ouviram ler, o *Manifesto comunista*, breves lições da luta de classes e palestras políticas diárias, *à la marxismo*, sobre os problemas imediatos do povo hui. Essa instrução foi dada a eles não por chineses, mas por membros muçulmanos do Partido Comunista – homens que haviam estudado na escola do Partido. Mais de 90% das tropas de Ma Hongkui eram analfabetas, e a maioria dos recrutas hui do Exército Vermelho não sabia ler nada quando ingressaram, mas agora sabiam algumas centenas de caracteres cada um e podiam estudar as simples lições dadas a eles. Com seus dois regimentos de treinamento, os comunistas esperavam desenvolver quadros para um grande Exército Vermelho Muçulmano, para defender a república hui autônoma que sonhavam ver estabelecida no Noroeste[327]. Quase 25% desses muçulmanos já haviam se filiado ao Partido Comunista.

O slogan da autonomia despertava simpatia na população hui, pois essa era sua reivindicação há muitos anos. Se a maioria deles acreditava que os vermelhos eram sinceros em suas promessas, aí já é outra questão. Eu duvidava. Anos de maus-tratos pelos militares chineses, os ódios raciais entre han e hui, haviam deixado entre eles uma profunda e justificada desconfiança dos motivos de todos os chineses, e era inacreditável que os comunistas tivessem sido capazes de quebrar esse histórico de ceticismo em tão pouco tempo.

Os hui que cooperaram com os vermelhos, provavelmente, tinham suas próprias razões. Se os chineses se oferecessem para ajudá-los a expulsar o Kuomintang, criar e equipar um exército próprio, se autogovernar e expropriar os ricos (eles sem dúvida diziam a si mesmos), eles estavam preparados para aceitar a oportunidade – e, mais tarde, eles iriam transformar esse exército em uma arma própria, caso os vermelhos faltassem com sua palavra. Mas era evidente, pela simpatia dos camponeses e sua prontidão em se organizar sob o comando dos vermelhos, que havia adesão ao programa político vermelho – e que a política cuidadosa dos comunistas de respeitar as instituições muçulmanas impressionou, até mesmo, alguns dos camponeses mais desconfiados.

327 N.E.: No fim, Ningxia se tornou uma região autônoma da etnia hui e o Xinjiang o mesmo para os uigures.

Entre os próprios soldados, parecia que parte da histórica animosidade racial estava sendo superada ou gradualmente metamorfoseada em antagonismo de classe. Assim, quando perguntei a alguns soldados muçulmanos se eles achavam que os povos hui e han poderiam cooperar sob a forma soviete de governo, um respondeu:

"Os chineses e os hui são irmãos; nós, hui, também temos sangue chinês; todos pertencemos à *Grande China* (*Dà Zhōngguó* [大中国]) e, portanto, por que deveríamos lutar uns contra os outros? Nossos inimigos em comum são os senhores de terra, os capitalistas, agiotas, nossos opressivos ditadores e os japoneses. Nosso objetivo comum é a Revolução."

"Mas e se a Revolução interferir na sua religião?"

"Não há interferência. O Exército Vermelho não interfere na adoração muçulmana."

"Bem, eu quero dizer algo assim. Alguns ahong – os sacerdotes e professores de islamismo – não são, também, ricos proprietários de terras e agiotas? E se eles se opuserem ao Exército Vermelho? Como você os trataria?"

"Nós os persuadiríamos a aderir à Revolução. Mas a maioria dos ahong não são homens ricos. Eles simpatizam conosco. Um dos comandantes de nossa companhia era um ahong."

"Ainda assim, suponha que alguns ahong não possam ser persuadidos, mas se juntem ao Kuomintang para se opor a você?"

"Nós os puniremos. Eles seriam maus ahong, e o povo exigiria sua punição."

Enquanto isso, a instrução intensiva estava acontecendo através do Primeiro e o Décimo Quinto Corpo de Exército para educar os soldados para a compreensão da política comunista em relação aos muçulmanos e seu esforço para criar uma "Frente Unida Hui-Han".

Assisti a várias sessões políticas nas quais os soldados discutiam a "revolução maometana" e eram bastante interessantes. Em uma sessão houve longos debates, principalmente sobre a questão fundiária. Alguns argumentaram que o Exército Vermelho deveria confiscar as terras dos grandes senhores de terra hui; outros se opuseram. O comissário político fez então uma exposição concisa da posição do Partido, explicando por que era necessário que os próprios hui realizassem sua própria revolução agrária, liderada por uma forte organização revolucionária própria, com base na religião muçulmana.

Outra companhia reviu uma breve história das relações entre os hui e os chineses étnicos, e outra discutiu a necessidade de estrita observância das regras de conduta que, assim, foram emitidas para todos os soldados estacionados nos distritos hui. Esses últimos decretaram que os soldados vermelhos não deveriam entrar na casa de um hui sem seu consentimento; molestar uma mesquita ou um imã de qualquer maneira; dizer "porco" ou "cachorro" diante dos muçulmanos; perguntar-lhes por que eles não comem carne de porco; chamar os hui de "pequenos fiéis" e os han de "grandes fiéis".

Além desses esforços para unir todo o exército de forma inteligente, por trás da política muçulmana dos vermelhos, havia um trabalho incessante com o campesinato. Os dois regimentos de treinamento hui lideraram essa propaganda, mas companhias do Exército Vermelho também enviaram seu corpo de propaganda de casa em casa, explicando as políticas comunistas e incitando os camponeses a se organizarem; os clubes de teatro do exército percorriam as aldeias, apresentando peças maometanas, baseadas em situações locais e incidentes da história, e destinadas a "agitar" a população; folhetos, jornais e cartazes foram distribuídos, escritos em mandarim e árabe; e reuniões de massa eram frequentemente convocadas para formar comitês revolucionários e sovietes de aldeia. Era muito difícil para os camponeses, independentemente de han ou hui, escaparem desse tipo de doutrinação – que parecia estar funcionando. Em julho, várias dezenas de comunidades muçulmanas em Ningxia elegeram os sovietes das aldeias e enviaram delegados a Yuwang Bao para conferenciar com os comunistas muçulmanos de lá.

Quatro meses depois, o Exército Vermelho da Quarta Frente deveria cruzar o rio Amarelo, mover-se mais de 320 quilômetros mais a oeste e chegar a Suzhou, no território de Ma Bufang, montado na estrada principal para Xinjiang, e seu rápido avanço seria em grande parte devido às boas relações estabelecidas nessa fase inicial com o povo hui. Um dos eventos mais significativos no desenvolvimento desse relacionamento ocorreu enquanto eu estava em Ningxia. No início de setembro, foi feito um progresso suficiente em Ningxia para convocar uma reunião de mais de 300 delegados muçulmanos de comitês de sovietes eleitos pelas aldeias então sob o Exército Vermelho. Vários ahong, professores, comerciantes e dois ou três pequenos proprietários de terras estavam entre eles, mas a maioria eram camponeses pobres – e os membros da classe mais rica fugiram com a chegada dos "bandidos han".

A reunião de delegados elegeu um presidente e um Comitê do Governo Soviético Muçulmano provisório. Eles aprovaram resoluções para cooperar com o Exército Vermelho e aceitar sua oferta para ajudar a criar um exército antijaponês maometano chinês e, assim, começar imediatamente a organização de uma liga de unidade sino-muçulmana, uma liga de pessoas pobres e uma sociedade antijaponesa de massa

Agora, o último item tratado por essa pequena convenção histórica – e suspeito que o mais importante para os camponeses de lá – foi a execução de um coletor de impostos do Kuomintang. Aquele homem, evidentemente, ganhou uma inimizade considerável antes da chegada dos vermelhos, e depois disso ele fugiu para um lugar chamado Zhangjia, em algumas das aldeias vizinhas nas colinas, e lá continuou a recolher seus impostos. Foi alegado que ele havia dobrado a alíquota dos impostos – e anunciou que isso se devia aos regulamentos do novo governo vermelho que ele afirmava representar! Mas os camponeses muçulmanos Ma Hongkui descobriram que os vermelhos não nomeavam coletores de impostos, e meia dúzia deles capturou esse malfeitor e o levou a Yuwang Bao para um julgamento das massas. Minha reação pessoal à história foi que qualquer homem que tivesse coragem suficiente para agir como um impostor em tal papel em tal época tinha talentos que deveriam ser preservados.

Os muçulmanos pensavam diferente. Não houve voto dissidente quando os delegados tomaram a decisão de executá-lo. Mas ele foi o único civil baleado durante as duas semanas que passei em Yuwang Bao.

PARTE 10
GUERRA E PAZ

10.1. Mais sobre os *Cavalos*

Em 29 de agosto, cavalguei até Hóngchéngshuǐ [红城水] – "Águas de Cidade Vermelha" –, uma linda cidadezinha no condado de Wuzhong, famosa por seus belos pomares de peras, maçãs e uvas, todos irrigados por fontes cristalinas que borbulhavam pelos canais. Aqui, parte da 73ª Divisão estava acampada. Não muito longe, havia uma passagem fortificada e uma linha temporária sem trincheiras, mas com uma série de pequenos ninhos de metralhadoras semelhantes a toupeiras, além de fortes redondos no topo de colinas – defesas de terraplenagem de paredes baixas – nos quais os vermelhos enfrentaram um inimigo que geralmente se retirava para 7 a 15 quilômetros de distância, para as cidades muradas. Não havia movimento naquela frente por várias semanas, enquanto os vermelhos descansavam e "consolidavam" o novo território.

De volta a Yuwang Bao, encontrei as tropas comemorando com um banquete de melão a notícia de rádio do sul de Gansu de que uma divisão inteira das tropas chinesas de Ma Hongkui havia se juntado ao Exército Vermelho da Quarta Frente de Zhu De. Li Zongren, o comandante daquela divisão do Kuomintang, foi enviado para impedir a marcha de Zhu De em direção ao Norte. Seus oficiais mais jovens, muitos deles comunistas em segredo, lideraram um levante e levaram cerca de 3 mil soldados, incluindo um batalhão de cavalaria, para se juntar aos vermelhos perto de Longxi. Foi um grande golpe para as defesas do generalíssimo no Sul e apressou o avanço dos dois exércitos vermelhos para o Norte.

Dois dias depois, duas das três divisões do Décimo Quinto Corpo de Exército de Xu Haidong estavam preparadas para se mover novamente, uma coluna foi em direção ao Sul, para abrir caminho para Zhu De, e a outra ao Oeste e ao vale do rio Amarelo. Os trompetes começaram a soar por volta das três da manhã e às seis horas as tropas já estavam marchando. Eu estava em pessoa voltando para Yuwang Bao naquela manhã, com dois oficiais vermelhos que se reportavam a Peng Dehuai, e deixei a cidade pelo portão sul com Xu Haidong e seu Estado-Maior, marchando em direção ao final da longa coluna de tropas e animais que serpenteavam como um dragão cinza pelas pradarias intermináveis, até onde a vista alcançava.

O grande exército deixou a cidade silenciosamente, exceto pelo barulho dos trompetes que nunca cessava, dando a impressão de comando eficiente. Os planos para a marcha foram concluídos dias antes, disseram-me; todos os detalhes da estrada foram examinados, as concentrações do inimigo foram todas cuidadosamente cartografadas em mapas feitos pelos próprios vermelhos, e os guardas impediram todos os viajantes de cruzar as linhas – coisa que os vermelhos permitiam para encorajar o comércio, mas não durante as batalhas ou movimentos de tropas. Agora, as tropas avançavam sem o conhecimento do Kuomintang, como provariam as posteriores capturas surpresa de postos avançados do inimigo.

Com aquele exército, não vi seguidores de acampamento, exceto trinta ou mais cães galgos selvagens de Gansu, que corriam em um bando fechado, indo e voltando pela planície, sempre em perseguição a uma ocasional gazela distante ou um porco da pradaria. Eles latiam alegremente, brigando bem-humorados e, evidentemente, gostavam de ir para a guerra. Muitos dos soldados carregavam seus animais de estimação com eles. Vários tinham macaquinhos em coleiras de barbante; um tinha um pombo de estimação cor de ardósia empoleirado no ombro; alguns tinham ratinhos brancos; outros tinham coelhos. Isso era um exército? A juventude dos combatentes e as músicas que ecoavam na longa coluna faziam aquilo mais parecer uma escola preparatória em uma excursão de férias.

Alguns quilômetros para além da cidade, uma ordem foi repentinamente dada para um treinamento de defesa antiaérea. Grupos de soldados deixaram a estrada e se misturaram à grama alta, usando seus grandes chapéus camuflados feitos de grama e suas capas de grama nos ombros. Metralhadoras comuns – pois os vermelhos não tinham antiaéreas – foram posicionadas de forma angulada nas colinas gramadas ao lado da estrada – na esperança de que algum alvo voasse baixo. Em instantes, todo aquele dragão foi simplesmente engolido pela paisagem, e você não conseguia distinguir os homens dos numerosos tufos de capim. Apenas as mulas, camelos e cavalos permaneciam visíveis na estrada, e os aviadores poderiam tomá-los como caravanas comerciais comuns. A cavalaria (que, naquele momento, estava na linha de frente, fora de vista) teve que sustentar sua posição, no entanto: sua única medida de precaução possível foi buscar cobertura se estivesse disponível, caso contrário, apenas se espalhar o mais longe possível, mas sempre permanecendo montado. Sem ninguém montado neles durante um ataque aéreo, aqueles pôneis mongóis eram impossíveis de controlar, e todo um regimento poderia ser lançado em completa desordem. O primeiro comando para uma unidade de cavalaria diante do zumbido dos aviões foi "*shàngmă* [上马]!" – "monte o cavalo!"

E, uma vez que aquela manobra foi declarada satisfatória, seguimos em frente.

Li Changlin estava certo. Os bons cavalos do Exército Vermelho estavam todos na linha de frente. Sua divisão de cavalaria era o orgulho do exército, e todo homem aspirava ser promovido a ela. Eles eram fisicamente o melhor do exército, montados em cerca de 3 mil belos pôneis de Ningxia, belos animais velozes, mais altos e mais fortes do que os pôneis mongóis do Norte da China, com flancos elegantes e nádegas bem cheias. A maioria deles foi capturada de Ma Hongkui e Ma Hongbin, embora três batalhões inteiros de cavalos haviam sido capturados em uma batalha quase um ano antes com o general He Zhuguo, comandante do Primeiro Exército de Cavalaria de Nanquim, incluindo um batalhão de animais totalmente brancos e outro de animais totalmente pretos. Eles eram o núcleo da Primeira Cavalaria Vermelha.

Cavalguei com a cavalaria vermelha por vários dias em Gansu – ou, mais precisamente, caminhei com ela. Eles me emprestaram um belo cavalo com uma sela ocidental capturada, mas no final de cada dia eu sentia que estava dando um bom tempo ao cavalo, e não o contrário. Isso acontecia porque nosso comandante de batalhão estava tão ansioso para não cansar sua carga de quatro patas que nós, de duas patas, tínhamos que conduzir andando com os cavalos por três ou quatro *li* para cada um que íamos montados. Concluí que qualquer um que se qualificasse para a cavalaria daquele homem tinha que ser enfermeiro, não um *mǎfū* [马夫] – um cavalariço –, e talvez ainda melhor andarilho do que cavaleiro. Respeitei-os pela bondade com os animais – fenômeno nada comum na China –, mas fiquei feliz em me desvencilhar e voltar ao meu próprio movimento *freelancer*, no qual ocasionalmente eu podia andar a cavalo.

Eu estava resmungando levemente sobre isso com Xu Haidong, e suspeito que ele decidiu fazer uma brincadeira comigo. Para voltar a Yuwang Bao, ele me emprestou um esplêndido pônei de Ningxia, forte como um touro, que me proporcionou uma das cavalgadas mais loucas da minha vida. Minha jornada se separou com o Décimo Quinto Corpo de Exército perto de um grande forte no pasto. Ali me despedi de Xu e do seu Estado-Maior. Pouco depois, montei em meu corcel emprestado e, a partir de então, ele disparou e a questão era ir ver qual de nós alcançaria Yuwang Bao vivo.

O problema com aquela cavalgada era a sela chinesa de madeira, tão estreita que eu não conseguia me sentar no assento, mas tinha que cavalgar na parte interna das coxas toda a distância, enquanto os curtos e pesados estribos de ferro apertavam minhas pernas.

A estrada ficava nivelada na planície por mais de 50 *li* [25 quilômetros]. Por toda aquela distância, começamos a caminhar apenas uma vez. Corremos em um galope constante pelos últimos sete quilômetros e, no final, varremos a rua principal de Yuwang Bao com meus companheiros logo atrás. Antes do quartel-general de Peng, deslizei e examinei minha montaria, esperando que ele caísse desmaiado. Ele estava bufando levemente e tinha algumas gotas de suor nele, mas fora isso estava bastante sereno, a besta.

10.2. "Diabinhos vermelhos"

Certa manhã, escalei a larga, grossa e amarela muralha de Yuwang Bao, do topo da qual se podia olhar dez metros para baixo e ver de relance uma miríade de tarefas diferentes – de alguma forma incongruentemente prosaicas e íntimas – sendo realizadas abaixo. Era como se você tivesse arrancado a tampa da cidade. Uma grande parte da muralha estava sendo demolida. As muralhas eram obstáculos para a tática partisan dos vermelhos, que se empenhavam em enfrentar o inimigo em campo aberto e, se ali falhassem, não desperdiçariam homens numa defesa exaustiva de uma cidade murada, onde poderiam ser ameaçados por bloqueio ou aniquilação, sendo preferível se retirar e deixar que o inimigo se coloque nessa posição. A parede quebrada simplificava seu trabalho se e quando eles fossem fortes o suficiente para tentar uma reocupação da cidade.

No meio do parapeito da muralha, me deparei com um esquadrão de trompetistas – em repouso pela primeira vez. Fiquei feliz em observar, pois suas chamadas plangentes tocavam incessantemente há dias. Eram todos jovens pioneiros, meras crianças, e eu assumi um ar um tanto paternal em relação a um deles com quem conversei. Ele usava tênis, bermuda cinza e um boné cinza desbotado com uma estrela vermelha opaca. Mas não havia nada desbotado no trompetista sob o boné: ele tinha o rosto rosado e olhos brilhantes. Como ele deve estar com saudades de casa, pensei. Logo fiquei desiludido. Ele não era um garotinho da mamãe, mas sim um vermelho veterano. Ele me disse que tinha quinze anos, e que havia se juntado aos vermelhos no Sul há quatro anos. "Quatro anos!" – exclamei incrédulo. "Então você devia ter apenas 11 anos quando se tornou um vermelho? E você fez a Longa Marcha?"

"Perfeito", ele respondeu com arrogância cômica. "Sou do *Hóngjūn* [红军] – o Exército Vermelho – há quatro anos."

"Por que você se juntou ao Exército?", perguntei.

"Minha família morava perto de Zhangzhou, em Fujian. Eu costumava cortar madeira nas montanhas e no inverno ia lá colher casca de árvore. Muitas vezes ouvi os aldeões falarem sobre o Exército Vermelho. Eles diziam que ajudava os pobres e eu gostava disso. Nossa casa era muito pobre. Éramos seis pessoas: meus pais e três irmãos mais velhos do que eu. Não tínhamos terra. O arrendamento comia mais da metade de nossa colheita, então nunca tínhamos o suficiente. No inverno, cozinhávamos casca para a sopa e guardávamos nossos grãos para plantar na primavera. Eu estava sempre com fome."

"Um ano, os vermelhos chegaram muito perto de Zhangzhou. Subi as montanhas e fui lhes pedir que ajudassem nossa casa porque éramos muito pobres. Eles foram bons para mim. Eles me mandaram para a escola por um tempo, e eu tinha muito o que comer. Depois de alguns meses, o Exército Vermelho capturou Zhangzhou, e foi para minha aldeia. Todos os senhores de terra, agiotas e burocratas foram expulsos. Minha família recebeu terras e não precisou mais pagar aos coletores de impostos e senhores de terra. Eles estavam felizes e orgulhosos de mim. Dois de meus irmãos se juntaram ao Exército Vermelho."

"Onde eles estão agora?"

"Agora? Não sei. Quando deixamos Jiangxi, eles estavam com o Exército Vermelho em Fujian; eles estavam com Fang Zhimin[328]. Agora, não sei."

"Os camponeses gostaram do Exército Vermelho?"

"Se gostaram do Exército Vermelho, hein? Claro que gostaram. O Exército Vermelho lhes deu terras e expulsou os senhores de terra, os cobradores de impostos e os exploradores" – todos esses "diabinhos" tinham seu vocabulário marxista.

"Mas, realmente, como você sabe que eles gostaram dos vermelhos?"

"Eles fizeram para nós milhares, dezenas de milhares de sapatos, com suas próprias mãos. As mulheres fizeram uniformes para nós, e os homens espionaram o inimigo. Cada casa enviou filhos para o nos-

328 N.E.: Àquela altura, Fāng Zhìmǐn [方志敏] (1899-1835) já tinha sido executado pelo Kuomintang.

so Exército Vermelho. É assim que fomos tratados pelos *lăo băixìng* [老百姓][329]."

Dezenas de jovens como ele estavam com os vermelhos. Os jovens pioneiros foram organizados pela Liga da Juventude Comunista e, de acordo com as alegações de Feng Wenbin, secretário da Liga, ao todo, havia cerca de 40 mil deles nos distritos sovietes do Noroeste. Deve ter havido várias centenas apenas com o Exército Vermelho: uma "companhia modelo" deles estava em cada acampamento vermelho. Eram jovens entre 12 e 17 anos (na verdade, 11 a 16, segundo a contagem estrangeira[330]) e vinham de toda a China. Muitos deles, como aquele pequeno trompetista, sobreviveram às dificuldades da marcha do Sul. Muitos se juntaram ao Exército Vermelho durante sua expedição a Shanxi.

Os jovens pioneiros trabalhavam como serventes, ajudantes, trompetistas, espiões, rádio operadores, aguadeiros, propagandistas, atores, *mafu*, enfermeiros, secretários e, até mesmo, professores. Certa vez, vi um jovem assim, diante de um grande mapa, dando uma aula de geografia mundial para uma turma de novos recrutas. Duas das dançarinas infantis mais graciosas que já vi eram jovens pioneiras da companhia teatral do Primeiro Corpo de Exército, e haviam marchado de Jiangxi. Alguém pode se perguntar como eles suportavam aquela vida. Centenas devem ter morrido ou sido mortos. Na prisão imunda em Xi'an, havia mais de 200 deles, capturados fazendo espionagem ou propaganda, ou como retardatários incapazes de acompanhar o exército em sua marcha. Mas sua coragem era incrível, e sua lealdade ao Exército Vermelho era a lealdade intensa e inquestionável dos muito jovens.

A maioria deles usava uniformes grandes demais para eles, com mangas caindo até os joelhos e casacos arrastando quase até o chão. Lavavam as mãos e o rosto três vezes ao dia, afirmavam, mas estavam sempre sujos, geralmente com o nariz escorrendo e frequentemente enxugando-os com a manga e sorrindo. O mundo, no entanto, era deles: eles tinham o suficiente para comer, cada um tinha um cobertor, os

329 N.E.: Os "velhos cem sobrenomes", isto é, a plebe.

330 N.A.: Tradicionalmente, a contagem de idade chinesa começa na concepção e todos se tornam um ano mais velhos no dia de Ano Novo.

líderes tinham até pistolas e usavam barras vermelhas e bonés de ponta quebrada grandes demais, mas com a estrela vermelha. Frequentemente, eles eram de origem incerta: muitos não conseguiam se lembrar de seus pais, muitos eram aprendizes fugitivos, alguns haviam sido escravos[331], a maioria deles eram fugitivos de cabanas com muitas bocas para alimentar – e todos eles tomaram suas próprias decisões para se juntar ao Exército Vermelho. Às vezes, um grupo inteiro de jovens fugia para os vermelhos juntos.

Muitas histórias de coragem foram contadas sobre eles. Eles não deram nem pediram trégua quando crianças – e muitos realmente participaram de batalhas. Foi dito que em Jiangxi, depois que o principal Exército Vermelho partiu, centenas de jovens pioneiros e jovens comunistas lutaram ao lado de partisans adultos e até lutaram com baionetas – de modo que os soldados brancos disseram rindo que poderiam pegar suas baionetas e puxá-los para suas trincheiras, de tão pequenos e leves que eles eram. Muitos dos "vermelhos" capturados nos reformatórios para bandidos de Chiang Kai-shek em Jiangxi eram jovens de 10 a 15 anos.

Talvez os pioneiros gostassem dos vermelhos porque entre eles foram tratados como seres humanos provavelmente pela primeira vez. Eles comiam e viviam como homens; eles pareciam participar de tudo; eles se consideravam iguais a qualquer homem. Nunca vi um deles ser agredido ou intimidado. Certamente, foram "explorados" como serventes e ajudantes (e foi surpreendente quantas ordens começando no topo foram, eventualmente, repassadas para alguns jovens pioneiros), mas eles também tinham sua própria liberdade de atividade e sua própria organização para protegê-los. Eles aprenderam jogos e esportes, receberam uma educação básica e adquiriram fé em simples slogans marxistas – o que, na maioria dos casos, significava para eles simplesmente ajudar a disparar uma arma contra os senhores de terra e mestres de aprendizes. Obviamente, isso era melhor do que trabalhar 14 horas por dia para um patrão, alimentá-lo e, depois, esvaziar seu maldito penico.

331 N.A.: A escravidão infantil havia sido abolida por uma lei do Kuomintang que era raramente aplicada, mesmo em áreas onde essa norma era conhecida; em outros lugares, a escravidão infantil era ainda mais comum.

Lembro-me de um aprendiz fugitivo que conheci em Gansu, apelidado de Shanxi *wáwá* [娃娃] – isto é, bebê de Shanxi. Ele havia sido vendido para uma loja em uma cidade perto de Hongtong, em Shanxi, e, quando o Exército Vermelho chegou, ele pulou a muralha da cidade, com três outros aprendizes, para se juntar a ele. Como ele havia decidido que pertencia aos vermelhos eu não sabia, mas evidentemente toda a propaganda anticomunista de Yan Xishan, todas as advertências de seus anciãos, produziram exatamente o efeito oposto ao pretendido. Ele era um adolescente gordo e rechonchudo com cara de bebê, de apenas 12 anos, mas era bastante capaz de cuidar de si mesmo, como havia provado durante a marcha por Shanxi e Shaanxi até Gansu. Quando lhe perguntei por que havia se tornado um vermelho, ele disse: "O Exército Vermelho luta pelos pobres. O Exército Vermelho é antijaponês. Por que alguém não deseja se tornar um soldado vermelho?"

Em outra ocasião, conheci um jovem ossudo de 15 anos, que era chefe dos jovens pioneiros e da Liga da Juventude que trabalhava no hospital perto de Helianwan, Gansu. Sua casa era em Xingguo, o condado modelo dos vermelhos em Jiangxi, e ele disse que um de seus irmãos ainda estava em um exército de partisan lá e que sua irmã era enfermeira. Ele não sabia o que havia acontecido com sua família. Sim, todos eles gostavam dos vermelhos. Por quê? Porque "todos eles entendiam que o Exército Vermelho era o nosso exército – lutando pelo *wúchăn jiējí* [无产阶级], o proletariado. Eu me perguntei que impressões a grande jornada para o Noroeste deixou na sua cabeça de garoto, mas eu não encontrei nada do que eu procurava. A coisa toda foi um evento menor para esse rapaz sério, essa questãozinha de atravessar uma distância de duas vezes a largura dos Estados Unidos.

"Foi muito amargo, hein?", arrisquei.

"Não é amargo, não é amargo. Nenhuma marcha é amarga se seus camaradas estão com você. Nós, jovens revolucionários, não podemos pensar se uma coisa é difícil ou amarga; só podemos pensar na tarefa que temos pela frente. Se for caminhar 10 mil *li* [5 mil quilômetros], a gente anda, ou se for para andar 20 mil *li* [10 mil quilômetros], a gente anda!"

"O que você acha de Gansu, então? É melhor ou pior do que Jiangxi? A vida era melhor no Sul?"

"Jiangxi foi bom. Gansu também é bom. Onde quer que a Revolução esteja, esse lugar é bom. O que comemos e onde dormimos não é importante. O que é importante é a Revolução."

Só respostas de cartilha, eu pensei. Lá estava um moço que aprendeu bem suas respostas com um propagandista vermelho. No dia seguinte, eu fiquei bem surpreso quando em um grande encontro de soldados vermelhos, eu vi que ele estava entre os principais oradores, e ele era, na verdade, o "propagandista" dele mesmo. Ele foi um dos melhores oradores do exército, disseram-me, e naquela reunião ele deu uma explicação simples, mas competente, da atual situação política e das razões pelas quais o Exército Vermelho queria parar a guerra civil e formar uma "Frente Unida" com todos os exércitos antijaponeses.

Conheci um jovem de 14 anos que havia sido aprendiz em uma oficina mecânica de Xangai e, com três companheiros, encontrou seu caminho, em meio a várias aventuras, na marcha ao Noroeste. Ele era aluno da escola de rádio em Bao An quando o vi. Perguntei se ele sentia falta de Xangai, mas ele disse que não, que não havia deixado nada em Xangai, e que a única diversão que já teve lá foi olhar as vitrines das coisas boas para comer – que ele não podia comprar.

Outro "diabinho" de Bao An servia como ajudante de ordens de Li Kenong, chefe do departamento de comunicações do Ministério das Relações Exteriores. Ele era um garoto de Shanxi de cerca de 13 ou 14 anos, e eu não sabia como se juntou aos vermelhos. Ele era o Beau Brummell dos pioneiros[332], assumindo seu papel com extrema gravidade. Ele havia herdado um cinto Sam Browne de alguém, tinha um uniforme pequeno e elegante feito sob medida para um bom ajuste e um boné cujo bico ele reenchia regularmente com papelão novo sempre que quebrava. Por baixo da gola do casaco bem escovado, sempre conseguia deixar à mostra uma tira de linho branco. Ele era de longe

332 N.E.: George Bryan "Beau" Brummell (1778-1840) foi um famoso dândi da corte do rei George IV do Reino Unido – conhecido por inovar a moda masculina.

o soldado mais elegante da cidade. Ao lado dele, Mao Zedong parecia um vagabundo.

O nome desse *wawa* foi dado com alguma imprudência de seus pais para ser Xiang Jibang. Não havia nada de errado com isso, exceto que Jibang (*jìbāng* [季邦]) soa muito parecido com *jībā* [鸡巴] – algo como "pinto", no sentido que vocês *estão imaginando* – e, portanto, para o seu interminável desgosto, ele era frequentemente chamado de "jiba". Um dia, Jibang entrou em meu quartinho no Ministério das Relações Exteriores com sua cota habitual de dignidade, bateu os calcanhares, fez-me a saudação mais prussiana que já tinha visto nos distritos vermelhos e se dirigiu a mim como "camarada Snow". Ele, então, começou a aliviar seu pequeno coração de certas apreensões. O que ele queria era deixar bem claro para mim que seu nome não era Jiba, mas Jibang, e que entre os dois havia toda a diferença do mundo. Ele tinha seu nome cuidadosamente rabiscado um pedaço de papel, e isso ele depositou diante de mim.

Atônito, respondi com toda a seriedade que nunca havia ligado para nada além de Jibang, e não pensava em fazer o contrário. Ele me agradeceu, fazendo uma reverência grave e mais uma vez fez aquela saudação absurda. "Eu queria ter certeza", disse ele, "que quando você escrever sobre mim para os jornais estrangeiros, você não cometerá um erro em meu nome. Daria uma má impressão aos camaradas estrangeiros se eles pensassem que um soldado vermelho era chamado jiba!" Até então eu não tinha intenção de apresentar Jibang neste estranho livro, mas com aquela observação não tive escolha no assunto, e ele entrou nele bem ao lado do generalíssimo.

Um dos deveres dos jovens pioneiros nos sovietes era examinar os viajantes nas estradas atrás da frente de batalha e verificar se eles tinham suas credenciais. Eles executavam esse dever com muita determinação e levavam qualquer pessoa sem documentos para o soviete local, para exame. Peng Dehuai me contou sobre ter sido parado uma vez e solicitado seu *lùtiáo* [路条] – salvo-conduto – por alguns jovens pioneiros, que ameaçaram prendê-lo.

"Mas eu sou Peng Dehuai", disse ele. "Eu mesmo escrevo esses salvo-condutos." "Não nos importamos se você é o comandante Zhu De", disseram os jovens céticos, "você deve ter um salvo-conduto na estrada." Eles sinalizaram pedindo ajuda e vários meninos vieram correndo do campo para reforçá-los.

Peng teve que escrever seu *lutiao* e assiná-lo ele mesmo antes que eles permitissem que ele prosseguisse.

Ao todo, os "diabinhos" eram uma coisa na China Vermelha com a qual era difícil encontrar algo seriamente errado. Seu espírito era soberbo. Suspeitei que mais de uma vez um homem mais velho, olhando para eles, esqueceu seu pessimismo e se animou ao pensar que estava lutando pelo futuro de rapazes como aqueles. Eles eram, invariavelmente, alegres e otimistas, e tinham um pronto "*hǎo* [好]!" – tudo bom! – para cada como vai, independentemente do cansaço da marcha do dia. Eles eram pacientes, trabalhadores, brilhantes e ansiosos para aprender, e vê-los fazia você sentir que a China não era desesperadora, que nenhuma nação era mais desesperada do que sua juventude. Aqui, entre os pioneiros, estava o futuro da China, se ao menos essa juventude pudesse ser libertada, moldada, conscientizada e recebesse um papel a desempenhar na construção de um novo mundo. Parece um tanto evangélico, suponho, mas ninguém poderia ver essas jovens vidas heroicas sem sentir que o homem na China não nasce podre, mas com infinitas possibilidades de personalidade.

10.3. Frente Unida em ação

No início de setembro de 1936, enquanto eu estava na frente em Ningxia e Gansu, o exército sob o comando de Peng Dehuai começou a se mover para o oeste em direção ao rio Amarelo e para o sul em direção à rodovia Xi'an-Lanzhou, para estabelecer conexões com as tropas de Zhu De que marchavam do Sul – uma manobra que seria brilhantemente concluída no final de outubro, quando os Exércitos Vermelhos combinados ocupariam quase todo o norte de Gansu, acima da rodovia Xi'an-Lanzhou.

Mas tendo agora decidido buscar um compromisso com o Kuomintang na tentativa de "convencer" este último a resistir contra o Japão, os vermelhos estavam se tornando cada vez mais uma força de propagandistas políticos do que um exército decidido a tomar o poder pela conquista. Novas instruções do Partido ordenaram que as tropas observassem "táticas de Frente Unida" em seus movimentos futuros. E o que eram "táticas de Frente Unida"? Talvez um registro diário das manobras do exército nessa época possa responder melhor a essa pergunta:

Primeiro de setembro. Saindo de Yuwang Bao, o quartel-general do Primeiro Exército de Frente, caminhou cerca de 40 *li* [20 quilômetros]; o comandante Peng Dehuai brincando com os condutores de mulas, geralmente se divertindo. A maior parte da região percorrida era alta e montanhosa. Peng deixou seu quartel-general para passar a noite na casa de um camponês hui nessa pequena aldeia.

Mapas foram imediatamente colocados na parede e o rádio começou a funcionar. As mensagens chegaram. Enquanto Peng estava descansando, ele chamou os camponeses muçulmanos e explicou a eles as políticas do Exército Vermelho. Uma velha senhora se sentou e conversou com ele por quase duas horas, apontando seus problemas. Enquanto isso, uma brigada de colheita do Exército Vermelho passou, a caminho de colher a colheita de um proprietário fugitivo. Por ser um "traidor", suas terras foram confiscadas. Outro esquadrão de homens foi nomeado para proteger e manter limpas as instalações da mesquita local. As relações com os camponeses pareciam boas. Há uma semana, os camponeses daquele condado vieram em delegação para presentear Peng com seis carroças de grãos e provisões como expressão de gratidão pelo alívio – eles já estavam há vários meses sem pagar impostos. Ontem, alguns camponeses presentearam Peng com uma bela cama de madeira – o que o divertiu muito. Ele o entregou ao ahong local.

Dois de setembro. Na estrada às quatro da manhã, Peng acordou muito antes. Encontrou dez camponeses, que vieram com o exército de Yuwang Bao para ajudar a levar os feridos de volta ao hospital. Eles pediram voluntariamente para fazer isso para lutar contra Ma Hongkui, odiado porque forçou os filhos deles a se juntarem ao exército. Um bombardeiro de Nanquim sobrevoou, nos avistou e nos espalhamos para nos proteger. Todo o exército se fundiu com a paisagem. O avião circulou duas vezes e lançou uma bomba – "pôs um ovo de ferro" ou "deixou cair um pouco de esterco de pássaro", como dizem os vermelhos –, depois metralhou os cavalos e voou para bombardear nossa linha de frente. Um soldado, demorando a se proteger, foi ferido na perna – um ferimento leve – e, depois de enfaixá-la, caminhou sem ajuda.

Naquela aldeia, onde pernoitamos, muito pouco se vê. Um regimento do inimigo está segurando um forte perto daqui, um destacamento do Décimo Quinto Corpo de Exército está atacando.

De Yuwang Bao vem uma mensagem de rádio relatando a visita de bombardeiros inimigos, que atacaram a cidade e lançaram dez bombas nesta manhã. Alguns camponeses foram mortos e feridos; nenhum soldado atingido.

Três de setembro. Partimos e, no caminho, muitos camponeses saíram e trouxeram aos soldados *bái chá* [白茶] – chá branco –, a bebida favorita de lá. Os professores maometanos vieram se despedir de Peng e agradecê-lo por proteger a escola. Ao nos aproximarmos da outra vila (agora mais de 50 quilômetros a oeste de Yuwang Bao), parte da cavalaria de Ma Hongkui se retirou de uma posição isolada e correu para nossa retaguarda. Eles estavam a apenas algumas centenas de metros de nós. Nie Rongzhen[333], chefe do Estado-Maior do Primeiro Corpo de Exército, enviou um destacamento de cavalaria do quartel-general para persegui-los, e eles galoparam em um redemoinho de poeira. Um trem de carga vermelho foi atacado e outro destacamento de soldados foi enviado para recuperar as mulas e as cargas. A caravana voltou intacta.

Naquela mesma noite, algumas notícias interessantes foram publicadas no boletim quadro. Li Wang Pao agora estava cercada e, em um forte próximo, um morteiro de trincheira caiu quase diretamente no quartel-general de Xu Haidong. Um jovem pioneiro foi morto e três soldados ficaram feridos. Em outro local próximo, um comandante de pelotão branco, fazendo o reconhecimento da posição dos vermelhos, foi capturado por um grupo de ataque surpresa. Os vermelhos o feriram levemente e o enviaram de volta ao quartel-general. Peng gritou pelo rádio porque o comandante estava ferido. "Não é uma boa tática de Frente Unida", comentou. "Um slogan vale dez balas." Ele ensinou a equipe na frente unida e como trabalhar na prática.

Os camponeses vendiam frutas e melões na estrada, os vermelhos pagavam por tudo que compravam. Um jovem soldado trocou seu coelho de estimação por três melões em uma longa transação com um camponês. Depois de comer os melões, ele os achou muito azedos, querendo seu coelho de volta.

A notícia de hoje foi comemorada por Peng Dehuai com um grande banquete de melões: os melões aqui são baratos e excelentes.

Quatro a cinco de setembro. Liu Xiao (do departamento político) está agora trabalhando entre os maometanos em um vilarejo. Hoje ele enviou um relatório de alguns desenvolvimentos recentes lá. Um dos

333 N.E.: Niè Róngzhēn [聂荣臻] (1899 –1992) foi, mais tarde, um dos Dez Marechais. Nascido em um condado de Chongqing, antes dessa ser um município em nível nacional, fazendo parte de Sichuan, no Sul. Nie foi mais uma das lideranças comunistas oriundas do Movimento Quatro de Maio que, mais tarde, foi estudar na França, onde estabeleceu uma amizade duradoura com Deng Xiaoping – que lhe servia como comissário político à época deste livro. Nie foi depois o cabeça do programa nuclear chinês, dirigindo o teste da primeira bomba chinesa nos anos 1960. Depois, ele sofreu um breve rebaixamento na Revolução Cultural, mas foi reabilitado se mantendo como um colaborador próximo de Deng e figura chave da Reforma e Abertura.

regimentos de Ma pediu que um hui fosse enviado do regimento muçulmano vermelho para falar com eles. O comandante do regimento de Ma se recusou a se encontrar com o delegado vermelho, mas permitiu que ele falasse com seus homens.

Wang – um delegado muçulmano vermelho – voltou e relatou que tinha visto convites vermelhos por todo o alojamento das tropas. Ele disse que depois de conversar com as tropas por algumas horas, elas ficaram cada vez mais interessadas e, finalmente, o comandante também ouviu, mas, ficando preocupado, decidiu prendê-lo. Os homens protestaram e ele foi escoltado em segurança de volta às linhas vermelhas. O regimento enviou uma carta em resposta àquela que Wang havia levado de Liu Xiao para eles. Eles disseram que não recuariam porque receberam ordens de manter esse distrito e deveriam fazê-lo; que eles estavam prontos para fazer um acordo para lutar contra o Japão, mas os vermelhos deveriam negociar com o comandante de sua divisão; que se os vermelhos não lutassem contra eles, eles não lutariam contra os vermelhos; e as cartas e panfletos enviados pelos vermelhos foram distribuídos entre os homens. Dois aviões bombardearam um destacamento de cavalaria vermelha perto daqui hoje. Nenhum homem ou cavalo foi atingido, mas uma bomba atingiu um canto da mesquita de um vilarejo e três velhos atendentes muçulmanos foram mortos. Isso certamente não aumentou a afeição local por Nanquim.

Seis de setembro. Um dia de descanso e recreação. Todos os comandantes do Primeiro Corpo de Exército se reuniram no quartel-general de Peng para um banquete de melão, enquanto os soldados descansavam e praticavam esportes e um banquete de melão. Peng convocou uma reunião de todos os comandantes de companhia e superior, e houve uma sessão política. Eles permitiram que eu participasse. Segue um resumo do discurso de Peng:

"As razões para o nosso movimento para esses distritos são primeiro ampliar e desenvolver nossos distritos sovietes; segundo, cooperar com o movimento e avanço dos exércitos da Segunda e Quarta Frente (no sul de Gansu); terceiro, para liquidar a influência de Ma Hongkui e

Ma Hongbin nessas regiões e formar uma frente unida diretamente com suas tropas.

"Devemos ampliar a base da Frente Unida aqui. Devemos influenciar decisivamente os comandantes brancos, que agora são simpáticos, e conquistá-los definitivamente para o nosso lado. Temos bons contatos com muitos deles agora; devemos continuar nosso trabalho, por carta, na nossa imprensa, através de delegados, através das sociedades secretas etc."

"Devemos intensificar nosso trabalho educacional entre nossas próprias tropas. Em vários casos recentes, nossos homens violaram a política de Frente Unida ao atirar em tropas que havíamos concordado em permitir a retirada. Em outros casos, os homens relutaram em devolver rifles capturados e tiveram que receber várias ordens para fazê-lo. Isso não é uma quebra de disciplina, mas uma falta de confiança nas ordens de seus comandantes, mostrando que os homens não entendem totalmente os motivos de tais ações, alguns homens chegam a acusar seus líderes de 'ordens contrarrevolucionárias'. Um comandante de companhia recebeu uma carta de um comandante branco e nem mesmo a leu, mas rasgou-a, dizendo: 'Eles são todos iguais, esses brancos'. Isso mostra que devemos instruir mais profundamente as bases; nossas primeiras palestras não deixaram sua posição clara para eles. Devemos pedir suas críticas e fazer as modificações em nossa política que julgarem necessárias após discussão e explicação completas. Devemos convencê-los de que a política de Frente Unida não é um truque para enganar os brancos, mas é uma política básica e alinhada com as decisões do nosso Partido."

"Após o Ataque Leste [em Shanxi] muitos de nossos camaradas, vindo aqui para Gansu e Ningxia, sentiram-se desencorajados porque o contraste era tão grande em comparação com a resposta que recebemos lá. Eles se sentiram deprimidos por causa da pobreza do país aqui e do baixo nível de entusiasmo político entre as pessoas. Não desanimem! Trabalhem mais! Essas pessoas também são irmãos, e responderão ao mesmo tratamento que outros seres humanos. Não devemos perder uma única oportunidade de convencer um soldado branco ou um camponês maometano, não estamos trabalhando o suficiente."

"Quanto às massas, devemos exortá-las a assumir a liderança em todas as ações revolucionárias. Não devemos tocar em nenhum senhor de terra maometano, mas devemos mostrar ao povo claramente que eles têm liberdade para fazê-lo, que protegeremos suas organizações de massa que o fazem, que este é seu direito revolucionário, que é o produto de seu trabalho e pertence a eles. Devemos intensificar nossos esforços para elevar a consciência política das massas. Lembre-se de que até agora eles não tiveram nenhuma consciência política, exceto o ódio racial. Devemos despertar neles uma consciência patriótica. Devemos aprofundar nosso trabalho com a Sociedade dos Irmãos mais Velhos e outras sociedades secretas e torná-los aliados ativos, não apenas passivos, na frente antijaponesa. Devemos consolidar nossas boas relações com os *ahong* e incentivá-los a assumir posições de liderança no movimento antijaponês. Devemos fortalecer a base do poder revolucionário organizando todos os jovens maometanos."

A declaração de Peng foi seguida por longos comentários críticos dos comissários políticos do Primeiro e do Décimo Quinto Corpos do Exército. Ambos revisaram seus esforços no "trabalho educacional de Frente Unida" e sugeriram melhorias. Todos os comandantes tomaram notas copiosas e, depois, houve uma sessão de longos debates e discussões que durou até o jantar. Peng propôs que os dois corpos de exército fossem aumentados em 500 novos alistamentos cada, e isso foi apoiado e aprovado por unanimidade.

Após o jantar, houve uma nova peça da companhia de teatro do Primeiro Corpo de Exército, baseada nas experiências da semana anterior. Retratou de forma divertida os erros dos comandantes e homens na execução da nova política. Uma cena mostrava uma discussão entre um comandante e um combatente; outra, entre dois comandantes; uma terceira mostrava um comandante de companhia rasgando uma carta que recebera dos brancos.

No segundo ato, a maioria desses erros foi corrigida e o Exército Vermelho e o Exército Muçulmano antijaponês marcharam juntos, cantando e lutando lado a lado contra os japoneses e o Kuomintang. Parecia um trabalho magicamente rápido do departamento de educação por meio do entretenimento.

Durante o mês seguinte, a atenção de todos os comunistas da China se concentraria ansiosamente na série de manobras pelas quais, pela primeira vez na história dos sovietes, todas as principais forças do Exército Vermelho foram finalmente unidas e concentradas em uma única grande área. E aqui alguma iluminação deve ser derramada sobre a liderança de Zhu De, nessa segunda grande jornada do Sul: ele foi o comandante em chefe do Exército Vermelho de "Toda a China", que, após um inverno doloroso passado nas fronteiras congeladas do Tibete, estava agora despejando os exércitos da Segunda e Quarta Frente no Noroeste.

10.4. Sobre o comandante em chefe Zhu De

Li Changlin me disse:

Quando jovem, Zhu De era imprudente, aventureiro e corajoso, movido pelas lendas de seu povo, pelos contos de "companheiros livres" da *Margem da água* e pelas façanhas dos heróis do *Romance dos Três Reinos*[334], que lutaram pelos campos e montanhas de sua terra natal, Sichuan. Ele gravitou naturalmente em direção à vida militar. Ajudado pela influência política de sua família, ele foi aceito na nova Academia Militar de Yunnan e foi um dos primeiros cadetes na China a receber treinamento militar moderno. Ao se formar na Academia de Yunnan, ele foi comissionado como tenente e entrou no que os chineses chamavam de "exército estrangeiro" – "estrangeiro" porque usava métodos ocidentais de treinamento e tática, porque não ia para a batalha acompanhado por músicos chineses e, por fim, porque levava nos braços "lanças estrangeiras", isto é, rifles com baionetas fixas.

Na derrubada da Dinastia Manchu em 1912, o exército moderno de Yunnan desempenhou um papel proeminente – e Zhu De, liderando um batalhão de bravos, logo se destacou como um guerreiro da república. Em 1916, quando Yuan Shikai tentou restaurar a monarquia, ele era um general de brigada e suas tropas em Yunnan, sob o célebre Cai E[335], foram as primeiras a levantar a bandeira da revolta, que fadou

334 N.E.: Dois dos romances clássicos chineses, usados posteriormente na formação dos quadros do Exército Vermelho e do Partido. Como visto exaustivamente na Parte 4, embora essas obras pertençam ao cânone literário chinês, paradoxalmente, elas têm seu aspecto subversivo, pois contam histórias de rebeldia, heroísmo e liberdade que contrastam com os *Quatro Livros e Cinco Clássicos*, os quais servem à formação ortodoxa e formal que se esperaria de um mandarim ou, mais amplamente, de um "homem nobre".

335 N.E.: Cài È [蔡锷] (1882-1916) foi um célebre general republicano nascido em

as ambições imperiais de Yuan ao fracasso. Naquela época, Zhu De tornou-se conhecido nas províncias do Sul como um dos "quatro ferozes generais" de Cai E.

Com seu prestígio assim estabelecido, a sorte política de Zhu De aumentou rapidamente. Tornou-se diretor da secretaria de Segurança Pública de Yunnan, e depois comissário provincial de Finanças. As pessoas de Yunnan e Sichuan concordaram que havia duas coisas certas sobre os funcionários: uma, que eles eram corruptos; a outra, que eram fumantes de ópio. Criado em uma região onde o ópio era tão comumente fumado quanto o chá era bebido, e onde os pais costumavam passar ópio em lascas de cana-de-açúcar para acalmar os berros de seus bebês, Zhu De, inevitavelmente, se tornou um fumante. E ao ser empossado em uma burocracia que considerava a pilhagem de fundos públicos não como um direito, mas um dever com a própria família daqueles mandarins, Zhu seguiu o exemplo dos superiores e manipulou os privilégios do cargo para enriquecer a si mesmo e a seus herdeiros.

Ele construiu seu próprio harém também. Diz-se que ele adquiriu várias esposas e concubinas, construindo para elas e sua prole uma casa palaciana na capital de Yunnan. Alguém poderia pensar que Zhu tinha tudo o que desejava: riqueza, poder, amor, descendentes, *delírios de ópio*, respeitabilidade e um futuro confortável para pregar as propriedades do confucionismo. Ele tinha, de fato, apenas um hábito realmente ruim, que iria lhe conduzir ao abismo: *ele gostava de ler livros.*

Por mais realista que fosse até agora, é possível que tenha havido uma tensão de idealismo e genuíno ardor revolucionário latente em seu caráter. Influenciado pela leitura e, também, por alguns estudantes retornados do exterior, os quais, ocasionalmente, refluíam para Yunnan, Zhu De, gradualmente, compreendeu que a revolução de 1911 tinha sido, para a massa do povo, uma tautologia: ela apenas tinha substituído uma burocracia despótica de exploração por outra. Zhu se preocupava muito com isso mais do que a média das pessoas que,

---

Hunan, que comandou os esforços para impedir o restabelecimento da monarquia. Ele morreu ainda muito jovem, de tuberculose, no auge de sua fama e poder.

também, moravam na capital de Yunnan, uma cidade de 40 mil meninos e meninas escravos. Ele estava aparentemente possuído por um sentimento de vergonha e, simultaneamente, pela ambição de imitar os heróis populares do Ocidente, tomado pelo desejo de "modernizar" a China. Quanto mais livros lia, ele percebia sua própria ignorância e o atraso da China. Ele queria estudar e queria viajar.

Em 1922, Zhu De havia se livrado de suas esposas e concubinas, aposentando-as na capital de Yunnan. Para alguém que conhecia o conservadorismo da China, e especialmente os tabus antigos de Yunnan, esse ato de repúdio à tradição era dificilmente crível e indicava em si uma personalidade de independência e resolução incomuns. Deixando Yunnan, ele foi para Xangai, onde conheceu muitos jovens revolucionários do Kuomintang, ao qual havia aderido. Aqui ele também entrou em contato com radicais de esquerda, que tendiam a vê-lo, na melhor das hipóteses, como um senhor da guerra antiquado. Um oficial corrupto da velha Yunnan antiga, um general com muitas esposas, um viciado em ópio: como ele poderia ser, também, um revolucionário?

Antes dessa viagem, Zhu De havia determinado a se livrar do hábito das drogas. Não foi fácil: ele usava ópio há muito tempo. Mas esse homem tinha mais força de vontade do que supunham seus conhecidos. Por dias, ele ficou quase inconsciente enquanto lutava contra seu desejo nocivo; então, levando consigo uma cura medicinal, Zhu embarcou em um navio a vapor britânico no Yangtzé e pegou passagem para Xangai. Nenhum ópio podia ser comprado ou vendido a bordo, e por semanas ele navegou rio abaixo, andando de um lado para o outro no convés, nunca desembarcando, travando a batalha mais difícil de sua vida. Mas depois de um mês a bordo, ele deixou o navio com os olhos claros, um brilho avermelhado nas faces e uma nova confiança em seus passos. Depois de uma cura final no hospital em Xangai, ele começou uma nova vida para valer. Assim disse seu assessor, Li Changlin.

Zhu De tinha então quase 40 anos, mas gozava de excelente saúde e sua mente buscava ansiosamente novos conhecimentos. Acompanhando alguns estudantes chineses, foi para a Alemanha, onde morou por um tempo perto de Hannover. Lá ele conheceu muitos comunistas e, nessa época, parece ter levado a sério o estudo do marxismo e se apaixonado pelas novas perspectivas abertas pela teoria da revolução social. Nesse estudo, ele foi ensinado principalmente por estudantes chineses jovens o suficiente para serem seus próprios filhos, pois nunca aprendeu francês, sabia apenas um pouco de alemão e era péssimo em línguas. Um de seus alunos-professores na Alemanha me contou como ele era mortalmente sério; quão paciente, laboriosa, obstinadamente, ele lutou em meio à confusão do impacto de um mundo de ideias todo novo, que lhe exigia incorporar suas verdades e significados básicos, quão grande foi o esforço intelectual com o qual ele se livrou de todos os preconceitos e limitações de seu treinamento tradicional chinês.

Dessa forma, ele leu algumas histórias da Grande Guerra e se familiarizou com a política da Europa. Um dia, um estudante amigo seu veio visitá-lo (e era ninguém menos do que Zhou Enlai), falando animadamente sobre um livro chamado *O Estado e a revolução*[336]. Zhu De pediu-lhe que o ajudasse a lê-lo e, assim, ele se interessou pelo marxismo e pela Revolução Russa. Ele leu o *ABC do comunismo* de Bukharin e suas obras sobre o materialismo dialético, e depois leu mais sobre Lenin. O poderoso movimento revolucionário então ativo na Alemanha o arrastou, com centenas de estudantes chineses, para a luta pela revolução mundial. Ele se juntou ao ramo chinês do Partido Comunista fundado na Alemanha.

"Zhu De tinha uma mente experiente, disciplinada e prática", disse-me um camarada que o conheceu na Alemanha. "Ele era um homem extremamente simples, modesto e despretensioso. Ele sempre estava aberto à crítica; em relação às quais ele tinha um apetite insaciável. Na Alemanha, ele viveu a vida simples de um soldado. O interesse original de Zhu De pelo comunismo surgiu de sua simpatia pelos pobres, que também o trouxe para o Kuomintang. Ele acreditou fortemente em Sun Yat-sen por um tempo, por causa dos princípios do então líder do Kuomintang, sempre defendendo a terra para os lavradores e a limita-

336 N.E.: *O Estado e a revolução* é a obra que Vladimir Lenin publicou em setembro de 1917, um mês antes da Revolução Russa, marcando sua ruptura definitiva com os social-democratas.

ção do capital privado. Mas só quando começou a entender o marxismo é que ele percebeu as limitações do programa de Sun Yat-sen."

Zhu De também passou algum tempo em Paris, onde ingressou em uma escola para estudantes chineses. Na França e na Alemanha, ele se sentava aos pés de seus jovens instrutores alemães, franceses e chineses e ouvia humildemente, interrogava em silêncio, debatia, buscava clareza e compreensão: "Ser moderno, entender o significado da revolução", repetiam seus jovens tutores, "você deve ir para a Rússia. Lá você pode ver o futuro". E, novamente, Zhu De seguiu seus conselhos. Em Moscou, Zhu entrou na Universidade Comunista dos Trabalhadores do Oriente[337], onde estudou marxismo com professores chineses. No final de 1925 ele voltou para Xangai e, a partir de então, trabalhou sob a direção do Partido Comunista, ao qual logo deu sua fortuna.

Zhu De voltou a se juntar a seu ex-superior e companheiro de Yunnan, general Zhu Peide, cujo poder no Exército do Kuomintang perdia apenas para o de Chiang Kai-shek. Em 1927, quando as forças do general Zhu Peide ocuparam várias províncias ao sul do rio Yangtzé, ele nomeou Zhu De chefe da secretaria de Segurança Pública de Nanchang, capital de Jiangxi. Lá também assumiu o comando de um regimento de treinamento de cadetes, entrando em contato com o Nono Exército do Kuomintang, estacionado mais ao sul em Jiangxi. No Nono Exército havia destacamentos que antes estavam sob seu comando pessoal em Yunnan. Assim, o palco foi preparado para o levante de agosto em Nanchang, no qual as tropas comunistas iniciaram a longa luta aberta pelo poder contra o Kuomintang.

---

337 N.E.: A *Kommunisticheskiy universitet trudyashchikhsya Vostoka* [Коммунистический университет трудящихся Востока] ou simplesmente Universidade do Extremo-Oriente, foi uma instituição de nível superior soviética situada em Moscou, a qual existiu entre 1921 e 1930, cuja função era formar quadros comunistas para o "Oriente" – o que incluía uma enormidade de nações etnias diferentes, algumas delas existentes dentro da própria União Soviética, mas que recebia um sem-número de chineses, indianos, japoneses e vietnamitas. Além do futuro marechal Zhu De, ela teve como alunos notáveis Deng Xiaoping – futuro líder chinês e que aparece apenas nas notas de rodapé desta obra –, o líder vietnamita Ho Chi Minh e Chiang Ching-kuo – filho de Chiang Kai-shek e futuro presidente de Taiwan.

Primeiro de agosto de 1927 foi um dia de grande decisão para Zhu De. Ordenado por seu comandante-em-chefe, Zhu Peide, para suprimir a insurreição, Zhu De (que ajudou a organizá-la) juntou-se aos rebeldes, renunciando às conexões remanescentes com seu passado. Quando, após a derrota de He Long, ele dirigiu sua polícia e seu regimento de treinamento para o Sul com os rebeldes, os portões da cidade que se fecharam atrás dele simbolizavam a ruptura final com a segurança e o sucesso de sua juventude. À sua frente, estavam anos de luta incessante.

Parte do Nono Exército foi com Zhu De também, enquanto o bando disperso de revolucionários que descia para Shantou, capturando-a, terminou expulso e depois se retirou novamente para Jiangxi e Hunan. Entre os principais tenentes de Zhu De naquela época estavam três cadetes de Whampoa: Wang Zuo (mais tarde morto em batalha); Chen Yi e Lin Biao, que se tornou presidente da Universidade Vermelha. Eles ainda não se autodenominavam Exército Vermelho, mas renomearam-se apenas como Exército Revolucionário Nacional. Após a retirada de Fujian, as forças de Zhu De foram reduzidas, por deserções e baixas, a 900 homens, com um poder de fogo de apenas 500 rifles, uma metralhadora e alguns cartuchos de munição cada.

Nessa situação, Zhu De aceitou uma oferta para se conectar com o general Fan Shisheng, outro comandante de Yunnan cujo grande exército estava estacionado no sul de Hunan e que, embora não fosse comunista, tolerava os vermelhos em seu exército, esperando usá-los politicamente contra Chiang Kai-shek. Como um nativo de Yunnan, ele também estava inclinado a dar abrigo aos seus companheiros provinciais. Aqui, as tropas de Zhu De foram incorporadas como o 140º Regimento, e ele se tornou o principal conselheiro político do Décimo Sexto Exército. E aqui ele teve a fuga mais audaciosa de sua vida.

A influência comunista no exército de Fan Shisheng aumentou rapidamente, e logo uma facção antibolchevique, secretamente ligada a Chiang Kai-shek, planejou um golpe contra Zhu De. Certa noite, ele estava hospedado em uma pousada com apenas 40 de seus seguidores, quando foi atacado por uma força comandada por Hu Jilong, líder do golpe. O tiroteio começou imediatamente, mas estava escuro e os assassinos não podiam ver com clareza. Quando vários deles apontaram revólveres para a cabeça de Zhu De, ele gritou entusiasmado: "Não atire em mim, sou apenas o cozinheiro. Não atire em um homem que pode cozinhar para você!" Os soldados, tocados no estômago, hesitaram e Zhu De foi levado para fora para uma inspeção mais detalhada. Lá ele foi reconhecido por um primo de Hu Jilong, que gritou: "Aqui está Zhu De! Mate-o!" Mas Zhu De sacou sua própria arma escondida, atirou no homem, superou sua guarda e fugiu. Apenas cinco de seus homens escaparam com ele.

Esse incidente explicava o apelido pelo qual Zhu De desde então era conhecido no Exército Vermelho – "chefe dos cozinheiros".

Voltando ao seu regimento, Zhu De notificou Fan Shisheng de que estava se retirando, ao que Fan disse ter lhe presenteado com um presente de 50 mil yuans para manter sua boa vontade, pois a questão contra Chiang Kai-shek ainda não estava claramente decidida e, assim, aliados autônomos como os jovens comunistas, que tinham influência considerável sobre muitos dos oficiais e homens de Fan, não deviam ser desprezados levianamente. Mas nos meses seguintes o dinheiro se mostraria insuficiente. O pequeno exército agora era mantido unido quase exclusivamente pela lealdade a Zhu De e alguns de seus comandantes. Os assuntos partidários estavam em grande confusão, nenhuma "linha" definida havia sido estabelecida e a estratégia militar estava indecisa. As tropas de Zhu ainda usavam uniformes do Kuomintang, mas estavam em farrapos; muitos deles não tinham sapatos; e comida pobre, ou quase nula, causava deserções constantes. Mas algum encorajamento foi fornecido pelas notícias da Comuna de Guangzhou, que sugeriram uma linha de ação clara. Zhu De reformulou seu exército em três seções, chamando-o de "Exército da Coluna Camponesa" e mudou-se para a fronteira Hunan-Jiangxi-Guangdong, onde se uniu a alguns bandidos liderados por um estudante radical, e iniciou um programa de abolição de impostos, redistribuição de terras e confisco das propriedades dos ricos. O condado de Yizhang foi ocupado como base, após uma luta sangrenta, e o jovem exército passou o inverno com squash e debates políticos.

Enquanto isso, o exército camponês de Mao Zedong havia marchado ingloriamente por Hunan, para finalmente chegar ao santuário da montanha Jinggang, na fronteira sul de Jiangxi-Hunan, onde, com a ajuda dos líderes bandidos Wang Zuo e Yuan Wencai, havia ocupado dois condados vizinhos e construído uma base quase inexpugnável nas montanhas. Para Zhu De, não muito longe, o "Exército Vermelho de Camponeses e Operários" de Mao Zedong enviou como delegado seu irmão, Mao Zemin. Ele trouxe instruções do Partido para unir forças e notícias de um programa definido de guerra partidária, revolução agrária e construção de sovietes. Quando, em maio de 1928, os dois exércitos se uniram na montanha Jinggang, eles controlavam cinco condados e tinham cerca de 50 mil seguidores. Daqueles, cerca de 4 mil estavam armados com rifles, cerca de 10 mil equipados apenas com lanças, espadas e enxadas, enquanto o restante eram trabalhadores desarmados do Partido, propagandistas ou famílias dos combatentes, incluindo muitas crianças.

Assim começou a famosa aliança Zhu-Mao, que faria história no Sul da China pelos próximos seis anos. A ascensão de Zhu De como um formidável líder militar seguiu a mesma curva de crescimento dos sovietes.

No Primeiro Congresso dos Sovietes da China, em 1931, Zhu De foi eleito por unanimidade comandante em chefe do Exército Vermelho. Em dois anos, quatro corpos de exército foram formados, com um poder de tiro de cerca de 50 mil rifles e centenas de metralhadoras, a maioria capturada de tropas inimigas, e os sovietes controlavam vastas áreas do sul de Jiangxi e partes de Hunan e Fujian. O treinamento político intensificado havia começado, um arsenal havia sido erguido, reformas econômicas e políticas social-revolucionárias elementares estavam sendo realizadas em todos os sovietes, uniformes do Exército Vermelho eram produzidos dia e noite para equipar novos partisans e a moral revolucionária estava se fortalecendo. Em mais dois anos, as forças vermelhas foram duplicadas.

Durante esses anos no Sul, Zhu De esteve no comando militar geral dos Exércitos Vermelhos combinados em centenas de escaramuças, através de dezenas de grandes batalhas e durante o peso de cinco grandes campanhas de aniquilação, na última das quais ele enfrentou um inimigo com habilidades técnicas, poder ofensivo (incluindo artilharia pesada, aviação e unidades mecanizadas) estimado em oito a nove vezes maior que o seu próprio e recursos muitas, muitas vezes superiores a qualquer coisa à sua disposição. Seja qual for o grau de sucesso ou fracasso a ser medido, deve-se admitir que, para engenhosidade tática, mobilidade espetacular e riqueza de versatilidade em manobras, ele estabeleceu, sem sombra de dúvida, o formidável poder de combate das tropas chinesas revolucionadas na guerra de guerrilhas. Os grandes erros do Exército Vermelho no Sul foram estratégicos, e por eles a liderança política deve ser considerada a principal responsável.

A devoção de Zhu De a seus homens era proverbial. Desde que assumiu o comando do exército, ele viveu e se vestiu como um soldado raso, compartilhou todas as suas dificuldades, muitas vezes andando descalço nos primeiros dias, vivendo um inverno inteiro de abóbora, outro de carne de iaque, nunca reclamando, raramente ficando doente. Ele gostava de passear pelo acampamento, diziam, sentando-se com os homens e contando histórias, ou jogando com eles. Ele jogou um bom jogo de tênis de mesa e um jogo "tragicômico" de basquete. Qualquer soldado do exército poderia apresentar suas queixas diretamente ao comandante em chefe. Zhu De tirava o chapéu quando se dirigia a seus homens. Na Longa Marcha, ele emprestou seu cavalo a camaradas cansados, caminhando boa parte do caminho, aparentemente incansável.

Dizia-se que mitos populares sobre Zhu De atribuíam a ele poderes milagrosos: a capacidade de enxergar até 50 quilômetros por todos os lados, o poder de voar e o domínio da *magia daoísta*, como criar nuvens de poeira diante de um inimigo ou agitar um vento contra eles. Pessoas supersticiosas acreditavam que ele era invulnerável, pois milhares de balas e projéteis não conseguiram destruí-lo.

Outros diziam que ele tinha o poder da ressurreição, pois o Kuomintang não o declarou repetidamente morto, muitas vezes dando detalhes minuciosos?

PARTE 11
EM SEGURANÇA NOVAMENTE

11.1. Entre os cristãos chineses

De Ningxia, parti para o Sul novamente para Gansu. Em quatro ou cinco dias eu estava de volta a Holienwan, onde novamente vi Cai Chang e seu marido Li Fuchun, comi outra refeição da culinária francesa com eles e conheci a jovem e bonita esposa de Nie Rongzhen, comissária político do Primeiro Corpo de Exército. Ela tinha escapado há pouco tempo do mundo branco rumo aos distritos sovietes e, naquele exato momento, voltava de uma visita ao marido, a quem não havia visto por cinco anos.

Fiquei três dias em Holienwan com o comissariado de suprimentos, que estava instalado em um grande complexo que antes pertencia a um comerciante de grãos maometano. Do ponto de vista arquitetônico, era um interessante grupo de edifícios de um estilo, geralmente, próprio à Ásia Central, com telhados planos e pesados e profundas janelas árabes embutidas em paredes de pelo menos um metro e meio de espessura. Enquanto eu conduzia meu cavalo para um estábulo espaçoso, um homem alto de barba branca, vestindo um uniforme cinza desbotado, com um longo avental de couro que chegava ao chão, deu um passo à frente e saudou seu boné com estrela vermelha, enquanto seu rosto queimado de sol continha um sorriso desdentado. Ele se encarregou de Ma Hongkui, meu cavalo.

Como diabos, eu me perguntei, esse avôzinho havia entrado em nosso acampamento de escoteiros? Parei para perguntar e tentar tirar uma história dele. Ele era de Shanxi e se juntou ao Exército Vermelho durante sua expedição lá. Seu nome era Li, ele tinha 64 anos e reivindicava a distinção de ser o mais velho combatente vermelho. Desculpando-se um pouco, ele explicou que não estava na frente naquele momento "porque o comandante Yang acha que sou mais útil aqui, cuidando de cavalos, e por isso fico aqui".

Li era um pequeno vendedor de carne de porco na cidade de Hongtong, Shanxi, antes de se tornar um vermelho, e amaldiçoou o "governador modelo" Yan Xishan, os funcionários locais de lá e seus impostos ruinosos. "Você não pode fazer negócios em Hongtong", disse ele, "eles cobram impostos até da sua merda." Quando o velho Li soube que os vermelhos estavam chegando, decidiu se juntar a eles. Sua esposa estava morta e suas duas filhas eram casadas; ele não teve filhos; ele não tinha nenhum vínculo com Hongtong, exceto seu super-tributado açougue; e Hongtong era uma terra para "pessoas mortas", de todas as formas possíveis. Ele queria algo mais animado, então o aventureiro saiu da cidade para se oferecer aos vermelhos.

"Quando quis me alistar, eles me disseram: 'Você está velho. No Exército Vermelho, a vida é difícil.'" E o que eu disse? Eu disse: "Sim, este corpo tem 64 anos, é verdade, mas posso andar como um menino de 20, posso disparar uma arma, posso fazer o trabalho de qualquer homem. Se é de homens que você precisa, também posso servir. Então eles me disseram para ir junto, e eu marchei por Shanxi com o Exército Vermelho, e cruzei o rio Amarelo com o Exército Vermelho, e aqui estou em Gansu".

Eu sorri e perguntei se era melhor do que vender carne de porco. Se ele gostava?

"Oh-ho! A venda de carne de porco é o tipo de negócio de um homem-tartaruga! Aqui vale a pena fazer um trabalho. Um exército de homens pobres lutando pelos oprimidos, não é? Certamente eu gosto disso." O velho remexeu no bolso da camisa e tirou um pano sujo, que desembrulhou cuidadosamente para revelar um caderninho gasto. "Veja aqui", disse ele. "Já reconheço mais de 200 caracteres. Todos os dias o Exército Vermelho me ensina mais quatro. Em Shanxi, vivi 64 anos e, no entanto, ninguém nunca me ensinou a escrever meu nome. O Exército Vermelho é bom ou não é?" Ele apontou com intenso orgulho para os rabiscos toscos de seus caracteres, que se assemelhavam a manchas de pés de galinha enlameados sobre esteira limpa, e vacilantemente leu algumas frases recém-escritas. Então, como uma espécie de clímax, ele produziu um toco de lápis e com um floreio elaborado escreveu seu nome para mim.

"Acho que você está pensando em se casar de novo", brinquei com ele. Ele balançou a cabeça gravemente e disse que não, com um pangaré atrás do outro, ele não tinha tempo para pensar no problema de ter uma mulher, e com isso ele se afastou para cuidar de seus animais.

Na noite seguinte, enquanto caminhava por um pomar atrás do pátio, encontrei outro homem de Shanxi, vinte anos mais novo que Li, mas igualmente interessante. Ouvi um *xiǎoguǐ* [小鬼] – diabinho – chamando: "Li Baitang! Li Baitang!" e olhei com curiosidade para ver a quem ele se dirigia como o "Capela"[338]. Lá, em uma pequena colina, encontrei um barbeiro raspando a cabeça de um jovem como um ovo. Após indagá-lo, descobri que seu nome verdadeiro era Jia Hezhong e que ele havia trabalhado anteriormente na farmácia de um hospital missionário americano em Pingyang, Shanxi. Os "diabinhos" lhe deram esse apelido porque ele era cristão, e ainda rezava diariamente.

Jia levantou as calças e me mostrou um ferimento grave na perna, do qual ainda mancava, e puxou o casaco para cima para mostrar um ferimento na barriga, onde também havia sido atingido. Essas, explicou, eram lembranças de batalhas, e por isso ele não estava no front. Aqueles cortes de cabelo não eram seu verdadeiro trabalho: ele era um farmacêutico ou um combatente vermelho. Jia disse que, além dele, outros dois atendentes daquela hospedaria cristã se juntaram aos vermelhos. Antes de partirem, eles discutiram acerca de suas intenções com o médico americano no hospital, cujo nome chinês era Li Ren. O

338 N.E.: *Lǐbàitáng* [礼拜堂] é, literalmente, "capela" ou, mais precisamente, "casa [ou igreja] de reza dos ritos" – levando em consideração a boa dose de criatividade para se traduzir *lǐ* [礼] por "rito", o que remonta às traduções consagradas de Confúcio para línguas ocidentais, numa típica tradução-criação dos jesuítas, no seu esforço de tentar cristianizar os chineses de forma sincrética. A estrutura em três ideogramas com *lǐ* [礼] fazendo a função de sobrenome faz com que capela soe como um nome chinês quase crível – e certamente crível aos ouvidos ocidentais. Lembrando que existem inúmeros termos que soam aos nossos ouvidos como "li", os quais variam no tom, mas às vezes são homófonos *e só são distinguíveis mediante a escrita* como neste caso: o sobrenome "Li" mais comum na China também se pronuncia da mesma forma, embora remeta ao radical de "ameixa" (*lǐ* [李]).

doutor Li Ren era "um homem bom, que curava os pobres sem cobrar e nunca oprimia as pessoas", e quando Jia e seus companheiros pediram seu conselho, ele disse: "Vá em frente. Ouvi dizer que os vermelhos são homens bons e honestos, diferentes dos homens de outros exércitos, e você deveria estar feliz em lutar com eles". Então, eles foram se tornar Robin Hoods vermelhos.

"Talvez o Dr. Li Ren só quisesse se livrar de você", sugeri.

O barbeiro negou de forma indignada. Ele disse que sempre se deu muito bem com Li Ren, que era um homem excelente. Ele me pediu para dizer a esse Li Ren, se eu o visse, que ele ainda estava vivo, bem e feliz, e que assim que a revolução terminasse, voltaria para assumir seu antigo emprego na farmácia. Deixei a capela com muita relutância. Ele era um bom vermelho, um bom barbeiro e um verdadeiro cristão.

Aliás, conheci vários cristãos e ex-cristãos entre os vermelhos. Muitos líderes comunistas – Zhou Enlai é um exemplo notável – foram educados em escolas missionárias estrangeiras, e alguns deles já foram cristãos ativos. O doutor Nelson Fu, chefe do corpo médico do Exército Vermelho, foi anteriormente médico em um hospital metodista em Jiangxi. Embora se oferecesse para trabalhar com os vermelhos e os apoiasse com entusiasmo, ele ainda persistia cristão e, portanto, não se filiou ao Partido Comunista.

Em Jiangxi, os sovietes realizaram extensa propaganda "anti-Deus". Todos os templos, igrejas e propriedades da igreja foram convertidos em propriedade do Estado, e monges, freiras, padres, pregadores e missionários estrangeiros foram privados dos direitos de cidadania, mas no Noroeste, uma política muito mais branda de tolerância religiosa foi praticada. A liberdade de culto era uma garantia primária, de fato. Todas as propriedades das missões estrangeiras foram protegidas e os missionários refugiados foram convidados a retornar aos seus rebanhos. Os comunistas reservaram a liberdade de pregar propaganda antirreligiosa própria, sustentando a "liberdade de oposição ao culto" como corolário da própria liberdade de culto.

Os únicos estrangeiros que aproveitaram a nova política comunista para as instituições religiosas foram alguns missionários belgas, que estavam entre os grandes senhores de terra de Suiyuan. Eles possuíam uma vasta propriedade de 20 mil *mu* e uma outra de cerca de 5 mil *mu* [1,33 mil e 333 hectares, respectivamente] perto de Dingbian, na Grande Muralha. Depois que o Exército Vermelho ocupou Dingbian, um lado da propriedade dos belgas ficou adjacente ao território soviete e o outro lado foi mantido pelas tropas brancas. Os vermelhos não tentaram expropriar as terras dos belgas, mas fizeram um "tratado" pelo qual garantiram a proteção da propriedade da igreja, desde que os padres permitissem que eles organizassem sociedades antijaponesas entre os arrendatários (na realidade, praticamente servos) que cultivaram à terra daquele grande feudo missionário católico. Outra estipulação do curioso acordo previa que os belgas enviassem uma mensagem do governo soviete chinês ao premiê francês Blum[339], parabenizando-o pelo triunfo da Frente Popular[340].

Houve uma série de ataques de *mintuan* perto de Holienwan, e uma aldeia a uma curta distância foi saqueada duas noites antes de minha chegada. Um bando rastejou até o local pouco antes do amanhecer, dominou e matou a sentinela solitária, e então trouxe feixes de galhos secos e incendiou as cabanas nas quais cerca de uma dúzia de solda-

339 N.E.: Léon Blum (1872-1950) foi o dirigente maior da Secção Francesa da Internacional Operária (SFIO), antecessora do Partido Socialista. Ele foi eleito premiê de seu país em 1936, ano desta obra, sendo o primeiro esquerdista e o primeiro judeu a liderar a França, ainda sob a vigência da chamada Terceira República Francesa, que adotava o sistema parlamentarista. Blum foi premiê nessa e em mais duas ocasiões, as duas primeiras nos instáveis governos da Frente Popular e uma outra no governo provisório, brevíssimo, do imediato pós-guerra. Advogado de formação, Blum tomou uma postura social-democrata refratária ao comunismo, sendo acusado de indiferença com a esquerda espanhola durante a Guerra Civil daquele país vizinho, enquanto buscava se concentrar apenas nas reformas sociais na França.

340 N.E.: A Frente Popular – coalizão francesa que reunia social-democratas, comunistas, radicalistas e esquerdistas independentes, sob a liderança dos primeiros – marcou uma breve reconciliação da esquerda francesa, cujo racha foi sedimentado sob a liderança do próprio Blum nos anos 1920, que recusou a Terceira Internacional e sua via revolucionária. A Frente se estabeleceu nos anos 1930, já sob a sombra do nazifascismo que avançava pela Europa, mas foi incapaz de sobreviver às suas próprias diferenças internas e à literal marcha das hordas de Hitler – apoiadas, fielmente, pelos seus muitos colaboracionistas franceses.

dos vermelhos dormiam. Quando os vermelhos saíram correndo, cegos pela fumaça, o *mintuan* – a milícia do Kuomintang – os abateu e apreendeu suas armas. Então esse grupo mintuan se juntou a uma gangue de cerca de 400, a maioria armada pelo general do Kuomintang, Gao Guizi, que estava atacando a partir do Norte e incendiando cidades e aldeias. O Vigésimo-Oitavo Exército havia enviado um batalhão para tentar prendê-los e, no dia em que deixei Holienwan, esses jovens combatentes voltaram após uma perseguição bem-sucedida.

A batalha ocorreu apenas a alguns *li* de Holienwan, onde surgiu o rumor de que bandidos brancos estavam se preparando para atacar. Alguns camponeses descobriram o covil *mintuan* nas montanhas internas e, agindo com base nessa informação, os vermelhos se dividiram em três colunas, a central encontrando os bandidos em um confronto frontal. A questão foi decidida quando as duas colunas dos vermelhos se aproximaram e cercaram o inimigo. Cerca de 40 *mintuan* foram mortos e 16 vermelhos, enquanto inúmeros combatentes de ambos os lados foram feridos. Os *mintuan* foram totalmente desarmados e seus dois chefes capturados.

Passamos pelo batalhão voltando com seus cativos enquanto cavalgamos de volta para Shaanxi. Uma grande recepção foi organizada nas aldeias, e os camponeses se alinharam na estrada para saudar as tropas vitoriosas. Guardas camponeses seguravam suas longas lanças com borlas vermelhas em saudação, e os jovens pioneiros cantavam canções vermelhas para eles, enquanto meninas e mulheres traziam refrescos, chá, frutas e água quente – tudo o que tinham, mas isso enrugava os rostos dos soldados. Soldados cansados com sorrisos. Eles eram muito jovens, muito mais jovens do que os regulares da linha de frente, e parecia-me que muitos que usavam bandagens manchadas de sangue não tinham mais de 14 ou 15 anos. Eu vi um jovem a cavalo, meio inconsciente e sustentado por um camarada de cada lado, que tinha uma bandagem branca em volta da testa, bem no centro da qual havia uma mancha vermelha redonda.

Ali, no meio da coluna de jovens que carregavam rifles – quase tão grandes quanto eles –, marchavam os dois chefes dos bandidos. Um deles era um camponês grisalho de meia-idade, e era de se imaginar se ele se sentia envergonhado por ser liderado por esses combatentes, todos jovens o suficiente para serem seus filhos. No entanto, havia algo de esplêndido em seu porte destemido, e pensei que ele era, afinal, possivelmente um camponês pobre como os outros, talvez alguém que também acreditou em algo quando lutou contra eles, e era lamentável que ele era, eu supunha, um dos que seriam mortos. Mas Fu Jinkui balançou a cabeça quando perguntei a ele.

"Não matamos *mintuan* capturados. Nós os educamos e damos a eles uma chance de se arrependerem, e muitos deles mais tarde se tornam bons partisans vermelhos."

Foi uma sorte que os vermelhos tenham eliminado esse grupo de bandidos, pois isso livrou nosso caminho de volta a Bao'an de qualquer ameaça. Fizemos a viagem da fronteira de Gansu em cinco dias, fazendo mais de 50 quilômetros no último deles, mas embora houvesse muitos incidentes, não houve nenhuma ocorrência – e eu voltei para Bao'an sem nada pendurado em meu cinturão de troféus, a não ser alguns melões cantaloupes e uns melões comuns que comprei na estrada.

11.2. A vida em Bao'an

De volta a Bao'an, me estabeleci, mais uma vez, no Ministério das Relações Exteriores (*Wàijiāo bù* [外交部]) – onde permaneci entre o final de setembro e metade de outubro. Coletei biografias suficientes para preencher um *Quem é Quem* na China Vermelha e todas as manhãs aparecia um novo comandante ou oficial do soviete para ser entrevistado. Mas eu estava ficando cada vez mais inquieto com a partida: as tropas de Nanquim estavam entrando em Gansu e Shaanxi e, gradualmente, substituindo o Exército Dongbei, em todos os lugares onde mantinham uma linha de contato com os vermelhos – enquanto Chiang Kai-shek fazia todos os preparativos para um novo movimento de aniquilação do Sul e do Oeste. A menos que eu saísse logo, isso poderia se tornar impossível: a última fissura no bloqueio poderia acabar fechada. Esperei, ansiosamente, que os preparativos fossem concluídos para eu partir.

Enquanto isso, a vida em Bao'an transcorria bastante tranquila, e você não poderia supor que essas pessoas estivessem cientes de sua "aniquilação" iminente. Não muito longe de mim, um regimento de treinamento de novos recrutas estava aquartelado. Passavam o dia marchando e contramarchando, jogando e cantando. Algumas noites eram dramáticas, e todas as noites toda a cidade cantava, enquanto diferentes grupos se reuniam em quartéis ou em grutas de cavernas, cantando vale abaixo. Na Academia, os cadetes trabalhavam arduamente em um dia de estudo de dez horas. Uma nova unidade de educação de massas estava começando na cidade, até mesmo os "diabinhos" do Ministério foram submetidos a aulas diárias de leitura, política e geografia.

Quanto a mim, vivia uma vida de férias, cavalgando, tomando banho e jogando tênis. Havia duas quadras, uma montada no prado gramado, cercada por cabras e ovelhas, perto da Academia Vermelha, e outra, uma quadra de saibro, ao lado da cabana de Bo Gu, o esguio presidente do governo soviete do Noroeste. Aqui, todas as manhãs, assim que o sol nascia sobre as colinas, eu jogava tênis com três membros do corpo docente da Academia do Exército Vermelho: o alemão Li De, o comissário Cai Shufan e o comissário Wu Xiuquan. A quadra estava cheia de pedras, era fatal correr atrás de uma bola rápida, mesmo assim os jogos eram muito disputados. Cai e Wu falavam russo com Li De, cujo chinês era fragmentado, enquanto eu falava com Li De em inglês e com Cai e Wu em chinês, de modo que tínhamos um jogo trilíngue.

Uma influência mais corrupta que eu tinha na comunidade era meu clube de jogos de azar. Eu tinha um baralho, não usado desde a minha chegada, e um dia peguei-o e ensinei Cai Shufan a jogar *rummy*[341]. Ele havia perdido um braço em combate, mas isso o prejudicou muito pouco no tênis ou nas cartas. Depois que aprendeu *rummy*, ele me venceu facilmente com apenas uma mão. Por um tempo, o *rummy* foi a moda. Até as mulheres começaram a se esgueirar para o clube de jogo do Ministério das Relações Exteriores. Meu *kang* de barro se tornou o ponto de encontro da elite de Bao'an e lá você poderia olhar para os rostos iluminados por velas à noite e reconhecer as esposas de Zhou Enlai (Deng Yingchao[342]), Bo Gu (Liu Qunxian), Kai Feng, Deng Fa e, até mesmo, de Mao Zedong (He Zizhen). Isso deu o que falar.

Mas a verdadeira ameaça à moral do soviete não apareceu até que Bao'an começasse a jogar pôquer. Nosso quarteto de tênis começou esse empreendimento, alternando noites na cabana de Li De e em meu próprio antro de iniquidade no Ministério das Relações Exteriores. Para esta lama pecaminosa, arrastamos cidadãos respeitáveis como Bo Gu, Li Kenong, Kai Feng, Luo Fu e outros. As apostas aumentavam cada vez mais. Cai Shufan, com apenas um braço, finalmente, fez a

341 N.E.: Um jogo de cartas no qual vence quem consegue se livrar das cartas primeiro, o que exige habilidade motora, de preferência, nas duas mãos.

342 N.E.: Dèng Yǐngchāo [邓颖超] (1904-1992) foi, pessoalmente, muito importante para os destinos da China, para muito além de ser apenas a "senhora Zhou Enlai": influente ela sempre atuou bastante no Partido e foi central na era pós-Mao, sendo a única mulher no grupo dos *Oito Grandes Anciãos* (*Bā Dà Yuánlǎo* [八大元老]), a liderança coletiva informal da China que era, no entanto, encabeçada por Deng Xiaoping.

limpa em 120 mil yuans do presidente Bo Gu em uma única noite, e parecia que a única saída de Bo Gu era o desvio de fundos do Estado. Resolvemos a questão determinando que Bo Gu teria permissão para sacar 120 mil yuans do tesouro para pagar Cai, desde que ele usasse o dinheiro para comprar um avião para a inexistente força aérea soviete. De qualquer modo, era tudo em fósforos – e, infelizmente, os aviões comprados por Cai Shufan também.

O camarada Cai Shufan-de-*um-braço-só* era um rapaz interessante, amável e bonito, perspicaz, entusiasmante, dono de respostas rápidas e cheio de malandragens. Ele era vermelho há uma década, tendo se juntado enquanto trabalhava na ferrovia em Hunan. Mais tarde, ele foi para Moscou e estudou lá por dois ou três anos, e encontrou tempo para se apaixonar e se casar com uma camarada russa. Às vezes, ele olhava com tristeza para a manga vazia e se perguntava se sua esposa não se divorciaria dele quando visse a falta de um braço. "Não se preocupe com uma coisinha dessas", o professor Wu, que também era um estudante russo retornado, o consolava. "Se você não teve sua posteridade destruída quando a vir novamente, você terá sorte." No entanto, Cai continuou me insistindo para enviar-lhe um braço mecânico quando eu voltasse para o mundo branco.

Esse foi apenas um dos pedidos impossíveis que eu tinha para que as coisas fossem enviadas. Lu Dingyi queria que eu comprasse, equipasse e tripulasse uma frota aérea para eles com o produto da venda das minhas fotos dos vermelhos. Xu Haidong queria um par de dentes postiços para preencher a lacuna em suas gengivas: ele havia se apaixonado. Todo mundo tinha algo errado com os dentes; eles não viam um dentista há anos. Mas, na verdade, a coragem deles era incrível, nunca se ouvia ninguém reclamar, embora a maioria deles sofresse de algum tipo de doença, um grande número especialmente de úlceras e outros problemas estomacais, como resultado de anos de uma dieta duvidosa.

Pessoalmente, eu prosperava com a comida e engordei, e meu desgosto por enfrentar o cardápio invariável todos os dias não me impediu de consumir quantidades embaraçosas. Fizeram-me a concessão de pão de farinha de trigo, que quando assado não era ruim, e de vez em quando eu comia carne de porco ou de carneiro. Além disso, eu vivia de milho-miúdo cozido, milho-miúdo frito, milho-miúdo assado e vice-versa. Repolho era abundante, e pimentas, cebolas e feijões. Senti falta de café, manteiga, açúcar, leite, ovos e um monte de coisas, mas continuei comendo painço.

Um lote de cópias do *North China Daily News* – o *Diário de notícias do Norte da China* – chegou para a biblioteca um dia e li uma receita para o que parecia ser um pão de ló de chocolate muito simples. Eu sabia que Bo Gu estava guardando uma lata de cacau em pó em sua cabana, e planejei que, com um pouco disso, e substituindo a manteiga por gordura de porco, eu poderia fazer aquele bolo. Consequentemente, consegui que Li Kenong escrevesse um pedido formal ao presidente do governo soviete do Noroeste da República Soviética Chinesa para me fornecer uns 50 gramas de chocolate. Depois de vários dias de atraso, hesitações, dúvidas e calúnias lançadas sobre minha capacidade de assar um bolo de qualquer maneira, muita burocracia e conflitos com a burocracia em geral, finalmente extorquimos aqueles 50 gramas de cacau de Bo Gu, e consegui outros materiais da cooperativa de alimentos. Mas antes que eu pudesse misturar a massa, meu guarda-costas entrou para investigar, e o coitado, acidentalmente, derrubou o chocolate no chão. Seguiu-se mais burocracia, mas finalmente recebi o pedido de novo e comecei o grande experimento. Para que fazer um esforço hercúleo? Qualquer dona de casa inteligente pode prever o que aconteceria. Meu forno improvisado não funcionou direito, o bolo não cresceu e quando tirei do fogo estava com uma camada de carvão de cinco centímetros no fundo e a parte de cima ainda em estado de fluidez viscosa. No entanto, foi consumido pelos espectadores interessados do Ministério das Relações Exteriores com grande prazer: havia muitos materiais bons nele para serem desperdiçados. Perdi meu prestígio e, a partir de então, comi obedientemente meu painço.

Li De compensou isso ao me convidar para uma "refeição estrangeira" com ele. Ele, às vezes, conseguia arroz com ovos e, sendo alemão, devia ter suas próprias salsichas. Você podia vê-las balançando em cordas, secando do lado de fora de sua porta, perto da rua principal de

Bao'an. Ele estava preparando seu suprimento de inverno. Ele também construiu uma lareira e ensinou sua esposa chinesa, uma garota que veio com ele de Jiangxi, a assar. Ele me mostrou que os materiais estavam lá para um cozimento tolerável. Só que a cooperativa de alimentos (onde nossas refeições em comum eram feitas) não sabia como isso deveria ser feito. Luo Binghui, esposa de um comandante do Exército Vermelho (e a única mulher com pés de lótus que fez a Longa Marcha), era chefe de cozinha da cooperativa, e acho que a esposa de Li De tinha uma amizade com ela – e foi assim que ele juntou seus ovos e açúcar.

Mas Li De era mais do que um bom cozinheiro e um bom jogador de pôquer. Quem era esse homem misterioso dos distritos sovietes chineses? Sua importância havia sido exagerada pelo general Luo Zhuoying do Kuomintang, que, depois de ler alguns dos escritos de Li De encontrados em Jiangxi, o descreveu como o "mentor" dos vermelhos? Qual era a sua ligação com a Rússia Soviética? Quanta influência, de fato, a Rússia exerceu sobre os assuntos da China Vermelha?

11.3. A influência russa

Este trecho não tem como propósito primário um exame das relações do Partido Comunista da China com o Partido Comunista da Rússia, o Komintern ou a União Soviética. Nenhuma base adequada foi fornecida no Noroeste da China para tal tarefa. Mas este livro estaria incompleto sem nenhuma discussão sobre essas conexões orgânicas – e seus efeitos mais significativos na história revolucionária da China.

Certa e obviamente, a Rússia tem sido uma influência dominante nos últimos 12 anos (ou mais) e, particularmente entre os jovens educados, tem sido a principal influência externa no pensamento chinês, naquilo que envolve problemas sociais, políticos, econômicos e culturais do país. O mesmo ocorreu também, embora não seja reconhecido, nas áreas do Kuomintang, pois era um fato abertamente glorificado nos distritos sovietes da China. Em todos os lugares na China em que a juventude tinha crenças revolucionárias fervorosas, o impacto da ideologia marxista era aparente, tanto como filosofia quanto como uma espécie de substituto para a religião. Entre esses jovens chineses, Lenin era quase adorado, Stalin era o líder estrangeiro mais popular, o socialismo era tido como a futura forma da sociedade chinesa e a literatura russa tinha o maior número de seguidores – os trabalhos de Maxim Gorky, por exemplo, superavam todos os escritores nativos, exceto Lu Xun[343], que foi ele também um grande revolucionário.

343 N.E.: Lǔ Xùn [鲁迅] (1881-1936) é considerado o fundador da literatura moderna da China, além de revolucionário comunista e maior nome do Movimento Quatro de Maio. Foi o primeiro escritor chinês a usar o chinês coloquial – *báihuàwén* [白话文] – em detrimento do chinês erudito – *wényán* [文言] – e lutou por mudanças profundas na sociedade chinesa, principalmente na cultura, defendendo medidas de ensino da escrita e reforma cultural. Morreu cedo, de tuberculose, mas seu papel ficou inscrito na história da literatura chinesa.

E tudo isso é bastante incrível por uma razão em especial. Isto é, enquanto os Estados Unidos, Inglaterra, França, Alemanha, Japão, Itália e outras potências capitalistas – ou imperialistas – haviam enviado milhares de ativistas políticos, culturais, econômicos ou mesmo missionários para a China, para propagandear ativamente às massas chinesas com credos próprios dos Estados Unidos; por outro lado, por muitos anos os russos não haviam tido sequer uma única escola, igreja ou mesmo uma sociedade de debates na China onde as doutrinas marxistas-leninistas pudessem ser pregadas legalmente. Sua influência, exceto nos distritos sovietes, havia sido em grande parte indireta. Além disso, essas ideias eram combatidas agressivamente em todos os lugares pelo Kuomintang. No entanto, poucos que estiveram na China durante esta década, e conscientes da sociedade em que viviam, contestaram a afirmação de que o marxismo, a Revolução Russa e os triunfos da União Soviética, talvez, causaram impressões mais profundas no povo chinês do que todas as influências missionárias cristãs combinadas.

A Constituição adotada pelo Primeiro Congresso Nacional dos Sovietes da China declarou: *O Governo Soviete Chinês declara sua prontidão para formar uma frente revolucionária unida com o proletariado mundial e todas as nações oprimidas, e proclama a União Soviética, a terra da ditadura do proletariado, como sua fiel aliada.* Para qualquer ocidental que nunca tenha conhecido um comunista chinês, é difícil entender quanto essas palavras em itálico significavam dentro da China e que, na verdade, na maioria das vezes os vermelhos chineses estavam completamente isolados geográfica, econômica e politicamente.

Essa ideia de ter um grande aliado por trás deles – embora tenha sido cada vez menos validada por quaisquer demonstrações de apoio efetivo da União Soviética – era de primordial importância para a moral dos comunistas chineses. Isso transmitia à sua luta a universalidade de uma causa religiosa, o que eles valorizavam profundamente. Quando eles gritavam: "Viva a Revolução Mundial!" e "Proletários do mundo, uni-vos!", exprimiam ideias que permeiam todo o seu ensinamento e fé

– e nela eles reafirmavam sua fidelidade ao sonho de uma fraternidade socialista mundial.

Esses conceitos já se mostravam, me pareceu, capazes de mudar o modo de ser chinês. Nunca sofri nenhum ato de xenofobia por parte dos vermelhos em relação a mim. Eles eram, certamente, anti-imperialistas, e um americano ou um capitalista europeu poderia se sentir desconfortável entre eles, mas não mais do que um senhor de terra chinês ou um membro da burguesia compradora de Xangai. O preconceito racial parecia ter sido completamente abolido no antagonismo de classe que não conhecia fronteiras nacionais. Mesmo sua agitação antijaponesa não era dirigida contra os japoneses com base racial. Em sua propaganda, os vermelhos enfatizavam constantemente que se opunham apenas aos militaristas, capitalistas e outros "opressores fascistas" japoneses, e que as massas japonesas eram suas aliadas potenciais. De fato, eles tinham uma grande convicção disso. Essa mudança do chauvinismo nacional para o antagonismo de classe foi, sem dúvida, fruto da educação na Rússia que receberam tantos líderes vermelhos chineses, que frequentaram a Universidade Sun Yat-sen, a Universidade dos Trabalhadores Orientais, a Academia Vermelha ou alguma outra escola para treinamento de quadros internacionais do comunismo, e voltaram como professores do seu povo.

Um exemplo desse espírito de internacionalismo foi mostrado no intenso interesse com que os vermelhos acompanharam os acontecimentos da Guerra Civil Espanhola. Boletins foram publicados na imprensa e, depois, eram afixados nas salas de reunião dos sovietes das aldeias – e anunciados aos exércitos no front. Palestras especiais foram dadas pelo departamento político sobre a causa e o significado da Guerra Espanhola – enquanto a "Frente Popular" na Espanha foi comparada com a "Frente Unida" na China. Reuniões em massa da população foram convocadas, manifestações foram realizadas e discussões públicas foram encorajadas. Às vezes, era bastante surpreendente encontrar, inclusive nas montanhas remotas, camponeses vermelhos que conheciam alguns fatos rudimentares sobre a conquista italiana da Etiópia e a "invasão" ítalo-alemã da Espanha – e se referiam a essas potências como "fascistas aliados" de seu inimigo, o Japão! Apesar do isolamento geográfico, esses rudes camponeses agora sabiam muito mais sobre a política mundial do que a população rural em qualquer outro lugar da China, tudo graças aos noticiários do rádio e aos jornais, conferencistas e propagandistas comunistas.

A estrita disciplina do método e da organização dos comunistas produziu, entre os marxistas chineses, um tipo de cooperação e uma supressão do individualismo que a chamadas "Velha Mão da China" – isto é, mercadores estrangeiros dos portos chineses e missionários que imaginavam "conhecer a psicologia chinesa" – acharia impossível de acreditar, sem testemunhar por si mesmos. A existência política do indivíduo era como o pulsar de um átomo no interior do todo social – a massa – sob cuja vontade ele deveria se curvar, seja consciente, no papel de liderança, ou inconscientemente, como parte do demiurgo material. Houve disputas e lutas mortíferas entre os comunistas, é claro, mas nenhuma delas foi suficientemente grave para causar um dano permanente ao Exército ou ao Partido.

Se Nanquim tivesse podido, em algum momento, dividir a força militar e política dos comunistas em facções contraditórias e guerreiras, como fez com todos os outros grupos da oposição – ou como Chiang Kai-shek fez com seus próprios rivais pelo poder dentro do Kuomintang –, a missão da repressão comunista poderia ter resultado em um sucesso final. Mas suas tentativas foram falhas. Por exemplo, alguns anos atrás, Nanquim esperava utilizar a controvérsia mundial Stalin-Trotsky para dividir os comunistas chineses, mas, embora os chamados "trotskistas" chineses tenham aparecido, eles nunca desenvolveram nenhuma influência de massa ou ganharam seguidores de forma relevante.

Os vermelhos, geralmente, descartaram muito da cerimônia insincera da etiqueta tradicional chinesa, e sua psicologia e caráter eram bem diferentes de nossas antigas concepções de chinês. Eram mais diretos, francos, simples, indevidos e de mentalidade científica. Eles rejeitaram muito da velha filosofia chinesa, que era a base do que um dia foi a civilização chinesa, e o mais importante de tudo, talvez, eles eram inimigos implacáveis do velho familismo chinês[344].

Com essa zelosa adoração à União Soviética, naturalmente, houve muita cópia e imitação de ideias, instituições, métodos e organizações estrangeiras. O Exército Vermelho Chinês é construído em linhas militares russas, e muito de seu conhecimento tático deriva da experiência russa. As organizações sociais em geral seguem o padrão estabelecido pelo bolchevismo russo. Muitas canções vermelhas foram colocadas na música russa e são amplamente cantadas nos distritos sovietes. "*Su-wei-ai*" como tradução chinesa para "soviete" é, apenas, um exemplo de muitas palavras diretamente transliteradas do russo.

Mas em todo esse empréstimo houve muita adaptação; poucas ideias ou instituições russas sobreviveram sem mudanças drásticas para se adequar ao meio em que operavam. O processo empírico de uma década eliminou as importações indiscriminadas, feitas no atacado e, também, resultou na introdução de características no sistema soviético que são, peculiarmente, chinesas. Um processo de imitação e adaptação do Ocidente testava, é claro, ocorrendo também no mundo burguês da China – pois restava muito pouco até mesmo da poesia como herança do velho regime, esse "material de sucata de uma grande história", como Spengler o chama, o que é de muito valor na construção de uma burguesia moderna ou de uma sociedade socialista capaz de lidar com as vastas novas demandas do país. Enquanto os vermelhos tomaram pesadamente lições da Rússia para métodos de organização da juventude, o generalíssimo Chiang Kai-shek usou não apenas aviões bombardeiros italianos para destruí-los, mas também tomou emprestado muito do conservador movimento anglo-saxão Y.M.C.A. para construir seu anticomunista Movimento Vida Nova.

E, finalmente, é claro, a ideologia política, a linha tática e a liderança teórica dos comunistas chineses estiveram sob a orientação estreita, senão direção ativa, da Internacional Comunista, o Komintern. Sem

344 N.A.: Aqui, não falo das massas camponesas como um todo, mas de uma vanguarda comunista. Mas mesmo entre o campesinato sovietizado, as atitudes contrastavam notavelmente com aquelas descritas, por exemplo, em *Chinese Characteristics* (N.Y., 1894), de Arthur H. Smith.

dúvida, grandes benefícios foram obtidos pelos comunistas chineses ao compartilharem a experiência coletiva da Revolução Russa e à liderança do Komintern. Mas também é verdade que o Komintern pode ser responsabilizado por graves reveses sofridos pelos comunistas chineses na sua aflição por crescimento.

11.4. O comunismo chinês, Stalin, Trotsky e o Komintern

É possível dividir a história das relações sino-russas de 1913 a 1937 em, aproximadamente, três períodos. A primeira, de 1913 a 1917, foi um período de aliança de fato entre a União Soviética e os revolucionários nacionais, como se fossem colegas de alojamento que mal se conheciam, mas que estavam alinhados sob as bandeiras do Kuomintang e dos partidos comunistas, visando à derrubada por meio de uma revolução do governo então existente da China – e a conquista da independência da China de imperialismo estrangeiro. Esse empreendimento terminou com o triunfo do Kuomintang de direita, a fundação do governo de Nanquim, um compromisso com o imperialismo e o rompimento das relações sino-russas.

De 1917 a 1933, houve um período de isolamento entre Rússia e China, com o completo afastamento de Nanquim em relação à influência russa. Esse tempo terminou quando Moscou retomou as relações diplomáticas com Nanquim no final de 1933. O terceiro período começou com uma morna *reaproximação* Nanquim-Moscou, constrangida, consideravelmente, pela contínua guerra civil pesada entre Chiang Kai-shek e os comunistas chineses – ela terminaria, dramaticamente, no início de 1937, quando uma reconciliação parcial seria efetuada entre os comunistas e o Kuomintang, com novas possibilidades abertas para a cooperação sino-russa.

Esses três períodos do relacionamento sino-russo refletem, com precisão, também as mudanças que ocorreram no caráter do Komintern durante os últimos anos e seus estágios de transição. É impossível entrar aqui na dialética da série extremamente complexa de causas, domésticas e internacionais, que provocaram essas mudanças, tanto na

União Soviética quanto no Komintern, mas é pertinente ver como elas afetaram e foram afetadas pela Revolução Chinesa.

Como todos que estudaram esse assunto sabem, a crise da Revolução Chinesa coincidiu com uma crise na Rússia, e no Komintern, expressa na luta entre o trotskismo e o stalinismo para fins teóricos e práticos de controle das forças da revolução mundial. Se Stalin não tivesse esperado até 1924 para apresentar seu slogan, "socialismo em um só país", se a questão tivesse sido travada já naquele momento ou se ele tivesse conseguido dominar o Komintern antes disso, muito possivelmente a "intervenção" na China poderia nunca ter começado. Essa especulação, em todo caso, é inútil. Quando Stalin desenvolveu sua luta, a linha na China já tinha sido decidida. A ativa colaboração militar, política, financeira e intelectual dada à Revolução Nacionalista Chinesa esteve até 1926 sob a direção principalmente de Zinoviev[345], que era presidente da Internacional Comunista. Até então, os partidários de Stalin ainda não haviam vencido, de forma decisiva, a teoria de Trotsky da "revolução permanente". Mas, desde o início de 1926, Stalin se tornou o principal responsável pelos assuntos e políticas do Komintern, bem como pelo Partido Comunista da União Soviética, e isso é incontestável.

Stalin liderou o Komintern, que deu aos comunistas chineses sua linha tática e "diretrizes" ao longo de 1926, e durante a catástrofe da primavera de 1927. Durante esses meses fatídicos, em que o desastre se acumulou como um poderoso tufão acima das cabeças dos comunistas chineses, a linha de Stalin foi submetida a bombardeios contínuos da

345 N.E.: Grigory Yevseyevich Zinoviev [Григо́рий Евсе́евич Зино́вьев], pseudônimo de Ovsei-Gershon Aronovich Radomyslsky [Овсей-Гершон Аронович Радомысльский], (1883-1936), nasceu em uma família judaica em Yelisavetgrad – uma cidade de maioria russa do então Império Czarista, atual Kropyvnytskyi, situada no que viria a ser o atual leste Ucrânia. Bolchevique de primeira hora, ele teve posições de destaque na Revolução Russa, mas se uniu a Stalin e Kamenev contra Trotsky na chamada Troika (Triunvirato), mudando de posição em seguida, até se submeter à liderança de Stalin novamente, o que, no entanto, não impediu sua condenação à morte nos famosos Processos de Moscou em 1936, em virtude de ter sido implicado no assassinato de Sergei Kirov, no final de 1934.

Oposição, dominada por Trotsky, Zinoviev e Kamenev[346]. Enquanto era o presidente do Komintern, Zinoviev apoiou totalmente a linha de cooperação comunista com o Kuomintang, mas ele a atacou violentamente quando se tornou oposição e ela continuou sendo seguida por Stalin. Particularmente depois da primeira "traição" de Chiang Kai-shek – a tentativa abortada de um golpe de Estado em Guangdong em 1926 –, Zinoviev previu uma inevitável contrarrevolução, na qual a burguesia nacional se aliaria ao Imperialismo e se tornaria traidora das massas.

Pelo menos um ano antes do segundo, e exitoso, golpe de Chiang Kai-shek, Zinoviev começou a exigir a saída dos comunistas do Kuomintang, "o partido da burguesia nacional", que ele percebeu ser incapaz de realizar as duas tarefas principais da Revolução Anti-imperialista, ou seja, a derrubada da dominação estrangeira sobre a China e o "antifeudalismo" – ou a destruição do domínio dos senhores de terra na China rural[347]. Assim como no início Trotsky começou a pedir a formação de sovietes e um Exército Vermelho chinês independente. A Oposição, em geral, previa o fracasso da revolução "democrática burguesa" – tudo o que eles esperavam nesse período – se a linha de Stalin continuasse a ser aplicada.

Stalin se defendeu, após a derrota, ridicularizando como "não marxistas" as alegações trotskistas de que a linha do Komintern havia sido

346 N.E.: Lev Borisovich Kamenev [Лев Борисович Каменев], cujo sobrenome de nascimento era Rosenfeld [Розенфельд] (1883-1936), nasceu em Moscou, filho de pai judeu e a mãe ortodoxa, ambos envolvidos em atividades revolucionárias. Kamenev, portanto, já era um comunista de berço e, depois, ainda se casou com a revolucionária Olga Bronstein, irmã mais nova de Trotsky – depois, Kamenev se separa de Olga e, também, romperá politicamente com o ex-cunhado, acompanhado por Zinoviev nos seus zigue-zagues de aproximações e rupturas com Stalin, até também ser executado em 1936 nos Processos de Moscou.

347 N.E.: Ainda que o termo "feudalismo" seja usado na propaganda, em textos políticos e científicos sobre a China, há dúvidas razoáveis quanto à sua adequação. Conforme o historiador marxista Guo Moruo, haveria um "feudalismo" na China, o sistema *fēngjiàn* [封建], a administração descentralizada da China pré-unificação, o que diz respeito a uma forma de administração não a um modo de produção. Em que pese a persistência de relações arcaicas herdadas dos tempos do Império, estas somente de maneira forçosa poderiam ser consideradas como "feudalismo" em sentido técnico.

a principal causa do fracasso. "O camarada Kamenev", declarou Stalin, "disse que a política da Internacional Comunista foi responsável pela derrota da Revolução Chinesa e que nós criamos "*Cavaignacs*"[348] na China... Como se pode afirmar que as táticas de um partido podem abolir ou inverter a relação das forças de classe? O que dizer das pessoas que esquecem a relação das forças de classe em tempo de revolução e que tentam explicar tudo através das táticas de um partido? Só uma coisa pode ser dita de tais pessoas – que eles abandonaram o marxismo."[349]

Trotsky não precisou de minha ajuda para formular uma réplica apropriada à advocacia em causa própria de Stalin, mas assim como sua sagacidade não impediu o esmagamento das revoluções comunistas na Hungria e na Baviera, nem a derrota geral das esperanças do Komintern em todo o Oriente, também não iria salvar os comunistas chineses de uma catástrofe que quase destruiu o Partido. E Stalin venceu. Isto é, ele expulsou Trotsky do templo e, consequentemente, dominou as atividades futuras do Komintern na China – que por um dado período foram, praticamente, nulas. Órgãos russos na China foram fechados, comunistas russos foram mortos ou expulsos do país, o fluxo de ajuda financeira, militar e política da Rússia diminuiu. O Partido Comunista Chinês mergulhou em grande confusão e, por algum tempo, sua liderança interior perdeu contato com o Komintern. O movimento dos sovietes rurais e o Exército Vermelho chinês de Mao começaram, espontaneamente, e, de fato, não receberam muitos aplausos da Rússia até depois do Sexto Congresso, quando a Internacional Comunista lhe deu suas bênçãos de batismo.

Depois de 1927, se tornou impossível para a Rússia ter qualquer conexão física direta com as áreas vermelhas chinesas, que não tinham saída para o mar e estavam totalmente cercadas por um anel de tropas

348 N.E.: Stalin se referia ao general francês Louis-Eugéne Cavaignac, republicano que, no entanto, reprimiu os trabalhadores revoltosos em 1848, tornando-se sinônimo de traidor. Logo adiante, Cavaignac seria derrotado por Luís Napoleão na eleição para presidente da República.

349 N.E.: Esse trecho consta do capítulo *Sobre o problema da China*, que pertence ao discurso *A situação internacional e a defesa da União Soviética*, proferido por Stalin em 1º de agosto de 1927, ironicamente no mesmo dia do Levante de Nanchang, data de nascimento do Exército Vermelho Chinês.

hostis. Enquanto no passado havia dezenas de operativos do Komintern na China, agora havia dois ou três, muitas vezes quase isolados da sociedade como um todo, raramente capazes de arriscar uma permanência de mais de alguns meses. Enquanto um grande fluxo de ouro e armas russas havia ido anteriormente para os nacionalistas de Chiang Kai-shek, agora nem uma gota chegava aos vermelhos. E enquanto toda a União Soviética havia apoiado a Grande Revolução de 1925-27, o movimento comunista chinês agora era auxiliado apenas por um Komintern que não podia mais comandar os vastos recursos da "base da Revolução Mundial", mas vacilava como uma espécie de pobre enteado que poderia ser oficialmente deserdado, caso fizesse algo impróprio.

A ajuda financeira real dada aos comunistas chineses por Moscou ou pelo Komintern durante essa década parecia ter sido incrivelmente pequena. Quando o casal Noulens foi preso em Xangai em 1932 e condenados por Nanquim como principais agentes no Extremo Oriente do Komintern, as evidências da polícia mostraram que o total de desembolsos para todo o Oriente (não apenas para a China) não havia excedido no máximo o equivalente 15 mil dólares por mês[350]. Isso foi uma ninharia em comparação com as vastas somas despejadas na China para apoiar a propaganda japonesa e nazista-fascista. Era bastante lamentável, também em contraste, com o valor de 50 milhões de dólares do empréstimo de trigo dos Estados Unidos para Nanquim em 1933[351] – cujos rendimentos foram de valor decisivo para a guerra civil de Chiang Kai-shek contra os vermelhos, segundo relatos de observadores militares estrangeiros.

Estados Unidos, Inglaterra, Alemanha e Itália venderam a Nanquim grandes quantidades de aviões, tanques, canhões e munições, mas é claro que não venderam nada para os vermelhos. O Exército americano liberou oficiais para treinar a força aérea chinesa, que demoliu cidades na China Vermelha, e instrutores italianos e alemães realmente lideraram algumas das expedições de bombardeio mais destrutivas, como

---

350 N.E.: O valor de 15 mil dólares em 1932 equivale a cerca de 320 mil dólares em 2023.

351 N.E.: Esses 50 milhões de dólares em 1933 equivaleria a mais de 1 bilhão de dólares em valores atuais.

aconteceu em maior escala na Espanha. Para ajudar Chiang Kai-shek, a Alemanha enviou von Seeckt, e depois dele von Falkenhausen, que vieram acompanhados de um Estado-Maior de oficiais prussianos, que aperfeiçoaram a técnica de aniquilação de Nanquim. Parecia que Chiang Kai-shek foi sustentado por quase dez anos por uma ajuda mais importante do que qualquer potência estrangeira deu aos vermelhos.

Provavelmente, os comunistas chineses lutaram com menos ajuda estrangeira material do que qualquer outro exército na história chinesa moderna.

11.5. Li De [Otto Braun], o "mentor" ocidental

O fato é que não houve sequer um único conselheiro estrangeiro com o Exército Vermelho durante os primeiros cinco anos de sua existência – anos em que ele construiu os sovietes, criou um movimento revolucionário disciplinado e aumentou suas forças pelo processo de desmobilizar e desarmar seus inimigos. Somente em 1933, o alemão Li De apareceu nos distritos do soviete de Jiangxi como voluntário para, posteriormente, assumir uma alta posição política e militar. Apesar da pouco significante, em termos numéricos, influência estrangeira, vários comunistas responsáveis no Noroeste sentiam que seus conselhos causaram dois erros custosos à República Vermelha de Jiangxi em seus últimos dias. O primeiro deles, como apontou Mao Zedong, foi o fracasso do Exército Vermelho em se unir ao Décimo-Nono Exército de Rota, quando este último se levantou em revolta contra Nanquim no outono de 1933.

O Décimo-Nono Exército de Rota, comandado pelos generais Chen Mingshu, Cai Tingkai e Jiang Guangnai, fez a heroica defesa de Xangai contra a invasão japonesa em 1932, e se afirmou como um poderoso ator nacional-revolucionário – transferindo-se para Fujian após a Trégua de Xangai, aquele exército se tornou, gradualmente, um núcleo de oposição à política da política de "não resistência" de Nanquim aos japoneses. Após a negociação de Nanquim da humilhante Trégua de Tanggu com o Japão[352], os líderes do Décimo-Nono Exército de Rota estabeleceram um governo independente e iniciaram um movimento por uma república democrática – e a destruição do regime de Chiang Kai-shek.

352 N.E.: Ver capítulo 3.5. A trégua Tanggu foi mais dos acordos vexaminosos pelos quais Chiang Kai-shek permitiu o avanço japonês sobre o território chinês – enquanto isso ele concentrava todas as suas forças para aniquilar os comunistas.

Agora, o Décimo-Nono Exército de Rota era uma das poucas unidades militares do Kuomintang nunca derrotadas pelos vermelhos, e eles tinham grande respeito por sua capacidade de luta. Composto principalmente por cantoneses, ele refletia de verdade, em seu caráter político, um movimento de oposição de esquerda difusamente organizado. Foi o principal núcleo militar de várias facções da periferia do Kuomintang, lideradas pelos *shèhuì mínzhǔdǎng* [社会民主党], os social-democratas chineses[353].

Enviados a Fujian para participar da repressão comunista no final de 1932, os líderes do Décimo-Nono Exército de Rota construíram rapidamente uma base própria para se opor a Chiang Kai-shek[354]. Eles firmaram um acordo de não agressão com os vermelhos e propuseram uma aliança anti-Nanquim e antijaponesa nos mesmos termos que, mais tarde, foram desenvolvidos no Noroeste entre o Exército Dongbei e os exércitos comunistas. Em vez de cooperar com o Décimo-Nono Exército de Rota, os próprios vermelhos retiraram suas forças principais da fronteira de Fujian para o oeste de Jiangxi e deixaram o flanco quase totalmente livre para Chiang Kai-shek. Assim, habilitado a descer de Zhejiang para a vizinha Fujian com poucos impedimentos, o generalíssimo atacou antes mesmo que o Décimo-Nono Exército de Rota estivesse preparado militar ou politicamente e, bem rápido, reprimiu os insurgentes. Os vermelhos, por conseguinte, perderam seus aliados potenciais mais fortes. Não há dúvida de que a eliminação do Décimo-Nono Exército de Rota facilitou muito a tarefa de destruir os sovietes do Sul, para os quais Chiang Kai-shek imediatamente se voltou quando estava no auge de sua moral alta no início de 1934.

O segundo erro grave dos vermelhos foi cometido no planejamento da estratégia e tática para enfrentar a nova ofensiva de Chiang – a *Quinta Campanha*. Em campanhas anteriores, os vermelhos triunfa-

353 N.E.: Embora genericamente social-democratas, os generais do Décimo-Nono Exército de Rota eram do Partido Popular da Produção (*Shēngchǎn Rénmín Dǎng* [生产人民党]), que teve curtíssima duração, dos fins de 1933 até o começo do 1934.

354 N.E.: Trata-se do Incidente de Fujian, que resultou no Governo Popular de Fujian (*Fújiàn Rénmín Zhèngfǔ* [福建 人民 革命 政府]), como já referido no item 4.6 deste livro e em relação ao qual Mao avaliava que os comunistas agiram mal.

ram confiando em sua superioridade nas manobras de guerra e em sua capacidade de tomar a iniciativa de Chiang Kai-shek em fortes concentrações rápidas e ataques surpresa. A guerra posicional e a luta regular sempre desempenharam papéis menores em suas operações. Mas na Quinta Campanha, segundo os comandantes vermelhos com quem conversei, Li De insistia em mudanças radicais para atender à nova estratégia de Chiang. Ele planejou uma defesa em larga escala no pivô da guerra posicional, relegando as táticas partisan e de guerrilha pura a tarefas auxiliares e, de alguma forma, ganhou aceitação para seu esquema que tinha (assim me disseram) a oposição unânime do conselho militar vermelho.

Li De foi, sem dúvida, um estrategista militar excepcionalmente capaz. Durante a Guerra Mundial destacou-se no Exército Alemão, e mais tarde foi comandante do Exército Vermelho da Rússia, frequentando a primeira Academia do Exército Vermelho de Moscou. Como alemão, os vermelhos também respeitavam sua análise da estratégia e tática que os conselheiros alemães haviam recomendado ao generalíssimo Chiang. Eventos subsequentes provaram que a fé era correta. Os generais de Nanquim, quando encontraram alguns dos escritos de Li De interpretando suas táticas, admitiram com espanto que ele havia antecipado com precisão cada estágio da ofensiva. No entanto, os comandantes vermelhos com quem conversei sentiram que a principal razão para sua derrota na Quinta Campanha foi a mudança em suas próprias táticas e suponho que, naturalmente, considerassem Li De o principal responsável.

Mas quaisquer que sejam os erros de julgamento que Li De possa ter cometido, há poucas dúvidas de que sua longa experiência com os métodos de combate chineses e em terreno chinês o torna hoje uma das autoridades militares ocidentais mais qualificadas na China. E, incidentalmente, a coragem pessoal e o heroísmo estoico de um homem que suportou as duras adversidades da Longa Marcha – muito pior para um estrangeiro do que para um chinês – devem merecer a admiração de pessoas de qualquer crença política e permanece como um desafio aos revolucionários de poltrona em todo o mundo.

Ele tinha problemas estomacais e precisava desesperadamente de um dentista, mas seu verdadeiro problema era encontrar um par de sapatos grande o suficiente para seu enorme número onze. Não parecia haver sapatos tão grandes na China. Profundamente intelectual e altamente sensível, viveu anos sem contato com estrangeiros, na maioria das vezes sem sequer ler livros. Quando eu estava em Bao'an, ele parecia encantado por ter obtido uma cópia do enorme Anuário da China [*China Year Book*], que ele digeriu cuidadosamente de capa a capa, incluindo suas inúmeras tabelas de estatísticas – um feito que constitui uma das poucas coisas que ele poderia se gabar em comum com o editor do *Year Book*, H. G. W. Woodhead. Li De, aquele germânico de olhos azuis e cabelos louros não falava uma palavra de chinês quando mergulhou sozinho com seus camaradas orientais, e ele teve que conduzir todas as suas conversas em alemão, russo e francês.

É quase impossível acreditar que, sob qualquer gênio de comando, os vermelhos pudessem ter saído vitoriosos contra as adversidades dolorosas que os enfrentaram ao longo do ano da Quinta Campanha. Não foi o fenômeno do apoio estrangeiro ao lado dos vermelhos, mas sua presença em maior grau ao lado do Kuomintang, que caracterizou a última luta desesperada da república soviética de Jiangxi. A situação era exatamente o oposto da imagem apresentada na propaganda antivermelha.

É importante discutir tudo isso e observar francamente o papel da ajuda estrangeira dada aos sovietes chineses naquela época, e especialmente sua relativa insignificância, a fim de obter uma imagem correta das dificuldades internas dos comunistas chineses. Pois, como visto a partir dessa evidência, é bastante claro que eles não eram "comandados por bolcheviques russos", "mercenários pagos com rublos russos" ou "tropas marionetes de Stalin" – a imprensa chinesa ou estrangeira durante as guerras anticomunistas costumava relatar quantos "cadáveres de oficiais russos" foram encontrados no campo de batalha após algum ataque do Kuomintang. Essa propaganda foi tão eficaz que muitos chineses não comunistas realmente pensaram no Exército Vermelho Chinês como uma espécie de invasor estrangeiro.

Tanto para Jiangxi. Durante os dois anos seguintes da Longa Marcha, os vermelhos tiveram o contato cortado com os membros de seu próprio Partido nas cidades costeiras da China – e o Komintern raramente entrava em comunicação direta com o Exército Vermelho. Wang Ming, o principal delegado do Partido Chinês em Moscou, deve ter achado muito difícil, às vezes, obter informações precisas até mesmo sobre a localização das principais forças do Exército Vermelho para seus relatórios para o Komintern, e alguns de seus artigos no Inprecorr[355] pareciam refletir isso. A propósito, aconteceu de eu estar em Bao'an um dia quando chegaram alguns exemplares do Inprecorr e vi Luo Fu, o secretário do Comitê Central do Partido, educado nos Estados Unidos, devorando-os avidamente. Ele mencionou casualmente que não via um Inprecorr há quase três anos!

E somente em setembro de 1936, enquanto eu ainda estava com os vermelhos, o relato detalhado dos trabalhos do Sétimo Congresso da Internacional Comunista, realizado apenas um ano antes, finalmente chegou à capital vermelha da China. Foram esses relatórios que trouxeram aos comunistas chineses, pela primeira vez, a tese plenamente desenvolvida da tática antifascista internacional da Frente Unida – táticas que deveriam guiá-los em sua política durante os emocionantes meses adiante, quando a revolta se espalharia. Em todo o Noroeste, e para abalar todo o Oriente. E mais uma vez o Komintern iria afirmar sua vontade nos assuntos da China, de uma maneira que afetou fortemente o desenvolvimento da revolução.

Mas eu deveria ver esse episódio do lado de fora, novamente, em Pequim.

355 N.A.: *International Press Correspondence* [Correspondência de imprensa internacional], órgão da Terceira Internacional (ou Internacional Comunista), cuja publicação era feita em Moscou.

11.6. Adeus à China Vermelha

Duas coisas interessantes aconteceram antes de eu deixar Bao'an. Em 9 de outubro de 1936, mensagens de rádio de Gansu chegaram até nós, relatando a junção bem-sucedida em Huining da linha de frente do Quarto Exército Vermelho com a Primeira Divisão de Chen Geng, do Primeiro Corpo de Exército. Todas as forças regulares do Exército Vermelho estavam agora concentradas no Noroeste da China, com boas linhas de comunicação estabelecidas. Encomendas de uniformes de inverno chegavam às fábricas de Bao'an e Wuqi. As forças combinadas dos Três Exércitos agora contavam entre 80 e 90 mil combatentes experientes e bem equipados. Celebrações e regozijo foram realizados em Bao'an e em todos os distritos sovietes. O longo período de suspense durante a luta no sul de Gansu terminou. Todos agora sentiam uma nova confiança no futuro. Com todas as melhores tropas vermelhas na China concentradas em um grande território novo, e perto de outros 100 mil soldados simpatizantes do Exército Dongbei, de quem eles passaram a considerar aliados, os vermelhos agora acreditavam que suas propostas para uma Frente Unida seriam ouvidas com maior interesse por Nanquim.

O segundo acontecimento importante foi uma entrevista que fiz com Mao Zedong, pouco antes de minha partida, na qual, pela primeira vez, ele indicou termos concretos com base nos quais os comunistas acolheriam a paz com o Kuomintang e cooperação para resistir ao Japão. Alguns desses termos já haviam sido anunciados em um manifesto do Partido Comunista de agosto de 1935. Em minha conversa com Mao, lhe pedi que explicasse as razões dessa nova política.

"Em primeiro lugar", começou ele, "a gravidade da agressão japonesa: ela se intensifica a cada dia e é uma ameaça tão formidável que diante dela todas as forças da China devem se unir. Além do Partido

Comunista, existem outros partidos e forças na China, e o mais forte deles é o Kuomintang. Sem sua cooperação, nossa força no momento é insuficiente para resistir ao Japão na guerra. Nanquim deve participar. O Kuomintang e o Partido Comunista são as duas principais forças políticas na China, e se continuarem a lutar agora na guerra civil, o efeito será desfavorável para o movimento antijaponês."

"Em segundo lugar, desde agosto de 1935, o Partido Comunista vem pedindo, por meio de manifesto, uma união de todos os partidos na China com o propósito de resistir ao Japão, e a esse programa toda a população respondeu com simpatia, não obstante o fato de que o Kuomintang continuou seus ataques contra nós."

"O terceiro ponto é que muitos elementos patrióticos, mesmo no Kuomintang, agora favorecem uma reunião com o Partido Comunista. Elementos antijaponeses e até mesmo o Governo de Nanquim, e exércitos de Nanquim, estão hoje prontos para uma união devido aos riscos de nossa existência nacional."

"Eis as principais características da situação atual da China, e por causa delas somos obrigados a reconsiderar, detalhadamente, a fórmula concreta sob a qual tal cooperação no movimento de libertação nacional pode se tornar possível. O ponto fundamental da unidade em que insistimos é o princípio antijaponês de libertação nacional. Para realizá-lo, acreditamos que deve ser estabelecido um governo democrático de defesa nacional. Suas principais tarefas devem ser resistir ao invasor estrangeiro, garantir direitos populares às massas do povo e intensificar o desenvolvimento da economia do país."

"Vamos, portanto, apoiar uma forma parlamentar de governo representativo, um governo de salvação antijaponês, um governo que protege e apoia todos os grupos patrióticos populares. Se tal república for estabelecida, os comunistas chineses se tornarão parte dela. Vamos realizar em nossas áreas medidas para uma forma parlamentar democrática."

"Isso significa", perguntei, "que as leis de tal governo [democrático] também se aplicariam aos distritos sovietes?"

Mao respondeu afirmativamente. Ele disse que tal governo deveria restaurar e mais uma vez realizar a vontade final de Sun Yat-sen e seus "princípios básicos" durante a Grande Revolução que eram: (I) aliança com a União Soviética e os países que tratam a China como um igual; (II) união com o Partido Comunista da China e (III) proteção fundamental dos interesses da classe trabalhadora chinesa.

"Se tal movimento se desenvolver no Kuomintang", ele continuou, "estamos preparados para cooperar e apoiar e formar uma Frente Unida contra o imperialismo como existia em 1925-1927. Estamos convencidos de que esse é o único caminho deixado para salvar nossa nação."

"Existe alguma causa *imediata* para as novas propostas?", perguntei. "Elas certamente devem ser consideradas como a decisão mais importante na história do seu partido em uma década."

"As causas imediatas", explicou Mao, "são as novas e severas exigências do Japão[356], cuja capitulação deve prejudicar enormemente qualquer tentativa de resistência no futuro, e a resposta popular a essa crescente ameaça de invasão japonesa na forma de um grande movimento patriótico popular. Essas condições, por sua vez, produziram uma mudança de atitude entre certos elementos em Nanquim. Sob as circunstâncias, agora é possível esperar a realização de tal política como propomos. Se tivesse sido oferecido dessa forma há um ano, ou antes, nem o país nem o Kuomintang estariam preparados para isso."

"No momento, as negociações estão sendo conduzidas. Embora o Partido Comunista não tenha grandes esperanças em persuadir Nanquim a resistir ao Japão, ainda é possível. Enquanto for assim, o Partido Comunista estará pronto para cooperar em todas as medidas necessárias. Se Chiang Kai-shek quiser continuar a guerra civil, o Exército Vermelho também irá acompanhá-lo até o fim."

Com efeito, Mao fez uma declaração formal da prontidão do Partido Comunista, do Governo Soviete e do Exército Vermelho para cessar a guerra civil e novas tentativas de derrubar Nanquim pela força e submeter-se ao alto comando de um governo central representativo, desde que fosse criado o quadro político em que fosse possível a cooperação de outros partidos além do Kuomintang. Também nessa época, em-

---

356 N. de A: São as exigências dos "Três Pontos" do ministro das Relações Exteriores Hirota, servidas no Governo de Nanquim.

bora não como parte da entrevista formal, Mao indicou que os comunistas estariam preparados para fazer mudanças na nomenclatura para facilitar a "cooperação" – mas sem afetar fundamentalmente o papel independente do Exército Vermelho e do Partido Comunista. Assim, se fosse necessário, o Exército Vermelho mudaria seu nome para Exército Revolucionário Nacional, o nome "soviete" seria abandonado e a política agrária seria modificada durante o período de preparação para a guerra contra o Japão. Durante as turbulentas semanas que se seguiram, essa declaração teria uma importante influência nos eventos[357].

Em meados de outubro de 1936, depois de estar com os vermelhos por quase quatro meses, os preparativos foram finalmente concluídos para meu retorno ao mundo branco. Não foi fácil. As tropas Dongbei amigas de Zhang Xueliang foram retiradas de quase todos os pontos de checagem da linha de contato e substituídas por forças leais a Nanquim. Havia apenas uma única saída então, através de uma divisão Dongbei que ainda tinha uma frente com os vermelhos perto de Luochuan, uma cidade murada a um dia de viagem de carro ao norte de Xi'an.

Desci a rua principal de Bao'an pela última vez e, quanto mais me aproximava do portão, mais relutantemente me movia. As pessoas colocaram suas cabeças para fora dos escritórios para gritar os últimos comentários. Meu clube de pôquer apareceu *em massa* para se despedir do *maestro*, e alguns "diabinhos" se arrastaram comigo até as paredes de Bao'an. Parei para tirar uma foto do velho Xu e do velho Xie, seus braços jogados em volta dos ombros um do outro como colegiais. Apenas Mao Zedong não apareceu; ele ainda estava dormindo.

"Não se esqueça do meu braço mecânico!" – chamou Cai Shushen.

"Não se esqueça dos meus filmes!" – lembrou-me Lu Dingyi.

"Estaremos esperando a frota aérea!" – riu Yang Shangkun.

"Envie-me uma esposa!" – exigiu Li Kenong.

"E mande de volta aqueles *100 gramas de cacau*" – repreendeu Bo Gu.

Toda a Academia Vermelha estava sentada ao ar livre, sob uma grande árvore, ouvindo uma palestra de Luo Fu, quando passei. Todos eles

---

357 N.A.: O texto completo dessa entrevista foi publicado no *The China Weekly Review* (Xangai), em duas partes publicadas em 14 e 21 de novembro de 1936.

se aproximaram, apertamos as mãos e murmurei algumas palavras. Então me virei e atravessei o riacho, acenei para eles em despedida e subi rapidamente com minha pequena caravana. Eu posso ser o último estrangeiro a ver qualquer um deles vivos, pensei. Foi muito deprimente. Eu senti que eu não estava indo para casa, mas deixando-a.

Em cinco dias alcançamos a fronteira sul, e esperei lá por três dias, ficando em uma pequena aldeia e comendo feijão preto e porco do mato. Era uma bela região arborizada, cheia de caça, e eu passava os dias nas colinas com alguns camponeses e soldados vermelhos, caçando porcos e veados. O mato estava cheio de enormes faisões, e um dia até vimos, longe de nosso alcance, dois tigres atravessando uma clareira em um vale banhado pelo ouro púrpura do outono. Aquela linha de frente estava absolutamente pacífica e os vermelhos tinham apenas um batalhão estacionado aqui.

No dia 20, atravessei a terra de ninguém com segurança, atrás das linhas do Exército Dongbei, e, no dia seguinte, num cavalo emprestado, cheguei a Luochuan, onde um caminhão me esperava. Um dia depois eu estava em Xi'an. Na torre do tambor, pulei do banco do motorista e pedi a um dos vermelhos (que usava uniforme do Exército Dongbei) para me jogar minha bolsa. Uma longa busca, e depois uma busca mais longa, enquanto meus medos aumentavam. Finalmente, não havia dúvida sobre isso. Minha bolsa não estava lá. Naquela bolsa havia uma dúzia de diários e cadernos, trinta rolos de filme – as primeiras fotos tiradas do Exército Vermelho chinês – e vários quilos de revistas, jornais e documentos vermelhos. Tinha que ser encontrado.

Agitação sob a Torre do Tambor, enquanto os guardas de trânsito observavam curiosos a uma curta distância. Consultas sussurradas. Finalmente percebeu-se o que havia acontecido. O caminhão estava carregado com sacos de armas cheios de fuzis do Dongbei quebrados e revólveres enviados para conserto, e minha bolsa. Em caso de qualquer busca, também havia sido enfiado em tal saco. Mas de volta a Xianyang, na margem norte do rio Wei, 30 quilômetros atrás de nós, o objeto perdido havia sido jogado fora com as outras cargas. O motorista olhou tristemente para o caminhão e ofereceu um pornográfico "*Tā mā de* [他妈的]" para meu consolo.

Já estava anoitecendo, e o motorista sugeriu que esperasse até de manhã para voltar e procurá-lo. Manhã! Algo me avisou que aquela manhã seria tarde demais. Eu insisti e finalmente ganhei a discussão. O caminhão deu marcha à ré e voltei, e fiquei acordado a noite toda na casa de um amigo em Xi'an, imaginando se algum dia veria aquela bolsa inestimável novamente. Se fosse aberto em Xianyang, não apenas todas as minhas coisas estariam perdidas para sempre, mas aquele caminhão Dongbei e todos os seus ocupantes seriam *huài la* [坏啦] – liquidados. Havia guardas de Nanquim em Xianyang.

A bolsa foi encontrada. Mas meu palpite sobre a urgência da busca estava absolutamente correto, pois na manhã seguinte todo o tráfego foi completamente retirado das ruas e todas as estradas que levavam à cidade estavam repletas de guardas e soldados. Os camponeses foram expulsos de suas casas ao longo da estrada. Algumas das cabanas mais feias foram simplesmente demolidas, para que não houvesse nada ofensivo à vista. O generalíssimo Chiang Kai-shek estava fazendo uma visita repentina a Xi'an. Teria sido impossível para nosso caminhão retornar por aquela estrada para o rio Wei, pois contornava o aeródromo fortemente vigiado.

A chegada do generalíssimo produziu um contraste inesquecível com as cenas ainda frescas em minha mente de Mao Zedong, Xu Haidong, Lin Biao ou Peng Dehuai passeando despreocupadamente por uma rua na China Vermelha. E o generalíssimo não tinha nem a cabeça a prêmio. Isso sugeriu vividamente quem realmente temia o povo e quem confiava nele. Mas mesmo todas as precauções tomadas para proteger a vida do generalíssimo em Xi'an se mostraram inadequadas. Ele tinha muitos inimigos entre as próprias tropas que o protegiam.

PARTE 12
NA CHINA BRANCA DE NOVO

12.1. Um prefácio ao Incidente de Xi'an

Emergi da China Vermelha para encontrar uma tensão cada vez maior entre as tropas Dongbei do jovem marechal Zhang Xueliang e do generalíssimo Chiang Kai-shek. Este último era agora não apenas o comandante-em-chefe das forças armadas da China, mas também o presidente do Yuan – uma posição comparável à de primeiro-ministro[358].

Como eu descrevi anteriormente[359], a tropas Dongbei foram aos poucos se transformando, militar e politicamente, de mercenários que haviam sido enviados para algumas províncias para lutar contra os vermelhos a um exército contagiado pelos slogans nacional-revolucionários antijaponeses de seu inimigo – convencido, agora, da futilidade da continuação da guerra civil, instigado por apenas uma exortação, leal a apenas uma ideia central, a esperança de "lutar para conseguir retomar a velha pátria", de recuperar a Manchúria dos japoneses que haviam os expulsado de suas casas, abusado e assassinado suas famílias. Com essas ideias que eram, diretamente, opostas às máximas ainda sustentadas por Nanquim, as tropas de Dongbei, naturalmente, encontraram-se com uma crescente empatia pelo Exército Vermelho antijaponês.

O estranhamento foi ampliado por ocorrências marcantes durante os quatro meses de minhas viagens. No Sudoeste, uma revolta contra Nanquim foi liderada pelos generais Bai Chongxi e Li Zongren, cujas principais reivindicações políticas se baseavam na oposição às políticas de não resistência "pró-japonesas" de Nanquim. Depois de semanas de quase-guerra, um acordo de compromisso finalmente foi alcançado,

358 N.E.: Na verdade, Chiang ocupava o cargo de premiê desde dezembro de 1935, o que já tinha feito em vários momentos, mas era líder político da China desde 1928, em um processo que é iniciado pelo golpe de abril de 1927 e se sacramenta em outubro de 1928.

359 N. de A: Sobretudo no item 1.3.

mas o ínterim forneceu um tremendo estímulo ao movimento antijaponês em toda a China. Três ou quatro japoneses foram mortos por multidões enfurecidas em várias partes do interior, e o Japão apresentou a Nanquim fortes demandas por desculpas, compensações e novas concessões políticas. Um novo "incidente" sino-japonês, seguido de uma invasão japonesa, parecia uma possibilidade.

Enquanto isso, o movimento antijaponês, liderado pela esquerdista Associação de Salvação Nacional, estava, apesar das severas medidas de repressão, crescendo em força em todos os lugares, e uma considerável pressão de massa estava sendo indiretamente exercida sobre Nanquim para endurecer sua atitude. Essa pressão se multiplicou quando, em outubro, tropas fantoches mongóis e chinesas lideradas pelos japoneses, equipadas e treinadas nas províncias de Jehol [Rehe] e Chahar, então conquistadas pelo Japão, começaram uma invasão do norte de Suiyuan. Mas a demanda popular generalizada de que isso fosse considerado "o último extremo" e o sinal para uma "guerra de resistência" em escala nacional foi ignorada. Nenhuma ordem de mobilização foi dada. A resposta permanente de Nanquim se repetiu. A "unificação interna" – ou seja, o extermínio dos vermelhos – deve vir primeiro. Muitos setores patrióticos começaram a exigir que propostas dos comunistas para o fim da guerra civil e a criação de uma frente nacional com base na "unificação voluntária" fossem aceitas por Nanquim, a fim de concentrar toda a energia do povo para se opor ao perigo comum do Japão. Proponentes de tais opiniões foram presos como "traidores".

Mas o maior grau de comoção estava sediado no Noroeste. Poucas pessoas perceberam então quão intimamente o sentimento antijaponês do Exército Dongbei estava conectado com a determinação de parar a guerra contra os vermelhos. Xi'an parece muito distante para a maioria dos chineses, bem como para os estrangeiros nos grandes portos da China, e é pouco visitada por jornalistas. Nenhum correspondente estrangeiro tinha passado por Xi'an nos últimos meses, e nenhum tinha qualquer histórico confiável sobre os eventos que aconteceriam lá – com uma exceção: Nym Wales, uma escritora americana, que em outubro viajou para Xi'an e entrevistou o jovem marechal. Wales relatou com precisão o aumento de temperatura no Noroeste:

"O mais autêntico movimento antijaponês na China está se formando não nos vários 'incidentes' que vão de Norte a Sul, mas aqui em Xi'an entre os exilados do Nordeste, vindos da Manchúria – como era de se esperar. O movimento está sendo reprimido em outras partes da China, mas em Xi'an está sob a liderança aberta e entusiástica do jovem marechal Zhang Xueliang – ardentemente apoiado por suas tropas, se não compelido por elas a agir nessa direção."

Refletindo sobre o significado de sua entrevista com o jovem marechal, a senhorita Wales escreveu:

"Sem dúvida, lida em relação ao seu contexto, esta entrevista pode ser interpretada como uma tentativa de influenciar Chiang Kai-shek a liderar a resistência ativa... isto é, 'somente pela resistência à agressão estrangeira [logo, não pela guerra civil] que a verdadeira unificação da China pode ser realizada', e que 'se o Governo não obedecer à vontade do povo não pode subsistir'. Mais significativo, aquele vice-comandante em chefe [perdendo apenas para Chiang Kai-shek] disse que 'se os comunistas puderem cooperar sinceramente a resistir ao invasor estrangeiro comum, talvez seja possível que esse problema possa ser resolvido pacificamente'."

Mas Chiang Kai-shek claramente subestimou a seriedade daquele aviso. Em outubro, ele enviou seu excelente Primeiro Exército como vanguarda para atacar os vermelhos em Gansu, e quando chegou a Xi'an foi com o propósito de completar os planos preliminares para sua sexta ofensiva geral contra os vermelhos. Em Xi'an e Lanzhou foram feitos arranjos para acomodar mais de 100 bombardeiros. Chegaram toneladas de bombas. Foi relatado que gás venenoso seria usado. Essa foi aparentemente a única explicação para a estranha vanglória de Chiang de que ele "destruiria os bandidos vermelhos remanescentes em algumas semanas, ou no máximo em um mês".

Chiang deve ter entendido uma coisa depois de sua visita a Xi'an em outubro: as tropas do Exército Dongbei estavam se tornando inúteis na guerra contra os comunistas. Em entrevistas com os comandantes do Dongbei, o generalíssimo pode perceber uma profunda falta de interesse em sua nova ofensiva. Um dos funcionários de Zhang Xueliang me disse mais tarde que, naquela época, o jovem marechal apresentou formalmente ao generalíssimo o programa para uma frente nacional, cessação da guerra civil, aliança com a Rússia e resistência ao Japão. Chiang Kai-shek respondeu: "Nunca falarei sobre isso até que todos os soldados vermelhos na China sejam exterminados e todos os comunistas estejam na prisão. Só então seria possível cooperar com a Rússia". Pouco antes disso, o generalíssimo rejeitou uma oferta russa de um pacto de defesa mútua, por meio de seu então ministro das Relações Exteriores, Wang Jingwei. O tempo mostraria que esse teria sido o erro mais grave da história moderna da diplomacia chinesa.

Agora, o generalíssimo voltou para seu quartel-general em Luoyang[360] e supervisionou os preparativos para sua nova campanha. Vinte divisões de tropas deveriam ser trazidas para o Noroeste, se necessário. No final de novembro, mais de dez divisões com força total de guerra já haviam sido concentradas perto de Tongguan, fora da passagem histórica na entrada para Shaanxi. Trens carregados de granadas e suprimentos despejados em Xi'an. Tanques, carros blindados, transportes motorizados estavam preparados para se mover atrás deles.

Uma chama de forte sentimento nacionalista varreu o país, e os japoneses exigiram a supressão do Movimento de Salvação Nacional, que eles responsabilizavam pela agitação antijaponesa. Nanquim se viu obrigada a isso. Sete dos líderes mais proeminentes da organização, todos cidadãos respeitáveis, incluindo um proeminente banqueiro, um advogado, educadores e escritores foram presos. Ao mesmo tempo, o governo suprimiu 14 revistas nacionalmente populares de uma só vez. Greves nas fábricas japonesas de Xangai, em parte em protesto patriótico contra a invasão japonesa de Suiyuan, também foram interrompidas com considerável violência pelos japoneses, em cooperação com o Kuomintang. Quando outras greves patrióticas ocorreram em Qingdao, os japoneses desembarcaram seus próprios fuzileiros navais, prenderam os grevistas e ocuparam a cidade. Os fuzileiros navais foram

360 N.E.: Luòyáng [洛阳] é uma cidade histórica, que já foi capital da China, e fica no entroncamento entre os rios Luo e Amarelo na província de Henan, a cerca de 400 quilômetros ao leste do teatro de operações.

retirados somente depois que Nanquim concordou, virtualmente, em proibir todas as greves nas fábricas japonesas de Qingdao no futuro[361].

Todos aqueles acontecimentos tiveram mais repercussões no Noroeste. Em novembro, sob pressão de seus próprios oficiais, Zhang Xueliang despachou seu famoso apelo para ser enviado à frente de Suiyuan. "Para controlar nossas tropas", concluía aquela missiva, "devemos manter nossa promessa a eles de que, sempre que surgir a chance, eles terão permissão para realizar seu desejo de lutar contra o inimigo. Caso contrário, eles vão considerar não apenas a mim, mas também Vossa Excelência, como trapaceiro e, assim, não nos obedecerão mais. Por favor, dê-nos a ordem de mobilizar pelo menos uma parte, se não a totalidade, do Exército Dongbei para marchar imediatamente para Suiyuan como reforço para aqueles que estão cumprindo sua missão sagrada de combater o imperialismo japonês lá. Se assim for, eu e os 100 mil homens seguiremos a liderança de Vossa Excelência até o fim." O tom grave daquela carta inteira, na esperança de restaurar o prestígio perdido do exército, era irresistivelmente evidente. Mas Chiang rejeitou a sugestão. Ele ainda queria que o Exército Dongbei lutasse contra os vermelhos.

Não muito tempo depois, importuno, o marechal embarcou em seu avião e partiu para Luoyang com o objetivo de repetir pessoalmente o pedido. Naquela época, também intercedeu pelos líderes presos da Associação Nacional de Salvação. Mais tarde, após a prisão do generalíssimo, Zhang Xueliang relatou aquela conversa:

"Recentemente, o generalíssimo Chiang deu ordem de prisão e prendeu sete dos nossos líderes da Salvação Nacional em Xangai. Pedi a ele para libertar esses líderes. Eu protestei contra a prisão deles porque

---

361 N.E.: Qīngdǎo [青岛] é uma cidade costeira da província de Shandong, a mais de mil quilômetros ao leste de Xi'an, e era, naquela época um centro industrial de capital praticamente todo japonês. Isso se dava em razão da cidade ter sido uma breve possessão japonesa, por sua vez subtraída dos alemães na Primeira Guerra Mundial, ainda em 1914 – enquanto os germânicos, por seu turno, haviam tomado a cidade chinesa nos fins dos anos 1890. Lembremos que o fato do Tratado de Versalhes ter mantido a cidade sob domínio japonês, junto com a placidez do regime dos senhores da guerra de Beyang com tal fato, foi o estopim da eclosão do Movimento Quatro de Maio, em 1919.

seus princípios são os mesmos que os meus. Mas meu requerimento foi rejeitado. Então eu disse para Chiang: 'a sua crueldade em lidar com o movimento patriótico do povo é, exatamente, a mesma de Yuan Shikai ou Zhang Zongchang'."

"O generalíssimo Chiang respondeu: 'Esse é apenas o seu ponto de vista. Eu sou o Governo. Minha ação foi a de um revolucionário'."

"'Querido compatriota, você acredita nisso?' – a pergunta foi respondida por um rugido raivoso de uma alcateia inteira."

Mas o voo de Zhang Xueliang para Luoyang naquela época teve um resultado positivo. O generalíssimo concordou que, na próxima vez que viesse a Xi'an, explicaria seus planos e estratégia aos generais da divisão Dongbei em detalhes. O jovem marechal voltou a aguardar com impaciência a segunda visita do seu superior. Antes da chegada de Chiang, no entanto, houve duas ocorrências que antagonizaram ainda mais o Noroeste.

A primeira delas foi a assinatura do acordo anticomunista germano-japonês e a adesão não oficial da Itália a ele. A Itália já havia reconhecido, tacitamente, a conquista da Manchúria pelo Japão, em troca da qual o Japão havia reconhecido o controle italiano da Etiópia. A abertura das relações italianas com o Estado títere da Manchúria enfureceu o jovem marechal, que já havia sido amigo do conde Ciano[362]. Ao receber essa notícia, denunciou Ciano e Mussolini e jurou destruir a influência italiana em seu país. "Este é absolutamente o fim do movimento fascista na China!"

Então, também em novembro, chegou a notícia do desastre do famoso Primeiro Exército de Hu Zongnan, que no dia 21 sofreu uma severa derrota dos vermelhos. O general Hu, o mais hábil dos estrategistas de Nanquim, durante semanas se moveu quase sem impedimentos para o norte de Gansu. Os vermelhos haviam se retirado lentamente, recu-

---

362 N.E.: Gian Galeazzo Ciano (1903 –1944), então recém-nomeado ministro das Relações Exteriores da Itália pelo ditador fascista Mussolini, que era seu sogro. Antes ele foi ministro da Propaganda, tendo servido ainda em vários cargos diplomáticos: foi adido no Rio de Janeiro e depois, já casado com Edda Mussolini, foi cônsul italiano em Xangai no começo dos anos 1930, onde constituiu relações privilegiadas entre o Kuomintang e o Partido Fascista Italiano.

sando a batalha, exceto em escaramuças menores. Mas de várias maneiras eles propagandearam para as tropas de Nanquim sobre a "Frente Unida", tentando persuadi-los a parar, emitindo declarações de que o Exército Vermelho não atacaria tropas antijaponesas, incitando o inimigo a se juntar a eles na resistência ao Japão. "Os chineses não devem lutar contra os chineses!", a propaganda se mostraria altamente efetiva.

O general Hu continuou a, precipitadamente, os empurrar. Os vermelhos continuaram a se retirar até quase chegarem a Helianwan. Lá eles decidiram não recuar mais, o inimigo precisava de uma lição. Era preciso mostrar que a Frente Unida também tinha dentes nela. Virando-se repentinamente, eles manobraram habilmente as tropas do general Hu para um vale de loesse, as cercaram ao anoitecer, quando o bombardeio aéreo cessou, e, à noite, realizaram um ataque frontal surpresa, apoiado por cargas de baioneta de ambos os flancos. A temperatura estava muito baixa, e as mãos nuas dos vermelhos estavam tão frias que eles não conseguiam puxar os pinos de suas granadas. Centenas deles foram para as linhas inimigas usando suas granadas em cabos de madeira como porretes. A feroz investida, liderada pelo Primeiro Corpo de Exército, resultou na completa destruição e desarmamento de duas brigadas de infantaria e um regimento de cavalaria, enquanto milhares de fuzis e metralhadoras foram capturados, e um regimento do governo virou intacto para se juntar aos vermelhos. O general Hu bateu em retirada apressada, desistindo em poucos dias de todo o território que havia "recuperado" em semanas.

Os generais Dongbei riram entre si. Era exatamente como eles haviam dito: os vermelhos tinham mais força do que nunca, e esse início nada auspicioso da nova campanha mostrava como seria difícil o processo de aniquilação. Um ano, dois anos, três e onde estariam? Ainda lutando contra os vermelhos. Mas e o Japão? Na ocupação de novas e maiores áreas do território chinês – raciocinavam. Mas o obstinado generalíssimo, irritado com a humilhação de seu melhor exército, censurou o general Hu e apenas se tornou mais determinado a destruir seu inimigo de dez anos. Naquele destacado teatro de operações, Chiang Kai-shek saiu de seu avião para o campo de voo de Xi'an em 7 de dezembro de 1936.

Enquanto isso, coisas importantes aconteceram nas alas direita e esquerda do palco. Entre os comandantes de Dongbei, chegou-se a um acordo para apresentar um pedido comum de cancelamento da guerra civil e resistência ao Japão. Nesse acordo, vieram os oficiais do exército do general Yang Hucheng, o comissário de pacificação de Shaanxi, que já foi descrito. O exército do general Yang, de cerca de 40 mil homens, tinha ainda menos interesse em continuar a guerra contra os vermelhos do que as tropas de Dongbei. Para eles, era a guerra de Nanquim e não viam nenhuma boa razão para se destroçarem contra os vermelhos – muitos dos quais eram pessoas de Shaanxi como eles. Para eles, se tratava de uma guerra desgraçada, quando o Japão estava invadindo a província vizinha de Suiyuan. As tropas do general Yang, conhecidas como Exército do Noroeste ou Xibei (*Xīběi Jūn* [西北军]), alguns meses antes formaram uma estreita solidariedade com as tropas de Dongbei e secretamente se juntaram à trégua com os vermelhos.

Tudo isso deve ter sido do conhecimento geral do premiê-generalíssimo. Embora não tivesse tropas regulares em Xi'an, alguns meses antes cerca de mil e quinhentos soldados da Terceira Gendarmaria, o chamado regimento de "serviço especial" dos camisas azuis, comandado por seu sobrinho, o general Jiang [Chiang] Xiaoxian, ao qual era creditado o sequestro, prisão e assassinato de centenas de radicais, chegou à cidade. Eles estabeleceram quartéis-generais de espionagem em toda a província e começaram a prender e sequestrar supostos estudantes "comunistas", militantes políticos e soldados. Shao Lizi, o governador de Shaanxi nomeado por Nanquim, estava no controle da força policial da capital. Como nem o jovem marechal nem Yang Hucheng tinham tropas, exceto guarda-costas na cidade, o generalíssimo tinha comando lá.

Essa situação ajudou a provocar um novo incidente. No dia 9 de dezembro, dois dias após a chegada de Chiang, alguns milhares de estudantes fizeram uma manifestação antijaponesa e começaram a marchar para Lintong, a oeste do centro de Xi'an, para apresentar uma petição ao generalíssimo. O governador Shao ordenou que fosse dispersado. A polícia, auxiliada por alguns dos gendarmes de Chiang Kai-shek, maltratou os estudantes e, a certa altura, abriu fogo contra eles. Dois estudantes ficaram feridos e, como eram filhos de um oficial de Dongbei, o tiroteio foi especialmente inflamado. Zhang Xueliang interveio, interrompeu a luta, persuadiu os estudantes a voltarem para a cidade e concordou em apresentar sua petição ao generalíssimo. Enfurecido, Chiang Kai-shek repreendeu Zhang por sua "deslealdade" ao tentar "representar os dois lados". O próprio Chiang Kai-shek escreveu que considerava esse incidente entre eles a causa imediata da revolta.

Assim, apesar de todas as objeções e advertências, o generalíssimo convocou um congresso do Estado-Maior no dia 10, quando os planos finais foram formalmente adotados para levar adiante a Sexta Campanha. Uma ordem de mobilização geral foi preparada para as tropas de Xibei, Dongbei e Nanquim já em Gansu e Shaanxi, junto com as tropas de Nanquim esperando em Tongguan. Foi anunciado que a ordem seria publicada no dia 12. Foi declarado abertamente que, se o marechal Zhang recusasse essas ordens, suas tropas seriam desarmadas pelas forças de Nanquim e ele próprio seria demitido de seu comando. O general Jiang Dingwen já havia sido nomeado para substituir Zhang Xueliang como chefe da Comissão Nacional da Repressão de Bandidos. Ao mesmo tempo, Zhang e Yang obtiveram relatórios de que os camisas azuis, junto com a polícia, haviam preparado uma "lista negra" de simpatizantes comunistas em seus exércitos, que seriam presos imediatamente após a publicação da ordem de mobilização.

Assim, foi com a culminação dessa complicada e histórica cadeia de eventos que Zhang Xueliang convocou uma reunião conjunta dos comandantes de divisão dos exércitos Dongbei e Xibei às dez horas da noite de 11 de dezembro. No dia anterior, uma divisão de tropas de Dongbei e um regimento do exército de Yang Hucheng se moveram para os arredores de Xi'an. Foi tomada a decisão de usar essas forças para "prender" o generalíssimo e seu Estado-Maior. O motim de 170 mil soldados tornou-se um fato.

12.2. Chiang Kai-shek está preso

O que quer que possamos ter contra seus motivos, ou as energias políticas por trás deles, se deve admitir que o golpe teatral desfechado em Xi'an foi brilhantemente cronometrado e executado. Ele foi, infinitamente, menos sangrento e desajeitado do que o golpe de Estado de Chiang Kai-shek em Nanquim ou Xangai, ou a tomada de Guangzhou pelos comunistas, anos antes. Nenhuma palavra sobre os planos dos rebeldes alcançou seus inimigos até que fosse tarde demais. Às seis horas da manhã de 12 de dezembro tudo estava encerrado. As tropas Dongbei e Xibei estavam no controle de Xi'an. Os camisas azuis, surpreendidos durante o sono, foram desarmados e presos; praticamente todo o Estado-Maior foi cercado em seus aposentos na grande hospedaria de Xi'an e foi preso; o governador Shao Lizi e o chefe de polícia também foram feitos prisioneiros; a força policial da cidade se rendeu aos amotinados e 50 bombardeiros de Nanquim e seus pilotos foram capturados no aeródromo.

Mas a prisão do generalíssimo foi um evento mais sangrento. Chiang Kai-shek estava a 16 quilômetros da cidade, em Litong, um famoso balneário de águas termais[363], que havia sido esvaziado de todos os outros hóspedes, O capitão Sun Mingjiu[364], de 26 anos, foi para Litong à meia-noite – ele era o comandante da guarda pessoal do jovem marechal. No meio do caminho, ele pegou 200 soldados Dongbei e às três da madrugada se dirigiu para os arredores de Litong. Lá eles

363 N.E.: Nessa época, Lintong era um condado, mas hoje é um distrito da prefeitura de Xi'an. Foi lá onde foram descobertos os famosos guerreiros de terracota de Xi'an em 1974.

364 N.E.: Sūn Míngjiǔ [孙铭九] (1909-2000) depois desertaria, ironicamente, para a ala de Wang Jingwei, que colaborou com o Japão. Mas, ao final da guerra, Sun se entregou ao Kuomintang e, ainda, permaneceu na China continental após 1949, se redimindo pela colaboração. Ele seguiu sua longa vida em Xangai, onde chegou a servir como conselheiro.

esperaram até às cinco horas, quando o primeiro caminhão, com cerca de quinze homens, disparou para o hotel, foi desafiado pelos sentinelas e abriu fogo. Logo chegaram reforços para a vanguarda Dongbei, e o capitão Sun liderou o ataque à residência do generalíssimo. Apanhados de surpresa, os guarda-costas travaram uma luta curta, mas longa o suficiente para permitir a fuga do atônito generalíssimo. Quando o capitão Sun chegou ao quarto dele, Chiang já havia fugido. Sun levou um grupo de busca ao lado da colina rochosa coberta de neve atrás do resort e conduziu sua caçada. Logo encontraram o criado pessoal do generalíssimo, e não muito tempo depois encontraram o próprio Chiang. Vestido apenas com uma túnica solta jogada sobre a camisola, os pés descalços e as mãos cortadas em seu voo ágil montanha acima, tremendo no frio intenso e sem a dentadura, ele estava agachado em uma caverna ao lado de uma grande rocha.

Sun Mingjiu o saudou, e as primeiras palavras do generalíssimo foram: "Se você é meu camarada, atire em mim e acabe com tudo". Ao que Sun respondeu: "Não vamos atirar. Pedimos apenas que lidere nosso país contra o Japão".

Chiang permaneceu sentado em sua rocha e disse com dificuldade: "Chame o marechal Zhang aqui e eu descerei".

"O marechal Zhang não está aqui. As tropas estão subindo na cidade; nós viemos para protegê-lo."

Nisso, o generalíssimo pareceu muito aliviado e pediu um cavalo para levá-lo montanha abaixo. "Não há cavalo aqui", disse Sun, "mas vou carregá-lo montanha abaixo em minhas costas." E ajoelhou-se aos pés de Chiang. Depois de alguma hesitação, Chiang aceitou, e subiu dolorosamente nas costas largas do jovem oficial. E eles desceram juntos, solenemente, a encosta, escoltados pelas tropas, até que um criado chegou com os sapatos de Chiang. O pequeno grupo entrou em um carro no sopé da colina e partiu para Xi'an. "O passado é passado", disse Sun a ele. "A partir de agora deve haver uma nova política para a China. O que você vai fazer? A única tarefa urgente da China é lutar contra o Japão. Essa é a demanda especial dos homens do Nordeste.

Por que você não luta contra o Japão, mas em vez disso dá a ordem para lutar contra o Exército Vermelho?"

"Eu sou o líder do povo chinês", gritou Chiang. "Eu represento a nação. Acho que minha política está correta."[365]

Assim, um pouco ensanguentado, mas inflexível, o generalíssimo chegou à cidade, onde se tornou hóspede involuntário do general Yang Hucheng e do jovem marechal. No dia do golpe, todos os comandantes de divisão dos exércitos Dongbei e Xibei assinaram e emitiram um telegrama-circular com um programa dirigido ao governo central, a vários líderes provinciais e ao povo em geral. A breve missiva explicou que "a fim de estimular seu despertar" o generalíssimo foi "solicitado a permanecer por enquanto em Xi'an". Enquanto isso, sua segurança pessoal estava garantida. As exigências de "salvação nacional" submetidas ao generalíssimo foram transmitidas à nação – mas suprimidas em toda parte. Aqui estão os famosos oito pontos:

1. Reorganizar o governo de Nanquim e aceitar que todos os partidos partilhem da responsabilidade de salvação nacional;
2. Acabar com todas as guerras civis imediatamente *e adotar a política de resistência armada contra o Japão*;
3. Libertar os (sete) líderes do movimento patriótico em Xangai;
4. Perdoar todos os presos políticos;
5. Garantir a liberdade de reunião do povo;
6. Salvaguardar os direitos do povo de organização patriótica e liberdade política;
7. Colocar em prática a vontade do Dr. Sun Yat-sen;
8. Convocar imediatamente uma conferência de Salvação Nacional.

A tal programa, o Exército Vermelho Chinês, o Governo Soviete e o Partido Comunista da China ofereceram imediatamente o seu apoio[366]. Alguns dias depois, Zhang Xueliang enviou a Bao'an seu avião pessoal, que voltou a Xi'an com três delegados vermelhos: Zhou Enlai, vice-

---

365 N.A.: Isso é parte de uma entrevista com Sun Mingjiu por James Bertran, que estava atuando junto comigo como correspondente e Xi'an pelo *London Daily Herald*.

366 N.A.: Sete daqueles oito pontos correspondiam, exatamente, ao programa de "salvação nacional" defendido por uma circular emitida em forma de telegrama pelo Partido Comunista e o Governo Soviete em 1º de dezembro daquele ano.

-presidente do conselho militar; Ye Jianying, chefe do Estado-Maior do Exército da Frente Leste; e Bo Gu, presidente do governo soviete do Noroeste. Uma reunião conjunta foi convocada entre os delegados de Dongbei, Xibei e do Exército Vermelho e os três grupos se tornaram aliados declarados. No dia 14, foi feito um anúncio da formação de um Exército Unido Antijaponês, composto por cerca de 130 mil soldados Dongbei, 40 mil soldados Xibei e, aproximadamente, 90 mil soldados do Exército Vermelho.

Zhang Xueliang foi eleito presidente do Conselho Militar Antijaponês Unido e Yang Hucheng vice-presidente. As tropas de Dongbei sob o comando do general Yu Xuezhong realizaram no dia 12 um golpe contra os funcionários e tropas do governo central em Lanzhou, capital da província de Gansu, e desarmaram a guarnição de Nanquim de lá. No resto de Gansu, os vermelhos e as tropas da Manchúria detinham o controle de todas as comunicações principais, cercando aproximadamente 50 mil soldados de Nanquim naquela província, de modo que os rebeldes tinham poder efetivo em toda Shaanxi e Gansu.

Imediatamente após o incidente, as tropas dos exércitos Dongbei e Xibei se moveram para o leste, para as fronteiras de Shaanxi-Shanxi e Shaanxi-Henan, sob instruções do novo Conselho. Do mesmo Conselho, o Exército Vermelho recebeu ordens para avançar para o Sul. Em uma semana, os vermelhos ocupavam praticamente todo o norte de Shaanxi, acima do rio Wei. Uma vanguarda vermelha sob o comando de Peng Dehuai estava localizada em Sanyuan, um condado a apenas 45 quilômetros de Xi'an. Outro contingente de 10 mil vermelhos sob o comando de Xu Haidong estava se preparando para passar para a fronteira Shaanxi-Henan. As tropas vermelhas, Dongbei e Xibei ficaram lado a lado, ao longo da fronteira de Shaanxi. Mas enquanto esses arranjos defensivos prosseguiram, todos os três exércitos emitiram declarações claras declarando sua oposição a uma nova guerra interna.

Mas as notícias de todos esses eventos foram suprimidas fora das províncias do Noroeste. Os editores que ousassem publicar qualquer coisa vinda de Xi'an, como o altamente prestigioso Ta Kung Bao (*Dà gōng bào* [大公报])[367] apontou, eram ameaçados de prisão imediata. Enquanto isso, a máquina de propaganda de Nanquim lançou uma cortina de fumaça que confundiu ainda mais um público já confuso. Perplexo com a notícia, a primeira reação do Kuomintang, Nanquim foi convocar uma reunião do Comitê Permanente (do Comitê Executivo Central e do Conselho Político Central), que prontamente declarou Zhang Xueliang um rebelde, demitiu-o de seus cargos e exigiu a libertação do generalíssimo, sob pena de se iniciarem as operações punitivas.

Por três dias, ninguém sabia se Chiang Kai-shek estava vivo ou morto – exceto a Associated Press, que *anunciou categoricamente que Zhang Xueliang descreveu no rádio como e por que havia matado Chiang Kai-shek*. Ninguém sabia exatamente o que os rebeldes planejavam fazer. Poucos perceberam plenamente o significado político de sua posição; mesmo alguns de seus simpatizantes, enganados por falsos relatórios, estavam inclinados a condená-los. Nanquim cortou todas as comunicações com o Noroeste e seus papéis e manifestos foram queimados pelos censores.

Eu mesmo risquei centenas de palavras dos meus próprios escritos para tentar vencer a censura. Fiz várias tentativas de enviar as oito exigências do Noroeste – o que poderia ter ajudado um pouco a esclarecer o enigma para os leitores ocidentais –, mas os censores não deixaram escapar uma palavra. Muitos dos correspondentes estrangeiros ignoravam completamente os acontecimentos recentes no Noroeste. Enquanto notícias e fatos eram rigorosamente suprimidos, o Kuomintang e seus partidários divulgavam ao mundo algumas mentiras pueris, as quais faziam a China daquele momento parecer um hospício pior do

367 N.E.: O Ta Kung Bao, frequentemente referido no Ocidente pela sua transliteração no sistema Wade-Giles, significa "O imparcial". Trata-se do mais antigo jornal do mundo em mandarim, e já usava o chinês vernáculo em vez do chinês clássico desde sua fundação, em Tianjin em 1902. Seu fundador, o aristocrata católico-manchu Yang Lianzhi, o situava na defesa da modernização da China e supostamente o afastava de partidos, empresas comerciais, governos estrangeiros e da repressão – o que o tornava, na prática, um jornal de oposição à monarquia decadente. Nas vésperas de 1949, ele se tornou favorável aos comunistas, mantendo sua operação dentro da China enquanto sua edição de Hong Kong era francamente anticolonialista. Ele existe até hoje e tem uma linha editorial pró-comunista.

que realmente era: "os rebeldes haviam pregado o chefe de polícia nos portões da cidade; os vermelhos ocuparam Xi'an, estavam saqueando a cidade e hasteando bandeiras vermelhas nas paredes; Zhang Xueliang foi assassinado por seus próprios homens". Quase diariamente, Nanquim afirmava que motins estavam ocorrendo em Xi'an. "Os vermelhos estavam sequestrando meninos e meninas. As mulheres estavam sendo 'coletivizadas'. Todos os exércitos de Dongbei e Xibei viraram bandidos. Houve saques por toda parte. Zhang Xueliang estava exigindo 80 milhões de yuans como resgate pelo generalíssimo[368]."

Muitos dos rumores mais selvagens que circularam tiveram sua origem também com a imprensa japonesa na China, e até mesmo de altos oficiais japoneses. Os japoneses foram especialmente férteis com relatos alarmantes de "testemunhas oculares" da "ameaça vermelha" em Xi'an – embora eles, como todo mundo, não tivessem nenhum contato com aquela cidade. Os japoneses também descobriram a intriga russa soviética por trás do golpe. Mas eles não conheciam ainda seus mestres de propaganda na imprensa de Moscou. O *Izvestia* e o *Pravda* foram tão longe em suas isenções oficiais de responsabilidade, denúncias de Zhang Xueliang e louvores a Chiang Kai-shek, que inventaram uma história mostrando que o caso Xi'an foi inspirado conjuntamente pelo ex-premiê chinês, Wang Jingwei e "os imperialistas japoneses" – uma calúnia tão antagônica aos fatos que nem mesmo a imprensa mais reacionária da China ousou sugeri-la, por medo do ridículo. "A prevaricação é permissível, senhores", foi Lenin quem certa vez exclamou, "mas dentro dos limites!"

Após a primeira semana do cativeiro de Chiang, os esforços de Nanquim para abafar as notícias por trás dos emocionantes eventos começaram a se mostrar inadequados. Ocorreram vazamentos e depois grandes lacunas. O programa de oito pontos foi amplamente divulgado na imprensa clandestina e conquistou adeptos entre liberais e progressistas, pois era realmente um programa burguês liberal-progressista. E o público começou a perceber que o Noroeste não tinha intenções de

368 N.A.: A esposa de Chiang Kai-shek, lamentando tais rumores, escreveu que "nenhuma questão de dinheiro ou aumento de poder ou posição foi suscitada em momento algum".

guerra civil, mas sim de detê-la. O sentimento mudou do temor pela segurança de um militarista para, gradualmente, a preocupação coma segurança do país. A guerra civil agora não poderia salvar Chiang, mas poderia arruinar a China.

A intriga pela tomada do poder havia começado em Nanquim com a notícia da captura de Chiang. O ambicioso ministro da Guerra, He Yingqin, intimamente ligado à "camarilha da ciência política" pró-japonesa do Kuomintang, então em alto cargo em Nanquim – e contra quem o programa de oito pontos foi dirigido, principalmente – estava ansioso por uma "expedição punitiva". Nisso, o general He foi totalmente apoiado pela camarilha pró-fascista de Whampoa, os camisas azuis, Wang Jingwei (à época, fora do gabinete), o grupo das Colinas Ocidentais, a facção C.C.[369] e os conselheiros alemães e italianos de Nanquim. Todos eles viram na situação uma oportunidade de tomar o poder militar por completo, relegando os grupos liberais, pró-americanos, pró-britânicos, pró-russos e da Frente Unida no Kuomintang à nulidade política. O general He prontamente mobilizou 20 divisões de Nanquim e as moveu em direção à fronteira Henan-Shaanxi. Ele enviou esquadrões de aviões rugindo sobre Xi'an e fez investidas contra as linhas rebeldes com sua infantaria. Alguns dos aviões de Nanquim (os "presentes do aniversário de cinquenta anos do generalíssimo" antijaponeses para o generalíssimo) bombardearam experimentalmente Weinan e Huaxian, dentro da fronteira de Shaanxi, e mataram vários operários da fábrica.

A grande questão agora se tornou esta: se Chiang Kai-shek poderia, mesmo de seu cativeiro em Xi'an, ainda reunir apoio suficiente em Nanquim para evitar a eclosão de uma guerra exaustiva que significaria sua própria destruição política – ou até mesmo física. Em Nanquim e Xangai, o cunhado de Chiang, T. V. Soong, presidente do Banco Central da China, e o marido de sua cunhada mais velha, H. H. Kung, primeiro-ministro interino, juntos da madame Chiang,[370] reuniram os

369 N.A.: Os dois "Cs" eram Chen Lifu e Chen Guofu, irmãos que controlavam o aparato do Partido Kuomintang.

370 N.E.: Como consta de uma breve digressão no capítulo 1.2., o que unia a então cúpula do Kuomintang era a onipresença da família Song, o que aparece primeiro nos

seguidores pessoais de Chiang e trabalharam freneticamente para impedir que os elementos mais reacionários de Nanquim iniciassem uma ofensiva em nome de uma "expedição punitiva anticomunista".

Enquanto isso, rápidas mudanças de opinião ocorriam em Xi'an. Logo após sua captura, o generalíssimo começou a perceber que talvez seus piores "traidores" não estivessem em Xi'an, mas em Nanquim. Contemplando essa situação, Chiang Kai-shek deve ter decidido que não escolheu ser o cadáver que o general He Yingqin, ou qualquer outro, usaria como escada para ascender ao poder ditatorial.

---

laços familiares indiretos de Sun Yat-sen com Chiang Kai-shek, ambos casados com filhas do poderoso magnata cristão chinês Charlie Song – metodista e possuidor de laços profundos com os Estados Unidos. Além de Song Meiling, que era a mulher de Chiang Kai-shek, e de Song Qingling (Sòng Qìnglíng [宋庆龄]) (1993-1981), a viúva de Sun e futura aliada de Mao Zedong, havia a irmã mais velha delas, Song Ailing (Sòng Àilíng [宋蔼龄]) (1889-1973), casada com o poderoso banqueiro H.H. Kung (Kǒng Xiángxī [孔祥熙]) (1881–1967) – um descendente de 75ª geração de Confúcio, cujas posições pró-nazistas eram conhecidas. Já T.V. Song (Sòng Zǐwén [宋子文]) (1894-1971) era o único irmão delas e, respectivamente, cunhado de Chiang, Sun e Kung, tendo servido em inúmeros cargos de alto escalão na República da China até fugir para os Estados Unidos na iminência da derrota para os comunistas.

12.3. O generalíssimo, o jovem marechal e os vermelhos

A China não era uma democracia parlamentar, mas sim um país governado por partidos e ditadores locais. Muitas vezes, na política, isso acabou produzindo um feudalismo prático. Com a imprensa completamente sufocada e a população destituída de direitos, havia apenas uma maneira eficaz de censurar o governo instalado em Nanquim ou alterar suas políticas: a insurreição armada, ou o que os chineses chamam de *bīngjiàn* [兵谏] – "persuasão com soldados" – uma tática de manobra política chinesa bastante conhecida[371]. Zhang Xueliang, provavelmente, escolheu o método mais humano e direto concebível para alcançar seu propósito, ao usar da ação direta sobre o chefe da ditadura. Isso custou uma perda mínima de vidas e um irrisório derramamento de sangue. Era um *método feudal*[372], mas o marechal estava lidando com uma personalidade cujo papel na política semifeudal ele compreendia intuitivamente. Como o resultado objetivo da ação de Zhang era unir a China para enfrentar um perigo nacional, a maioria dos chineses que eu conhecia passou a considerá-lo um patriota.

A vida de Chiang Kai-shek esteve realmente em sério perigo?

371 N.E.: O *bingjian* é um antiquíssimo expediente da política chinesa, na qual *bīng* [兵] é "soldado", mas *jiàn* [谏] não tem uma tradução exata: seu significado original era "apontar ao imperador ou soberano várias escolhas possíveis e propor a melhor", mas seu sentido figurado é aconselhar sem rodeios o imperador quando ele faz uma escolha errada.

372 N.E.: Embora muitos historiadores marxistas chineses falem, também, em "feudalismo", o termo usado na tradução desta obra para o mandarim é *fēngjiàn* [封建], que diz respeito ao sistema político-administrativo da China anterior à unificação imperial – que consistia não em um modo de produção, mas uma forma de organização administrativa do país. A China dos anos 1930 poderia ser considerada um país fragmentado, mas "feudal" apenas em sentido figurado.

Parece que sim. Mas não por culpa do jovem marechal e dos vermelhos. Em razão dos planos de Yang Hucheng, possivelmente. Mas certamente por causa dos oficiais mais jovens e radicais dos exércitos do Nordeste e do Noroeste, da soldadesca descontente e amotinada assim como das massas organizadas e armadas, já que todos eles exigiam em uma só voz a eliminação do generalíssimo. As resoluções aprovadas pelos jovens oficiais pediam um julgamento em massa do "traidor" Chiang e de todo o seu Estado-Maior. O ânimo do exército favorecia, decididamente, a imolação do generalíssimo. Curiosamente, coube aos comunistas convencê-los de que sua vida deveria ser salva!

A política comunista durante o incidente de Xi'an nunca foi claramente explicada. Muitos presumiam que os comunistas, naquele momento, iriam exigir a morte do generalíssimo – em uma vingança triunfante pela guerra implacável que, por quase dez anos, Chiang Kai-shek travou contra eles. Outros acreditavam que os comunistas usariam essa oportunidade para se unir aos exércitos Dongbei e Xibei, aumentando consideravelmente sua base para desafiar Nanquim em uma grande nova luta pelo poder. Na verdade, os vermelhos não fizeram nada disso. Eles não apenas pediram um acordo pacífico e a libertação de Chiang Kai-shek como, também, seu retorno à liderança em Nanquim. Até a madame Chiang disse que, "ao contrário das crenças externas, eles [os vermelhos] não estavam interessados em deter o generalíssimo". Mas por que não? Econômica, política, militarmente e, em todos os sentidos possíveis, os comunistas chineses precisavam de paz interna.

"A vitória do movimento de libertação nacional chinês", disse Mao Zedong, "será parte da vitória do socialismo mundial, porque derrotar o imperialismo na China significa a destruição de uma de suas bases mais poderosas. Se a China vencer sua independência, a revolução mundial vai progredir muito rapidamente. Se nosso país for subjugado pelo inimigo, perderemos tudo. *Para um povo privado de sua liberdade nacional, a tarefa revolucionária não é o socialismo imediato, mas a luta pela independência. Não podemos pensar em dirigir o comunismo se não tivermos país para praticá-lo.*"

Assim, foi em razão das conclusões daquela tese que os comunistas basearam suas propostas de paz ao Kuomintang, mesmo antes da captura do generalíssimo. Durante toda aquela crise, eles aderiram à sua "linha" com incrível firmeza e uma objetividade desapaixonada sem igual na política altamente personalizada da China. Apesar de todas as tentações que a situação obviamente lhes apresentava, eles deram uma demonstração de disciplina partidária que deve impressionar, profundamente, qualquer observador sincero. Eles reconheceram que o significado central de Xi'an era para eles a oportunidade de demonstrar a sinceridade de seu programa para uma Frente Unida. Eles não tiveram nada a ver com a prisão de Chiang Kai-shek. Isso os surpreendeu tanto quanto o resto do país. Mas tiveram muito a ver com seu desenlace.

Imediatamente, após saber do evento, o governo soviete e o Partido Comunista convocaram uma reunião conjunta, na qual foi decidido apoiar o programa de oito pontos e participar do Conselho Unido Antijaponês. Logo depois, eles emitiram um telegrama circular expressando a crença de que "os líderes Xi'an agiram com sinceridade e zelo patriótico, desejando formular, rapidamente, uma política nacional de resistência imediata ao Japão". O telegrama condenava com dureza a expedição punitiva de He Yingqin, declarando que "se a guerra civil for lançada, toda a nação mergulhará no caos completo, os ladrões japoneses, aproveitando-se disso, invadirão nossa nação e a escravização será nosso destino". Para garantir um acordo pacífico, os vermelhos pediram que negociações fossem abertas, sem guerra, e que uma conferência de paz de todas as partes, na qual seria discutido o programa de resistência nacional unida ao Japão, fosse convocada. Esse telegrama indicava claramente a política seguida pelos delegados vermelhos que o marechal Zhang convocou para Xi'an.

Pouco depois de sua chegada, o chefe da delegação comunista, Zhou Enlai, foi visitar Chiang Kai-shek[373]. Pode-se facilmente imaginar o efeito daquela reunião para o generalíssimo. Ainda fisicamente fraco e psicologicamente muito abalado pelos últimos eventos, dizem que Chiang empalideceu de apreensão quando Zhou Enlai, seu ex-a-

373 N.A.: No seu próprio relato, Chiang não menciona ter falado com Zhou Enlai.

dido político, entrou na sala e lhe fez uma saudação amigável. Chiang antes tinha oferecido 80 mil yuans pela cabeça de Zhou – e deve ter concluído, de imediato, que o Exército Vermelho entrou em Xi'an e que ele seria entregue aos vermelhos como cativo! Um grande medo também perturbou a bela cabeça de madame Chiang Kai-shek, que diz que "sentiu que o alvo (se Chiang fosse removido de Xi'an) estaria em algum lugar atrás das linhas vermelhas".

Mas o generalíssimo foi logo aliviado dessa apreensão, tanto por Zhou quanto pelo jovem marechal, ambos os quais reconheceram ele como comandante-em-chefe e sentaram-se para explicar a atitude dos comunistas em relação à crise nacional. De início silencioso, Chiang gradualmente se descongelou enquanto ouvia, pela primeira vez durante a década de guerra contra o movimento comunista, o ponto de vista dele para encerrar a guerra civil.

T. V. Soong chegou a Xi'an de avião no dia 20. A essa altura, um acordo geral "em princípio" parecia já ter sido alcançado. O generalíssimo não fez referência ao acordo, mas os seguintes trechos do comunicado à imprensa estrangeira do marechal Zhang Xueliang, no dia 19, indicam que ele, pelo menos, considerou o acordo praticamente concluído, segundo seus próprios termos:

"A estadia prolongada do generalíssimo aqui não é obra nossa. Assim que o Sr. Donald[374] chegou na segunda-feira passada e o generalíssimo se recuperou um pouco de sua indignação natural junto de uma relutância em falar, ele discutiu calmamente os problemas enfrentados por todos nós, e na terça-feira tínhamos concordado, em princípio, com os pontos para a adoção de uma política nacional definida e a realização de mudanças para permitir que, assim, a nação se desenvolvesse lógica e livremente, tanto política quanto materialmente, e de acordo com a vontade do falecido Dr. Sun Yat-sen."

"Portanto, telegrafei, dando as boas-vindas a qualquer um que viesse de Nanquim para ouvir as opiniões do generalíssimo e combinar com ele as garantias necessárias para impedir o desenvolvimento de

374 N.A.: W.H. Donald, um australiano que era amigo íntimo tanto de Chiang Kai-shek quanto de Zhang Xueliang, foi o primeiro enviado de Nanquim a Xi'an (mandado para lá por insistência de madame Chiang).

uma guerra civil. O generalíssimo, naturalmente, exigiu vigorosamente que fosse liberado para seguir para Nanquim, mas embora eu pessoalmente tivesse plena confiança de que o generalíssimo cumpriria suas promessas, era impossível arriscar que ele fosse persuadido após sua chegada a Nanquim a continuar com a guerra. Ele tem esperado em vão, como nós, que chegue de Nanquim alguém competente para tratar do assunto (por exemplo, para oferecer garantias adequadas), para que o generalíssimo possa retornar à capital."

"Isso é tudo. É uma coisa estranha que tenha havido esse atraso. Se alguém já houvesse vindo, ele poderia ter retornado alguns dias atrás."

Mas problemas sérios estavam surgindo nas fileiras dos oficiais radicais mais jovens do Exército Dongbei. Eles haviam adquirido uma forte voz direta nos assuntos do conselho militar de Zhang, e seus pontos de vista agora eram importantes. Contagiados pelo temperamento do forte movimento de massas que agora se espalhava pelo Noroeste, eles se opuseram ferozmente à libertação de Chiang Kai-shek, até que Nanquim começou a executar o programa de oito pontos. A maioria, de fato, insistiu em dar a Chiang um "júri popular" para decidir sobre sua vida, antes de uma enorme reunião de massa que eles planejaram chamar.

A possibilidade dessa humilhação pública também ocorreu a Chiang. Ninguém conhecia melhor do que ele as potencialidades do movimento iniciado no Noroeste, pois um levante semelhante quase o subjugou em 1927. Toda a carreira de Chiang foi uma luta contra a intervenção, em sua bem ordenada cadeia de eventos, por daquele imperativo perturbador que ele chamou de "a turba". A conversa sobre o "julgamento popular" estava até nos lábios das sentinelas ao seu redor; Chiang escreveu sobre ouvir pela porta a conversa de seus carcereiros, na qual seu destino era discutido: "Quando ouvi [as palavras] 'o veredicto popular', percebi que era uma trama maliciosa para me matar usando a turba como desculpa".

Chiang Kai-shek poderia ser salvo de mais humilhação apenas pela oposição dos comunistas a tal plano. Mesmo antes da conversa de Zhou com Chiang, os comunistas começaram a afirmar que haviam recebido garantias suficientes dele (além de garantias a serem inferidas da situação objetiva) para acreditar que, se libertado, ele seria obrigado a parar a guerra civil e, em geral, realizar todo o programa da "Frente Unida". Mas para isso a posição de Chiang tinha que ser preservada e ele deveria retornar a Nanquim com seu prestígio intacto. Se ele fosse submetido à indignidade de um "julgamento popular", a guerra civil, inevitavelmente, se desenvolveria, a década de impasse na guerra entre o Kuomintang e o Partido Comunista seria ainda mais prolongada e as esperanças de alcançar uma frente nacional antijaponesa se tornariam, realmente, remotas. De tal perspectiva, nenhuma das partes poderia esperar se beneficiar, apenas a China poderia sofrer e somente o Japão teria algo a ganhar com isso. Finalmente, os vermelhos explicaram sua política para mim.[375]

Por volta de 22 de dezembro, inúmeros enviados e negociadores do governo central chegaram em Xi'an, incluindo T.V. Song, presidente do Conselho Econômico Nacional, o ministro do Interior, o vice-ministro da Guerra, o presidente do Conselho Consultivo das Forças Armadas, o chefe dos ajudantes de campo do generalíssimo e diversos membros do Estado-Maior, que haviam sido "detidos" com Chiang Kai-shek. A maioria deles participou das negociações com Zhang Xueliang, Yang Hucheng, Zhou Enlai e altos comandantes do Exército Dongbei.

O significado substancial das oito demandas para aqueles que as apoiaram foi, na ordem correta de importância, como segue: (1) fim da guerra civil e cooperação entre o Kuomintang e os comunistas; (2) uma política definida de resistência armada contra qualquer outra agressão japonesa; (3) demissão de certos funcionários "pró-japoneses" em Nanquim e a adoção de uma diplomacia ativa para estreitar relações (e fazer alianças, se possível) com Reino Unido, Estados Unidos e União Soviética; (4) reorganização dos exércitos de Dongbei e Xibei em pé de igualdade (política e militarmente) com as forças de Nanquim; (5) maior liberdade política para o povo e, por fim, (6) a criação de algum tipo de estrutura política democrática em Nanquim.

---

375 N.A.: Esse telegrama foi enviado de Xi'an em 19 de dezembro, endereçado a Frazer, correspondente em Xangai do London Times, com o pedido de que ele fosse enviado a outros correspondentes. Os censores de Nanquim suprimiram o telegrama. Uma cópia foi dada a Donald, que é a fonte dessa declaração.

Esses parecem ter sido os principais pontos de acordo entre Chiang Kai-shek e Zhang Xueliang antes de deixarem Xi'an. Chiang também fez uma garantia pessoal de que não haveria mais guerra civil. É certo que Chiang Kai-shek é bastante honesto ao dizer que não assinou nenhum documento, e não há evidências para apoiar qualquer alegação de que ele o fez. Mas, embora Nanquim e o generalíssimo ainda tivessem sua dignidade, os eventos subsequentes mostraram que o jovem marechal não havia perdido a sua inteiramente em vão.

A chegada da Sra. Chiang, no dia 22, sem dúvida, apressou o término das conversações e (como no relato animado de seus três dias em Xi'an ela deixa bem claro) sua própria importunação e repreensão a Zhang Xueliang aceleraram a libertação do generalíssimo. Assim como seu marido se comparou com Jesus Cristo na cruz, também madame Chiang reconheceu seu próprio papel como bíblico, citando: "Jeová agora fará uma coisa nova, ou seja, ele fará uma mulher proteger um homem". No dia 25, quando madame Chiang se perguntava melancolicamente se "Papai Noel passaria por Xi'an", o próprio bom velhinho, finalmente, apareceu, só que na pessoa de Zhang Xueliang, que anunciou ter vencido todas as discussões com seus oficiais. Ele os levaria naquele dia de volta para Nanquim. E assim o fez.

Finalmente, houve um último e espantoso gesto para manter as aparências. O marechal Zhang Xueliang, voando em seu próprio avião, foi com o generalíssimo à capital para aguardar a punição!

12.4. Encenando um duelo pela Frente Unida

Durante os três meses seguintes, a maioria das involuções havidas em Xi'an nos últimos anos foram completamente desvendadas e, no final, a cena foi radicalmente alterada. Grandes conquistas foram feitas e vitórias alcançadas. Grandes perdas e retiradas também foram registradas. Mas os duelos travados eram como aqueles entre dois guerreiros no teatro chinês antigo. Eles lançavam gritos de gelar o sangue, cortando violentamente o ar, mas nunca se tocando e, no final, depois que o perdedor reconhece sua morte languidamente, se estendendo no chão por um momento, este se recompõe e sai do palco por conta própria como um digno cadáver andante.

Tal foi o fantástico e fascinante boxe-sombra que aconteceu em Nanquim. Todos "ganharam" e apenas a História foi enganada – a única vítima.

"Corando de vergonha, eu te acompanhei até a capital para a punição apropriada que eu mereço, de modo a justificar disciplina", disse Zhang Xueliang ao generalíssimo, logo após chegar a Nanquim.

"Devido à minha falta de virtude e defeitos no meu treinamento de subordinados", responde galantemente Chiang, "uma revolta sem precedentes estourou... Agora que você expressou arrependimento, eu vou requerer às autoridades centrais que adotem medidas adequadas para a reabilitação da situação."

E o que eram as medidas de reabilitação? Quão soberbamente todos os atos de severidade foram convertidos em atos de conciliação? Aqui estava a obra de um mestre da estratégia e conciliação, que compreende plenamente as nuances entre o que os chineses chamam de que "existência real sem nome" (*yǒu shí wúmíng* [有实无名]) e "existência nominal sem realidade" (*yǒu míng wúshí* [有名无实])[376].

Qual é o primeiro movimento de Chiang ao retornar a Nanquim? Ele emite uma longa declaração confessando sua incapacidade de impedir a revolta e seu fracasso como premiê. Chiang imediatamente, também ordena a retirada de todas as tropas do governo de Shaanxi – cumprindo assim sua promessa de impedir a guerra civil – e oferece sua renúncia (o que ele reiterou pelas tradicionais três vezes). Na verdade, ele levava sua renúncia tão "a sério" quanto seu governo, pois, em 29 de dezembro, Chiang convocou uma reunião de emergência do Comitê Permanente Central onde "pediu" a esse órgão máximo do Kuomintang que fizesse quatro coisas importantes: (1) entregar à comissão de Assuntos Militares (da qual era presidente) a punição de Zhang Xueliang; (2) delegar à comissão de Assuntos Militares a solução do problema do Noroeste; (3) encerrar as operações militares contra os rebeldes e, por fim, (4) abolir o quartel-general da "expedição punitiva" que havia sido estabelecido, durante sua ausência, para atacar Xi'an. Suas "recomendações" foram "obedecidas".

Em 31 de dezembro, Zhang Xueliang é sentenciado pelo tribunal (no qual Chiang não está presente) a dez anos de prisão e privação de direitos por cinco anos. No dia seguinte, ele foi anistiado. E o tempo todo ele foi o convidado pessoal do cunhado de Chiang Kai-shek e recente enviado a Xi'an, T.V. Song. Em 6 de janeiro, o quartel-general de Xi'an do generalíssimo para repressão de bandidos (da campanha anticomunista) foi abolido. Dois dias depois, já se sabia que as derrapagens estavam sob o comando do ministro das Relações Exteriores,

376 N.E.: A "existência nominal sem realidade" (*yǒu míng wúshí* [有名无实]) enuncia um dos problemas filosóficos mais importantes do pensamento chinês – cuja formulação é creditada ao filósofo daoísta Zhuang Zhou. Isso consiste em uma incorreção do intelecto, onde um conceito existente e possuidor de nome, no entanto, não possui concretude correspondente – o que consiste em algo que pode ser tomado como ficção ou falsidade. A inversão de posição do segundo e quarto ideogramas por Snow geram "existência real sem nome" (*yǒu shí wúmíng* [有实无名]), o seu oposto, a concretude ou mesmo verdade. Grosso modo, sem entrar em questões filosóficas mais profundas, é a diferença entre o concreto ou, talvez, o verdadeiro e o ficcional ou, eventualmente, o falso.

Zhang Qun, que falava japonês, havia sido educado no Japão e era um importante líder da "camarilha da ciência política" no Kuomintang. Zhang Qun tinha sido o principal alvo do Noroeste em suas acusações de funcionários "pró-japoneses" em Nanquim. Ele foi substituído por Wang Chonghui, advogado educado na Grã-Bretanha e líder da camarilha "europeia-americana", logo antijaponesa, do Kuomintang, a quem a junta do Noroeste apoiava.

Novamente, a pedido de Chiang, uma sessão plenária do Comitê Executivo Central do Kuomintang foi convocada para 15 de fevereiro. No passado, suas funções eram facilmente previsíveis, e o Comitê estava destinado apenas a legitimar mudanças relevantes que antes eram decididas pelas camarilhas reinantes, as quais constituíam a coalizão que formava a ditadura de Chiang Kai-shek. Qual foi a importante mudança de política que foi introduzida agora? Centenas de resoluções foram preparadas para apresentação para aquele nobre órgão. A maioria tratava da "salvação nacional".

Durante janeiro e início de fevereiro, Chiang Kai-shek esteve sob "licença médica". Ele se retirou, com Zhang Xueliang, para descansar na sua casa de campo perto de Fenghua, sua terra natal em Zhejiang. Com sua primeira renúncia rejeitada, Chiang a repetiu. Enquanto isso, ostensivamente livre de deveres oficiais, ele tinha o comando completo da solução da questão do Noroeste, controle total das conversas que estavam acontecendo com os comandantes de Dongbei, Xibei e do Exército Vermelho. Zhang Xueliang, "em desgraça", estava ao seu lado, ainda um virtual prisioneiro.

Em 10 de fevereiro, o Comitê Executivo Central do Partido Comunista dirige ao governo nacional em Nanquim e à Terceira Sessão Plenária, um telegrama histórico. Felicita o governo pela resolução pacífica do caso de Xi'an e pela "unificação pacífica iminente" do país. Ao plenário, ele propôs quatro mudanças importantes nas políticas: acabar com a guerra civil, garantir a liberdade de expressão, imprensa e reunião e libertar os presos políticos; invocar um plano nacional de resistência à agressão japonesa; e retornar aos "três princípios" do testamento de Sun Yat-sen.

Se essas propostas fossem adotadas, na forma ou na substância, os comunistas afirmavam estar prontos com o objetivo de "acelerar a unificação nacional e a resistência ao Japão", para suspender todas as tentativas de derrubar o governo e adotar as seguintes políticas: (1) mudar o nome do Exército Vermelho para Exército Nacional Revolucionário e colocá-lo sob o comando da comissão de Assuntos Militares; (2) mudar o nome do Governo Soviete para Governo de Área Especial da República da China; (3) realizar uma forma de governo completamente democrática dentro dos distritos sovietes e (4) suspender a política de confisco de terras, concentrando os esforços do povo nas tarefas de salvação nacional – isto é, antiniponismo.

Mas a sessão plenária, quando se reuniu em 15 de fevereiro, não tomou conhecimento formal do telegrama dos rebeldes. Havia negócios muito mais importantes a serem realizados. Chiang Kai-shek em seu primeiro discurso na sessão, mais uma vez relatou, em uma fala detalhada e (para ele) apaixonada, toda a história de seu cativeiro em Xi'an. Dramaticamente, ele descreveu como se recusou a assinar qualquer promessa de cumprir as exigências dos rebeldes. Ele contou também como os revoltosos se converteram ao seu ponto de vista e foram às lágrimas pelas revelações de patriotismo em seu diário confiscado. E só depois de ter dito tudo isso é que ele, finalmente, de uma maneira muito improvisada e desdenhosa, submeteu todas as oito demandas dos rebeldes à sessão. Reiterando sua total confiança no generalíssimo, a sessão rejeitou sua terceira renúncia, condenou Zhang Xueliang e rejeitou, com igual desdém, as exigências impertinentes.

Enquanto isso, à sua maneira bem treinada, o Comitê Executivo Central foi fazendo as coisas por iniciativa própria. Significativa acima de tudo, talvez, foi a declaração inicial de Wang Jingwei, perdendo apenas para Chiang Kai-shek na liderança do partido. Pela primeira vez desde o início das guerras antivermelhas, o camarada Wang fez um discurso em que não disse que a "pacificação interna" (erradicação do comunismo) era o problema mais importante do país, no qual ele não repetiu sua famosa frase, "resistência após a unificação". A "questão mais importante" para o país naquele momento, disse ele, era a "recuperação dos territórios perdidos". Além disso, a Sessão realmente adotou resoluções para começar recuperando o leste de Hubei e o norte de Chahar, abolindo o conselho "autônomo" de Hubei-Chahar. Claro, isso não significava que Nanquim lançaria uma guerra contra o Japão. Significava simplesmente que, a partir de então, qualquer nova agressão militar japonesa em território chinês encontraria resistência armada de Nanquim. Mas isso já era um verdadeiro salto adiante.

Em segundo lugar, o conselho, novamente por recomendação do premiê, decidiu convocar o tão adiado "Congresso do Povo", que deveria inaugurar a democracia na China, em 12 de novembro. Sem mais adiamentos, dessa vez era definitivo. Mais importante, o Comitê Permanente estava autorizado a revisar as leis orgânicas do Congresso para aumentar a representação de "todos os grupos". O generalíssimo, por meio de Wang Jingwei, anunciou que o segundo grande problema que se colocava à nação era a rápida concretização da democracia.

Finalmente, no último dia da Sessão, Chiang Kai-shek fez uma declaração em que prometeu maior liberdade de expressão a todos, menos aos traidores – e não diz nada sobre os "bandidos intelectuais" –, sendo essa a primeira vez que alguém ouviu o generalíssimo defendendo a liberdade de imprensa. Ele também prometeu "soltar os presos políticos que se arrependessem". Muito discretamente, uma ordem foi enviada à imprensa para que os epítetos "bandido vermelho" e "bandido comunista" não fossem mais usados. Algumas prisões começaram a despejar um fio de suas vítimas menos importantes.

Então, como se pensasse depois, em 21 de fevereiro, último dia da histórica sessão, um longo manifesto foi emitido, ostensivamente para denunciar os comunistas. A história de dez anos de crime e vandalismo foi recapitulada. Ou seja, a versão da década do Kuomintang. Não era óbvio que qualquer conversa sobre "reconciliação" com bandidos, ladrões e assassinos estava fora de questão? Mas toda essa explosão de vento, ao que parecia, era uma preparação real para os termos de paz que, para extremo desgosto dos conservadores que ainda se opunham à paz a qualquer preço, concluíam o manifesto.

Quais eram essas propostas? A sessão ofereceu aos comunistas uma chance de "começar de novo na vida", sob quatro condições: (1) abolição do Exército Vermelho e sua incorporação ao Exército Nacional; (2) dissolução da "República Soviética"; (3) fim da propaganda comunista que fosse diametralmente oposta aos "Três Princípios" de Sun Yat-sen e (4) abandono da luta de classes. Assim, embora expresso em termos de "rendição" em vez de "cooperação", o Kuomintang decide, afinal, aceitar a base dos Vermelhos para negociar uma "reconciliação". Observe que esses termos ainda deixavam os vermelhos na posse de seu pequeno Estado autônomo, seu próprio exército, suas organizações, seu partido – e seu "programa máximo" para o futuro. Ou, assim, pelo menos, os vermelhos podiam esperar. E, assim, de fato, eles fizeram. Pois, em 15 de março, o Partido Comunista, o Governo Soviete e o Exército Vermelho emitiram um longo manifesto solicitando a abertura de negociações com Nanquim.

Qual era o propósito de todas essas manobras complexas de Chiang? Obviamente, elas foram habilmente entrelaçadas de maneira a conciliar a oposição sem enfraquecer o prestígio dele ou de Nanquim. Quando lidas em sua sequência adequada, suas ordens e declarações, e as resoluções da sessão plenária, mostram que ele satisfez *parcialmente* as demandas políticas de todos os grupos da oposição – apenas o suficiente para quebrar a solidariedade entre os diversos grupos e a determinação em desafiá-lo, mas não o suficiente para causar uma revolta no Kuomintang. A guerra civil havia sido interrompida e estava claro que Nanquim, finalmente, assumiu a tarefa de resistência armada ao Japão. Promessas de maior liberdade política foram feitas e uma data definida foi marcada para a realização da "democracia". Finalmente, foi proposta uma fórmula pela qual o Kuomintang e os comunistas poderiam pelo menos viver juntos em trégua armada, senão em "cooperação". Ao mesmo tempo, o governo rejeitou, nominalmente, as exigências dos rebeldes e as propostas dos comunistas de "cooperação". Foi tudo muito maravilhoso.

Não se deve deixar de notar que esses gestos conciliatórios foram forçados por Chiang Kai-shek em face de antagonismo considerável a eles em Nanquim, e na conclusão de um terrível choque pessoal, que poderia ter amargurado e desequilibrado um homem menos dotado de previsão, levando a ações precipitadas de vingança – que, de fato, os seguidores indignados de Chiang em Nanquim ordenaram. Mas Chiang era mais astuto do que eles. A tremenda manifestação popular em seu retorno seguro do cativeiro não foi apenas uma ovação pessoal, mas uma poderosa demanda do povo pela paz e contra a guerra civil, e unidade na resistência ao Japão. Chiang entendia isso perfeitamente e sabia que qualquer ação punitiva que tomasse contra o Noroeste poderia resultar na perda de sua popularidade da noite para o dia.

Mais importante, o incidente revelou fissuras profundas em seu próprio edifício de poder. Ele sabia com que facilidade eles poderiam se expandir em rachaduras fatais, derrubando todo o esquema em ruínas. E ele viu agora com visão clara a grande vantagem para si mesmo de uma paz na qual a última dessas fissuras poderia ser obliterada. Foi um verdadeiro gênio da estratégia política que não ignorou as promessas feitas em Xi'an, que não se vingou imediatamente de seus captores, que empregou com tato uma política que combinava o peso certo da ameaça com o necessário abrandamento da concessão. Dessa forma, ele finalmente conseguiu quebrar o bloco do Noroeste (seu primeiro objetivo) e, assim, transferiu pacificamente o Exército Dongbei de Shaanxi para Anhui e Henan, enquanto o Exército Xibei do general Yang Hucheng foi reorganizado sob o comando central. Em fevereiro, as tropas de Nanquim conseguiram ocupar Xi'an e seus arredores sem perturbação ou oposição, e no mês seguinte foram abertas negociações com os comunistas.

12.5. Valsa da despedida[377]

Durante o incidente de Xi'an, o Exército Vermelho ocupou grandes novas áreas. Em Shaanxi, ele agora controlava a maior parte da província, incluindo quase tudo ao norte do rio Wei. Em seus cerca de 50 condados – uma área entre 150 e 180 mil quilômetros quadrados, cerca de duas vezes o tamanho da Áustria – os vermelhos controlavam o maior território que já haviam conquistado. Mas era economicamente pobre, muito limitado em suas possibilidades de desenvolvimento e pouco habitada, com talvez menos de dois milhões de habitantes.

Estrategicamente, a área era extremamente importante. A partir dela, eles poderiam, se quisessem, bloquear as rotas comerciais para a Ásia Central, ou talvez mais tarde eles próprios fizessem conexões diretas com o Xinjiang ou a Mongólia Exterior. Essa era uma das duas únicas fronteiras – logo, fontes de abastecimento – da China que o Japão não podia bloquear. Mais da metade do Xinjiang, que tem cerca de 1,6 milhão de quilômetros quadrados de área, já estava sob um governo simpatizante dos comunistas chineses, semi-independente de Nanquim e um afiliado claudicante da União Soviética. A República da Mongólia Exterior, com tamanho semelhante, era uma antiga dependência da China – e cuja suserania chinesa ainda era nominalmente reconhecida, mesmo pela Rússia – estava agora sob a bandeira vermelha, como resultado da aliança militar concluída com a União Soviética em 1936.

Essas três regiões de controle comunista, no que ainda podia ser chamado de "Grande China", totalizaram uma área de aproximada-

377 N.E.: Em inglês, o título deste capítulo é *Auld Lang Syne*, o popular poema do escocês Robert Burns, que foi adaptado como uma célebre melodia de comemoração de ano novo – também tocada nas despedidas e reencontros de velhos amigos. No Brasil, ela ganhou uma versão em português, de autoria de João de Barro e Adalberto Ribeiro, chamada, justamente, de *Valsa da despedida*.

mente um terço do tamanho do antigo Império Chinês. Separando-os do contato físico entre si, havia apenas distritos tampão, politicamente ambíguos habitados por mongóis, muçulmanos e homens da fronteira, cujos laços com Nanquim eram frágeis e contra os quais a ameaça de conquista japonesa era uma realidade cada vez mais profunda. Essas áreas poderiam mais tarde ser trazidas para a órbita da "Frente Unida Antijaponesa" e sob a influência soviética. Isso fecharia uma imensa futura base vermelha que se estenderia da Ásia Central e da Mongólia até o coração do Noroeste da China. Mas todo esse território é atrasado, alguns deles estepes estéreis e desérticos, com más comunicações e escassamente povoados. Poderia se tornar um fator decisivo na política oriental apenas em estreita aliança com as bases industriais e militares avançadas da União Soviética ou da China central, ou de ambas.

Os ganhos imediatos dos comunistas chineses se limitaram a essas categorias: a cessação da guerra civil, um certo grau de liberalização e tolerância nas políticas internas de Nanquim, um endurecimento em relação ao Japão e uma libertação parcial dos distritos sovietes de seu longo isolamento. Como resultado de negociações conduzidas entre o general Zhang Chung, o enviado do generalíssimo em Xi'an e Zhou Enlai, delegado dos vermelhos lá, uma série de mudanças importantes ocorreram durante abril, maio e junho. O bloqueio econômico foi levantado. As relações comerciais foram estabelecidas entre os distritos vermelhos e o mundo exterior. Mais importante, as comunicações entre as duas áreas foram silenciosamente restauradas. Nas fronteiras cruzavam-se a Estrela Vermelha e o Sol Branco do Kuomintang em união simbólica.

Os serviços de correio e telégrafo foram parcialmente reabertos. Os vermelhos compraram uma frota de caminhões americanos em Xi'an e operaram um serviço de ônibus ligando os principais pontos de sua região. Materiais técnicos necessários de todos os tipos começaram a chegar. O mais precioso para os comunistas eram os livros. Uma nova Biblioteca Memorial Lu Xun foi estabelecida em Yan'an e, para preenchê-la, camaradas comunistas de todo o país enviaram toneladas de nova literatura. Centenas de jovens comunistas chineses migraram das grandes cidades para Yan'an, a nova capital vermelha no norte de Shaanxi. Em maio, mais de 2 mil alunos foram aceitos para matrícula na Academia Vermelha (rebatizada como Universidade Antijaponesa), e cerca de 500 estavam na escola do Partido Comunista. Entre eles estavam mongóis, hui, tibetanos, taiwaneses e homens das nações miao e lolo. Muitos também estudavam em vários institutos de treinamento técnico.

Jovens radicais entusiasmados, bem como veteranos do Partido, chegaram de todas as partes da China, alguns caminhando por grandes distâncias. Em julho, apesar dos rigores da vida estudantil, havia tantos candidatos que não havia mais acomodações para atendê-los. Por isso, suas notas foram revertidas, a fim de aguardar um outro período escolar, em que os vermelhos se preparavam para receber mais 5 mil alunos. Muitos técnicos formados também chegaram, e foram contratados como professores, ou no "plano de construção" que agora estava em andamento. Nisso talvez resida o maior benefício imediato da paz: uma base na qual treinar, equipar e disciplinar livremente novos quadros para as fileiras da revolução e do movimento antijaponês.

Claro, o Kuomintang continuou a supervisionar estritamente as conexões dos vermelhos com o mundo exterior. Havia menos restrições ao movimento dos comunistas agora, mas ainda não havia um reconhecimento aberto do fato. Muitos grupos de intelectuais não comunistas também chegaram à China Vermelha para investigar as condições de lá – e muitos deles permaneceram para trabalhar. Em junho, o próprio Kuomintang enviou secretamente um grupo semioficial de delegados, chefiado por Shao Hua, para visitar a capital vermelha. Eles percorreram os distritos sovietes e fizeram discursos antijaponeses apropriadamente ruidosos antes de grandes reuniões de massa. Aclamaram o retorno à Frente Única anti-imperialista entre os comunistas e o Kuomintang. No entanto, nada disso foi autorizado a aparecer na imprensa do Kuomintang.

As condições nas áreas do Kuomintang também melhoraram para os seguidores de Lenin. O Partido Comunista ainda era nominalmente ilegal, mas se tornou possível estender sua influência e ampliar sua organização, pois a opressão diminuiu um pouco. Um fluxo pequeno, mas constante, de presos políticos foi libertado das prisões. Os gendarmes especiais (os chamados camisas azuis) continuaram a espionar os comunistas, mas os sequestros e torturas cessaram. Espalhou-se a notícia de que as atividades dos camisas azuis doravante deveriam se centrar, principalmente, nos "traidores pró-japoneses". Vários destes últimos foram presos e, pela primeira vez, vários agentes chineses pagos pelo Japão foram realmente executados.

Em maio, em troca dessas concessões, os comunistas estavam prontos para adotar o nome de "Governo da Área Especial" e o Exército Vermelho havia feito uma petição para ser incluído nas forças de defesa nacional como "Exército Nacional Revolucionário". Grandes reuniões dos delegados do Partido e do Exército, que incluíam "Toda a China", foram convocadas em maio e junho. Foram tomadas decisões sobre as medidas pelas quais as novas políticas, apelando para a cooperação com o Kuomintang, poderiam ser realizadas. Nessas reuniões, os retratos de Lenin, Marx, Stalin, Mao Zedong, Zhu De e outros líderes vermelhos apareciam ao lado dos de Chiang Kai-shek e Sun Yat-sen!

As mudanças mais importantes na política vermelha foram o fim do confisco de latifúndios de senhores da terra, a cessação da propaganda anti-Nanquim e anti-Kuomintang e a garantia de direitos iguais, e direito de voto, a todos os cidadãos – independentemente de sua base de classe na sociedade. De tudo isso, o que mais afetou a economia vermelha foi, é claro, o fim da expropriação de terras. Isso não significava a devolução das terras aos senhores nas áreas onde a redistribuição já havia sido realizada, mas um acordo para abandonar a prática em novos distritos sob controle vermelho[378].

Para aumentar a deficiência de renda resultante dessa retirada, o generalíssimo Chiang concordou em considerar os distritos sovietes como parte da "área de defesa nacional" e pagar de acordo. O primeiro pagamento aos vermelhos, de 500 mil yuans, foi realizado logo

378 N.A.: No entanto, as novas políticas de arrendamento da terra deveriam pesar mais sobre os senhores de terra e, na prática, o viés das organizações políticas "democráticas" favorecia os camponeses pobres. Em nenhum momento, nem mesmo nos primeiros meses da breve cooperação bipartidária, os comunistas pararam de fazer propaganda de sua causa ou repudiaram seu programa marxista.

após o retorno de Chiang Kai-shek a Nanquim. Parte do dinheiro do Kuomintang foi usada para converter a moeda vermelha, comprar manufaturas para suas cooperativas – agora bem abastecidas – e outra parte para comprar o equipamento necessário. A verba mensal exata de Nanquim ainda estava sendo negociada – assim como todo o acordo de trabalho definitivo para cooperação futura – quando a tempestade da invasão japonesa se formava no Norte.

Em junho, o generalíssimo enviou seu avião particular a Xi'an para chamar Zhou Enlai, o principal delegado dos vermelhos, que voou para Guling, a capital de verão da China. Lá Zhou manteve novas conversas com Chiang Kai-shek e membros do gabinete. Entre os pontos discutidos estava a demanda dos comunistas por representação no Congresso do Povo – o Congresso havia programado para adotar uma Constituição "democrática" – em novembro. Relatou-se que foi alcançado um acordo segundo o qual a "Área Especial" teria permissão para eleger nove delegados regionalmente.

No entanto, esses delegados provavelmente não seriam conhecidos como "comunistas". Nanquim não reconheceu abertamente o chamado "novo casamento". Preferia considerar a relação mais como a anexação de uma concubina, cuja continência ainda não havia sido provada e sobre a qual, por razões diplomáticas, quanto menos se falasse fora dos círculos familiares, melhor. Mas mesmo essa furtiva meia-aliança foi um espantoso e aberto desafio ao Japão, impensável alguns meses antes. Enquanto isso, a própria oferta do Japão (através do casamenteiro Hirota) de um respeitável casamento "antivermelho"[379] com Nanquim foi finalmente rejeitada. Nisso estava talvez uma última e definitiva indicação de que a política externa de Nanquim teve uma mudança fundamental.

Tudo isso parecia um desfecho totalmente incompreensível para muitos observadores, e erros graves foram cometidos em suas análises. Depois de uma década do tipo mais feroz de guerra civil, vermelhos e brancos, de repente dançaram a *Valsa do adeus*. Qual era o significado

379 N.A.: A essência das propostas do Japão era fazer da China uma espécie de parceiro satélite na aliança Roma-Berlim-Tóquio.

disso? Os vermelhos ficaram brancos ou os brancos ficaram vermelhos? Nenhum dos dois. Mas, certamente, alguém deve ter vencido e alguém perdido? Sim, a China ganhou, o Japão perdeu. Pois parecia que uma decisão final na luta interna profundamente complicada foi adiada mais uma vez, pela intervenção de um terceiro elemento, o imperialismo japonês.

12.6. Horizontes vermelhos

Havia um cientista social talentoso chamado Lenin. "A história em geral", escreveu ele, "e a das revoluções em particular, é sempre mais rica de conteúdo, mais variada em suas formas e aspectos, mais viva e mais 'astuta' do que imaginam os melhores partidos, as vanguardas mais conscientes das classes mais avançadas. E isso é compreensível, pois as melhores vanguardas exprimem a consciência, a vontade, a paixão e a imaginação de dezenas de milhares de homens, ao passo que a revolução é obra – em momentos de especial exaltação e tensão de todas as faculdades humanas – pela consciência, a vontade, a paixão e a imaginação de dezenas de milhões de homens incitados pela mais aguda luta de classes."[380]

De que maneira a história chinesa se mostrou "mais rica de conteúdo, mais variada em suas formas e aspectos, mais viva e mais 'astuta'" do que os teóricos comunistas anteviram há cerca de uma década? Para ser específico, por que o Exército Vermelho falhou em conquistar o poder na China, apesar de sua luta heroica e exaustiva? Antes de responder a isso, é preciso recordar novamente e ter bem presente a concepção comunista da revolução chinesa e de seus principais objetivos.

Os comunistas diziam que a elite capitalista chinesa não era uma verdadeira burguesia, mas uma "burguesia colonial". Era uma "classe de compradores", uma excrescência das finanças estrangeiras e do capitalismo monopolista aos quais ela servia principalmente. Era muito fraco para liderar a revolução. Só poderia alcançar as condições de sua própria liberdade através da realização do movimento anti-imperialista, a eliminação da dominação estrangeira. Mas somente os trabalhadores e camponeses poderiam levar tal revolução à sua vitória final. E

380 N.E.: Conforme a tradução do trecho retirado de *Esquerdismo, doença infantil do comunismo*. São Paulo: Expressão Popular, 2014. p. 145 de V. I. Lenin.

os comunistas pretendiam que os operários e camponeses não entregassem os frutos dessa vitória aos neocapitalistas que assim deveriam libertar, como acontecera na França, na Alemanha, na Itália – em todos os lugares, de fato, exceto na Rússia. Em vez disso, eles devem manter o poder durante uma espécie de "NEP" soviética, uma breve época de "capitalismo controlado" e, depois, um período de capitalismo de Estado, seguido finalmente por uma rápida transição para a construção socialista, com a ajuda da União Soviética.

"O objetivo da expulsão do imperialismo e da destruição do Kuomintang", repetiu Mao Zedong em 1934, "é unificar a China, levar a cabo a revolução democrática burguesa e tornar possível transformar essa revolução em um estágio superior da revolução socialista. Essa é a tarefa do soviete."

Mas o que, considerando os obstáculos alpinos dos quais eles estavam plenamente cientes, fez os comunistas chineses pensarem em 1927 que poderiam ter sucesso em um salto tão poderoso sobre um dos vastos abismos da História? Provável e principalmente pelo exemplo da Revolução Russa de Outubro. Essa tremenda pulsação lançou o povo russo da monarquia arcaica direto para o planalto do socialismo. E foi possível graças a duas condições que, conforme se argumentou, podem ser reproduzidas na China. Trotsky as expressou da forma mais simples como a "aproximação e a penetração recíproca de dois fatores de natureza histórica inteiramente diferentes: uma guerra de camponeses, movimento característico da aurora do desenvolvimento burguês; e uma insurreição proletária, isto é, um movimento que marca o ocaso da sociedade burguesa".[381]

No ápice da Grande Revolução na China, estava presente o necessário ânimo revolucionário tanto entre as massas camponesas quanto entre os operários industriais. Mas havia muitas diferenças em relação à situação que causou a Revolução Russa. Um deles foi muito relevante. As reminiscências do feudalismo foram ainda mais pronunciadas na

381 N.E.: Essa passagem consta de Trotsky. *A História da Revolução Russa* [vol 1]: a queda do tzarismo. Tradução de E. Huggins. Brasília: Senado Federal, Conselho Editorial, 2017, p. 79. Ela constava da edição de 1936, mas não na de 1968, no entanto, optamos por incorporá-la.

Rússia do que na China, mas a China era um país semicolonial, uma "nação oprimida", enquanto a Rússia era um país imperialista, uma "nação opressora". Na Revolução Russa, o proletariado teve que vencer apenas uma única classe, sua própria classe burguesa-imperialista nativa, enquanto a Revolução Chinesa teve que enfrentar um inimigo nativo de dupla personalidade – tanto sua própria burguesia nascente quanto os interesses entrincheirados do imperialismo estrangeiro. Teoricamente, no início, os comunistas chineses esperavam que essa dupla natureza de seu inimigo fosse compensada pela dupla natureza de seu próprio ataque, que seria auxiliado por seus "aliados proletários" do mundo e pelos "trabalhadores da União Soviética".

Quase metade de todos os trabalhadores industriais da China estava sublevado em Xangai, sob a mira das canhoneiras de meia dúzia das grandes potências mundiais. Em Tianjin, Qingdao, Xangai, Wuhan, Hong Kong e outras esferas do imperialismo havia provavelmente três quartos de todos os trabalhadores industriais da China. Xangai forneceu o protótipo clássico de todos eles. Aqui você pode ver soldados, marinheiros e policiais britânicos, americanos, franceses, japoneses, italianos e chineses, todas as forças do imperialismo mundial combinadas com o gangsterismo nativo e a burguesia compradora, os elementos mais degenerados da sociedade chinesa "cooperando" em empunhar o cassetete contra trabalhadores desarmados.

Direitos de liberdade de expressão, reunião ou organização foram negados a esses trabalhadores. A mobilização do proletariado industrial na China para a ação política era totalmente inconcebível *enquanto o sistema dual, de poder policial nacional e estrangeiro, fosse mantido.* Apenas uma vez na história ele foi quebrado – em 1927 – quando, por alguns dias, Chiang Kai-shek usou os trabalhadores para garantir sua vitória sobre os senhores da guerra do Norte. Mas logo depois eles foram suprimidos em um dos banhos de sangue mais desmoralizantes da história, com a santificação das potências estrangeiras e a ajuda financeira de capitalistas estrangeiros.

Nanquim contava com a segurança das bases industriais mantidas pelas potências estrangeiras dos portos do tratado – e com suas tropas, canhões, cruzadores, polícia interna, as canhoneiras fluviais e com sua riqueza, imprensa, propaganda e espiões. Não importava que tenham sido poucos os casos de participação direta das potências na guerra contra o Exército Vermelho. Ocorreram nas ocasiões em que tal ação era necessária. Mas seus principais serviços foram prestados mantendo os trabalhadores industriais imobilizados, fornecendo munições e aviões a Nanquim, enquanto entravam em uma conspiração que negava, de forma cúmplice, a própria existência da guerra civil pelo simples artifício de chamar os "comunistas" de "bandidos", de modo que a embaraçosa questão dos "comitês de não intervenção" (como no caso da Espanha) nunca foi sequer permitida[382].

Os líderes comunistas foram obrigados a recuar para os distritos rurais, onde o movimento vermelho, mantendo os objetivos e a ideologia do socialismo, no entanto, assumia o caráter de revolução nacional de base camponesa. Nas áreas rurais, os vermelhos esperavam, eventualmente, acumular força suficiente para poder atacar bases urbanas onde a influência estrangeira não estava firme, e mais tarde – com a ajuda do proletariado mundial, supunha – avançaria sobre as fortalezas das potências estrangeiras nos portos do tratado.

Mas enquanto as potências imperialistas eram os aliados objetivos da burguesia chinesa contra o comunismo, a assistência que os comunistas esperavam do proletariado mundial não se materializou. Embora no *Programa da Internacional Comunista* fosse claramente reconhecido que movimentos proletários bem-sucedidos em países semicoloniais como a China "só seriam possíveis se fosse obtido apoio direto dos países nos quais a ditadura do proletariado estava estabelecida", isto é, na União Soviética. Ela, de fato, não estendeu aos camaradas chineses a prometida "assistência e apoio à ditadura do proletariado" em qualquer grau com-

382 N.E.: O Comitê de Não Intervenção (1936-1939), também conhecido por Comitê de Londres, foi um organismo criado pela Liga das Nações, precursora da ONU, por iniciativa da França e do Reino Unido, visando impedir o que eles chamava de "internacionalização" da Guerra Civil Espanhola – o que equivalia a evitar que o conflito apenas transbordasse às fronteiras espanholas, uma vez que os lados beligerantes contavam com forte apoio estrangeiro, sobretudo os fascistas, larga e publicamente apoiados pelos governos de Hitler e Mussolini.

patível com a necessidade deles. Pelo contrário, a grande ajuda equivalente à intervenção que a União Soviética deu a Chiang Kai-shek até 1927 teve a influência objetiva de ajudá-lo a chegar ao poder – embora, ao mesmo tempo, ajudou a criar a oposição revolucionária do Exército Vermelho que surgiu em seguida. É claro, a prestação de ajuda direta aos comunistas chineses depois de 1927 se tornou bastante incompatível com a posição adotada pela União Soviética – pois fazê-lo seria assumir o risco de uma guerra internacional, pondo em risco todo o programa de construção socialista em um país. No entanto, se deve notar que a influência desse fator na Revolução Chinesa foi muito grande.

Privados de ajuda material de um aliado externo, os comunistas chineses continuaram a lutar sozinhos para assumir a "hegemonia da revolução burguesa [democrática]", acreditando que mudanças profundas na política interna e internacional liberariam novas forças a seu favor. Eles estavam bastante enganados.

O poder do Kuomintang permaneceu relativamente seguro nos grandes centros urbanos, pelas razões mencionadas, mas nas aldeias se desenvolveu muito lentamente. Paradoxal – e dialeticamente – essa anemia rural da burguesia tinha a mesma origem da força de Nanquim nas cidades – o imperialismo estrangeiro. Pois, enquanto o imperialismo estava ansioso o suficiente para "cooperar" na prevenção ou supressão da insurreição nas cidades, ele também estava objetivamente engajado em cobrar pesadas taxas em troca desse serviço, na forma de novas anexações de território (Manchúria, Jehol, Chahar e leste de Hebei), em novas concessões e roubo de riquezas pertencentes à China – e isso se dava, principalmente, por meio do Japão, o foco do ponto de maior estresse do sistema no Extremo Oriente. Essa nova fase de agressão imperialista resultou em grandes fardos colocados sobre o governo de Nanquim, os quais tornaram impossível para o Kuomintang introduzir, nas áreas rurais, as necessárias "reformas" capitalistas na velocidade suficiente para suprimir o descontentamento rural e a rebelião camponesa – bancos comerciais, melhores comunicações, tributação centralizada, força policial etc. Ao realizar uma revolução agrária, os vermelhos foram capazes de satisfazer as demandas de um número substancial de camponeses, assumir a liderança de parte da China rural e, até mesmo, construir várias bases poderosas em uma economia quase puramente agrária. Mas, enquanto isso, eles não podiam se fortalecer nas cidades, nas quais seus inimigos continuavam a se basear.

Nessa situação, os comunistas argumentaram que os ataques do Kuomintang aos sovietes impediram o povo chinês de cumprir sua missão de "libertação nacional", o que exigia expulsar os japoneses – e que a própria relutância do Kuomintang em defender o país provou a falência de sua liderança. A tese comunista da revolução foi assim validada. Mas o Kuomintang, enfurecido, retrucou que as tentativas dos comunistas de derrubar o governo – o "banditismo vermelho" no interior – o impedia de resistir ao Japão – e retardava a realização de reformas internas, em um cenário de crise nacional. O que era interessante e, novamente, dialético nessas duas posições é que ambas estavam certas e ambas estavam erradas. E aqui, em essência, estava o impasse peculiar: a impotência fundamental desse período da Revolução Chinesa.

Ao longo dessa década (1927-1937), a pressão imperialista se tornou muito alta, e o preço japonês para a proteção dos interesses dos compradores chineses nas cidades tão excessivo, que tendeu a neutralizar os antagonismos de classe entre o Kuomintang, o partido da burguesia e senhores de terra, e o Partido Comunista, a agremiação dos trabalhadores e camponeses. Foi, precisamente, por isso – e por causa dos acontecimentos imediatos descritos nos capítulos anteriores – que o Kuomintang e o Partido Comunista puderam assim, após uma década de guerra incessante, se reunir numa síntese expressa em termos de sua unidade no plano superior de um antagonismo comum contra o imperialismo japonês. Essa unidade não era estável nem permanente – ela poderia se romper novamente sempre que as negações internas superassem as externas. Mas começou uma nova era.

No final de uma década de luta de classes, os comunistas foram forçados a abandonar, de forma temporária, sua tese de que "somente sob a hegemonia do proletariado" o movimento democrático burguês poderia se desenvolver. Em vez disso, se reconheceu que apenas "uma união de todas as classes" poderia alcançar esses propósitos. Seu significado prático foi o claro reconhecimento da atual liderança, que aqui era sinônimo de poder do Kuomintang, na revolução nacional. Para os vermelhos, isso certamente deveria ser considerado "um grande recuo", como Mao Zedong admitiu francamente, desde os dias em Jiangxi, quando eles lutaram "para consolidar a ditadura operária e camponesa, para estender essa ditadura a todo o país, e mobilizar, organizar e armar os sovietes e as massas para lutar a guerra revolucionária". A luta armada pelo poder imediato havia cessado. Os slogans comunistas se tornaram, então, apoiar o governo central, acelerar a unificação pacífica sob Nanquim, realizar a democracia burguesa e organizar toda a nação para se opor ao Japão.

Os ganhos práticos decorrentes dessas concessões já foram discutidos. Mas que garantias os comunistas tinham de que esses ganhos seriam mantidos? Que garantias havia de que a paz interna seria mantida, de que a prometida democracia seria realizada, de que duraria uma política de resistência ao Japão?

Em tais períodos, "é necessário", escreveu Lenin, "combinar a mais estrita lealdade às ideias do comunismo com a capacidade de fazer todos os compromissos necessários, 'atacar', fazer acordos, ziguezagues, recuos e assim por diante". E assim, embora entre os comunistas chineses houvesse essa grande mudança de estratégia, eles ainda acreditavam que agora era possível conduzir o concurso em um ambiente muito mais favorável do que no passado. Houve uma "troca de concessões", como disse Mao Zedong, e uma troca para a qual "há limites definidos".

Ele continuou: *"O Partido Comunista mantém a liderança nos problemas nos distritos sovietes e no Exército Vermelho, assim como mantém sua independência e liberdade de crítica em suas relações com o Kuomintang. Sobre esses pontos, nenhuma concessão pode ser feita... O Partido Comunista nunca abandonará seus objetivos de socialismo e comunismo, ele ainda passará pelo estágio da revolução democrática da burguesia para alcançar os estágios do socialismo e do comunismo. O Partido Comunista mantém seu próprio programa e suas próprias políticas"*.

Muito claramente, o Kuomintang utilizaria, ao máximo, os benefícios da nova política comunista para si mesmo. Com a autoridade de

Nanquim reconhecida pelo único partido político na China capaz de desafiá-la, Chiang Kai-shek continuaria a estender seu poder militar e econômico em áreas periféricas onde a influência dos senhores da guerra ainda era forte, áreas como Guangxi, Yunnan, Guizhou e Sichuan. Melhorando sua posição militar em torno dos vermelhos, ele iria, entretanto, extrair deles concessões políticas em troca de sua tolerância temporária. Eventualmente, por meio de uma habilidosa combinação de táticas políticas e econômicas, ele esperava enfraquecer os comunistas politicamente, de tal forma que, quando chegasse o momento certo para a exigência final de sua rendição completa (que ele, sem dúvida, ainda pensava em conseguir), ele poderia isolar o Exército Vermelho, fragmentando-o com base em dissensões políticas internas – e lidar com o que sobrasse como um problema militar puramente regional.

Os vermelhos não tinham ilusões sobre isso. Da mesma forma, eles não tinham a ilusão de que a promessa da democracia poderia ser cumprida sem uma oposição ativa contínua própria. Ao defender as palavras de ordem da democracia plena e do anti-imperialismo, das quais nunca desistiriam, os vermelhos não se preocuparam com pequenas concessões políticas, pois acreditavam que sua base política fundamental era indestrutível. Claro, nenhum partido tirânico na História jamais cedeu uma migalha de seu poder ao povo, exceto sob a mais forte pressão – e o Kuomintang não seria exceção. A conquista, até mesmo, de algum grau de "democracia" teria sido impossível sem a presença de dez anos de uma oposição armada. De fato, sem essa oposição, não teria nem sido necessária nenhuma democracia, e nenhum poder de Estado com o grau de centralização que agora começamos a testemunhar na China teria sido concebível. Pois o crescimento da democracia, assim como o amadurecimento do próprio Estado moderno, é uma manifestação da necessidade de um poder e, ao mesmo tempo, um mecanismo para tentar reconciliar as contradições inerentes à sociedade capitalista – os antagonismos básicos de classe.

Essas contradições não diminuíram na China, mas aumentavam rapidamente e, na medida em que se agravavam, o Estado precisava reconhecê-las. A própria conquista da paz interna tornava inevitável. Se essa paz durasse, que Nanquim refletisse uma representação mais ampla das estratificações da sociedade. Isso não significava que havia qualquer probabilidade de o Kuomintang assinar discretamente sua própria sentença de morte ao realizar, genuinamente, a democracia burguesa, permitindo que o Partido Comunista competisse com ele em campanhas eleitorais abertas (pois é bem possível que o voto do campesinato, por si só, desse aos comunistas uma maioria esmagadora), embora isso fosse o que os comunistas e outros partidos exigissem e continuariam a agitar. Mas significava que algum reconhecimento das demandas da maioria teria de ser feito pela minúscula minoria, a qual monopolizava a economia do Estado e o controle da repressão. A concessão da representação dos sovietes no Congresso Nacional era um indício disso.

A expansão centrípeta dos interesses econômicos, políticos e sociais, o processo da chamada "unificação", isto é, as próprias medidas que criaram o sistema, ao mesmo tempo exigiam, para sua preservação, que grupos cada vez maiores fossem trazido ao centro de poder em uma tentativa de resolver o insolúvel – o aprofundamento do conflito de classe. E quanto mais Nanquim tendia a representar interesses de classe diferentes e mais amplos em todo o país, quanto mais perto chegava de alcançar a democracia, mais era forçado a buscar uma solução de autossobrevivência pela resistência às demandas cada vez mais gananciosas do Japão.

As garantias de maior influência comunista, a garantia contra futuras "campanhas de aniquilação", portanto, eram vistas pelos comunistas como inerentes às relações econômicas, sociais e políticas orgânicas do país – precisamente, aquelas formações que resultaram na situação atual. Estas foram, antes de tudo, uma ampla demanda popular entre as massas armadas e desarmadas pela paz interna contínua, por melhores condições de vida, pela democracia e pela liberdade nacional. Em segundo lugar, as "garantias" do Partido Comunista residiam na liderança que poderia continuar a dar ao movimento para essas reivindicações de fora do país e na força de combate militar e política real do Partido Comunista. Em terceiro lugar, contavam com a década de experiência política do povo chinês, que havia tornado manifesta a necessidade de uma sublimação historicamente momentânea das diferenças de classe na luta comum contra o imperialismo.

Na primavera de 1937, a diminuição temporária da pressão japonesa sobre Nanquim, a suspensão da invasão da Mongólia Interior, o início das conversações anglo-japonesas para "cooperação na China" e as esperanças dos britânicos – de mediar um acordo sino-japonês e uma "paz fundamental" no Extremo Oriente – levaram algumas pessoas a se perguntarem se a avaliação comunista do cenário político não estava errada – ou se teria sido um jogo imprudente girar a estratégia pela inevitabilidade de uma guerra sino-japonesa no início. Agora que a paz interna foi estabelecida na China, e que os vermelhos haviam cessado suas tentativas de derrubar o Kuomintang, o Japão estava realmente assumindo uma face conciliatória para Nanquim, argumentava-se. Os imperialistas do Japão perceberam que haviam empurrado a burguesia chinesa rápido demais no caminho da rendição ao avanço fascista, o que teve como resultado a suspensão do duelo interno na China por conta do ódio universal pelo Japão. Então, os japoneses, agora, assumiram a sabedoria de impor uma política nova e amigável em relação à burguesia chinesa, a fim de renovar os antagonismos internos da China. E tal reaproximação Tóquio-Nanquim destruiria a influência política dos comunistas, fortemente baseada no *kàngrì yùndòng* [抗日运动] – o movimento antijaponês.

Mas o correr das águas da História busca saídas de acordo com as leis da dinâmica. Esse fluxo não tem como ser forçado a voltar aos canais anteriores ao dilúvio. Já era tarde demais para o Japão fechar as comportas. Os comunistas entenderam que o Japão não poderia voltar a uma política estática na China, embora os líderes japoneses mais capazes percebessem a necessidade imperativa de um freio. E a capacidade de antevisão vermelha parecia totalmente justificada com a eclosão, em 8 de julho de 1937, do Incidente *Lúgōuqiáo* [卢沟桥] – conhecido no Ocidente como Incidente da Ponte Marco Polo –, pois aqui a breve pretensão de uma mudança de intenção dos japoneses desmoronou. As tropas japonesas, realizando "manobras à meia-noite" (totalmente ilegais) em território chinês na cidade de Wanping, cerca de 15 quilômetros a oeste de Pequim, alegaram ter sido alvejadas por guardas ferroviários chineses. O incidente deu ao Exército do Japão o pretexto. Em meados de julho, os japoneses enviaram mais de 10 mil soldados para a área de Pequim-Tianjin e fizeram novas exigências imperialistas, cuja capitulação significaria virtualmente a aceitação de um protetorado japonês no Norte da China.

A leitura dos comunistas sobre essa situação, e do efeito dominó que ela desencadeou, era que a crescente pressão de toda a nação pela resistência não apenas no Norte – e em toda a China – obrigaria Nanquim a partir para a guerra – a menos que o Japão revertesse as suas políticas e pagasse reparações. Isso significava que não havia saída a não ser a guerra. E lembrem-se que os comunistas interpretaram essa possível guerra não apenas como uma luta pela independência nacional, mas como um movimento revolucionário, "pois derrotar o Imperialismo na China significa a destruição de uma de suas bases mais poderosas" e porque a vitória da própria Revolução Chinesa "corresponderá à vitória do povo chinês contra a agressão japonesa" – segundo disse Mao. De acordo com a análise de Mao sobre o ponto de ruptura entre Japão e China, e com repercussões mundiais, uma vez ocorrido, isso levaria a um acerto de contas dos destinos humanos que não poderia ser mais adiado.

Os vermelhos previram que, nessa hipotética guerra, seria necessário armar, equipar, treinar e mobilizar dezenas de milhões de pessoas em uma luta que pudesse servir à dupla função cirúrgica de remover o tumor externo do imperialismo e o câncer interno da opressão de classe. Tal guerra, eles concebiam, só poderia ser conduzida pela mais ampla mobilização das massas – e pelo desenvolvimento de um exército altamente politizado. Essa guerra só poderia ser *vencida* sob a liderança revolucionária mais avançada. Ela até poderia ser iniciada pela burguesia, mas só seria completada apenas pelos trabalhadores e camponeses revolucionários. Uma vez que o povo estivesse realmente armado e organizado em escala imensa, os comunistas fariam todo o possível para estabelecer uma vitória decisiva sobre o Japão. Eles marchariam lealmente com a burguesia enquanto ela liderasse a resistência. Mas eles estariam preparados para assumir a liderança assim que o governo vacilasse, na eventualidade de se tornar "derrotista" e, assim, se submetesse ao Japão – uma tendência que eles previam que apareceria logo após as primeiras grandes perdas da guerra.

Provavelmente, o regime de Nanquim compreendeu de antemão os objetivos dos comunistas. Portanto, eles procuravam todos os caminhos para a conciliação; e fariam novas concessões ao Japão, mas só até o ponto que as consequências domésticas disso permitissem. Os comunistas, entretanto, tinham plena confiança em sua própria análise dos desenvolvimentos históricos – logo, de que escolheram o caminho correto de um trajeto no qual o regime de Nanquim seria obrigado a lutar por sua própria sobrevivência. Os vermelhos previam que Nanquim continuaria vacilando, e que o Japão continuaria a jogar por vários meios, optando entre táticas mais duras e brandas, até que a agonia máxima do antagonismo fosse alcançada pelo conflito entre os interesses do imperialismo japonês e os interesses nacionais da China – e pelo conflito das massas chinesas e japonesas, dentro de seus países, contra nobres e senhores de terra até o momento em que todas as restrições e opressões físicas se tornassem intoleráveis e as barreiras da história fossem derrubadas, em uma poderosa catástrofe desencadeada pelo Imperialismo, como Frankenstein, para destruir o imperialismo e fazer o *dilúvio* avançar.

Assim "o capitalismo cava a sua própria cova" e o imperialismo destruiria a si mesmo, pois só uma grande guerra imperialista poderia libertar as forças que podem trazer para as massas asiáticas as armas, o treinamento, a experiência política, a liberdade de organização – e o mortal enfraquecimento do poder de policiamento interno, que são os acessórios necessários para qualquer ascensão revolucionária concebivelmente bem-sucedida ao poder em um futuro relativamente próximo. Mesmo assim, se as "massas armadas" seguiriam ou não a liderança comunista até o sucesso final, dependia de muitos fatores variáveis e imprevisíveis – fatores internos em primeiro lugar, mas também fatores como as políticas para Oriente dos Estados Unidos, Reino Unido, França, Alemanha e Itália e, em grande medida, da União Soviética[383].

383 N.E.: Em 1937, quando Snow escreveu este trecho final da obra, tudo parecia

E esse, acredito, era o contorno da imagem comunista do futuro, enquanto a China esperava o ataque do Japão. Pode-se não acompanhar tudo, mas pelo menos isso parece certo – que o que Lenin escreveu há mais de 20 anos ainda seja verdade hoje: "Qualquer que seja o destino da grande república chinesa, pela qual afiam hoje os dentes diversas hienas 'civilizadas', nenhuma força no mundo restaurará a velha servidão na Ásia nem varrerá da face da Terra o democratismo heroico das massas populares dos países asiáticos e semiasiáticos".[384]

E uma outra coisa parece igualmente certa. As ideias socialistas pelas quais dezenas de milhares de jovens já morreram na China, e as energias por trás delas, não serão destruídas. O movimento pela revolução social na China pode sofrer derrotas, pode recuar temporariamente, pode parecer enfraquecido por um tempo, pode fazer grandes mudanças de tática para atender às necessidades e objetivos imediatos, pode até mesmo por um período ser submerso, ser forçado à clandestinidade, mas não apenas continuaria a amadurecer; numa ou noutra mutação acabaria por vencer, simplesmente porque (como prova este livro, se é que prova alguma coisa) as condições básicas que lhe deram origem traziam em si a necessidade dinâmica do seu triunfo.

nebuloso e requeria maiores explicações. Mas a História veio a lhe dar razão, como sabemos, pela vitória dos comunistas chineses pouco mais de uma década adiante.

384 N.E.: Isso consta de um artigo de Lenin para a edição 50 do Pravda, datado de 1º de março de 1913, chamado *Os destinos históricos da doutrina de Karl Marx*.

Epílogo de 1944

O que aconteceu com os chineses deste livro nos sete anos após o Incidente da Ponte Marco Polo, quando o Japão começou sua tentativa de conquistar a China, em julho de 1937? Por um lado, a passagem do tempo deu razão ao julgamento de Mao Zedong e dos outros líderes comunistas chineses, os quais sentenciaram que a conquista da unidade nacional, na luta contra o Japão, era mais importante do que qualquer outro objetivo imediato do movimento revolucionário.

Por essa perspectiva, o Incidente de Xi'an aparecia agora como um acontecimento de importância decisiva na história chinesa contemporânea. Poucos se lembravam agora em 1944 do quão perto a China chegou de aderir ao Pacto Anti-Komintern, mas está bem claro que depois do Incidente de Xi'an veio a separação final entre Tóquio e Nanquim. Xi'an fez com que a China estivesse do lado antifascista da luta mundial que se aproximava.

Em outros aspectos, o tempo confirmou a validade das ideias pelas quais os revolucionários, cujas histórias foram contadas nestas páginas, lutavam e, eventualmente, morriam. Trouxe imenso prestígio os sobreviventes e para suas fileiras de seguidores, hoje muito aumentadas, durante a longa provação que se aproximava agora do fim. Um movimento revolucionário exige de seu líder a capacidade de saber, um pouco antes de qualquer outro, o que vai acontecer; nesse sentido, Mao Zedong foi tão bem-sucedido que, agora, milhões de chineses depositam tanta confiança em seu julgamento quanto no de Chiang Kai-shek.

A maioria dos chineses admite que Mao Zedong analisou com precisão as forças internas e internacionais envolvidas – e descreveu corretamente a forma geral dos eventos que viriam. A guerra civil acabou e o Partido Comunista junto com o Exército Vermelho não apenas sobreviveram, mas foram fortalecidos. A previsão de Mao de que, no avançar da guerra, uma parte do Kuomintang trairia a China e se tornaria uma marionete dos japoneses foi, durante muito tempo, mal-vista; mas depois da deserção de Wang Jingwei, vice-líder do Kuomintang, não se podia negar que Mao compreendeu, intimamente, os elementos contraditórios no governo central.

Mais uma vez, Mao previu que a guerra seria longa e difícil, o que deve ser um dos poucos casos na história em que um defensor da luta armada não prometeu a seus partidários um triunfo rápido. Sua franqueza desarmou de antemão o tipo de derrotismo que se alimenta de ilusões despedaçadas. Por outro lado, Mao ajudou a construir uma autoconfiança mais duradoura na nação ao estimar, de forma correta, o enorme poder de permanência garantido pelos próprios recursos humanos e materiais da China, quando mobilizados de forma revolucionária. E indicou o tipo de estratégia e tática que a China teria que adotar para aguentar até que a guerra nacional se fundisse com a guerra mundial, incluindo ataques japoneses aos britânicos, franceses, holandeses e americanos, que ele alertou serem inevitáveis, mesmo em um momento em que muitos europeus e americanos pensavam o contrário.

Em 1944, os comunistas chineses forneceram a liderança ao Norte da China para o que era a maior organização guerrilheira do mundo. Estendendo-se do vale do Yangtzé à estepe da Mongólia e às montanhas e rios do Sul da Manchúria, milhares de aldeias atrás das linhas japonesas compunham a estrutura da "guerra popular". Seus organizadores eram, principalmente, jovens inspirados e treinados pelo Exército do Décimo Oitavo Grupo – a combinação da Oitava Rota e do Novo Quarto Exército. Tais forças eram lideradas por Zhu De, Peng Dehuai e outros veteranos do antigo Exército Vermelho Chinês, os quais agora tinham atrás de si um impressionante histórico de sobrevivência e crescimento, depois de dezessete anos de difícil guerra civil e nacional.

Observadores estrangeiros que visitaram os distritos partisans em 1943 estimaram que atrás das linhas japonesas o Décimo Oitavo Grupo de Exércitos havia organizado, e dado treinamento rudimentar a uma milícia de cerca de 7 milhões de pessoas. Essas eram as reservas das principais unidades de combate. Além disso, dizia-se que havia cerca de 12 milhões de membros de várias associações antijaponesas que ajudavam a vestir, alimentar, abrigar, equipar e transportar as tropas regulares e eram seus olhos e ouvidos. Dados oficiais mostraram penetração partisan em 455 condados do Norte da China e em quase 53 mil aldeias, com uma população de mais de 60 milhões. De três quintos a dois terços do chamado território conquistado esteve a maior parte do tempo nas mãos da guerrilha.

Por quase sete anos, os japoneses tentaram exterminar esses inimigos incansáveis. As tropas regulares do Exército da Oitava Rota mal chegavam a 50 mil homens em 1937 e desviaram apenas algumas divisões das tropas japonesas. Mas essa vanguarda se multiplicou em todas as direções. Em 1944, mais da metade dos 350 mil soldados do Japão na China propriamente dita (excluindo a Manchúria) e cerca de 200 mil soldados fantoches estavam ocupados na defesa de áreas fortificadas contra o Décimo Oitavo Grupo do Exército e travando ações punitivas contra ele. Relatórios militares japoneses colocam sua força de 500 mil a 600 mil combatentes.

Em cada uma das províncias ocupadas pelos japoneses, que cobriam uma área três vezes o tamanho da França, os partisans criaram conselhos de vilas e condados. Eles haviam estabelecido quatro governos de "fronteira" em bases mantidas durante a guerra, exceto por breves intervalos; e cada um desses governos regionais representava áreas liberadas de várias províncias vizinhas. Esses regimes de bastidores desempenhavam quase todas as funções da administração normal. Eles tinham seu próprio sistema de correios e comunicações de rádio. Eles publicavam seus próprios jornais, revistas e livros. Eles mantinham um amplo sistema de escolas e aplicaram um código legal reformado, o qual reconhecia a igualdade de sexo e o sufrágio universal. Eles regulavam os aluguéis, cobravam impostos, controlavam o comércio e emitiam moeda, operavam indústrias, mantinham várias fazendas experimentais, concediam crédito agrícola, tinham um sistema de racionamento de grãos e, em vários lugares, empreendiam grandes projetos florestais.

O perímetro de defesa mantido pelas tropas japonesas na China em 1944 já estava estabilizado antes do final de 1939. Quando o inimigo se mudou originalmente para as províncias conquistadas, a maioria dos antigos oficiais do governo do Kuomintang, bem como suas tropas, retiraram-se para o Oeste e para o Sul. A burocracia administrativa deixada para trás desmoronou. Nas cidades, ela foi substituída pelos japoneses e seus fantoches chineses, mas no interior existia uma espécie de vácuo político, os interstícios entre as guarnições inimigas. Nesse vácuo temporário se moveu o antigo Exército Vermelho Chinês – com armas, professores e a fé na força do povo.

Esse movimento começou com a aquiescência do generalíssimo. Tornou-se possível, em primeiro lugar, como vimos, pela "detenção" anterior do generalíssimo em Xi'an pelo marechal Zhang Xueliang, a fim de persuadi-lo a parar de lutar contra os vermelhos e se unir a eles contra o Japão. Depois que os japoneses invadiram o Norte da China, foi alcançado um acordo que encerrou uma década de guerra civil. Isso previa que o Exército Vermelho fosse incorporado às forças nacionais, que os sovietes fossem abolidos a favor de um governo em que todas as classes fossem representadas e que, por fim, os comunistas abandonassem os slogans da luta de classes e parassem de confiscar e redistribuir a terra. As forças vermelhas do Norte largaram a bandeira vermelha e a estrela vermelha e aceitaram o título de "Exército da Oitava Rota". A sudeste de Xangai, outros remanescentes vermelhos sob os generais Ye Ting e Xiang Ying foram reagrupados em 1938 como o "Novo Quarto Exército"[385].

Tanto o Kuomintang quanto o Partido Comunista, agora, reivindicavam ser os herdeiros legítimos do Dr. Sun Yat-sen, fundador da República da China. Ambos o apoiaram nos primeiros dias da Revolução Nacional. Mesmo depois de 1937, no entanto, não houve acordo sobre a aplicação prática dos Três Princípios de Sun Yat-sen de "nacionalismo, democracia e bem-estar". Os comunistas ainda consideravam Sun um revolucionário social e exigiam uma interpretação radical de seus princípios. Resumidamente, eles queriam uma "revolução democrática completa", com equalização da propriedade da terra, sufrágio universal e governo constitucional estabelecendo o poder do povo, com o

385 N.A.: Ver Edgar Snow, *A batalha pela Ásia* [*The Battle for Asia*] (Nova Iorque, 1941), para um relato da reorganização do Exército Vermelho e do crescimento da guerra partisan de 1937 a 1941.

que eles queriam dizer o Partido Comunista e, em última análise, uma "ditadura do proletariado". Como o Kuomintang ainda retirava seu principal apoio interno dos senhores da terra, naturalmente se opunha à reforma agrária radical. Em geral, queria manter intactas as relações econômicas e políticas e sobrepor sua ditadura à velha estrutura "semifeudal" chinesa. Se reconhecesse a legalidade de outros partidos e suas interpretações conflitantes, especialmente se concedesse o sufrágio universal, essa estrutura quase certamente seria derrubada.

Enquanto as questões do poder de classe e da forma final do Estado e da sociedade permaneceram, momentaneamente, em suspenso, os comunistas e nacionalistas pelo menos concordaram com o princípio do "nacionalismo" quando o Japão invadiu o país. Os vermelhos, então, receberam suas ordens militares do generalíssimo. Em 1937, ele os enviou para a linha de batalha no Norte da China, onde muitos líderes do Kuomintang esperavam que fossem engolidos pelo ataque japonês. Eles não se desintegraram dessa forma, no entanto, ao contrário do que alguns dos exércitos dos senhores da guerra do Norte fizeram. Eles enfrentaram o ataque e foram derrotados nas cidades, mas, em vez de recuar ou se render, retiraram-se para as aldeias e colinas e continuaram lutando.

Infiltrando-se em todas as províncias do Norte, com líderes partisans experientes e organizadores políticos, eles logo arregimentaram valiosos reforços de um fluxo cada vez maior de refugiados que fugiam das cidades: estudantes, trabalhadores e vários profissionais, homens e mulheres, incluindo alguns intelectuais não comunistas – pertencentes a partidos políticos liberais, por muito tempo suprimidos pelos regimes chinês e japonês. Isoladas pela retaguarda, divisões inteiras de tropas chinesas derrotadas ficaram sob a liderança vermelha. No Norte da China, o *mintuan* perdeu sua direção central e coesão quando as tropas regulares nacionalistas foram expulsas pelo Japão. Seus preciosos senhores de terra fugiram ou ficaram para fazer acordos com os japoneses, e a milícia teve de se tornar tropas fantoches dos japoneses, fugir para o território de Chiang Kai-shek ou se juntar aos partisans liderados pelos comunistas. *O Japão serviu aos comunistas destruindo ou desmoralizando todo o sistema de poder policial no campo, mediante o qual a velha aliança dos senhores da terra com os proprietários urbanos havia sido mantida.* No início, foi a desintegração desse sistema policial, e não as vitórias sobre os japoneses, que possibilitou a rápida expansão do Exército da Oitava Rota. O seu poder de fogo aumentou constantemente. Em 1939, suas fortalezas haviam se tornado tão formidáveis que os japoneses foram obrigados a lançar uma ofensiva contra eles. Eles passaram a fazê-lo semestralmente a partir de então.

O primeiro regime partisan, inteiramente dentro do território ocupado, foi estabelecido nas montanhas do nordeste de Shanxi, a leste do rio Amarelo, e incluiu áreas ao norte até Jehol, ou Mongólia Interior. Outro regime, com capital no sudeste de Shanxi, dirigia operações no território recuperado que se estendia por mais de 450 quilômetros ao longo do sul de Hebei, passando por Shandong, até o mar Amarelo. Havia uma terceira região fronteiriça centrada no norte de Jiangsu, ao norte de Xangai, que era controlada pelo Novo Quarto Exército, com cerca de 100 mil soldados. Um quarto governo regional foi estabelecido na região montanhosa ao norte do rio Yangtzé acima de Wuhan, onde as fronteiras de Anhui e Hubei encerram a extremidade sul de Henan.

Os métodos políticos e militares usados para organizar o povo vieram do padrão desenvolvido nos antigos distritos sovietes do norte de Shaanxi. Depois que o Governo Soviete foi abolido em 1937, um "governo da área fronteiriça de Shaanxi-Gansu-Ningxia" tomou seu lugar e a cidade de Yan'an, a chamada "mãe dos partisans chineses", tornou-se sua capital. Revisitei Yan'an em 1939, depois que o novo governo foi estabelecido. Isso durou até 1944, a última viagem feita por qualquer correspondente de jornal estrangeiro, pois logo depois a região foi cortada pelo bloqueio militar do Kuomintang.

Do outro lado do rio Amarelo, atrás das linhas japonesas, a organização da vida social, política e econômica era naturalmente mais difícil do que em Yan'an, mas em geral os objetivos, embora nem sempre com o mesmo grau de sucesso alcançado, eram comparáveis. Embora os correspondentes de jornais na China Livre não pudessem investigar as áreas de Shanxi e Hebei, os vários estrangeiros que escaparam dos japoneses em Pequim por meio da trilha para o Sul, através dos territórios partisans, forneceram imagens bastante completas do sistema político vigente nessas regiões. Entre esses observadores estava o professor William Band, da famosa instituição missionária americana Yenching University, que conheci quando dei palestras lá em 1934-35. Outro foi o professor Michael Lindsay, também de Yenching, cujo relatório das condições lá foi publicado na revista *Amerasia* em 1944. O relato mais completo das áreas partisans a chegar ao mundo exterior por algum tempo foi liberado para publicação pelo pai do autor, A. D. Lindsay, mestre do Balliol College, Oxford.

Segundo o professor Lindsay, os governos partisans foram eleitos por candidatos indicados diretamente pelo povo e suas organizações. Os partisans chineses pretendiam estabelecer uma Frente Unida de todos os grupos e, portanto, o Partido Comunista limitava seus próprios membros a um terço do total de qualquer corpo eleito. Essa política peculiar foi vigorosamente aplicada, de acordo com Lindsay. O objetivo era dar representação no governo tanto aos senhores de terra (exceto os ausentes) quanto aos comerciantes, mas acima de tudo desenvolver lideranças políticas entre os camponeses e trabalhadores pobres. Era "educação em democracia pela prática da democracia", segundo as lideranças partisans.

Nas organizações de massa, porém, não havia limitações à liderança comunista; e essas organizações eram o nervo e a vida dos partisans. Incluíam sindicatos ou associações separadas para agricultores, trabalhadores, jovens, crianças e mulheres, e cada um deles chegava a milhões. As mais importantes de todas essas organizações eram o corpo de autodefesa, a milícia e os jovens pioneiros. Eram essas organizações militares rudimentares, embora fundamentais, que apoiavam localmente as principais forças do Exército do Décimo Oitavo Grupo.

G. Martel Hall, ex-gerente do National City Bank em Pequim, que foi o último americano a escapar dos japoneses atravessando as áreas partisans, me disse que, simplesmente, não havia outra maneira de explicar o sucesso dos líderes partisans com os camponeses, "exceto por sua própria incorruptibilidade e honestidade, seu patriotismo enérgico, sua devoção à democracia prática, sua fé nas pessoas comuns e o esforço contínuo que faziam para despertá-las para a ação e responsabilidade".

O ódio mútuo aos japoneses fornecia a atmosfera na qual esses *zelotes* exploravam o patriotismo do povo, mas, lado a lado com as reformas políticas, ocorreram mudanças econômicas e sociais. No caso das mulheres, a imposição de leis de monogamia, liberdade e idade de consentimento para se casar, educação gratuita e sufrágio aos 18 anos ganharam uma resposta surpreendente. O professor Lindsay disse que havia mais de três milhões de membros das organizações de mulheres nas áreas partisans. Muitas mulheres foram eleitas para conselhos de vilas e cidades e muitas meninas carregavam enormes responsabilidades políticas e militares.

O sistema escolar primário operava amplamente em todas as bases "permanentes" do território partisano e a educação era gratuita e obrigatória em teoria, embora, por causa da pobreza, raramente fosse possível de fato. No entanto, em alguns lugares, até 80% das crianças mais novas em idade escolar eram alfabetizadas. A reforma básica foi uma redução drástica no valor do arrendamento da terra. A terra dos senhores da terra ausentes era cultivada em comum; o objetivo era cultivar toda a terra cultivável. Os impostos eram cobrados principalmente em grãos e mantidos em cerca de apenas 10% do total exigido pelos japoneses. As cooperativas de consumo, de marketing e industriais estavam disseminadas. Lindsay afirmou que havia mais de 4 mil cooperativas em Shanxi e 5 mil somente no centro de Hebei.

Dificuldades inimagináveis acompanharam a organização partisan a cada passo[386]. Embora seja verdade que os japoneses não conseguiram destruir as forças partisans ou impedir seu aumento, eles realizaram literalmente milhares de expedições punitivas de grande e pequena escala contra eles. Os japoneses saquearam e queimaram milhares de aldeias, estupraram as mulheres e massacraram inúmeros civis, em um terror destinado a acabar com qualquer pensamento de resistência. Os partisans sempre encontraram maneiras de superar os efeitos desmoralizantes dessas táticas, mas não sem sacrifícios tão amargos quanto os

386 N.A.: Para um relato vívido e quase dolorosamente realista de uma testemunha ocular desses sofrimentos de crescimento em meio à guerra, veja o poderoso livro de Agnes Smedley, *Battle Hymn of China* [*Hino de batalha da China*]

sofridos na Rússia. Era verdade que os japoneses ainda eram incapazes de controlar as aldeias muito além do alcance de suas guarnições ou ao longo das ferrovias e estradas do Norte da China, mas também era verdade que seus pontos fortificados haviam aumentado muito e eles, agora, só poderiam ser capturados a um custo muito alto.

Como tudo isso afetou os planos estadunidenses de derrotar o Japão por meio da China?

"Afinal, você salvou o Kuomintang", me disse um intelectual chinês em Chongqing[387] quando voltei à China (1942-43) como correspondente de guerra do *Saturday Evening Post*. "É seu bebê agora e você não pode evitar a responsabilidade por suas ações."

Ele quis dizer, simplesmente, que o dinheiro, as armas e a ajuda econômica dos Estados Unidos foram dados às autoridades do Kuomintang sem, no entanto, quaisquer condições relativas às políticas adotadas dentro da China. Representantes do governo dos Estados Unidos, por várias vezes, deixaram claro para Chongqing que desaprovariam uma renovação do conflito civil durante a guerra conjunta contra o Japão, mas eles não foram além disso, nem procuraram levantar o bloqueio contra as áreas partisans. Chongqing estabeleceu seu bloqueio contra o Décimo Oitavo Grupo do Exército quando os líderes do Kuomintang ficaram cada vez mais alarmados com o sucesso dos comunistas em recuperar o controle de áreas atrás das linhas japonesas. O generalíssimo qualificou a sua atividade como "ocupação ilegal do território nacional". A Comissão de Assuntos Políticos e Partidários das Áreas de Guerra do Kuomintang assumiu a posição de que todas as administrações partisans eram "ilegais" e, assim, deveriam ser abolidas até o restabelecimento do sistema do Kuomintang.

387 N.E.: Chóngqìng [重庆] na época era a capital provisória da China. Uma vez que o Norte foi tomado pelos japoneses, e as grandes cidades costeiras estavam sob ataque ou expostas, Chongqing se situa no interior da China – muito próxima do planalto tibetano. Chongqing é antiquíssima e remonta à capital do antigo reino de Ba, que foi conquistada pelo reino de Qin, o unificador de toda a China e embora seja um município administrado pelo governo central nos dias de hoje está, cultural e historicamente, dentro dos limites da província de Sichuan.

Em 1940, algumas tropas do Kuomintang enfrentaram o escalão de retaguarda do Novo Quarto Exército enquanto este se deslocava de sua base ao sul do rio Yangtzé, perto de Xangai, para uma área inteiramente atrás das linhas japonesas para a qual foi designado pelo generalíssimo. Aparentemente, foi um ataque surpresa e os partisans estavam em desvantagem numérica de oito para um. O pequeno destacamento de cerca de 4 mil soldados não era uma unidade de combate e foi facilmente cercado e destruído. O general Ye Ting, comandante do Novo Quarto Exército (que não era comunista), foi ferido e feito prisioneiro, e o general Xiang Ying, comandante de campo, foi morto junto com muitos de seus funcionários, alguns médicos e enfermeiras dos batalhões de saúde, junto com vários soldados convalescentes, alguns cadetes, estudantes e algumas cooperativas industriais ligadas ao exército.

O incidente não conseguiu liquidar o Novo Quarto Exército, cujas forças principais já estavam ao norte do rio Yangtzé, confrontando as tropas japonesas ali, mas foi o fim efetivo da colaboração nacionalista--comunista no campo e o início de uma luta aberta pela liderança na guerra conjunta contra o Japão. O generalíssimo determinou que o incidente foi causado pela "insubordinação" da Novo Quarto Exército e, desde então, retirou toda a ajuda não apenas àquele exército, mas também para a Oitava Rota.

Por alguns meses antes da tragédia, nenhuma parte do Exército do Décimo Oitavo Grupo havia sido paga. A partir desse momento, eles não apenas não receberam pagamento ou munição, mas foram bloqueados por um anel de forças governamentais do acesso a suprimentos na China Livre, que eles poderiam ter comprado ou recebido como presentes do povo. Ironicamente, as tropas do Kuomintang que impuseram esse bloqueio foram em grande parte fomentadas pela Rússia Soviética. Havia dois grupos de exércitos (o Trigésimo Sétimo e o Trigésimo Oitavo) engajados exclusivamente no empreendimento de bloqueio. Oficiais dos Estados Unidos, em 1942, sugeriram que eles eram necessários na campanha para recuperar a Birmânia, mas Chongqing considerou seu "papel policial" no Noroeste de maior importância – e lá permaneceram.

Todos esses fatos eram conhecidos dos americanos na China, mas provavelmente poucos em casa perceberam que nossa ajuda de empréstimo e arrendamento ia, exclusivamente, para as autoridades do Kuomintang. Não mantivemos representação consular em Yan'an e nenhuma ligação militar com os partisans[388]. Todos os nossos suprimentos voaram para a China no pior momento – bombardeiros e caças modernos, artilharia, transporte e munição – e serviram de apoios apenas para um dos lados, é claro. A ajuda financeira enviada à China pelos sindicatos CIO, AFL e Railway Brotherhood também foi exclusivamente para grupos do Kuomintang.

O que poderia ser feito sobre esse "assunto interno" da China? Pelo novo tratado entre Estados Unidos e a China (1943), Washington renunciou aos direitos de extraterritorialidade e restaurou a plena soberania ao governo chinês. Poderíamos agora dizer ao atual governo como administrar seus negócios sem ser rotulados de neoimperialistas? Mas, inevitavelmente, a guerra já nos levou a intervir em apoio ao Kuomintang, em termos de ajuda econômica e militar. Não era apenas bancar o avestruz para fingir que nossa futura ajuda econômica à China não carregava responsabilidades políticas implícitas do tipo mais grave?

Uma vez que o Japão fosse derrotado, Chiang Kai-shek destruiria os comunistas e seus aliados partisans? O Kuomintang passou dez anos infrutíferos nessa tentativa antes de 1937. Mesmo com o uso de bombardeiros e caças americanos ao seu lado, o generalíssimo, provavelmente, não obteria maior sucesso do que os japoneses tiveram contra esses experientes partisans. Tornou-se uma impossibilidade física para o governo Chongqing destruir essa oposição em qualquer coisa que não fosse uma guerra longa e sangrenta, totalmente apoiada pelas tropas aliadas.

No verão de 1944, se tornou evidente que o pequeno grupo de jovens que ergueu a bandeira vermelha na solitária montanha Jinggang, no distante 1928, havia dado início a um processo que evoluiu para uma cruzada que, finalmente, alcançou a estatura de um movimento nacional – cujo alcance nenhum juiz do destino da China poderia negar sua legitimidade de falar em nome de vastas multidões.

---

388 N.A.: Somente no final de 1944, Chiang Kai-shek concedeu permissão para que uma equipe de observadores americanos ficasse estacionada em Yan'an, onde foram bem-vindos, embora não trouxessem assistência militar ou econômica.